U0488835

纪晓岚全集 第二卷

刘金柱 杨钧 主编

中原出版传媒集团
中原传媒股份公司

大象出版社
·郑州·

目 录

序 一 ·· 1

序 二 ·· 3

序 三 ·· 5

纪晓岚诗集

编校说明 ·· 2

卷第一　御览诗 ·· 3

　　恭和御制雨元韵 ·· 3

　　恭和御制固尔札庙火,用唐韩愈《陆浑山火和皇甫湜韵》,并效其
　　　体元韵 ·· 3

　　恭和御制蕃剑行元韵 ·· 4

　　恭和御制秋日奉皇太后幸口外行围启跸之作元韵 ··················· 4

恭和御制怀柔县元韵 …… 4
恭和御制遥亭行宫对雨三首元韵 …… 4
恭和御制出古北口咏古元韵 …… 5
恭和御制至避暑山庄即事元韵 …… 5
恭和御制晚荷元韵 …… 5
恭和御制热河启跸之作元韵 …… 5
恭和御制山店元韵 …… 5
恭和御制朝岚元韵 …… 5
恭和御制都尔伯特台吉伯什阿噶什来觐,封为亲王诗以纪事元韵 …… 6
恭和御制入崖口元韵 …… 6
恭和御制雨猎元韵 …… 6
恭和御制九月朔日元韵 …… 6
恭和御制霜元韵 …… 6
恭和御制行围即事元韵 …… 6
恭和御制九日侍皇太后宴并赐内外王公诸臣食,即席得句元韵 …… 7
恭和御制宴土尔扈特使臣元韵 …… 7
恭和御制山月元韵 …… 7
恭和御制允南省诸臣之请,恭奉皇太后再举时巡诗以述意元韵 …… 7
恭和御制《喜雨》十首元韵 …… 8

卷第二　御览诗 ………………………………………………… 10

　　恭和御制重华宫茶宴廷臣及内廷翰林用四库全书联句，复得诗
　　　二首元韵 ……………………………………………………… 10

　　恭和御制重华宫茶宴廷臣及内廷翰林等用天禄琳琅联句，是日复
　　　成二律元韵 …………………………………………………… 10

　　恭和御制紫光阁曲宴外藩即席得句元韵 ………………………… 10

　　恭和御制宁寿宫落成联句，召大学士及内廷翰林等至重华宫茶宴，
　　　即席成什元韵 ………………………………………………… 10

　　恭和御制紫光阁曲宴即席成什元韵 ……………………………… 11

　　恭和御制紫光阁锡宴联句，召大学士并成功将佐及内廷翰林等至
　　　重华宫茶宴，得诗二首元韵 ………………………………… 11

　　恭和御制重华宫茶宴内廷大臣、翰林等题四库全书荟要联句，并
　　　成二律元韵 …………………………………………………… 11

　　恭和御制重华宫茶宴内廷大臣、翰林等题快雪堂帖联句，并成二
　　　律元韵 ………………………………………………………… 11

　　恭和御制春仲经筵元韵 …………………………………………… 12

　　恭和御制经筵毕文渊阁赐茶作元韵 ……………………………… 12

　　恭和御制重华宫茶宴内廷大臣、翰林等咏七十二候联句，并成二
　　　律元韵 ………………………………………………………… 12

　　恭和御制仲春经筵有述元韵 ……………………………………… 12

　　恭和御制经筵毕文渊阁赐宴，以《四库全书》第一部告成庋阁内
　　　用幸翰林院，例得近体四律。首章即叠去岁诗韵元韵 ……… 13

恭和御制幸避暑山庄启跸之作元韵 …………………………… 13

恭和御制过怀柔县咏古元韵 …………………………………… 13

恭和御制命新授山东巡抚明兴往查去岁被水州县奏至，诗以志事
　　元韵 ……………………………………………………………… 14

恭和御制出古北口咏事元韵 …………………………………… 14

恭和御制常山峪行宫三叠旧作韵元韵 ………………………… 14

恭和御制《山雨》元韵 ………………………………………… 14

恭和御制至喀喇河屯用前作韵元韵 …………………………… 14

恭和御制山东巡抚明兴报得透雨诗以志慰元韵 ……………… 15

恭和御制至避暑山庄即事得句元韵 …………………………… 15

恭和御制重华宫茶宴廷臣及内廷翰林等职官表联句，复成二什
　　元韵 ……………………………………………………………… 15

恭和御制春仲经筵元韵 ………………………………………… 15

恭和御制经筵毕文渊阁赐茶，复得诗一首元韵 ……………… 15

卷第三　御览诗 …………………………………………………… 16

恭和御制重华宫茶宴廷臣及内廷翰林等五经萃室联句，复成二
　　什元韵 …………………………………………………………… 16

恭和御制雪二月初七日元韵 …………………………………… 16

恭和御制重华宫茶宴廷臣及内廷翰林用"五福五代堂"联句，复
　　得诗二首元韵 …………………………………………………… 16

恭和御制重华宫茶宴以"开国方略集成"为题联句，并成二什元韵
　　………………………………………………………………………… 16

恭和御制紫光阁赐宴外蕃作元韵 …………………………… 17

恭和御制重华宫茶宴用"戡定安南"封黎维祁为国王功成联句，
  是日复得二律一韵元韵 …………………………………… 17

恭和御制赋得"规圆矩方"，得"循"字元韵 ……………… 17

恭和御制启跸幸避暑山庄即事得句元韵 …………………… 18

恭和御制出古北口元韵 ……………………………………… 18

恭和御制云南巡抚谭尚忠奏报麦豆收成诗以志慰元韵 …… 18

恭和御制至避暑山庄即事得句元韵 ………………………… 18

恭和御制永佑寺瞻礼元韵 …………………………………… 18

恭和御制鉴始斋元韵 ………………………………………… 19

恭和御制西峪元韵 …………………………………………… 19

恭和御制题秀起堂元韵 ……………………………………… 19

恭和御制留京王大臣奏报得雨，诗以志慰元韵 …………… 19

恭和御制福建总督伍拉纳驿报漳、泉续得透雨，诗以志慰元韵
  …………………………………………………………… 19

恭和御制山庄即事元韵 ……………………………………… 20

恭和御制莲元韵 ……………………………………………… 20

恭和御制游狮子园元韵 ……………………………………… 20

恭和御制题宜照斋元韵 ……………………………………… 20

恭和御制山西巡抚海宁奏麦收九分有余并雨水情形，诗以志慰
  元韵 ……………………………………………………… 20

恭和御制六月朔日作元韵 …………………………………… 20

恭和御制将军鄂辉等奏廓尔喀归顺实信并班师回藏事宜，诗以

志事元韵 …… 21

恭和御制题澄观斋元韵 …… 21

恭和御制治漕元韵 …… 21

恭和御制观瀑元韵 …… 21

恭和御制补咏安南战图六律元韵 …… 21

恭和御制紫光阁赐宴即席得句元韵 …… 22

恭和御制新正重华宫茶宴廷臣及内廷翰林,用"八征耄念之宝"联句复得诗二律元韵 …… 22

恭和御制节前御园赐宴席中得句元韵 …… 23

恭和御制元旦试笔元韵 …… 23

恭和御制新正重华宫元韵 …… 23

恭和御制新正重华宫茶宴廷臣及内廷翰林,用"洪范九五福之一曰寿"联句,并成二律元韵 …… 23

恭和御制题文源阁元韵 …… 24

恭和御制紫光阁赐宴外藩即席得句元韵 …… 24

恭和御制新正重华宫茶宴廷臣及内廷翰林,用"洪范九五福之二曰富"联句,复成二律元韵 …… 24

恭和御制紫光阁赐宴外藩作元韵 …… 24

恭和御制新正重华宫茶宴廷臣及内廷翰林,用"洪范九五福之三曰康宁"联句,复成二律元韵 …… 24

恭和御制新正紫光阁赐宴外藩作元韵 …… 25

恭和御制新正重华宫茶宴廷臣及内廷翰林,用"洪范九五福之四曰攸好德"联句,复成二律元韵 …… 25

恭和御制紫光阁赐宴外藩并荷兰国使臣作元韵 …………… 25

恭和御制新正重华宫茶宴廷臣及内廷翰林,用"洪范九五福之五
日考终命"联句,复成二律元韵 …………………………… 25

恭和御制赋得"临风舒锦",得"当"字元韵 ………………… 26

卷第四　御览诗 …………………………………………………… 27

恭和圣制新正千叟宴毕仍茶宴廷臣于重华宫得诗二首一韵元韵
……………………………………………………………… 27

恭和圣制紫光阁锡宴外藩作元韵 ………………………… 27

恭和圣制启跸幸避暑山庄即事成句元韵 ………………… 27

恭和圣制过清河杂咏元韵 ………………………………… 27

恭和圣制出古北口,用辛亥年书苏东坡"书传尧典语"韵并作回
环韵体元韵 ………………………………………………… 28

恭和圣制至避暑山庄作元韵 ……………………………… 28

恭和圣制永佑寺瞻礼元韵 ………………………………… 28

恭和圣制题文津阁元韵 …………………………………… 28

恭和圣制西峪叠去岁乙卯韵元韵 ………………………… 28

恭和圣制雨六月初六日元韵 ……………………………… 28

恭和圣制永恬居叠去岁韵元韵 …………………………… 29

恭和圣制素尚斋叠去岁韵元韵 …………………………… 29

恭和圣制新正重华宫茶宴廷臣及内廷翰林,用"平定苗疆"联句,
复成二律元韵 ……………………………………………… 29

恭和圣制启跸幸避暑山庄用去岁诗韵元韵 ……………… 29

恭和圣制过清河元韵 …… 29
恭和圣制出古北口作元韵 …… 30
恭和圣制路雨喀喇河屯道中元韵 …… 30
恭和圣制至避暑山庄作元韵 …… 30
恭和圣制永佑寺瞻礼叠去岁诗韵元韵 …… 30
恭和圣制戒得堂叠去岁诗韵元韵 …… 30
恭和圣制题鉴始斋元韵 …… 31
恭和圣制清舒山馆元韵 …… 31
恭和圣制喜晴元韵 …… 31
恭和圣制赋得"春雨如膏",得"讹"字元韵 …… 31
恭和圣制启跸幸避暑山庄至石槽行宫作元韵 …… 31
恭和圣制浙江巡抚玉德、提督苍保同奏报麦收九分,福建巡抚汪志伊奏报麦收八分有余,云南巡抚江兰、贵州巡抚冯光熊各奏报麦收九分有余,诗以志慰元韵 …… 32
恭和圣制出古北口作元韵 …… 32
恭和圣制至避暑山庄作叠去岁韵元韵 …… 32
恭和圣制永佑寺瞻礼再叠丙辰诗韵元韵 …… 32
恭和圣制鉴始斋题句元韵 …… 32
恭和圣制雨五月二十二日元韵 …… 32
恭和圣制直隶总督胡季堂及留京王大臣、顺天府尹等同日奏到得雨优渥情形,诗以志慰元韵 …… 33
恭和圣制敞晴斋题句元韵 …… 33
恭和圣制即事元韵 …… 33

恭和圣制勒保奏官兵攻克老木园贼巢，斩枭首逆陈崇德诗以志
　　事元韵 ··· 33

恭和圣制西峪元韵 ··· 33

恭和圣制有真意轩元韵 ·· 33

恭和圣制秀起堂元韵 ·· 34

恭和圣制湖南巡抚姜晟、署广西巡抚台布、山西巡抚伯麟各奏
　　报麦收八分有余，诗以志慰元韵 ·································· 34

恭和圣制夙兴元韵 ··· 34

恭和圣制雨六月初四日元韵 ··· 34

恭和圣制喜晴六月初五日元韵 ······································· 34

恭和圣制永恬居叠去岁诗韵元韵 ···································· 34

恭和圣制素尚斋元韵 ·· 35

恭和圣制招凉榭再叠甲寅韵作元韵 ································ 35

恭和圣制林下一首五叠乙未韵元韵 ································ 35

恭和圣制咏荷花元韵 ·· 35

恭和圣制狮子园得句元韵 ··· 35

恭和圣制宜照斋元韵 ·· 35

恭和圣制含青斋有会元韵 ··· 35

恭和圣制雨六月十七日元韵 ··· 36

恭和圣制清舒山馆元韵 ·· 36

恭和圣制戒得堂志愧元韵 ··· 36

恭和圣制对荷元韵 ··· 36

恭和御制赋得"吉人辞寡"，得"缄"字元韵 ····················· 36

恭和御制同乐园茶宴诸王、大学士及内廷翰林用"平定三省教匪"
联句，复成诗二首元韵 ·· 36

恭和御制赋得"怀德维宁"，得"心"字元韵 ······················· 37

恭和御制新正重华宫宴诸王、大学士及内廷翰林等，用"毓庆宫"
联句，复成二律元韵 ··· 37

恭和御制幸翰林院锡宴礼成复得长律二首，命诸王及分字诸臣
和韵元韵 ·· 37

恭和御制斋宫夜雨四月初四日夜元韵 ································ 37

恭和御制新正重华宫茶宴诸王、大学士及内廷翰林等，用"职贡
图"联句，复得二律元韵 ·· 38

恭和御制上元后一日小宴廷臣元韵 ···································· 38

卷第五　御览诗 ··· 39

丙子春帖子 ·· 39

二巡江浙恭纪三十首 ··· 39

卷第六　御览诗 ··· 42

西域入朝大阅礼成恭纪三十首 ·· 42

卷第七　御览诗 ··· 45

平定回部凯歌十二章谨序 ··· 45

三巡江浙恭纪二百韵 ··· 50

御试土尔扈特全部归顺诗 ··· 52

圣驾东巡恭谒祖陵歌辞十篇谨序 …… 53

卷第八　御览诗 …… 57

乙巳正月预千叟宴恭纪八首 …… 57

千叟宴诗一百韵代 …… 58

皇上肇建辟雍释奠讲学礼成恭纪八章谨序 …… 59

嘉庆丙辰正月再预千叟宴恭纪四首 …… 61

圣驾临幸翰林院锡宴，仍以张说"东壁图书府"五律字为韵，臣昀
　　分得"国"字 …… 62

侍宴重华宫联句赋诗蒙赐三清茶盏恭纪二首 …… 62

赐砚恭纪八首 …… 62

翰林院侍宴联句赐砚恭纪二首 …… 63

恩赐四库全书馆哈密瓜联句，恭纪一百五十四韵谨序 …… 63

卷第九　三十六亭诗 …… 68

自题《秋山独眺图》 …… 68

又　题 …… 68

即目二首 …… 68

至东光口占 …… 68

雁 …… 68

和蒙泉秋感 …… 69

送葛闻桥员外归江宁 …… 69

黄烈女诗 …… 69

张烈女诗 …………………………………… 69

杂诗三首 …………………………………… 70

送惠仲晦太史归西安三首 ………………… 70

岁暮怀人各成一咏 ………………………… 70

西　征 ……………………………………… 71

拟古二首 …………………………………… 71

赠戈芥舟二首 ……………………………… 72

送梁幼循南归 ……………………………… 72

寄赠露园四首 ……………………………… 72

与蒙泉阅《长河志》,因出所作州乘余闻见示,题二绝句 …… 72

哭田白岩四首 ……………………………… 73

竹下闲行有怀 ……………………………… 73

偶见二首 …………………………………… 73

读《莲洋集》四首 ………………………… 73

京邸杂题六首 ……………………………… 74

戏赠曲江 …………………………………… 74

和蒙泉有感二首 …………………………… 75

登台望西山 ………………………………… 75

即景二首 …………………………………… 75

与周阆章围棋,遂成长句 ………………… 75

次韵张晴溪孝廉游盘山八首 ……………… 76

对雨有作呈钱少司寇 ……………………… 76

送郭石洲归洛阳 …………………………… 77

游仙诗 …………………………………………… 77

偶　作 …………………………………………… 77

杂述五首 ………………………………………… 77

吴孝妇诗 ………………………………………… 78

作吴孝妇诗竟有感 ……………………………… 78

罗酒歌和宋蒙泉 ………………………………… 78

食枣杂咏六首 …………………………………… 78

题潘南田画梅 …………………………………… 79

送内子归宁 ……………………………………… 79

瓦桥关 …………………………………………… 80

卷第十　三十六亭诗 ……………………………… 81

陈简肃公墓下作 ………………………………… 81

过景城忆刘光伯 ………………………………… 81

献王陵 …………………………………………… 81

壬午顺天乡试分校砚 …………………………… 81

自题《桐阴观弈图》 …………………………… 81

王菊庄《艺菊图》 ……………………………… 81

友清轩新种梅花正开,率成禁体四首 ………… 82

仙游道中晓起题壁 ……………………………… 82

上杭人以竹黄制器,颇工洁。癸未冬按试汀州偶得此箧,戏题

　　小诗二首 …………………………………… 82

题从侄虞惇试帖 ………………………………… 83

自闽回里筑对云楼成偶题 ································ 83

寄寿徐筠亭先生 ···································· 83

杜节妇诗 胡建寅继妻 ································ 83

蕃骑射猎图 ·· 84

书赠毛副戎 ·· 84

辛卯六月自乌鲁木齐归，囊留一砚，题二十八字识之 ······ 84

松岩老友远来省予，偶出印谱索题，感赋长句 ············ 84

辛卯十月再入翰林，戏书所用玉井砚背 ················· 84

有以《八仙图》求题者，韩何对弈，五仙旁观，而李沉睡焉。为赋
　　二诗 ·· 85

己卯秋钱塘沈生写余照，先师董文恪公为补《幽篁独坐图》，
　　今四十年矣。偶取展观感怀今昔，因题长句 ·········· 85

己卯六月先师董文恪公招余饮，醉中为作《秋林觅句图》。后余
　　至乌鲁木齐，城西有坤司马所建秀野亭，案牍之暇，独步其间。
　　乔木捎云，宛然此景。始知人生有数，早兆于十载前矣。归来
　　重阅，俯仰慨然，因题二绝句 ······················ 85

送汪剑潭南归 ······································ 86

《醉钟馗图》为曹慕堂同年题 ·························· 86

题罗两峰《鬼趣图》 ································· 86

题罗两峰《归帆图》 ································· 86

题陈君小照三首 ···································· 87

断碑砚歌为裴漫士先生作 ····························· 87

漫士先生绘《断碑砚图》，敬题其后 ···················· 87

曹慕堂光禄席上赠张白莼，即以送别 …………………………… 88
先师介野园先生壬午春扈从西湖，以诗扇寄示，俄闻负杖逍遥矣，
　　盖绝笔也。壬辰长夏，偶于笥中见之，不胜存亡之感，追和二绝。
　　不知涕泪之纵横也 …………………………………………… 88
寄示闽中诸子六首 ………………………………………………… 88
题吴香亭《古藤诗思图》 ………………………………………… 89
读小元和鹑衣子传，戏题转韵 …………………………………… 90
题同年谢宝树小照 ………………………………………………… 90
胡子同旋粤，乞诗为其母寿。因作长句即以赠别 ……………… 90
题《孝友图》十帧 ………………………………………………… 91
题王紫湘小照四首 ………………………………………………… 92
自题校勘《四库全书》砚 ………………………………………… 92
寄董曲江 …………………………………………………………… 92
题黄莘田砚 ………………………………………………………… 93
郑编修际唐出其曾祖□赐砚见示，敬赋古诗二十六韵 ………… 93
秋海棠，和吴兴徐芷塘韵 ………………………………………… 93
眼　　镜 …………………………………………………………… 93
题张桂岩《寿星纳凉图》 ………………………………………… 93
汪水部启淑绵潭山馆十咏 ………………………………………… 94
蔡葛山相国《澄怀二十友图》 …………………………………… 95
甲辰会闱初定草榜，偶作二首 …………………………………… 95
定榜后题所取未中诸卷 …………………………………………… 95
为素菊主人题图 …………………………………………………… 95

题常理斋《爱吟草》 …………………………………… 96

题吴香亭《春郊归省图》 ……………………………… 96

题伊云林光禄《梅花书屋图》 ………………………… 96

为伊墨卿题《黄瘿瓢画册》十二首 …………………… 97

题瑶华道人《一如四相图》 …………………………… 98

题友人画 ………………………………………………… 98

覃溪前辈出竹垞、西河两先生像，索诗 ……………… 98

石庵相国手书卷子以赠芸楣尚书季子_{翱升}，装池后芸楣索题，

  为成四绝 ……………………………………………… 99

汪氏双节诗 ……………………………………………… 99

铜雀瓦砚歌 ……………………………………………… 100

菱花砚 …………………………………………………… 100

刘文正公旧砚 …………………………………………… 100

蒋秋吟画 ………………………………………………… 100

苏虚谷墨竹 ……………………………………………… 100

书《红豆词》后 ………………………………………… 101

虞惇从侄临行以《课儿图》索题，走笔为书四十字 … 101

张桂岩《桑叶饲蚕画扇》，题示次女 ………………… 101

为墨卿题扇 ……………………………………………… 101

题云叶表弟小照 ………………………………………… 101

书《滦阳消夏录》后 …………………………………… 101

蒋春农舍人寄砚，摩挲古泽如见故人，盖自壬午江干一别，弹指

  二十八年矣。远想慨然，因题一绝 ……………… 102

题闽中校士砚 …………………………………… 102

题友人小照 ……………………………………… 102

达斋司寇《习射图》 …………………………… 102

惺斋《骑牛图》 ………………………………… 102

寄怀蒋春农舍人 ………………………………… 103

为王秋塍题《天寒雅集图》 …………………… 103

送朝鲜使臣柳得恭归国 ………………………… 103

送朝鲜使臣朴齐家归国 ………………………… 103

铁冶亭、玉阗峰两学士《联床对雨图》 ……… 103

容城阴孝妇诗 …………………………………… 104

吴子羼提手拓《夹漈草堂砚铭字》归闽，为题四十字。砚本南昌农家穿井所得，先师裘文达公以稻三斛易之，后余续修通志，公因付焉 ……………………………………………… 104

题古币砚二首 …………………………………… 104

为刘青垣侍郎题砚 ……………………………… 104

题青花砚 ………………………………………… 104

蝶翅砚二首 ……………………………………… 105

送书绂庭制府再任两江 ………………………… 105

以元唐棣《长江万里图》赠绂庭制府，并题绝句 … 105

寿姜少岩 ………………………………………… 105

题雪溪《墨竹》 ………………………………… 105

卷第十一　三十六亭诗 ………………………… 106

题牛师竹中翰《松阴课子图》 ………………… 106

题曹慕堂宗丞所藏《乩仙山水》 …………………………………… 106

题曹剑亭《绿波花雾图》 …………………………………………… 106

瑶华道人夏日画《松竹梅》扇 ……………………………………… 106

题汪时斋副宪剪纸小照 ……………………………………………… 106

题陈肖生墨梅册 ……………………………………………………… 107

怀朴齐家 ……………………………………………………………… 107

荷塘习射图 …………………………………………………………… 107

题魏秋浦《桂岩小隐图》 …………………………………………… 107

墨卿摹郑夹漈像，为题五绝句 ……………………………………… 107

偶怀故友戴东原成二绝句，录示王怀祖给事。给事，东原高足也
………………………………………………………………………… 108

为伊墨卿题刘文正公墨迹 …………………………………………… 108

出古北口 ……………………………………………………………… 108

小憩三间房，见壁上诗意互抵牾，戏题二绝句 …………………… 108

过青石、黄土二岭 …………………………………………………… 108

潘芝轩殿撰及第后乞假归娶，以《秋帆归兴图》索题 …………… 109

再题《桐阴观弈图》 ………………………………………………… 109

题刘文正公《槎河山庄图》 ………………………………………… 109

题陆耳山副宪遗像 …………………………………………………… 109

季廉夫先世所藏右军《袁生帖》为高江村购得，今归内府。阮芸
　　台纂修《石渠宝笈》，廉夫得录江村诸跋，廉夫赋诗，因次其韵
………………………………………………………………………… 110

朝鲜贡使吴扰之与陈子闻之、蒋子秋吟互相唱酬，用梁陈赋韵格

以次押，用"不揣衰老"同作一章 …………………………………… 110

甲寅三月考试教习，柬同事冶亭、云房，二宗伯古愚司寇 ……… 110

雷明府以其祖敬涵先生画稿见示，因成长句 …………………… 111

张南华先生《夏木清阴图》，为伊墨卿题 ………………………… 111

以日本扇赠承恩监正，因题八韵。考郭若虚《图画见闻志》，称
　日本人以鸦青纸制折叠扇，高丽贡使曾携以来，是宋代已有
　此制。然其时西洋贡舶未至中国。不如今以极东之物赠极
　西之人，尤为佳话也 …………………………………………… 112

胡沧晓先生追谥文良，即次其嗣君云坡司寇韵 ………………… 112

忻州刺史守愚汪君重修元遗山先生墓诗 ……………………… 112

顾堂先生属题《先世丙舍图》 ……………………………………… 113

绎堂尝攫取石庵砚后，与余阅卷聚奎堂，有砚至佳。余亦攫取
　之。绎堂爱，不能割出砚来赎，戏答以诗 …………………… 113

题绎堂砚 …………………………………………………………… 113

题田纶霞司农《大通秋泛图》，为冯鹭庭编修 …………………… 113

冯实庵侍御绘《种竹图》，赋赠 …………………………………… 114

次奇丽川中丞寄《菊图韵》，兼示积庆亭明府 …………………… 114

卷第十二　三十六亭诗 …………………………………………… 115

嘉庆丙辰典试春闱呈同事诸君子 ……………………………… 115

兰花牡丹合帧 ……………………………………………………… 115

题通州牧刘铁楼《恩宴胪欢集》后 ……………………………… 115

徐朗斋孝廉以《病鹤赋》见示，慨然有感，赋此赠行 …………… 115

题蒋秋吟保阳诗后 …………………………… 116

以水蛀砚、水中丞、搔背、茶注赠朝鲜国相洪良浩，各系小诗
………………………………………………… 116

寄怀洪良浩 …………………………………… 116

蔡贞女诗 钟吾高儒童聘室 ……………………………… 116

吴烈妇诗 江南吴孝廉承绂室 …………………………… 116

题桂未谷《思误书图》 ………………………… 117

送桂未谷之任滇南 …………………………… 117

桂未谷《簪花骑象图》 ………………………… 117

胡云坡司寇《四友图》 ………………………… 117

题汪锐斋《蕉窗读〈易〉图》 …………………… 118

彭田桥借《中秋图》 …………………………… 118

题姚申甫宗伯遗像 …………………………… 119

寄寿蔡葛山相国 ……………………………… 119

李墨庄《登岱图》 ……………………………… 119

王春波《潇湘云水画卷》 ……………………… 120

题陈雨香《墨竹》 ……………………………… 120

西江刘君画松扇 ……………………………… 120

题田芸甫镜屏 ………………………………… 120

吏部藤花诗，为玉阆峰少宰作 ………………… 121

怀朝鲜洪良浩 ………………………………… 121

题法时帆祭酒《诗龛图》 ……………………… 121

题陈氏韫玉《西斋遗稿》 ……………………… 122

曹慕堂宗丞《家庆图》 …………………………………… 122

戊午二月八日同人小集。梁春淙大司寇年八十二，赵鹿泉少宰年
　　七十二，吴白华少宰、韩兰亭少司农、蒋霁园大廷尉俱年七十，
　　金听涛大司马年六十九，卫松厓侍御年六十八，蒋戟门少司农、
　　熊蔚亭少司寇俱年六十五，庆丹年大司马、刘竹轩少司农俱年
　　六十四，汪时斋中丞年六十二，莫青友大京兆年五十六，宜桂圃
　　少司农年五十二，余年七十五；合一千零四岁。竹轩记之以诗，
　　因次其韵 ……………………………………………… 123

德厚圃侍御尊甫《寒香课子图》 …………………………… 123

为伊墨卿员外题《滦阳扈从图》 …………………………… 123

伊云林光禄左手《写经图》 ………………………………… 123

赠　友 ………………………………………………………… 124

题《卢沟折柳图》，送伊墨卿出守惠州 …………………… 124

题张孟词进士遗照 ………………………………………… 124

己未武会试阅卷，得诗四首 ……………………………… 125

叠前韵四首 ………………………………………………… 125

沧来刺史持示紫亭侍御遗画十幅，为每幅题二绝句 …… 125

题福建将军《平海图》 ……………………………………… 126

松园诗学放翁为题八韵，以质东国之作者 ……………… 127

戈仙舟太仆凿井得砚 ……………………………………… 127

休宁鲍固叔葬其高祖母于吴塘山，而以曾祖祔焉。距山二里余
　　曰叶博坞，乃为两曾祖妣卜吉。复于山茔左建祠奉祀，固叔绘
　　墓图求诗，因题二十韵 ……………………………… 128

题砚筪 …………………………………………………… 128

刘文定公遗像 ……………………………………………… 128

张寿雪大司马赋诗纪恩，次韵二首 ……………………… 129

蒋东桥遗照 ………………………………………………… 129

韩桂舲秋曹出其先世《洽隐园三友图》，属题 ………… 129

刘石庵相国藏经残帙歌 …………………………………… 130

壬戌会试阅卷偶作 ………………………………………… 130

汪芝亭秋曹《菜根轩读书图》 …………………………… 131

韩城相国予告归里赋诗留别，即次原韵 ………………… 131

石匣城 ……………………………………………………… 131

冶亭巡抚山东寄余淄石砚，戏答以诗 …………………… 131

倪鸿宝先生小桃源诗真迹，用覃溪前辈韵题后 ………… 131

题史忠正公墨迹，即用原韵 ……………………………… 132

宿密云县作 ………………………………………………… 132

宿板桥三官祠 ……………………………………………… 132

有　感 ……………………………………………………… 132

卷第十三　南行杂咏 …………………………………… 133

督学闽中十月初八日出都作 ……………………………… 133

留别及门诸子 ……………………………………………… 133

却寄旧寓葛临溪、姚星岩、王觐光、吴惠叔四子 ……… 133

乱石有感 …………………………………………………… 133

卢沟桥 ……………………………………………………… 133

琉璃河 ………………………………………………… 134

涿州过巨马河，相传此水不出桥下，遇桥辄溃而旁行 ………… 134

涿州道中杂咏范阳旧事 …………………………………… 134

又赋卢充事一绝 …………………………………………… 134

雄县题馆舍壁 ……………………………………………… 134

赵北口 ……………………………………………………… 134

任丘晤高近亭，因怀边征君随园 ………………………… 135

河间太守郊迎赋赠 ………………………………………… 135

单家桥道中赠驿卒 ………………………………………… 135

宿阜城怀多小山 …………………………………………… 135

周亚夫祠下慨然成咏 ……………………………………… 135

景州隋塔 …………………………………………………… 135

德州夜坐悼怀亡友李秋厓_{国柱}，成二绝句 ………………… 136

又悼田白岩_{中仪}二首 ……………………………………… 136

过德州，偶谈东方曼倩事 ………………………………… 136

留别平原县令夏清溪_汾 …………………………………… 136

晏　城 ……………………………………………………… 136

过齐河县入山 ……………………………………………… 136

由杜家庙至张夏，山路崎岖，戏为六韵 ………………… 137

晓发泰安，距泰山二十五里不及登 ……………………… 137

新泰令使馈食品，诗以却之 ……………………………… 137

蒙　阴 ……………………………………………………… 137

访李西轩前辈故居，谒其尊人，凄然成咏 ……………… 137

沂　水 …………………………………………………………………… 138

宿郯城，与县令张子金城闲话 …………………………………… 138

红花埠 …………………………………………………………………… 138

春帆自京南驰八日，及予于峒峿，盖日行二百余里矣，作此戏赠
　　………………………………………………………………………… 138

十一月初一日渡黄河 …………………………………………………… 138

氅社湖 …………………………………………………………………… 139

高　邮 …………………………………………………………………… 139

扬州二绝句 ……………………………………………………………… 139

渡　江 …………………………………………………………………… 139

金山寺 …………………………………………………………………… 140

春帆邀诸友游金山，戏赠 ……………………………………………… 140

小除日丹阳舟中，示幕中诸友 ………………………………………… 140

舟泊常州，闻湖南抚军将至 …………………………………………… 140

由枫桥移泊盘门 ………………………………………………………… 141

盘门舟次别申图南，时图南公车北上 ………………………………… 141

蚤　虱 …………………………………………………………………… 141

夜泊吴江 ………………………………………………………………… 141

舟至嘉兴，拟谒香树先生 ……………………………………………… 142

以诗投诸友索和，竟日无耗，走笔戏促 ……………………………… 142

昨以长句促和小除诗，守愚立就二章，春帆尚不脱稿，叠小除诗
　　韵再促之，并促诸友 ………………………………………………… 142

忻湖佑、申东田各以和章见示，春帆诗亦踵至，叠前韵赋谢 …… 143

舟中偕诸友小饮，倒押前韵，再恼春碉 …………………………………… 143

戏和春碉《双桥忆内》诗 …………………………………………… 143

春碉和诗又不至，再倒叠前韵戏促 …………………………………… 143

初到江船二绝 …………………………………………………………… 144

江船无窗，暗不睹物。求所谓"明瓦船"者不得，戏柬诸友 ………… 144

泊杭州二日不至西湖，诸友颇讶不情，因示此作 …………………… 144

富春至严陵山水甚佳 …………………………………………………… 144

江行甚速，兼短视不能甚睹，赋此解嘲 ……………………………… 144

钓台有感 ………………………………………………………………… 145

又咏钓台示诸友 ………………………………………………………… 145

江船豕诗答春碉 ………………………………………………………… 145

滩河谣 …………………………………………………………………… 145

阻风野泊 ………………………………………………………………… 146

解　嘲 …………………………………………………………………… 146

江船二十韵效昌黎体，邀春碉同作 …………………………………… 146

衢州登岸题江船 ………………………………………………………… 147

过　岭 …………………………………………………………………… 147

石陂题馆舍老梅 ………………………………………………………… 147

建阳城外谢叠山卖卜处 ………………………………………………… 147

建溪二十四韵，再效昌黎体 …………………………………………… 148

自延平登舟偶作 ………………………………………………………… 148

交坑夜泊 ………………………………………………………………… 149

将次水口，滩渐平而舟亦缓，书示春碉 ……………………………… 149

阻风，泊水口口号 …………………………………… 149

　　舟次水口，后舟由浦城过滩者尚无消息，夜坐偶成二律 ……… 149

　　将至福州 ……………………………………………… 149

卷第十四　乌鲁木齐杂诗 ………………………………… 150

卷第十五　馆课存稿 ……………………………………… 166

　　赋得象罔求珠得求字 ………………………………… 166

　　赋得帘疏燕误飞得飞字 ……………………………… 166

　　赋得璇源载圆折得圆字 ……………………………… 166

　　赋得山梁悦孔性得山字 ……………………………… 166

　　赋得以乐为御得驰字 ………………………………… 166

　　赋得秋山极天净得山字 ……………………………… 167

　　赋得吹葭六琯动飞灰得灰字 ………………………… 167

　　赋得昆明池织女石得明字 …………………………… 167

　　赋得无弦琴得琴字 …………………………………… 167

　　赋得直如朱丝绳得绳字 ……………………………… 167

　　赋得风弦汉殿筝得筝字 ……………………………… 168

　　赋得风光草际浮得浮字 ……………………………… 168

　　赋得澹云微雨养花天得微字 ………………………… 168

　　赋得月印万川得殊字 ………………………………… 168

　　其　二得川字(江南乡试题) ………………………… 168

　　赋得东风已绿瀛洲草得瀛字 ………………………… 169

赋得鹤立鸡群得轩字 …………………………… 169

赋得山意冲寒欲放梅得冲字 …………………… 169

赋得晴天养片云得云字 ………………………… 169

赋得花缺露春山得山字 ………………………… 169

赋得莺啭皇州得州字 …………………………… 170

其　二 …………………………………………… 170

其　三 …………………………………………… 170

赋得纤鳞如不隔得纤字 ………………………… 170

赋得白云自高妙得云字 ………………………… 170

赋得水彰五色得彰字 …………………………… 171

赋得残月如新月得如字 ………………………… 171

赋得木叶微脱得微字 …………………………… 171

赋得桐始华得春字 ……………………………… 171

赋得清露点荷珠得珠字 ………………………… 171

赋得炉烟添柳重得烟字 ………………………… 172

赋得湘灵鼓瑟得灵字 …………………………… 172

赋得河鲤登龙门得登字 ………………………… 172

赋得莺声细雨中得交字 ………………………… 172

其　二 …………………………………………… 172

赋得夏云多奇峰得岩字 ………………………… 173

其　二得峰字 …………………………………… 173

赋得秋日悬清光得清字(顺天乡试题) ………… 173

赋得粳香等炊玉得粳字 ………………………… 173

赋得江海出明珠得圆字(浙江乡试题) …………………… 173

赋得秋水长天一色得天字(江西乡试题) …………………… 174

其　二 ……………………………………………………… 174

赋得山水含清晖得秋字(福建乡试题) ………………………… 174

赋得白露为霜得霜字(山东乡试题) …………………………… 174

赋得水怀珠而川媚得藏字(山西乡试题) …………………… 174

赋得明月照高楼得楼字(河南乡试题) ………………………… 175

赋得海上生明月得光字(陕西乡试题) ………………………… 175

赋得秋风生桂枝得秋字(湖南乡试题) ………………………… 175

赋得农乃登谷得成字(湖北乡试题) …………………………… 175

赋得玉韫山含辉得瑛字(四川乡试题) ………………………… 175

赋得月到天心处得心字(广东乡试题) ………………………… 176

赋得月中桂得秋字(广西乡试题) ……………………………… 176

赋得行不由径得行字(云南乡试题) …………………………… 176

赋得秋风动桂林得风字(贵州乡试题) ………………………… 176

赋得迎岁早梅新得新字 ………………………………………… 176

赋得原隰荑绿柳得荑字 ………………………………………… 177

其　二 ……………………………………………………… 177

赋得御沟柳色得新字 …………………………………………… 177

赋得鸿雁来宾得来字 …………………………………………… 177

赋得秋月如圭得圭字 …………………………………………… 177

赋得微云淡河汉得河字 ………………………………………… 178

赋得帘疏巧入坐人衣得衣字 …………………………………… 178

赋得爵入大水为蛤得为字 …… 178

赋得水始冰得冰字 …… 178

赋得指佞草得忠字 …… 178

赋得闰月定四时得时字 …… 179

赋得其人如玉得其字 …… 179

赋得晨光动翠华得春字 …… 179

赋得草色遥看近却无得遥字 …… 179

赋得雨中春树万人家得人字 …… 179

赋得屏风灯得屏字 …… 180

赋得鱼戏莲叶东得东字 …… 180

卷第十六　我法集 …… 181

赋得一片承平雅颂声得声字 …… 181

赋得识曲听其真得真字 …… 181

赋得高山流水得琴字 …… 181

其　二得高字 …… 181

其　三得山字 …… 181

其　四得流字 …… 182

赋得野竹上青霄得青字 …… 182

赋得性如茧得如字 …… 182

赋得秋色从西来得来字 …… 182

赋得四边空碧落得游字 …… 182

赋得圆灵水镜得圆字 …… 183

赋得鸦背夕阳多得多字 …………………………… 183

赋得绮丽不足珍得珍字 …………………………… 183

赋得细雨湿流光得光字 …………………………… 183

附录　树馨诗 ……………………………………… 183

赋得翠纶桂饵得鱼字 ……………………………… 184

赋得山虚水深得萧字 ……………………………… 184

赋得风暖鸟声碎得风字 …………………………… 184

赋得日高花影重得重字 …………………………… 184

赋得清晖能娱人得青字 …………………………… 184

赋得山水含清晖得晖字 …………………………… 185

赋得絜矩得方字 …………………………………… 185

赋得江上数峰青得青字 …………………………… 185

赋得意司契而为匠得司字 ………………………… 185

赋得芝兰之室得兰字 ……………………………… 185

赋得寒蝉得虫字 …………………………………… 186

赋得诵诗闻国政得闻字 …………………………… 186

赋得讲易见天心得心字 …………………………… 186

赋得东壁图书府得书字 …………………………… 186

赋得西园翰墨林得园字 …………………………… 186

赋得镜花水月得花字 ……………………………… 187

赋得雷乃发声得初字 ……………………………… 187

赋得鸟度屏风里得屏字 …………………………… 187

赋得臧三耳得听字 ………………………………… 187

赋得前身相马九方皋 得身字 ………… 187

赋得池水夜观深 得深字 ………… 188

赋得楼钟晴听响 得晴字 ………… 188

赋得春华秋实 得华字 ………… 188

赋得栖烟一点明 得明字 ………… 188

赋得长江秋注 得江字 ………… 188

赋得汲古得修绠 得修字 ………… 189

赋得文以载道 得文字 ………… 189

赋得移花兼蝶至 得移字 ………… 189

赋得孤月浪中翻 得孤字 ………… 189

赋得炼石补天 得天字 ………… 189

赋得以鸟鸣春 得鸣字 ………… 190

赋得以雷鸣夏 得鸣字 ………… 190

赋得以虫鸣秋 得鸣字 ………… 190

赋得以风鸣冬 得鸣字 ………… 190

赋得良玉生烟 得光字 ………… 190

赋得黄花如散金 得金字 ………… 191

赋得心如秤 得心字 ………… 191

赋得四十贤人 得人字 ………… 191

赋得斧藻其言 得言字 ………… 191

赋得光景常新 得新字 ………… 191

赋得弓胶昔干 得胶字 ………… 192

其　二 得弓字 ………… 192

赋得天葩吐奇芬 得葩字 …………………………………… 192
赋得荷风送香气 得风字 …………………………………… 192
赋得黄庭换鹅 得鹅字 ……………………………………… 192
赋得能使江月白 得能字 …………………………………… 193
赋得九变待一顾 得琴字 …………………………………… 193
赋得文笔鸣凤 得高字 ……………………………………… 193
赋得鸳集翰林 得林字 ……………………………………… 193
赋得雄窜文囿 得文字 ……………………………………… 193
赋得佳士如香固可熏 得熏字 ……………………………… 194
赋得砧杵共秋声 得声字 …………………………………… 194
赋得若虞机张 得张字 ……………………………………… 194
　其　二 得虞字 ………………………………………… 194
　其　三 得机字 ………………………………………… 194
赋得山杂夏云多 得云字 …………………………………… 195
　其　二 得多字 ………………………………………… 195
附录　树馨诗 ……………………………………………… 195
赋得流云吐华月 得流字 …………………………………… 195
赋得松风水月 得间字 ……………………………………… 195
赋得临风舒锦 得藏字 ……………………………………… 196
赋得时旸若 得难字 ………………………………………… 196
赋得刻鹄类鹜 得曹字 ……………………………………… 196
　其　二 …………………………………………………… 196
赋得清露滴荷珠 得宜字 …………………………………… 196

赋得水波得平字 ·················· 197

赋得闰月定四时得和字 ············ 197

赋得公而不明得谁字 ··············· 197

其　二 ···························· 197

赋得四时为柄得乾字 ··············· 197

赋得首夏犹清和得潜字 ············ 198

赋得既雨晴亦佳得晴字 ············ 198

其　二 ···························· 198

赋得如水如镜得分字 ··············· 198

赋得石穴应云得霖字 ··············· 198

赋得云兴四岳得霖字 ··············· 199

赋得匠成翘秀得多字 ··············· 199

赋得云消出绛河得河字 ············ 199

赋得东风入律得风字 ··············· 199

赋得春帆细雨来得帆字 ············ 199

赋得百川灌河得方字 ··············· 200

其　二 ···························· 200

纪晓岚文集

编校说明 ···························· 202

卷第一　赋 ·························· 203

圣驾东巡恭谒祖陵赋谨序　乾隆十九年 ······ 203

皇太后八旬万寿天西效祝赋谨序 乾隆三十六年 …… 207

七旬万寿赋 乾隆四十五年 …… 213

八旬万寿锦屏赋 乾隆五十五年 …… 215

平定准噶尔赋谨序 乾隆二十年 …… 220

卷第二 赋 …… 225

海上生明月赋 以"海上明月共潮生"为韵 …… 225

书云物赋 以"登台占验用纪嘉祥"为韵 并序 …… 226

春水绿波赋 以"风行水上涣为文章"为韵 …… 227

上林春雨赋 以题为韵 …… 228

鸿渐于陆赋 以"鸿翔天路羽仪上国"为韵 并序 …… 229

荷露烹茶赋 以"胜情韵事合补茶经"为韵 …… 230

彩胜赋 并序 …… 231

青云干吕赋 以"青云干吕弥月不散"为韵 …… 232

仲春上丁习舞赋 以"上丁习舞宣导阳和"为韵 …… 234

东风解冻赋 以"生气初盛九阳奋发"为韵 …… 235

白玉琯赋 以"帝德遐敷西母来献"为韵 …… 236

德车结旌赋 以"德美在中缠结其旌"为韵 …… 237

羞以含桃赋 以"时果早成寝庙先荐"为韵 …… 238

孟冬颁朔赋 以题为韵 …… 239

佝偻丈人承蜩赋 以"用志不分乃凝于神"为韵 …… 240

风过箫赋 以"风之过箫自然成韵"为韵 …… 242

敢谏鼓赋 以"置鼓于庭以来谏者"为韵 …… 243

石韫玉赋 以题为韵 …… 244

卷第三　雅　颂 …… 246

　　平定两金川雅谨序 乾隆四十一年代作 …… 246

　　平定两金川颂谨序 乾隆四十一年代作 …… 249

　　五巡江浙恩纶颂谨序 乾隆四十五年 …… 252

　　蛮陬贡象颂 乾隆五十五年 …… 260

卷第四　折　子 …… 261

　　与陆锡熊同被恩命升授翰林院侍读，呈请奏谢折子 乾隆三十八年 …… 261

　　进呈书籍，蒙赐内府初印《佩文韵府》，呈请奏谢折子 乾隆三十九年 …… 261

　　命与陆费墀仍留文渊阁直阁事恭谢折子 乾隆□十□年 …… 262

　　恩擢兵部侍郎仍兼文渊阁直阁事恭谢折子 乾隆四十七年 …… 262

　　命充经筵讲官恭谢折子 乾隆五十二年 …… 263

　　礼部奏进御笔《太常仙蝶》诗拓本折子 乾隆五十四年 …… 263

　　宣示《御制补咏安南战图六律并序》覆奏折子 乾隆五十四年 …… 264

　　礼部恭请举行万寿圣节庆典事折子 乾隆五十五年 …… 265

　　宣示《御制石刻蒋衡书十三经于辟雍序》覆奏折子 乾隆五十六年 …… 265

　　恩赐《御制石刻蒋衡书十三经于辟雍序》墨本恭谢折子 乾隆五十六年 …… 266

宣示《御制圭瑁说》覆奏折子乾隆五十七年 …………… 268
太上皇帝纪元周甲,授受礼成,恭进诗册折子嘉庆元年 …… 268
调补兵部尚书谢恩折子嘉庆元年 …………………… 269
宣示《圣制书虞书舜典集传》覆奏折子嘉庆元年 ………… 269
奉命诠解《洛神赋》语覆奏折子嘉庆二年 ………………… 269
孙树馨由荫生选授刑部江西司员外郎谢恩折子嘉庆四年 …… 270
裕陵奉安礼成,特加礼、工二部堂司官各二级谢恩折子嘉庆四年
　　……………………………………………………… 270
大学士六部尚书奉旨议奏安南国长阮福映请赐名南越折子嘉庆
　七年 ………………………………………………… 270
六月十五日八十生辰,特命署上驷院卿常贵颁赐珍品,谢恩折子
　　嘉庆八年 ……………………………………………… 271
命署兵部尚书并教习庶吉士谢恩折子嘉庆八年 …………… 272
礼部议奏山东巡抚疏请增设左丘明世袭五经博士折子嘉庆八年
　　……………………………………………………… 272
请敕下大学士九卿科道详议旌表例案折子嘉庆八年 ……… 273
礼部议奏山东巡抚申辩前疏并另请增设汉儒郑元世袭五经博士
　折子嘉庆九年 ………………………………………… 273
孙树馨推升刑部陕西司郎中谢恩折子嘉庆九年 …………… 275
命以礼部尚书协办大学士加太子少保衔并管国子监事谢恩折子
　　嘉庆十年 ……………………………………………… 276

卷第五 折 子 …………………………………… 277

恭谢六巡江浙,蠲免直隶、山东经过地方额赋,并豁顺天十二府

州属旧借仓谷折子_{乾隆四十九年} ………………………… 277

恭谢六巡江浙，喜得元孙。直隶、山东老民老妇一体赏赉，复因

　二省缺雨，军流以下递予减等折子_{乾隆四十九年} ………… 277

恭谢恩缓保定河间府属十四州县积欠折子_{乾隆五十四年} ……… 278

恭谢八旬万寿升秩岱宗展仪阙里。直隶广学额免积欠加赈一月

　折子_{乾隆五十五年} ……………………………………… 279

恭谢巡幸天津，分别蠲免经过地方并所属州县积欠折子_{乾隆五十}

　_{九年} ……………………………………………………… 280

恭谢恩缓直隶一百七州县新旧额赋仓谷折子_{乾隆五十九年} …… 280

恭谢恩恤直隶八十三州县贫民分别赈借口粮折子_{乾隆五十九年}

　　……………………………………………………… 281

恭谢恩命截漕拨帑筹备直隶赈务折子_{乾隆五十九年} ………… 281

恭谢恩谕直隶总督实心赈恤正定等府属被水州县折子_{乾隆五十}

　_{九年} ……………………………………………………… 282

恭谢恩免河间、天津各属积欠官修大名元城民堤，赏给所借籽种

　折子_{乾隆五十九年} ……………………………………… 283

恭谢恩加银米赈恤直隶并免三十三州县积欠折子_{乾隆五十九年}

　　……………………………………………………… 283

恭谢恩加展赈直隶二十四州县折子_{乾隆六十年} ……………… 284

恭谢恩缓直隶上年被水州县春季新赋折子_{乾隆六十年} ……… 284

恭谢恩免直隶五十二州县积欠旗租折子_{乾隆六十年} ………… 285

恭谢恩抚直隶灾区分别蠲缓各项应征租赋仓谷折子_{嘉庆七年}

　　……………………………………………………… 285

恭谢恩减秋狝木兰经过地方额赋折子 嘉庆七年 …… 286

卷第六　表　露布　诏　疏 …… 287

拟赐宴瀛台联句并锡赉谢表 乾隆十二年顺天乡试 …… 287

拟修葺两郊坛宇及先农坛告成谢表 乾隆十九年会试 …… 289

钦定《四库全书》告成恭进表 乾隆四十七年 …… 291

平定两金川露布 乾隆四十一年 …… 297

拟修定科律诏 乾隆十九年朝考 …… 302

拟请重亲民之官疏 乾隆十九年朝考 …… 303

卷第七　论　记 …… 305

诚五常之本百行之源也论 乾隆十二年顺天乡试 …… 305

本天本地论 乾隆十九年朝考 …… 306

迈古论 嘉庆元年□□□□授□□受礼成恭纪 …… 307

化源论 嘉庆三年□□临雍讲学恭纪 …… 309

端本导源论 嘉庆九年□□临幸翰林院恭纪 …… 311

祝釐茂典记 乾隆五十五年□□八旬万寿恭纪 …… 314

卷第八　序 …… 321

《甲辰会试录》序 …… 321

《丙辰会试录》序 …… 322

《壬戌会试录》序 …… 323

《己未武会试录》序 …… 324

《逊斋〈易〉述》序 …………………………………… 325

　　《周易义象合纂》序 ………………………………… 326

　　黎君《易注》序 ……………………………………… 327

　　《诗序补义》序 ……………………………………… 328

　　《考工记图》序 ……………………………………… 329

　　审定史雪汀《风雅遗音》序 ………………………… 330

　　《六书分类》序 ……………………………………… 331

　　《沈氏四声考》序 …………………………………… 332

　　《沈氏四声考》后序 ………………………………… 333

　　《增订改元考同》序 ………………………………… 333

　　《删正〈帝京景物略〉》序 …………………………… 334

　　《删正〈帝京景物略〉》后序 ………………………… 335

　　《安阳县志》序 ……………………………………… 335

　　《马氏重修家乘》序 ………………………………… 336

　　《渠阳王氏世系考》序 ……………………………… 337

　　《河间孔氏族谱》序 ………………………………… 338

　　《棠樾鲍氏宣忠堂支谱》序 ………………………… 339

　　《汾阳曹氏族谱》序 ………………………………… 340

　　《景城纪氏家谱》序例 ……………………………… 341

　　《史通削繁》序 ……………………………………… 346

　　《济众新编》序 ……………………………………… 346

卷第九　序 ………………………………………………… 348

　　张为《主客图》序 …………………………………… 348

《唐人试律说》序 …… 348

《后山集钞》序 …… 349

《瀛奎律髓刊误》序 …… 350

《俭重堂诗》序 …… 351

《冰瓯草》序 …… 352

《乌鲁木齐杂诗》序 …… 353

《爱鼎堂遗集》序 …… 353

冶亭《诗介》序 …… 354

《鹳井集》序 …… 355

《郭茗山诗集》序 …… 356

《香亭文稿》序 …… 357

《沽河杂咏》序 …… 358

《月山诗集》序 …… 359

《四松堂集》序 …… 359

《袁清悫公诗集》序 …… 360

《云林诗钞》序 …… 361

《二樟诗钞》序 …… 362

《田侯松岩诗》序 …… 363

《清艳堂诗》序 …… 364

《清艳堂赋》序 …… 365

《挹绿轩诗集》序 …… 365

《镂冰诗钞》序 …… 366

《鹤街诗稿》序 …… 367

《四百三十二峰草堂诗钞》序 ······ 368

《诗教堂诗集》序 ······ 369

积静逸先生《经义》序 ······ 370

《李参奉诗钞》序 ······ 371

《耳溪诗集》序 ······ 372

《耳溪文集》序 ······ 373

《明皋文集》序 ······ 374

《曹绮庄先生遗稿》序 ······ 375

《绛云别志》序 ······ 376

王伟人相国七十序 ······ 377

蒋东桥兵部五十序 ······ 378

梁天池封翁八十序 ······ 379

完颜母戴佳太夫人五十序 ······ 380

尹太夫人八十序 ······ 381

旌表张母黄太孺人节孝序 ······ 382

卷第十　跋 ······ 384

御制题孙觉《春秋经解》六韵恭跋 乾隆四十一年 ······ 384

御制题明朱载堉《琴谱乐律全书》恭跋 乾隆五十二年 ······ 384

经筵御论恭跋 乾隆五十四年 ······ 385

御制耕耤禾词恭跋 乾隆五十四年 ······ 386

御制至避暑山庄即事得句恭跋 乾隆五十四年 ······ 387

御制节前御园赐宴席中得句恭跋 乾隆五十五年 ······ 387

御制寿民诗恭跋 乾隆五十五年 …… 389

经筵御论恭跋 乾隆五十五年 …… 390

御制云贵总督富纲奏缅甸国长孟陨遣使祝釐并乞封号诗以赐
　奖恭跋 乾隆五十五年 …… 391

御制八征耄念之宝记恭跋 乾隆五十五年代作 …… 391

圣制十全老人之宝说恭跋 嘉庆元年代作 …… 394

御制辛酉工赈纪事序恭跋 嘉庆八年 …… 396

御制平定三省纪略恭跋 嘉庆八年 …… 397

卷第十一　书　后 …… 399

书毛氏《重刊〈说文〉》后 二则 …… 399

书明人《重刊〈广韵〉》后 三则 …… 399

书张氏《重刊〈广韵〉》后 二则 …… 400

书礼部《韵略》后 二则 …… 401

书浦氏《〈史通〉通释》后 二则 …… 402

书《八唐人集》后 …… 402

书韩致尧《翰林集》后 二则 …… 402

书韩致尧《香奁集》后 三则 …… 403

书《黄山谷集》后 五则 …… 403

书蔡葛山相国延禧堂寿言后 …… 404

书《李杏浦总宪年谱》后 …… 405

书《吴观察家传》后 …… 405

书《鲍氏世孝祠记》后 …… 406

题姚姬传《书左墨溪事》后 ……………… 407

书周泊园先生《游三笑亭诗》后 ………… 407

书蒋秋吟《考具诗》后 …………………… 408

书《汉瓦当拓本》后二则 ………………… 408

书《黄庭帖》跋尾后二则 ………………… 408

书刘石庵相国临王右军帖后 ……………… 409

书陆青来中丞家书后 ……………………… 409

书王孝承手札后 …………………………… 410

书孝女余氏行实后 ………………………… 411

书奏节妇江氏事略后 ……………………… 411

书徐节妇传后 ……………………………… 412

卷第十二 策问 书 ……………………… 413

乾隆己卯山西乡试策问三道 ……………… 413

乾隆甲辰会试策问三道 …………………… 416

嘉庆丙辰会试策问五道 …………………… 418

嘉庆壬戌会试策问五道 …………………… 420

与余存吾太史书 …………………………… 423

与朝鲜洪耳溪书 …………………………… 423

再与朝鲜洪耳溪书 ………………………… 424

与朝鲜洪薰谷书 …………………………… 425

与陈梅坨编修书 …………………………… 425

复法时帆祭酒书 …………………………… 426

卷第十三　铭 ································· 428

　　御赐浮筠砚铭 ····························· 428

　　升恒砚铭 ································· 428

　　卷阿砚铭 ································· 428

　　黼黻砚铭 ································· 428

　　洛书砚铭 ································· 428

　　泮池砚铭 ································· 428

　　圭砚铭 ··································· 429

　　金水附日砚铭 ····························· 429

　　井阑砚铭 ································· 429

　　水田砚铭 ································· 429

　　云龙砚铭 ································· 429

　　未央宫瓦砚铭 ····························· 429

　　甘泉宫瓦砚铭 ····························· 430

　　澄泥仿瓦砚铭 ····························· 430

　　圆池砚铭 ································· 430

　　辋池砚铭 ································· 430

　　宋太史砚铭 ······························· 430

　　郑夹漈砚铭 ······························· 430

　　刘文正公砚铭 ····························· 431

　　阿文成公瓦砚铭 ··························· 431

　　仿西汉五凤砖砚铭 ························· 431

风字砚铭 …………………………………… 431

琴砚铭 ……………………………………… 431

天然瓶砚铭 ………………………………… 432

挈瓶砚铭 …………………………………… 432

竹节砚铭 …………………………………… 432

桃砚铭 ……………………………………… 432

荔支砚铭 …………………………………… 432

天然荷叶砚铭 ……………………………… 432

荷叶砚铭 …………………………………… 432

蕉叶砚铭 …………………………………… 433

白菜砚铭 …………………………………… 433

破叶砚铭 …………………………………… 433

壶卢砚铭 …………………………………… 433

墨注砚铭 …………………………………… 433

月堤砚铭 …………………………………… 433

留耕砚铭 …………………………………… 433

岭云砚铭 …………………………………… 434

小斧砚铭 …………………………………… 434

古币砚铭 …………………………………… 434

连环砚铭 …………………………………… 434

墨薮砚铭 …………………………………… 434

龙尾石砚铭 ………………………………… 434

松花石砚铭 ………………………………… 434

天然砚铭 ……………………………… 435

淄水石砚铭 …………………………… 435

龟变石砚铭 …………………………… 435

松化石砚铭 …………………………… 435

月池砚铭 ……………………………… 435

水波砚铭 ……………………………… 435

螭纹砚铭 ……………………………… 435

断壁砚铭 ……………………………… 436

红丝砚铭 ……………………………… 436

青花砚铭 ……………………………… 436

瓜砚铭 ………………………………… 436

夔龙砚铭 ……………………………… 436

西洞石砚铭 …………………………… 436

坦腹砚铭 ……………………………… 436

䲢村石砚铭 …………………………… 437

聚星砚铭 ……………………………… 437

月到天心砚铭 ………………………… 437

卢绍弓虎符砚铭 ……………………… 437

仿宋砚铭 ……………………………… 437

下岩石砚铭 …………………………… 437

两曜砚铭 ……………………………… 437

天然石子砚铭 ………………………… 437

赤石砚铭 ……………………………… 438

天青石砚铭	438
斗池砚铭	438
苍璆砚铭	438
绿琼砚铭	438
紫玉砚铭	438
绿石朱砚铭	438
瀚海玛瑙朱砚铭	439
笔　铭	439
墨　铭	439
笔斗铭	439
方笔斗铭	439
三脚笔斗铭	439
竹根笔斗铭	440
笔床铭	440
墨床铭	440
古铜墨床铭	440
笔墨床铭	440
笔捄铭	441
水滴铭	441
笔船铭	441
印规铭	441
界尺铭	441
乌丝界尺铭	441

玉砑子铭 …………………………………………………… 441

书削铭 ……………………………………………………… 442

锥　铭 ……………………………………………………… 442

糊刷筒铭 …………………………………………………… 442

解锥铭 ……………………………………………………… 442

裁刀铭 ……………………………………………………… 442

小斧铭 ……………………………………………………… 442

小槌铭 ……………………………………………………… 442

小锯铭 ……………………………………………………… 442

铁锉铭 ……………………………………………………… 443

木锉铭 ……………………………………………………… 443

平凿铭 ……………………………………………………… 443

圆凿铭 ……………………………………………………… 443

试金石铭 …………………………………………………… 443

砺石铭 ……………………………………………………… 443

刷　铭 ……………………………………………………… 443

硬刷铭 ……………………………………………………… 443

软刷铭 ……………………………………………………… 443

硬软刷铭 …………………………………………………… 444

掸帚铭 ……………………………………………………… 444

小等铭 ……………………………………………………… 444

小称铭 ……………………………………………………… 444

算盘铭 ……………………………………………………… 444

尺　铭 ·· 444

熨斗铭 ·· 444

蟠桃合铭 ·· 444

方胜合铭 ·· 445

卷第十四　碑记　墓表　行状　逸事 ·············· 446

日华书院碑记 ·· 446

长白苏公新阡墓位记 ···································· 447

内务府郎中黄钟姚公墓表 ······························ 448

直隶遵化州知州鼎北李公墓表 ························· 449

中议大夫赐三品服肯园鲍公暨配汪淑人墓表 ········ 451

工部右侍郎霁园蒋公行状 ······························ 453

曹宗丞逸事 ·· 456

记李守敬事 ·· 457

卷第十五　传 ·· 458

怿堂先生小传 ·· 458

怡轩老人传 ·· 459

承德郎中书科中书岘亭杨公家传 ····················· 459

解月川先生小传 ··· 461

鲍肯园先生小传 ··· 462

王锦堂先生家传 ··· 463

戈太仆传 ··· 464

枣强知县任公传 ································· 465

兰圃舒公家传 ····································· 466

莫太夫人家传 ····································· 467

卷第十六　墓志铭　祭文　469

兵部尚书金文简公合葬墓志铭 ············· 469

兵部尚书刘恪简公合葬墓志铭 ············· 470

都察院左都御史杏浦李公合葬墓志铭 ··· 472

都察院左副都御史岸淮刘公墓志铭 ······ 474

前刑部左侍郎松园李公墓志铭 ············· 476

翰林院侍讲寅桥刘公墓志铭 ················ 477

翰林院侍讲荫台王公墓志铭 ················ 478

户部陕西司员外郎季荀马公墓志铭 ······ 480

刑部河南司员外郎前江苏按察使司按察使检斋王公墓志铭

·· 481

江苏布政使司布政使坳堂方公墓志铭 ··· 483

山西按察使司按察使曙海袁公墓志铭 ··· 485

河南开归管河兵备道德圃王公合葬墓志铭 ··· 486

云南迤南兵备道鲍伯龚公墓志铭 ········· 488

直隶广平府同知前湖北武汉黄德道蕴斋卢公墓志铭 ··· 489

江南淮南仪所监掣通判集堂查公墓志铭 ··· 491

直隶枣强县知县寓圃任公墓志铭 ········· 492

广东顺德县知县鹤庵冯公合葬墓志铭 ··· 494

振斯张公墓志铭 …………………………………… 495

德宏王公合葬墓志铭 ………………………………… 497

允修赵公墓志铭 …………………………………… 498

副榜贡生敬涵雷公墓志铭 …………………………… 499

交河县岁贡生友菊苏公合葬墓志铭 ………………… 501

伯兄晴湖公墓志铭 ………………………………… 502

一侄理含暨配张氏墓志铭 …………………………… 504

刘文定公配许夫人墓志铭 …………………………… 505

祭四叔母文 ………………………………………… 507

祭理藩院尚书显庭留公文 …………………………… 508

序 一

从来大家之文，无意求工而机趣环生，总由成竹在胸，故能挥洒如意，所谓风行水上，自成文章也。虽庙堂著作，辞尚体要，而理足以贯之。吾师纪文达公，天资超迈，目数行下，掇巍科，入翰苑，当时即有昌黎北斗、永叔洪河之目。厥后，高文典册，多为人捉刀。然随手散失，并不存稿。总谓尽系古人之糟粕，将来何必灾梨祸枣为？及在翰林署斋戒，始于敬一亭上得《永乐大典》。朱竹垞寻访不获，已云李自成衬马蹄矣，不知埋藏灰尘中几三百余年也。数月中，每于值宿之暇，翻阅一过，已记诵大半。

乾隆三十七年朱筠河学士奏闻。高宗纯皇帝敕辑《永乐大典》并搜罗遗书，特命吾师总纂。《四库全书总目》，俱经一手裁定，故所存者惟此独全。权之甲午典试江左，曾赠一水波砚，铭云："风水沧涟，波折天然。此文章之化境，吾闻之于老泉。"读此铭，吾师之为文可知矣。

兹公孙香林西曹，克绍家声，敬将平日检存者，付梓寿世，得文集十六卷，经进诗八卷，古今体诗六卷，馆课诗一卷，我法集一卷。以权之年甫弱冠计偕北上，即猥荷鉴赏，得厕弟子，行者最久，属权之为序。忆受知后，立雪程门，时多闻绪论。吾师是再来人。曾有未经目之书，即知有某人序、某人跋，开卷丝毫不爽,是慧悟夙成,文其余事也。然才力宏富,绝不矜奇好异,总以清气运之。譬满屋散钱,逐手入串,李杜之光焰,燕许之手笔,尽归腕下,衰然一代文宗也。虽吉光片羽,想怀铅握椠之士,得之不啻珍宝,可久奉为标准,权之何敢以媸陋辞!

嘉庆十七年,岁次壬申孟秋月,赐进士出身、经筵讲官、太子少保、体仁阁大学士、受业刘权之拜撰

序 二

我朝贤俊蔚兴，人文郁茂，鸿才硕学，肩比踵接；至于贯彻儒籍，旁通百家，修率情性，津逮后学，则河间纪文达公足以当之。夫山川之灵，笃生伟人，恒间世一出。河间献县，在汉为献王封国，史称：献王修学好古，实事求是，所得书皆古文先秦旧书。被服儒术，六艺具举。对三雍，献雅乐，答诏策，文约指明，学者宗之。后二千余年，而公生其地，起家甲科，历跻清要。

高宗纯皇帝，命辑《四库全书》，公总其成。凡六经传注之得失，诸史记载之异同，子集之支分派别，罔不抉奥提纲，溯源彻委。所撰定《总目提要》，多至万余种，考古必衷诸是，持论务得其平。光稽古之圣治，传于无穷，准诸献王之写定《周官》《尚书》《礼》《礼记》《孟子》《老子》，厥功尤茂焉。

国家举大典礼，恭进颂册，恭和圣制、御制诸作，皆从心所发，雍容揄扬，有穆如之风。公受两朝知遇，有所疏奏，皆平彻闲雅，足为对扬轨仪。请试士子《春秋》文，以《左氏传》立论，辅以《公羊》《穀梁》二传，而废《胡氏传》，尤为有功经学。他所著撰，体物披文，不袭时俗，所为诗直而不伉，婉而不佻，抒写性灵，酝酿深厚，未尝规橅前人，罔不与古相合。盖公鉴于文家得失者深矣。公著述甚富，不自裒集，故多散轶。公之孙香林比部，勤为搜辑者，数年得诗、文集各十六卷,梓以行世,属序于元。元以科名出公门生门下。初入都,公见元所撰书,称许之。自入词馆,闻公议论益详。盖公之学,在于辨汉、宋儒术之是非,析诗、文流派之正伪。主持风会,非公不能。至于此集,虽非公所自勒,然亦足以觇全量矣。

嘉庆十七年九月,扬州阮元序于德州督漕舟次

序 三

古之君子所为,既没而言立者,非必皆致意于文词也。天地民物之理,洞然于胸中,而不为窈冥恍惚之辞以欺世;其于朝章国故,则知之悉,而言之详,而又以其好善之诚,述一时之贤人君子,不苟同,不虚美,俾足以传信于后。惟然,故无意于文,而其文之传也益远。我师河间纪文达公,以学问文章,著声公卿间四十余年。

国家大著作,非公莫属。其在翰林校理《四库全书》七万余卷。《提要》一书,详述古今学术源流,文章体裁异同分合之故,皆经公论次,方著于录。尝语人:自校理秘书,纵观古今著述,知作者固已大备。后之人竭其心思才力,要不出古人之范围;其自谓过之者,皆不知量之甚者也。故生平未尝著书,间为人作序、记、碑、表之属,亦随即弃掷,未尝存稿。窃尝考有宋之世词臣撰述,若《太平御览》《册府元龟》《文苑英华》,最称繁富,而纂修诸臣,或无专集之可纪。独欧阳文忠公作《唐书》,司马文正公作《通鉴》,而其文皆裒然为集,则以二公之学问文章,固加人一等也。公虽不欲以文词自名,而名之播于世者久。故自公之存,而馆阁诗赋、南行杂咏、试帖、我法集,并为世所传诵;碑志文字,请求者踵相接。

公孙刑部郎中树馨，手自辑录，积久成帙。公薨四年，而树馨居同知府君之丧，乃尽发向时所录及已梓行者，诗、赋、箴、铭、赞、颂、序、记、碑、表、志铭、行状，类而次之，总若干篇，为若干卷，题曰《纪文达公遗集》。后之人博观之《提要》，而约求之此集，于以知公之生平，实有同于欧阳、司马，而远媲乎古之立言者，其在斯乎？其在斯乎！

受业陈鹤谨撰

纪晓岚诗集

〔清〕纪昀 撰
〔清〕纪树馨 编

编校说明

本书以嘉庆十一年《纪文达公遗集》第二函为底本(纪树馨整理编辑),改称《纪晓岚诗集》,并以嘉庆五年刻本《我法集》及《馆课存稿》校勘。参考河北教育出版社1991年7月版《纪晓岚文集》。

卷第一

御览诗

恭和御制雨元韵

甘泽欣沾沃,清和及上旬。流云低凤阙,细雨幂龙津。烟缕全如画,荷珠俨似真。缓随银漏箭,急讶水车轮。芳润宜初夏,轻寒接晚春。山禽催麦熟,试听弄晴频。

恭和御制固尔札庙火,用唐韩愈《陆浑山火和皇甫湜韵》,并效其体元韵

山河两戒开胚浑,氐羌西阻星宿源。三十六国初并吞,荒台犹自避帝轩。汉唐而后劫且燔,每乘月满窥五原。皇帝大德弥乾坤,梯航琛币通无垠。彼昏独不款塞垣,我师昨岁出玉门。寒霜忽照扶桑暾,三千犀手臂如猿。驾梁俯叱鼍与鼋,弯弧仰落云中鹓。铁山蹴碎昆弥奔,方其先世窃自尊。黄金布给孤独园,四西勒图丑类繁。多罗贝叶梵呗喧,唱和杂沓如簨虡。微言诇辨风与幡,局促真似虱处裈。所见不过尻两臀,闻我师至叩我辕。焚迷迭香迎橐鞬,初如驯鹿随朱轓。反覆忽似风中帉,帝震怒不羞其膰。赤虹遣下烟焰屯,火鞭摧拉盂兰盆。献花不剩瓶与樽,冥冥杳杳如有言。惩尔助逆云雨翻,业重不得邀平反。善神旁睨睐两暾,赞叹佛力净六根。昔佛心印传法孙,俾参妙谛穷肘跟。尔胡狡黠辜佛恩,奇鸧宁免陨厥元。菩萨千手犹难援,婆罗门技何足论?试看祝融下九阍,刹那衹庙焦土痕。焚巢实以褫汝魂,宁不自悔心烦冤。彼贰负臣今虽存,不过狼狈求盘飧。无弋那得剐女婿,大宛况非厥弟昆。枯林肯让寒鸥蹲,羽毛摧颓难飞骞。即擒妖鸟雪众怨,安能变化如鹏鲲。不信但望西昆仑,旄头堕地光昏昏。古云不戢终自焚,片言居要无须烦,蕃雏清夜心自扪。

恭和御制蕃剑行元韵

蛟龙不肯居窊塘,会乘雷电腾精芒。宝剑误落黠寇手,时来终得归尚方。忆昔潢池频盗弄,人人拟刳妖蟆肠。骨腾肉飞不可制,两臂欲挽千斤强。封狼貙罴况共穴,二竖相济如雁行。是以凭陵肆搏噬,黄支乌弋无人当。时移势易雄尫殒,殄除凶逆天之常。此剑流传不敢用,贡之天子言其详。天马东来历无皂,流沙积石道路长。楛矢既入周益盛,湛卢所去吴斯亡。开匣三尺净如水,烂然虎气辉紫闾。始知神物思利见,通灵之质不久藏。通灵之质不久藏,行见白环玉琯入贡未渠央。

恭和御制秋日奉皇太后幸口外行围启跸之作元韵

游豫亲承圣母欢,桂花时节半暄寒。黄云一片连长乐,遥护霓旌过北安。碌碡秋场处处逢,六军严肃不妨农。豳风一幅谁能画?雨歇烟岚泼翠浓。旌门岁岁到要荒,饎兽颁禽礼数详。看取轩辕亲教战,风云八阵总堂皇。

恭和御制怀柔县元韵

山城瞻玉舆,巡省历蓬庐。鸦髻双峰抱,龙旗两翼舒。弹汗寻古堞,白霫召酋渠。遥感怀柔意,名王正跂予。是日召见蒙古诸台吉。

恭和御制遥亭行宫对雨三首元韵

行殿三更雨,郊原八月秋。风声寒乍急,云气晓初收。野戍荒烟湿,悬崖响瀑流。洗兵知有兆,露布出边邮。

乍喜行尘净,何虞马力烦。随车如有意,洒道岂虚言。新霁犹含润,微凉稍带暄。明朝陪豹尾,安稳上天门。南天门在遥亭北。

瑶窗驰远眺,珠箔卷秋烟。暝色千峰湿,寒炊万灶然。露华初点笔,云叶欲裁笺。应是催诗雨,廉纤送玉鞭。

恭和御制出古北口咏古元韵

翠辇临边塞,檀州有故关。南来通一线,北顾见群山。连弩思前代,偏枪近此间。飞猱行尚怯,高鸟度应艰。苏辙题诗出,王曾奉使还。何如今一统,秋晚戍楼闲。

恭和御制至避暑山庄即事元韵

黄伞亭亭初驻跸,碧城隐隐宛游仙。寒山影里开天阙,流水声中敞御筵。玳押珠帘旁掩映,红桥翠渚一沿缘。菊花恰值重阳闰,好待君王大猎旋。

恭和御制晚荷元韵

天然清韵出群芳,晚放犹余冉冉香。秋露如珠莹妙相,寒塘似镜映仙装。山中桂树同留月,木末芙蓉共拒霜。岂是莲心偏耐冷,恩波只有御沟长。

恭和御制热河启跸之作元韵

武列河头雁过时,句陈羽卫启通逵。红飘霜叶枫千树,绿绕寒澌水一涯。蹀躞花骢随日驭,玲珑芝盖散云蕤。如闻蕃落诸渠长,会猎长杨到恐迟。

恭和御制山店元韵

秋山淡沱画难成,卜筑谁人此力耕?茅屋几家藏碧树,疏篱一带露红荆。迎銮从未劳供顿,近塞何曾识战征?久在豳风图里住,庶民均有献狌情。

恭和御制朝岚元韵

朝来爽气对西山,此语流传已久矣。但惊苍翠袭衣襟,谁辨烟岚何处起?岂知橐籥息相吹,月窟天根机在此。高山大泽气潜通,皇心妙契先天理。碧绿青黄皆会心,浅见乌能窥所以。侧峰横岭看茫然,小臣如入庐山里。

恭和御制都尔伯特台吉伯什阿噶什来觐，封为亲王诗以纪事元韵

慕化弟兼兄，临风欲请缨。人情知顺逆，天意鉴精诚。斧锧谁先伏，冠裳尔最荣。传言诸部落，珍重寸心盟。

恭和御制入崖口元韵

谷量牛马自成陕，崖口群蕃迓凤舆。前代何曾通捻钵，诸侯今此会爰间。黄云白草双峰外，寒露西风九月初。岩壑频年邀睿藻，山灵望幸亦徯予。

恭和御制雨猎元韵

秋山巃嵷气佳哉，山岚蒸润山雨来。珍珠迸洒风倒卷，弯弓依旧趁雉媒。骡駓骍騮腾不止，挟雨蛟龙差可拟。惊弦响杂霹雳鸣，激矢爟随飞电起。斗然巧中呼声喜，雨血风毛一弹指。旌旗虽湿步伐齐，军政从知无懈弛。文侯遇雨罢虞人，节制焉知能若此？

恭和御制九月朔日元韵

讲武应金天，龙塞寒云迥。鲤鱼风乍来，木落空山静。秋高边马壮，奋迅乘霜景。驰骋讵为劳，过蒙宸虑省。未从属车尘，微怀方耿耿。

恭和御制霜元韵

风高寒露结，塞北晓霜时。昨夜丹枫醉，先期白雁知。微微分月色，薄薄散冰丝。萧瑟秋山景，居然画里披。

恭和御制行围即事元韵

长林丰草射生来，石径清无半点埃。冀马于今皆逸足，燕犀自古是良材。

行分鹅鹳双旌动,气逐风云万里开。圣主临边军令肃,无哗不用更衔枚。

猎猎风声大漠秋,高原塞马力初遒。旌旗影带寒云卷,组练光含晓日浮。霜隼盘空争搏击,天狼避箭敢迟留。中黄奋欲摧雕虎,荷戟深岩更一搜。

云罕天弧岁岁张,儒生何用戒垂堂?诸蓄震叠星从斗,七萃森严网在纲。蹴踏昆仑犹奋迅,鞭笞颉利只寻常。铭勋尚薄岐阳鼓,遮莫区区侈马扬。

恭和御制九日侍皇太后宴并赐内外王公诸臣食,即席得句元韵

帐殿崔嵬晓气澄,重阳不数宴孙陵。花开松幕围黄缋,香佩萸囊制彩绫。五色安舆云对捧,万年仙酒露新承。题糕胜事龙沙北,自古登高到未曾。

恭和御制宴土尔扈特使臣元韵

一点绯红射野义,天弧西指道途赊。闻风争以皮充篚,款塞非关马易茶。来日惟知深慕德,到时宁拟更思家。八荒万里皆吾闼,谁道昆仑月窟遐?

恭和御制山月元韵

微风动寒林,华月生遥岑。玲珑千嶂影,弥觉空山深。顾兔何时有,玉杵无停音。虚明涵大地,太古直至今。团圞七宝镜,此夕澄尧襟。云车且冉冉,风驭无骎骎。湛然见万象,爰尔当天心。

恭和御制允南省诸臣之请,恭奉皇太后再举时巡诗以述意元韵

圣虑殷勤轸下民,东南重拟翠华巡。良辰待卜春初吉,盛典还如岁在辛。天语一时传里巷,欢心先已遍臣邻。遥知父老扶鸠杖,翘首江干计日频。

恭和御制《喜雨》十首元韵

雨 阵

万叠云容变态奇,斜风吹下雨琴丽。谁鞭电毂循环转,直驾雷车次第施。悬溜如飞连臂弩,长虹敢曳竟天旗。分明节制堂堂阵,驱驭蛟龙演六师。

雨 云

阁雨流云未遽消,鱼鳞片片幂长霄。为霖沾沃弥千里,触石氤氲阅几朝?此际真看晴擘絮,昨来曾听夜鸣潮。眼前多少奇峰态,都是冲融二气调。

雨 山

山头盖影望童童,好雨飘随澹荡风。洗出云鬟真妩媚,露来石骨倍巃嵷。数峰隐约烟梢外,一带苍茫水墨中。大似新磨明镜出,全收丹翠映虚空。

雨 田

雨余相唤驾耧犁,处处田家布种齐。野色时看天早暮,岸痕遥问水高低。秋成预祝农官稷,夏长方当火正黎。从此年丰膏泽溥,朝霞便取绿蓑携。

雨 楼

四野迢迢卷幔看,琼楼百尺倚阑干。望中雨歇千门静,高处风多六月寒。远色空蒙当槛入,归云渐沥几声残。分明面面王维画,青满峰峦绿满滩。

雨 舟

园名欢喜树无忧,欢喜园、无忧树并见佛经。赏雨还登莲叶舟。渚雁沙鸥关乐意,幽花细草待宸游。一奁镜面和烟照,万叠靴纹拍岸流。更爱平添新溜响,琤枞彻耳未曾休。

雨 树

绿染烟光万万枝,一番新雨起涢萎。宫槐更长青葱色,官柳偏增袅娜姿。叶隐蝉声晴嘒嘒,根藏虫语夜伊伊。眼前物态皆生意,想见皇心畅对时。

雨 荷

雨中花似洛神姿,罗袜凌波微步迟。烟缕冥蒙垂幕处,芳津掠漾弄珠时。

沾濡不觉红衣湿，绰约仍看翠袖披。曾记烹茶亲制赋，定知荷露胜琼饴。

雨　蝉

五月来鸣候有常，繁音更比竞笙簧。应缘时雨随神螾，得趁凉飙化野螂。"野螂"字见(唐)权龙褒《秋日述怀》诗。高柳藏身阴密密，疏桐流响意扬扬。闻声知是甘霖足，出穴何须卜蚁王？

雨　蚓

泥中匿迹雨中行，绕砌长吟时有声。崔豹《古今注》："蚓善长吟，一名'鸣砌'。"唧唧如鸣茶鼎窍，韩愈《石鼎联句》："时于蚯蚓窍，微作苍蝇声。"行行恐是草书精。《晋书》言："萧子云书，行行如萦春蚓。"苏轼言："人有梦见蛟蛇纠结者，或草书之精也。"多缘土气能蒸润，未必花根果化生。么麽微虫邀圣藻，因知蠕动亦关情。

卷第二

御览诗

恭和御制重华宫茶宴廷臣及内廷翰林
用四库全书联句，复得诗二首元韵

紫霄丹地深严处，忽共群仙上太清。广乐乍闻真似梦，御香遥染不知名。谷辰喜应三阳暖，璧府原占五纬明。圣治光华和气洽，定看邛筰早销兵。

恩被槐厅雨露多，凤麟洲畔许经过。惭非旧学三冬富，空对陈编万卷罗。玉碗仙浆真忝窃，琼笺迮韵费研磨。于今竟似东方朔，联句无如诘屈何？

恭和御制重华宫茶宴廷臣及内廷翰林等
用天禄琳琅联句，是日复成二律元韵

赓歌庆叶需云乐，煦育方逢木德仁。青鸟一声春信早，仙蕊三叶岁华新。琳琅法曲听逾好，缥缈琼台画不真。自诧微臣本凡骨，金鳌亦作从游人。

昨岁殊恩逮下僚，叨陪嘉宴又今朝。汗青校字多惭向，飞白工书更愧萧。新月初三悬桂影，芳辰十五近灯宵。归途两袖天香满，还听康衢父老谣。

恭和御制紫光阁曲宴外藩即席得句元韵

绥柔共识圣恩宽，曼衍鱼龙许纵观。西极舆图通赤坂，北藩琛币越乌桓。金茎挹露同沾醉，翠釜传餐总尽欢。拟纪升平颂王会，小臣笔力愧盘盘。

恭和御制宁寿宫落成联句，召大学士及内廷翰林等
至重华宫茶宴，即席成什元韵

民康物阜逢昌运，保泰持盈仰圣忱。秘殿松云开丽景，高冈梧凤入联吟。轩铙叶乐常昭武，连日捷音沓至，促浸指日荡平。尧典传心首重钦。迈五登三真

上理，天章犹自警难谌。

广乐钧天奏九成，群臣载笔效歌赓。萧云纷郁回青陆，瑞日光明耀紫清。联韵欣容随内翰，臣以外廷翰林得预内宴，实为至荣。传柑喜得从公卿。升平嘉宴今三预，不尽涓埃矢报情。

恭和御制紫光阁曲宴即席成什元韵

燕乐需云启上春，献琛争看远方人。禁林淑气鸣青鸟，太液恩波润紫鳞。懋武古通功并赏，冉駹邛笮座相邻。一时都似随阳雁，北向刚逢斗建寅。

恭和御制紫光阁锡宴联句，召大学士并成功将佐及内廷翰林等至重华宫茶宴，得诗二首元韵

飞传尺檄召渠豪，万里朝天率偶曹。服皂新徕西极马，献賨争看益州刀。馈分神鼎恩光溥，音叶仙璈乐意陶。应识如今图职贡，成功都藉圣心劳。

震叠威棱古未闻，万方共仰睿谟勤。边庭频奏平羌曲，词客无劳喻蜀文。九伐声灵真赫奕，亿年歌颂永芳芬。微臣幸得逢昌运，朵殿簪毫意倍欣。

恭和御制重华宫茶宴内廷大臣、翰林等题四库全书荟要联句，并成二律元韵

大西藏书开册府，长庚叶兆庆年华。琅嬛福地辉相映，阆苑春风乐孔嘉。九奏欣闻仪凤曲，三清拜赐瑞麟茶。惟惭六载功方葳，立办无能在咄嗟。

奎躔珠纬聚昌时，文治精华盛若斯。五度追随真最幸，七言诘屈自嫌迟。欣逢圣主光荣渥，群羡儒生际遇奇。惟有勤将铅椠握，借编摩作报恩资。

恭和御制重华宫茶宴内廷大臣、翰林等题快雪堂帖联句，并成二律元韵

入律祥飙叶瑞符，需云恩逮列仙儒。班随九棘承天渥，臣班第十七缀九卿之

后。味咀三清胜道腴。法曲铿锵闻舜乐,仁风温煦听尧俞。化成悠久逢昌运,喜气盈庭有以夫。

宝刻琳琅耀紫宫,碑英不复数湘东。珍函宣赐前叨预,香案联吟此更同。从晋讫元追矩矱,由宫至羽纪初终。簪毫朵殿欣荣遇,惟矢葵丹励素衷。

恭和御制春仲经筵元韵

黼座谈经开宝帙,彤墀陪列簇仙裾。恩光许近金华殿,<small>内阁学士例不得听讲,臣幸以文渊阁直阁事得观大典。</small>天语闻宣玉字书。七秩犹勤搜壁府,<small>建文渊阁于文华殿后,以贮《四库全书》。巨目鸿纲皆由钦定,每乙夜亲观厘订鱼鲁,典学之勤,实为自古帝王所未有。</small>万方所仰拱辰居。从知圣学心为矩,一体无分汝与予。<small>是日御论《大学》絜矩之义。</small>

恭和御制经筵毕文渊阁赐茶作元韵

书城初共群才集,岁籥今经八度移。玉液分沾承宠渥,<small>例惟侍讲诸臣赐茶,是日并直阁事校理检阅诸臣,皆得蒙赐,盖异数也。</small>金根多误计功迟。文章报国思其职,夙夜扪心省乃私。七录幸排名籍定,<small>《四库全书总目》共编为二百卷,现已缮竣,拟于月望之前装潢奏进。</small>相规早奏汗青期。

恭和御制重华宫茶宴内廷大臣、翰林等咏七十二候联句,并成二律元韵

节候详征月令篇,柏梁分韵似珠连。四时斡运银毫里,万象骈罗黼座前。溥匈天机欣所遇,静观物理会其全。芳年共喜春祺渥,资始应知统以乾。

群工拜手咏萧斯,亿万同声祝帝基。燕乐欢心真洽矣,赓飏昌运幸逢之。彤庭侍宴叨深渥,彩笔联吟愧伫思。得沐光荣如小草,愿申葵藿报恩私。

恭和御制仲春经筵有述元韵

源从帝夏溯皇春,心矩传留圣圣循。仁且知斯为备德,哲而惠乃可临民。

七旬勤学天行健，五位居中治本身。彝训煌煌亲阐绎，万年道脉契原真。

恭和御制经筵毕文渊阁赐宴，以《四库全书》第一部告成庋阁内用幸翰林院，例得近体四律。首章即叠去岁诗韵元韵

石渠初贮牙签满，金殿群瞻彩仗移。芸笈霏香风细细，花砖列幄日迟迟。西昆旧记笙簧盛，东观偏承雨露私。跽读奎章恒企羡，乾隆甲子冬，御制幸翰林院赐宴诗勒石堂壁，词臣恒所瞻仰。如今幸慰素心期。

银榜璇题势壮哉，阁成专待奏书来。十年编校才粗葳，四部源流幸略该。玉楮难雕多旷日，金根屡误愧非材。七回叨沃三清盏，自甲午以后，臣凡七预重华宫内宴。此度琼筵又得陪。

群仙珥笔效赓歌，仰瞩麟台锦帙罗。细别瑕瑜皆有取，亲操衡鉴匪由他。从心矩乃能如是，合辙车宁问作么。万卷菁华融妙理，自然礼乐建中和。

锡宴晨曦辉藻井，联吟午漏报莲筹。天开壁府惟今盛，星聚奎躔有此不。文露莹于珠颗颗，恩波长似水悠悠。陶甄方在刊三写，共效丹忱莫滞留。

恭和御制幸避暑山庄启跸之作元韵

古稀天子犹勤政，六御时巡仰健行。才省春耕自盘谷，又修秋狝出瑶京。节过五月余蒲艾，念切三农问雨晴。服皂飞黄亲御鞚，瞻云倍慰庶民情。

恭和御制过怀柔县咏古元韵

圣主握天弧，开拓黄图颂神武。凤昔诵宸章，闭关曾斥汉世祖。是非徒贵兵力强，威足制之然后恩可抚。所以去年御制弹汗行，特昭此义垂示于永久。俾知近甸耕桑区，乃是开元以来两蕃争战所。兹来銮辂巡廛里，苾瑶金枝又复驻于此。申明古今控御之得失，相去不止相倍蓰。数十年来荡荡乎，化被无垠中外一家不复分。人已仰稽其所由，惟揆文奋武之得宜耳。

恭和御制命新授山东巡抚明兴往查去岁
被水州县奏至，诗以志事元韵

舜聪达万里，捷疾逾响报。痌瘝坐照知，不待飞章告。先事豫绸缪，振邮驰丹诏。履勘迹未周，明堂已涣号。馈贫饱稻粱，援众出泥淖。慈航资利涉，彼岸倏然到。但闻绿野歌，未觉黄流涝。恩皆格外施，梦想非所料。为政在养民，虞典传心要。得为圣世民，宁有哀鸿悼。

恭和御制出古北口咏事元韵

岩关从古不轻开，扈从如今任往来。形胜相夸徒尔尔，帝王无外自恢恢。丛祠剥落留诗板，连弩依稀认戍台。西起临洮到辽水，遗踪只足供诙咍。

恭和御制常山峪行宫三叠旧作韵元韵

六飞初出塞，行殿万峰前。云栋瞻天上，星庐列水边。临窗披画卷，挥翰启书筵。地近如来馆，宋王曾《行程录》有"卧如来馆"，计其道里，当去常山峪不远。途开圣祖年。谨按圣祖时幸避暑山庄，初由十八盘岭一路，后乃改从常山峪。山川蒙眷顾，花柳共清妍。宸赏多留咏，千龄孰比肩。

恭和御制《山雨》元韵

刚是嘉禾望雨期，群峰倏忽幂烟丝。流云渐觉随风合，甘澍行看应候滋。山泽已通方酝酿，耰锄未晚莫噫嘻。终须满慰三农愿，更拟抽毫敬赋之。

恭和御制至喀喇河屯用前作韵元韵

行过山程八日期，河桥烟柳冒鞭丝。锤峰北望青相接，滦水西来绿遍滋。鸟似迎銮争翙翙，花如含笑亦嘻嘻。仙庄将近轻阴合，洒道清尘信有之。

恭和御制山东巡抚明兴报得透雨诗以志慰元韵

嘉苗欲茂时,皇心方闵雨。青齐积水余,尤轸三农苦。赈贷频有加,恩膏沾已溥。至诚通造化,复报甘霖澍。东逮岱岳东,滋溉何其普?会见河效灵,水落见平楚。鸿雁得安宅,蝤崒筑万堵。

恭和御制至避暑山庄即事得句元韵

南连畿甸九星邮,松漠原称化外州。谨按:欧阳忞《舆地广记》凡宋所不能有者,皆谓之化外州。紫塞今瞻仙苑启,黄图久付史臣修。词臣奉诏修《热河志》,今已成书。莫言汉使通兹未,且问虞巡到此不。却是天心能保泰,民宁民瘼更深求。

恭和御制重华宫茶宴廷臣及内廷翰林等
职官表联句,复成二什元韵

鹓班鹭序列师师,六典分曹政所资。直以雎麟运官礼,何须云鸟费询咨。叨沾雨露蒙恩泽,勉效涓埃念职司。此日蓬莱陪燕乐,进忠补过各深思。

叨奉纶音志百官,书犹未付枣梨刊。功迟正愧编摩拙,恩重弥知报称难。翠管云璈容侧听,珉縻珠馅许分餐。惟期努力研青简,夙夜盟心敢自宽。

恭和御制春仲经筵元韵

七秩犹勤征圣学,万年不息象天行。欣瞻讲幄开春殿,荣预仙班忝夏卿。化洽从风昭大顺,道符久照颂贞明。玉音宣示垂彝训,心法端归敬与诚。

恭和御制经筵毕文渊阁赐茶,复得诗一首元韵

石渠初见耸嵬峨,自文渊阁落成后,臣今岁叨侍经筵,始得仰瞻。咫尺琼霄去几何?东壁图书交绚映,西墀黼佩俨骈罗。直阁校理检阅诸臣,年例侍班西阶之下。花砖日耀光明锦,云液瓯浮潋滟波。归去好夸天上景,琅嬛仙梦记无讹。

卷第三

御览诗

恭和御制重华宫茶宴廷臣及内廷翰林等
五经萃室联句,复成二什元韵

序启苍龙斗柄旋,晴春秘殿列琼筵。五星叶数祥光灿,七字联题睿藻宣。旧刻棠湖原宝贵,同登芸阁亦因缘。小臣喜颂文明盛,吟到花砖日影迁。

四库搜罗预讨论,遗编多录岳飞孙。岳珂所著书入四库者五种。谁知玉楮新诗外,尚有金陀旧本存?宝气璘玢生棐几,古香馣馤满文轩。仰钦几暇研精义,独契尼山意外言。

恭和御制雪二月初七日元韵

典学弥勤迈武丁,乾元行健运无停。璧池特荷天彰瑞,花雪刚逢帝讲经。宿麦均欣沾润泽,菁莪先看长芳馨。圜桥人士都歌舞,岂但赓飏遍紫廷。

恭和御制重华宫茶宴廷臣及内廷翰林
用"五福五代堂"联句,复得诗二首元韵

紫殿簪毫列绮筵,新春嘉祉喜联骈。祥钟共说承余庆,德盛原能格上元。多寿多男欣此日,肯堂肯构忆当年。摄提十纪从头数,谁似同堂五代全?

昆城十二望峥嵘,暖律全消六出霙。人爱晴晖知日永,花迎喜气自春生。运当正午年逢午,寿祝长庚月在庚。拟颂升平乏文藻,仙浆愧饮露华清。

恭和御制重华宫茶宴
以"开国方略集成"为题联句,并成二什元韵

柏梁嘉宴共联吟,列坐齐将彩笔簪。沾溉恩荣群志洽,阐扬谟烈圣怀深。

崇墉牧野功遥溯，尧戒汤铭意倍钦。拜手同声颂绳武，天衢日月宛高临。

权衡三五细评量，迈古宁只万倍强。此日挥毫歌创业，昔年秉钺忆当阳。有光前绪真无忝，犹切冲怀警益蒇。圣制煌煌耀星汉，臣惟稽首咏唐皇。

恭和御制紫光阁赐宴外蕃作元韵

龙沙万里震威棱，奉朔朝正旧典仍。日暖瀛洲分布席，春生太液欲销冰。绥柔共识皇恩溥，燕乐同欣恺泽承。多少名王齐献寿，惟歌景福似川增。

恭和御制重华宫茶宴用"戡定安南"封黎维祁为国王功成联句，是日复得二律一韵元韵

露布闻时曲宴开，经文纬武道兼该。炎方申讨今全定，春殿联吟此幸陪。臣自甲午以后，叨预重华宫茶宴者，凡十三次，此次恭逢圣武远扬，戢宁域外，为史册未闻之盛事，得与内廷诸臣珥笔赓飏，尤为荣幸。周祜无疆奏皇矣，虞廷有庆咏康哉。裨瀛内外阳和遍，总是天工栽者培。

朱垠三面海天开，缅甸暹罗滨海西南，台湾滨海东南，安南滨海之南。王会丹青已尽该。暹罗诸国旧例职贡图中，上年九月复写缅甸使臣补入，于是日月所照，莫不砥属矣。骠国新声先上献，缅甸使臣陪宴万树园，以其国乐器五种合奏，以抒欢忭之诚。鲛人珍筐亦趋陪。台湾生番自古不通中国，兹于平定林爽文后，咸愿归王化，于上年十二月，适与暹罗贡使接踵至京。南交今又重封矣，北户何殊内域哉。昨岁春官钞谢表，骈词亲见颂滋培。外蕃表文例下礼部，昨岁腊月传钞黎维祁谢表，骈四俪六，词极恭谨，其感激再造之意剀切真挚，言出至诚，视前明之仅受羁縻者，相去不啻万万倍矣。

恭和御制赋得"规圆矩方"，得"循"字元韵

法象符天地，裁成利庶民。程工昭物曲，作范比人伦。器自前王制，模为奕代因。径围形有准，勾股算能真。通变心虽巧，方圆式必遵。量材生尺寸，积数得和钧。细琐该周折，纵横括广轮。还如垂圣教，万世永钦循。

恭和御制启跸幸避暑山庄即事得句元韵

行健如天度不差,北郊礼后御龙车。每年五月北郊后启銮,今岁夏至在五月末,启銮在闰五月初,仍符曩例。勤修典制真无逸,仰识康强倍有加。三宿迟留劳轸念,九逵平治感襃嘉。恩膏已似依旬雨,满慰瓯窭望岁奢。

恭和御制出古北口元韵

黄图东北连松漠,此地檀州有故关。留斡岭横千仞上,多延卫指万峰间。热河在前明为多延卫地,多延旧作"朵颜",谨遵钦定《明史》改正。呼韩已隶藩封久,徐达何劳版筑艰。迤北长城乃明洪武中徐达所修。今中外一家,无劳烽戍,并潮河冲圮之水口,亦奉旨久停葺补矣。岁岁时巡度清跸,好山无数好云间。

恭和御制云南巡抚谭尚忠奏报麦豆收成诗以志慰元韵

地远路倭迟,还同近不遗。奏章来万里,廑念已多时。足食边方乐,摛毫圣志怡。殷勤三致意,民者国之基。

恭和御制至避暑山庄即事得句元韵

一到仙庄慰圣情,南蕃悔过已求生。龙公拟遣邮筒速,风伯先吹驿路晴。即看降书金叶捧,同沾御宴宝卮盈。披章岂但天颜喜,扈从人人抃舞并。

恭和御制永佑寺瞻礼元韵

虔秉贻谋运睿谋,南交西旅掌中筹。同时各布心诚恳,重译无辞路阻修。两圣在天应有喜,百王此日是真酬。唐太宗擒一颉利,遽有雪耻酬百王之咏,殊为溢量。我皇上开拓西域二万余里,复定金川服缅甸,今安南阮惠西番巴勒布又皆归诚,圣武远扬,度越万古,真足以当此语而无愧矣。麟台又合编方略,拟请批章次第袌。

恭和御制鉴始斋元韵

古云无逸多延年,盖言历久如其始。臣尝跽读宝玺文,犹日孜孜恒不已。泰运方亨勤保持,乾纲独握无旁委。敬慎必恭恭则寿,敢以斯铭颂天子。

恭和御制西峪元韵

虬根蟠结皱苍鳞,尧栋松生不记春。炎暑顿消一弹指,凡嚣相隔几由旬。雕疏轩豁虚延爽,清籁纡徐净扫尘。边圉粆宁雨旸若,几余胜赏自频频。

恭和御制题秀起堂元韵

畅引吟情翠满堂,岚光树色迥殊常。数峰奇似云生夏,五月秋疑律应商。拈句最宜山蕴藉,披襟恰称地清凉。谁知圣主精勤意,一息筹边到远方。

恭和御制留京王大臣奏报得雨,诗以志慰元韵

甘膏三寸慰农人,屈指重沾恰一旬。天雨晴如知节候,关南北不限畦畛。禾麻被陇肩锄遍,蓑笠行歌入耳频。共说温和逢七谷,占丰原记月当寅。古以正月七日为人日,河间一带里谚则云:"七谷八麦,九枣十菜。"其日温和,则是物必收,往往有验。今年正月七日温和,田家早知为丰登之兆。

恭和御制福建总督伍拉纳驿报漳、泉续得透雨,诗以志慰元韵

梯田土易干,沾濡亦易透。福建山多田少,居民每垒土于山坡,层层鳞次,谓之梯田。其田无雨易干,得雨亦易沾足,石底不渗故也。得雨则必丰,喜睹飞章奏。适与畿甸报,接踵如相凑。圣主轸民依,纤悉皆详究。滋生度所宜,早晚筹其候。行看炎海陬,被野嘉禾茂。但庆歌盈宁,无须劳补救。西成告有秋,更与天

心副。

恭和御制山庄即事元韵

佛界地清凉,宸游岁岁常。浓岚时一眺,炎暑顿全忘。消夏皇情畅,勤民睿虑长。向来无逸意,日昃未曾遑。

恭和御制莲元韵

亭亭出水满汀开,初日芙蓉若此哉。时对吟诗谢康乐,方知雕缋是粗材。澹沱晴烟幂水低,红衣翠盖望中齐。双湖夹镜臣曾见,绝胜江南罨画溪。臣以排次文津阁《四库全书》,幸出入御园,得瞻仙景。

恭和御制游狮子园元韵

芳林清晓露初干,黄伞迢迢陟翠峦。信彼南山长拱卫,仰惟穆考旧游观。参差烟树开图画,上下仙禽弄羽翰。亲定薰风新乐谱,遥知坐对万峰弹。朱载堉《乐律全书》所载《南风》之诗参差淆杂,仰蒙皇上删定,以还解阜之元音。

恭和御制题宜照斋元韵

路绕狮峰玉辇旋,又看苍翠满窗前。东南日转时犹早,西北门通路最便。好景怡情龙雨霁,清吟引兴麝煤研。澄怀观物莹心镜,四大州中总洞然。

恭和御制山西巡抚海宁奏麦收九分有余并雨水情形,诗以志慰元韵

晋水章驰奏,参墟麦已收。兼闻甘澍溥,早看晚禾稠。此雨真堪喜,其征是日休。篝车知并满,足慰野人求。

恭和御制六月朔日作元韵

八秩精勤倍有增,眷怀农事意频仍。宜干宜润期相济,时雨时旸俨可凭。

按候而占心最切,依旬以至理原应。推移无滞因乎物,宁与阴晴判爱憎。

恭和御制将军鄂辉等奏廓尔喀归顺实信
并班师回藏事宜,诗以志事元韵

灵夔声震已旋兵,天马东徕问驿程。驾驭有方斯制胜,畏怀兼至自摅诚。平其市易因其服,隶我舆图即我氓。中外一家全帱育,安居莫更意怦怦。

恭和御制题澄观斋元韵

作善延祥古所称,璇题三字永因仍。天怀朗澈原旁烛,祖训贻留更敬承。久照自然其状悉,至明谁敢以机乘?雨余山水清晖映,正似当几万象澄。

恭和御制治漕元韵

治法在治人,实功收实效。九重操预筹,万舳争先到。是惟疏瀹勤,擘画得其要。云何欲壑深?不避危机蹈。遑计石称廉,竟似泉名盗。严申司寇法,用示贪惏报。雨露与雷霆,均属天垂教。

恭和御制观瀑元韵

绀宇构崇巅,望之犹未到。惟见翠岩曲,涌现黄山瀑。垂虹挂云松,飞练曳霞峤。偶为静坐观,自得无声妙。睿赏契希微,超悟莹然照。

恭和御制补咏安南战图六律元韵

嘉观诃护之战
扶危戡乱拯孤茕,自古王师有四征。阮未逢侵先构衅,黎缘失国远求兵。骁腾飞将分途入,零落遗民夹路迎。五百灵夔齐震吼,奇鸰早已噤无声。

三异柱右之战
生俘叛党到旌门,伏锧缘幸圣主恩。瘴雾重遮搜密箐,蛮烟一扫剩虚村。

中山狼悔心空负,东郭黪无路可奔。三队合围皆猛士,楼船径拟斩卢孙。

寿昌江之战

三重天堑齿连唇,更比龙门是险津。才扼危桥冲白浪,谁知短筏过朱垠。苍茫五里乘深雾,拨剌双桡胜小舰。睹此神兵真骇绝,全如一苇渡江人。

市球江之战

力取何如以智攻,运筹恰与圣心同。出奇妙合兵机巧,扼险难夸地势雄。避实击虚从间道,明修暗度奏殊功。钩援但解摩坚垒,未数诗人颂伐崇。

富良江之战

小舸潜兵策最良,横江不借驾余皇。天心适与分兴废,师律宁因有否臧。万古涛声思战斗,四时祠宇荐甘芳。交州今亦吾疆土,领郡何须付史祥?

阮惠遣侄阮光显入觐赐宴之图

灵台偃伯已旋兵,万里降王效悃诚。九译无辞修职贡,三呼恰值祝祥祯。早看表付陪臣奏,更乞身随属国行。酒醴笙簧恩似海,南交草木亦知荣。

恭和御制紫光阁赐宴即席得句元韵

化洽东西暨朔南,山陬海澨圣恩覃。贡獒献雉程途远,稽首称觥礼数谙。轩鼓于今真遍震,颜图见此定多惭。小臣欣睹升平宴,额手惟呼万岁三。

恭和御制新正重华宫茶宴廷臣及内廷翰林,用"八征耄念之宝"联句复得诗二律元韵

乾乾无息比天行,溥慰臣民颂祝情。五数重周羲画衍,八征时念洛书呈。西庚直岁占多寿,南极陈诗验至诚。前岁,安南使臣阮有晭恭和御制诗,有"日暖花开阮至诚"之句;今其使臣阮宏匡等恰以正月初五日至京,蒙恩令与蒙古回部王公及朝鲜、琉球、暹罗、廓尔喀使臣俱入紫光阁宴,东西南朔均以新正恭侍寿觥,允为会归之极盛。中外化成归久道,总由得一以为贞。

家法钦承旧训遗,后先叠矩复重规。十华刻玉初成记,五老呈图恰告期。

日月升恒天福永,笙簧燕乐众心怡。蓬莱岁岁叨春宴,今岁欢欣更倍之。

恭和御制节前御园赐宴席中得句元韵

月初旬接月中旬,春宴传柑庆赏频。八秩正逢开岁始,五筵恰会献琛人。瑶觞手赐恩真渥,黼座环瞻意倍亲。溥洽欢情齐效祝,天心中外本同仁。

恭和御制元旦试笔元韵

五五河图二气交,周而复始启天苞。数乘以九符乾运,阳盛于三应泰爻。德本健行恒不已,心因久照鉴无涽。延年有道惟勤励,宁借金丹问大茅。恭读御制诗文,每深斥神仙之说,而惟以勤民励政为本务,仰见圣鉴高明独深,契无逸延年之旨。

曼寿延洪由大德,煌煌谟训勒瑶编。乾规坤矩皆同度,帝夏皇春此并肩。酦化涵濡成久道,渊怀咨儆似初年。臣工仰睹精勤意,抚己能无共惕然?

恭和御制新正重华宫元韵

秘殿新年赏物华,松云栋牖胜仙家。才开鱼钥春先到,是日立春,礼臣率顺天府尹恭进春山。暇拂鸾笺兴倍赊。迎岁宫梅犹烂漫,向阳苑草早萌芽。拜飏惟祝延洪寿,长此联吟此赐茶。

恭和御制新正重华宫茶宴廷臣及内廷翰林,用"洪范九五福之一曰寿"联句,并成二律元韵

祥占南极从天锡,春共东风应律来。寿寓无疆欣益廓,福基已厚更深培。八征符契宸章阐,四得根原圣论该。尧舜延年知有自,虞书心法在钦哉。

柏酒岁朝才献岁,蓬山春宴恰迎春。箕畴五福增洪算,羲画三阳启令辰。雁碛遥传人寿考,蒙古阿尔台乌梁海兵丁默多尔亲新以一百三岁赐冠为礼官,旧例所未有。螺舟不避路遭迍。暹罗国王郑华遣使恭祝万寿,以海道阻风贡舶迟滞;圣慈轸恤,谕令缓程,以新正元会前至京,容申向日之忱,益著添筹之兆。炎风朔雪皆归极,锡保

宁惟九域民。

恭和御制题文源阁元韵

四库编摩今再葳,万年训典此常存。共知衡鉴真诠在,益向诗书凤好敦。图籍支流分甲乙,文章气运会贞元。小臣忝预簪毫列,自愧沿波未讨源。

恭和御制紫光阁赐宴外藩即席得句元韵

上苑风光近早春,群藩昼接列芳茵。传觞宣赐皆旁逮,献寿抒诚许共申。万里梯航南暨北,一时琛贶旧兼新。从知酰化周中外,岁岁来宾祝圣人。

恭和御制新正重华宫茶宴廷臣及内廷翰林,用"洪范九五福之二曰富"联句,复成二律元韵

春殿联吟拜赐茶,同将富有颂重华。九阳斡运周仍始,百产蕃昌迩逮遐。天佑方申宜受禄,民财久阜更防奢。八徵耄念祥征叶,锡保从来验不差。

龙沙西北呈琛至,鲸海东南纳贶来。雪岭未知归禹贡,雷碙终使畏轩台。长驱迅倍驱山铎,坐照明逾照世杯。克日星邮驰露布,彤墀申贺更趋陪。

恭和御制紫光阁赐宴外藩作元韵

八极同瞻日月光,琼筵列坐尽名王。白环使恰呈降表,丹穴人兼侑寿觞。云液分沾均颂德,星弧久震敢矜强。圣皇功大心弥劭,犹自孜孜日益勷。

恭和御制新正重华宫茶宴廷臣及内廷翰林,用"洪范九五福之三曰康宁"联句,复成二律元韵

康宁克受皇穹眷,因以康宁四海人。绝域喜皆知奉表,远藩谁敢自称宾?爻间和会欢方洽,朵殿赓歌乐更陈。记取今年茶宴盛,春王正月日壬寅。

建极斯能洪敛福,九畴至理可微参。十全功业真无两,八秩康强又过三。

保佑宜歌周雅什,机祥足斥宋空谈。《永乐大典》载有宋仁宗《洪范政鉴》全部,语涉谶纬,曾经御题抉摘其非。盈庭献颂非多颂,以管窥天尚自惭。

恭和御制新正紫光阁赐宴外藩作元韵

战图满壁武功宣,麟阁丹青迹炳然。瓯脱多年全撒障,爻间每岁共登筵。称觥献寿瞻天咫,航海梯山匝地圆。金川年班土司及朝鲜、琉球贡使,皆蒙恩入宴。应识坤舆归砥属,皆缘睿略本洪渊。

恭和御制新正重华宫茶宴廷臣及内廷翰林,用"洪范九五福之四曰攸好德"联句,复成二律元韵

天弧下射势原便,十度长歌奏凯篇。僸佅兜离添备乐,每逢筵宴,备陈准部、回部、安南、缅甸诸乐,近增廓尔喀乐,尤亘古之所未闻。东西南北罢防边。诗章志喜琼笺富,奏捷献俘诸诗备载御制诸集。方略成编锦帙连。平定诸处方略并编入钦定《四库全书》。七德昭宣辉四库,记曾恭录校乌焉。

升恒久照治功成,宵旰勤劳倍励精。赐茗初开新岁宴,题诗仰见圣人情。数符列宿笺分擘,蒙恩预联句者二十八人。荣比登瀛句载赓。蒙恩入宴者十八人。惟祝健行天不息,万年长颂泰阶平。

恭和御制紫光阁赐宴外藩并荷兰国使臣作元韵

十全久已颂成功,威愒遐荒到太蒙。玉帛来趋元日会,车书喜见万方同。琼筵列坐欢心洽,仙液分沾乐意融。应识八纮归一统,权衡驾驭在皇衷。

恭和御制新正重华宫茶宴廷臣及内廷翰林,用"洪范九五福之五曰考终命"联句,复成二律元韵

春迎岁籥阳开泰,斗运天枢圣法乾。五位居尊绵五代,三章积算又三年。

谨案:算术以十九年为一章。同登寿寓原非偶,臣在礼曹,见各省以百龄人瑞请旌者每岁有加,殆不可殚数。溥洽欢心信有然。昨见东瀛增贺表,今岁朝鲜国王增进一贡,恭贺御极六十年。亦欣诸福帝皆全。

威慑遐陬向化诚,近如枰上计输赢。遂令海舶风乘便,亦似山呼地效祯。荷兰隔重洋入贡,波恬风利,迅抵澳门,遂以腊月至京,得预六十(六)年之春宴,咸谓天假之便,昭我大同。日月升恒听颂作,笙簧燕乐庆功成。从知绮甲重周后,元又循环起自贞。

恭和御制赋得"临风舒锦",得"当"字元韵

句似临风锦,钟嵘旧表扬。金云潘所作,足与陆相当。此语从江左,其传到晚唐。岂知文有本,不以丽为长。睿鉴仪璘照,元音金石锵。浮华箴俗学,彝训仰宸章。埼岸滋方润,璇源秘自彰。由来求载道,理蕴溯中藏。

卷第四

御览诗

恭和圣制新正千叟宴毕仍茶宴廷臣于重华宫得诗二首一韵元韵

天锡康强绵岁岁，人沾涵育遍家家。频闻仪部旌三老，礼部请旌百龄人瑞及亲见五代、七代者，岁以数百计。重集耆英宴九华。培养于今皆茂豫，忧劳在昔几咨嗟。恭读圣制诗有"寰中第一尊崇者，却是忧劳第一人"之句，天下传诵，莫不感动。柏梁联句题笺处，宵旰勤民意尚赊。

新年五日蓬莱宴，别国联茵共一家。年例蒙古、回部分班入觐，岁初赐宴紫光阁；今岁廓尔喀及朝鲜、安南、暹罗贡使，亦皆入宴。已合四瀛修职贡，更教八伯咏光华。歌吟仰见挥俄顷，诘曲深惭办咄嗟。惟有多年恩遇重，臣自甲午以后，每岁皆蒙恩预宴。桑榆图报志还赊。

恭和圣制紫光阁锡宴外藩作元韵

化周八极有明征，琛赆归诚理所应。怀远我惟分候尉，畏威彼久自高曾。长筹原足资遥驭，荒服都知颂执竞。今日琼筵沾渥泽，倾心谁敢不钦承？

恭和圣制启跸幸避暑山庄即事成句元韵

年年肆觐到云庄，祖训贻留法最良。五福全由皇建极，八旬余尚帝巡方。恩深倍觉勤民切，仁溥端应得寿偿。何待飞黄亲御鞚，迎銮已共颂康强。

恭和圣制过清河杂咏元韵

睿虑时时望有年，喜看插稻满芳田。新泉活活新秧绿，恰映榴花红欲然。拖雨轻云淡欲收，麦黄水长满塍流。农家亦识勤民意，日午挥锄不暂投。

三月云峰早作霖,此方沾润已深深。昨朝驿使飞章报,更慰占晴问雨心。

恭和圣制出古北口,用辛亥年书苏东坡"书传尧典语"韵并作回环韵体元韵

逸简何须问海东?虞书足证古今同。同尧却较尧弥胜,亲教仍如未受终。循环甲子数无终,行健如天与旧同。留斡岭前鲍丘水,绿波又送翠华东。

恭和圣制至避暑山庄作元韵

銮舆今又到仙庄,跋涉山川健胜常。好雨先知年稔足,鲜飙初入地清凉。田农垦种多丰裕,乡校弦歌久善良。六十年来培养厚,禽鱼亦自望恩光。

恭和圣制永佑寺瞻礼元韵

贻留家法及云仍,谟烈于今颂显承。神御万年长奕奕,皇心九秩尚兢兢。文王囿在怀经始,轩帝台高感式凭。启佑无疆垂永久,璇题端合著鸿称。

恭和圣制题文津阁元韵

三叠飞檐四壁诗,登临非取富文词。九流得失归裁定,百氏浮华戢骛驰。柳水松州开秘府,兰台藜阁迈前规。长恩应诩瞻奎藻,此地邀题古有谁?

恭和圣制西峪叠去岁乙卯韵元韵

南征战屡克,露布计日到。悬知驿骑飞,正在红尘道叶。昔岁在单阏,曾望捷书报。皇心日西顾,旋以荡平告。任彼物蠢蠢,总归天浩浩。况今震灵夔,破险已扼要。探穴缚厥渠,一蹴即可造。狂象已受钩,糖蟹焉能躁。臣当司献俘,组练双双导。

恭和圣制雨六月初六日元韵

甘霈霏霏恰及期,荷锄正与夏耘宜。畿南畿北连三辅,关外关中共一时。

谨案：裕丰仓建于清河。

青山雨过放新晴，处处乌犍趁湿耕。圣主勤民深眷注，课晴问雨尚关情。

恭和圣制出古北口作元韵

留斡称形胜，雄关控制宜。四围皆叠嶂，六月亦凉飔。忆纂仙庄志，初赓圣制词。岁当尧丙子，知遇至今思。乾隆丙子，臣官庶吉士时，以纂修志书随至热河，恩准一体赓飓，曾恭和圣制《出古北口》诗。自是仰蒙知遇栽培矜宥洊至正卿，今已四十二年。实儒生罕逢之渥宠，恰如张果记唐尧丙子曾官侍中。

恭和圣制路雨喀喇河屯道中元韵

苍山晓正晴，忽送雨丝轻。风伯先清道，云师亦效诚。沾涂关睿念，体恤慰群情。恩赉何优渥，官钱发水衡。

恭和圣制至避暑山庄作元韵

兴松最与夏相宜，雨后云庄倍可怡。传政勋华来往共，锡龄文武步趋随。芝田延爽消三伏，枫座凝神运百为。无逸永年更颐养，定知佑命益申之。

恭和圣制永佑寺瞻礼叠去岁诗韵元韵

贻谋绳武绪相仍，神御尊严溯显承。功计十全原赫赫，寿开九秩倍兢兢。即今夔鼓声遥震，宁虑蚕丛险尚凭。会看星邮驰露布，齐呼万岁咒觥称。

恭和圣制戒得堂叠去岁诗韵元韵

潢池群盗弄，击败辄窜徙。诸路各剿除，如校分戊己。焚巢已必然，漏网或偶尔。九重坐运筹，仰赖圣天子。律明军气肃，战克固其理。近闻东川兵，擒渠在迩矣。

京师亦于是日同雨。飒飒凉飔云牖静，芃芃新绿黍田滋。九重方切民依念，仰慰天心是雨师。

恭和圣制永恬居叠去岁韵元韵

澹沱晴光好，空蒙树色新。一轩偶怡悦，万事坐经纶。面面青山映，年年翠辇巡。还期瞻睿藻，炳炳复麟麟。

恭和圣制素尚斋叠去岁韵元韵

翛然山水意，耽玩未为贪。每岁吟千万，兹斋咏再三。遥情寄松栋，野趣似茅庵。若为诗中景，维摩画始堪。

恭和圣制新正重华宫茶宴廷臣及内廷翰林，用"平定苗疆"联句，复成二律元韵

大邦胥控小胥扶，震叠天声古所无。尧代偶然生窫窳，汤征旋已破昆吾。穷鳞游釜徒然耳，妖鸟焚巢有以夫。露布恰当新岁至，侍臣载笔倍欢娱。

赓飏紫殿听轩乐，挥洒丹毫见禹书。香沁云浆沾茗碗，每岁宴上赐茶，皆恩许并杯携出。甘分仙果胜桃诸，宴上例以雕盘贮饼饵果实，分赐群臣。已歌纠缦鸣其盛，犹曰冰渊凛在予。无逸永年年倍永，吟笺九万讵多欤。

恭和圣制启跸幸避暑山庄用去岁诗韵元韵

秋狝仍临避暑庄，北郊礼后撰辰良。志虔无异亲承祭，行健还能岁省方。家法见于勤不息，天麻特以福相偿。群臣拜送瞻雕辇，额手人人颂曰强。

恭和圣制过清河元韵

凤城直北虹楼接，荷笠肩锄见几群？一道清波中界画，新苗两岸绿平分。岁岁初程先渡此，此间草木向阳同。黄云获过家家乐，岂但官仓号裕丰。

恭和圣制题鉴始斋元韵

鉴始标斋额,璇题寓意存。福基培所本,心镜慎其原。耄念端皇极,冲龄忆训言。攸行皆率祖,绳武即酬恩。

恭和圣制清舒山馆元韵

清泠生静意,舒畅似仙居。句偶题诗板,心犹念简书。蛇豨终就戮,枭獍会全除。行见传三捷,清吟意倍舒。

恭和圣制喜晴元韵

深山穹谷蒸溽暑,长夏倏忽殊阴晴。雨多或虑损秋稼,亦如雨少妨春耕。甘霡甫足即开霁,浓蓝空翠画不成。祥飔泛泛禾黍茂,定知今岁百室盈。想见几暇晚登眺,锤峰高映丹霞明。阜财解愠惬圣意,五弦一鼓薰风生。

恭和圣制赋得"春雨如膏",得"讹"字元韵

黍苗阴雨膏,读字自唐讹。谨案:唐喻凫此题试帖,已误作平声。训诂非因旧,声音并转佗。宁知津渗漉,乃酿气冲和。物以无声润,云宜有濔歌。麦禾胥茂豫,花柳亦婆娑。芳陇图堪画,新晴句细哦。春霖沾既渥,秋稼获应多。四野欢讴遍,宸衷慰若何。

恭和圣制启跸幸避暑山庄至石槽行宫作元韵

豳风图画宛当前,一路祥飔送翠旟。宿麦登场黄簇簇,新秧过雨绿芊芊。地连御苑多佳气,家近皇都是福缘。六十里中歌颂满,采诗应录万千篇。

恭和圣制浙江巡抚玉德、提督苍保同奏报麦收九分，福建巡抚汪志伊奏报麦收八分有余，云南巡抚江兰、贵州巡抚冯光熊各奏报麦收九分有余，诗以志慰元韵

麦田自昔宜温暖，南熟居先北较迟。北地农家方早获，南邦奏牍已亲披。九分丰稔歌遗秉，四省连骈慰睿思。保合太和蒙帝力，云行定更雨频施。

恭和圣制出古北口作元韵

处处山田雨既优，绿连留斡万峰稠。雄关控制城犹在，沃土耕桑壤可游。禾黍已看滋以长，篝车无待祝而求。秋成省敛家家足，余粒还资鸟养羞。

恭和圣制至避暑山庄作叠去岁韵元韵

时旸时雨候皆宜，水木清华圣志怡。三岛蓬壶称颐养，一堂尧舜庆趋随。康强兼以占逢吉，明作依然见有为。伫看成功胜淮蔡，昌黎拜颂坐治之。

恭和圣制永佑寺瞻礼再叠丙辰诗韵元韵

万年家法逮云仍，神武维扬绪有承。征侧新歼方露布，贝州余孽已冰兢。严传羽檄人应奋，迅举牙旗势可凭。共矢丹心酬圣主，庆功伫看兕觥称。

恭和圣制鉴始斋题句元韵

道溯开天一画奇，陶镕万象入高词。多文之富谁逾此？示教于民正在斯。《云汉》为章昭倬彼，渊源有自颂绳其。圣谟祖训篇篇寓，岂是耽吟藻绘诗？

恭和圣制雨五月二十二日元韵

翠岫云生咫尺间，雨余风景倍幽闲。晴占鹊喜和鸣应，湿压花低碎滴潸。百丈孤峰青孑孑，三源活水碧潺潺。甘膏沾足天心畅，鱼鸟都将乐意关。

恭和圣制直隶总督胡季堂及留京王大臣、顺天府尹等同日奏到得雨优渥情形,诗以志慰元韵

驿使星驰报雨来,黄图赤县地全该。龙公欲得宸襟慰,三奏同时岂偶哉?

恭和圣制敞晴斋题句元韵

轩豁高斋势俯临,新晴好景惬闲吟。雨余正入清凉地,岁稔弥怀儆戒心。乾卦三爻时致惕,虞书二典首言钦。八征耄念今犹昔,岂但耽看翠岭参。

恭和圣制即事元韵

几暇清吟对古松,静看紫翠一重重。寸阴犹自殷勤惜,十二时听梵寺钟。

恭和圣制勒保奏官兵攻克老木园贼巢,斩枭首逆陈崇德诗以志事元韵

萑苻偶啸聚,负固今经年。一朝抵厥隙,再砺攻其坚。百尺竿更进,九曲珠巧穿。仰借轩皇略,不畏蜀道艰。訇然灵夔吼,倏尔螯弧先。各乘一鼓气,飞上千仞巅。穷猿势莫遁,封狼首已悬。云罗遮之密,雷斧歼其全。焚巢一已烬,覆卵焉能完?露布羽檄递,栈阁星邮遄。士皆荷荣宠,将亦蒙矜怜。勖哉虎貔士,应感天地宽。努力扫余孽,荡涤知无难。

恭和圣制西峪元韵

无边佛力制波旬,指示机宜得率循。西峪清晖时静挹,东川捷报待骈臻。叠传纶綍明刑赏,定有熊罴迈等伦。仁看三重天禄阁,战图又共秘书陈。臣校理文津阁书籍时,恭见累次战图,俱陈设于上层。

恭和圣制有真意轩元韵

轩名采取陶潜句,更比陶潜见理真。天下平从诚意始,三才万象总陶甄。

恭和圣制秀起堂元韵

岩峣崇构入云高,俯压元龙百尺豪。纵眺平开天荡荡,放晴新过雨骚骚。捷书飞递时连到,战略亲批日几遭。坐照诸方如一室,游鱼釜底更焉逃。

恭和圣制湖南巡抚姜晟、署广西巡抚台布、山西巡抚伯麟各奏报麦收八分有余,诗以志慰元韵

湘、湖、桂管来牟熟,北逮参墟皆有余。又是三方同奏到,宜哉帝曰总欣予。

恭和圣制夙兴元韵

六月滦阳暑未消,九旬勤政尚朝朝。宵衣求处当明月,晓箭催时待早朝。共说夙兴传蜡烛,定知秋省到团焦。岁岁禾苗长成时,皆亲行巡视。从臣默数花砖影,过八才来愧见嘲。

恭和圣制雨_{六月初四日}元韵

雨余正值月初三,接日连阴帝泽覃。谨案:京畿农家有"六月连阴吃饱饭"之谚。松岭烟深皆翠滴,荷塘风定倍红酣。菁葱最喜桑麻长,滋润弥增稼穑甘。齐祝满车车定满,乌犍翻恐力难堪。

恭和圣制喜晴_{六月初五日}元韵

关山行子愿天晴,农喜秋田雨后耕。自是天心符圣意,人人各得慰其情。

恭和圣制永恬居叠去岁诗韵元韵

水曲云隈石径斜,日长山静似幽遐。地宜消夏欣无暑,坐待擒渠报有嘉。净剪廓如除蔓草,长驱迅若卷风花。定知蜀栈秦关外,一扫烽烟在咄嗟。

恭和圣制素尚斋元韵

素尚尚本素,此原不异彼。尚素素以尚,彼亦不异此。万象羲观文,一念舜恭已。超然脱言筌,欲辨已忘矣。

恭和圣制招凉榭再叠甲寅韵作元韵

望霖已喜云触石,消夏不待珠招凉。民依廑念惟此切,天心孚格于斯彰。如左之左右之右,曰雨而雨旸而旸。皇建其极敬五事,八征耄念原常常。

恭和圣制林下一首五叠乙未韵元韵

爽籁声微度,清阴意所便。四围遥纵目,万岫若齐肩。蜀犬千群瘗,巴蛇一箭穿。功成此颐养,秋省祝年年。

恭和圣制咏荷花元韵

莲开那得晚如斯?从古词人未有诗。应为云庄作秋色,花神有意故留之。较榴花更得春迟,此际榴花却让斯。记得奎章天下诵,插瓶荷对傲霜枝。

恭和圣制狮子园得句元韵

水远山长常若是,虹流电绕记于斯。霞明宝墨思当日,云护璇宫到此时。三世心源贻厥后,一堂治统见而知。年年亲至留题咏,五集臣曾备数之。

恭和圣制宜照斋元韵

看山何必定斜阳?岚色烟光态胜常。偶尔来时逢意兴,悠然见处即篇章。挹将爽气凉新入,娱以清晖暑不妨。宵旰勤劳今九秩,几余应此暂徜徉。

恭和圣制含青斋有会元韵

四围环绕千峰翠,八牖中含万古青。莲界开时游佛国,云梯登处忆仙经。

心澄泰宇惟仁寿,室有真香以德馨。松栋凝神周象外,静中观复静中听。

恭和圣制雨六月十七日元韵

雨过晴偏好,晴余雨又宜。青山如膏沐,绿叶总华滋。泉涨鸣相答,花欹重欲垂。斜阳邀睿赏,更喜对烟姿。

恭和圣制清舒山馆元韵

爽气入澄观,广生资利用。圣义阐尧心,天作思周颂。两字示真诠,五言群洛诵。时措得其宜,内外无畸重。

恭和圣制戒得堂志愧元韵

延洪益寿占南极,恬静宸怀居北辰。六月周诗非乐战,三年殷武为安人。雷砲合击今云集,露布飞驰伫响臻。无欲自能无不照,九旬弥见圣功纯。

恭和圣制对荷元韵

天然千顷汇汪汪,《水法》何须问外洋?谨案:欧罗巴有《泰西水法》一书。泉似圣人心溥博,花如君子品端良。无嫌长夏才新放,得到深秋尚晚芳。信是此中涵帝泽,瑞莲沾润亦绵长。

恭和御制赋得"吉人辞寡",得"缄"字元韵

蔼然仁义质,善气本中函。能使言居要,宁虞口未缄。纷争听辨囿,博引谢书岩。惟幸身逢吉,方当帝圣逴。下情陈以实,大政举其凡。语取无枝叶,心如对史监。拜飏期有补,藻绘务全芟。彝训尊皇极,从风万国咸。

恭和御制同乐园茶宴诸王、大学士及内廷翰林用"平定三省教匪"联句,复成诗二首元韵

叨陪廿一度联吟,此度弥增庆抃心。彗孛全燔寰海靖,仪璘高照大君临。

成功惟借神谟运,善后仍沾圣泽深。同乐园中幸同乐,最同乐是慰宸襟。

荆襄巴蜀带秦川,蛇豕潜踪近七年。贰负已经全伏锧,波旬无复再惊禅。妖氛尽扫风中籜,甘露能生火内莲。威德崇闳言莫罄,惟将三五颂齐肩。

恭和御制赋得"怀德维宁",得"心"字元韵

六幕开仁宇,三霄仰智临。所期屏翰位,共识保釐心。轩镜长悬照,尧云遍作霖。康衢歌已奏,黼座念弥深。邦本勤培植,舆情细考寻。是真皇锡福,尚廑命难谌。爱养原从古,诚求又见今。咸知传治法,帝典始于钦。

恭和御制新正重华宫宴诸王、大学士及内廷翰林等,用"毓庆宫"联句,复成二律元韵

化行南北暨东西,作述相承绪可稽。正月芳筵同燕乐,前星旧殿入篇题。三阳共庆爻占泰,六宿还看瑞应奎。四海欢心今普洽,融融喜气接晴霓。

万代鸿基留善制,当年家法忆趋庭。九畴天福尊皇极,八表人心拱帝星。道协重华堪作典,训同无逸可书屏。赓飏拜手瞻宸翰,远胜周王处处铭。

恭和御制幸翰林院锡宴礼成复得长律二首,命诸王及分字诸臣和韵元韵

又看銮舆幸玉堂,缅怀家法见羹墙。渊源正脉追洙泗,绮丽余波贱马扬。人到瀛洲齐道古,_{谨案:旧臣朱彝尊辑有《瀛洲道古录》。}天开云汉自为章。虞廷飏拜今连睹,未许燕公诧盛唐。

蓬山高宴继当年,左右华茵列后先。一代文章新翰墨,两朝培养旧亲贤。金茎瑞露分杯斝,五律春风入管弦。盛典殊恩歌不尽,心惟欣感口难宣。

恭和御制斋宫夜雨四月初四日夜元韵

精禋蠲洁宿瑶宫,昭事恒存一念中。才届期先云叆叇,未甲祈巳雨空蒙。

斋三日定通天鉴，绥万邦宜卜岁丰。洪范八征恭作肃，应知造化在皇衷。

恭和御制新正重华宫茶宴诸王、大学士及内廷翰林等，用"职贡图"联句，复得二律元韵

全括遐陬隶职方，画图宛见道途长。爻间相率趋王会，瓯脱何曾限异疆？九万圆形周大地，三千弱水越重洋。包罗廿八星躔外，分野宁惟纪保章。

癸未曾宣《圣制诗》，持盈保泰见乎词。惟皇建极能追绍，与物皆春更溥施。九卷丹青添宝笈，万年歌颂巩鸿基。两朝盛事臣均睹，珥笔弥深赓拜思。

恭和御制上元后一日小宴廷臣元韵

放灯时节瑞光增，宝月团圆此日仍。九奏韶钧容侧听，三春雨露得偏承。外廷臣工预宴，仅有五人。斑参元恺知多忝，八宴凡十六人。身到蓬瀛喜竟能。衔结难酬惟效祝，皇穹锡福圣躬膺。

卷第五

御览诗

丙子春帖子

五色祥云太史书,才过四十四朝初。春风多是知天意,一夜先期到玉除。《淮南子》曰:"冬至四十五日条风至。"今岁止四十四日立春。

晓色曈昽丽紫宸,八荒一气转鸿钧。圣朝化日舒长甚,两度重阳两度春。

双双彩仗御楼开,绝域降王侍寿杯。全胜联诗明采猎,新年五日宴蓬莱。

澹沱东风入舜韶,氤氲淑气万方调。玉门关外春光到,会使天山雪尽消。

二巡江浙恭纪三十首

日驭临南服,时巡问土风。封疆淮海界,星野女牛宫。路远江天外,春深辇道中。间阎歌舞意,还与旧时同。

往在重光岁,森严羽卫从。曾颁虞五瑞,亲驻夏双龙。泰伯吴遗壤,无余越旧封。一时多雨露,几处庆遭逢。

自送仙舆返,遥瞻彩仗双。至今看北斗,犹望幸南邦。吴楚分平野,金焦控大江。当时迎辇路,翘立几跫蹡。

赡就群情切,精诚圣主知。不辞川陆远,遥慰士民思。禹迹三江路,虞书五载期。扶鸠诸父老,计日待春旗。

五行分气化,偶值岁星饥。为待谋三䩞,聊停御六飞。鱼龙波浪静,鸿雁稻粱肥。绥辑经年定,乘春出帝畿。

绛节凌晨发,开年十日余。一声青鸟后,三候李花初。列宿腾房驷,中天运斗车。遥看星纪野,佳气满晴虚。

周室尊文母,唐尧奉庆都。天门长乐启,月御大安扶。紫气浮双阙,黄云接五湖。江山曾览处,又听奏嵩呼。

法驾开驰道,桑干古渡西。烟峦凝翡翠,晓月浸玻璃。小队双旌引,长楸万马齐。殷勤春省意,早入彩毫题。

稍出燕南境,时和物色佳。流澌诸淀水,宿麦九河涯。就日郊圻近,瞻云妇子偕。一时歌夏谚,千里接江淮。

九点苍烟里,齐州巨野开。昨年华盖驻,闰岁翠旗来。桑土蚕方浴,春耕鸟正催。皇心求瘼切,犹为轸偏灾。

吴头连楚尾,江北驻雕轮。几处迎田祖,当春赛水神。瑶图巡甲子,金锁付庚辰。指顾苏凋瘵,茅檐气一新。

南北一江分,扬舲渡水云。风生青雀舫,天远白鸥群。旌旆凌波出,歌谣隔岸闻。又迎仙仗过,鱼鸟亦欣欣。

风俗三吴旧,山川六代存。重来寻胜迹,逐处沛新恩。帐殿莺花界,人烟水竹村。阳春随画鹢,百卉尽迎暄。

处处逢名胜,亲承圣母欢。风云雄北固,山水入南兰。杨柳丝初挂,梅花雪未残。苏台佳丽地,更向画中看。

地接嘉禾郡,疆连苕霅间。碧萦吴苑树,青入越中山。水远开明镜,烟霏涌翠鬟。钱塘江畔路,早喜觐龙颜。

一片琉璃影,平湖绿浸天。有山皆蕴藉,无树不便娟。蝶舞随黄幄,鱼游引画船。六桥烟水外,相待已年年。

巡省南中遍,兰舟转画桡。江通瓜步水,春到白门桥。花草余三国,楼台问六朝。衢歌沿路听,都入卖饧箫。

重返徐扬路,皇心念草茅。无须歌瓠子,早为固桑苞。湖海波常息,淮黄势不淆。区区轻汉武,只解射长蛟。

往返越江皋,川途不惮劳。去才滋穮麦,归已荐樱桃。五色频裁诏,三霄屡沛膏。回思前度幸,渥泽更深叨。

课岁询晴雨,停銮问麦禾。刍茭供顿少,租税减除多。耕馌瞻红杏,讴吟遍绿簑。共知明主意,不为豫游过。

法吏原无枉,皇仁更有加。夜乌惊报赦,春雨梦还家。凤诏传行喔,鸡竿立晓衙。东风江两岸,闲落讼庭花。

　　路启延恩甀,临轩召马扬。周诗兴雅颂,汉制重贤良。竹箭材逾美,珊瑚网再张。凤池成故事,云外有天香。

　　广辟输忠路,容申恋主情。庸愚当废弃,天地更生成。浊水珠仍采,寒丛木再荣。圣朝宽大诏,感激遍华缨。

　　太乙临分野,文昌动列星。员增唐弟子,学仿汉明经。芹藻承天泽,梗楠属地灵。作人逢盛世,珍重子衿青。

　　省览恩全洽,怀柔礼亦增。安澜神赞助,申报典频仍。盻蚃灵如答,馨香气毕升。河宗应献瑞,五老验休征。

　　到处询耆旧,恩荣格外优。黄麻新遣祀,丹扆旧宣猷。下马犹前日,栖乌又几秋。谁期膏雨遍,沾洒及松楸。

　　旋跸经东鲁,仍传贲孔林。名香方遣告,大辂又重临。地问弦歌俗,堂聆丝竹音。观民兼设教,治法本传心。

　　在昔仁皇帝,神功造化参。三元天起左,六度日行南。盛典神孙继,遗闻故老谈。万年家法在,长此饮和甘。

　　恺泽真无极,风谣亦倍添。吴歈翻白苎,越曲唱乌盐。羲御回环照,尧樽次第沾。从今天目宿,又向四维占。

　　微贱逢昌运,叨登禁籞严。西清披玉字,东观列冰衔。未得青丝鞚,亲随翠羽帆。迎銮恭献颂,一曲和韶咸。

卷第六

御览诗

西域入朝大阅礼成恭纪三十首

一扫欃枪大漠空,阳关万里使车通。全收月窟归封内,原有星弧在掌中。天马徠时行就日,灵夔吼处响生风。怀柔控制相兼用,应识君王睿略雄。

花门作队远潜踪,积石流沙路万重。绝域何年迷汉垒,王师当日问崇墉。几回砮箭驱妖鸟,一旦轩辕召应龙。数曲金笳歌出塞,西戎早已避旗锋。

蒲昌海上会旌幢,大将高牙迥作双。太乙凌空光熠燿,旄头堕地响琤枞。重开两道归都护,便筑三城号受降。指点玉门关外路,径须传檄定诸邦。

捷书飞报絷昆弥,奏凯才经五月期。苜蓿青时盘战马,榴花红处照降旗。横戈坐召乌罗护,拓地全通黠戛斯。纵有螳螂偏奋臂,只消赤羽笑谈挥。

决破虹霓玉剑挥,焚巢狡兔已无归。便冲夜雪寻踪去,直逐惊蓬卷地飞。白草四围天澹沱,黄云一抹路依稀。樊桐税驾寻常事,径上崦嵫看落晖。

铁马横行气有余,长空击格走雷车。烧当旧种摧全尽,回纥坚城扫欲墟。几处遥飞传箭使,一时争送纳降书。旛裘氅幕知多少,都向周官付象胥。

七戎迢递海西隅,葱岭盐池种落殊。布露才通唐职贡,大宛不入汉舆图。金城几代劳屯戍,玉塞何人访道途?渺渺条支烟水地,甘英旧迹几榛芜。

百年声教动雕题,早有黄支欲贡犀。两戒无因通地络,九霄何处上云梯?长河有路终归海,弱水回波不向西。便拟追随星汉使,扶桑树下听天鸡。

宛驹飞鞚指天街,争向金门拜玉阶。跋浪鲸鱼曾共斗,随阳鸿雁竟相偕。白题旧部人重译,赤坂长途天一涯。总为圣朝威德布,大邦知畏小邦怀。

趁趕羽骑走如雷,三部降蕃次第来。伴使经时携勃律,仙庄早日觐蓬莱。秋深驿路人初到,云捧旄门影正开,便遣平皋陪大狝,且看七萃跃龙媒。

平分突骑拥句陈,汉将从来箭有神。八队连翩调白羽,四围合沓涨红尘。

天狼畏射争藏影,雕虎惊弦转避人。朱鬖一呼风乍起,威棱早詟远蕃臣。

曲宴芳园酒乍醺,将军飞递羽书闻。穷荒更遣蟠桃使,降表连收贝叶文。
两国名王驰赞普,同时别部走奚斤。殷勤携得昭华琯,计日中朝觐圣君。

传车接踵送羌浑,列宿朝天北斗尊。玉帛已知归夏禹,干戈会使畏黄轩。
从来韬略严三阵,更遣旌麾饬八门。咫尺风雷随号令,待鸣枹鼓震诸蕃。

日行三百入长安,别苑层城画里看。宿卫旧闻唐颉利,衣冠今赐汉呼韩。
多时逋寇擒狼种,几队高蹄付马官。好续周书王会解,千秋胜地记田盘。

东郊南苑路回环,蕃使行随十二闲。九奏声中瞻御幄,万年枪侧侍天颜。
烛龙珠跃云霄外,火树花开指顾间。真是沧溟观日出,六鳌顶上驾三山。

仙浆几度醉琼筵,不负乘槎到日边。圣泽已均三接礼,神威还示九征权。
森严龙虎随方布,超忽风云逐令旋。克诘戎兵周制在,乘时合用仲冬天。

朔风猎猎乍盘雕,健将持麾下紫霄。天上星辰张玉弩,军中鼓吹应金铙。
珠斿摇曳旗初展,铜埒回旋马更调。十万貔貅齐入伍,分明气象认天朝。

环抱中权两翼交,森森后劲接前茅。连营画鼓声相答,八阵雕旗队不淆。
烁烁星文浮剑气,弯弯月影上弓弰。六军控马齐翘首,尺五城南望翠旓。

五色明霞护彩旄,至尊鞿鞯演龙韬。由来六职分司马,况值诸戎贡旅獒。
黄道平驰雕玉勒,乌孙遥识郁金袍。争看圣德兼文武,九合天弓手自操。

九节驺虞次第歌,云埨张处望嵯峨。忽惊雷电排空走,不觉蛟龙瞥眼过。
一发双连声动地,三呼万岁响回波。已知弧矢威天下,更遣分曹肆鹳鹅。

朱鸟黄龙各树牙,连蜷势引率然蛇。弓刀森竦寒生雪,组练光明晓作霞。
铁马成群山不动,金戈极望海无涯。只听画角穿云响,便有长风散五花。

骕骦齐掣紫游缰,倏忽军声起战场。大海鲸鳌争咋掷,高秋雕鹗尽飞扬。
直须饮马临蒙汜,径欲挥戈挽太阳。乌翼蛇盘谁遽识?只惊天半阵云黄。

炮车飞起响硪匉,金铁都从掌上鸣。烟雾平霾云象阵,雷霆忽斗火牛兵。
鞭来列缺谁能敌?摧去昆仑亦欲倾。便觉风连西极动,翖侯莫倚奥鞬城。

正看天官驱六丁,一麾立遣战声停。俄然两拒旋如电,依旧千庐列似星。

白日无尘悬大野,高云不动拱群灵。羌人枉自争蜗角,可识元戎玉帐经。

百尺琼台峙晾鹰,诸军遥拥最高层。桓桓余勇犹堪贾,跃跃雄心总欲腾。木落霜清方飒爽,草枯沙软好凭陵。便教更猎长杨苑,试向寒云射大鹏。

羽卫交驰金口骝,陪游仍遣召渠搜。重看犀手三千弩,争拜龙旗十二旒。见说须臾禽母寡,果然容易戮蚩尤。愿将圣主天威重,传到西荒海尽头。

天锡神符启六壬,兵机旧识睿谟深。当时遥听鸣鼖鼓,此地曾经练羽林。二十年来重肄武,万千里外总倾心。铙吹尽是风霆响,莫比寻常凯乐音。

庙算深微万化含,揆文奋武用相参。直教悬度如庭户,试扫高车只笑谈。纳赟遥通鱼海外,观兵齐会凤城南。应知圣策超千古,不数华林三月三。

军容略使异方瞻,赫赫天声几倍添。虎帐韬铃今远震,狼星芒角定全熸。新歌争贡龟兹乐,宝鼎长调大夏盐。从此神功届无外,何难西海致鶺鵊。

河源平尽路巉岩,白马参狼总就衔。遣使便能呼默啜,和番真觉陋浑瑊。乘軺谁向皮山阻,勒石今将雪岭劖。中外一家归舜教,小臣恭听奏韶咸。

卷第七

御览诗

平定回部凯歌十二章谨序

　　臣闻五材并用,爰制干戈;九伐斯张,是声钟鼓。狼弧下指,王师握大顺之机;虎旅长驱,天讨据无前之势。芒横太乙,凌绝域而皆通;响激丰隆,摧凶锋而立破。盖参旗井钺,六军气象原尊;故月窟星源,一统规模自远。钦惟皇帝陛下,天枢高挈,地络宏包。统驭三灵,昭宣七德。前以削平乎僭窃,远出阳关;因而戡定其封疆,全收阴碛。六丁雷电,下临乌弋之城;八阵风云,直抵黄支之国。兜题立缚,组系降王;唐莋新归,歌通译使。虽有蝎锋螳斧,敢继起以凭陵;一经夔鼓龙旗,并相随而扫荡。锡南车以指路,妖雾全消;随北斗以旋枢,将星齐动。应龙一下,蚩尤之仗都摧;妖鸟群呼,庭氏之弓莫避。荒山寂历,长囚贰负之尸;大漠萧条,谁作刑天之舞?玉笛平羌之曲,声遍甘州;金笳入塞之吟,春回苦峪。营开万里,新标定远之名;垒筑三城,尽是受降之地。大宛贡马,无烦昧蔡之重封;勃律输香,愿受归仁之旧号。惟逆回波罗泥都霍集占等,白题分部,群居葱岭之隈;赤坂为邻,潜聚花门之种。弟兄相倚,侨如左右乎荣如;墟落遥通,突利声援乎颉利。贪残为性,虺毒潜吹;狡黠成风,豺牙宓厉。初遇莎车之劲,敌迫徙俞林;遂以蒲类之屏,王幽居阿恶。萧萧松柏,渠酋则繋若累俘;仆仆山川,部曲则役如臣妾。鲸吞靡尽,纨牛之畜牧全空;蚕食无涯,骑马之金钱并竭。幸天兵之薄伐,得宽无弋之囚;因故国之重归,竟脱赀姑之役。招携旧部,五翎侯复得相从;营葺荒城,二昆莫依然并建。慕容顺之封西海,已拜唐官;尉屠耆之入杅泥,实随汉使。巢林春燕,久矣无家;衔索枯鱼,倏焉得水。纵使白环以效贡,未足酬恩;乃当丹浦之陈师,反思助逆。阴山风吼,龟兹之四镇相惊;瀚海尘飞,疏勒之孤军遂困。星轺奉使，持虎节以无归；雪岭屯兵，阻龙堆而暂梗。鲸鱼跋浪，竟兴风雨之妖；枭鸟成群，敢犯雷霆之怒。九婴相煽，甘自外于尧阶；三蘖当锄，难幸宽于汤钺。皇上用是，靖兹边徼，召司马以搜兵；扬我军锋，射封狼而示戒。横天玉弩，直捎太白之芒；出塞金铙，大练中黄之土。牙旗昼树，诏出甘泉；枹鼓宵鸣，路通盐泽。千牛分卫禁营，宣控鹤之军；万马扬镳内苑，出飞龙之厩。索伦鼓勇，青羌之劲旅横戈；蒙古从公，白罨之名王执梃。茫茫枯草，气薄天山；飒飒长风，势回地轴。冲车交舞，阵前之明月齐弯；突骑争呼，城上之残虹欲断。乃以军中失律，有殊细柳之行兵；因之徼外偷生，犹缓楼兰之对簿。赖我皇上，明刑饬罚，易帅临戎。俾军纪之一明，乃士心之弥奋。牙璋迅速，再揭辰旗；玉帐森严，重屯戍校。诏以臣兆惠为将军，以臣富德为之副。穷搜二竖，务悬母寡之头；先定诸城，预断匈奴之臂。七百梯雪山之路，直捣蕃营；十三部铁勒之兵，俱随唐将。角声吹月，中天跃弧矢之星；剑气冲云，列宿动旗锋之象。桓桓骁骑，伫看日逐成禽；屹屹重关，早已夙沙自溃。连营铙吹，惊屋瓦以皆飞；一路戈铤，入城门而不闭。丽谯踏雪，不烦鹅鸭之声；睥睨垂花，未试鶺鸰之刃。人无后至，冀得免于焚巢；兵有先声，遂不殊于破竹。星芒一片，亲摩大食之刀；月色三更，看采于阗之玉。是皆威弧在握，西人之胆先寒；所以武帐临边，南仲之师屡克。于是乘军声之大振，奋策前驱；及战气之方新，扬麾疾进。层冰幂路，细辨狐踪；峭壁摩天，直探虎穴。扫檀枪于雁碛，志不空还；指彗孛于龙沙，义无反顾。我皇上乃明操金镜，照六合而无遗；高握璇枢，计万全而不爽。赤囊未递，先知郑吉之围；白羽遄飞，早解耿恭之困。爪牙是寄，奋我前茅；臂指相维，继以后劲。驱来宛马，久肥苜蓿之苗；统出燕犀，争淬芙蓉之锷。三花骏騛，直教逐日而行；五色高牙，倏已自天而下。果遇臣兆惠等，乘虚深入，冲万里之黄云；据险相持，限一湾之黑水。日弓月矢，方转斗以无休；铁额铜头，竟屡摧而不退。螳弧一奋，进尚搴旗；刁斗相闻，退仍筑寨。云梯争舞，合围者不啻千群；星剑频挥，拒敌者倏经三月。我援兵乃恭承神策,间道行师;迅赴戎机,擒生问路。几重亭障,直过饮马之泉;不尽关山,飞躐射雕之骑。初以驰驱乎远道,鲁缟未穿;既而迅发夫奇兵,郑旗遂获。衔枚卷甲,边月微明;飞矢扬兵,阵云忽起。寒飙凛冽,我军乃倍觉骁腾;夜色昏黄,贼党遂自相击触。蓦坡注涧,谁当犀手三千;流血僵尸,已得蛇矛丈八。寥寥大野,星狼之焰全熸;孑孑残兵,风鹤之声尚恐。遂得二军之合队,立破重围;继乃两路以兴兵,直摩坚垒。师行六月,正符吉甫之诗;时届三年,宜奏鬼方之捷。为鹅为鹳,壁垒一新;如火如荼,旌旗倍壮。赤苣摇鞚,振玉陇而皆惊;朱虀挥戈,蹋铁山而欲碎。鹰鸢为帜,大军之猛气先扬;草木皆兵,余孽之残魂倍栗。燕方巢幕,原抚已以知危,猿更投林,冀依人以自活。河魁列帐,军中之铜虎初行;山鬼潜踪,阶下之金驼早弃。震惊兵势,有如蛰户闻雷;揣度师期,竟似穴居知雨。荒城寥落,空留绿玉;河边残众,扶将齐拜。碧油幢下,高墉不守。已因垒而皆降,壮士横驱;乃长歌而竟入,收其版籍。隶在司徒,定其租庸;统于都护,封疆如故。奥鞬与窳匿相连候尉,增新译长与君冬并设。铜山别铸,全销安息之钱;石廪不移,仍贮康居之谷。突厥之东西,两部尽入黄图;单于之南北,二庭俱归赤县。遂乃吴钩却月,远逐乌孙;汉箭捎云,穷追白狄。惊蓬卷地,驱将校以争先;荒草粘天,讯俘囚而得路。根敦城畔,吐谷浑虽已全逃;唐翼谷中,先零羌犹然未度。鱼真在釜,安得扬鬐;狐欲渡河,无如曳尾。追及之于霍斯库鲁克:红阳奋跃,蹋山石而皆穿;紫电交挥,激天风而倏起。黄尘匝地,格斗者一可当千;白草迷踪,披靡者十才剩五。呼声合沓,狼头之纛将摧;兵气飞扬,燕尾之旗并举。旄头欲落,方战苦而云深;画角犹鸣,乃途长而日暮。马嘶空碛,几缕霞红;雁入遥天,一时月黑。以夜行而不辨,尚宵遁而未禽。于是再砺戈矛,重张旗鼓。路通汃水,定穷回纥之踪;地尽崦嵫,务斩郅支之首。再追及于阿尔楚尔:相其地势,正阪陵溪谷之形;考以兵书,是刀盾矛铤之所。整齐八纛,偏伍相承;部署五兵,方圆互用。上军下军之外,掣以中权;右角左角之间,导以前拒。八门已启,俨成风后之图;一鼓先登,竟躏月支之垒。排空直上,披榛莽以皆开;绝迹飞行,凌崎岖而莫阻。铮钋白刃,金铁皆鸣;㔷匝红尘,风沙乱舞。半天霹雳,横飞列缺之芒;万仞巉岩,中裂巨灵之掌。层峦叠嶂,染山骨以皆红;丰草深林,蓺云根而并赭。长虹堕地,何处扬旗?短蜮含沙,一时卸弩。颠连失步,不矜九象之雄;瑟缩求生,仅作六骡之遁。尔乃青鸾揭斾,平驱逐北雄师;白鹄扬鞭,更简征西劲卒。急跞之于伊西洱库尔,左临大泽,苍茫积水之区;右界崇山,诘曲穿云之路。青岚嶙崒,有甚蚕丛;白道萦回,难成鹤列。逆回等雉方带箭,已经五采离披;虎尚负隅,自恃千盘郁崒。收其余烬,重鸠漏网之徒;陟彼高冈,先据建瓴之势。丹梯无路,难相接以短兵;紫焰冲云,用遥攻以利器。千丈鼓赤龙之鬣,石角平摧;七星召朱鸟之神,金丸乱洒。火珠激射,乍惊吐火之民;雷鼓砰訇,忽震无雷之国。风烟顽洞,直疑海水皆翻;草树焦蜷,遂使山精尽骇。冲锋越险,摧轮虽似于羊肠;稽首呼降,弃甲竟齐于熊耳。力穷五技,鼫鼠方逃;战阅三交,摄魋竟弃。奔如夸父,惟随日影而行;走若蜚廉,冀免海隅之戮。于时拔达克山汗素尔坦沙,仰怀圣德,负弩趋风;凤慑皇威,执殳效命。陈庭飞隼,本贯矢而相投;魏国惊鸿,遂闻弦而自落。驹支受令,用成犄角之形;长狄称兵,终得舂喉之祸。尺书所至,奋勇擒王;重译而来,输诚献馘。裂肩有据,已申绝辔之诛;残骨仍存,尚辨专车之状。蕃庭饮器,降笺送未漆之头;汉代藁街,驿使递待悬之首。妖氛既净,光耀三精;绝徼齐归,地穷八柱。河山曼衍,万年入白阜之图;宫徵铿锵,十曲奏黄神之乐。仰见我皇上,文昭云汉,四表同光;武奋雷硠,万灵受职。戢兵禁暴,式彰有截之勋;和众安民,永固无穷之业。昔者冉骁大定,杜鹃申北向之心;今兹回鹘全平,天马进西徕之颂。是皆睿谟独断,力排筑室之谋;神武遐宣,克奏犁庭之绩。溯达瓦齐就俘之日,才阅五年;计库车城申讨之时,仅余两载。三征三克,易若摧枯;再叛再平,验如操券。渠魁授首,默德那之种落咸归;荒裔倾心,速鲁檀之版图并隶。疏通两道,宁止万三千里之遥；考定诸躔，已出二十八星之外。臣开辟不臣之地，德迈羲轩；建古今未建之勋，业超舜禹。从此瓜沙左右，争事春农；蒲海东西，无劳秋戍。正六符以育物，珠斗经天；越九译而来宾，金瓯纪地。三十六国，群瞻有道之天；万八千年，共祝无疆之寿。定知寰中之歌舞，雷动欢声；宁惟阃外之麾幢，雪融喜气。臣金鳌侍直，叨列清班；玉虎征祥，躬逢盛世。天威远播，欣闻吉语之来；圣烈昭垂，宜有颂声之作。窃惟弦弧剡矢，所以保大而定功；鸣籁吹竽，所以建威而扬德。周官恺乐，职在太师；汉氏铙歌，掌于协律。声词合写，十八章旧调无传；篇目相沿，廿二曲新声数变。晋人仿古，始号凯歌；唐代承流，渐谐律体。缅维贞观，初成五字之诗；亦越嘉州，遂创七言之制。考其节奏，虽开元以后之音；稽厥渊源，实常武诸篇之义。故当世或施弦管，而后来亦播咏歌。谨仿其体，为班师凯歌十二章，恭呈御览。乐以象功，知莫罄高深之量；诗以言志，庶窃申忭舞之忱。其词曰：

喧喧箫鼓凯歌音，半卷红旗入凤林。曾是轩辕亲教战，霜天晓角尚龙吟。
妖星堕地响如雷，风卷阴云万里开。边月高高天似水，捷书一夜过轮台。
秋雁连天西海头，六军回马唱凉州。擒王破阵须臾事，谁赋金闺上翠楼？
故垒茫茫大夏城，芦笳吹作入边声。回头博望浮槎地，曾是西来第一程。
铙歌一路响寒云，猎猎风生万马群。行到来时曾战地，降蕃犹认上将军。
满耳秋风入短箫，黄榆叶落草萧萧。西蕃已破无征战，只向高原试射雕。
赤土山前雪打围，桃花叱拨绣弓衣。风云也禀天朝令，满碛平沙静不飞。
雕鹗飞扬大将旗，提兵两度上崦嵫。回军却过龟兹垒，一笑当年李靖碑。
勒石燕然莫更论，且看走马定坚昆。垂杨绿到其摩寺，宁止春光度玉门。
多少降羌逐马蹄，芙蓉阙下贡文犀。萧关候吏如相问，家在条支更向西。
鹫翎长箭虎纹鞯，歌舞还朝拜玉阶。今日方知神武略，书生何用议珠崖。
射尽鲸鲵海不波，洗兵真看挽银河。笛中一曲平西雅，谁数摩诃兜勒歌。

三巡江浙恭纪二百韵

皇帝壬午岁，斗柄初回寅。六龙幸吴越，三度修时巡。昔禹画九野，兹地徐扬分。三江中贯络，淮海区其垠。扬州实沃野，徐土瘠以贫。政繁待修举，人瘵劳抚循。所以自古来，吏治称最殷。况乃地形下，万派东南臻。秋潮排黿鼍，汹涌雷霆喧。大河亦渐徙，荡潏不可驯。遂令沮洳场，日与蛟螭邻。曼衍数千里，捍御烦经纶。我朝百余载，列圣司陶钧。屡筹疏瀹计，已荷生成恩。皇帝抚六幕，宵旰忧黎元。区画万年策，南顾犹频频。前在重光岁，远涉吴江濆。斗杓斟元气，散作春风温。强圉赤奋若，日御行紫雯。迢迢牵牛野，又得瞻羲轮。前后阅十载，歌咏遥相闻。沿江待翠华，北向吁九阍。帝曰咨汝众，鉴汝悃愊真。繄惟汝望幸，民事予实勤。所恐烦父老，除道而清尘。狩期酌五载，虞典义可遵。爰诏饬法驾，太史练孟春。开岁日丙午，始浃十二辰。亲奉紫罽幰，羽卫严句陈。是时风解冻，淑气方温暾。柔荑黄欲坼，宿麦青欲匀。东作日以兴，队队驱乌犍。幽冀青兖徐，迢递长河滣。微和天澹沱，渐见莺花繁。扬舲瓜步水，南棹钱塘津。烟光二三月，弥觉春姿妍。山水交映媚，桃柳相新鲜。南中佳丽地，处处宜盘桓。吴歈舞白苎，越曲讴采莲。钖箫杂社鼓，夹路迎至尊。岂知圣主意，但以娱慈颜。川途远泂溯，所重惟勤民。其一曰河防，疏派从昆仑。神鱼驾高浪，汩汩泥沙浑。禹力导为九，故道春芜湮。微茫沧桑野，陈迹空讨论。洪流日南注，径啮清淮滨。金铃无支祁，坐受冰夷吞。自从炎汉来，水患时纷纭。泄则下流隘，壅则横波奔。治河无上策，众说徒云云。因令唐虞世，或有巢窟人。惟以万万众，仰赖天心仁。帝曰咨徐方，岁岁忧沉沦。水性良难测，地势要可因。禹贡纪敷土，其要惟随刊。崇伯汨五行，乃以息壤堙。鼓瑟戒胶柱，止沸当抽薪。蓄泄量所受，是贵启闭均。奏牍但梗概，未若阅历亲。銮舆临指授，疏导诏重臣。编烂岳渎经，贞石高嶙峋。泱漭鱼龙气，荡涤清粼粼。一劳万世逸，从此安耕耘。其一曰海塘，泂洞浮乾坤。练光激一线，奋迅争海门。灵胥跃白马，兹事虽虚言。要其澎湃势，未减银河翻。江流更东泻,骇沫相控抟。浪花飞百丈,岛屿如簸掀。长飙或一作,往往为民患。历朝捍海堰,六郡相钩连。后为潬所梗,潮势趋北偏。于今称险厄,乃在尖塔山。归神从日母,谁得澄其源？譬如御勍敌,先在高墉垣。外以沙为郛,内以石为根。沙涨有去留,所赖人力存。皇帝轸下国,清跸纡虹旟。河图操玉版,规画求万全。篗筘束长筊,增护金堤坚。六鳌慴皇威,弭首踢以卷。安用婆留弩,酣战蛟鼍鼋。青铜磨海面,水落添沙痕。伫看鲛人室,化我桑麻田。臣闻古帝尧,命禹涤九川。荒度付司空,高拱居云轩。今颂平成绩,犹曰仁如天。我皇轸民瘼,不惮川陆艰。三度驻华盖,紫澥黄河间。恒以一人劳,谋此万姓安。大矣天地心,化育符陶甄。神谟勒金匮,三古超放勋。况乃双龙御,兼有五瑞班。南邦计群吏,考绩当三年。由来饬官箴,黜陟昭大权。例得随冢宰,引对近御筵。爰以肆觐仪,谒帝帐殿前。敷奏而明试,此义虞书传。翠华入其疆,间井亲循观。风谣既毕采,赏罚何须延？东南财赋薮,户籍纷骈阗。五方之所聚,杂处良与顽。刚柔剂宽猛,所赖牧守贤。今逢金舆狩,一一详考询。吏肃民以乂,歌颂永不谖。且念江海界,趋趋通诸蕃。牙旗列巨镇,首尾如率然。骁腾万犴弩,峨舸千楼船。卉服奉职贡,斥堠销锋烟。武备防渐弛,步伐宜素娴。森严开玉帐,亲阅鹅鹳军。春搜隶司马,旧典从周官。奥从乙亥后,虎旅平坚昆。黄图拓二万,两道通阳关。即今随彩仗,犹有降呼韩。中途拜行幄,贡马又大宛。灵爽之所震,莫不尊轩辕。功成不忘战,复此陈橐鞬。凡以卫亿兆,谋保金瓯完。亿兆拜稽首,蓑笠如云屯。载歌时迈颂,交上天保篇。仰见怀保念,念我殷疴瘝。黔黎苟有赖,巡省无辞烦。即使日供顿,实亦心所欢。灵台与灵沼,荷锸齐争先。尚愧芹曝献,未足酬圣君。讵知游豫意,但欲民风淳。尺一紫泥函,天语频谆谆。升平久殷阜,非虑物力殚。士女效媚兹,知亦非所悭。惟念华侈俗,导以朴素敦。栋宇斥金碧,榱桷除雕镌。穆然恭俭化,尧殿惟采椽。是以初启驾,以及銮镳还。骑不劳刍茭,士不烦壶箪。岩峣黄龙舳,彩缆人争牵。迢迢蒲蓼岸,翳翳水竹村。铙吹万乘度,不碍沙鸥眠。黄蜂及紫蝶,亦趁风日暄。花放百草香,绕径飞翩翾。即此太和景,民气固已欣。更闻十行诏,重叠巽命申。春风随玉辂,甘雨霏油云。去岁河偶涨,蛟蜃扬波澜。腰镰未及获,秋稼或稍残。屡丰储峙足,本不虞播迁。飞鸿廑圣抱,犹为谋粥饘。春气日以动,荷耒耕东阡。更春官仓稻,一月添饔飧。坐待穑麦熟,酾酒烹鸡豚。三壤有正赋,岁俭时蒙蠲。其或偶逋负,良以催科宽。停銮召耆艾,问俗经里廛。尚恐寒溪水,照见催租瘝。以次赐减除,凤诏衔琼笺。江南连河北,日拜天书宣。旁逮斥卤曲,漉白牢盆煎。声声估客乐,亦拨鹍鸡弦。春回蛙黾渚,消尽海气寒。德音俄又下,翘立金鸡竿。膏雨滋黍苗,亦不遗茅菅。罪自五流下,瑕垢皆许湔。花落讼庭静,草长圜扉间。苍鹰化为鸠,拂羽何翩翩。好音偕布谷,呖呖桑林边。别有横经士,夙昔事典坟。一朝觐尧日,波暖跃紫鳞。竹登会稽箭,珠采长淮琲。乃至泮宫水,是处香添芹。风行于地上,爻叶利用宾。伟哉大观化,稽古崇斯文。应知过东鲁,数仞登杏坛。实惟圣契圣,前后同本原。兹行凡四月,来往途八千。去程闻早雁,归路鸣新蝉。岂不爱清暇?垂拱调南薰。永怀无逸训,锡福敷群伦。用是间苍众,以逮于缙绅。喜气彻绛霄,融冶交氤氲。结为云五色,纠缦垂轮囷。有叟捧赐帛,稽首前迎銮。曾睹仁皇帝,六度临江干。万年家法在,圣祖贻神孙。煌煌巡狩典,焉奕辉瑶编。忆昨日南至,璇殿献寿樽。三元六甲子,七始开其端。南山地络巩,北斗天浆醇。箕畴敛五福,敷锡沾芸芸。阳和迎缇幕,恩綍降紫宸。诏书行万里,恺泽弥垓埏。迄今甫半载,又沐雨露新。苍生一何幸,茂典逢联骈。康衢咏圣化,歌舞盈人寰。延洪祝曼寿,万度玑衡旋。皇风流穆穆,介祉承绵绵。洵哉庞鸿治,高迈黄与颛。小臣荷天渥,珥笔登花砖。玉烛仰道光,寸管窥大圆。愿谱肆夏诗,永永谐宫悬。

御试土尔扈特全部归顺诗

酰化超三古,元功被八纮。圣朝能格远,绝域尽输诚。往者星弧指,俄然月蝐平。威棱震蒙汜,兵气扫欃枪。赤坂骁腾度,黄云指顾清。峰开回乐雪,迹陋受降城。别部留余种,当年早远行。慕容随马徙,蛮氏怯蜗争。杏隔罗义地，空传赞普名。冰霜途久阻，葵藿意常倾。贡篚先遥至，宸章忆载赓。乾隆丙子，土尔扈特使臣入贡，臣适扈从热河，叨预恭和圣制。初来瞻禁籞，早已仰天声。迩日乌孙部，全归定远营。随阳都似雁，出谷尽如莺。喜近层霄路，无辞八月程。自歌唐苰曲，不假贰师征。东道艰难达，西琛拜跪擎。露章飞入告，星使远相迎。绥辑劳都护，金银发水衡。流离怜琐尾，奔走悯孤茕。汤纲原常祝，尧天许再生。寒岩俱变暖，枯卉忽含萌。踊跃瞻风意，殷勤献曝情。黄龙何用约，白马不须盟。恰值慈云普，方恢寿宇宏。感恩齐挟纩，效祝愿称觥。紫塞沿冰谷，丹梯觐玉京。省方随日驭，大狝侍霓旌。益地图新启，钧天乐正鸣。殽烝雕俎列，酒醴羽觞盈。带砺崇封锡，衣冠异数荣。试看歌舞乐，真觉畏怀并。从此皇风畅，弥彰帝道亨。梯航遍陬澨，赍赆集寰瀛。清宴三灵叶，升恒两曜贞。铭功葱岭石，万古峙峥嵘。

圣驾东巡恭谒祖陵歌辞十篇_{谨序}

　　臣闻德莫大于孝，孝莫大于报本追远。孝至于报本追远，则推而下之，仁爱有所自溥；溯而上之，率由有所自承。三代圣王所谓至德要道者，均不外是。然经籍所载，皆禴祀烝尝致严宗庙；其躬诣山陵者惟武王。祭毕一事，后亦不闻其续举。岂古文朴略，记录不详？抑书缺有间欤？汉始有《上陵》之曲，历代相沿为故事。大抵近者在郊畿，远者因事告谒而已。未有涉越关山，往还三四千里，先事戒期如我皇上之特致精禋者；亦未有深慕积诚，阅久弥挚，不惮一至再、至三、至四、至如我皇上之叠举殷荐者。盖我皇上明天察地，圣孝纯真。性情之蕴结者深，故精神之感通者远。非惟音容所接，忾僾如亲，并本本元元，上溯发祥之所自；非惟升香清庙，昭格鉴临，即桥山弓剑之藏，皆永慕不忘，恒思瞻仰。且我皇上法天行健无逸，永年寿考，维祺升恒久照，逾七秩而弥康。故能涉阅川原，亲抒诚悃，翠华四莅，而不以为劳。信乎爱敬之忱，为自古帝王所不及；而精明强固之力，足以自申。夫爱敬，尤自古帝王所不能矣。臣猥以雕虫，谬蒙知遇，出入馆阁,洊佐夏官。今恭逢希有之盛举,固宜敷陈曲礼,作为文章,以昭示无极。然窃念辇路所经,越紫蒙之野,袤辽海之垠。凡崇墉因垒之墟,盟津会师之迹,以迨城邑丘井为居,齿营洛所缔造,闾阎士女为服教畏。神所遗留者,自癸亥以迄今岁,胥宸章题咏,分勒琼函久已;并曜仪璘,无待取光于萤照。至于宝篆瑶缄之尊藏,柏城山殿之祼献,百神河岳之怀柔,玉座彤庭之朝觐,缯峰黼幄之燕飨,则诏令宣于纶阁,仪章具于春卿,起居纪于太史,炳炳麟麟照映金匮,更无待管窥尺度,绘画乾坤之容。惟是笃近举远,恩有自推;行庆施惠,欢心普洽。若白鹿山左右诸部,若留都宗室八旗父老子弟,洎士农工贾,若黑水白山从龙旧族,若东藩之贡使,莫不沾濡膏泽。额手而观大礼之成,颂湛恩之渥,前歌后舞,风谣响答。此诚太和酝酿,发为自然之元音。是以鼓腹成吟,击辕中律,特其千唱万和,天籁自鸣。不能著为词章,书之简牍,恐采风者无从而录,不揣弇陋,谨摹绘其意,谐以声韵,为歌十篇。虽朴僿少文,然语皆志实,尚冀与《康衢》《击壤》诸谣,同鸣帝妫巨唐之盛焉。其词曰:

宗室所歌

振振麟角,出自岐阳。绵绵瓜瓞,本支延长。我承余荫,托身天潢。有事为荣,来奉烝尝。虽远于京邑,实我旧乡。岁时禋祀,助荐馨香。灵斿陟降,宛接一堂。凡属孙子,孰不愿依祖宗之旁。况圣主之惇叙,荣我冠裳。九族既睦,迈昔陶唐。今逢展拜,迓穆穆之天光。眷怀一本,训迪周详。琼笈宝墨宣奎章。提挈万化,以孝为纲。宝城四诣,不惮道路之风霜。凡我宗人执事,有恪敢不蘉。

八旗所歌

万年之木,木必有根。万里之川,川必有源。翼翼神皋,实肇迹之岐邠。我里我宅,近日先温。帝谒珠丘,缅怀旧勋。大飨从飨,福溉后昆。曰昔乃祖,附凤之翼攀龙鳞。绵绵延延,逮于子孙。其练乃弧矢,无忘教战之轩辕。至于耆艾,亦重熙累洽之所存。龙光渥锡,膏露油云。众拜稽首曰,皇帝之恩。皇帝曰,于缫祖宗之仁,国之元气,在本原巩固,我始基日炽日蕃。

蒙古诸部所歌

平冈既迁,我为乌桓。互市三边,我泰宁朵颜。大圣人出日中天。灵夔震吼,艾我旃我。十四贝勒,骈首徽缠。九白从此修贡虔,太平安乐百五六十年。皇帝上陵,径我白狼山。我所置顿,不过数椽。我所上食,不足登御筵。羽林十万,惟饮我泉。不扰我牸与我犍。乃念我族帐,昔太宗皇帝所矜全。久隶仆圉,赏赉大颁。妇子膜拜,皆大喜欢。皇帝大德光于前,万八千岁福禄绵绵。

朝鲜贡使所歌

孝治天下,不遗小国之臣。今我来庭,信古所云。我密迩上国,夜柝相闻。觉华岛之归命,维太宗之仁。世守我藩封,职贡维勤。我以一介,迓皇帝东巡。许陈我筐篚,我悃得申。燕赉便蕃,迈我等伦。果叶我吉,占曰利用宾。况锡我以圣藻,焕乎尧文。光我东土,晃耀乎扶桑之暾。金绳宝楼,传示子孙。曰天子锡类下国,亦浴以鸿恩。知神州赤县,无不含和而饮醇。

学校所歌

梧桐莘莘生高冈,周京吉士歌凤凰。辟雍初建流汤汤,振兴钟鼓从文王。太祖应运出震方,临轩策士登贤良。太宗继起提天纲,经文纬武化益光。近圣居者惟我乡,百年服教今不忘,迩来星验聚奎祥。诏移琼笈柱下藏,青袍弥庆儒道昌。况逢法驾来沈阳,泮水添注恩波长。黉宫广种芹藻香,咸以作人寿考祝我皇。万年斡运符乾刚,他时翠华来幸更福我胶庠。

农家所歌

《豳风》《七月》,王业所基。悉我农夫,皆开国之所遗。我高曾祖考,驱犊荷犁。托圣人之宇,聚族而畚畲。于时阪泉涿鹿,戈甲云驰,其折冲者惟八旗。我耕田凿井,恬然不知;熙熙皞皞,至于今兹。惟皇帝奉先思孝,临我东维。除道清尘,官吏所司。糇粮刍秣,弗损我资。献芹献曝,愧无所持。帝念我农人,乃雨露以滋,百年培养。列圣之慈,爱无不爱,维帝其体之。皤皤黄发对语杖藜,此乐非但从此时。癸亥以来阅四十载,前后四幸皆如斯。

百工所歌

三代以还,艺事日增。辽水以左,我国家所龙兴。土风淳朴,自我高曾。奇技淫巧,皆我所不能。鸠材庀器,惟日用之恒。皇帝大孝,只谒山陵。肃肃钩陈,黼殿幔亭。虽庶民子来,弗劳以经营。茅次土阶,或构数楹。操斤荷畚,受值倍赢。即绸缪苞桑,葺我金城。万杵操作,筑之登登。雇役亦足以代耕。至哉俭德,家法钦承。对越在天,世德相仍。宜乎帝车时迈,南涉越角,北上辽京;西践参墟,东观我大瀛。闾井不扰,惟闻载路之颂声。

商贾所歌

云帆转海,泛舶青齐。牵车服贾,达高句骊。松漠柳城,西北通逵。驾鹿使犬,亦水筏山梯。神都形胜,川陆会归。百货辐辏,隶首所莫稽。銮辂东来,万乘云随。利市三倍,顿使我家肥。征榷弗增,坐拥我资。维皇帝吉蠲,孝飨神降以蕃釐。敛福敷锡,荫及烝黎。使我贩鬻,亦囊箧累累。我东都之望,幸安能不跂足而企之。

东三省所歌

长白嵷巃,三江瀛溶。万年王气蟠其中,朱果诞圣天所钟。丕基既建,不忘后稷之旧封。置三将军,分扼其冲。谒陵前度御六龙,纡途径此观民风。今从营府来辽东,踌躇西望云岚重。幸我圣主,酝化骈襛。山川修阻雨露同,有邰不异镐与丰。皇帝大孝,缅列祖列宗。念开创之所从,使我一草一木皆丰茸。我歌且谣乐融融。愿与《公刘》诸什,永永谐笙镛。

赭衣所歌

圣人之法,严戢奸顽。稂莠不剪,恐芜彼良田。圣人之心,则无不矜怜。因事肆眚,曲予以生全。惟古者泰坛,有事赏滥。费繁荐馨,上帝或旷隔有年。故其赦令,多以南郊,亲祀而宣。惟皇帝昭事,穹昊日之南,至必诣圜丘以告虔。岁岁不可以屡赦,故因谒陵之典,而金鸡揭竿。盖礼以义起,俾事祖于事天。我瑕已涤,我虑已湔。我其易辙改弦,以洁白自完,以无辜圣主之陶甄。

卷第八

御览诗

乙巳正月预千叟宴恭纪八首

和气寰瀛遍，天功品物亨。春风多长育，小草亦滋荣。科第叨先达，班联愧老成。何期承圣泽，更许附耆英。

早岁登金马，臣以乾隆十九年进士蒙恩馆选，由编修洊擢至侍读学士。中年出玉关。余生蒙曲贷，词苑许重还。嘉宴陪传羋，鸿恩忆赐环。都缘天再造，今得预仙班。乾隆三十三年，臣自贻罪戾，蒙恩从宽发往乌鲁木齐效力；三十六年蒙恩复授编修，频邀超擢洊至今职。

十载登天禄，编摩岁屡淹。涓埃曾未报，雨露久深沾。臣自承办《四库全书》，叠被殊恩，皆逾常格，为自来词臣所罕觐。轩乐容同听，尧云得近瞻。当筵看坐次，感悚两相兼。

化寓人多寿，耆年近四千。相随登绮席，所见半华颠。旭日辉宫阙，柔飔韵管弦。自欣才六十，已获伴群仙。

园绮陪雕俎，松乔奉玉钟。斯人今并集，此会古难逢。蜩蠼乘乎化，风云系所从。乾元刚健体，仰瞻见天容。

筵上瞻皇度，天光映紫庭。自惭臣谫劣，弥颂帝康宁。寿定兼千佛，祥原应六星。七旬题细楷，曾见御书屏。臣蒙宣赐御书玉屏拓本，银钩铁画细入毫芒。诸臣跪观咸颂圣人天亶聪明超乎万古，非寻常耳目所可仿佛万一。

五代同堂庆，延祥属至尊。流长知有本，枝茂在蟠根。古帝无伦比，词臣已讨论。且询陪宴叟，有几见玄孙。

圣祖征千叟，衣冠会日畿。家庭时诵说，闻见尚依稀。臣父姚安府知府纪容舒，以康熙癸巳万寿恩科中式，曾在京师见千叟宴之典，时时为臣诵说颂扬盛事。今日沾天酒，微臣侍禁闱。簪毫颂绳武，万载并光辉。

千叟宴诗一百韵 代

健行绵景祚，久道洽重熙。五世家余庆，三多福有基。清宁游化宇，仁寿验春祺。海甸多遐耆，朝端半宿耆。仰惟皇建极，普与世延禧。尚齿敷嘉惠，胪欢举盛仪。引年遵旧式，绳武继隆规。神契风云合，天膏草木滋。冠裳联鹤发，歌舞拜龙墀。平格惭君奭，重华遇帝妫。遂登千叟列，共祝万年釐。念昔承先庙，蒙恩际圣时。丹台注名籍，粉署预追随。枢部经三擢，天官计再司。豸衣身早被，鸠律手亲持。旋命除犀绶，仍叨直凤池。金曹留旧署，薇阁副参知。军佐殊多忝，卿班愧莫裨。从征方戍校，带职尚工倕。仰仗天弧指，平剿雪岭隳。睿谟遵北阙，绝幕定西陲。勃律看捞玉，昆仑问织皮。遥临东印度，径缚大昆弥。蒲海重平乱，筠冲再济师。寻踪追狡兔，骈翼戮妖鸱。赤羽惊回纥，黄图括谷蠡。两经临月窟，皆得从云麾。宣力曾无几，承恩竟不訾。八门分将帅，七萃统龙貔。禁旅方叨入，温纶更屡施。月卿邀重寄，水部晋崇资。国政容参画，戎机荷倚毗。圣谟陈玉案，皇路控金羁。保氏资调护，容台辨等差。殊知皆特达，旅进愧委蛇。况乃迁乔木，居然借一枝。朝簪升甲族，宿卫列辰旗。葱岭鸦音噪，花门螳臂支。六军事征讨，一剑效驱驰。围合鱼丽密，城留兽角危。自知谋太拙，幸借算无遗。屯戍宜禾领，封疆都护治。勤劬图报称，感激弃瑕疵。应召瞻云日，操铃总虎貔。驾言辞赤坂，重得侍黄帷。玉垒传烽燧，蚕丛阻险巇。扬旌摩井络，分道指坤维。枹鼓行军久，金铙奏凯迟。才疏赖指授，识浅昧机宜。仓卒忧深谴，矜全戴圣慈。戟辕建旌节，玉帐领熊罴。神武频驱策，奸凶乃縶縻。幸将前过补，敢曰首功奇。最是恩连沛，都非意所期。凯旋歌杕杜，亲劳驻华芝。像入凌烟画，名登太学碑。旧资全引复，新秩递迁移。九命膺勋爵，三台拜制词。赫黄辉带绶，鞯鞴映冠缕。彩羽双环晕，华衣四裰披。章身真耀艳，顾影自惊疑。更荷陶钧力，偏荣蒲柳姿。五云晖迥照，六秩宠逾涯。珍筐颁骈坒，璇题仰陆离。联奎腾藻采，朝斗颂恩私。从此逢春草，长为向日葵。纶扉忝承旨，玉署掌论思。藜阁书兼领，兰台秘得窥。五刑明出入，九品叙崇卑。常念荣逾分，深虞力渐衰。慎惟怀敬凛，勤每戒恬嬉。马齿虽加长，龙钟幸免嗤。在公思奉职，退食尚忘疲。但觉恩如海，宁知鬓有丝。良由熙化日，得以到庞眉。属有三军事，言赓四牡诗。初平贝州盗，于役大河湄。恰喜星轺返，刚逢葭管吹。相随趋黼座，犹及奉瑶卮。暖律开新序，韶春上早曦。万年松蔚茂，六叶荚葳蕤。彩幄分行蠹，绘峰夹所揩。彤阶敷绣簟，紫殿敞云楣。陪列多彭祖，临轩拱虙羲。相看皆鹤侣，有序似鸿逵。位自黄扉起，年从绛县推。许如明悉猎，并有下句骊。乐曲陈南雅，殽烝具鼎甀。佛花茶泛盏，仙露酒盈瓵。锦段如霞积，笻条刻玉为。捧珍光溢袖，叩赐感沦肌。此会逢之罕，诸臣见者谁？熙台游浩荡，福海被期颐。大衍贞符集，先春众志怡。欢心添淑景，喜气度柔飔。申锡由天佑，规模自祖贻。德原超古昔，典复备今兹。窃喜微臣幸，亲瞻睿藻摛。近光依日月，赞化谢皋夔。惟有呼嵩愿，同声祝万斯。

皇上肇建辟雍释奠讲学礼成恭纪八章_{谨序}

　　臣闻天苞地符，道源一贯；皇春帝夏，政典异文。虞巡五玉，制殊乎周官；殷宗九州，名别乎禹贡。正朔服色，迭更于子姒以来；封建井田，难举于嬴刘以后，是则然矣。然不沿不袭，去故所以取新；或革或因，永世在于师古。损益百代，精探述作之旨；经纬万端，曲尽神明之用。秉持圣矩，提挈乾纽。正名侔乎黄帝，定礼协乎素王。经世上猷，又非可以管蠡求也。钦惟我皇上，玑衡在握，仪璘恒照。虞典慎省，敕天著乎舜歌；周箓延长，率祖念乎酓俗。建极锡福，惟馨香之感神；无逸永年，信康强之逢吉。螽斯蕃衍，五世验其贞符；鹿鸣燕乐，千叟应夫寿曜。灵台偃伯，武德备而修文；康衢闻谣，养道浃而兴教。粤稽太学，建自有元。相沿圜水之名，未具旋邱之象。贞元再合，储待重熙之朝；礼乐百年，庆逢首出之圣。爰考古义，趣建崇基。方仪内函，圆折外骛。火珠竦峙，石梁交达。宛游灵沼之侧，重觌镐京之制。盖质文异尚者，矩矱恪秉乎高曾；今古一揆者，符节遥合乎先后。聪听彝训,旧章不愆;仪监前规,阙典则补。贞珉矗立而螭盘,宝书深镌而鸾篆。睿虑远,圣谟彰矣。岂但三老五更,鳌曲台之驳文,刊虎观之谬论哉。冬官崴事,适图周大衍之数;春祀升香,用仪备上丁之荐。典本岁修,礼崇亲举。麟书景乎冲漠,龙蹲接乎肸蠁。借以告新宫之成,昭圣教之昌也。于是临桥门,登讲幄;九官鹄立,三舍凫趋。琼几敷陈,玉音阐演。发孔曾之微言,扶羲文之奥理;莫不竦听肃穆,默悟愉怡。斯时也,法驾方苁,瑞霙交霏。五出应节,当土膏之垒动;三农惬愿,际麦颖之奋茁。岂非欢心溥洽,祥征立致;以丰岁之兆,庆大礼之成哉。臣忝备月卿,获登云陛;司仪侍玉俎之侧,听讲跽黼扆之右。葵藿小草,向阳有愿;禽虫微质,应候自鸣。不胜踊跃欢忭之至,谨拜手稽首,献五言诗八章,用昭圣朝文治为古所未有。其词曰:

一 章

鸣鸟闻崇冈,菁莪育中沚。灵囿昔肇建,璧沼亦经始。《云汉》歌作人,《卷阿》赋多士。西京化云盛,东辙风渐靡。丛议溯卯金,歧论逮天水。黄图渺前基,青史旷遗轨。兴文待昌期,稽古资上理。五纬珠躔明,三雍云构起。

二 章

圣皇握玉券,洪算绵瑶图。五叶席景运,六御提神枢。轩夔武义炳,舜羽文德敷。酦化周鳌极,首善从鸿都。四门集俊乂,六艺陶师儒。圜桥缅旧记,雝水怀前模。万化夙修举,一事犹勤劬。经营补所阙,名实蕲其符。

三 章

太史撰日吉,将作鸠工良。分寸度绳墨,法象规圆方。九宫准奇偶,八牖宣阴阳。云雨轶太半,金碧辉中央。一鉴匝瑶甃,四阿交虹梁。渊渟蓄珠水,井养资银床。经营群力集,区画睿虑详。粲然礼制备,焕乎文治光。

四 章

龙画耀云章,鳌碑镂乐石。上轶岐阳鼓,下掩兰亭迹。金镜明法戒,玉衡絜今昔。兴贤振虞业,泥古斥缝掖。五更义兼订,三老疑再析。郑孔误当刊,班蔡谬皆辟。仰读悟政范,俯绎知学的。弦诵识勿忘,贯佩期无斁。

五 章

儒珍乐普育,圣域溯至精。鼓钟续周雅,俎豆升孔庭。二月荣绯桃,七叶抽翠蕚。精禋春卜吉,上仪亲告成。肇修丰水典,式慰尼山灵。河图酬宿望,木铎宣遗声。神喜金石和,德孚黍稷馨。羹墙接千载,窔奥证六经。

六 章

灵鼍警众集,华鲸传跸来。穆穆天光临,肃肃经帷开。骈联芳茵布,次第华缨陪。敷陈披圣籍,宣示聆睿裁。天枢运万古,人纪揩三才。体健励无息,敦伦期允谐。康强勤典学,寿考乐育材。敷言惟皇极,泳化皆春台。

七 章

至治感休征,太平召协气。苍绎叶神符,黄舆证灵契。侧听玉案讲,庆觌琼霙至。合寸凝萧云,盈尺兆歧穗。颂奏屡丰期,雅当于乐际。繄宁多稼祥,实表观文瑞。感应一气通,申锡诸福备。愉愉歌咏音,炳炳天人义。

八 章

化成声教远,道久礼乐兴。七旬励宵旰,百度挈准绳。福惟万亿积,治乃三五登。樗材逢嘉会,天语欣钦承。仰睇紫殿高,俯视翠潋澄。圆规拟璧合,温溜方川增。矢音依陛楯,稽首瞻觚棱。无由裨海岳,惟祝齐升恒。

嘉庆丙辰正月再预千叟宴恭纪四首

春风融畅庆时昌,又集耆英宴紫闱。福寿骈臻皇建极,_{是日赐宴于皇极殿。}贞元会合日重光。黄图久共登仁寿,丹陛多曾预拜飏。翘望红云齐额手,天容此度更康强。

太极甘泉次第斟,钧天九奏听仙音。三千人尽须眉古,六十年经雨露深。早岁衢童皆老大,旧时壤叟倍歌吟。应知圣主劳宵旰,多少栽培长育心。

絪缊元气酿祥和,樗栎都能长旧柯。凤纪久占绵算积,鹓行亦自老臣多。曾叨绣黼登瑶席,_{乙巳千叟宴,臣以兵部侍郎叨预,是日恩擢左都御史。}久忝花骢振玉珂。臣蒙恩赐紫禁城内骑马。得见南山重献寿，微忱怵庆更如何？

祥飚满座酒初醺，稽首琼筵拜圣君。与物皆春恩再霈，同天不息政弥勤。蓬山秘籍臣曾校，礼阁新仪古未闻。归向容台详记录，曹司载笔亦欣欣。每恭逢大典，礼部皆敬录仪注，载存例案。

圣驾临幸翰林院锡宴，仍以张说"东壁图书府"五律字为韵，臣昀分得"国"字

绥民奏武功，协帝宣文德。奎壁瑞重占，莺花春恰值。初三月始成，第一峰同陟。燕饮预卿班，赓飚偕馆职。典仪叨备官，摛藻惭华国。惟幸八旬余，夙怀今竟得。乾隆甲子臣年二十有一，闻词林荣被恩波，私心歆羡；今越六十年，竟得躬逢盛典，实为荣幸之至。

侍宴重华宫联句赋诗蒙赐三清茶盏恭纪二首

曲宴蓬山最上层，挥毫紫殿暖云蒸。金茎仙露和杯赐，消渴相如得未曾？红沁丹沙白腻脂，越窑风露满花磁。凡茶不敢轻煎注，上有君王自制词。

赐砚恭纪八首

曲宴传柑侍寿杯，柏梁联句递相催。自怜诘屈如方朔，也捧君王赐砚回。
一片云根晕淡清，群仙传玩遍槐厅。宫中原自珍龙尾，未信东坡凤味铭。
秘殿浓香入彩毫，蓬山曲宴此重叨。轩辕墨海亲颁赐，绝胜诗成得绣袍。
笔札从来似墨猪，擘笺惭对御筵书。情知难押兰亭缝，且照青藜校鲁鱼。
紫殿吟诗簇管弦，三年三度听钧天。归途骑马人争看，墨渖宫袍似米颠。
奎章顷刻灿天葩，未尽三清一盏茶。赓和愧无青镂管，只将赐砚对人夸。
捧来宫砚拜彤庭，片石堪为座右铭。岁岁容看温室树，惟应自戒口如瓶。
香案联吟第六回，又分宫砚到蓬莱。细看石上天然画，正似春流滟滟来。

翰林院侍宴联句赐砚恭纪二首

玉署联吟侍寿杯,旧词臣许到蓬莱。诗成赐砚宜珍袭,六十年才第二回。西抹东涂似墨猪,兰亭押缝敢轻书？只应携照青藜火,六典辛勤校鲁鱼。_{时臣方领修会典。}

恩赐四库全书馆哈密瓜联句,恭纪一百五十四韵谨序

乾隆四十有二年十月二十九日,命以哈密瓜颁赐四库全书馆诸臣,异数也。窃惟译通榆塞,旧承扞宋之遗。谨案:诸书所称"哈密",源流多未明晰,今《钦定西域图志》订正为"扞宋"之转音。至精至确,足祛千古之疑。地号瓜州,远自驹支之祖。舆图所记,古传嘉种于敦煌;土贡惟虔,今献珍函于哈密。鸲青满筐,偕三果以齐来;蛾绿登筵,贮双盘而交映。谨案:回城三果及双玉盘,并有御制诗。惟兹上品,是为玉食之材;何意殊荣,遍及木天之侣。蜜脾初割,金瓤与黄卷相辉;汗简旁陈,缥帙共翠斑一色。分来瓣瓣,争挥削字之刀;付去人人,递引摘毫之手。饫一杯之甘露,旧渴全消;把七里之芳荃,浓香又别。珍逾素叶,喜溢青藜。伏念臣等叨列冰衔,谬编瑶笈。三万七千余卷;尚未谙《隋志》之名;一百五十四人,乃尽拜尧阶之赐。平居伏读,仰窥消夏之诗。《御制消夏十咏》内瓜诗有"何人方病渴,一瓣试分尝"之句。此日分尝,真作逢春之草。恩逾常格,本非歌颂所名;感倍恒情,惟以文章为报。三星映座,立成难比于曹刘;五字联吟,间作窃规夫韩孟。共相劝勉,早宗曾巩之编摩;自愧空疏,知谢董逌之博洽。轻尘天鉴,实切冰兢。其词曰:

宠锡来中秘(少詹事臣陆费墀),恩颁出左枢。雕盘分上味(侍读学士臣陆锡熊),珍蔬逮群儒。美胜东陵种(侍讲学士臣纪昀),名征西域图。餐香沾艺圃(侍讲学士臣彭绍观),联韵检书厨。葱岭分诸部(洗马臣梦吉),瓜州借一区。在明为哈密(检讨臣王仲愚),于汉本伊吾。前代兵常构(编修臣宋铣),兹邦势最孤。宁

知大都护(编修臣萧际韶),惟隶右单于。蜗角争蛮触(编修臣刘种之),鱼门斗鲁邾。流离栖雪碛(庶吉士臣德昌),仓卒弃金符。明成化间,哈密王金印尝为吐鲁番所夺。牧圉频遭掠(编修臣黄瀛元),樵苏屡见俘。防攻闻击柝(编修臣曹城),合战怯援枹。圣代三阶正(礼科给事中臣章宝传),遐荒一气孚。争来附瓯脱(内阁侍读臣孙永清),久免役贽姑。西域诸部,惟哈密以康熙三十五年内附,归诚最早。太岁当渊献(乾隆乙亥平定伊黎兵部员外郎臣史梦琦),王师讨骨都。六丁下雷电(庶子臣邹奕孝),七萃练罴貙。突骑飞传檄(侍讲臣张焘),名王奋执殳。系缨擒颉利(赞善臣黄良栋),衅鼓戮温禺。妖鸟频惊射(修撰臣陈初哲),长鲸毕就屠。高牙临碎叶(编修臣王嘉曾),右臂断匈奴。柳谷风尘靖(编修臣吴寿昌),花门气象苏。戈铤从此息(编修臣刘湄),耕凿倍无虞。沃野平开畛(编修臣秦泉),崇垣对建郛。哈密王城与督理粮饷大臣驻防之城相距三四里。三城连古戍(修撰臣黄轩),两道控冲衢。往山南者,由哈密抵辟展;往山北者,由哈密治乌尔图打坂抵巴里坤。新疆两道由此而分。属国兹为近(编修臣陈昌齐),恩波最早濡。积年成富庶(编修臣闵思诚),比户乐妻孥。戍校开屯戍(编修臣吴典),丁男艺黍稌。娑娑薪入爨,娑娑,坚木名,以充薪。(编修臣李潢)芨芨草供刍。芨芨草,生塞外,以《汉书》考之,即"息鸡草"之讹也。彩缕夸缝毳,哈密所制羊裘,缘以彩线,温暖坚致,为新疆所重。(编修臣周兴岱)高轮驻秣驹。塞外车皆高轮,以利涉。凡出嘉峪关者,至哈密,必停一日,以息马力。莺哥行娅嬰,回女能歌吹者,谓之"莺哥"。(编修臣翁方纲)阿浑坐睢盱。传回教经典者,谓之"阿浑"。墟市商民辏(编修臣朱筠),田庐主客俱。严关虽警夜,每夜闭城之时,官城不许宿一回民,回城亦不许宿一汉人,以防闲奸宄。(编修臣平恕)隙土任收租。其田听流寓之家,给租耕种。雪液清渠引,哈密少雨,惟资渠水以溉田,其渠皆天山积雪暖融而下注者也。(编修臣李尧栋)沙田赪壤糊。莫嫌滋麦少,哈密之麦不及中土,往来所食之面多取之商贩。(编修臣沈孙琏)旧说荐瓜殊。掐子陈贻种,瓜种以灰培之,藏于室中,越数岁,种之则味厚。新子布种,则味薄不堪食矣。(编修臣采绂)掊坑曲附涂。溲淘增莹洁(编修臣潘曾起),揩拭去霉污。却燥常穿渎(编修臣邹炳泰),频锄竞拥耰。分窠间疏密(编修臣李镕),度力办窊敏。相感薰宜篿(编修臣黄寿龄),交融渍用翰。播琴膏溢块(编修臣庄通敏),吹琯气回荑。旁剃磨稃秠(编修臣苏青鳌),徐浇转辘轳。场开依鹿曈(检讨臣张家驹),樊绕傍鸡笯。豌荚资同化(检讨臣王汝嘉),罐舆丑必诛。洒灰兼辟蚁(编修臣周永年),布棘为防鼯。芳意盈皋隰(编修臣余集),生机畅甲须。滋秧牵翠带(编修臣孙辰东),分卦界黄垆。不遣香侵麝(编修臣韦谦恒),徐看蔓引蛛。叶抽俄马耳(编修臣程晋芳),飐长渐骊珠。纠结纹青绿(庶吉士臣汪如藻),团圞质益壶。风梭仙缕系(庶吉士臣梁上国),羯鼓御棬刳。喻以马非马(庶吉士臣杨昌霖),辨诸瓠不瓠。中土甜瓜多有棱,哈密所产则无。相钩连子母(赞善臣刘跃云),别种认鱼乌。巨讶安期枣(检讨臣季学锦),枵侔惠子瓠。双冠看合缝,形稍尖而长者,俗名"回回帽"。中断之,其状酷似。(编修臣马启泰)一目笑深胪。形稍圆者,俗名"回回眼"。斑驳狸头蠱(编修臣项家达),彭亨豕腹腴。曲肱宜作枕,王象晋《群芳谱》,谓甘肃瓜大如枕。(检讨臣王钟健)曳尾证藏狐。颜师古注《汉书》,以为瓜州大瓜,狐入其中食之,首尾不出。今证以哈密所产,实无此事。盖前代妄相传说。浑脱凝金液(编修臣杨寿楠),周圆衬玉肤。白轻罗叠雪(编修臣周厚辕),黄裹卵含雏。丰熟咸相报(编修臣裴谦),挈收亦竞趋。中田方借稻(编修臣方炜),令节乍囊萸。风冷吹边柳(编修臣莫瞻菉),霜高落塞榆。羌童冠白氎(编修臣闵惇大),蕃女整红襦。约共褰衣褶(检讨臣萧九成),嫌休纳履絇。微行遵复陴(检讨臣王坦修),侯旅踏平芜。哗哗夸摩掌(编修臣汪镛),绵绵慎举跌。跪擎童子拱(修撰臣金榜),俯拾丈人痀。望处黄团缀(庶吉士臣仓圣脉),摊时绿屩铺。储藏归廯廪(庶吉士臣钱樾),担负杂讴歈。准直论园买(庶吉士臣邱庭漋),尝新计颗沽。透迤驱五犉(庶吉士臣胡敏),鞿辘驾双鞠。捆载来墟落(庶吉士臣戴心亨),骈阗溢市阓。篮掀倾满鹄(庶吉士臣瞿槐),街诊数余蚨。虎掌农家诩(庶吉士臣张慎和),骡纲估客须。分曹堆磙砢(庶吉士臣严福),转贩越崎岖。别有干为腊(庶吉士臣徐如澍),因之缉似纻。彩绦盘细结,回民曝瓜为干,破三条辫之,盘屈如饼饀,市以寄远。(庶吉士臣于鼎)绫馓就圆模。木食粮堪代,回民不能勤,而能俭,每以瓜果代粮。(庶吉士臣戴联奎)金穰口易糊。预为终岁计(庶吉士臣陈崇本),早得御冬需。念此安居乐(庶吉士臣陈文枢),皆因恺泽敷。献芹聊拟宋(庶吉臣许烺），包柚欲同吴。别圃分畦灌（庶吉士臣李廷敬），诸蕃拣种输。滋秧勤部长（庶吉士臣章宗瀛），摘蠹课园夫。护惜防风露（庶吉士臣罗修源），珍藏比瑾瑜。点收三百颗（庶吉士臣戴均元），远历九千途。土贡修惟谨（庶吉士臣徐立纲），山程候不逾。驮将红叱拨（庶吉士臣缪晋），借用锦氍毹。玉塞风烟迥（庶吉士臣卢遂），金城道路纡。久经通驿堠（庶吉士臣周琼），不待验关繻。译表陈枫陛（庶吉士臣曹锡龄），登厨佐蕣蒲。升香先嚳庙（庶吉士臣陈㙉），用飨备殷瑚。在昔山陵荐（庶吉士臣范来宗），深怀岁月徂。宸章感霜露，乾隆癸亥、甲戌两年，圣驾东谒三陵，值哈密贡瓜至，俱命亲王赉往恭荐，有御制诗纪事。（庶吉士臣谷际岐）史氏记盘盂。嘉实原珍贵（庶吉士臣五泰），鲰生敢觊觎？何期恩浩荡（庶吉士臣何思钧）？遍使众欢愉。特用传柑例（庶吉士臣张能照），旁沾珥笔徒。今冬星测昴（中书臣王家宾），其候月临辜。铃驮遐方至（中书臣叶兰），筠笼贡使扶。上方才进御（中书臣王钟泰），中禁忽传呼。但以文章报（中书臣田尹衡），无庸资格拘。分甘同餍饫（中书臣嵇承志），均惠不偏枯。承乏司抽简（中书臣方大川），胪欢类赐酺。遥看喉早渴（中书臣牛稔文），竞捧视先瞿。沓趾交评泊（中书臣潘庭筠），排头任选揄。后先争尔我（中书臣张虎拜），大小论肥臞。拜赐齐擎筐（中书臣方维甸），书名戒滥竽。揎衣多踊跃（中书臣徐秉敬），试削肯踟蹰。拂拭登高俎（中书臣宋镕），端详破大瓠。滑防丸脱手（中书臣汪学金），剥比米开稃。四剖爻交坼（中书臣宋枋远），三离瓣屈朐。争多量尺寸（中书臣吴裕德），惜少较锱铢。圆割边齐线（中书臣李荃），斜尖角逗弧。嫩黄疑泼蜡（中书臣王庆长），微赭讶搓酥。到口津先滴（中书臣李斯咏），经寒味不渝。九霄餐沆瀣（中书臣孙球），一盏饮醍醐。美觉中边彻（中书臣吴甸华），佳难手口摹。清泉浮始称（中书臣雷纯），甜雪拟非诬。携出舆台诩（中书臣康仪钧），归来妇孺娱。流还怜玉液（中书臣邱桂山），碎亦惜金麸。蒟莫夸南粤（中书臣郭晋），梅休斗北卢。芳鲜生使独（中书臣赵秉渊），色味世皆无。悦口渠如许（中书臣张曾敩），名州有以夫。计条已食矣（中书臣朱铃），征事果能乎？册府开奎壁（中书臣盛惇崇），词源溯泗洙。诏建文渊、文津、文源三阁以储《四库全书》。仙州登玉署，特仿古制，置领阁事提举、直阁事校理、检阅诸职。（中书臣黄秉元)学海得金桴。妍丑归明镜(中书臣程挨),陶镕入化炉。丹青表忠孝(中书臣吴绍㵾),斧钺斥奸谀。纂辑诸书皆经钦定,如前明刘宗周、黄道周等,并特予表章。其钱谦益、屈大均等,则皆明示诛绝,以正人心。彰瘅大公,昭垂万世。贱质轻葑菲(助教臣吴省兰),成材逊樗栌。鳌身容儌直(助教臣胡予襄),马足愧颛愚。编校研先哲(助教臣罗万选),文章怯大巫。轻尘添岱华(助教臣金学诗),微溜益江湖。七略雠非易(助教臣卜惟吉),三余学本迂。钝思抽乙乙(助教臣张羲年),旧训谨姝姝。图籍惟窥脯(学正臣周铉),诗书但守株。橘题惭逸少(学正臣蔡必昌),荔谱谢君谟。姑昧轻疑蔑(学录臣陈木),甘英误写菟。技真羞绠短(学录臣沈培),恩每贷材驽。诸臣校理之疏,尝蒙恩格外宽宥。似蠹仍容食(待诏臣胡士震),如蝇免见驱。佳辰分翰墨(进士臣杨懋珩),公膳饫肴臑。陪宴同方朔,总纂臣陆锡熊、臣纪昀,总校臣陆费墀,每岁得恭预内廷联句之列。(进士臣缪琪)迁官过圣俞。馆臣多逾格迁转,臣陆锡熊、臣纪昀、臣陆费墀尤荷殊恩超擢。手原非霹雳(进士臣胡荣),样只画葫芦。不料颁珍味(进士臣石养源),居然逮贱躯。忽承天咫尺(进士臣钱致纯),错讶梦须臾。宣赐时才午(进士臣徐秉文),哦诗日渐晡。咀含香尚在(进士臣丁履谦),摹写句偏粗。欲就仍涂乙(进士臣靖本谊),方吟忽嗫嚅。撚髭心窅窅(进士臣费振勋),义手步躇躇。语巧输鹦鹉(主事臣门应兆),篇成笑玞玞。沾恩同湛露(中官正臣郭长发),效颂但皇荂。感激惟铭刻(候补部员臣曹锡宝),欢欣共唱喁。誓将厘亥豕(原任云南布政使臣王太岳),永不忆鲀鲈。刊误文宜核(原任中允臣王燕绪),程功数莫逋。补戈防曳白(原任编修臣励守谦),扫叶慎研朱。礼洽呼苹鹿(原任编修臣祥庆),情均在藻凫。相期翊文治(原任太常寺主簿臣郭祚炽),蒌莽咏冈梧(少詹事臣陆费墀)。

卷第九

三十六亭诗

自题《秋山独眺图》

木落万山秋,荒径交榛梗。独立千仞冈,苍苍空翠影。山路岂不艰,风露亦云冷。平生多苦心,爱此无人境。远想一慨然,中怀徒耿耿。

又 题

秋山高不极,盘磴入烟雾。仄径莓苔滑,猿猱不敢步。杖策陟巉岩,披榛寻微路。直上万峰巅,振衣独四顾。秋风天半来,奋迅号林树。俯见豺狼蹲,侧闻虎豹怒。立久心茫茫,悄然生恐惧。置身岂不高?时有蹉跌虑。徙倚将何依?凄切悲霜露。微言如可闻,冀与孙登遇。

即目二首

村落围流水,人家半夕阳。残霞明灭处,隐隐下牛羊。

芳草入平林,一线盘盘路。遥闻牧笛声,缥缈无寻处。

至东光口占

胡苏亭下帐夷犹,十二年前感旧游。四姓门庭犹曩昔,五陵士女更风流。寒鸦乱噪荒城晓,孤鹤长鸣碧落秋。黄叶萧萧骑马路,横鞭径上酒家楼。

雁

摇落西风木叶黄,嗷嗷鸿雁忆衡阳。身微未敢冲霜雪,飞急何关趁稻粱?回首云天犹怅望,无端踪迹似炎凉。潇湘岸上逢归燕,亦别卢家玳瑁梁。

和蒙泉秋感

一湾银浦淡云流，长笛萧条赵倚楼。往日情怀全似梦，频年飘泊始知愁。风寒大泽鱼龙夜，霜卷长天雕鹗秋。惆怅旧来红叶渡，不堪重棹木兰舟。

送葛闻桥员外归江宁

仪部葛闻桥先生，移疾南归，其门人蒙泉太史征诗赠行。予与先生未相识，然吾党读书论古，于风流孤绝之士，未尝不慨然想见其为人。况高情逸韵，近在同时者也。爰赋短章，良深向往。

朝衫仍换旧渔蓑，鸿雁西风下潞河。水国蒹葭人自往，寒江鸥鹭意如何？一帆秋色归舟稳，千里孤云远梦多。惆怅相知未相识，离歌三叠托微波。

黄烈女诗

烈女楚人，许字同县李子。未嫁而李先逝，女誓死归守三载矣。一夕梦李子来迎，次日往与母诀，未及返而卒。女家执古礼，葬黄氏茔旁。其舅往哭之，女墓忽自裂，两家叹异，乃与李合葬焉。李子之弟然山太史为之传，余附以诗。

穗帷一息寄余生，三载亲调厨下羹。此念从来堪自信，妾身谁道未分明？延陵有剑心相许，属国吞毡志竟成。特与人间存大节，不关儿女有深情。

西风惊破梦依稀，郁郁埋香事竟违。地下应无鹊夜渡，坟前忍使凤孤飞。延津宝剑终双去，合浦明珠解自归。谁与重翻新乐府？古来曾唱华山畿。

张烈女诗

烈女天津人，未嫁夫死，自溺以殉。盖乾隆十二年事，追赋此诗。

去年三月二十日，我自津门泛舟出。海云东北生，乌鸢鸣噪急。舟人收柁惊相呼，恶风白浪来天末。罨罱盘掷四塞昏。鱼龙拨剌长河溢。羲和日车不敢行,六螭飘忽愁相失。三百六十轴,大地疑汩没。杳杳冥冥中,鬼神泣呜咽。未测造物心,何事惊仓卒。谁知烈女命？正以斯时毕。吁嗟乎！不为木兰即为曹娥,烈女尝以二人自比。忧来伤人泪滂沱。妾身虽未嫁,一言既许安有他。但愁黄泉下,未曾相识其如何？我感其事,为悲且歌。今夕何夕？怆怀实多。帘帏舒卷,戛戛声磨。孤灯忽暗毛发立,精灵仿佛云中过。悄然神悚不敢坐,空庭飒飒生风波。夜半开门望天地,盲风暗雨如翻河。

杂诗三首

少年事游侠,腰佩双吴钩。平生受人恩,一一何曾酬？琼玖报木李,兹事已千秋。抚己良多惭,纷纷焉足尤。

蝮蛇一螫手,断腕乃不疑。一体本自爱,势迫当如斯。世途多险阻,弃置复何辞？恻恻《谷风》诗,无忘安乐时。

北风凄以厉,十月空林寒。飘摇霜雪降,蕙草亦已残。黄鹄接翼翔,岂碍天地宽？前后相和鸣,亦足为君欢。

送惠仲晦太史归西安三首

水曲山重黯落晖,河梁日暮送将归。楼头鼓角催残雪,十月寒深雁不飞。
离怀愁思晚骚骚,千里寒云一望高。风雪满天摇落尽,更无木叶下亭皋。
一道风烟西入秦,故山猿鹤定相亲。明年渭北春天树,樽酒时时忆故人。

岁暮怀人各成一咏

德州宋编修弼

我友满长安,仲良特高妙。发论激天风,空山鸾凤啸。十月潞河水,别离怅同调。此夕隔关山,明月虚堂照。

景州李孝廉基塙

露园实妙才,早岁标奇颖。轩鹤入鸡群,泊然见孤迥。文章老更成,壮怀激已冷。蹉跎谁复论？相思冬夜永。

曲阜颜明经懋侨

东鲁陋巷生，诗思何清壮？高蹑凤凰翎，寄意青霞上。梦想识容辉，颓然见天放。耿耿降娄星，中宵起相望。

任丘边征君连宝

老狂边季子，壮志孤烟高。得名三十载，门户犹蓬蒿。长啸坐弹琴，王侯不敢招。想像败絮中，风雪空箪瓢。

景州申广文诩

申公古逸民，沉湎谁能识？望古多远怀，玩世无忤色。鸿飞自冥冥，身名一爪迹。才尽江文通，未应伤凤德。

任丘李庶常中简

廉衣振高节，神龙谁得控？傲物本无心，真气自惊众。别我日以疏，昨宵犹入梦。古道良足希，一官非所重。

江南团副车昇

吾爱团冠霞，洒落富清制。百鸟自啾唧，孤鹤时一唳。俱为长安客，未能结意气。何当缄远情，寄之南云际。

舅氏沧州张公拱乾

吾舅慕隐沦，中怀本澹荡。虽无盖世名，雅意存清尚。生计日以拙，弥觉襟期旷。大雅逝已颓，相忆羲皇上。

西　征

良臣合共国分忧，元辅提兵靖塞酋。关外谁为班定远？军中正待武乡侯。莫惊杀气连笮筝，肯使妖星照益州。圣主临轩恩意重，冬寒更赐紫貂裘。

拟古二首

十三学击剑，十四能谈兵。十五买骏马，慷慨从军行。路逢鲁朱家，车骑何纵横？邀我登高堂，置酒吹竽笙。感君意气重，亦欲倾平生。丈夫誓许国，边徼方长征。

鲁连天下士，本自澹宕人。一朝感世故，高义横天云。力排新垣衍，长揖平原君。事成竟高蹈，翩然还隐沦。我读短长书，感激为沾巾。千金亦易辞，所贵却秦军。

赠戈芥舟二首

长鲸跋浪出，万里沧溟开。三山岌欲动，倏忽生风雷。夫君振高节，早岁驰雄才。胡为久蹉跎？幽郁使心哀。绿草春离离，感激黄金台。

饥鹰思掣鞲，疲马思疆场。壮志虽不遂，猛气犹飞扬。缅怀古烈士，抚己多慨慷。不有辛苦人，焉识劳者伤？长铗发哀弹，恻恻沾衣裳。

送梁幼循南归

庭际下黄叶，飒然秋气生。客心正萧瑟，良友复长征。闻说潞河水，比来新涨平。为凭将别意，流到古杭城。

寄赠露园四首

四十年来两鬓星，萧条生事太玄经。长杨羽猎无心赋，载酒何人问草亭？
松火谈诗夜唱酬，当年小宋忆同游。王维早贵襄阳老，俱是开元第一流。
丰草长林老杜陵，名场偶逐少年登。骑驴日日长安市，才有新诗上左丞。
猎猎惊风雪打围，蒋侯城畔射生归。短衣匹马何人识？长啸高原看落晖。

与蒙泉阁《长河志》，因出所作州乘余闻见示，题二绝句

六朝小史艳缣缃，萧倚王嘉总擅场。独与临川传世说，可怜刘峻在齐梁。
检点平生记事珠，丹铅一字几踟蹰。何人复作裴郎学？一笑黄公旧酒炉。

哭田白岩四首

千里铭旌下潞河,风流张绪怅灵和。萧萧秋雨随孤榇,又为田横赋挽歌。
白岩与海丰张舍人完质相次卒。

萧条空馆夜啼乌,药裹何人伴病夫?携得椒浆和泪奠,可怜曙后一星孤。
白岩无子,惟有一女。

十载清贫寄一官,焚香扫地坐萧然。无端身后留遗恨,剩得城南二顷田。

度曲红牙欲付谁?残膏剩馥旧乌丝。秋风忆尔填新句,又是黄深绿浅时。
向与白岩同送葛闻桥南归,有"一路黄深绿浅"句,余最爱之。

竹下闲行有怀

竹径秋风急,琤然鸾凤音。枝高时动影,叶薄不成阴。我有王猷兴,徘徊尽日吟。因怜空谷里,翠袖暮寒深。

偶见二首

清水鱼不肥,空仓雀苦饥。鳞枯毛羽瘁,凄切秋风时。行行偶一见,恻恻为伤悲。微躯虽鄙贱,亦荷皇天慈。岂无钓弋具,念此不忍施。拨食与田乌,日暮持筐归。老农多恻隐,感彼田家诗。

鼠穴掘榛实,鼠死高树枝。泰山与鸿毛,微物焉能知?但思罹酷暴,饥死理亦齐。有生岂不爱?此志良可悲。虞衡有厉禁,惜哉空尔为。每闻猎师言,涕下沾裳衣。

读《莲洋集》四首

妙悟多从象罔求,粗豪似尔亦风流。碧鸡久已分王霸,正合齐名赵倚楼。

幕下曾轻李玉溪,骅骝老大竟相齐。平生惆怅梁园雪,半是开封使院题。

凤髓何由续断弦?寒山诗句竟凋残。微云疏雨堪千古,刚忆芙蓉不耐寒。

翻尽龙宫贝叶篇，层层雁塔记诸天。金头自解拈花笑，未是沧浪水月禅。

京邸杂题六首

孤桐馆

月出夜苍苍，秋色澹无际。梧桐叶萧瑟，影落庭前地。览景欲有吟，寂然无一意。淅沥微风声，心清亦不寐。

槐安国

万古一梦觉，大千才瞬息。七情纷扰攘，当境谁能识？安知此树下，不有槐安国。安知此天地，不在槐根侧。真妄竟何有？辗转空疑惑。且看向南枝，皎然映月色。移榻坐轩楹，忘机两冥默。

生云精舍

名山蕴神秀，气化成云雨。小山无真气，假合石与土。空说欲生云，不见蓊然吐。宋人刻楮叶，貌似终无取。但念城市居，郁郁生环堵。且存岩壑意，晨夕相容与。

阅微草堂

读书如游山，触目皆可悦。千岩与万壑，焉得穷曲折。烟霞涤荡久，亦觉心胸阔。所以闭柴荆，微言终日阅。

绿意轩

杂树荫庭除，雨过如新沐。晓日下檐际，枕席生微绿。霜清木叶老，摇落一何速。依依色不改，犹有凌寒竹。

三十六亭

樊南摘奥词，意旨独殊绝。方山与太常，骈耦吾兼悦。深夜纱灯旁，瓣香稽首爇。亦欲涉风骚，一一求流别。登岸未有期，敢云当舍筏。

戏赠曲江

疏狂全未减，落拓久无聊。归计空长铗，闲情付舞腰。乌丝亲度曲，红烛看吹箫。谁识樊川杜？扬州廿四桥。

爱尔如兄弟，结交三载余。每怜同寂寞，相与惜居诸。霜落惊鹦鹉，风高跃鲤鱼。南山秋草白，射虎意何如？曲江为元礼题画有"射虎雄心老未空"之语，故有此句。

和蒙泉有感二首

空山射虎一身轻，谁见当年右北平？解道灞陵多醉尉，将军何事夜深行。
杜宇声声夜月昏，无情草木感秋原。黄金解炼长生药，便乞刀圭与返魂。

登台望西山

城阙秋生凋旅颜，登台日夕鸟飞还。碧天澹沲半云雨，翠色有无千髻鬟。昨夜帝车回北斗，传闻别苑驻西山。何人词赋陪雕辇？正宿长杨五柞间。

即景二首

长安新雨后，萧瑟暮天清。落叶黄连巷，寒山碧入城。饥乌喧暝色，远雁带秋声。促织身微细，酸吟亦有情。

灯火夜荧荧，哦诗四壁清。苦吟怜太瘦，兀坐似忘情。月冷鹓鹠语，霜寒鹦鹉惊。起看双宝剑，挂壁竟无声。

与周闇章围棋，遂成长句

平生苦为吟诗瘦，未向棋经寻句读。闲中游戏资一笑，落子丁丁消白昼。据枰乍似贲育勇，脱手全如风雨骤。不须步伐约三军，搏战直前相践蹂。略同穴鼠勇怯争，何必率然首尾救。忽然趋利蹶上将，俄已合围逐穷寇。势坚犹作虮虱撼，局蹙偏怜困兽斗。纷纷溃卒指可掬，孑孑余生出自窦。游鱼莫笑釜底逃，巨网或亦吞舟漏。路尽已愁车击毂，寻隙仍思风入腠。敛子方叹舆尸归，抵掌不殊凯歌奏。外内空构郑门蛇，王霸终分陈宝雏。枯棋三百通兵家，九等玄机自天授。纵横方卦尽变态，思苦不辞心肾镂。烂柯未必遇神仙，木钻去声石盘何日透？我曹无事坐孤馆，纹楸一局邀朋旧。喧阗虽似剑逐蝇，无心谁识云出岫？沦涟风水适相遭，縠文蹙起微波溜。须臾境过两俱忘，风本无声水不皱。胜固欣然败亦喜，东坡妙语诚非谬。试从能者较得失，佩剑何妨分左右？兴阑客散自下帷，微风一线沉烟逗。

次韵张晴溪孝廉游盘山八首

闻道田盘隐，遗踪在此山。风流今寂寞，岩壑自孱颜。流水何年隔？白云终古闲。空余天际望，缥缈涌烟鬟。

潇洒张公子，寻幽上翠微。山光春染黛，云气晓生衣。路转千峰合，泉鸣一练飞。桃花正相待，浓露未全晞。

想尔三盘上，危凌万仞巅。崎岖无路处，人影半天悬。俯视云中鸟，微分树杪泉。苍茫高兴发，一啸坐风前。

正是春三月，岚光欲滴时。蒙蒙空翠影，一片碧琉璃。躐屩纡行入，寻僧小坐迟。禅房幽处好，赏慰自应知。

为问拙庵后，宗风今若何？石龛新岁月，禅榻旧烟萝。太息支公去，谁邀元度过？青沟好风景，知尔意偏多。

闻有诗僧在，门临东涧开。时时携锡杖，踏遍满山苔。心与闲云懒，吟凭野鸟催。可曾一相遇，煮茗唱酬来？

日落山风急，萧森动客心。飘然双蜡屐，还踏万松阴。岩谷时传响，烟霞欲染襟。遥知山水意，回首暮云深。

苦爱盘山草，坳堂逸兴赊。常思策竹杖，同去嚼松花。更得高山曲，携来贯月查。十年尘土梦，一夜入烟霞。

对雨有作呈钱少司寇

匝地阴云晓未晴，萧然独坐闭柴荆。天涯芳草愁相忆，尘匣瑶琴涩不鸣。

梦里园林骑马路,病中风雨卖花声。玉泉山下芙蓉渚,一夜新流几尺生。

送郭石洲归洛阳

风起卢沟万柳斜,河梁欲别晓啼鸦。天涯春尽怜芳草,远道人归过落花。游士真成苏季子,少年珍重贾长沙。含情一片长安月,夜夜随君共到家。

游仙诗

昔有王子晋,吹笙向缑岭。一遇浮丘伯,飘然蹑倒影。轻举有夙心,精诚宜自秉。金石未为坚,天路岂云永?无为畏险阻,岁月逝鼎鼎。缅彼乘鸾人,喟焉独引领。

偶　作

西川织锦斗鲜新,万马争随独角鳞。亲记尧峰规戒语,渔洋原自有心人。

杂述五首

大乐播元音,帝王殊善美。律吕虽不异,中含升降理。金石一和鸣,铿锵皆悦耳。分刌判精微,谁能分别此?闻声契古先,感彼吴公子。

左右佩剑者,相笑无时休。一言分楚越,辗转成衅仇。岂知述作士,持论各有由。删诗存三百,大旨归温柔。三《颂》何唐皇,《小雅》多幽愁。

导河从积石,九派分朝宗。寻源既一脉,归宿还相同。支流各盘注,何必求疏通?但恐吕公子,肆怒激天风。惊涛忽四溢,汗漫无终穷。

播种资民生,菽粟有真味。淡泊血气平,粗粝弥堪贵。畋渔穷山海,盘俎罗珍异。万钱供一食,岂不畅心意。但恐餍饫余,美疢伤神志。

清水有浊流,直木有曲枝。阿胶不能澄,斤斧难与治。事势递相因,转变焉可知。东家惊里人,岂不缘西施?逐貌失本真,浅见古所讥。

吴孝妇诗

一封丹诏下,相藉慰辛酸。早是黄金骨,长埋白玉棺。精灵凄夜壑,风雨冷刀瘢。泉下逢姑舅,音容雪涕看。

作吴孝妇诗竟有感

感激增三叹,蛾眉有此人。岂娴诗礼教,况是绮罗身。老树风偏急,清秋露又新。平生怀隐痛,辗转竟难陈。

罗酒歌和宋蒙泉

平生不饮如东坡,衔杯已觉朱颜酡。今日从君论酒味,何殊文士谈兵戈。往昔作客东光县,春风三月胡苏河。主人好事携美酒,踏青邀我同相过。芳草丰茸叠翡翠,幽禽尖咽如鸣梭。风景骀荡客心畅,饮酣起舞争婆娑。尔时意气亦豪举,呼童一酌鹦鹉螺。伯夷柳下共风调,滑流齿颊清而和。形神酣适忘物我,便拟倒瓮倾滂沱。曲生风味真可忆,主人云出陵州罗。玉井莲花酿珠露,渔洋当日留诗歌。沧州亦有麻姑酒,南川楼下临盘涡。河心泉水清冷味,小槽滴滴浮黄鹅。有如少华连太华,肩随未敢争嵯峨。自余碌碌千万种,大冈小阜空陂陀。东海先生昔好事,大征名酝分其科。章丘墨露推第一,品题未免成差讹。此事十年在胸臆,回首往日东流波。年来倚庐卧昏晓,幽忧致病愁难瘥。有疾饮酒礼虽许,忍云思此蠲烦疴。比似清簟疏帘句,枯禅不免长吟哦。偶然一品江瑶柱,髯苏闻此当云何?

食枣杂咏六首

八月剥枣时,檐瓦晒红皱。持此奉嘉宾,为物苦不厚。岂知备赘谒,兼可登笾豆。桂子不可食,馨香徒满袖。

青虫蚀老槐,槐叶遂憔悴。枣实朱离离,虫乃生其内。在外犹可除,在内焉能制？此物岂不微，弥小弥堪畏。

东海逢安期，食枣大如瓜。物类或殊常，闻者以为夸。岂知玉井莲？乃有十丈花。鲲鹏谈变化，焉可疑南华。

大枣不可食，小枣甘如蜜。种类略不殊，美恶焉能匹？所期适口腹，安问形与质？采采慎所求，无为以貌失。

破枣观其核，中空无所有。乐陵传此种，海内云无偶。矫揉事接植，期以适人口。千种无一生，真性戕已久。

披叶将引条，矗矗锋铓直。采摘不敢辞，攀援焉可得？毅然露风骨，缅彼君子德。岂同灌莽中，险阻生丛棘。

题潘南田画梅

画梅用疏不用密，疏枝易取风标逸。潘郎独作满树花，矫然弥觉清无匹。势随横幅作敧侧，偃蹇支离形不一。左侧四枝风霜古，瘦骨枒丫相拗捩。右侧三枝附根生，两枝直上一枝屈。中间老干更倔强，夭矫斜飞仍下拂。生绡四尺画不尽，突兀凌兢昂首出。乱枝低亚倒露梢，空际盘拏犹仿佛。小枝大枝尽著花，萼跗相衔比似栉。皓然满目但一色，谛观始觉姿态别。开者如笑矜窈窕，落者如愁意萧瑟。欲谢不谢如低徊，欲放不放如郁结。向者如迎背如拒，仰者如承俯如掇。正如神女觌面逢，侧如回眸忽一瞥。攒如俦类尔我聚，孤如微吟形影孑。隔枝遥望如有情，并蒂争出如相轧。尽态极妍不可计，安能逐象一一说。摹神写貌各入微，因难见巧真奇绝。紫桃轩中两瓣花，老衲当年弄狡黠。譬如飞燕与玉环，肥瘦谁能分优劣？北宗衣钵日尘土，千里十洲递琐屑。南宗高简矜风流，流派或将绳墨轶。左右佩剑更相笑，齐楚何分得与失。岂知摩诘《辋川图》，梧桐正用双钩笔。循墙一日看百回，罗浮仙人共丈室。缟衣月下一嫣然，使我形神坐超忽。人间画手各擅场，且凭蛮触争驰突。

送内子归宁

门外马萧萧，仆夫已引鞯。之子有远行，向晓征轮动。中怀忽怅触，展转增沉痛。昔日尔归宁,阿母倚门送。举手引诸孙,濒行犹抚弄。今日尔归宁,抚棺惟一恸。秋尘生穗帐,蛛网垂梁栋。尔母虽他乡,还家悲喜共。我母隔重泉,耿耿空魂梦。入门三太息,泪渍麻衣缝。

瓦桥关

积水通瀛海,雄关记瓦桥。当年争洛蜀,此外付金辽。世暗边功贱,儒多战气销。北盟谁载笔?犹忍话三朝。

卷第十

三十六亭诗

陈简肃公墓下作

一事堪千古,椒山有旧朋。公为椒山先生同年,椒山恤典,公所请也。见《椒山集》。素心人共见,青史语偏增。史纪公临终,语留江陵事。朝论关恩怨,人才系废兴。故都禾黍后,原自忆江陵。渔洋山人纪明人吊江陵诗曰:"恩怨尽时方论定,封疆危日见才难。"

过景城忆刘光伯

故宅今何在?遗书亦尽亡。谁知冯道里,曾似郑公乡。三传分坚垒,诸儒各瓣香。多君真北士,敢议杜当阳。

献王陵

献王陵上草萧萧,时有村翁奠桂椒。西到县城三十里,土人行惯不知遥。凡车驾巡幸先贤祠墓距辇道三十里内者,例遣官谕祭。向在翰林撰文日,因祭文不及献王,移问礼曹,覆云:距县城在三十里外。

壬午顺天乡试分校砚

文章敢道眼分明,辽海秋风愧友生。惟有囊中留片石,敲来幸不带铜声。

自题《桐阴观弈图》

不断丁丁落子声,纹楸终日几输赢?道人闲坐桐阴看,一笑凉风木末生。

王菊庄《艺菊图》

东篱千载后,癖嗜似君无。以菊为名字,随花入画图。秋深人共淡,香晚韵逾孤。可要王宏辈,重阳送一壶?

友清轩新种梅花正开,率成禁体四首

衙斋深闭海城隈,春色惊看数点梅。前辈风流已陈迹,几年寥落又新栽。康熙甲申学使沈公种梅于此。寒灯久许邀君伴,次儿汝传读书于此。冷蕊浑如待我开。隔院桃花任撩乱,只因松竹耦无猜。

小别山坳与水隈,偶来使院作官梅。宛然静女妆初罢,原是骚人手自栽。地暖谁知冲雪放,花迟转得到春开。东阳瘦骨多相似,坐料形骸两不猜。沈君柳堤下榻轩中。

无须羯鼓为催花,随意欹横数朵斜。冷署未应嫌迫仄,严扃犹与戒喧哗。此间宾客稀尘事,别院笙歌自岁华。待取焦桐弹对汝,七分尚恐入琵琶。

满城火树斗银花,时近上元。独自霜枝待月斜。怜尔风标清有味,消人意气静无哗。频牵词客三更梦,未厌衰翁两鬓华。客年有最老者。一任旁观嫌淡泊,更如昨夜演琵琶。

仙游道中晓起题壁

春山晓霁,散步林隈。幽鸟自眠,杂花半开。微风泠然,白云忽来。我爱其间,坐与徘徊。

上杭人以竹黄制器,颇工洁。
癸未冬按试汀州偶得此箧,戏题小诗二首

瘦骨碧檀栾,颇识此君面。谁信空洞中,自藏心一片。凭君熨贴平,展出分明看。

本自汗青材,裁为几上器。周旋翰墨间,犹得近文字。若欲贮黄金,籝乃陈留制。

题从侄虞惇试帖

十年珥笔凤凰池，格律潜教小阮窥。他日三条官烛下，诸公应识纪家诗。

试帖多尚典赡。余始变为意格运题，馆阁诸公每呼此体为"纪家诗"。

自闽回里筑对云楼成偶题

还乡翻似到天涯，筑得书楼便作家。偶睇郊原成野趣，拟从田老课桑麻。长夏云峰入望深，轩开四面好凭襟。儿曹莫笑村居隘，两载经营一片心。

寄寿徐筠亭先生

生日诗列吟卷中，谁欤倡者罗江东。此风一扇八百载，吴笺擘画丹砂红。震川先生称巨手，更以寿序烦镌工。银屏锦幛八青简，文格破碎从嘉隆。生平偃蹇懒为此，捉刀往往听儿童。胡为一旦破戒律，手题长句封邮筒。筠亭先生天下士，牙签万轴罗心胸。暮年戒养古曾闵，早岁为牧今黄龚。行年七十老无恙，苍颜白发柯青铜。我家旧宅近横海，早闻父老谈清风。到闽两载未相识，伊人秋水无由从。赤霄麟凤众所望，尺素频托微波通。亲撰杖屡吾尚愿，何况片楮劳雕虫？乐全先生铁柱杖，寄诗原有东坡翁。其人顾视何如耳？宁云一律从同同。梅崖居士今巨笔，蹴踏扬马如奴僮。颇闻文字慎许可，寸筳未许扣洪钟。独于先生一倾倒，昌黎东野相云龙。定知亦有文为寿，华鲸相与鸣舂容。老友黄公今健否？鹖冠愦愦非真聋。此客严冷颇难致，祝君想亦亲扶筇。因君问讯道好在，为我一劝琉璃钟。

杜节妇诗 胡建寅继妻

清节胡威裔，高门杜预家。素心标洁白，淑德颂柔嘉。早岁吟黄鹄，余年启绛纱。五龙山畔树，开遍女贞花。

蕃骑射猎图

白草粘天野兽肥,弯弧爱尔马如飞。何当快饮黄羊血,一上天山雪打围。

书赠毛副戎

雄心老去渐颓唐,醉卧将军古战场。半夜醒来吹铁笛,满天明月满林霜。

辛卯六月自乌鲁木齐归,囊留一砚,题二十八字识之

枯砚无嫌似铁顽,相随曾出玉门关。龙沙万里交游少,只尔多情共往还。

松岩老友远来省予,偶出印谱索题,感赋长句

阳关西出二载余,归来再直承明庐。艰难坎坷意气减,闭门渐与交游疏。西风昨夜到梧叶,凄然白露滋庭芜。轩车虽复谢时辈,觞咏颇亦思吾徒。门前剥啄者谁子?昂藏老鹤清而癯。故人忽自天半落,踉跄躚屣遥相呼。忆昔把酒谈篆刻,布衣之旧晨昏俱。迢迢一别十六载,秋鸿未寄尺素书。谁知古道淡以久,形骸虽隔心相于。闻我生还如再世,霜华渐欲侵髭须。常恐从此相见少,不辞策蹇纡长途。我闻握手再三叹,苍茫百感交斯须。谁言草野贫贱士?乃能不逐炎凉趋。古云书画系人品,天然高致非临摹。岂知一艺能造极,立身亦与常人殊。向来知子殊不尽,但夸铁笔镌虫鱼。题诗拟续印人传,较工论拙徒区区。旧题松岩印谱有"他年谁续印人传,惜哉不遇周侍郎"句。如今始识天下士,此人此艺今皆无。幸子老眼尚如镜,君七十二岁尚能镌小印。莫辞寸铁磨昆吾。晴窗为我镂山骨,长揖颉籀相争驱。他年片石以人重,姓名托子留寰区。

辛卯十月再入翰林,戏书所用玉井砚背

万里从军鬓欲斑,归来重复上蓬山。自怜诗思如枯井,犹自崎岖一砚间。

有以《八仙图》求题者,韩何对弈,五仙旁观,而李沉睡焉。为赋二诗

十八年来阅宦途,此心久似水中凫。如何才踏春明路,又看仙人《对弈图》。

局中局外两沉吟,犹是人间胜负心。那似顽仙痴不省,春风蝴蝶睡乡深。

己卯秋钱塘沈生写余照,先师董文恪公为补《幽篁独坐图》,今四十年矣。偶取展观感怀今昔,因题长句

我家京国四十年,俗情入骨医难痊。堂多隙地居无竹,此君未省曾周旋。先生此画竟何意,忽然置我幽篁间。当时稽首问所以,淋漓泼墨笑不言。毋乃怪我趋营猛,讽我宴坐娱林泉。拈花微旨虽默解,拂衣未忍犹留连。人生快意果有失,一蹶万里随戎旃。孤城独上望大漠,泱漭沙气黄无边。慨然念此画中景,有如缥缈三神山。枯鱼书札寄鲂鲋,风波一失何时还?玉门谁料竟生入,鸣珂又许趋仙班。归来展卷如再世,羊公重认黄金环。少年意气已萧索,伤禽宁望高飞翻。但思臣罪当废弃,骖鸾忽蹑蓬莱巅。友朋知己尚必报,况乃圣主恩如天。文章虽愧日荒落,江淹才尽非从前。石渠天禄勤校录,尚冀勉涤平生愆。以此踌躇未能去,故人空寄《归来》篇。湖州妙迹挂素壁,风枝露叶横苍烟。弹琴长啸悬明月,相从但恐终无缘。画虽似我我非画,对之仍作他人观。盘陀石上者谁子?杳然相望如神仙。

己卯六月先师董文恪公招余饮,醉中为作《秋林觅句图》。后余至乌鲁木齐,城西有坤司马所建秀野亭,案牍之暇,独步其间。乔木捎云,宛然此景。始知人生有数,早兆于十载前矣。归来重阅,俯仰慨然,因题二绝句

霜叶微黄石骨青,孤吟自怪太零丁。谁知早作西行谶?老木寒云秀野亭。

归来壁上拭埃尘,粉墨犹存旧写真。指与儿童浑不识,朱颜非复画中人。

送汪剑潭南归

探珠合浦水,采玉昆仑丘。天琛世所羡,岂不穷冥搜?陆离灿百宝,安得一一收。所以盛明世,奇士时淹留。常情多感慨,达识无怨尤。遇合各有期,兰菊殊春秋。汪子负奇调,巨海吟苍虬。风波偶蹭蹬,归买淮南舟。长安居不易,无计为子谋。潞河千里水,送子心悠悠。努力勤自爱,旧业重研求。骏足皆得路,岂独遗骅骝?三年一弹指,挟策来皇州。岧峣蓬山顶,偕子骖鸾游。

《醉钟馗图》为曹慕堂同年题

一梦荒唐事有无?吴生粉本几临摹。纷纷画手多新样,又道先生是酒徒。午日家家蒲酒香,终南进士亦壶觞。太平时节无妖疠,任尔闲游到醉乡。

题罗两峰《鬼趣图》

文士例好奇,八极思旁骛。万象心雕镂,抉摘到丘墓。柴桑高尚人,冲澹遗尘虑。及其续《搜神》,乃论幽明故。渊明作《搜神后记》,以续干宝之书。岂曰图神奸,将以资禁御。平生意孤迥,幽兴聊兹寓。此画谁所作?阴风生绢素。惨淡有无中,睒䀹吁可怖。大矣天地间,变态靡不具。耳目所未经,安得穷其数?儒生辨真妄,正色援章句。为谢皋比人,说鬼亦多趣。

题罗两峰《归帆图》

胸中奇气蟠蛟螭,蹉跎乃作老画师。逢时以画已自惜,况于落拓难逢时。秋声昨夜到庭树,苍苔满院吟虫悲。墨君堂冷人迹少,牡丹终不涂胭脂。秃毫败楮自写照,孤帆一片天之涯。斜阳不语光错落,寒云无色气惨凄。数笔草草晕淡墨,中有万古骚人思。我来相访扫尘榻,默默坐读无声诗。嗟我之子且小住,吾曹数辈犹追随。他时鼓棹烟水外,沙鸥芦雁知君谁?

题陈君小照三首

老圃秋容晏坐余,一丘一壑意萧疏。到头不恨青袍误,投老空山尚把书。
百花只有黄花淡,画里才容写数枝。料得肝肠都似雪,平生不解买胭脂。
科头偃蹇坐云根,短短疏篱静掩门。莫怪元龙豪气尽,功名久已付儿孙。

断碑砚歌为裘漫士先生作

  断碑者,宋熙宁四年,苏文忠公为孙莘兴作《墨妙亭诗》石刻也。存十二字,凡四行,行三字。曰"镫他年",曰"忆贺监",曰"时须服",曰"孙莘老"。高广各三寸,长四寸。王文成公得之,以背面作砚,左刻"守仁"二楷字,右刻篆书"阳明山人"四字,侧刻分书"驿丞署尾砚"五字。盖明正德元年,文成谪贵州龙场时物也。漫士先生既为之赞且铭矣,属作长歌纪事。

神物不受劫火燔,姚江之砚今犹存。摩挲题识已可敬,况复东坡居士留手痕。斑斑墨绣阅几姓,觚棱刓缺尘埃昏。一朝天遣入公手,文绨重袭如玙璠。两公卓荦天下士,平生学问皆与洛闽殊渊源。古来豪杰各有见,安能一一俱以绳尺论?黄龙紫凤自上瑞,宁知摩天浴海尚有鹏与鲲。输攻墨守各师说,宋明两代纷嚣喧。惟公旷世具巨眼,埽除门户存公言。公铭有"吾于东坡,不师其经济而师其文章;吾于阳明,不师其学术而师其事功"语。乃知此砚出有意,将以乞公一字为平反。中间莘老颇异趣,当年调笑王孙猿。姓名偶得挂石角,有如苍蝇附骥千里奔。公能置之不论不议列,想见胸中云梦八九吞。我从侍坐睹法物,凛然再拜不敢扪。窃为此砚庆所遇,流连讴叹不觉其词繁。有形自古无不尽,惟有文章之寿不随万物归其根。千秋万世石可泐,此铭此赞永永留乾坤。

漫士先生绘《断碑砚图》,敬题其后

我闻石田翁,奋笔画击砚。砰訇霹雳声,涌出鹅溪绢。此砚劫火余,残缺不存半。云何抚题识？片石人犹玩。文章缅眉山，事业忆新建。手迹剩依稀，其人如可见。公从何处得？法物神明焕。珍重付画师，真形图四面。公于三代器，过眼逾千万。断碣数寸余，视之何眷眷。绵邈思古人，寄托申素愿。翠然千载心，写之铭与赞。弹指六百年，瞥眼逝如电。一会想灵山，俨然犹未散。

曹慕堂光禄席上赠张白莼，即以送别

不料吾曹饮，斯人肯见寻。须眉留古色，天地入孤吟。牢落尘中迹，苍茫物外心。寒暄都未及，先自话登临。

踏遍天涯路，燕郊上古台。一囊贮山水，双屐带莓苔。问子将何适，言余是偶来。孤云无住着，野鹤任徘徊。

珥笔金华殿，飞腾尽马扬。美人弄蘅杜，秋水隔潇湘。风雅宁殊调，云龙且共翔。他时清夜直，应忆孟襄阳。

先师介野园先生壬午春臮从西湖，以诗扇寄示，俄闻负杖逍遥矣，盖绝笔也。壬辰长夏，偶于笥中见之，不胜存亡之感，追和二绝。不知涕泪之纵横也

径跨鲸鱼汗漫游，朱门客散冷如秋。十年梅雨泥金觑，尚有诗情扇上留。
刘井柯亭事事新，瀛洲不改旧时春。侯芭洒泪收遗草，头白门生剩几人？

寄示闽中诸子六首

　　督学闽中，愧无善状，而诸生有一日之知者，诣公车必过相存问。其不能至京师者，书题亦络绎不绝，信闽俗之笃师友也。余懒且病，不能一一作报书，而其意又不可不报。因作诗六章，属梁子携以归，有相问者，梁子其为我诵之。

平生无寸长，爱才乃成癖。每逢一士佳，如获百朋锡。甲乙手自评，朱墨纷狼籍。诸幕友以墨笔阅卷，余以朱笔覆勘之，涂乙纵横，或相违异；闽士子习见不怪也。

虽不接笑言，宛然共晨夕。别来八九年，姓名心历历。每遇闽峤人，慨焉怀曩昔。

铁网织千丝，持以临沧海。珊瑚万万株，安能一一采？遗才良已多，事后恒追悔。尚喜所已收，颇足敌崇恺。森竦七尺枝，万目炫光彩。贡筐耀天琛，声价今无改。<small>数科以来，登第者指不胜屈。学使三易，所甲乙亦无大同异也。</small>

芳兰春已苗，黄菊秋葳蕤。馨香初不异，滋长各有期。诸子皆南金，宝矿光陆离。云何阅数载？穷达理不齐。素修苟勿怠，遇合终及时。君看延平剑，变化何神奇！

艺禾待其稔，种木待其荣。殷勤罗国士，实亦期其成。岂曰植桃李，持以夸公卿？文章达世用，所冀为国桢。经济缅忠定，道德尊考亭。抗怀思古昔，日月悬高名。

昔陟鼓山巅，东望大海水。万派汇归墟，有本故如是。我虽词赋人，雕虫争绮靡。侧闻师友训，颇解文章理。六艺浚渊源，五伦固根柢。作者无幸传，勖矣诸君子。

迢递隔山川，音书时眷眷。感此金石心，不逐升沉变。<small>余谪官以后，诸子之谊弥笃。</small>深情何所酬？赠以勤无倦。鼎彝登庙廊，追溯工师炼。他年因子传，已荷荣施万。努力副所期，何必时相见？

题吴香亭《古藤诗思图》

<small>藤为新城王文简公手植。</small>

三才万象穷梳爬，诗翁秀句含天葩。琼笺九万写不尽，余香散作庭中花。夭矫老干三十尺，蛟螭倔强相盘拿。炎天冪冪张翠幄，春风袅袅吹紫霞。老仙一去六十载，孤根半被莓苔遮。乌衣燕子衔落蕊，苍凉已使人咨嗟。云何瞥眼更小劫，剪伐不遣留枯槎。花神夜泣红泪尽，离魂何处愁天涯？岂知一物有显晦，冰霜阅遍逢春华。兰成宋玉远相继，旧宅仍是词人家。鹤林天女忽自返，嫣然一笑窥窗纱。始知神物终有待，人间斤斧焉能加？昨秋乘兴偶过访，满庭

绿影纷横斜。三生石上恍相遇,牵萝翠袖真无差。所惜不及花正放,恨无羯鼓冬冬挝。相期待取蚩英会,醉看珠糁垂檐牙。渊明何事又卜宅？徒留空馆栖昏鸦。有形自古无不尽,电光过眼飞金蛇。长留但有文章寿,流传往往千年赊。敬爱寺藤无寸蔓,东川诗句今犹夸。此藤纵落他人手,飘零贱视如蓬葭。得公一记足不朽,其寿已比恒河沙。渔洋有灵应起舞,吾花不枉重萌芽。惜哉手种羊城树,欲子见之山川遐。

读小元和鹑衣子传,戏题转韵

声声鹧鸪东风急,瞥眼飞红觅不及。蝶衣粉褪碎绸襁,香魂犹抱空枝泣。斜阳芳草谁长吟？别鹤一曲伤春心。手中尺半铁绰板,铸成曾费千黄金。可怜破衲重重补,不是寻常春线缕。柔情宛转引成丝,百折千回无处数。缠头十万酹春风,倾家买笑宁惟公。乞食落魄不自讳,嗟哉兀傲真英雄。闻有丹青传好事,吾虽未见知其意。绿惨红愁儿女情,天高地阔风云气。

题同年谢宝树小照

往者诣公车,尔我怜同调。马上惨绿衫,翩翩两年少。中间各仕宦,人事纷缭绕。弹指廿六秋,驹隙忽停照。秦中暂相遇,我正适边徼。草草叙悲欢,未暇观颜貌。生还荷圣慈,重待金门诏。君亦方内迁,握手再一笑。自怜双鬓改,对镜怃焉悼。看君鸾鹤姿,尚与当年肖。写真入画图,明月清光耀。花树阴翳如,微风吟万窍。朱颜发春酣,宴坐恣歌啸。自是丰神佳,非关画手妙。盛衰宁有常,年齿何足较？展卷一慨然,荣枯随所蹈。

胡子同旋粤,乞诗为其母寿。因作长句即以赠别

海山春簸风涛音,滔滔太古流至今。成连鼓枻不到此,谁能写入焦桐琴？祝融灵怪久郁勃,奇柯忽挺珊瑚林。锦囊驴背诗一卷,吞吐万里南溟深。云何宝矿献不受,翻然高唱《游子吟》。客舟初戛鸦轧橹,归梦已听钩辀禽。八千

里路未为远,到家才及秋萧森。高堂且喜娱白发,空囊莫恨无黄金。烹鱼煮笋亦足养,孝子何必皆华簪。况乃胡威旧清节,铁骨不受风霜侵。当年能与共寒饿,此时宁复嗟升沉。行矣吾子勉自爱,羽陵蠹简勤搜寻。忠孝力奉孔孟戒,文章一洗齐梁淫。蔚然挺作国士器,虽贫足慰慈母心。何嫌此度偶落羽,临行辜负缝衣针。倘逢暇日风景好,板舆奉侍桄榔阴。诵我此语为母寿,云我赠别兼规箴。老人闻此定一笑,不辞椰酒频频斟。

题《孝友图》十帧

闵 子

忍冻不自言,委曲全终始。人心得所安,大义固如此。世俗以为难,盖未知闵子。

老莱子

老莱辞相印,万事等脱屣。惟此色养心,头白未能已。乃知高隐人,本不违伦理。

薛 包

粪除亦子职,辛苦何足言。哀尔帚下土,洒以涕泪痕。彼哉功名士,但扫丞相门。

王 祥

脱衣欲剖冰,事附《吕虔传》。寒鱼倘可义,天性亦已见。僵卧事太奇,稗史徒淆乱。

刘 殷

天地在人心,一念变寒暑。草木本无情,蔬甲为之吐。神感契至精,勿以艰难阻。

狄仁杰

梁公望白云,慨焉增远慕。问子胡不归,直以于役故。千载宦游人,对此一踌躇。孙树馨谨案:"踌"音"注"。见《九辩》及汉武帝《李夫人赋》。

张公艺

一让杜百争,此语古所说。众志苟先暌,万忍终一决。我谓张公家,究由明礼节。

陈　竞

狗苟固其性,礼义谁教之？和气所蒸濡,人物两不知。嗟彼河东人,区区徒尔为！

李　玭

台笠遍东菑,宁止恒沙数。几人勤耒耜,但以高堂故。莫讶独此君,丹青传绢素。

长孙氏

葛蔓连葛根,宁断娇儿乳。艳曲写吴歈,儿女呢呢语。此念移之亲,人各足千古。

题王紫湘小照四首

来往东华蹋软红,几回握手总匆匆。今宵吟对梧桐影,十载相思到画中。
随缘偶现宰官身,山水闲情付写真。清露新桐王阿大,翛然忽对六朝人。
一院清阴亚绿云,更无人迹破苔纹。此间好著渔洋句,只恐桐花是使君。
抚卷夷犹怅有思,吟成便是送君时。潮平月落如相忆,好遣琭珑唱我诗。

自题校勘《四库全书》砚

检校牙签十万余,濡毫滴渴玉蟾蜍。汗青头白休相笑,曾读人间未见书。

寄董曲江

五纬宵明壁府宽,风云翕合竞弹冠。相携诸子蓬莱岛,时忆先生苜蓿盘。名士为官原洒落,词人垂老半饥寒。只应雪夜哦新句,且付彭城魏衍看。

题黄莘田砚

诗人藏十砚，憔悴卧蓬庐。零落惟余此，殷勤远寄予。槐厅供视草，藜阁伴雠书。一片韩陵石，相看未忍疏。

郑编修际唐出其曾祖□赐砚见示，敬赋古诗二十六韵

三江注大瀛，艮维钟浩气。珠胎既玮煌，砚璞尤瑰异。土贡或效珍，词臣恒拜赐。荣逾青铁颁，品胜红丝腻。什袭侔天琛，子孙守不替。小臣获敬观，幸睹帝鸿制。其阳作墨池，巧借篆刻字。其阴龙画分，奎藻亲铭识。申明延年理，阐示新民义。一物不徒然，道也寓诸器。侧闻蒙赉时，初服久已遂。固宜戒颐养，俾作熙朝瑞。云何林下人，兼勉淑斯世。寓训当有由，沉思今阅岁。偶披苍姬典，乃悟圣人意。司徒佐庙廊，固赞时雍治。退为乡大夫，綮宁型子弟。里闾后进风，多秉老成议。著书宣教化，是亦儒臣事。仰惟赉予心，实切风俗计。非以翰墨资，徒佐文章丽。康成逝已遥，小同经术继。簪毫步玉堂，僝直登丹地。鸿宝借世传，奉持其勿坠。永言念圣恩，黾勉绳先志。他日跻纶扉，用兹当内制。

秋海棠，和吴兴徐芷塘韵

灵妃一笑影便娟，双颊桃花记俨然。无语自含愁脉脉，有情时作舞仙仙。绿窗人静凭谁赏，翠袖天寒最汝怜。珍重西风好相惜，莫教憔悴不成妍。

眼　镜

暗中摸索敢相夸，未老先看雾里花。眼作琉璃君莫笑，尚愁人道是红纱。

题张桂岩《寿星纳凉图》

南极老人科头坐，西堂强使加冠巾。尤西堂有《带巾寿星图》赞。张郎今又弄

狡狯，遣作解衣槃礴人。神仙游戏谁能测，如此优闲良亦得。由来老子外形骸，一任少年涂粉墨。

汪水部_{启淑}绵潭山馆十咏

葆真堂

群动纷营营，机巧日相胜。徒云抵彼瑕，宁识漓吾性。至道以拙存，爱汝心无竞。

讱庵

非曰善藏机，隐诸深不测。亦非防忤物，徒贵守其默。多论惧少成，兹怀谁得识。

翠香阁

阴森翳虚阁，老柏霜根盘。晚翠异桃李，真香非麝兰。谁于人境外，爱此空林寒？

律素书厅

曩校玉字书，时逢君所献。七略简汰余，犹多人未见。津逮者伊谁？山深云漫漫。

息轩

贵贱皆有营，百岁谁得闲？但使妄念净，即为善闭关。古来恬退人，不在居深山。

啸云楼

木杪露飞檐，四围云泱漭。何来鸾凤音？风散空山响。知有依楼人，翛然百尺上。

蓼阳茨室

老屋缚香茅，开轩临水北。门前红蓼花，摇映玻璃碧。秋色亦复佳，何必芙蓉国？

待月篠

清光澄万虑,妙悟静者知。娟娟松际月,若与幽人期。想见风露中,支策微哦时。

莓　径

汲水养苍苔,一室自高卧。时防俗客来,踏我绿云破。惟有羊与求,无妨蹑屐过。

泽花腴菜井

楔泉灌菘韭,本为口腹计。骚客爱馨香,兼以滋兰蕙。是为文士园,事与农家异。

蔡葛山相国《澄怀二十友图》

缥缈楼台入紫烟,群真散坐大罗天。俯看海水明如镜,尚觉蓬莱是地仙。
须眉点染宛如真,一一从头认故人。只讶高年文潞国,如今更比画精神。

甲辰会闱初定草榜,偶作二首

甲乙编排几度更,蕊珠仙榜造初成。范韩本自无私见,瑜亮才能得定评。隔幕闻歌先击节,垂帘对影未知名。旁人应笑耽花癖,刚到含苞便有情。

老眼摩挲力欲殚,今朝草创"九还丹"。唐人试院诗有"九转丹成鼎未开"句,《李太白集》有《草创大还丹》诗。杜诗韩笔都堪爱,王后卢前恐未安。相马争夸尘外赏,观棋谁信局中难。牟尼百八加赢二,颗颗曾经子细看。

定榜后题所取未中诸卷

纵横朱墨委尘埃,临到缄题更一开。花是亲栽皆爱惜,鹤因远别暂徘徊。书生遇合虽由命,圣代公明岂弃才？荏苒三年一弹指,龙门结队驾风雷。

为素菊主人题图

诗人例有山水癖,十岳谁能身遍历？朱门况复似海深,何由蹑屐寻泉石？

宁知宗炳善卧游,巧缩林峦归咫尺。三生夙结翰墨缘,千金屡博丹青迹。花亭竹榭屦窗明,展卷烟岚生四壁。锦幐防浣寒具油,预遣当关谢俗客。良朋三四未为多,棐几筠帘同岸帻。酒肴弦管都不陈,清赏须教尘念涤。惟应佛界真旃檀,银叶微煎薰几席。定知神往岩壑间,如踏青鞋横榔栗。惜哉此会我不逢,徒想风流共晨夕。徘徊戏问图中人,尔时曾否嫌岑寂?画虽不语吾心知,人生各自适其适。

题常理斋《爱吟草》

理斋,名纪,奉天承德人,乾隆丁丑进士,四川崇庆州知州,殉木果木之难。

如公才不负诗书,碧血淋漓苦战余。一剑焉能支叛党?三年原只掌军储。鹃啼蜀道悲荒垒,鹤返辽东认旧庐。记得"小凌河畔"句,平生最慕贺医闾。见集中《望医巫闾山》及《小凌河》诗。

题吴香亭《春郊归省图》

为扈钩陈跸,因瞻丙舍田。马嘶春驿柳,人带御炉烟。昼锦添新记,泷冈表旧阡。恩荣真罕遇,宜作画图传。

自返春明路,于今十六秋。吟诗披粉绘,回首感松楸。何日承丹诏,如君跃紫骝。亦将归省卷,题句索相酬。

题伊云林光禄《梅花书屋图》

横斜疏影渐成林,岩曲才留一径寻。老屋何年栽雪萼?先生原自抱冰心。诗吟和靖闲情远,画倩华光妙手临。说到百花头上句,犹怜未免世情深。

宦游十载别烟岚,画里时看结草庵。最忆寒丛花第一,曾偕皓魄影成三。罗浮入梦人将老,月观横枝句更参。谁为丈人慰乡思?芳馨远寄自江南。

为伊墨卿题《黄瘿瓢画册》十二首

水　仙

幽花宛洛神,微步澄波上。云何视其根？蠢菌如斯状。菁华多内含,未可以皮相。

蝼　蚁

微虫亦有营,往来纷不止。自人俯视之,但见蠕蠕耳。神仙视我曹,当亦如斯矣。

豆　荚

秋篱豆荚肥,色味香皆好。登盘不厌多,所画何其少？偶寄疏野怀,本不期君饱。

螺　蛤

马迁似杜甫,珧柱似荔支。相似在何处,悟者心自知。谁与欧阳子,一品常建诗。

海　石

未足供佛印,宁可赠米颠。胡以彭亨状,写照玉版笺。当由鳞皴意,一一皆天然。

笋

嫩菌含清香,新笋饶甘脆。惟有山居人,饱餐风露气。忆泛建溪船,曾经知此味。

蜂　房

毒与虿尾同,兼之傅以翼。然其所构房,入药殊多益。乃悟驾驭权,贪诈均可役。

佛手柑

宴坐耆暗崛,隔石摩阿难。金容不可睹,得此一掌看。我手何如佛,是画作是观。

梨　栗

误记杜陵诗,偶忘庄叟语。或云考证疏,吾谓意有取。朝四而暮三,兹风原不古。

石　榴

来时不及春,厥实乃蕃衍。天以结子多,补尔开花晚。观化悟盈虚,万事皆可遣。

蚕

运丝类蜘蛛,乃以茧自藏。化蛾类蛱蝶,乃不飞寻香。然此一微虫,解织云锦裳。

文　具

忆我解语时,此辈共晨夕。于今两鬓丝,仍然同几席。尔为我役乎,抑我为尔役？

题瑶华道人《一如四相图》

佛法微妙,空无一尘。因缘示现,乃见化身。是种种相,实止一人。光自盈缺,月自满轮。是种种相,非幻非真。雁自落影,水自无痕。谁于此间,得不二门？不解解之,满纸烟云。

题友人画

百世迅风灯,瞥眼即成故。佛法超死生,乃亦有过去。如何指一隅？云是吾常住。辋川尚有图,庄竟在何处？达者知其然,澄观心有悟。昔未属我前,阅主已无数。过此落谁手？应亦听所遇。且随现在缘,领此当前趣。翻阶袅娜花,绕屋扶疏树。高卧到羲皇,余者何须顾？

覃溪前辈出竹垞、西河两先生像,索诗

山碧湖光结伴寻,六桥烟月对清吟。诗家未可轻台阁,此是康熙两翰林。

二老风流寄画图,生绡淡墨几传摹。吾曹亦似书中蠹,可得他年写照无。

石庵相国手书卷子以赠芸楣尚书季子_{鬻升},装池后芸楣索题,为成四绝

走马裁诗作意夸,旧传雏凤在桐花。谁知慧业无穷尽,八岁今称赏鉴家。
大令风流接右军,笔图早拟授羊欣。珍藏一卷诗中画,也抵当年白练裙。
四声五岁便能知,骥子时闻诵父诗。今为刘公作嘉话,家鸡野鹜可相疑。
小姑天遣嫁彭郎,红袖时萦翰墨香。生得佳儿遽如许,定知解诵鲁灵光。

汪氏双节诗

客从南方来,贻我《越女录》。夜深偶披卷,酸恻难卒读。如弹寡女丝,幽咽吟黄鹄。悲风生字里,惨澹秋灯绿。百感忽苍茫,慷慨交心曲。红闺多薄命,少小婴荼毒。茹痛就黄垆,凋零随草木。其间幸传者,恒沙中一掬。是由局外人,身未罹茕独。如彼饫膏粱,不知藜藿腹。乍见虽咨嗟,烟云旋过目。谁能劳笔砚,一一登简牍。君子胡为者,搜此无瑕玉。愿以金管毫,遍写汗青竹。遂使九幽魄,炳若三光烛。自云孤露早,零丁悲惨酷。风雨日飘摇,庐舍几颠覆。所幸拒秋霜,未殒凌寒菊。四壁仅存留,两母亲鞠育。聆音问疴痒,节口营饘粥。凄凉对纺瓦,涕泣开书簏。怀冰不畏寒,对楊互相勖。万苦极颠连,一线幸延续。青云获致身,墨绶今沾禄。悲哉不逮养,寸心攒万镞。回忆困踬时,艰辛皆目瞩。碑状虽连篇,十才存五六。其余琐屑情,多若笋成束。口所不能言,惟有肠转毂。缘此感余怀,耿耿如枨触。濑水流相合,惊禽鸣相逐。同病多相怜,疾痛如连属。怀铅询耆旧,洒泪谈贞淑。拟因中垒传,代写皋鱼哭。我闻为太息,遗事重三复。古来闺阁人,铅华耀罗縠。风花逝不停,摇落何其速。惟此贞烈心,长存偕岳渎。人纪赖以立,揩拄同鳌足。惟嗟名姓湮,寂寞归原麓。君能力表章,不惜霜豪秃。足知两母前,此义闻之熟。想见松与柏,风霜交谡谡。为君述慈范,握管容先肃。他日辀轩采,或当登史局。

煌煌《列女传》,千载藏瑶椟。

铜雀瓦砚歌

铜雀台址颓无遗,何乃剩瓦多如斯。文人例有嗜奇癖,心知其妄姑自欺。齐征鲁鼎甘受赝,宋珍燕石恒遭嗤。西邻迂叟旧蓄此,宝如商鬲周尊彝。饥来持以易斗粟,强置之去不得辞。背文凸起建安字,额镌坡谷诸铭词。平生雅不信古物,时或启椟先颦眉。他时偶尔取一试,觉与笔墨颇相宜。惜其本质原不恶,俗工强使生疮痍。急呼奴子具砺石,阶前交手相磨治。莹然顿见真面目,对之方觉心神怡。友朋骤见骇且笑,谓如方竹加圆规。三国距今二千载,胡桃油事谁见之?况乃陶家日作伪,实非出自漳河湄。诸君莫笑杀风景,大学石鼓吾犹疑。嘻,大学石鼓吾犹疑。

菱花砚

端州紫玉出新坑,琢得菱花似铸成。相对无嫌常墨墨,妍媸原忌太分明。

刘文正公旧砚

砚材何用米颠评?片石流传授受明。此是乾隆辛卯岁,醉翁亲付老门生。

蒋秋吟画

买得渔庄近钓矶,每逢风浪便先归。门前万里长江水,一任惊帆片片飞。

苏虚谷墨竹

曾记湖州派,亲传玉局翁。至今老孙子,仍有旧家风。意出杈丫外,神留萧瑟中。平生疏落性,原与此君同。

贫已惟存骨,高原不畏寒。偶然醉醹醁,随意写琅玕。飘泊孤筇在,刁骚短鬘残。分明霜月下,照取瘦容看。

书《红豆词》后

剪剪西风满院秋,断肠花冷小窗幽。玲珑骰子缘谁赋?大抵词人总善愁。摩诘前身是画师,高情多在《辋川诗》。谁知劝采相思子?也唱春来发几枝。

虞惇从侄临行以《课儿图》索题,走笔为书四十字

临别披图画,苍茫有所思。一经还是旧,两鬓已如斯。晏坐凉飔入,清吟稚子随。穆然怀尔父,把卷课儿时。

张桂岩《桑叶饲蚕画扇》,题示次女

花压阑干绣阁春,朱门多少绮罗人。频将画扇时时看,知有蚕娘最苦辛。

为墨卿题扇

风露夜清,幽花自吐。与澹泊人,结尘外侣。人本无心,花亦不语。月白空庭,寥寥太古。

题云叶表弟小照

此老今如此,苍茫百感生。中年双鬓改,空谷一身行。白石炊难熟,黄金炼未成。只应拾瑶草,且自慰幽情。

弹指繁华歇,居然野客形。三生香未烬,一枕梦初醒。散步随蝴蝶,携镜访茯苓。君看趺坐处,满眼好山青。

书《滦阳消夏录》后

半生心力坐消磨,纸上烟云过眼多。拟筑书仓今老矣,只应说鬼似东坡。前因后果验无差,琐记搜罗鬼一车。传语洛闽门弟子,稗官原不入儒家。

蒋春农舍人寄砚，摩挲古泽如见故人，盖自壬午江干一别，
弹指二十八年矣。远想慨然，因题一绝

斑斑墨绣自何时，老友封题远见贻。忽似重逢孟东野，古心古貌对谈时。

题闽中校士砚

旧游回首似前身，弹指流光廿八春。为问成阴桃李树，可能还忆种花人。

题友人小照

诗酒流连递主宾，苏门六子总词人。两翁相对清如鹄_{东坡句}，毕竟东坡爱颖滨。

听秋听雨一般听，古画从来不画形。解得联床同话意，不妨象外看丹青。

秋眠共被似姜肱，莫话升沉百感生。五相一渔翁对饮，友朋尚不论功名。

萧瑟秋声动客心，披图想像对清吟。自怜老去头如雪，空忆当年子敬琴。

达斋司寇《习射图》

几度铜符调羽林，双鞬未踏阵云深。谁知坐撚金钚看，原有骁腾万里心。

玉韣时攀月一弯，鸣骹不是为消闲。八旬天子勤秋狝，亲见年年到朵颜。

惺斋《骑牛图》

扣角长歌入翠微，清风两袖薜萝衣。知君留得时苗犊，只跨疲羸老牸归。

飒飒空山木叶零，武夷秋老万峰青。骑牛欲向何方去？定蹋寒云上幔亭。

炊熟黄粱好梦残，乌犍到处且盘桓。天台雁荡如重过，认否当年旧宰官。

相逢沈范两尚书，记得何郎得意初。画里于今头欲白，谁人曾见咏芙蕖？
韩城相国先为题句，相国与余前后督学闽中，于君均有国士之目。

寄怀蒋春农舍人

北风吹雪满船头,别后江山几度秋。为问如今三径里,何人来往似羊求?

为王秋塍题《天寒雅集图》

修禊兰亭醉本留,衰翁犹记旧风流。<small>旧与尊甫文酒往还,陶然亭修禊一会,唱和尤盛。</small>只今零落惟存我,又看乌衣子弟游。

西园图记墨痕新,画里相看意气亲。喜汝多年拖墨绶,招邀仍是旧词人。

送朝鲜使臣柳得恭归国

古有鸡林相,能知白傅诗。俗原娴赋咏,汝更富文辞。序谢《三都赋》,才惭一字师。唯应期再至,时说小姑祠。

送朝鲜使臣朴齐家归国

贡篚趋王会,诗囊贮使车。清姿真海鹤,秀语总天葩。归国怜晁监,题诗感赵骅。他年相忆处,东向望丹霞。

铁冶亭、玉阗峰两学士《联床对雨图》

北门近接星垣开,翰林重自唐以来。中间职掌虽小异,大都皆是神仙才。经纶屡见资稷契,文章岂但夸邹枚?一佛出世已罕觏,况乃棣萼连枝栽。奇绝君家好兄弟,花砖联步相追陪。精金跃冶淬干镆,宝璞出水皆琼瑰。双飞争睎摩霄翼,一门自作同岑苔。东坡发唱颖滨和,诗成不待击钵催。西清退直日对榻,不知尘海人喧豗。希声蓄宝难自閟,十联秀句经天裁。

帝求梁栋赞酝化,二龙并跃乘春雷。弟掌丝纶登禁闼,兄司礼乐升容台。凤巢已隔痕渐扫,浮屠桑下何殊哉?胡为写照倩画手,瀛洲回首犹徘徊。翰墨因缘智慧果,三生结习从胚胎。正似平园老居士,已登黄阁居中台。《玉堂杂记》

亲手录,旧游终不忘蓬莱。我别东观越十载,余己亥自詹事擢内阁学士,始出翰林。颠毛种种惊衰颓。年来更觉诗兴减,笔床砚匣生浮埃。偶然披卷一枨触,含毫欲咏凡几回。心如废井苦枯涩,一篇勉缀今朝才。江郎老矣无好句,涂鸦聊以资诙咍。圣朝馆阁富俊彦,一时巨手多欧梅。他时倡和同文馆,当持此卷为诗材。

容城阴孝妇诗

容城城似斗,有庙祀椒山。不谓英灵气,还钟闺阁间。天怜贞孝志,人转死生关。见说衣千结,今犹沁血斑。

莫以残遗体,翻嫌孝太愚。再三原自审,万一冀重苏。白发终娱舅,黄泉可对夫。此身都不惜,宁问得旌无？割股疗亲,例不专旌,而法亦不禁,听人之自为而已。然明知不得旌而毅然自行,其所见此真为亲计,非为名计者矣。

吴子羼提手拓《夹漈草堂砚铭字》归闽,为题四十字。砚本南昌农家穿井所得,先师裘文达公以稻三斛易之,后余续修通志,公因付焉

博物推渔仲,当年实寡双。空堂传夹漈,遗砚落西江。好古逢闽士,拓铭归海邦。如同乡祭酒,相对坐吟窗。

题古币砚二首

琢砚形如币,分明寓意存。治生为最急,应记许衡言。
客曰斯言误,余知匠者心。正如古彝鼎,饕餮铸精金。

为刘青垣侍郎题砚

歙州采尽旧云根,斧凿如今到婺源。三十年来才识得,斑斑都作淡金痕。

题青花砚

紫云割尽无奇石,次品才珍蕉叶白。如今又复推青花,摩挲指点争相夸。

一蟹不能如一蟹,可怜浪掷黄金买。请君试此新砚砖,挥毫亦自如云烟。

蝶翅砚二首

蝶翎巧仿滕王迹,山灵幻化非雕刻。良工剖作墨池双,犹似穿花张两腋。翩翩尔勿矜风流,轻薄久已嫌魏收。惟应伴我弄柔翰,栩然自适如庄周。

罗浮蛱蝶翅盈尺,五色天衣云锦织。偶然仙蜕落空山,风雨多年今化石。谁欤琢砚吾得之,惜无好句题乌丝。何当唤起谢无逸,倩写柳絮梨花词。

送书绂庭制府再任两江

一路薰风引碧油,东南士女望鸣驺。重临果见黄丞相,快睹如迎郭细侯。吴楚封疆寻旧迹,扬徐田赋入新筹。绿章定是多封事,岂但江山得胜游。

以元唐棣《长江万里图》赠绂庭制府,并题绝句

万里银涛接碧空,一江横亘界西东。青山两岸无穷景,都在春风长育中。

寿姜少岩

通儒今马郑,循吏古黄龚。谓尊甫白岩先生。得子承家法,闻君有父风。注经参北海,白岩所著《毛诗》写入《四库》,君多参订于其间。理县佐巴东。白岩作令,君佐之为政。未识苏和仲,欣逢郑小同。君之子以应试入都。书仓传学派,笔阵见文雄。访旧寻吾党,祈诗寿乃翁。称觥深所愿,著句愧难工。聊附南飞鹤,迢遥寄越中。

题雪溪《墨竹》

缟袳一丈青鸾尾,何人缩入尺幅中。可怜随手晕淡墨,尚令扑面生清风。亭亭自倚瘦石立,落落一扫凡葩空。嵇康阮籍都不画,入林肯著王安丰。

卷第十一

三十六亭诗

题牛师竹中翰《松阴课子图》

红药浓香入彩毫,风流爱尔是仙曹。如今识得超宗面,更拟他年咏凤毛。

一经绝胜满籯金,且课儿书且自吟。可是校文天禄阁,待将《七略》付刘歆。

题曹慕堂宗丞所藏《乩仙山水》

仙人谢世缘,林壑结真契。桃花隔流水,杳然灵境闷。肺腑沁清寒,胸臆贮紫翠。久居与之化,人境了不二。倘使埽丹青,自写心中意。想见餐霞人,笔无烟火气。此卷从何来？所闻颇诡异。披玩一罨然,赏以尘外致。画师评巧拙,儒者辨真伪。一笑谢诸君,区区非所计。

题曹剑亭《绿波花雾图》

醉携红袖泛春江,人面桃花照影双。名士风流真放达,兰舟不著碧纱窗。

洒落襟怀坎壈身,闲情偶付梦游春。如何《乐府》传桃叶,只赋罗裙打桨人。

瑶华道人夏日画《松竹梅》扇

梅竹横斜松几枝？炎天却写岁寒姿。应知早养凌霜气,须在春红夏绿时。

题汪时斋副宪剪纸小照

王摩诘本是前身,凡笔谁能与写真？只合裁云真妙手,别开生面巧传神。

只道龙眠偶白描,谁知刻镂入纤毫。人工熟到天然处,也似春风作剪刀。

宁惟松石俨真形,细字都如一笔成。却恐兰亭镌玉枕,双勾未似汝分明。
绝技于今怅不传,旧题屈指廿三年。画中人亦朱颜改,只有风神尚宛然。

题陈肖生墨梅册

宛然篱角与溪隈,冷蕊疏枝任意开。偃蹇无嫌山野态,扬无咎自画村梅。
游于象外悟环中,脱落畦封是化工。庾岭梅花千万树,原无一树偶相同。

怀朴齐家

偶然相见即相亲,别后匆匆又几春?倒屣常迎天下士,吟诗最忆海东人。
关河两地无书札,名姓频年问使臣。可有新篇怀我未?老夫双鬓渐如银。

荷塘习射图

赤土时时拭莫邪,几回拟逐李轻车。谁知万里封侯意,都付银塘一片花。
壮志蹉跎壮气存,留将韬略付儿孙。华林马射春三月,曾见鸣骹侍至尊。

题魏秋浦《桂岩小隐图》

连蜷丛桂满岩间,招隐何须待小山?冷露无声金粟落,此花久对此翁闲。
驻景无烦饵桂方,山中日似小年长。花常好处人常健,便是仙家魏伯阳。

墨卿摹郑夹漈像,为题五绝句

半搜史籍半研经,绝学从公始证明。不到程门称弟子,家传原自郑康成。
题字模糊一砚存,土花曾是手亲扪。于今到处人珍袭,何必流传付子孙?
江西农人凿井得古砚,腹有"夹漈草堂"字,侧畔有公题名。裘文达公以赠余,余近又赠林子育万矣。

夹漈仍留旧草堂,匆匆未访郑公乡。今朝画里瞻遗像,便拟亲焚一瓣香。
早检芸签遍五车,知名迟到绍兴初。石渠秘籍吾曾见,南宋惟公是著书。

遗像流传六百年,湮沉几欲化云烟。何人肯与重摹写?老眼摩挲一怅然。

偶怀故友戴东原成二绝句,录示王怀祖给事。
给事,东原高足也

披肝露胆两无疑,情话分明忆旧时。宦海浮沉头欲白,更无人似此公痴。

六经训诂倩谁明?偶展遗书百感生。挥麈清谈王辅嗣,似闻颇薄郑康成。

为伊墨卿题刘文正公墨迹

功业留青史,宁因翰墨传。偶然观旧迹,亦足想当年。丰采瞻前辈,收藏藉后贤。好将心正语,记取柳诚悬。

银粉多残蚀,毫端尚有棱。忆同王大令,深论赵吴兴。记石庵先生语。片纸存今日,诸天隔几层?记顾君德懋语。白头门下士,感慨意难胜。

出古北口

战垒苍茫迹尚存,汉唐旧事莫重论。如今只怪明天子,二百余年闭北门。

多年老鹤坐乘轩,四度雠书出塞垣。谁料从来松漠地,玉山册府似西昆。

小憩三间房,见壁上诗意互抵牾,戏题二绝句

萧萧两鬓半凋残,赌唱旗亭兴久阑。行到词人题壁处,摩挲老眼只闲看。

早年辛苦事雕虫,老去模糊似梦中。怪煞吟诗何仲默?滔滔清辩问崆峒。

过青石、黄土二岭

曾经行海峤,白鸽岭摩天。一线疑无地,千盘未到巅。时惊人半挂,未息缏双牵。闽中肩舆,上岭以二缆引之。何事陂陀路?舆徒步欲颠。

自出秦城外,山行尽坦途。偶然逢险阻,即此讶崎岖。杂沓人相唤,艰难仆欲痡。深愁滞行李,我亦一长吁。

潘芝轩殿撰及第后乞假归娶,以《秋帆归兴图》索题

蹀躞骄骢看杏花,樱桃会后暂还家。烟波一片孤帆影,便是仙人贯月查。
放眼澄江万里秋,飘然一叶似渔舟。谁知水驿停桡处?楼上珠帘总上钩。
推篷看唱采菱歌,十八王郎衣锦过。游女无须频掷果,从来丹桂近嫦娥。
借用罗海东语,非其本意也。
莲烛携来照洞房,宫袍新染麝兰香。重看天际归舟画,恰应筌筷字两行。

再题《桐阴观弈图》

壬午七月,属沈云浦作《桐阴观弈图》,意谓不预其胜负而已,犹有胜负者存也。后读王半山诗曰:"莫将戏事扰真情,且可随缘道我赢。战罢两奁收黑白,一枰何处有亏成?"乃悟并胜负亦幻象。癸丑五月,偶然检视题此二诗,然半山能言之而不能行,予则仅能知之耳。因附识以志予愧。
《桐阴观弈》偶传神,已怅流光近四旬。今日鬖鬖头欲白,画中又是少年人。
一枰何处有成亏?世事如棋老渐知。画里儿童今长大,可能早解半山诗。

题刘文正公《槎河山庄图》

千叠云岚四面开,原非无地起楼台。如何画里莱公宅,只似孤村傍水隈。
数重老屋是家资,还自西川宦橐遗。指点空亭读书处,清风一榻忆吾师。
荒园渐渐种桑麻,犹说裴公旧杏花。可是萧然徒四壁,只凭画卷向人夸。

题陆耳山副宪遗像

性情嗜好各一偏,如火自热泉自寒。文士例有山水癖,惟余兹事颇无缘。
东岳嶒崚倦蹑屐,西湖浩渺懒放船。幔亭峰下三度宿,亦未一访虹桥仙。我去
君来握使节,乃能煮茗千峰巅。旁人错认陆鸿渐,前身猜是杨大年。羡君雅调
清到骨,笑我俗病医难痊。有如带剑异左右,定知结佩分韦弦。宁识相与无相

与,此故不在形骸间。蓬莱三岛昔共到,开元四库曾同编。两心别有胶漆契,多年皆似金石坚。一旦东流惊逝水,至今南望悲荒阡。丹青忽见形仿佛,存亡弥觉情缠绵。况复衰翁已七十,黑头久矣成华颠。新交日换旧交少,凿枘往往殊方圆。缘此伤心感曩昔,披图相对不忍还。题诗半夜昏灯绿,招魂何处霜枫丹。老屋惊寒风瑟瑟,深冬酿雪云漫漫。徘徊不寐坐长叹,伊谁解识余辛酸?

季廉夫先世所藏右军《袁生帖》为高江村购得,今归内府。阮芸台纂修《石渠宝笈》,廉夫得录江村诸跋,廉夫赋诗,因次其韵

流传真迹世珍藏,不比时人误买王。赏鉴得逢柯敬仲,钩摹何必董香光?瑶械合用蔷薇灌,宝笈新邀玳瑁装。却笑前人夸墨妙,只传狸骨治劳方。

朝鲜贡使吴执之与陈子闻之、蒋子秋吟互相唱酬,用梁陈赋韵格以次押,用"不揣衰老"同作一章

箕子留遗壤,旁临鸭绿江。封疆连地络,文采耀天杠。水自通银汉,人谁架石矼?迎宾看玉树,明眼似金釭。博学仓真富,雄才鼎可扛。词华标秀洁,风旨近敦厐。高格翔鸣凤,庸音笑吠尨。多君沾圣化,语解戒其哤。

甲寅三月考试教习,柬同事冶亭、云房,二宗伯古愚司寇

甲第万间厦,环堵一亩宫。营构有难易,规矩则相同。此试虽云小,所求课童蒙。非如黄河鲤,咫尺分鱼龙。文既争工拙,士亦关穷通。吾曹叨秉鉴,相矢惟虚公。无言一昼夜,蕆事殊匆匆。遂似蹋青路,走马看花红。况乃棣州学,曾屈后山翁。安知籋云足,不在盐车中。古人善相士,多在当其穷。勖哉各拭目,毋使红纱笼。

雷明府以其祖敬涵先生画稿见示，因成长句

古来画手何纷纷？名迹过眼如烟云。残缣断纸或偶在，吉光片羽人犹珍。马虽无足走自若，龙眠妙识曹将军。乃知真鉴有悬解，不观其貌观其神。雷君早得北苑法，矜贵未肯轻赠人。焚香扫地每宴坐，满庭花竹清无尘。朝岚夕霭偶有会，奇峰怪石时一皴。云山四壁聊自适，风灯一瞥逝不存。襄阳欲作无李论，千金难换一纸真。诸孙怊怅诵世德，深惧年远名氏湮。千搜万索得粉本，依稀手泽犹如新。稍施点染树蓊翳，粗钩轮郭峰嶙峋。墨痕草草不满幅，神思落落殊不群。如东坡论摩诘画，笔所未到气已吞。名工缩手不敢补，膜拜但以名香薰。携来京国持示我，蔷薇灌手乃敢陈。高人妙绘已稀遘，尤怜购访何其勤。忽思古来著述士，焚膏继晷研典坟。文章各欲揖枚叟，学术争拟攀郑君。遗书往往饱虫鼠，消沉变灭难具论。尔独什袭先人笔，宝此片楮如彝尊。一鳞一爪云外露，使人想见龙全身。名垂后世得不朽，岂不赖有贤子孙。吁嗟乎！岂不赖有贤子孙！

张南华先生《夏木清阴图》，为伊墨卿题

麓台先生吾未见，少年犹识南华翁。当时画迹家家有，视之亦与寻常同。东山夫子今北苑，乃独心折于此公。谓其绘事有悬解，千变万化犹神龙。不离法亦不立法，意之所到无畦封。即一题署一跋识，不求工处天然工。只恐云烟一过眼，百金一纸求无从？星霜荏苒五十载，老仙已返东海东。日久论定始见贵，位置拟入神品中。佥曰妙在六法外，追黄公望凌王蒙。惜哉缣素日零落，赝本杂出真稀逢。画家欲作无李论，辨别往往烦南宫。君从何处得此轴？苍岚葱郁绿树浓。长夏溽暑张素壁，乍觉满室生清风。忽忆斯与堂中坐，<small>东山夫子堂名。</small>见公偶遇裴司空。韩门弟子皆在席，一时同把琉璃钟。酒酣索纸泼墨沈，立成七幅青芙蓉。手持一一分座客，左顾右盼意气雄。前辈风流宛如昨，雪泥无处寻飞鸿。徘徊对此三太息，弹指岁月何匆匆？岂但一卷断桥景，年深

久矣饱蠹虫。余分得小景一幅,近边一桥误画其半于毗连别幅上,先生因戏题一绝曰:"杈丫老树翳危坡,坐爱闲云过眼多。略彴不须安对岸,怕来俗客到山阿。"一时传为佳话,今不知落何所矣。题诗自觉笔力减,老夫亦已头欲童。

以日本扇赠承恩监正,因题八韵。考郭若虚《图画见闻志》,称日本人以鸦青纸制折叠扇,高丽贡使曾携以来,是宋代已有此制。然其时西洋贡舶未至中国。不如今以极东之物赠极西之人,尤为佳话也

日本东瀛外,欧罗西海隈。谁知倭国扇,得上化人台。草草丹青画,层层折叠开。风清双袖满,月偃半规裁。在昔鸦青样,曾从鸭绿来。新诗争唱和,巧制几惊猜。何似今中夏,旁包古九垓。兼多大秦客,把玩共徘徊。

胡沧晓先生追谥文良,即次其嗣君云坡司寇韵

嵩高维岳降生申,偻指中州第几人?旧学当时陪黼帷,新荣此日拜丹纶。研经本自穷源委,见理何妨各智仁。公著《周易函书》推阐精微,穷搜象数,与洛闽颇有异同。终共睢阳追赐谥,百年河洛两儒臣。汤文正公亦以乾隆元年赐谥。

公论佥推耆旧德,圣恩曲遂显扬情。惊闻内殿宣麻出,喜在春官准敕行。时余方掌礼曹。帝曰传经如费直,人言稽古胜桓荣。定知墓草成书带,岁岁春风翠色萦。

兰谢清秋菊又芳,承家有子侍明光。韦编能与重排校,云坡司寇以《周易函书》旧本系门人所刊,多失原次,重为排校镌刻。风木何须更感伤?四代经神四胡氏,宋胡瑗有《周易口义》,元胡一桂有《易本义附录纂疏》《易学启蒙翼传》,明胡居仁有《易象钞》。两朝耆宿两文良。雍正中,高公其倬先谥文良。儒林传与名臣录,传诵千秋共不忘。

忻州刺史守愚汪君重修元遗山先生墓诗

中州文献迹犹新,寒食年年细草春。一种风流堪溯处,当涂今葬谪仙人。

平生忠愤寄荒丘，五百年来片石留。励俗怀贤无限意，欲将棠荫比松楸。

顾堂先生属题《先世丙舍图》

佳城入画图，于古未尝见。恻恻孝子心，自抒情所恋。丘墓虽迢遥，展卷如对面。郁郁千株柏，渲染何葱蒨？宁知手种时，畚锸亲陇畔。泪滴根下土，滋养到柯干。缣素永不渝，丹青传画苑。是即《孝经图》，岂止墨林玩。平湖波不竭，苍岚色不换。眠牛旧卜地，终古人能辨。

绎堂尝攫取石庵砚后，与余阅卷聚奎堂，有砚至佳。余亦攫取之。绎堂爱，不能割出砚来赎，戏答以诗

机心一动生诸缘，扰扰黄雀螳螂蝉。楚人失弓楚人得，何妨作是平等观。因君忽忆老米颠，王略一帖轻据船。玉蟾蜍滴相思泪，却自区区爱砚山。

题绎堂砚

昔我掌乌台，石庵赠我砚。肌理缜密中，隐隐锋芒见。今岁司文衡，适与绎堂伴。此砚复赠余，粹温金百炼。皆云肖其人，真识非虚赞。论交均胶漆，持论斥冰炭。毋乃学道久，客气消其悍。抑或阅事多，坎坷刚肠变。水激石转雷，风澹江澄练。泊然一寸心，吾本无恩怨。

题田纶霞司农《大通秋泛图》，为冯鹭庭编修

新城司寇诗无双，巧翻旧调成新腔。门墙奔走天下士，如齐、晋、楚雄诸邦。饴山居士独相轧，偏师驰突横冲抌。左右佩剑递相诟，至今两部寻戈钣。于时脱屣门户外，长河田与吾邱厐。厐公扫迹坐啸咏，公余惟对花一窗。田公博丽特自喜，龙文之鼎笔可扛。虽愧卢前耻王后，肯屈陆海输潘、江。如虬髯客扶余国，亦不攻剽亦不降。当年声望虽小减，无言要胜言而哤。此图作在监兑日，潞河携客浮轻艭。入室既少操戈郑，纵谈宁虑弯弓逄。挥毫拈韵诗落

纸，飞觞催醑酒满缸。丹枫两岸醉秋色，绿波十里鸣寒泷。风流文采致足乐，兴酣吐气横天杠。何必诗坛执牛耳？岸然大将麾旌幢。嗟我多年事笔砚，自知性僻心愚戆。戚施但可仰直镈，都卢一任飞缘橦。今朝无意见此卷，几回夜读挑残釭。风微人往百余载，罩然高望犹踌躇。

冯实庵侍御绘《种竹图》，赋赠

通明挂朝籍，不碍松风梦。天怀澹宕人，雅尚自殊众。冯公负奇颖，廊庙资梁栋。紫霄登禁近，丹綍司传奉。乃于退食闲，竹效王猷种。闲庭翠影交，虚牖凉飙送。萧然悦清旷，邈尔谢喧哄。虽复在朝市，不异栖岩洞。高韵写丹青，逸气无羁鞚。忆我掌乌台，鼎彝识典重。心仪命世才，拟荐明时用。谁知恬静情，颇异弹冠贡。鹤籞日从容，豸冠甘侍从。未羡沈侍郎，夜游骑白凤。足知孤直志，真与此君共。非徒托画图，姑以资清供。忆我少年游，意气恒飞动。老来知敛退，塔样参无缝。公余日枯坐，如以鑐收汞。惜无竹里馆，得句闲吟诵。何当访高斋？马遣吴童控。啸咏招七贤，往来邀二仲。青鸾拂纤尾，绿蚁酌深瓮。阅音修篁下，风月资嘲弄。形骸两俱忘，一笑同豪纵。

次奇丽川中丞寄《菊图韵》，兼示积庆亭明府

怪来清气满吟笺，诗在幽香冷蕊边。远道移根经水驿，故人把酒忆霜天。花开南国惊重晤，梦绕东篱阅几年。也抵柴桑老征士，久离别后到门前。

江风送到载花舟，铃阁平添满院秋。紫绶原能邀隐逸，缁袍不碍友王侯。囊中好句诗筒寄，纸上寒香画本留。爱尔风流成二老，种花不种橘千头。

卷第十二

三十六亭诗

嘉庆丙辰典试春闱呈同事诸君子

春城桃李正芳菲,白首重来入锁闱。余甲辰会试充副考官,今十三年矣。老马寻途才仿佛,飞鸿留迹尚依稀。云门先生之房即余甲辰所住,已略改造矣。十年风气殊新旧,千古文章各是非。渺渺予怀深怅望,唱名可竟得刘辉。余考教习二次,于夔积一派颇为裁抑。

摩挲老眼不分明,甲乙纷纭几变更。王后卢前终有价,房谋杜断本无争。千丝铁网收难尽,九转金丹炼已成。敢道寸心知得失,儒林他日听公评。

兰花牡丹合帧

谁写春风第一花,红深红浅似明霞。如何幽谷婵娟子?也遭同居富贵家。国色天香万目看,猗兰一曲更谁弹?宁知久住罗含宅,不识人间有牡丹。

题通州牧刘铁楼《恩宴胪欢集》后

耆英许侍万年杯,方镇都因奉诏来。独有监州依辇下,天教近日得趋陪。千叟宴,外吏惟封疆大臣年齿及格者,或得恩旨召入,余皆弗预。刘君牧通州,得与京职一体入宴实为荣遇。

九奏云璈满意听,宴回只度四长亭。衙斋坐说恩荣事,犹醉琼浆半未醒。
上方珍品绘新图,一一都凭妙手摹。不是人间全未识,为因宠锡与常殊。
纪恩雅唱比赓歌,倡和吟笺续渐多。谁取豫章诗话补?详编盛事似青螺。郭青螺《豫章诗话》纪西江作者之事,实刘君籍隶奉新,故有斯句。

徐朗斋孝廉以《病鹤赋》见示,慨然有感,赋此赠行

不相知处是相知,临别长吟怅有思。蜀锦原嫌多补缀,宛驹终爱最权奇。

锄来兰草经三度，开到芙蓉定几时。差胜东坡惟一事，与君均不愧章持。

题蒋秋吟保阳诗后

缟袿病鹤悔游秦，痛饮狂歌寄此身。莫讶行踪多落落，前生似是六朝人。逌然长啸入云高，天马行空气自豪。尚喜联吟数词客，眼光能似九方皋。

以水蛀砚、水中丞、搔背、茶注赠朝鲜国相洪良浩，各系小诗

紫云割下岩，水蛀穴如蠹。锋芒虽欲平，贵尔形模古。
哆腹水易容，缩口尘不染。久贮仍清泉，君子悟防检。
指爪肖麻姑，借以搔背痒。铦利彼所能，操纵仍吾掌。
老披一品衣，能无劳案牍。香茗时一浇，亦足涤烦溽。

寄怀洪良浩

金门握别惜匆匆，白首论交二老翁。圣代原无中外别，迂儒恰喜性情同。长吟消夜青灯下，洪尝以诗文集留赠。远梦怀人紫澥东。两遇归鸿都少暇，缄情惟借一诗筒。

蔡贞女诗 钟吾高儒童聘室

月冷霜凄穗帐空，桃花原未识春风。伤心不及新婚别，烛影犹摇一夜红。
直将清泪洗红妆，身未分明亦不妨。三日羹汤亲手作，虽无夫婿有姑嫜。
重逢且莫话三生，古井无波彻底清。纵使黄泉弗相见，自缘礼义不缘情。
青蛾初画怅离鸾，白首孤灯事亦难。何事前朝归太仆？儒门法律似申韩。
归太仆尝著论，排未婚守节之非。

吴烈妇诗 江南吴孝廉承绶室

三生谁更问前因？一念缠绵泣鬼神。缘尽犹寻泉下路，魂归宛见梦中人。

城乌啼夜传幽怨,冢树连枝认化身。万古青山终泐尽,只应铁骨不成尘。

蹉跎才命两相妨,泪滴题诗旧锦囊。别鹤剧怜悲伴侣,枯蝉弥觉感文章。数编遗稿神应护,三尺荒坟土亦香。石阙莫容苔藓蚀,留教词客吊斜阳。

题桂未谷《思误书图》

老去观书信手拈,无须甚解似陶潜。今看画里沉思意,惭负红牙十万签。
紫凤天吴颠倒缝,文章新样递争雄。谁期老屋青灯下,刻意研经尚有公。

送桂未谷之任滇南

地远山川僻,滇南俗最淳。将求司牧者,合用读书人。政暇仍稽古,官清自耐贫。向来餐苴蒣,本似棣州陈。

秋风吹万里,送子宦天涯。驿路今无梗,山城亦自佳。琴余披讼牒,吏散静衙斋。渔隐编《丛话》,应能手自排。桂搜《古今诗话》成数十巨册,方事编纂。

桂未谷《簪花骑象图》

才人纵以官为戏,骑象簪花无此事。先生此画吾了知,聊明不薄炎荒意。昔年曾读骠国诗,清平官亦工文词。从来六诏解声律,勿云鸟语皆侏俪。先生经学能稽古,辨别形声研训诂。定以诗书化百蛮,风琴雅管成邹鲁。他年续补樊绰书,卷端合遣镌斯图。闲中指点向亲故,作吏曾经此地居。

胡云坡司寇《四友图》

竹露松风自在凉,藕花恰爱满银塘。如何手捉青团扇?却写孤山冷淡香。
梅莲一样擅高风,生不同时气味同。正似七贤未相见,过关并入一图中。
冰雪襟情暑不侵,炎天自有岁寒心。西山柳下分工拙,肯似东方诫子吟。两贤嗣并写图中,故有末句。

题汪锐斋《蕉窗读〈易〉图》

此体创自皇甫持正,纯落论宗非诗之正格,姑以见意云耳。

《诗》《书》《春秋》《礼》,掇自秦余烬。人事纪其常,天道于斯蕴。《易》从象数生,推阐阴阳运。天道发其微,即为人事训。消息察往来,刚柔明逆顺。示以从迪吉,戒以凶悔吝。轨辙径不迷,坎窞车宁偾。兹实导庸愚,岂但传才俊？徒以类术数,颇为诸儒絫。礼祥焦京衍,谶纬哀平溷。炉鼎借坎离,生克歧壬遁。良由《易》道广,各执一端论。小技矜别传,畸士遂旁讯。譬如鼷饮水,只自足其分。宁知江海流,环络万州郡。经神起北海,经籍道一振。睎圣固云遥,去古终为近。其释乾初九,证以历山舜。明明四圣心,玩象知可信。云何王与韩？清言标魏晋。沿及宋淳熙,恍惚弥难问。杨简王宗传,妙悟求方寸。公然启禅关,密尔谈心印。横流极李贽,诡辩惊苏浚。梵筴共相参,羲画何曾认？《易》家惟此疾,症结医难诊。汪子沉潜人,嗜古自髫龀。时披黄卷吟,未怅青衿困。百氏撷膏馥,六艺漱芳润。洙泗旧韦编,研索志尤奋。初如目拟鹄,久渐心游刃。训诂溯根原,考证求详慎。自寻理窟深,戒斗谈锋迅。恒虞侈空谈,圣籍留遗恨。沉思阅几秋,过眼倏一瞬。读《易》偶成图,吴霜已点鬓。会我典春闱,爱尔雄文阵。竟从万马中,得此千里骏。尝于秋雨余,庭户无尘坌。听讲中孚爻,遗文旁摭捃。喜其经诂经,如骖之有靳。仙班才注籍,归路俄发轫。持图索我题,我老目生晕。秋灯暗暗绿,勉为排声韵。忆编《四库》书,异学多所摈。力守儒墨防,颇持法律峻。冀求千载心,敢避经师愠。今日头欲白,笔锋嗟已钝。年来所相士,似子良云仅。期子付衣钵,努力其精进。

彭田桥借《中秋图》

中秋重九无定日,始倡此论从坡仙。老僧一唤西去后,世无此乐六百年。翰墨因缘山水癖,结习未断三生前。邹阳十世语不谬,先生又出峨岷间。风流沿溯南北宋,才华照映东西川。攀桂拟到清虚府,霓裳一曲听婵娟。只愁万蚁酣战夜,辜负皓魄澄高天。巧用丑月借春例,探支一月蟾光圆。向夕虽嫌风雨阻,中宵仍对冰轮悬。毋乃素娥知此事,特挥宝扇开云烟。我闻玉局观海市,寒冬正值蛟蜃眠。天吴似解爱词客,起蛰特向鱼龙鞭。文字有灵类如是,先生所遇岂偶然？未知彩笔发浩唱,当时酬以诗几篇。至今画本作佳话,固非徒以丹青传。我亦夙有吟眺兴,良辰往往缘偏悭。今岁中秋好夜景,中枢案牍方连骈。惜哉不及作此想,先邀月到金樽边。且喜黄花未全歇,盆盎尚自罗几筵。可能有暇一置酒,补作重九招群贤。

题姚申甫宗伯遗像

松风响似涌波澜,吟想西湖六月寒。此是平生萧散意,不因老去领春官。

曹霸丹青妙写真,翛然不似宰官身。披图多少存亡感,千万曾经为买邻。<small>公旧邸在虎坊桥,与余比屋而居。</small>

衮衮流光迅不停,旧交零落似晨星。画中傥有精魂在,见我应知眼尚青。

托钵还乡雪满途,练裙葛帔感遗孤。故人傥问君家具,尚有东坡笠屐图。

寄寿蔡葛山相国

乾坤间气聚闽中,毓此皤皤鹤发翁。与蔡季通传世学,为朱元晦续儒风。倦辞黄阁当全盛,老住青山任屡空。静以延年仁者寿,丹方不待注参同。

八派分流自一源,儒家矩矱赖公存。寿如君奭祥符验,<small>召公年一百六十岁,故周器铭文多云:"寿如召公。"</small>学比甘盘道脉尊。四十年来陪讲席,六千里外望师门。鹤南飞曲殷勤寄,惜不亲持暖玉樽。

李墨庄《登岱图》

五岳惟岱华,崚嶒当驿路。三峰似削成,铁锁悬难度。泰山势逶迤,竟可扶筇步。古今游览作,浩若恒沙数。良由近易登,把笔争留句。兼以春夏交,赛报趋如鹜。箫鼓声转雷,香灯烟化雾。遂令仙灵宅,翻被缁黄据。方追吴社记,遑问秦皇树？昔我使榕城,往来山下住。于时尚盛年,济胜颇有具。守吏邀宴游,掉头未一顾。今日披斯图,乃多萧散趣。始知尘嚣外,别有幽奇处。七十有二家,封禅非无故。信矣耳千闻,不如目一遇。此景君所经,往事吾真误。用知天下事,排诋无容遽。抚画三太息,憬然心有悟。

王春波《潇湘云水画卷》

云映孤帆水映窗,扁舟最忆富春江。今朝开卷明人眼,恰与严滩好作双。
瑶瑟无从问水仙,数峰青向画中传。知君来往寻香草,便是无愁亦惘然。
滃然墨气欲成云,派自潇湘八景分。万古湖南清绝地,原难付与李将军。
长安索米几经秋,季子知应感敝裘。十丈软红香土里,怜君犹梦木兰舟。

题陈雨香《墨竹》

神在萧疏淡远中,泠泠似欲起秋风。正如嵇阮相携立,自与山王意不同。

西江刘君画松扇

开篁时闻谡谡风,刘郎手写赠衰翁。残年敢望支离叟,惟有支离态略同。

题田芸甫镜屏

田公耕野驻师巴里坤时,凿井得镜,知为古物,甚珍惜之。后官广西提督,以征剿苗峒携于戎幕;公殁后,嗣君奉以归,岁久失去。越十数年忽无意得之,公孙芸甫制为镜屏,为题三绝句。

曾伴毡车出玉门,铭文剥落半犹存。菱花八瓣摩挲看,恐有崇徽旧手痕。
黄鹄无由返故乡,玉台零落没沙场。谁期土蚀千年后？又照将军鬓上霜。
暂去仍归旧主人,从来灵物每通神。何如拭尽珍珠粉？满匣龙吟迸紫珍。

吏部藤花诗,为玉阆峰少宰作

双藤偃蹇蟠蛟螭,春风岁岁花满枝。紫云半亩荫官阁,檐牙屋角香霏霏。饭僧似到敬爱寺,掩瑟忽忆罨画溪。云昔匏庵老居士,掌铨曹日亲培滋。包山陆治为写照,风流文采映一时。炎官火伞突吐焰,惜哉紫玉成烟飞。此二本从何代有？老干亦复皱霜皮。或云日久根再苗,揣摩恍惚吾颇疑。弘治至今三百载,室庐未必皆原基。况乃此物家家种,倡条是处青葳蕤。云即故地即故物,杳冥无据何由知？林宗旧宅汉柏在,玄奘古刹唐松遗。后人补种称古迹,《舆图》所记恒如斯。词人大抵例好事,爱以佳话夸新奇。丹青一入画手画,倡和辄有诗人诗。物以人重固其理,真妄可勿深研推。中郎虎贲偶相似,何妨相对把酒卮。罨然怀古一高望,典型仿佛想见之。草木犹为人爱惜,信哉杜老非虚词。明知假借亦附会,此故尤可深长思。不见城南给孤寺,吕家宅在僧寮西。元代古藤四百载,石阑镌字犹可稽。花时烂漫照人眼,纵横十丈张锦帷。于此藤为丈人行,论年未许相肩随。云何时作蜚英会？更无人道种者谁？

怀朝鲜洪良浩

淼漫鲸波两地分,怀人时望海东云。文章意气期韩孟,父子交游近纪群。<small>令似亦与余善。</small>鹤发剧怜皆已老,<small>与余同甲辰生。</small>鱼书莫惜数相闻。新诗能向星轺寄,也抵清谈一晤君。

衰翁五度掌乌台,又到春卿署里来。译使易从通问讯,<small>颁朔时,见来使边君稍询近状。</small>御筵弥觉忆追陪。梯航不阻三山远,琛赆行逢九秩开。矍铄傥能重奉使,待君同醉紫霞杯。

题法时帆祭酒《诗龛图》

何必浮家去？幽栖乞鉴湖。试看金阙外,宛似水村图。柳港藏歌鸟,莲汀聚睡凫。应嫌吾太俗,来往一诗无。

谁发濠梁兴？时临百顷潭。坐看瓜蔓水，绿到太平庵。闻有维摩室，同居弥勒龛。沧浪吟卷意，妙向镜花参。

五经传博士，四术导诸生。讲席时逢暇，吟笺亦寄情。烟波澄一碧，心迹得双清。宁似携箫鼓，沿堤画舫行。

邈尔心无碍，天然句有神。静参诗外意，独作画中人。略彴微通径，团焦拟问津。可能分半榻，一洗软红尘？

题陈氏韫玉《西斋遗稿》

孤坟葬去一枝红，烟草年年泣晓风。怪得词人多命薄，香闺也被作诗穷。砚匣琉璃镇日随，含情空付断肠词。珠楼翠箔王侯宅，罗绮春风属阿谁？长歌一曲寄幽情，郁郁埋香意不平。弹剑为吾歌慷慨，悲风夜半卷孤檠。苕溪流水越山青，烟雨霏微入杳冥。应有诗魂销不尽，黄昏梅雨影亭亭。

曹慕堂宗丞《家庆图》

房中合奏琴瑟鸣，阶前茁秀芝兰荣。春风蔼蔼满画卷，世间真乐惟家庭。宗丞昔住欢喜地，曾以佳话传丹青。当时写照吾及见，弹指几度岁龠更。庞公夫妇均证果，飘然撒手悬崖行。柱史农曹好兄弟，惓惓父执犹多情。偶游旧宅一展阅，抚今追昔百感并。念公在日耽禅悦，时挥玉麈谈三乘。佛言因本自心造，如绘画工笔所成。又言心如大火聚，五阴种种无留形。独有无相无色地，灵台炯炯长明灯。去来成坏同一致，灭无灭本生无生。公今虽往公自在，虚空本性非形声。偶然留此粉绘迹，境过宁复多牵萦。譬如明月照寒水，水中之影亦月明。岂知空色两不染？冰轮自转江自澄。嗟我未能离世法，颇伤旧友如晨星。诗坛酒社梦犹昨，对此不免心怦怦。何殊结习消难尽？沾衣点点天花停。会须一访维摩诘，焚香听讲《金刚经》。受之侍御新作《金刚经条辨》。

戊午二月八日同人小集。梁春淙大司寇年八十二，赵鹿泉少宰年七十二，吴白华少宰、韩兰亭少司农、蒋霁园大廷尉俱年七十，金听涛大司马年六十九，卫松厓侍御年六十八，蒋戟门少司农、熊蔚亭少司寇俱年六十五，庆丹年大司马、刘竹轩少司农俱年六十四，汪时斋中丞年六十二，莫青友大京兆年五十六，宜桂圃少司农年五十二，余年七十五；合一千零四岁。竹轩记之以诗，因次其韵

小集城南尺五天，寿星互映似珠联。一千岁尚饶余算，十五人同聚此筵。丞相原容登洛社，耆英会皆年七十以上，惟司马温公年六十四，得预与今日之会相同。侍中应记在尧年。官曹事少多清暇，点缀升平也自贤。

德厚圃侍御尊甫《寒香课子图》

东阁官梅放几枝？恰宜何逊坐吟诗。谁知料峭寒侵骨，尚把遗经自课儿。何必燕山窦十郎？五枝丹桂一时芳。弟兄父子相师友，也抵三苏共一堂。一官贫似老青衿，诫子诗犹日日吟。莫怪如今骢马瘦，传家原少满籯金。

为伊墨卿员外题《滦阳扈从图》

同时橐笔从霓旌，日日青山并马行。怪得路旁闲指点，羽林队里两书生。塞外知交不两三，星轺君又洞庭南。只应采尽兰荪草，才更归来一纵谈。时墨卿奉命典试湖南。

伊云林光禄左手《写经图》

青年负盛气，白首消壮心。谁以桑榆景？辛苦翰墨林。况乃龃齿病，久作庄舄吟。平时扛鼎笔，苒弱安能任？先生大智慧，妙悟参观音。千手如一手，思议不可寻。静者忘其静，枯木僵寒岑。动者随其动，呼吸磁引针。右诎左自支，仍此挥绿沉。徐公巾箱本，兴到时摹临。居然下帷士，惜此分寸阴。殆于

受书日,汲古直至今。丹青偶写照,展视正我襟。譬如见猎喜,亦复思从禽。所怅七旬余,两鬓霜雪侵。公余退食暇,睡思恒不禁。且于拨灯诀,讲肄原未深。不求分黑白,焉辨晰与黔?有手懒拈毫,岁月空駸駸。愧君半支废,书字犹成金。举觞拟自罚,恨不能酌斟。严冬雪压屋,寒气方萧森。谯楼欲三鼓,呼婢理夜衾。姑以无成亏,托彼不鼓琴。

赠 友

我闻儒者言,生死裁以义。又闻佛氏言,生死同一致。君昔捍孤城,是即圣贤志。崎岖忧患间,残魂经疫疠。委形付造化,是又瞿昙意。蜀栈方兵戈,秦陇犹烽燧。丈夫思报国,宜励英雄气。赤土拭干将,摩天捎字彗。十荡期十决,再接仍再砺。百战图麒麟,奏凯喧铙吹。长揖归田庐,乃结松乔契。漱齿咽井华,枕石眠山翠。嗒然万念空,遽尔孤踪逝。君且暂迟回,留作他年事。

题《卢沟折柳图》,送伊墨卿出守惠州

卢沟桥上五马嘶,离亭惜别折柳枝。长吟短咏意不尽,丹青更付顾恺之。画成才脱画师手,早有新师传万口。未唱阳关已断肠,知登庾岭重回首。与子相知十六年,披图亦觉怅留连。所期远慰衰翁意,惟在时闻太守贤。

题张孟词进士遗照

奇才不是不遭逢,却隔蓬山一万重。记得为君题穗帐,禹门已上未成龙。"和璧虽珍终抱璞,禹门已上未成龙。"余挽君联也。

魂绕棠梨一树花,九原应悔读《南华》。谁知入眼黄金屑,缘我曾游卖饼家。君卷被斥时,余引《公羊疏》争之,乃反激成其事。

秋坟鬼唱莫凄凉,埋骨青山朽不妨。一代文章韩吏部,哀词原自吊欧阳。谓石君诗也。

己未武会试阅卷,得诗四首

弯弧盘马气飞扬,射策还登凤昧堂。蜀道正需貔虎将,此中可有郭汾阳。
_{古来名将,惟郭汾阳以武举出身。}
环绕奎躔聚将星,坐披试牍夜灯青。雕弓两石君能挽,原不区区问一丁。
雄才满眼总貔貅,未识谁当作状头?毕竟有人居第一,天街十里跃骅骝。
日射天门虎榜开,衰翁拭目看英才。诸君定有前缘在,已是周旋第七回。
_{余凡两典武闱、三监较射、一知武举、一武进士殿试读卷。}

叠前韵四首

直凭文字选鹰扬,纸上谈兵聚一堂。牝牡骊黄原未见,可怜鲁莽作孙阳。
玉弩三年射彗星,蜀山未似旧时青。诸公莫爱相如檄,开道终须用五丁。
六番角艺简貔貅,才据文章上榜头。合得伏波铜马式,可能一一是骅骝。
春官桃李满城开,争看摩空作赋才。投笔班超重握管,一般也夺锦标回。

沧来刺史持示紫亭侍御遗画十幅,为每幅题二绝句

东方朔像

三度偷桃是此儿,神仙游戏不须疑。要知妙楷东方赞,自有平原太守碑。
恬憺襟怀忆展禽,罝然高望几长吟。拂笺肯与传遗照,应识先生世外心。

芦　蟹

秋深郭索上汀洲,三步横行亦自由。荀况无嫌心太躁,生平不为饵吞钩。
芦荻凋残水自清,偶然写尔寄闲情。还如静对琴僧坐,弦上琅琅大蟹行。

瓶　梅

缺唇瓶里影横斜,刘后村空作意夸。若论肝肠真似雪,如君才许对梅花。
一枝似寄陇头来,烂漫无嫌满意开。粗服乱头殊自喜,扬无咎本是村梅。

古　梅

老干盘挐一两枝,横梢虽短墨淋漓。草衣木食嵇中散,却自天然气韵奇。
香原幽静格原高,冷蕊无须琐碎描。谁是南朝陈相国? 能知相马九方皋。

竹　蟹

浮沉洲渚本无肠,随意爬沙近翠篁。怜尔全身皆骨鲠,不妨写著此君旁。
左持绿酒右持螯,对此真堪赋老饕。记得红萸黄菊节,陶然亭上共登高。

向与甲戌同年有陶然亭登高之会,擘蟹看花酬吟竟日,忽忽三十余年矣。

抱瓮老人

古心古貌鬓苍苍,似爱新刍腊酒香。可是老来诸念尽,残年只以醉为乡。
不然便是灌园人,抱瓮崎岖未厌频。忘尽机心真洒落,画师亦合与传神。

折枝菊

人如菊淡菊如人,濡墨相看对写真。宛似东篱初折后,一枝已是见全身。
寒花两朵簇深黄,画里精神尚傲霜。片纸传家须宝惜,当年自赏是孤芳。

秋溪垂钓

悬崖陡立水潺湲,只著渔翁坐此间。自写胸中萧瑟意,不知偶尔似房山。
早题雁塔早为官,桃李多从担上看。料得秋坟风月夜,诗魂犹爱钓鱼竿。

柳　蟹

西子湖头旧判官,菰蒋菱芡总堪餐。如何画向垂杨岸? 只有飞花糁似毡。
八跪双螯冒柳丝,怒张爪距汝为谁? 疑相如又疑朱勔,忽忆吾家咏画诗。

先高祖《花王阁草》有题董天士画蟹诗曰:"狼藉曾嘲朱勔,文章亦比相如。此物忽灵忽蠢,先生所画谁欤?"

驴背寻诗

画意须从画外看,萧疏笔墨总清寒。不缘亲见骑骢马,谁道先生是宰官?
灞桥风雪入诗思,莫问骑驴欲访谁? 独立空山君自悟,琴心何必有人知。

题福建将军《平海图》

大瀛海与银河通,惊涛横卷扶桑东。于天地间物最巨,昌黎曾以称祝融。

阳冰阴火涵元气,生生化化滋无穷。陆离百宝出蜃穴,惶惑万怪潜鲛宫。有时跋浪鳌身黑,或至喋血鲸牙红。袤带珠崖迤而北,惟八闽实当其冲。十六城压岸嶙崒,廿三岛隔烟溟濛。明洪武中,周德兴筑沿海十六城;嘉靖中,俞大猷考寻海道,言寇船避风之岛凡二十有三。伊胡伊郑递考论,明胡宗宪有《筹海图编》,郑若曾有《海防图说》。谈兵纸上何其工。山川历历若聚米,斥堠累累仍传烽。帝遣六丁奋下击,阳曦四烛阴霾空。度索蟠桃通利涉,澄澜万里磨青铜。太平久弛射潮弩,余浸渐孕含沙虫。鳞妖介鬼争幻化,蜑人龙户相包容。天吴不戢蜂虿毒,沃焦遂作狼虎丛。楼船飞渡人尚怯,何论格斗风涛中。将军奋起仗星钺,驱驾雷电鞭鱼龙。简搜猛士一当百,不须征调千艨艟。连樯叠鼓惊帆捩,指挥左右如旋蓬。灵夔吼震海水立,螳蠍其斧蝟敛锋。招降不作熊文灿,全歼亦异皇甫嵩。孙恩云作水仙去,矫诬久已欺愚蒙。焚祠竟断月支首,惊魂应避庭氏弓。况乃风信占飓母,横天一线垂断虹。我舟无恙番舶碎,岂非忠赤孚苍穹？丹青炳炳十六幅,伟哉真足铭鼎钟。或云能剿斯能抚,或云善守斯善攻。或云神兵亦有诀,外攘先使无内讧。以剑买牛刀买犊,此事古有渤海龚。颇闻绸被放衙吏,稍殊卓茂与鲁恭。去其害马马番息,心知此意今惟公。徘徊展卷三太息,戢凶岂但戈甲雄。画师粉绘未到处,别有保障炎陬功。

松园诗学放翁为题八韵,以质东国之作者

屈宋联镳后,三代无文章之士,以文章著名始于屈宋。文章几巨公？一编今日在,千载此心通。客有居员峤,吟多似放翁。迢遥随使节,宛转寄诗筒。展卷微哦久,挑灯对语同。谁云高寡和？吾爱淡弥工。弱水粘天白,阳冰映日红。成连琴自鼓,远想海山中。

戈仙舟太仆凿井得砚

入土七尺余,不知几百载。凿井出重泉,密栗性无改。诗翁手拂拭,紫玉炫光彩。迢迢灵芝宫,人往石犹在。我偶寻旧居,摩挲为一慨。坡老《笠屐

图》，流传从粤海。笥河醉学士，曾以百金买。良觌契自深，宁辞俗耳骇。此砚好韫藏，无以沉沦悔。真赏终有人，知胜新坑采。

休宁鲍固叔葬其高祖母于吴塘山，而以曾祖祔焉。距山二里余曰叶博坞，乃为两曾祖妣卜吉。复于山茔左建祠奉祀，固叔绘墓图求诗，因题二十韵

骨肉归于土，魂气无不之。延陵古达士，旷识无町畦。祔葬各异制，鲁合卫乃离。准以同穴意，论又从宣尼。礼原因义起，事势多不齐。斟酌正与变，所贵权其宜。新安富山水，地窄黄垆稀。佳城郁相望，今古坟累累。生存华屋处，没或无立锥。欲期灵爽妥，恒廑孝子思。君今营兆域，善以人情推。母子本天性，窀穸当相依。夫妇虽别葬，近若邻相比。望衡而对宇，仅隔山之陂。柏堂新成后，逝者傥有知。既不阙定省，亦未阻倡随。人情之所惬，天理复何疑。因思天下事，通变从乎时。反经而合道，此义未尽非。传语讲学家，高论可勿持。

题砚箧

笔札匆匆总似忙，晦翁原自怪荆王。老夫今已头如雪，恕我涂鸦亦未妨。虽云老眼尚无花，其奈疏慵日有加。传语清河张彦远，此翁原不入书家。

刘文定公遗像

温公传小像，摹印遍长安。真本天留在，遗容此拜观。神姿才仿佛，风味尚清寒。不向黄扉见，谁知是宰官？

泉石清幽处，苍然老树深。只疑今邸第，曾有旧园林。王谢堂经到，羊求径莫寻。午桥庄未筑，实少满籝金。

早岁登词苑，提携荷巨公。入怀见明月，侍坐得春风。仕宦怜聋叟，文章忆醉翁。衰年多少事，泪洒画图中。

门风清似水,文正到忠宣。除却书仓在,惟留画卷传。缅怀凤池上,追话鲤庭前。一瓣香亲爇,回头四十年。

张寿雪大司马赋诗纪恩,次韵二首

苍松骨格本来殊,更喜逢春雨露濡。自许身当如稷契,人言道足赞唐虞。才临泉府持衡计,已上星街曳履趋。从此中枢资秘算,貔貅十万可横驱。

东风驲宕正春温,一日宣纶两拜恩。云路斜通龙尾道,雪泥新印马蹄痕。六卿兼摄周官重,三辅相维汉制存。此剧任宜此荣宠,鸣珂丹地莫同论。近日一品大臣赐马者,多与兼官之敕同时。并下者则惟公一人。

蒋东桥遗照

久与东坡友,原应识老泉。偏如隔秋水,邈尔望飞仙。几梦芝兰室,刚留翰墨缘。空教图画里,风度想当年。

兀傲无拘束,孤吟老树根。笺诗寻阮旨,画像认韩门。洒落风云气,萧疏粉墨痕。伊人如宛在,便拟一招魂。

韩桂舲秋曹出其先世《洽隐园三友图》,属题

黄神符已合,玄女图先献。尚留榆罔孱,方遘蚩尤乱。秦陇突鸱鸣,中冀惊龙战。骇浪荡沃焦,妖星临震旦。数穷幽兰轩,系赘灵光殿。蟠井笑黄龙,渡江闻白雁。是曷势已危,阉马权仍擅。运方值百六,险岂当十万。蚁穴侯王空,牛角山河换。嗟哉玉马朝,凄矣铜驼叹。谁知松桧林,别有渔樵伴。荐早谢元长,寿耻祝师宪。颍水不事尧,桃源刚识汉。诗筒日往还,酒国时游宴。四皓才少一,六逸适得半。自咏田家诗,寄怀高士传。迹偶托仙佛,心原游汗漫。人往风已微,画图如觌面。天外冥冥鸿,落影瞥一见。何人挥五弦,目送烟霄畔。

刘石庵相国藏经残帙歌

双丸迅转须弥顶,盘古至今弹指顷。生生灭灭万恒沙,问所以然都未省。即如妙迹留人间,笔阵纵横各驰骋。吉金贞石有时销,片楮偏能传世永。此经断裂蠹蚀余,几付丙丁刚遇拯。如云佛力所保持,何不全帙皆完整。或曰墨宝神扬诃,胡不护惜张钟等。乃知剩此亦偶然,一瞥电光仍幻景。先生示我索我诗,五十八行原井井。佛法书法两不知,佳处安能一一领。惟喜楮墨阅千年,黯然古色如彝鼎。风寒日短宾客稀,展对暂游清净境。明窗朗朗近南荣,斜照沉沉挂西岭。几回卷束又重开,哦诗不觉衣裳冷。忽然有悟还自笑,此如雁过长空影。云何堕落文字禅?梦中说梦犹难醒。

壬戌会试阅卷偶作

三度来登凤咮堂,萧疏两鬓已如霜。衰翁宁识新花样,往事曾吟古战场。陆贽重临收吏部,刘几再试遇欧阳。当年多少遗才憾,珍重今操玉尺量。

桃李霏香满禁城,春官又得放门生。文章奥妙知难尽,意气飞腾亦渐平。此日欧、梅欣共事,向来韩、范本无争。诸公莫惜金鎞刮,使我看花眼暂明。

拭目挑灯夜向晨,官奴莫讶太艰辛。应知今日持衡手,原是当年下第人。誓约齐心向所愿,丁宁识曲听其真。颜标错认如难免,恕我明春是八旬。

行行硃字细参稽,甲乙纷更亦自迷。眼底几回分玉石,笔端一瞬判云泥。只愁俗耳音难赏,敢诿高才命不齐。我有儿孙书要读,曾看学使旧留题。福建学署有汪紫庭先生旧柱联曰:"尔无文字休言命,我有儿孙要读书。"

虽曾辛苦检书仓,四库编摩老渐忘。稽古未能追马郑,论诗安敢斥苏黄?曲江春宴花无数,辽海秋风泪几行。多少遗珠收不尽,中宵辗转漏声长。

何须夜梦罩红纱?老眼原看雾里花。千古文章虽有价,一时衡鉴岂无差。毫厘得失争今夕,顷刻悲欢共几家。恩怨是非都莫问,自知两不掩瑜瑕。

汪芝亭秋曹《菜根轩读书图》

梦里江南黄叶村，平生幽兴与谁论。金昆玉友原同志，丘壑才能画谢鲲。龙眠图里认龙眠，萧散风姿尚少年。惆怅衰翁头半白，至今未办买山钱。

韩城相国予告归里赋诗留别，即次原韵

多年纶阁圣恩深，鹤老心犹恋上林。丹地从容原挈杖，白头疲病始抽簪。卢沟高柳东西路，碣石孤鸿断续音。洛社耆英今渐少，为公短咏复长吟。

归卧林丘竟息机，故乡山水悦清晖。遥知明月来相照，仍似孤云无所依。公归无恒产，仍一贫士也。此去定随鸥泛泛，重还伫望马骎骎。公有还京恭祝万寿之约。赠言临别吾真感，肯戒衰翁谨细微。

石匣城

城旁有石形如匣。

雉堞枕山冈，创建自明季。桓桓戚将军，筑此控三卫。迄今百余载，瓯脱销烽燧。兵戈百战场，久作桑麻地。我来陟坡陀，四顾度形势。丘垤互起伏，了无险可恃。云何一孤城？能捍万突骑。使我生当年，与闻军国计。据今之所见，宁不沮其事。乃信鹓与鹏，大小知果异。事后细推求，尚不喻其意。乌可据《诗》《书》，慷慨谈经济？高阳孙相国，兵略事无二。遗书百八叩，纸尾亲题记。云人读我书，猝叩皆能对。是有应变才，可驭熊罴队。如其俟再思，即非将帅器。不如守一经，循分研文字。伟矣贤者言，书绅其永佩。

冶亭巡抚山东寄余淄石砚，戏答以诗

名士官如沈侍郎，久持旄节领东方。谁知仍爱文房宝，不但夸骑白凤凰。

倪鸿宝先生小桃源诗真迹，用覃溪前辈韵题后

笔墨意萧疏，宛与高人对。颇疑挥翰手，或是孙登辈。不然谢幼舆，宜画

丘壑内。宁知铁骨翁,生逢龙战会。偶遇《辋川图》,闲咏严陵濑。一木知难支,激而谈世外。京贯任纷呶,黄农惜不逮。温然忠厚旨,未失风人派。碧血怅久埋,黄绢今犹在。凭看淡墨中,力透云笺背。

题史忠正公墨迹,即用原韵

孤身求死不求降,燕赵悲歌恰作双。公京师人,孙文正公高阳人。遗墨长留生气在,尚如雪浪涌秋江。

宿密云县作

蔀屋茅檐官路侧,破垣半圮苔花蚀。村店空张青酒旗,行人谁驻黄金勒？千乘万骑忽北来,一朝车马纷如织。秋风渐冷露微白,夕阳欲落云昏黑。求人庑下寄一席,手握金钱觅不得。已经扰攘到深更,犹闻偃蹇索高值。痴儿駃妇矜目前,使我旁观三太息。咄哉尔辈勿太骄,一年一度惟今宵。明晨翠凤西南指,尔又蓬门坐寂寥。

宿板桥三官祠

结队迎銮结队归,荒村觅宿扣柴扉。车徒小驻三叉路,童稚争看一品衣。时日暮微寒,余衣红哆罗呢。正恐羸骖疲跋涉,未须野老羡轻肥。笋舆静坐哦诗久,目送疏林挂落晖。

娟娟缺月出云端,才得居停一解鞍。古壁蜗涎容半榻,荒祠蛛网拜三官。孤灯绿暗生秋气,落叶黄深怯夜寒。遥忆同行鹓鹭侣,几人露宿与风餐？

有 感

百感苍茫怅有思,鲰生曾忝巨公知。八义赋就真怜我,一瓣香焚却为谁？白发甘心归故里,黄泉留面见先师。平生最薄樊南李,东阁题诗不再窥。

卷第十三

南行杂咏

督学闽中十月初八日出都作

衔命临丹徼，承恩拜玉除。使车新就道，行箧半携书。原隰怀征路，云霄恋直庐。寒宵如有梦，只傍紫宸居。

闽海携家去，征骖夹路看。双旌随驿使，十月出长安。旧学荒芜久，殊恩报称难。殷勤语妻子，莫避晓霜寒。

留别及门诸子

祖帐青门握手频，临歧犹自语谆谆。皇恩四度持文柄，远道三年别故人。天上鹓鸾怀旧侣，_{谓桐屿云房诸子。}园中桃李待新春。_{谓惠叔等。}明时稽古多荣遇，努力京华莫厌贫。

却寄旧寓葛临溪、姚星岩、王觐光、吴惠叔四子

几载追随拥绛纱，只今云雨各天涯。新春定有重归燕，旧圃谁浇手种花？敢道诸君长作客，所怜此日半无家。长安米贵吾曾记，一夕关心鬓欲华。

乱石有感

乱石蚁岈碍马蹄，羸骖几度欲鸡栖。何曾阻断春明路，枉遣车轮碾似泥。

卢沟桥

帝乡从此入，要路递相寻。万里通南北，双轮转古今。沧波终日注，白发几人侵。一片西山色，黄尘向暮深。

琉璃河

琉璃河上挂斜晖,瑟瑟寒流一线微。洲渚都教鸿雁占,鸳鸯何处浴红衣。_{范石湖记琉璃河内多鸳鸯,今殊无此。}

涿州过巨马河,相传此水不出桥下,遇桥辄溃而旁行

一带寒波作怒声,石梁断处气纵横。多应未读《淮阴传》,不见英雄胯下生。

涿州道中杂咏范阳旧事

荒原尽处乱山青,一片风沙接郦亭。谁信尚书曾住此?当年北士总谈经。
慷慨横戈百战余,桓侯笔札定然疏。那知拓本磨崖字,车骑将军手自书。
一片新秋画不成,芙蓉杨柳夜深情。卢郎不解萧郎语,可是吴侬笑北伧。

又赋卢充事一绝

金碗温休事有无,稗官犹记范阳卢。行人㭊触梨花梦,剩粉残香忆画图。

雄县题馆舍壁

蟹舍渔庄认旧游,两行衰柳入雄州。主人重见头如雪,弹指流光廿八秋。
猎猎寒飔旆影斜,行人争看使臣车。石蓝衫子双丫髻,忆共渔童折藕花。

赵北口

瀛鄚积水区,为淀九十九。港汊互交通,众流汇兹口。回汀聚鱼蟹,浅渚富菱藕。圩埂布棋局,狭者犹万亩。弥漫跨数州,寥廓称巨薮。红阑十三桥,雁齿相排耦。蜿蜒横一径,剸立长堤陡。往者五六月,小艇才容肘。一棹溯空明,琉璃净无垢。水气闻菱荷,风影亚蒲柳。紫鳞时拨剌,白鸟自朋友。烟际

去杳然,流连辰及酉。于今二十年,清梦狎渔叟。兹来十月半,木落寒飙吼。红衣枯已落,绿云空所有。空蒙天拍水,澄澈固如旧。大似逢故人,朱颜换白首。握手貌已非,忆昨情弥厚。惜哉方于役,川陆日奔走。欲别更徘徊,怅然凝睇久。

任丘晤高近亭,因怀边征君随园

草草荒鸡夜未央,挑灯话旧一回肠。故人踪迹言难尽,行子关河路正长。敢道功名由命数,且凭科第论文章。数岁任丘科甲最盛。劳君问讯岩中桂,秋雨秋风好在香。桂岩在任丘。

河间太守郊迎赋赠

长亭相见一停车,斜照疏林认隼旟。五马敢劳迎驿使?双旌本自引天书。枌榆旧社犹前日,风雨孤村有敝庐。我是州民应下拜,邑人莫拟马相如。

单家桥道中赠驿卒

失足寻常事,疲癃不汝嗔。忍饥今几日,我是故乡人。

宿阜城怀多小山

士宗时客浙江。

竟负登堂约,怀人一怆情。此邦称沃土,之子独高名。病叶飘难定,寒禽噤不鸣。蹉跎侣陈阮,惆怅玉溪生。义山诗:"甘心与陈阮,挥手谢松乔。"

周亚夫祠下慨然成咏

尚觉威棱不可干,灵风飒爽满祠寒。棘门灞上成儿戏,多是将军号令宽。

景州隋塔

阅历沧桑几废兴,岿然独剩十三层。如何同郡高常侍,不与慈恩一例称。

德州夜坐悼怀亡友李秋厓国柱,成二绝句

为吊才江马暂停,昭陵一哭竟冥冥。李洞上主司诗曰:"公道此时如不得,昭陵恸哭一生休。"洞字才江。定知地下埋忧处,芳草春深尚不青。

寒声不断大河流,月色无情亦带愁。憔悴诗魂如见梦,故人今夜宿陵州。

又悼田白岩中仪二首

身后无儿感邓攸,乌丝零落付谁收?行人多少山阳恨,夜静河声入驿楼。

焚香扫地一官清,修到梅花是几生?旧宅于今应好在,后来可是庾兰成。

过德州,偶谈东方曼倩事

厌次故城即今神头镇,在德州陵县之间。故两处皆祀曼倩于乡贤。十八年间侍紫宸,金门待诏好容身。诙谐一笑原无碍,谁遣频侵郭舍人。

三度偷桃是此儿,神仙游戏不须疑。嫦娥夜夜栖明月,记得银台窃药时。

留别平原县令夏清溪汾

相逢何事便相亲?倾盖居然意气真。多愧肯迎持节使,方知原是读书人。夏为癸酉拔贡,颇善论文。关山风雪行曾惯,囊橐赢盐路未贫。自出长安心似水,为君小酌玉壶春。

晏　城

晏子荒城故垒空,我来怀古乱山中。狐裘未减名卿价,狗国徒惊辨士雄。悲愤马迁怜异代,诙谐方朔是余风。小来辛苦谈王霸,稍长方知忆此公。

过齐河县入山

远山如黛青可怜,近山如赭枯而顽。山灵岂解作变态,正由眼底生媸妍。

诗情画意两如此,此中有悟无人传。君不见蓬莱未必殊人境,好在天风缥缈间。

由杜家庙至张夏,山路崎岖,戏为六韵

屈曲溪桥转,坡陀驿路高。水声皆悍急,山意总粗豪。地僻稀人迹,村荒偶犬嘷。民饥仍病虎,妇健亦生猱。乱石何时尽,惊风满意号。萧萧枯草遍,一例是蓬蒿。

晓发泰安,距泰山二十五里不及登

游山不游岱,一览群峰青。有如研百氏,而不窥六经。古人访五岳,不惮万里行。云何跬步地,蜡屐靳一停?壮游良所爱,于役自有程。薄暮宿泰安,驱马鸡三鸣。是时日未出,东望青冥冥。少焉宿霭破,突兀天孤撑。白云流潆泳,才挂山腰横。想见万仞顶,咫尺扪晨星。俯视海气白,天水相混并。鸿蒙破一罅,滉瀁朱霞明。阳乌矫翼上,浪卷羲轮赪。荡涤蛟蜃气,寥廓天地清。安得排云上,一快磊落情。但愁奇伟景,使我心目惊。风云月露手,大敌非所婴。登高不得赋,瑟缩难为形。兹游虽未暇,且免羞山灵。愿读十年书,万卷储精英。培养雄直气,郁勃胸中生。振策天门上,奋袂超峥嵘。兴酣吐奇语,高咏群神听。砉然千山响,下界惊雷霆。

新泰令使馈食品,诗以却之

山驿风霜特地寒,劳君珍重劝加餐。词臣只是儒官长,已办三年首蓿盘。

蒙 阴

路入颛臾故壤中,乱山重叠认东蒙。逸人旧宅休重问,杜老诗笺有放翁。

访李西轩前辈故居,谒其尊人,凄然成咏

破屋颓垣蚀藓花,柴门啼煞欲栖鸦。老人头白炊无火,此是当年御史家。

草草铭旌向九原,春风一夕忆程门。西轩未卒前数日,尚同饮聘三师处。如公长者殊难遇,莫怪交游有泪痕。

沂 水

饮马临沂水,沂水流不息。行人疏地理,每寻曾点迹。剽剟庄老谈,支离增训释。春风咏浴意,三子且难测。纵使游其间,微契吾安识。况乃名偶同,何事强缘饰？颇闻万巨艘,转运资其力。大矣川后灵,神功无旷职。疏瀹良有程,源流非易悉。愿告守土臣,儒者求其实。

宿郯城,与县令张子_{金城}闲话

君作郯城尹,余持使节过。弦歌今若此,风俗近如何？东海遗封旧,南朝名士多。传闻泉似墨,古井几时波。相传郯有墨泉,明季县令恶郯科甲太盛而塞之,文士遂稀。

红花埠

路入红花埠,青齐地尽头。淮黄留息壤,南北划鸿沟。老屋初编箔,高烽忽架楼。路傍斥堠,山东以土筑墩,江南以木架楼,至红花埠而异。人言从此去,山水渐清柔。

春礀自京南驰八日,及予于峒峿,
盖日行二百余里矣,作此戏赠

敢道萧郎是骑兵,飘然似鸟一身轻。诗人惯跨扬州鹤,每到南飞羽翼生。

十一月初一日渡黄河

冯夷排浪东南流,偃蹇不受神禹囚。雷车百万坼北走,平吞气欲无徐州。千里一泻只瞬息,盘涡十丈谁敢投？颠风横簸浪三尺,篙师欲渡时还休。清河

渡口势颇敛,往来南北通咽喉。我来又值十月后,清霜已降洪涛收。官舫推篷望两岸,寒波犹拍长天浮。微风才觉掠旗脚,高浪已骇冲船头。龙骧万斛如一叶,欹侧掀舞不自由。众手捩船呼邪许,樯乌一转回万牛。屈伸臂顷已十里,瞥然何止鹰离鞲。桃花想见三月涨,颒洞万顷风烟浮。回帆脱手傥一失,咫尺便入鲛宫游。区区忠信宁敢仗,所凭王命轻阳侯。回头却顾真险绝,微茫淮济非其俦。九折东泻自太古,荡潏为患从商周。祖乙圮于耿,此河患之始。汉唐而下日聚讼,捍御至竟无良筹。书生每喜谈水利,尸祝欲代庖人谋。世间万事须阅历,百不一效空贻羞。我今鼓枻既得涉,且呼舟子趋邗沟。挑灯夜读《河渠志》,咄哉纸上谈戈矛。

甓社湖

寒云压积水,西望甓社湖。澄渟涵净绿,云有千岁珠。清涟濯素月,光映十里余。早年披典籍,颇忆沈氏书。事载《梦溪笔谈》。兹来不待暮,未审终有无。得见固自佳,不见当何须?纵令入我掌,寒讵堪为襦。且看米家画,烟树青模糊。

高 邮

数点寒鸦破晚烟,斜阳流水送吴船。二句用少游词意。高邮多问秦淮海,只是词人最惘然。

扬州二绝句

跨鹤曾经梦里游,如今真个到扬州。可怜豆蔻春风过,十里珠帘不上钩。
甲第分明画里开,扬州到处好楼台。白云深抱朱檐宿,多是山中岭上来。

渡 江

危樯冲破大江声,斜剪长波八橹鸣。欹侧肯随风力转,喧呼怒与浪花争。

射潮曾记三千弩,扼险谁夸十万兵。可信北伧真强项,"强"字去声,《素问》注甚明;今读《董宣传》者,呼平声误也。鼋鼍窟里放歌行。幕友有畏风移坐于红船者,故有此戏。

金山寺

寺界连江海,僧居占水云。诗留张处士,画似李将军。李将军始为金碧山水,见《汤垕画鉴》。未布黄金地,应多白鸟群。谁于千仞顶,高卧翠氤氲。

春礀邀诸友游金山,戏赠

闻说金山好,扁舟一叶乘。朱阑相接处,白塔最高层。知尔游真乐,怜予病未能。长安三十载,饱见紫衣僧。

小除日丹阳舟中,示幕中诸友

南征忽匝月,岁已届小除。萧萧风雨冷,寂寂舟中居。长安当此日,昧爽戒仆夫。紫宸谒帝退,车马交通衢。红绫三百刺,尔我纷相于。奔走日不遑,尚恐礼教疏。兹来持使节,一棹遵川途。于役虽有程,偃仰颇自如。冬冬闻津鼓,睡起已午初。饱食推篷坐,烟水皆画图。屈指计前路,萧散尚月余。淹留固未敢,闲暇且自娱。风吹帆十幅,一任行疾徐。

律琯吹黄钟,微阳从兹始。古来亚岁仪,乃与元辰比。南人重此节,盘馔罗妻子。诸君磊落才,奔走非得已。良时心易感,能不怀乡里。丈夫四方志,少小悬弧矢。烈士多慷慨,焉肯守桑梓?况乃座上宾,皆称天下士。友朋有至乐,意气乳投水。且复斟浊醪,煮笋脍鲂鲤。酒兵蹸强敌,诗阵破坚垒。仆虽不解饮,跌宕亦自喜。诸为壁上观,一笑长风起。

舟泊常州,闻湖南抚军将至

薄暮萧然且赋诗,冷官风味本如斯。租来淮上船三板,沽得兰陵酒数卮。

寒犬争偎新拨火，啼鸦乱拣最高枝。一川暝色推篷望，隐隐笳箫送画旗。

由枫桥移泊盘门

水驿抵吴门，半日留使节。颇闻邓尉佳，未及踏香雪。守吏相逢迎，故事修报谒。肩舆登枫桥，乘车入鼠穴。仰窥天一线，俯碍路九折。半里三四休，十步五六蹶。归来欹枕卧，聒杂市声彻。欲听寒山钟，两耳苦填咽。颇疑张继诗，妙语缘虚设。平生意萧散，逼侧寡所悦。既不访娉婷，亦非事餔啜。安能郁郁居，且可匆匆发。移舸就盘门，静对丽谯月。

盘门舟次别申图南，时图南公车北上

水气夜苍然，寒月堕前浦。客子念将离，切切挑灯语。经年思一晤，握手倾肺腑。相见转茫然，纷如春茧绪。鸡鸣星渐稀，黯淡天欲曙。挥手在须臾，倚棹两凄楚。我辈风云志，岂复效儿女？意气感人心，恻恻不自主。之子纵横才，功名夙自许。去去勿复言，老人方望汝。长安旧宾客，此日各处所。南北天一涯，为言力自努。长河水悠悠，今夕吴江渚。欲知远客心，摇似舟边橹。

蚤虱

小婢推行篷，向阳扪絮袄。为问尔何为？自云苦虱蚤。钝者藏匿深，捷者跳踉巧。为患肘腋间，唼人以自饱。肌肤虽不伤，爬搔费指爪。嗟尔疏懒惯，栉沐苦不早。丑类既已滋，摸索何时了？胡不焚尔衣，使之迹如扫。吾宁袒背僵，冻若寒木槁。安能久郁郁，坐受么麽恼。魏博戮牙兵，虽弱亦自好。龌龊罗绍威，追悔何足道？

夜泊吴江

已是银蟾挂柳梢，才收官舫泊塘坳。昏烟欲合孤城闭，远水微明小港交。寒鹭多情时近客，栖乌贪睡懒离巢。玲珑方塔犹相伴，一夜风铃尽意敲。

舟至嘉兴，拟谒香树先生

水墨图中缓棹行，依稀楼堞认高城。青山自足成宾主，白鸟何须解送迎。偶值颠风聊小泊，可怜微月尚多情。溯洄无限伊人思，一见挑灯眼定明。

以诗投诸友索和，竟日无耗，走笔戏促

诸君衮衮皆诗豪，排突沈谢凌《风》《骚》。河间伧父不量力，奋臂轻以偏师挑。方看大将建旗鼓，扬兵飞矢风云交。胡为忽作闭门守，竟高其垒深其濠。毋乃才似千钧弩，羞为鼷鼠弯乌号？否则欲作国手弈，棋以不著方称高？就中赵子尤健者，纵横自许刘与曹。朝蹑蜡屐探云窦，夜持药玉酣松醪。推篷偃蹇气盖世，狂呼往往惊潜蛟。胡不百篇但斗酒，瑟缩不畏山灵嘲。仆今跃马再摩垒，请君一奋七尺刀。不然径可送巾帼，便呼舟子摇轻舠。

昨以长句促和小除诗，守愚立就二章，春礀尚不脱稿，叠小除诗韵再促之，并促诸友

词人例轻脱，习气苦不除。笔舌日格斗，谁肯郁郁居？赵子风云气，叱咤吞万夫。龙性含变化，咫尺凌天衢。云何逋诗债，六百同商于。轻舠日往返，短札终稀疏。坐令老骐骥，同幕中守愚最长。千里争长途。甘心伏辕下，局促跛鳖如。终朝邀稚子，神怪谈虞初。春礀善说鬼，可数十昼夜不穷，故长安有鬼董狐之目次，儿汝传喜听之。无乃八骏马，但可求以图。齐城收余烬，一战当有余。愿与君士戏，凭轼聊相娱。扁舟方岑寂，努力无徐徐。

夙怀芳泽兰，结契从今始。缠绵宾主意，乃与胶漆比。幸以北地伧，接坐侍君子。朗吟枯树赋，酬唱原可已。忻湖先以诗集见示。徒以燕赵儿，负气雄闾里。亲狎生嘲弄，难遏弦上矢。遂似髦头兵，酣斗青牛梓。不谓绿野堂，忽作杨汝士。扬麈竟破阵，幸胜由背水。平生赵倚楼，退若曝腮鲤。诸子皆同袍，忍见四郊垒。定出石鼎诗，高唱惊侯喜。小艇递轻笺，为君拭目起。

忻湖佑、申东田各以和章见示，春礀诗亦踵至，叠前韵赋谢

翩翩书记皆雄豪，挥毫落纸风刁骚。天孙云锦自五色，花纹不待丝丝挑。昨与诗敌决胜负，盘矛左右凡三交。旁睨庄惠静相对，忘言忘象游于濠。正如老鹤翔寥廓，喔喔耻与家鸡号。偶然兴到一长唳，天风散入寒云高。清音忽遇谢吏部，粗材自愧高敖曹。虽然饮量一蕉叶，朗吟亦欲倾村醪。定有江神夜出听，赤虬前导骖青蛟。臣朔滑稽固天性，敛手安敢重诙嘲。八闽才薮富珪璧，雕劙正借昆吾刀。论文把臂幸多暇，不辞日日呼渔舠。

舟中偕诸友小饮，倒押前韵，再恼春礀

斜阳黯淡横吴舠，寒天料峭风如刀。收帆枯坐无一事，宾主游戏相讥嘲。出奇角胜两不让，有如渴虎博饥蛟。诗成传玩各拊掌，奇文欣赏斟新醪。森然旗鼓力相抗，三分鼎立孙刘曹。酒酣耳热逸兴发，突兀气与孤云高。飞扬欲似秋隼健，咿嚘耻作饥鼯号。我知君辈君知我，此乐不减鱼游濠。隔船唱和非一日，今宵真作忘形交。莫言三鼓勇气竭，酣战尚拟轻身挑。人生如此自快意，绝胜痛饮哦《离骚》。掷笔一笑问赵瑕，刘郎是否诗中豪？

戏和春礀《双桥忆内》诗

几夜相思减带围，暮帆收处雨霏微。画桥犹照双双影，争遣行人不忆归。

春礀和诗又不至，再倒叠前韵戏促

诗筒来往催小舠，君忽快似并州刀。飞书驰檄应莫比，枚皋岂但工诙嘲？谁言一喷不再砺，蜷曲又作罾中蛟。空闻雄辩惊四座，更无新语酬香醪。爱酒果似晋山简，能诗浪说何水曹。适来奴子报消息，但云苦吟吟肩高。琵琶大似蹲鸱饱，咿嚘偶作秋虫号。山东健儿天下勇，土风剽悍连滁濠。可怜一蹶竟涂

地,险韵坐困敲梢交。睢盱四顾上舵尾,苦问何处青旗挑。恐缘屡败胸块垒,拟倾大斗浇牢骚。空肠得酒芒角出,东坡句。坡公醉墨当能豪。春礀善画。

初到江船二绝

借得轻舟三板宽,萧萧风雨夜深寒。侍儿不省江船样,只怪词臣是冷官。
芦篷团坐似茅庵,大妇携将小妇三。白舫青帘行画里,拥炉一夜话江南。

江船无窗,暗不睹物。求所谓"明瓦船"者不得,戏柬诸友

织篾层层护晓风,晴江不透日玲珑。曹刘沈谢吾能认,摸索何妨在暗中。

泊杭州二日不至西湖,诸友颇讶不情,因示此作

清河抵钱塘,半月驾吴榜。水驿换江船,舣岸待潮上。潇潇一夜雨,卧听孤篷响。湖山新膏沐,烟水增萧爽。明镜照青螺,清景意可想。鱼鸟苦见招,捩舵不一往。妻孥怪匆遽,朋旧笑鲁莽。古来高蹈士,原有林泉赏。既已谢丘园,焉能遂偃仰? 人生各有分,无取首鼠两。长江吟诗石,信美非所奖。他日傥身闲,得称鸥鹭长。筇杖挂癭瓢,蜡屐邀吾党。孤艇泛清漪,亦能荡双桨。

富春至严陵山水甚佳

沿江无数好山迎,才出杭州眼便明。两岸蒙蒙空翠合,琉璃镜里一帆行。
浓似春云淡似烟,参差绿到大江边。斜阳流水推篷坐,翠色随人欲上船。
烟水萧疏总画图,若非米老定倪迂。何须更说江山好,破屋荒林亦自殊。
金碧湖山作队看,沙鸥却占子陵滩。武林旧事依稀记,待诏街头卖牡丹。

江行甚速,兼短视不能甚睹,赋此解嘲

津鼓冬冬赛水神,江风作意送行人。青山是处如留客,一霎飞帆看不真。
浅碧深青露髻鬟,看山好在偶然间。十年饱啖江瑶柱,应与黄齑是等闲。

钓台有感

岿然指点钓台高,隐士留名亦偶遭。一样清风辞汉主,更无词客问牛牢。牛牢亦光武故人,屡征不出,与子陵无异,然不甚传。

又咏钓台示诸友

严陵逝已久,遗址犹嶙峋。古今游宦子,到此怀隐沦。我来泊官舫,高咏临江滨。诸葛起南阳,庞公栖鹿门。丈夫各有意,优劣谁能分?况乃清与浊,出处非所论。萧然莱芜甑,何愧山中人?但令心不滓,似此波粼粼。他时过钓台,长揖谢此君。

江船豕诗答春礀

春礀作江《船豕》诗,盖《风人》《相鼠》之义,意未尽然,书此答之。

豕于六畜中,为物躁而扰。江船偶豢此,行客厌聒搅。竹篷五尺余,局促三板小。何堪卧榻旁,狼籍日相恼。苦求耳目清,割刃恨不早。我闻三叹息,恩怨何缴绕。中妇爱乌圆,携之涉长道。一饭未忍忘,鲂鲤和粳稻。是虽利牙距,鼠辈岂尽剿?徒以媚取怜,珍惜侔杂宝。几榻窃跳踉,盆盎暗攻剽。小婢畏主人,知罪不敢讨。嗟此负途状,所志惟一饱。形骸颇拥肿,肺腑无机巧。正似荆州牛,垂腴啮枯稿。倘为盗鸭狸,兹事吾能保。既不窥尔池,何须怒一绞?洪炉铸众形,错杂兼丑好。褰裳涉楚泽,萧艾杂兰草。一气之所生,谁能尽除扫。碧落本空虚,流云任缥缈。苟未肆搏噬,岂不容微渺。鸡虫互得失,反复无时了。注目对寒江,吾忆杜陵老。

滩河谣

滩下多风浪,滩河从此上。听我滩河谣,努力齐声唱。粼粼滩河水,水清见水底。宁可食无鱼,不食黄河鲤。

滩河水滟滟,石角露如剑。莫遣水太深,舟人恐误犯。
正好饱使帆,懊恼乱石碍。人畏乱石多,我畏舟行快。
水转舟不转,咫尺千里远。大艑太峨轲,不缘滩水浅。
小滩犹自可,大滩愁杀我。语汝汝莫愁,逢滩牢把舵。
有风七里滩,无风七十里。风好尔莫夸,在风不在尔。
滩浅尔莫怨,滩深尔未见。阿弥陀佛滩,吾今往福建。

阻风野泊

一霎南风作意颠,斜阳点破半江烟。舟人莫问投何处?处处青山好住船。夜深灯火上樯竿,占得渔家水半滩。惊起沙鸥眠不稳,可怜风味似粗官。

解　嘲

性不嗜鸭,虽良庖为之,亦觉腥秽不下咽,诸友颇以为讶,戏作此诗。

灵均滋芳草,乃不及梅树。海棠倾国姿,杜陵不一赋。馨香良所怀,弃取各有故。嗜好关性情,微渺孰能喻。爱憎系所遭,今古宁兹鹜。太息翰墨场,文章异知遇。

江船二十韵效昌黎体,邀春帆同作

大艑驻吴榜,小舠下越江。纤末翘梭尾,桴腹刳鼓腔。船首尾纤锐,而中央隆起。中凹步响屦,舟内布以碎板,格格有声。顶凸支徒杠。舟人架片木于篷顶,以通往来。橐橐笑蹑屧,孑孑惊缘橦。笇减丈室半,阔仅五六尺许。榻叠尺地双。就船舷为两榻,相距仅尺余。闿门鼠斗穴,觅隙蜂钻窗。肩肘递偎倚,顶踵交搪撞。重足苦偪侧,蹲立多踳躘。架梁交篙橹,篷顶尖圆无置篙橹处,多插于篷内。涤釜罗罌缸。炊于后舱,然无障蔽,如坐庖中。负途舵卧豕,吠夜舷眠龙。每船必有一犬一豕。鞚鞳亦钲鼓,葳蕤仍旌幢。官舫例鸣钲鼓,学使者得建双龙黄旌。然钲不径尺,旌插敝篾篷上,形状、声音皆绝可笑。捷本逊蚱蜢,舟小而舟子甚拙,动多滞碍。迅偶追骊駓。极利之风行乃小速,然风太利又不敢行。短楫避沙濑,修绠萦石矴。清浅碍碎砾,澎湃争高泷。饾饤散饼饵,棱角森戈钑。扼喉骨每梗,绝脰鼎屡扛。胶浅辄入水扛之,喧呼绝可厌。晓卧困颠簸,夜枕听琤㧐。时怯封姨怒,连日苦于逆风。或类曹人慬。守愚畏水尤甚。且任舟泛泛,莫惮波㳘㳘。诘曲仙霞岭,驿路弥崆峒。

衢州登岸题江船

偃蹇低篷下,江船七日行。夜寒惊水气,风急怯滩声。久住真无赖,濒辞似有情。也堪称益友,能使躁心平。

过 岭

大雪羃荒榛,冻云压高树。冲寒上高岭,冈峦莽回互。苍然暝色合,四望疑无路。迂曲得人踪,一线微通步。仰睇郁嶒崚,俯窥杳烟雾。隔涧见行人,蠕蠕似蚁附。高者木杪悬,卑者草际露。前者偻而援,后者耸而赴。石磴滑屡颠,林风吹欲仆。徒侣递相呼,十步九回顾。慄然悸心魂,失足愁一误。侧闻定鼎初,狂童此负固。桓桓李文襄,转战实兹处。仰攻彼尚克,徐行今乃怖。人生才地悬,宁止恒沙数。丈夫志四方,感激酬知遇。仗钺良未能,叱驭吾其庶。黾勉趣役夫,去去无多虑。

石陂题馆舍老梅

高韵萧疏意似冰,苔封铁骨老嶒崚。凭君莫话罗浮梦,闻房主人赵姓。妩媚吾方对魏徵。

建阳城外谢叠山卖卜处

叠山信州兵败,窜迹卖卜于建阳。据《邑志》今建溪驿前是其故处,而遍检《艺文》无一诗,岂此邦之人喜以理学相矜诩,尊性命而薄事功?

流弊所至,乃并忠孝薄之耶?过其地,为补一诗,亦紫阳表晋征士之意云尔。

一声白雁江南秋,六桥烟冷芙蓉愁。霹雳夜绕镇南塔,杜鹃飞上冬青头。王孙芳草飘泊尽,江海犹有孤臣留。叠山心事比信国,窜身避地来闽瓯。垂帘聊作成都隐,采薇亦是西山俦。饥魂何处觅旧主?残碑终古邻山邮。韩陵片石堪共语,诗人宜向奚囊收。手披邑乘六七过,竟无一语当何由。陶潜大书晋征士,纲目实继麟经修。紫阳家法今尚在,后儒胡不承箕裘?我行过此三叹息,徘徊俯视漳滩流。河声亦似气郁怒,寒涛澎湃风飕飀。

建溪二十四韵,再效昌黎体

危滩扼河心,高浪啮石齿。燕尾舂两歧,蟆背突中起。蚁垤菱矗角,磊落枰布子。髼髯踞怪兽,睒瞵耸奇鬼。斑痕缀螺蚹,曲势走蛇虺。剜削开五丁,欹侧容一苇。鱼蟹需于沙,鼋鼍艮其趾。山灵守何固?水伯攻未已。直下讶建瓴,平吞骇摩垒。百挫气不回,两斗力相抵。砰訇裂银山,琐碎迸珠琲。雷鼓拟莫停,飙轮盘讵止。屡梗勒奔驷,陟决激飞矢。捩舵毫厘差,触礁分寸徙。前碍狼跋胡,后罥狐曳尾。撑拄转丸蜣,缭绕旋磨蚁。一步逾九折,尺地距千里。颠簸苦悸魂,喧呶患聒耳。瞬息变险夷,顷刻交忧喜。鱼腹纵然脱,虎牙劂亦几。天心欲奚为,地势乃若此。行者意云何?睨之怖尚尔。数舸载妻孥,一棹送行李。念彼篷下人,摇摇舟如纸。<small>滩河有"铁人纸船"之谚,言身薄难恃,恃篙师便捷尔。</small>

自延平登舟偶作

长溪下建阳,空山转霹雳。一泻抵延平,滩平波渐寂。乃知水性柔,剽悍由相激。郁怒气莫宣,斛斗遂不释。江河万古流,梗阻竟何益?徒使不平声,日夜交冲击。安得巨灵胡?奋掌巉岩辟。百转绕青山,潆回一线碧。

交坑夜泊

暝色从西来，乱山青莽莽。滩河戒夜行，薄暮收双桨。连朝困登陟，兹夕遂偃仰。飞泉树杪来，一泻落百丈。彻耳鸣琤𤩹，颇使心神爽。荒戍缠薜萝，孤卒友魍魉。喜无钲鼓音，乱此环佩响。夜静人语稀，沙岸自来往。流云渐欲破，山月微微上。两月缨上尘，浩歌濯瀁潒。

将次水口，滩渐平而舟亦缓，书示春礀

不断乱滩声，嘈嘈日夜鸣。远从建溪下，直到古田平。一叶容安坐，双桡任缓行。向来船似箭，触石亦频惊。

阻风，泊水口口号

摇船下濑弩放弦，挽船上濑登青天。东风一瞥转樯脚，上濑容易下濑难。须臾来去互相羡，舟子无劳拥楫叹。人间苦乐递乘除，封姨于尔何恩怨。

舟次水口，后舟由浦城过滩者尚无消息，夜坐偶成二律

全家消息竟如何？屈指危滩几度过。王事敢言怀妇子，人情未免念风波。寒欹短枕双红袖，梦隔空山万翠螺。环坐芦篷应计我，明朝安稳换轻舸。<small>初约陆行至水口，相待延平登舟之信，家人不知也。</small>

买得轻舠倩客乘，飘然自作打包僧。间关远道分川陆，羞涩空囊累友朋。白浪原知心最怯，青山不是路难登。诸君与我周旋久，俯仰随人旧未能。

将至福州

残冬风景似新秋，草碧杉青送客舟。解道榕城天气好，便从柘浦典貂裘。岭外梅花系梦思，南来几度好风吹。青山本爱留人住，猿鸟无情自不知。

卷第十四

乌鲁木齐杂诗

　　余谪乌鲁木齐凡二载，鞅掌簿书，未遑吟咏。庚寅十二月，恩命赐环。辛卯二月，治装东归，时雪消泥泞，必夜深地冻而后行。旅馆孤居，昼长多暇，乃追述风土，兼叙旧游。自巴里坤至哈密，得诗一百六十首。意到辄书，无复诠次，因命曰《乌鲁木齐杂诗》。夫乌鲁木齐，初西蕃一小部耳。神武荡定以来，休养生聚仅十余年，而民物之蕃衍丰臕至于如此，此实一统之极盛。昔柳宗元有言："思报国恩，惟有文章。"余虽罪废之余，尝叨预承明之著作，歌咏休明，乃其旧职。今亲履边塞，纂缀见闻，将欲俾寰海外内，咸知圣天子威德郅隆，开辟绝徼，龙沙葱雪，古来声教不及者，今已为耕凿弦诵之乡，歌舞游冶之地，用以昭示无极，实所至愿。不但灯前酒下，供友朋之谈助已也。

乾隆辛卯三月朔日，河间旧史纪昀书

　　山围芳草翠烟平，迢遰新城接旧城。行到丛祠歌舞榭，绿氍毹上看棋枰。
<small>城旧卜东山之麓，观御史议，移今处以就水泉，故地势颇卑，登城北关帝庙剧楼，城市皆俯视历历。</small>

　　廛肆鳞鳞两面分，门前官树绿如云。夜深灯火人归后，几处琵琶月下闻。
<small>富商大贾聚居旧城，南北二关夜市既罢，往往吹竹弹丝，云息劳苦，土俗然也。</small>

　　万家烟火暖云蒸，销尽天山太古冰。腊雪清晨题牍背，红丝砚水不曾凝。
<small>向来气候极寒，数载以来渐同内地，人气盛也。</small>

　　流云潭沱雨廉纤，长夏高斋坐卷帘。放眼青山三十里，已经雪压万峰尖。
<small>城中夏日颇炎燠，山中则气候长寒。每城中雨过，则遥见层峦叠嶂积雪皓然。</small>

　　云满西山雨便来，田家占候不须猜。向来只怪东峰顶，晓日明霞一片开。

云满西山,即雨城。东博克达山之顶,日出前必有彩霞一片护其上,别峰则否,其理未喻。

雪地冰天水自流,溶溶直泻苇湖头。残冬曾到唐时垒,两派青波绿似油。
庚寅十二月在吉木萨,相度安兵之地,至唐北庭都护府废城,水皆不冰;闻玛纳斯河亦不全冻,皆以流急故也。

百道飞流似建瓴,陂陀不碍浪花鸣。游人未到萧关外,谁信山泉解倒行?
水流迅急,能逆行越坂数重,宋进士昱极以为怪。不知水出悬崖往往高至数十里,下坠之势既猛,则反激之力亦大,故遇坎不能御也。

山田龙口引泉浇,泉水惟凭积雪消。头白蕃王年八十,不知春雨长禾苗。
岁或不雨,雨亦仅一二次,惟资水灌田。故不患无田而患无水,水所不至,皆弃地也。其引水出山之处,俗谓之龙口。

半城高阜半城低,城内清泉尽向西。金井银床无用处,随心引取到花畦。
城内水皆西流,引以浇灌,启闭由人,不假桔槔之力。

界破山光一片青,温暾流水碧泠泠。游人倘有风沂兴,只向将军借幔亭。
温泉在城北十余里,硫黄泉也,上无屋覆,浴必支帐。

乱山倒影碧沉沉,十里龙湫万丈深。一自沉牛答云雨,飞流不断到如今。
博克达山,有龙湫,周环十余里,深不可测,万峰拱抱如莲瓣;初苦田水不足,遣使祀以太牢,水即坌溢。

长波一泻细涓涓,截断春山百尺泉。二道河旁亲驻马,方知世有漏沙田。
二道河初设屯兵百名,后其田浇水辄涸,如漏卮然,俗谓之漏沙。乃分移其兵,于三台诸屯,黄河伏流再涌出地。初莫明其所以然,迨履视其地,始悟沙田不能贮水,故水至即下漏沙底;必有坚土乃能积沙,水至坚土,仍循而横流。蓄水既多,仍聚而上涌,乃地势非水性也。并识于此。

南北封疆画界匀,云根两面翠嶙峋。中间岩壑无人迹,合付山灵作守臣。
山北属乌鲁木齐,山南属回部。山中袤延深邃,旧无分界之处。

双城夹峙万山围,旧号虽存旧址非。孤木地旁秋草没,降蕃指点尚依稀。
乌鲁木齐,旧地在今城北四五十里,约近孤木地屯,额鲁特人能道之。今地俗称"红庙",庙址在旧城之东,不知何代之庙,因以名地,亦不知始于何人也?

峻坂连连叠七层,层层山骨翠崚嶒。行人只作蚕丛看,却是西蕃下马陵。
根忒克西北,凡峻坂七重,最为险厄。番人过之,必肃然下马,如见所尊,未喻其故。或曰畏博克达山之神也。

断壁苔花十里长,至今形势控西羌。北庭故堞人犹识,赖有残碑记大唐。
吉木萨东北二十里有故城,周三十余里,街市谯楼及城外敌楼十五处,制度皆如中国。城中一寺亦极雄阔,石佛半没土中,尚高数尺,瓦径尺余,尚有完者。相传,有行人于土中得一金管,中有圆珠数颗,携赴奇台不知所往,细诘其状,盖浮图所藏佛舍利耳。额鲁特,云是唐城,然无碑志可据。惟一铜钟,字迹剥蚀不可辨,时有一两字略剩点画,似是八分书,其朝代亦不可考。后得唐《金满县碑》,乃知为唐北庭都护府城。

古迹微茫半莫求,龙沙舆地定谁收? 如何千尺青崖上,残字分明认火州。
哈拉火卓石壁上有"古火州"字,不知何时所勒。

南山口对紫泥泉,即白杨河。回鹘荒塍尚宛然。只恨秋风吹雪早,至今蔓草幂寒烟。白杨河山口内有回部旧屯,基址尚存,约可百户。然六七月往往降雪,仅可种青稞一季,故竟无垦种之者。

城南风穴近山坳,一片涛声万木梢。相约春来牢盖屋,夜深时卷数重茅。
相传鄂伦拜星有风穴,每闻城外林木声如波涛,不半日风至矣。动辄发屋,春月尤甚,庚寅一岁较少减。

惊飙相戒避三泉,人马轻如一叶旋。记得移营千戍卒,阻风港汊似江船。
三个泉风力最猛,动辄飘失人马。庚寅三月,西安兵移驻伊犁,阻风三日不得行。

良田易得水难求,水到秋深却漫流。我欲开渠建官闸,人言沙堰不能收。
四五月需水之时,水多不至;秋月山雪消尽,水乃大来。余欲建闸蓄水,咸言沙堰浅隘,闸之水必横溢;若深浚其渠,又田高于水,水不能上。余又欲浚渠建闸,而多造龙骨车引之入田,众以为庶几未及议,而余已东还矣。

银瓶随意汲寒浆,凿井家家近户旁。只恨青春二三月,却携素绠上河梁。
土性壁立,凿井不圮,每工价一金即得一井,故家家有之。然至春月,虽至深之井亦涸,多取汲于城外河中。

开畦不问种花辰,早晚参差各自新。还忆年前木司马,手栽小益四时春。

诸花皆早种早开,晚种晚开,不分节候,木同。知署岁除,尚有盆种江西蜡。

秋禾春麦陇相连,绿到晶河路几千。三十四屯如绣错,何劳转粟上青天。
中营七屯,左营六屯,右营八屯,吉木萨五屯,玛纳斯四屯,库尔喀拉乌素二屯,晶河二屯,共屯兵五千七百人。一兵所获,多者逾十八石,少者亦十三四石之上。

金碧觚棱映翠岚,崔嵬紫殿望东南。时时一曲升平乐,膜拜闻呼万岁三。
万寿宫,在城东南隅。遇圣节朝贺,张乐坐班,一如内地。其军民商贾,亦往往在宫前演剧谢恩,边氓芹曝之忱,例所不禁。库尔喀拉乌素亦同。

烟岚遥对翠芙蓉,鄂博犹存旧日踪。缥缈灵山行不到,年年只拜虎头峰。
博克达山列在祀典,岁颁香帛致祭。山距城二百余里,每年于城西虎头峰额鲁特旧立鄂博处,修望祀之礼。鄂博者,累碎石为丛,以祀神,番人见之多下马。

绿塍田鼠紫茸毛,搜粟真堪赋老饕。八蜡祠成踪迹绝,始知周礼重迎猫。
旧有田鼠之患,自祠八蜡,迄今数岁不闻。

痘神名姓是谁传,日日红裙化纸钱。那识乌孙成郡县,中原地气到西天。
自设郡县以后,婴儿出痘与内地同。盖舆图混一,中原之气已至也。里俗不明此义,遂据《封神演义》,建痘神祠。

藁砧不拟赋刀环,岁岁携家出玉关。海燕双栖春梦稳,何人重唱望夫山。
安西提督所属四营之兵,皆携家而来,其未及携家者,得请费于官为之津送,岁岁有之。

烽燧全销大漠清,弓刀闲挂只春耕。瓜期五载如弹指,谁怯轮台万里行。
携家之兵,谓之眷兵。眷兵需粮较多,又三营耕而四营食,恐粮不足,更于内地调兵屯种以济之,谓之差兵。每五年践更,盐菜糇粮皆加给,而内地之粮家属支请如故,故多乐往。

戍楼四面列高烽,半扼荒途半扼冲。惟有山南风雪后,许教移帐度残冬。
卡伦四处以诘遁逃,一曰红山嘴,一曰吉木萨,皆据要冲;一曰他奔拖罗海,一曰伊拉里克,皆僻径也。其伊拉里克卡伦,十月后即风狂雪阻,人不能行,戍卒亦难屯驻,许其移至红山嘴,以度残冬。

户籍题名五种分,虽然同住不同群。就中多赖乡三老,雀鼠时时与解纷。
乌鲁木齐之民凡五种,由内地募往耕种及自往塞外认垦者,谓之民户;因行贾而认垦者,谓之商户;由军士子弟认垦者,谓之兵户;原拟边外为民者,谓之安插户;发往种地为奴、当差,年满为民者,谓之遣户。各以户头、乡约统之,官衙有事亦多问之户头、乡约。故充是役者,事权颇重。又有所谓园户者,租官地以种瓜菜,每亩纳银一钱,时来时去,不在户籍之数也。

绿野青畴界限明,农夫有畔不须争。江都留得均田法,只有如今塞外行。
每户给官田三十亩,其四至则注籍于官,故从无越陇之争。

一路青帘挂柳阴,西人总爱醉乡深。谁知山郡才如斗,酒债年年二万金。
西人嗜饮,每岁酒商东归,率携银二三万而去。

雕镂窗棂彩画椽,覆檐却道土泥坚。春冰片片陶家瓦,不是刘青碧玉砖。
惟神祠以瓦为之,余皆作瓦屋形而覆以土,岁一圬之。云砖瓦皆杂沙砾,易于碎裂。

戍屯处处聚流人,百艺争妍各自陈。携得洋钟才似栗,也能检点九层轮。
流人既多,百工略备,修理钟表至为巧技,有方正者能为之。

凉州会罢又甘州,箫鼓迎神日不休。只怪城东赛罗祖,累人五日不梳头。
诸州商贾各立一会,更番赛神。剃工所奉,曰罗祖。每赛会,则剃工皆赴祠前,四五日不能执艺,虽呼之亦不敢来。

冉冉春云出手边,逢人开箧不论钱。火神一殿千金直,檀越谁知是水烟。
西人嗜水烟,游手者多挈烟箱执火筒,逢人与吸不取其直,朔望乃登门敛资,火神庙费计千余金,乃鬻水烟者所酿,则人众可知矣。

客作登场打麦劳,左携饼饵右松醪。雇钱斗价烦筹计,一笑山丹蔡掾曹。
打麦必倩客作,需客作太多,则麦价至不能偿工价。印房蔡掾种麦估值三十金,客作乃需三十五金,旁皇无策;余曰不如以五金遣之,省此一事,众为绝倒。

袅袅哀歌彻四邻,冬冬画鼓碎声匀。雷桐那解西方病,只合椎羊夜赛神。
有疾必祷,祷必以夜。唱歌击鼓,声彻城中。

婚嫁无凭但论资,雄蜂雌蝶两参差。春风多少卢郎怨,阿母钱多总不知。
娶妇论财多,以逾壮之男而聘髫龀之女,土俗类然,未喻其说。

茜红衫子鹧鸪刀,骏马朱缨气便豪。不是当年温节使,至今谁解重青袍。
土俗以卒伍为正途,以千总、把总为甲族,自立学校,始解读书。

家家小史素参红,短笠轻衫似画中。留得吟诗张翰住,鲈鱼忘却忆江东。
流人子弟多就食城中,故小奴至众。

半居城市半村间,陌上牵车日往还。赢得团圆对儿女,月明不唱念家山。
乌鲁木齐之民,有司皆不令出境,与巴里坤异。

穞秠翻翻数寸零,桔槔到手不曾停。论园仿佛如朱荔,三月商家已买青。
二三月间,田苗已长,商家以钱给农户,俟熟收粮,谓之买青。

到处歌楼到处花,塞垣此地擅繁华。军邮岁岁飞官牒,只为游人不忆家。
商民流寓,往往不归,询之则曰,此地红花。红花者,土语繁华也。其父母乏养者,或呈请内地,移牒拘归,乃官为解送,岁恒不一其人。

蓝帔青裙乌角簪,半操北语半南音。秋来多少流人妇,侨住城南小巷深。
遣户有妻者,秋成之后,多侨住旧城内外,开春耕作乃去。

鳞鳞小屋似蜂衙,都是新屯遣户家。斜照衔山门半掩,晚风时袅一枝花。
昌吉头屯及芦草沟屯,皆为民遣户所居。

卷卷兵书有姓名,羽林子弟到边城。心情不逐秦风变,弦索时时作北声。
蒙古镶蓝旗绰尔扣等一百九十一人,谪入民籍,入绿营充伍,土人目之曰蓝旗。虽隶西籍,而饮食起居皆迥,与西人不同。

鸡栅牛栏映草庐,人家各逐水田居。豆棚闲话如相过,曲港平桥半里余。
人居各逐所种之田,零星棋布,虽近邻亦相距半里许。

万里携家出塞行,男婚女嫁总边城。多年无复还乡梦,官府犹题旧里名。
户民入籍已久,然自某州来者,官府仍谓之某州户,相称亦然。

界画棋枰绿几层,一年一度换新塍。风流都似林和靖,担粪从来谢不能。
塞外之田,更番换种,以息地力,从无粪田之说。

辛勤十指捋烟芜,带月何曾解荷锄?怪底将军求手铲,吏人只道旧时无。
田惟拔草,不知锄治。伊犁将军牒取手铲,一时不知何物? 转于内地取之。

丽谯未用夜谁何?寒犬霜牙利似磨。只怪深更齐吠影,不容好梦到南柯。
人喜畜犬,家家有之,至暮多升屋而蹲,一犬吠则众犬和,满城响答,狺狺然彻夜不休,颇聒人睡。

十里春畴雪作泥,不须分陇不须畦。珠玑信手纷纷落,一样新秧出水齐。
布种时以手洒之,疏密了无定则,南插北耩,皆所不知也。

酒果新年对客陈，鹅黄寒具荐烧春。近来渐解中原味，浮盏牢丸一色匀。
新年客至，必陈馓饵四器，佐以烧酒，比户类然。近能以糯米作元夕粉团，但比内地稍坚实；其他糕饼，亦略同京师之制。

闽海迢迢道路难，西人谁识小龙团？向来只说官茶暖，消得山泉沁骨寒。
佳茗颇不易致，土人惟饮附茶，云此地水寒伤胃，惟附茶性暖能解之。附茶者，商为官制易马之茶，因而附运者也，初煎之色如琥珀，煎稍久则色如罄。

生愁蜂蝶闹芳丛，但许桃花种水东。只有毡车经陌上，脂香粉气偶春风。
库尔、喀拉、乌素三屯，兵丁遣犯，皆孤身，恐狂且佚。女或酿事端，自玛纳斯河以西，不许存一妇女。

森严刁斗夜丁当，墙子深深小径长。莫遣月明花影动，金丸时打野鸳鸯。
城中小巷，谓之墙子，夜设逻卒以禁淫奔，谓之查墙子。诸屯则日暮以后，驱逐外来男子，谓之搜墙子。

半带深青半带黄，园蔬已老始登床。可怜除却官厨宴，谁识春盘嫩甲香。
鬻菜者，谓之菜床。瓜菜必极老之后，乃采以鬻，否则人嫌其嫩而不食；惟官种之园，乃有尝新之事，此亦土俗之不可解者。

赤绳随意往来牵，顷刻能开并蒂莲。管领春风无限事，莫嫌多剩卖花钱。
遣户男多而女少，争委禽者，多雀角、鼠牙之讼。国同知立官媒二人，司其事，非官媒所指配，不得私相嫁娶也。

山城是处有弦歌，锦帙牙签市上多。为报当年郑渔仲，儒书今过斡难河。
郑樵《七音略》谓："孔氏之书，不能过斡难河一步。"初塞外无鬻书之肆，间有传奇小说，皆西商杂他货偶贩至。自建置学额以后，遂有专鬻书籍者。

割尽黄云五月初，喧阗满市拥柴车。谁知十斛新收麦，才换青蚨两贯余。
天下粮价之贱，无逾乌鲁木齐者。每车载市斛二石，每石抵京斛二石五斗，价止一金；而一金又止折制钱七百文，故载麦盈车，不能得钱三贯。其昌吉特讷格尔等处，市斛一石，仅索银七钱，尚往往不售。

花信阑栅欲禁烟，晴云駊騀暮春天。儿童新解中州戏，也趁东风放纸鸢。
塞外旧无风鸢之戏，近有蓝旗兵士能作之，遂习以成俗。

芹春新染子衿青，处处多开问字亭。玉帐人闲金柝静，衙官部曲亦横经。

迪化、宁边、景化、阜康四城，旧置书院四处。自建设学额以来，各屯多开乡塾，营伍亦建义学二处，教兵丁之子弟，弦诵相闻，俨然中土。

氍毹新裁短后衣，北人初见眼中稀。松花惨绿玫瑰紫，错认红妆出绣帏。

地本军营，故长褂为袭衣，以短褂为公服。官民皆用常色，惟商贾多以紫绿氍毹为之。

烧残绛蜡斗枭卢，画出龙眠贤已图。老去杜陵犹博塞，陶公莫怪牧猪奴。

土俗嗜博，比户皆然。

峨峉高毂驾龙媒，大贾多从北套来。省却官程三十驿，钱神能作五丁开。

大贾皆自归化城来，土人谓之北套客。其路乃客赂蒙古人所开，自归化至迪化，仅两月程，但须携锅帐耳。

吐蕃部落久相亲，卖果时时到市闉。恰似春深梁上燕，自来自去不关人。

吐鲁蕃久已内属，与土人无异，往来贸易，不复稽防。

敕勒阴山雪乍开，鞯汗队队过龙堆。殷勤译长稽名字，不比寻常估客来。

蒙古商民，别立蒙古乡约统之，稽防较密。

蒲桃法酒莫重陈，小勺鹅黄一色匀。携得江南风味到，夏家新酿洞庭春。

贵州夏鼐以绍兴法造酒，名曰"仿南"，风味不减。

罂粟花团六寸围，雪泥渍出胜浇肥。阶除开遍无人惜，小吏时时插帽归。

罂粟花开径二寸余，五色烂然。其子冬入土中，腊雪压之，较春莳者尤为畅茂。

荒屯那得汝南鸡，春梦迷离睡似泥。山鸟一声天半落，却来相唤把锄犁。

有鸟曰"钻天啸"，每四更即决起长鸣，各屯以为工作之候。

前度刘郎手自栽，夭桃移得过山来。阜康城内园池好，尚有妖红几树开。

乌鲁木齐旧少果树，国同知自山南移种桃花，今特讷格尔县丞署花圃之内尚有数株，其蒲桃则无人分植，旧种尽矣。

五月花蚊利似锥，村村拟筑露筋祠。城中相去无三里，夜卷疏帘不下帷。

田中蚊虻至毒，城中则无之，或曰蚊虻依草而居也。

云母窗棂片片明，往来人在镜中行。七盘峻坂顽如铁，山骨何缘似水精。

云母石，产七打坂下，土人谓之寒水石，揭以糊窗，澄明如镜。

绣羽黄襟画里看,鸳鸯海上水云寒。如何夜夜双栖梦,多在人家斗鸭栏。

昂吉尔图诺尔在城东南,昂吉尔图译言"鸳鸯",诺尔译言"海"也,与内地所产形小异,土人多杂家鹜畜之。

照眼猩猩茜草红,无人染色付良工。年年驿使驰飞骑,只疗秋塍八蜡虫。

茜草远胜内地,而土人不解染色。惟伊犁、塔尔巴哈台,取疗八蜡虫伤。八蜡,毒虫,形在蜂蝶之间,螫人立毙,以茜根敷之或得生。

夜深宝气满山头,玛纳斯南半紫镠。两载惊心驰羽檄,春冰消后似防秋。

玛纳斯南山一带皆产金,恐游民私采,聚众生衅,雪消以后,防御甚至。近得策断其粮道,乃少弭。

红药丛生满钓矶,无人珍重自芳菲。倘教全向雕栏种,肯减扬州金带围。

芍药丛生林莽,花小瓣稀,遣户黄宝田移植数本,如法浇培,与园圃所开不异。

息鸡草长绿离离,织荐裁帘事事宜。腰袅经过浑不顾,可怜班固未全知。

芨芨草生沙滩中,一丛数百茎,茎长数尺,即《汉书》"息鸡草",土音讹也。班固谓"马食一本即饱",然马殊不食。

梭梭滩上望亭亭,铁干铜柯一片青。至竟难将松柏友,无根多半似浮萍。

梭梭柴至坚,作炭可经夜不熄。然其根入土最浅,故斧之难入,拽之则仆。

温泉东畔火荧荧,扑面山风铁气腥。只怪红炉三度炼,十分才剩一分零。

铁厂在城北二十里,役兵八十人采炼。然石性绝重,每生铁一百斤,仅炼得熟铁十三斤。

漉白荒城日不闲,采硝人在古阳关。颓垣败堞浑堆遍,错认深冬雪满山。

硝厂在阳巴拉喀逊古阳关也。役兵二十人采炼,近积至五六万斤。伊犁、塔尔巴哈台所需,皆取给于此。

长镵木柄劚寒云,阿魏滩中药气熏。至竟无从知性味,山家何处问桐君。

阿魏生野田中,形似莱菔,气绝臭,行路过之风至则闻。土人煎炼为膏,以炒面溲之为铤,每一斤得价二星,究不知是真否也。

斑斓五色遍身花,深树多藏断尾蛇。最是山南烽戍地,率然阵里住人家。

山树多蛇,尾齐如截。伊拉里克卡伦尤多,不可耐。

白狼苍豹绛毛熊,雪岭时时射猎逢。五个山头新雨后,春泥才见虎蹄踪。

境内无虎,惟他奔拖罗海卡伦宁协领,曾见虎踪,拟射之,竟不再至。

牧场芳草绿萋萋,养得骓骝十万蹄。只有明驼千里足,冰消山径卧长嘶。
地不宜驼,强畜之,入夏损耗特甚。

山禽满树不知名,五色毛衣百种声。前度西郊春宴罢,穿帘瞥见是莺莺。
山禽可爱者,多率不知名,畜养者亦少。

茸茸红柳欲飞花,歌舞深林看柳娃。双角吴童真可念,谁知至竟不辞家。
红柳娃,产深山中,色泽肤理无一非人,明秀端正如三四岁小儿。每折红柳为圈,戴之而舞,其声呦呦。或至行帐窃食,为人掩得,辄泣涕拜跪求去,不放之则不食死,放之则且行且顾,俟稍远乃疾驰,颇不易见,亦无能生畜之者。邱县丞天宠云,顷搜驼深山曾得其一,细谛其状,殆僬侥之民,非山兽也。

姹紫嫣红廿四畦,香魂仿佛认虞兮。刘郎侭是修花谱,芍药丛中定误题。
虞美人花,巨如芍药,五色皆备。使院所植,尤为一城之冠。

朱橘黄柑荐翠盘,关山万里到来难。官曹春宴分珍果,谁怯轻冰沁齿寒。
柑橘皆有,但价昂尔。

种出东陵子母瓜,伊州佳种莫相夸。凉争冰雪甜争蜜,消得温暾顾渚茶。
土产之瓜,不减哈密,食后饮茶一盏,则瓜性易消。

旋绕黄芽叶叶齐,登盘春菜脆玻璃。北人只自夸安肃,不见三台绿满畦。
三台黄芽菜,不减安肃菜菔,亦甘脆如梨。

白草初枯野雉肥,年年珍重进彤闱。传声贡罢分携去,五采斑斓满路归。
野鸡脂厚分余,岁以充贡。

甘瓜别种碧团圞,错作花门小笠看。午梦初回微渴后,嚼来真似水晶寒。
瓜之别种,曰"回回帽"。中断之,其形酷肖,味特甘脆,但不耐久藏耳。

昌吉新鱼贯柳条,苓箸入市乱相招。芦芽细点银丝脍,人到松陵十四桥。
秦地少鱼,昌吉河七道湾乃产之。羹以芦芽或蒲笋,颇饶风味。

凯渡河鱼八尺长,分明风味似鲟鳇。西秦只解红羊鲊,特乞仓公制脍方。
凯渡河鱼,冬月自山南运至仓大,使姚焕烹治,绝佳。

露叶翻翻翠色铺,小园多种淡巴菰。红潮晕颊浓于酒,别调氤氲亦自殊。

初尚川烟、汉中烟，后尚北套烟。近土人得种莳之，处处畅衍，其盖露数叶，味至浓厚而别有清远之意，颇胜他产。

新稻翻匙香雪流，田家入市趁凉秋。北郊十里高台户，水满陂塘岁岁收。
高台户所种稻米，颇类吴粳。

千瓣玲珑绿叶疏，花头无力倩人扶。因循错唤江西蜡，持较东篱恐未输。
江西蜡花，径二寸，千瓣五色，望之如菊，但叶瘦耳。

山珍入馔只寻常，处处深林是猎场。若与分明评次第，野骡风味胜黄羊。
野骡动辄成群，肉颇腴嫩。

谁能五月更披裘？尺布都从市上求。懊恼前官国司马，木棉试种不曾收。
户民不艰食而艰衣，国同知试种木棉，未竟而去，其事遂寝。或曰土不宜，或曰无人经理其事，民无种也。

西到宁边东阜康，狐踪处处认微茫。谋衣却比羊裘易，粲粲临风一色黄。
土产羊不可衣，狐乃易致。

芦荻飕飕绿渺茫，氤氲芳草隐陂塘。行营不解西番法，秋老谁寻玛努香。
玛努香生三台诸苇塘中，形似苍术，气极清郁。西番焚以祀神，亦以疗疾，但未详主治何证耳。

春鸿秋燕候无差，寒暖分明纪岁华。何处飞来何处去？难将踪迹问天涯。
燕鸿来去之候，与中土相同。但沙漠万里，不知何所往耳。

绿到天边不计程，苇塘从古断人行。年来苦问驱蝗法，野老流传竟未明。
境内之水皆北流，汇于苇塘，如尾闾然。东西亘数百里，北去则古无人踪，不知所极。相传蝗生其中，故岁烧之；或曰蝗子在泥而烧其上，是与蝗无害，且蝗食苇叶则不出，无食，转出矣。故或烧或不烧，自戊子至今无蝗事，无左验，莫得而明。

彻耳金铃个个圆，檐牙屋角影翩翩。春云澹宕春风软，正是城中放鸽天。
土与鸽宜最易蕃衍，风和日暖，空中千百为群，铃声琅琅，颇消岑寂。

不重山肴重海鲜，北商一到早相传。蟹黄虾汁银鱼鲞，行箧新开不计钱。
一切海鲜，皆由京贩至归化城，北套客转贩而至。所谓银鱼，即卫河面条鱼也。

红笠乌衫担侧挑，频婆杏子绿蒲桃。谁知只重中原味，榛栗楂梨价最高。

吐鲁番卖果者多,然土人惟重内地之果,榛、栗、楂、梨,有力者始致之。

茹家法醋沁牙酸,滴滴清香泻玉盘。琥珀浓光梅子味,论功真合祀元坛。
茹把总大业面黑,人目曰"黑虎",好事者因目其妇曰"元坛神"。妇善酿醋,味冠一城,馈而不鬻,人尤珍之,目曰"元坛醋"。

菽乳芳腴细细研,截肪切玉满街前。只怜常逐春归去,不到榴红蓼紫天。
豆腐颇佳,冬春以为常餐,夏秋则无鬻者。

谁言天马海西头,八骏从来不易求。六印三花都阅遍,何曾放眼看骅骝。
自互市移于伊犁、塔尔巴哈台,外番之马遂不至,故佳马至为难得。索马者每言乌鲁木齐,不知皆已往之事也。

鸭绿鹅黄满市中,霜刀供馔缕轻红。加餐便忆坤司马,不比无端主簿虫。
鹅鸭之种,皆坤司马所携致,今滋生蕃衍矣。

月黑风高迅似飞,秋田熟处野猪肥。诸军火器年年给,不为天山看打围。
野猪最为屯田之害,岁给火药防之。三台一巨猪,其大如牛。

河桥新柳绿蒙蒙,只欠春园杏子红。珍重城南孤戍下,刚留一树袅东风。
地不宜杏,惟红山嘴卡伦一株。

槐榆处处绿参天,行尽青山未到边。只有垂杨太娇稚,纤腰长似小婵娟。
柳至难长,罕见高丈余者。

依依红柳满滩沙,颜色何曾似绛霞。若与绿杨为伴侣,蜡梅通谱到梅花。
向闻塞外有红柳,以为闽中朱竹之类。及见之,似柳而非,特皮肤微赤耳,其大者可作器。

飞飞乾鹊似多情,晚到深林晓入城。也解巡檐频送喜,听来只恨是秦声。
喜鹊形同内地,惟音短而重浊。

蛱蝶花边又柳边,晚春篱落早秋天。只怜翎粉无多少,叶叶黄衣小似钱。
花间时逢黄蝶,其小如钱。

土屋茅檐几树斜,移来多自野人家。微风处处吹如雪,开遍深春皂荚花。
皂荚花白,生林中,可以移植。

剪剪西风院落深,夜凉是处有蛩音。秦人不解金笼戏,一任篱根彻晓吟。
地多促织,从无畜斗之戏。

芳草丛丛各作窠，无名大抵药苗多。山亭宴罢扶残醉，记看官奴采薄荷。
药草至多，或识或不识。去年六月，宴射厅提督巴公，有小奴言"栏旁是薄荷"，试使采之，真薄荷也。

小煮何曾似鳆鱼？恼人幽梦夜深余。贫家敢恨无眠处，燕寝清香尚不除。
壁虱至多，虽大官之居不免。侍郎徐公所居，以两钱募捕一枚，冀绝其种，竟不能也。余建新居不半月，已蠕蠕满壁。土人云："地气所生，不由传种。"

新榨胡麻潋滟光，可怜北客不能尝。初时错认天台女，曾对桃花饭阮郎。
胡麻即脂麻。《东坡集》言之甚析，而西人以大麻为胡麻，其油气味甚恶，非土人不能食也。

依稀谏果两头纤，松子来从雪岭南。岭上苍官千万树，只能五鬣绿鬖鬖。
松子琐屑，殆似空蓬，间有自南路贩至者，形肖橄榄，味亦不佳。

雪压空山老树枯，一番新雨长春菇。天花绝品何须说，持较兴州尚作奴。
地产蘑菇，然不甚佳，不及热河诸处营盘蘑菇也。

拨刺银刀似鲚残，有人相戒莫登盘。鱼苗多是秋虫化，倚杖曾经子细看。
刘都司洪在乌鲁木齐不食鱼，云："此间鱼苗，皆泥中秒虫，秋来入水所化。"在呼图壁，屡亲见之。

汉唐旧史记青稞，西域从来此种多。轻注蹲鸱成一笑，如今始悔著书讹。
青稞盖大麦之类，可以酿酒，可以秣马，人亦作面食之。向修《热河志书》，于《乌桓传》中得此名，而不能指其为何物。颇疑为荑稗之属，今乃识之。

腊雪深深圻地寒，经冬宿麦换苗难。农家都是春初种，一样黄云被陇看。
雪深地冻，宿麦至春皆不生，所种皆春麦也。

配盐幽菽偶登厨，隔岭携来贵似珠。只有山家豌豆好，不劳苜蓿秣宛驹。
诸豆不产，惟产豌豆。民家种之以饲马，官马饲以青稞，并豌豆不种矣。

收麦初完收谷忙，三春却不入官仓。可怜粒粒珍珠滑，人道多输饼饵香。
土俗贱谷而贵麦，故纳粮以麦，不以谷。

八寸葵花色似金，短垣老屋几丛深。此间颇去长安远，珍重时看向日心。
葵花向日，与内地同。

澄澈戎盐出水涯，分明青玉净无瑕。犹嫌不及交河产，一色轻红似杏花。

土产青盐,味微甘,胜于海盐。每二斗五升,才值制钱二十文。其红盐,则由辟展而来。

凿破云根石窦开,朝朝煤户到城来。北山更比西山好,须辨寒炉一夜灰。
城门晓启,则煤户联车入城。北山之煤可以供熏炉之用,焚之无烟,嗅之无味,易炽而难烬,灰白如雪,每车不过银三星余。西山之煤,但可供炊煮之用,灰色黄赤,每车不过银三星。其曰二架梁者,石性稍重,往往不燃,价则更减。亦有石炭,每车价止二星,极贫极俭之家乃用之。

亦有新蝉噪晚风,小桥流水绿阴中。人言多是遗蝗化,果觉依稀似草虫。
夏亦有蝉,首似蝉而翼似阜螽。或言蝗所化,未之详也。

一声骹矢唳长风,早有饥鸢到半空。惊破红闺春昼梦,齐呼儿女看鸡笼。
鸢最猛鸷,能就人手中夺肉,尤为畜鸡者之害,防守稍疏或无遗种。

秀野亭西绿树窝,杖藜携酒晚春多。谯楼鼓动栖鸦睡,尚有游人踏月歌。
城西茂林无际,土人名曰"树窝",坤同知因建"秀野亭"。二三月后,游人载酒不绝。

斜临流水对山青,疏野终怜旧射厅。颇喜风流丰别驾,迩来拟葺醉翁亭。
"旧射厅"在"新射厅"西南,颇为疏野,近以稍远废之。宁边通判丰君,署事迪化,拟为重葺。余方东还,不及见其落成矣。

绛蜡荧荧夜未残,游人踏月绕栏杆。迷离不解春灯谜,一笑中朝旧讲官。
元宵灯谜亦同内地之风,而其词怪俚荒唐,百不一解。

犊车辘辘满长街,火树银花队队排。无数红裙乱招手,游人拾得凤凰鞋。
元夕张灯,诸屯妇女毕至,遗簪堕珥,终夜喧阗。

摇曳兰桡唱采莲,春风明月放灯天。秦人只识连钱马,谁教歌儿荡画船。
灯船之戏,亦与内地仿佛。

地近山南估客多,偷来蕃曲演鸳哥。土鲁番呼歌妓为"鸳哥"。谁将红豆传新拍,记取摩诃兜勒歌。春社扮番女唱番曲,侏儒不解,然亦靡靡可听。

箫鼓分曹社火齐,灯场相赛舞狻猊。一声唱道西屯胜,飞舞红笺锦字题。
孤木地屯与昌吉头屯,以舞狮相赛,不相下也。昌吉人舞酣之时,狮忽喷出红笺五六尺,金书"天下太平"字,随风飞舞,众目喧观,遂为擅胜。

竹马如迎郭细侯,山童丫角啭清讴。琵琶弹彻明妃曲,一片红灯过彩楼。

元夕，各屯十岁内外小童，扮竹马灯，演昭君琵琶杂剧，亦颇可观。

越曲吴歈出塞多，红牙旧拍未全讹。诗情谁似龙标尉，好赋流人水调歌。《王昌龄集》有"听流人歌水调子"诗，梨园数部遣户中能昆曲者，又自集为一部，以杭州程四为冠。

樊楼月满四弦高，小部交弹凤尾槽。白草黄沙行万里，红颜未损郑樱桃。歌童数部，初以佩玉、佩金二部为冠；近昌吉遣户子弟新教一部，亦与之相亚。

玉笛银筝夜不休，城南城北酒家楼。春明门外梨园部，风景依稀忆旧游。酒楼数处，日日演剧，数钱买座，略似京师。

乌巾垫角短衫红，度曲谁如鳖相公。字出东坡《仇池笔记》。赠与桃花时颒面，筵前何处不春风。伶人鳖羔子，以生擅场，然不喜盥面。

半面真能各笑啼，四筵绝倒碎玻璃。消除多少乡关思，合为伶人赋简兮。简大头以丑擅场。未登场时，与之语格格不能出口，貌亦朴傿如村翁；登场则随口诙谐，出人意表，千变万化，不相重复，虽京师名部不能出其上也。

老去何戡出玉门，一声楚调最销魂。低徊唱煞红绫袴，四座衣裳浣酒痕。遣户何奇，能以楚声为艳曲，其"红绫袴"一阕，尤妖曼动魄。

逢场作戏又何妨？红粉青蛾闹扫妆。仿佛徐娘风韵在，庐陵莫笑老刘郎。刘木匠以旦擅场，年逾三旬，姿致尚在。

稗史荒唐半不经，渔樵闲话野人听。地炉松火消长夜，且唤诙谐柳敬亭。遣户孙七，能演说，诸稗官掀髯抵掌，声音笑貌，一一点缀如生。

桃花马上舞惊鸾，赵女身轻万目看。不惜黄金抛作埒，风流且喜见邯郸。塞外丰盈，游民鬻技者，麋至衊南马解，妇女亦万里闻风而赴，盖昔所未睹云。

灵光肸蚃到西陲，齐拜城南壮缪祠。神马骁腾曾眼见，人间衔勒果难施。初民间有马，不受鞍施，于庙中充神。马乃驯顺殊常，然非为神立仗，仍不可衔勒也。散行街市，未曾妄啮寸草，或游行各牧场中皆以其来为喜，每朔望辄自返庙中，尤为可异云。

破寇红山八月天，髑髅春草满沙田。当时未死神先泣，半夜离魂欲化烟。昌吉未变之先，城上恒夜见人影，即之则无。乱后始悟，为兵死匪徒神褫其魄，故生魂先去云。

深深玉屑几时藏，出土犹闻饼饵香。弱水西流宁到此，荒滩那得禹余粮。

昌吉筑城之时，又掘得面一罂，罂垂敝而面尚可食，亦不可解。

白草飕飕接冷云，关山疆界是谁分？幽魂来往随官牒，原鬼昌黎竟未闻。己丑冬，城西林中时鬼啸，或为民祟。父老云："客死之魂，不得官牒，不能过火烧沟也。"检籍得八百二十四人，姑妄焚牒给之，是夜竟寂。又户掾叶吉兴官为移眷，其母死于古浪。一日其妻恍惚见母到，惊而仆。方入署，而驿送其母之文至，其魂盖随文而来云。

筑城掘土土深深，邪许相呼万杵音。怪事一声齐注目，半钩新月藓花侵。昌吉筑城之时，掘土数尺，忽得弓鞋一弯，尚未全朽。额鲁特地初入版图，何缘有此？此真不可理解也。

一笑挥鞭马似飞，梦中驰去梦中归。人生事事无痕过，东坡诗："事如春梦了无痕。"蕉鹿何须问是非。余从办事大臣巴公履视军台，巴公先归，余留宿。半夜适有急递，于睡中呼副将梁君起，令其驰送，约遇台兵则使接递。梁去十余里相遇即还，仍复酣寝。次日告余曰："昨梦公遣赍廷寄鞭马狂奔，今髀肉尚作楚。"大是奇事，以真为梦，众皆粲然。

同年纪学士晓岚，自塞上还，予往候。握手叙契阔外，即出所作《乌鲁木齐杂诗》见示。读之声调流美，出入三唐，而叙次风土人物，历历可见。无郁辖愁苦之音，而有舂容浑脱之趣。间又语予，尝见哈拉火卓石壁有"古火州"字，甚壮伟，不题年月。火州之名，始于唐，此刻必在唐以后；宋金及明，疆理不能到此，当是元人所刻。予以《元史·亦都护传》及虞文靖所撰《高昌王世勋碑》证之，则火州在元时，实畏吾儿部之分地；益证君考古之精核。独怪元之盛时，畏吾人仕于中朝者最多，若廉善甫父子、贯酸斋契玉立兄弟，并以文学称。而于本国风土未能见诸纪述，使后世有所考稽何与？将徙居内地而忘其故俗与？抑登高能赋，自古固难其人与？今天子神圣威武，自西域底平以来，筑城置吏，引渠屯田，十余年间，生聚丰衍。而乌鲁木齐，又天山以北一都会也。读是诗，仰见大朝威德所被，俾遐陬沙砾之场，尽为耕凿弦诵之地。而又得之目击，异乎传闻，影响之谈。它日采风谣、志舆地者，将于斯乎征信。夫岂与寻常牵缀土风者同日而道哉！

嘉定钱大昕

卷第十五

馆课存稿

赋得象罔求珠 得求字

赤水深无际,玄珠讶误投。一从沉至宝,几度费冥搜。讵识无心得,非关有意求。才临明镜照,已觉夜光浮。虚白千寻澈,晶莹一掬收。何须凿混沌,早拟笑离娄。理向环中悟,神从象外游。自然观道妙,微义问庄周。

赋得帘疏燕误飞 得飞字

深院开金屋,芳春敞绣扉。人垂珠箔坐,燕识杏梁归。宝押双悬重,湘纹几缕稀。琉璃光洞澈,雾縠影霏微。未觉重帘隔,仍穿曲榭飞。骤然抛玉剪,始讶碍云衣。且立芙蓉槛,行开翡翠帏。主人深爱尔,肯使故巢违。

赋得璇源载圆折 得圆字

重宝千金值,奇珍百琲传。未从离蚌腹,早验在骊渊。有美难终秘,成形本自然。试看流水折,正似月珠圆。鲛室千重闷,螺纹几曲旋。亦堪求浊水,岂止媚清川？埼岸如相采,回波定可沿。明堂开正位,好取夜光悬。

赋得山梁悦孔性 得山字

会心原不远,乐意总相关。达者能观化,仁人本爱山。天机同浩浩,物态共闲闲。偶尔逢心赏,悠然息辙环。坐看云自出,忽见鸟知还。童冠如偕点,行藏欲语颜。凤翔千仞上,龙德六爻间。乡党终篇意,长吟雉子斑。《雉子斑》,乐府题名。

赋得以乐为御 得驰字

宫悬昭帝德,至教渐推移。莫谓声无翼,从来化若驰。鸣銮调驷马,应节赴中逵。鼓以铿锵妙，居然磬控宜。两骖如舞处，六辔似琴时。宣导原无滞，优柔自不疲。谁矜东野驾，漫比大车诗。应识虞廷治，谐音属后夔。

赋得秋山极天净 得山字

何处堪游眺？苍苍雨后山。试看平远势，尽入沆瀣间。秋意清如水，岚光绕似环。四垂天澹沱，一色碧孱颜。邈与斜阳尽，遥随旷野间。都无纤翳隔，偶有片云还。三殿开珠箔，千峰涌翠鬟。烟峦皆可画，好手召荆关。

赋得吹葭六琯动飞灰 得灰字

一阳存硕果，七日验飞灰。缇室三重密，黄钟半子开。卦占坤后复，象似地中雷。朕兆方潜动，机缄若暗催。空虚通槖籥，吹息类尘埃。气讶蒸蒸上，春疑冉冉来。化源徵律吕，生意辨根荄。还似皇心运，浑然万理该。

赋得昆明池织女石 得明字

池取天河象，仍标列宿名。至今传织女，遗迹在昆明。化石还相望，凌波若有情。疑当烧劫后，偶以落星成。何日桥方架？终年水自横。定知心不转，莫讶杼无声。夜月初飞鹊，秋风欲动鲸。凭看独立影，可让汉倾城。

赋得无弦琴 得琴字

无弦聊自抚，寓兴不关琴。谁识丝桐外，别存山水音。一弹声寂寂，独坐思沉沉。往复如相引，成亏总莫寻。何论操缦术，正似据梧心。得意频三叹，移情偶一吟。穆然怀雅乐，邈尔涤烦襟。千载成连曲，风吹大海深。

赋得直如朱丝绳 得绳字

直节谁堪比？朱弦可并称。初同丝受染，终拟木从绳。古调怜操瑟，高张似引缅。闻声疑谔谔，触手觉棱棱。作佩常防缓，如钩却未能。非因胶柱鼓，宁患大弦捆。《淮南子》曰："大弦捆,则小弦绝。"应信云和贵,堪将清庙登。圣朝容耿介,左右待疑丞。

赋得风弦汉殿筝 得筝字

何处夜琮琤？冰弦带月清。凉飔来玉署,秋殿动银筝。乍听风从律,真同响应声。何须银甲拨,已绕画梁鸣。呼吸机相感,喁于调自成。爽如闻籁发,高欲遏云行。断续随宫漏,悠扬散禁城。早朝天乐奏,一曲和韶韺。

赋得风光草际浮 得浮字

新绿满汀洲,微和扇未休。遥看风影动,宛带日华流。芳意晴逾好,轻飔暖更柔。无声偏淡宕,有态倍夷犹。春色如相媚,烟光欲共浮。蓬蓬流水外,羃羃大堤头。远道青无际,平芜碧渐稠。还同申巽命,煦育遍皇州。

赋得澹云微雨养花天 得微字

上苑春三月,繁英殿四围。花如争艳冶,天亦惜芳菲。漠漠云阴澹,蒙蒙雨气微。暗催新绿长,恐惹落红飞。低讶烟逾重,垂疑露未晞。数枝苞渐吐,几日叶初肥。寒食青油幕,东风白夹衣。待乘开霁后,紫陌看晴晖。

赋得月印万川 得殊字

皎洁玉蟾蜍,清辉照九区。光悬天上镜,影落水中珠。盈掬分明在,随波上下俱。才看离海峤,早已遍江湖。莫以人人见,因疑在在殊。应知千里共,原止一轮孤。曼衍川流体,浑圆太极图。湛然周万象,正与圣心符。

其二 得川字（江南乡试题）

皎皎生明月,溶溶落碧川。但逢秋水净,都见夜珠圆。素魄双轮映,清辉万派连。金波虽四照,宝镜本孤悬。是有形形者,如同印印然。中和堪证道,空色莫疑禅。虚一河图衍,函三太极全。凉宵窥片影,妙理悟先天。

赋得东风已绿瀛洲草_{得瀛字}

琼岛开仙境,神洲俨大瀛。人间春始到,天上草先荣。南浦今朝望,东风昨夜生。谁将螺黛染,都似翠眉横。芳渚微微映,疏烟漠漠平。几时青渐吐,随处碧含情。霢靡看逾远,芊眠画不成。细承雕辇路,早待听流莺。

赋得鹤立鸡群_{得轩字}

逴尔清标远,翛然雅度存。鹤鸣曾见咏,鸡口讵同论。呴呴声虽众,昂昂气自尊。洁真如倚玉,高不待乘轩。野骛休相拟,窗禽肯共言。游仙方独梦,得食任争喧。对影怜频顾,凌风会一骞。沕寥天万里,珠树在昆仑。

赋得山意冲寒欲放梅_{得冲字}

葭管气潜冲,春风已暗从。天心回暖律,山意改严冬。花信凭谁问?阳和渐此逢。试看抽绿萼,亦似应黄钟。老干含生意,寒枝易旧容。暗香如跃跃,积雪任重重。稍待三春至,行开万树秾。圣朝调鼎鼐,嘉实正须供。

赋得晴天养片云_{得云字}

岩壑交回互,阴晴气候分。悬崖高障日,幽谷暗生云。冉冉流山罅,蒙蒙护藓纹。一丝初澹宕,数缕渐缤纷。练影谁轻卷,炉烟讶细熏。湿蒸青滴沥,暖聚碧氤氲。万象开澄霁,中天净垢氛。轮囷徐起处,表瑞在明君。

赋得花缺露春山_{得山字}

花外隐春山,山青花复殷。岑参诗:"柳鞚莺娇花复殷。"有时红断续,忽露碧孱颜。遥隔玲珑影,斜窥髮鬖鬖。参差疏密处,掩映有无间。似欲留余地,凭教见一斑。试从空隙望,应爱远峰闲。孤嶂看逾好,芳林坐未还。年光与景物,乐意正相关。

赋得莺啭皇州_{得州字}

春色满皇州,新莺绕玉楼。一声花影外,千啭柳梢头。睍睆频来去,绵蛮递唱酬。微风吹袅袅,余响散悠悠。几度迁乔木,今来近御沟。栖身真得地,隔树屡呼俦。雉尾开宫扇,鸡人报晓筹。早朝仙乐奏,还拟应鸣球。

其 二

晓色开阊阖,清音听栗留。一枝栖上苑,百啭绕瀛洲。珠串玲珑落,金梭上下投。自然谐乐律,随意转歌喉。得树声偏乐,凭高响易流。直同巢阁凤,莫比唤晴鸠。紫陌迎仙仗,青旗拂彩斿。阳春歌一曲,仿佛和嘉州。

其 三

二月年光丽,莺迁始出幽。来随鸳鹭序,喜傍帝王州。晓箭声方歇,晨钟响乍收。如歌金缕曲,催进翠云裘。往复频相应,飞鸣迥自由。好音方呖呖,凡鸟莫啾啾。灌木栖难定,邱隅倦欲休。何如宫树上?清啭正夷犹。

赋得纤鳞如不隔_{得纤字}

游鱼瀺灂处,净绝点尘沾。俯映潭千尺,如窥镜一奁。唼花吹淰淰,鼓鬣露纤纤。形影时相照,浮沉尽可觇。只言空际动,不道水中潜。灵沼游偏适,濠梁兴屡淹。喜无微翳隔,宁以至清嫌。老子曰:"水至清则无鱼。"太液冰开日,恩波暖正添。

赋得白云自高妙_{得云字}

一望蔼氤氲,春山漾白云。岩深蓊渐吐,天远杳无垠。摇曳风微度,依稀缕乍分。淡然超色象,邈尔谢尘氛。落落如难合,飘飘自不群。徘徊应有悟,拟议欲何云？泱漭从龙气，玲珑抱日文。平生寥廓意，相对亦欣欣。

赋得水彰五色 得彰字

五彩丽辉煌，良工画擅场。谁知花作笔，都借水生光。泼墨新泉净，研朱晓露凉。清泠非有迹，配合自成章。拂幨微含润，挥毫乍吐芒。精神浮绢素，色泽溢丹黄。浓淡功相济，调和用乃彰。艺成堪证道，比类试推详。

赋得残月如新月 得如字

缺月照庭除，纤纤画不如。虽非三日后，却似半规初。只道弦将上，谁言魄渐虚。依然千里共，还是一钩余。光但分增减，形难辨敛舒。有时斜映水，定亦误惊鱼。老桂花常在，仙蓂叶渐疏。余辉如可借，为照案头书。

赋得木叶微脱 得微字

洞庭秋瑟瑟，林际晓霜微。乍觉群芳歇，时看一叶飞。数行分极浦，几树对斜晖。老木黄偏早，深丛碧渐稀。未飘先飒飒，欲落似依依。望远情何限？攀条怅有违。莫因时序晚，遂惜物华非。明岁春风好，仍然送绿归。

赋得桐始华 得春字

东风吹暖律，荣木几枝新。有叶能知闰，开花亦报春。累累垂似穗，朵朵散如银。才过中和节，刚迎上巳辰。萍生先半月，桃绽距三旬。乍引仙蜂到，时看小凤驯。朝阳真得地，清露喜凌晨。会召来仪瑞，栖梧近紫宸。

赋得清露点荷珠 得珠字

玉沼荷初放，银塘露乍濡。高低张翠盖，大小落明珠。擎似金为掌，圆如水在盂。谁言云液化，只道海人输。宕漾分还合，晶莹有若无。揭来擎碧叶，拟取系红襦。旋转虽难拾，团圆自可娱。天浆谁欲酌？好好贮冰壶。

赋得炉烟添柳重 得烟字

树绕彤墀下，香霏紫殿前。遥看宫柳色，全带御炉烟。袅娜千枝踠，氤氲一气连。游丝飘乍驻，弱缕密相牵。漠漠浑如织，垂垂讶欲眠。似因青霭聚，微压翠条偏。宝鼎云长护，春旗色共鲜。阳和韶景丽，最在凤楼边。

赋得湘灵鼓瑟 得灵字

瑶瑟波间泛，骚人岸上聆。微传三叹意，知是二妃灵。绿水流无尽，朱弦响未停。如弹斑竹恨，宛隔暮花听。凄切风初起，萧疏叶乍零。人遥秋色碧，声断乱枫青。明月留清怨，空江接杳冥。余音何处觅？千载水泠泠。

赋得河鲤登龙门 得登字

洪河初泛涨，仙鲤欲飞腾。凡骨何时换？天门此路升。云泥争倏忽，风雨助凭陵。急峡声相薄，悬流势乍乘。耸身才一跃，跋浪已千层。乍觉雷声合，俄然雾气蒸。直同神剑化，莫比翰音登。为报詹何道，芒针钓未能。

赋得莺声细雨中 得交字

年光当二月，春意赏芳郊。微雨迷花径，流莺在柳梢。沾濡衣乍湿，宛转语相交。唤侣深藏叶，呼晴稳护巢。影怜轻縠隔，歌杂碎珠抛。细点声频滴，清音听欲淆。龙池方觊睍，鸠妇莫喧呶。会看偕鸿羽，同占渐上爻。

其 二

间关莺语巧，羃䍥雨丝交。烟缕全如织，金梭乍一抛。藏身争选树，求友共还巢。沾洒衣虽浣，清圆字不淆。泥应呼滑滑，鸣亦似胶胶。谁坐青油幕，遥听碧柳梢。携柑寻陌上，荷笠过塘坳。领略皇州景，和声遍四郊。

赋得夏云多奇峰 得岩字

岚气初蒸郁,云容俄崭岩。卷舒形屡变,重叠势相搀。峭立峰成笔,高张石作帆。雄应争岱华,险欲类崤函。拔地风频鼓,摩天日乍衔。雷疑泉响涧,雨讶瀑飞岩。缥缈真难即,嵚崎自不凡。愿陈纠缦颂,流韵入韶咸。

其 二 得峰字

七十二芙蓉,参差淡复浓。乍疑青嶂合,却是碧云重。长夏炎蒸气,非烟峭蒨容。南风吹片片,东狱起溶溶。触处原从石,飞来即作峰。凌虚时落影,拔地本无踪。缥缈三霄近,玲珑四面逢。会看时雨降,膏沃遍尧封。

赋得秋日悬清光 得清字（顺天乡试题）

素节澄西颢,灵曦卓午晴。霜高秋色净,云敛日华清。碧落无边阔,红轮别样明。炜煌含火德,萧爽带金精。白道凌虚转,黄人驭气擎。全如开水镜,谁拟挂铜钲。霁宇羲和驾,凉飙少昊行。圣朝平秩典,早命省西成。

赋得粳香等炊玉 得粳字

江乡风味好,秋熟荐新粳。细细香风透,霏霏玉屑明。乍看开翠釜,真似饵琼英。白石饥堪煮,蓝田种早成。滑匙如化液,著齿但无声。岂有瑕难掩? 惟怜质太轻。傥思酬一饭,定可抵连城。稼穑当为宝,欣看百室盈。

赋得江海出明珠 得圆字（浙江乡试题）

紫澥浮三岛,沧江汇百川。地灵钟巨壑,宝气涌层渊。渺漫深无际,晶荧望欲然。龙堂天不夜,蟾窟月长圆。有日逢渔父,凌波问水仙。每从鲛客室,来上蜑人船。万斛求难尽,千金价共传。澄泙湖一曲,氄社敢争先。

赋得秋水长天一色 得天字（江西乡试题）

高阁倚江前，长江水接天。苍茫秋一色，上下碧相连。寥廓平浮日，溟蒙淡扫烟。时凭楼百尺，宛对镜双圆。萧瑟吟难尽，空明画不传。惟看孤鹜影，直到落霞边。旧迹多非矣，寒流尚渺然。低徊王勃序，赏识忆当年。

其 二

瑟瑟琉璃水，苍苍菡萏天。新秋高阁上，远色大江前。岛屿轻沤点，楼台倒影悬。望中千里尽，低处四垂圆。极浦疑浮地，凉波欲化烟。更无痕界画，只觉气澄鲜。断雁投何处？孤舟去渺然。银河如可接，便拟问张骞。

赋得山水含清晖 得秋字（福建乡试题）

风景淡夷犹，人从镜里游。微微排远岫，瑟瑟见明流。掩映原如画，萧疏乍近秋。夜凉山雨过，天净水云收。晓色清于洗，烟光淡欲浮。青苍分极浦，紫翠入高楼。槲叶藏樵径，芦花有钓舟。惟应容谢客，双屐此淹留。

赋得白露为霜 得霜字（山东乡试题）

白露三霄降，仙盘九月凉。离离初被草，薄薄渐成霜。风急微含冻，云寒不化浆。无声霏玉屑，有迹在银床。芳草秋仍绿，疏林晓欲黄。昨宵犹鹤警，几日欲鹰扬。应候逢青女，司天届白藏。好乘金气肃，讲武震遐荒。

赋得水怀珠而川媚 得藏字（山西乡试题）

何待寻圆折？才能识夜光。珠胎还合浦，水意总沧浪。月魄灵津吐，风纹细縠长。三篙春浪软，一镜晚波凉。想像含虚白，徘徊问渺茫。旧闻江女佩，新认海人乡。埼岸谁遐瞩，璇源此秘藏。可能逢象罔，十斛出龙堂。

赋得明月照高楼 得楼字（河南乡试题）

皎洁三更月，高寒百尺楼。有人当永夜，此际对清秋。玉宇双扉敞，金波一片流。玲珑侵翠箔，咫尺挂晶球。斜影垂河汉，疏星逼斗牛。半天风露冷，四面水云浮。光是初圆夕，居临最上头。山川千万里，历历望中收。

赋得海上生明月 得光字（陕西乡试题）

一片寒空暮，无边巨壑长。烟消澄远碧，月出逗新黄。龙女微开镜，鲛珠渐吐芒。高凌天尺五，直涌水中央。轮抱三山影，波添万里光。乾坤浮颂洞，风露浴青苍。河汉微云敛，蓬壶夜气凉。金鳌谁独立？闲看舞霓裳。

赋得秋风生桂枝 得秋字（湖南乡试题）

爽籁渐飕飗，西风吹未休。银床才落叶，金粟亦含秋。冷露花微湿，清飙暑乍收。夜中惊梦醒，云外有香浮。绿袅高枝动，黄飘碎点稠。凉生明月里，声在小山头。红蕊芳堪折，丹梯路可求。霓裳羽衣曲，好入广寒游。

赋得农乃登谷 得成字（湖北乡试题）

月令期无爽，农官岁有程。麦先供夏荐，谷又报秋成。白露多时降，黄云一望平。几回田畯课，此日甸人呈。万斛珠丸滑，三春玉屑明。无须登旧黍，已到饭新粳。纳稭遵王制，吹豳叶颂声。吉蠲隆孝飨，早遣奉粢盛。

赋得玉韫山含辉 得瑛字（四川乡试题）

蓄宝每希声，璠玙肯自呈。谁知光隐耀，转使迹分明。试蹑寻山屐，长歌采玉行。遥看含紫翠，知是蕴琼瑛。石骨寒仍润，烟痕暖欲生。云根犹未斫，虹气已堪惊。抱璞幽人意，搜岩匠氏情。天球原易识，珍重此连城。

赋得月到天心处 得心字（广东乡试题）

好对梧桐月，闲将妙理寻。一轮初朗澈，万象正萧森。珠斗中央对，银河左界临。半天光皎皎，四面碧沉沉。大野烟痕白，凉宵露气深。自然群籁寂，那得片云侵。别馆何人望，高楼此夜心。谁知清意味，领略坐微吟。

赋得月中桂 得秋字（广西乡试题）

丹桂何年有？婆娑近玉楼。素娥云外种，红蕊月中留。老干重轮抱，圆光一镜收。分明金粟影，掩映水精球。露朵谁人折？天香每夜浮。花常开朔望，时不问春秋。最爱蟾蜍伴，宁容蛱蝶求。吟诗谁第一，定有许棠流。

赋得行不由径 得行字（云南乡试题）

逸矣高风格，棱然古性情。此心无曲折，一步亦分明。秋水官桥阔，春山驿路平。长亭扶杖过，仄径看人行。细草虽通步，斜阳肯问程。从来避瓜李，不但畏榛荆。孤直真难匹，迂疏莫见轻。他年投璧处，宝剑气纵横。

赋得秋风动桂林 得风字（贵州乡试题）

高树三梁外，清飙八月中。无声潜带露，有响乍摇风。秋到金鹅水，花飘白兔宫。数行枝夏绿，一带蕊翻红。月影微微撼，天香冉冉通。夜凉新落子，山小旧生丛。晚节邻黄菊，先凋笑碧桐。延年推上药，珍重问韩终。

赋得迎岁早梅新 得新字

腊日寒犹在，江梅蕊乍新。一枝偏耐冷，数点渐含春。岑寂横篱落，欹斜映水滨。寻芳知有约，踏雪尚无人。明月怜孤影，空山见远神。芳心虽向暖，高格本离尘。南至熙长日，东风感旧因。百花莫相妒，松柏是前身。

赋得原隰荑绿柳 得荑字

欲问芳郊信，迢迢上大堤。高原连下隰，旧柳长新荑。暖日烘初绽，微风剪未齐。渐看成绿影，稍欲露黄鹂。半扫眉犹浅，三眠梦尚迷。寒怜拖宿雾，软惜踠春泥。草色平皋迥，波痕断濑低。柔条随处绾，那计路东西。

其 二

荏苒东风到，参差柳欲荑。疏黄才挂缕，浅绿已垂堤。系马条犹弱，藏乌叶未齐。数行春映带，几处影高低。沮洳通兰泽，亭皋接蕙蹊。相看青隐隐，会待碧萋萋。陌上花三月，桥边水一溪。他时携酒路，树树是莺啼。

赋得御沟柳色 得新字

太液波痕长，灵和柳色新。烟光三月暮，水影一渠春。舞罢垂丝软，妆成对镜频。每逢赏花宴，多映钓鱼人。有态眠初起，无愁黛偶颦。本来天上种，还斗掌中身。玉砌时飘絮，银河不染尘。纵成萍点点，终是傍龙津。

赋得鸿雁来宾 得来字

南雁频频返，西风渐渐催。偶成宾主意，为有后先来。故国怜同侣，新秋已半回。相呼芦苇岸，早占水云隈。彭蠡三更月，潇湘两岸苔。不嫌清露冷，犹及晚花开。行止原如客，周旋莫见猜。雁奴与鸿妇，结伴且徘徊。

赋得秋月如圭 得圭字

月色净玻璃，秋宵画阁西。无瑕原似璧，有角便成圭。仙桂开方满，新桐剪乍齐。修来原是斧，切处定如泥。象以斜长肖，形从朒朓稽。凉天悬玉片，深夜照金闺。冷露中庭湿，明河右界低。方辉吟入户，更忆隐侯题。

赋得微云淡河汉 得河字

碧空澄夜色,络角挂明河。疏雨三更歇,微云几片过?一条横似练,数尺卷如罗。水自盈盈隔,痕余淡淡拖。依稀才有迹,清浅不生波。最爱玲珑映,无嫌点缀多。人间秋若此,天上境如何?拟泛灵槎去,琼楼问玉梭。

赋得帘疏巧入坐人衣 得衣字

帘阁三更坐,秋萤数点微。雨余乘夜出,灯下近人飞。越葛凉才入,湘云缕尚稀。玲珑徐度幛,熠耀乍随衣。回袖萦新苎,披襟上薄绨。有光原自照,无意偶相依。腐草怜能化,轻罗莫见挥。清宵宜朗诵,为映读书帏。

赋得爵入大水为蛤 得为字

动极归于静,循环数可推。经秋虫欲蛰,得气鸟先知。挟弹惊前日,怀珠趁此时。凌风归巨海,回影落寒漪。鸿鹄真难望,螳螂莫更疑。一随潮上下,长共月盈亏。变化形无定,飞潜理在斯。屈伸关大造,那复借人为。

赋得水始冰 得冰字

霜自何时降?寒从昨夜增。深滩多露石,浅濑半含冰。细溜微微聚,流澌渐渐凝。经风才欲合,遇暖尚难胜。琐屑银千缕,玲珑玉几层?一痕初界画,数片乍觚棱。舒敛机相待,刚柔气互乘。应知腹坚后,阳律已潜蒸。

赋得指佞草 得忠字

圣世原无佞,孤芳自效忠。不妨存弱植,用以戒群工。谏果差相拟,邪蒿未许同。当门留劲草,折槛想遗风。修竹能弹事,疏槐善守宫。何须簪白笔,直使避青骢。汉使衣裁绣,秦人镜铸铜。宁如尧砌上,丰采望菁葱。

赋得闰月定四时 得时字

阴阳交转运,气朔递参差。杪忽原无迹,微茫渐有奇。三年如不闰,四序定潜移。余算毫厘辨,中星旦暮推。回旋占斗柄,迟速证铜仪。蓂荚丛频换,梧桐叶早知。岁功成月令,王道敬人时。玉烛调和日,欣歌万岁期。

赋得其人如玉 得其字

空谷高人往,风流想见之。每当吟宛在,辄欲赋温其。缅彼千金宝,萧然一褐披。谁家生玉树,之子是琼枝。洁白平生许,雕锼几度施。兼葭空见倚,圭珇最堪思。好识连城璧,休言无当卮。凭看裴叔则,朗朗照人时。

赋得晨光动翠华 得春字

日抱丹乌跃,旗开翠凤新。陆离光莫定,炫耀望难真。不道精芒射,惟疑荡漾频。龙蛇微掣影,杨柳共摇春。玉仗迎黄道,金霞晃紫宸。祥原征五色,采更焕三辰。仙斾遥含旭,灵风未动尘。早朝仪卫肃,万国仰重轮。

赋得草色遥看近却无 得遥字

空蒙细雨过花朝,二月郊原草色饶。蹋处未能侵屦齿,望中早觉似裙腰。闲穿曲径行将近,试眺平芜去转遥。稍迫尚余青隐隐,才寻已是碧迢迢。不知春色徐相引,却讶烟光渐欲消。几拟停骖拾翠羽,剧怜隔岸映红桥。如随流水蓬蓬远,岂逐东风故故飘。芳意芊绵无尽处,胜游好趁卖饧箫。

赋得雨中春树万人家 得人字

二月长安雨似尘,郊原迢递接城闉。楼台高下多相映,云树空蒙半不真。柳密惟横烟漠漠,花疏偶露瓦鳞鳞。一痕薄霭连双阙,满地浓阴盖四邻。处处园林红滴沥,家家门径碧鲜新。数重深巷墙头影,十里长亭陌上春。青幰应迷沽酒路,绿蓑时见卖花人。分明认取王维画,六幅生绡淡墨匀。

赋得屏风灯 得屏字

何处清辉照眼明?琉璃一片碧晶荧。谁知朵朵莲花炬,却隔深深翡翠屏。六曲斜开金滉漾,千丝交逗玉珑玲。鲛绡裁片轻如雾,凤蜡攒枝隐似星。展去层层明锦绣,折来面面映丹青。帷中灯影遥侵座,画里花阴欲满庭。不道春风围步障,只言夜月印雕棂。珠帘隐约低垂户,镜殿分明对照形。此夕真游银色界,一时如坐练光亭。醉来试倚罘罳立,濯魄冰壶酒欲醒。

赋得鱼戏莲叶东 得东字

面面芙蓉望不穷,游鱼瀺灂往来通。有时绿影中流动,忽讶银塘右畔空。似爱丹蕖迎晓日,岂凭翠盖障西风。吹花欲趁归潮白,隔叶还窥落照红。方位偶同龙在左,朝宗亦类水流东。玉泉瀄瀄连琼岛,会泛恩波到紫宫。

卷第十六

我法集

赋得一片承平雅颂声 得声字

秋赋趋抡选,春官集俊英。文章盛唐代,歌咏续周京。接席银袍簇,分廊画烛明。八叉争立就,一字或频更。合奏宣功茂,和鸣应化成。坐听风月夜,吟叶管弦声。得上龙门路,多题雁塔名。何如逢圣主?甲乙自持衡。

赋得识曲听其真 得真字

一一春莺语,秦筝妙入神。声中原寓意,谱里巧翻新。弦外寻孤赏,樽前得几人?何期心默解,不待语重陈。银字毫厘辨,冰丝大小匀。能参分刌密,敢惜鼓弹频。侧调原非古,知音亦有真。况于山水曲,雅奏拭龙唇。

赋得高山流水 得琴字

流水高山曲,遗闻传至今。伊人空想像,古调久销沉。意到惟随指,神游岂在琴?偶然逢所适,并不系乎音。风静泉微响,岉空籁细吟。一时聊寄托,终古自高深。纵使留残谱,谁能更会心?莫惊弦竟绝,真赏本难寻。

其二 得高字

莫怪人难和,由来曲本高。遥情托弦指,妙悟契丝毫。直以神相遇,都忘手所操。千岩忆樵径,一叶想渔舠。有会如寻绎,无言听拨挑。雉飞知悦孔,鱼乐悟游濠。暗解孤行意,宁辞再鼓劳。逌然心莫逆,双鹄在林皋。

其三 得山字

邈矣成连操,情移海上山。琴师传此意,天籁在其间。云岫披图画,风泉响佩环。孤怀沉忽往,九变去仍还。弦断人谁会？樵归客偶闲。倾听两无语,默解一开颜。信是精能至,无云遇合艰。知音一已足,何必遍尘寰。

其　四 得流字

琴在钟期往,山高水自流。七弦声落落,千载意悠悠。伊昔初相遇,斯人暂一留。丝桐怜独抱,针芥默相投。浮桴烟江外,支筇雪岭头。未须言尔志,均已解其由。心赏非形迹,神交各应求。由来孙伯乐,一顾辨骅骝。

赋得野竹上青霄 得青字

野竹多年长,丛丛似翠屏。本来低地碧,何亦半天青。借托坡陀势,延缘迤逦形。渐连斜坂上,直到乱峰停。凤尾高空见,鸾音下界听。扫云牵嫒碊,障月隐珑玲。鸟语藏蒙密,樵踪入杳冥。谁当凌绝顶？卜筑此君亭。

赋得性如茧 得如字

性善宜修善,无忘受性初。似丝缠密密,其绪引徐徐。团结三眠足,包含万缕余。常能絇自络,始有锦堪舒。倪曰求文绣,而慵转缫车。材良徒坐弃,质美待何如？天赋知原粹,人功戒暂疏。遥传邹鲁学,终是广川书。

赋得秋色从西来 得来字

一气鸿钧转,循环四序推。春原自东起,秋亦定西来。谁遣惊蝉早,无端送燕回。苍茫登雁塔,萧瑟想龙堆。赤坂凉先觉,乌孙冷渐催。随河趋碣石,隔海到蓬莱。玉圃三成远,金天万里开。凭高吟壮观,岑杜忆雄才。

赋得四边空碧落 得游字

人到千峰顶,乾坤望里收。云虽开楚岳,烟不辨齐州。惟立天低处,遥观地尽头。四围同一碧,万里入双眸。色是空中见,神从象外游。太虚无畔岸,元气自沉浮。羲御光如近,娲皇迹莫求。九重应更远,缥缈想琼楼。

赋得圆灵水镜 得圆字

天晴常在水,水阔亦连天。岂似秋方净,刚逢月正圆?一尘清不翳,六幕淡无烟。如挽银河泻,全将珠纬湔。澄波翻下映,倒影竟高悬。虚白三千界,空明十二躔。四围同澹沱,万里共澄鲜。便拟浮仙棹,瓢斟太极泉。

赋得鸦背夕阳多 得多字

落日衔山际,翔禽返旧窠。独于鸦背上,遥见夕阳多。江畔霞初散,城头尾并讹。杜诗:"日落微风起,城头乌尾讹。"初乘朝彩出,今趁晚晴过。斜照光摇漾,翻飞影荡摩。遂如离墨沼,忽更浴金波。不以黔而黑,偏能耀自他。珍图应叶瑞,好借上林柯。

赋得绮丽不足珍 得珍字

谁居天宝末?敢薄建安人。才自归文苑,心原溯圣津。尊王昭衮钺,正始述睢麟。屈、宋非年辈,曹、刘岂等伦?遗经方独抱,丽句漫为邻。肯舍渊源古,而夸纂组新。斯言虽莫践,所论未无因。正似歌周鼓,兰亭不见珍。

赋得细雨湿流光 得光字

阴与晴相半,同时两恰当。圆曦遥闪烁,微雨细飘飏。密缕低拖地,斜晖映在旁。望如波浴日,瞥觉眼生光。烟重全粘草,霞明半照墙。花心方碎滴,鸦背自残阳。晒粉多黄蝶,垂丝有绿杨。太平韶景丽,品物总蕃昌。

附录　树馨诗

麦候晴兼雨,兰畦风有光。霏霏飘细缕,㲲㲲射斜阳。闪烁云频破,溟蒙土乍香。烟绡拖淡白,霞绮到昏黄。书幌疏犹映,春衫沾不妨。睡偏明倦眼,暖喜带微凉。唤妇鸠相应,衔泥燕亦忙。农家趁芳润,击鼓好栽秧。

赋得翠纶桂饵 得鱼字

文章词掩意,徒侈腹多书。譬作新渔具,还施旧钓车。翠纶材本脆,桂饵计尤疏。乃诧云鬟饰,兼夸月斧余。羽从珠树采,品取药笼储。舴艋晨频出,答箮晚定虚。岂非矜富者,反以致穷欤？珍重操觚士,无劳獭祭鱼。

赋得山虚水深 得萧字

缥缈浮丹翠,苍茫锁寂寥。巉岩横此路,融结自何朝？花偶随波出,云终隔岭遥。人谁狎鱼鸟？古未见渔樵。混沌天虽辟,鸿蒙气不消。多年几风雨,众窍自笙箫。邈矣峰千叠,泠然弦七条。曲终欹石坐,木叶落萧萧。

赋得风暖鸟声碎 得风字

恰是暄妍节,刚逢淡宕风。春深花信后,暖入鸟声中。处处双飞过,枝枝百啭同。弄晴交上下,唤侣递西东。促拍催相杂,繁音叠未终。歌娇藏嫩绿,响散趁飞红。仙树荣丹地,祥噰萃紫宫。朝阳谐雅奏,更喜在梧桐。

赋得日高花影重 得重字

清昼春方永,深宫绣偶慵。花丛闲检点,日晷细形容。侧照阴斜转,中悬顶正冲。圆光方下射,叠影自相重。一一分疏密,层层积淡浓。玲珑惟透罅,交插莫寻踪。地尽栽珠树,人如坐玉峰。云何杜荀鹤,更遣忆芙蓉。

赋得清晖能娱人 得青字

瀑自何年响？峰从太古青。偶然逢客过,宁识是谁经？潭影波涵镜,岚光翠叠屏。偏如相妩媚,邀使久留停。默觉心多惬,真疑地有灵。情移水仙操,意在醉翁亭。幽境时探胜,尘缘定退听。如何白莲社？未许入门庭。

赋得山水含清晖 得晖字

池馆丹青绚，园林锦绣围。多逢夸丽景，宁识悦清晖。试访樵童径，因寻钓叟矶。烟鬟晴乍沐，雪练涨交飞。净绿常随屐，浓蓝欲染衣。路从霞外转，人向镜中归。岩壑皆仙意，空明亦悟机。会心尘壒外，高唱和应稀。

赋得絜矩 得方字

陬澨登仁寿，黔黎奏乐康。德沾环海遍，道在寸衷藏。法有弧三角，重为矩四方。九章凭测算，万事受裁量。惟帝通情志，如材度短长。心心相比较，物物自周详。化起畿千里，恩覃地八荒。宜民知受禄，共祝寿无疆。

赋得江上数峰青 得青字

瑶瑟音长歇，青山万古青。数峰空寂寂，一水自泠泠。骚客传哀怨，神弦托杳冥。谁闻弹楚调？今尚咏湘灵。想像临明镜，徘徊对画屏。凌波人宛在，调柱此曾经。莫怅情如赠，难逢曲再听。满江秋月白，恍惚本无形。

赋得意司契而为匠 得司字

文本缘情造，经营在运思。手如斤斫垩，心几茧抽丝。规矩人能授，方圆我自为。万间筹结构，一发镂毫厘。偶尔环中悟，天然象外奇。巧虽千态变，权总寸灵司。镵贵材先审，轮非斧漫施。艺成堪喻道，珍重记工师。

赋得芝兰之室 得兰字

慷慨论交易，端方取友难。勿轻结胶漆，所贵近芝兰。花暖双扉敞，香围一室宽。灵苗光掩映，芳草坐盘桓。初挹情犹淡，微熏意渐欢。既而与之化，遂以久相安。湘水骚人佩，商山隐士餐。古来君子重，凡卉莫同观。

赋得寒蝉 得虫字

古有寒蝉喻,多嫌愧匪躬。圣朝求伉直,特诏戒臣工。月夕多歌蚓,霜天有候虫。云何贪饮露？偏自怯吟风。薄翼栖仍稳,残声曳竟终。岂因避黄雀,不肯响疏桐？解蜕荒林外,垂绥禁树中。鸣秋原藉汝,莫负化生功。

赋得诵诗闻国政 得闻字

文馆恩荣渥,儒官献纳勤。微陈三百义,仰达九重闻。太史辀轩采,诸侯绣壤分。贞淫知旧俗,奢俭证遗文。至邺何初变？终幽岂漫云。桧曹衰忆霸,周召治由君。删定能尊孔,歌吟即鉴殷。宁徒夸掞藻,词赋斗渊云。

赋得讲易见天心 得心字

河洛精微寓,羲文蕴奥深。惟通消息理,始警保持心。所以乾纲本,宜从复卦寻。一阳生半子,七日破重阴。是有盈虚戒,因陈进退箴。万几皆察变,五位自能临。讲幄明其要,儒臣献乃忱。集贤传故事,千载重词林。钦定《词林典故》,载张说此诗为历代艺文之第一。

赋得东壁图书府 得书字

珠纬占东壁,琅函耀石渠。法天爰取象,稽古用藏书。兰室丛编集,蓬山秘典储。西昆开册府,北极近宸居。搜采今弥富,精严昔莫如。权衡千载上,裁定万几余。宝气瞻奎藻,文光绕斗车。宁同唐四部,两志总多疏。

赋得西园翰墨林 得园字

唐主开词苑,燕公侍寿樽。直将汉东观,取譬魏西园。赤帝犹乘运,黄初未建元。宴游飞翠盖,宾客会朱门。点笔吟花径,分笺沴酒痕。五言交倡和,七子递攀援。是岂明良比,而同赓拜论。高名苏颋并,惜矣玷斯言。

赋得镜花水月 得花字

诗以禅为喻，沧浪自一家。水中明指月，镜里试拈花。圆魄千江印，欹枝两面斜。蟾疑浮浪觳，蝶讶隔窗纱。对影虽知幻，摹形反虑差。其间原有象，此会本无遮。六义轻东鲁，三乘转法华。别传归教外，珍重辨瑜瑕。

赋得雷乃发声 得初字

芳树鸠鸣后，新巢燕到初。二月第三候为鹰化为鸠，第四候为玄鸟，至第五候即雷乃发声。一声惊鸟梦，何处走雷车。半子萌来久，三阳郁欲舒。已经蒸勃勃，难更遏徐徐。冲激凌高顶，硁铿转太虚。骤闻音击格，才展气吹嘘。好雨催扶耒，轻阴待荷锄。年丰应奏瑞，太史有占书。定制：每岁雷发声时，钦天监推其干支方位，奏年岁之丰歉。

赋得鸟度屏风里 得屏字

鸟爱山光好，成群掠画屏。双飞翻彩翠，六曲映丹青。岭绕周遮状，峰回折叠形。烘云真益益，绘水竟泠泠。树好时三匝，花深偶一停。随风趁樵牧，瞥影过园亭。图写由天巧，清幽爱地灵。人踪难到处，羡尔得全经。

赋得臧三耳 得听字

色色斯生色，形形始化形。物皆因造物，听亦有司听。聋固非无耳，音何不辨霆。元神先莫运，空质自难灵。云两原常理，称三未不经。骋词缘尚口，聚讼遂盈庭。别教言堪采，儒家辩可停。正如留半楃，万世剩畸零。

赋得前身相马九方皋 得身字

牝牡骊黄外，骅骝相最真。谁言求骏意，乃在画梅人。偶写横斜影，何劳子细皴。直从无色界，忽现此花身。是岂凡庸手，能传冷静神。定知缘夙慧，或竟有前因。妙得离形似，才容下笔亲。华光留旧谱，摹仿已陈陈。

赋得池水夜观深_{得深字}

古甃涵澄碧，时时一俯临。昼何清且浅？夜乃窅而深。静以含群动，阳常闷至阴。外明明水面，内照照潭心。月黑浮光敛，星高倒影沉。遂令三两尺，望似百千寻。此景原恒见，何人费苦吟。四灵追少监，自许嗣唐音。

赋得楼钟晴听响_{得晴字}

暮色苍然里，鼋钟乍一鸣。遥传云破处，不似雨淋声。器古含蒸易，中虚聚气盈。性原通燥湿，音亦变阴晴。潏减听微爽，风干韵乃清。自然鲸奋吼，倍使鸟频惊。审律阴阳辨，穷微分刌明。移兹调大乐，岂不赞韶頀？

赋得春华秋实_{得华字}

家丞擅秋实，庶子斗春华。谏果深含味，词条艳吐花。儒林应列传，艺苑亦成家。汲郑诚持正，班张岂遽邪？兼收原未碍，偏好乃多差。何吐甘瓜荐，而簪秾李夸。宁知文有质，斯曰正而葩。天藻亲题品，因材非漫加。谨案：御制有《春华秋实》诗二首。

赋得栖烟一点明_{得明字}

妙写无人态，诗僧体物精。空江孤鸟白，远浦淡烟横。似仿烘云画，钩成片月生。四围轻渲染，一点自分明。雁过凭争鬻，鸥多懒遍盟。栖真含静意，吟亦爱闲情。立久怜寒雨，飞来趁晚晴。雍陶兼杜牧，宁识此禽清。

赋得长江秋注_{得江字}

莫怪昌黎笔，高谈气不降。能将词汩汩，涌作浪淙淙。如上流丹阁，全开面水窗。一痕连碧落，千里见秋江。帆转衡湘九，山浮鼋赭双。有源通雪岭，无岸架天杠。果是潮堪拟,宁惟鼎可扛。六朝矜绮丽,任汝奏新腔。

赋得汲古得修绠 得修字

经籍含微义,如泉伏地流。纵逢从井出,未易挈瓶收。漱润思医渴,寻源必缒幽。莫矜桔槔取,惟转辘轳求。巧手千丝结,长绳百尺投。深深能见底,轧轧始堪抽。品水存真鉴,沤麻贵预筹。昌黎明古学,努力继前修。

赋得文以载道 得文字

文原从道出,道乃寓于文。本以词之达,宣其意所云。如资车载物,是用匠操斤。同轨途原一,争驰路竟分。传心付伊洛,掞藻斥渊云。矫枉言虽激,崇真意则勤。扶轮期雅正,合辙戒纷纭。华实兼资意,权衡仰圣君。

赋得移花兼蝶至 得移字

新春经谷雨,芳树正堪移。携畚花才劚,寻香蝶已知。红墙遮不断,粉翅趁相随。远送如难别,偕来似有期。翩翩终日影,恋恋旧时枝。遂使潘安县,兼添谢逸诗。看宜同入画,买喜不论资。点缀韶光好,流莺莫浪窥。

赋得孤月浪中翻 得孤字

万里长江净,三更片月孤。忽闻风叶响,顿涌浪花粗。起伏波难定,低昂影亦俱。看才如水镜,走忽似盘珠。旋舞惊浑脱,圆光转辘轳。突来金自跃,冲破练平铺。象本天渊合,形由动静殊。潮平观皓魄,清景正堪娱。

赋得炼石补天 得天字

帝魁书尚佚,况乃帝魁前。谁记娲皇事,偏教列子传。讹言五色石,曾补九重天。风鞴频吹鼎,云根尽化烟。浓蒸岚气合,再使笠形圆。从此鳌维立,于今蚁磨旋。爱奇何若是,语怪岂其然。张湛徒劳注,卮言亦妄诠。

赋得以鸟鸣春 得鸣字

恰值暄妍节,欣欣尽向荣。一时听鸟语,都是为春鸣。夏木原求友,寒林亦哢晴。如何桃李月,偏作管弦声。蕃育濡和气,歌吟畅物情。定因花柳好,特遣燕莺生。踏草催沽酒,吹箫应卖饧。相关多乐意,长此颂升平。

赋得以雷鸣夏 得鸣字

天地氤氲合,相蒸雨始成。散光为电影,激响是雷声。阴气包而遏,阳刚郁乃争。两抟相震荡,一奋遂砰訇。冰结冬深闷,云兴夏屡鸣。都缘随节候,不是失和平。布泽沾濡溥,宣威法令明。圣功符造化,品物乐咸亨。

赋得以虫鸣秋 得鸣字

络角银河转,西风淅沥生。秋声最萧瑟,虫语亦凄清。叶落如先觉,霜寒已早惊。坐来初月上,吟到欲天明。将断还重续,无心似有情。人宁知所诉,天实使之鸣。此夕音何急?谁家梦未成?惟应孟东野,与尔作诗盟。

赋得以风鸣冬 得鸣字

雪野飙轮转,霜林地籁鸣。元冥司令出,屏翳应天行。四序皆从律,三时微变声。何为寒谷响,多似海潮生?冬以凝阴敛,风从噫气成。若因宣郁结,预使动句萌。南至阳初复,东郊气待迎。柔飔仍长育,桃李满春城。

赋得良玉生烟 得光字

欲识诗家景,宜游产玉乡。烟痕蒸缥缈,吟兴入苍茫。淡白浮虹气,微红映日光。有无都不著,空色两相忘。邈矣春千里,求之水一方。会心言莫喻,极目意何长。锦瑟深情托,蓝田旧迹荒。镜花涵幻影,妙悟付沧浪。

赋得黄花如散金 得金字

春意阑珊后，余春尚可寻。四围芳草里，一路野花深。疏朵多依水，繁英自满林。有时疑是菊，总为散如金。蕊密藏莺坐，枝低映酒斟。摘来萦响钏，落处误遗簪。桂馥秋将至，槐忙候正临。娇黄同一色，陆续更清吟。

赋得心如秤 得心字

蜀相留遗训，名言寓意深。重轻原有准，高下本无心。淡泊澄怀久，虚公待事临。平衡期道直，偏袒戒私侵。斜正严分杪，低昂任羽金。权非操自我，语足佩为箴。称物区良楛，因材辨尺寻。鉴空同见咏，传诵仰宸襟。

赋得四十贤人 得人字

谈艺严流品，休明论最淳。称诗沿律祖，选字比词人。声气从其类，评量拟以伦。五君容共席，八座各分茵。主客图堪绘，英贤谱具陈。兰畦宁杂艾，玉府肯收珉。正似龙门启，同看虎榜新。临轩亲鉴别，识曲务听真。

赋得斧藻其言 得言字

载酒询奇字，研思著《法言》。拟经虽伪体，好赋亦专门。筑室资旁证，衡文得细论。斧斤期善削，藻绘莫辞烦。心矩遵尼父，词华溯屈原。斫轮通意匠，后素悟诗源。所惜篇章富，难称道德尊。萧楼传妙选，符命至今存。

赋得光景常新 得新字

万丈文章焰，常看光景新。图书应奎壁，竹帛耀仪璘。珠纬分躔舍，璇霄转化钧。精华融二气，晶采聚双轮。穹宇高垂象，灵晖焕有神。升恒时璧合，晷度自环循。橐籥天行健，玑衡帝抚辰。绵龄同久照，圣藻映千春。

赋得弓胶昔干 得胶字

考工观艺事，上下悟相交。譬作狼弧干，匀涂凤髓胶。融和成一体，熨帖到双弰。正岂因檠束，粘真与漆淆。坚完堪引䩨，捷疾试鸣髇。缺未容藏蚁，强才好射蛟。可思防瓦解，始足固桑苞。鉴不遗谐隐，从知念草茅。

其　二 得弓字

谚语含微义，淳于譬制弓。三材资利用，九合待良工。曲顺弯环势，深劳比附功。鸾胶期熨帖，蚁缺戒嵌空。质取刚柔配，光磨表里同。一丝无间隙，两界乃交融。理以宜民悟，情因观物通。懿纲符众志，挈矩在皇衷。

赋得天葩吐奇芬 得葩字

奇制花生笔，人间无此花。诗裁标丽则，天秀肖荣华。韩诗："荣华肖天秀，捷疾逾响报。"月桂飘金粟，蟠桃簇绛霞。蕤英开艺圃，移种自仙家。吟咏时含咀，芳馨在齿牙。妙香闻净域，剩馥谢凡葩。句用芙蓉比，文持勺药夸。六朝空绮语，品第定微差。

赋得荷风送香气 得风字

十里芙蓉渚，溟蒙暮色中。夜游难秉烛，晚坐且当风。习习生蘋末，泠泠度苇丛。遂教香冪蔼，不隔树玲珑。爽籁心神净，清芬鼻观通。疑从散花女，偶试杖黎翁。吹袂芳馨满，披襟念虑空。萧疏凉露里，况有此君同。

赋得黄庭换鹅 得鹅字

内史工柔翰，高名擅永和。品宁争野鹜，价尚换群鹅。韬笔留真迹，携笼别旧窠。竟同风字砚，来浴墨池波。巧夺原游戏，传闻好舛讹。换鹅之书，旧或以为《黄庭经》，或以为《道德经》。题曾经太白，谑遂有东坡。钩勒形终在，雕镂字不磨。犹应胜诸帖,任靖代书多。右军杂帖多任靖代书,盖靖学书于右军,后大令又学书于靖也。事见陶弘景《与梁武帝论书启》,今尚载《隐居集》中。此事人多不知,即历代书家传内亦佚靖名,盖不幸而湮没耳。

赋得能使江月白 得能字

江上琴方鼓,天边月恰升。镕银怜色净,调轸自神凝。调去声古心弥淡,缘空念不兴。性情皆荡涤,耳目亦清澄。朗澈渠如许,虚明得未曾。宛铺千里雪,高映一轮冰。识曲应生悟,移情信有征。成连船去后,此妙竟谁能?

赋得九变待一顾 得琴字

嘉会乘良夜,澄怀寄玉琴。一弹人已静,九变意何深?竹露闻清响,松风入细吟。缠绵托古调,宛转写余心。缥缈孤情往,回环幽思沉。几番怜独赏,三叹有遗音。寥落山无路,苍茫雪满林。徘徊应自悟,莫向七弦寻。

赋得文笔鸣凤 得高字

妙制储麟阁,雄词耀凤毛。六经资羽翼,千仞看翔翱。舒锦文章丽,凌云气象高。质原殊燕雀,栖肯到蓬蒿?自有辉光焕,非矜骨力豪。雉怜藏麦陇,隼敢下霜皋。紫禁登丹地,琼笺斗彩毫。圣朝多吉士,雅奏满仙曹。

赋得鸷集翰林 得林字

巨手矜风骨,多成亢厉音。正如鹰隼疾,不受网罗寻。寥廓孤盘影,飞腾万里心。宜乘秋翮健,瞥没野云深。乃挟风霜气,偏栖翰墨林。虽云胜凡鸟,终觉异文禽。笔阵纵横扫,诗豪慷慨吟。宁知声中律,鸣凤在桐阴。

赋得雉雊文囿 得文字

刘勰工谈艺,严将甲乙分。《雕龙》详辨体,雊雉借论文。芳陇宜呼侣,词场竟作群。彩翎矜画本,锦臆斗花纹。古有飞腾入,兹惟绮丽闻。一翔旋踬蹶,五色漫纷纭。脱韝风生翮,盘空气笮云。饥鹰称独出,转忆鲍参军。_{孙树馨谨案:《集韵》韝居候切,音"遘"。}

赋得佳士如香固可熏_{得熏字}

讲业宜求侣,亲贤在乐群。欲随芳气化,当似妙香焚。菊友交其淡,兰言听所云。论文沾剩馥,述德诵清芬。瑶草虽同拾,旃檀恐逆闻。宁惟纫佩玩,直拟对炉熏。花好偏防麝,莸多勿杂薰。圣门三友训,洙泗有遗文。

赋得砧杵共秋声_{得声字}

茅舍旁比平声户,荆篱对望衡。每于闻雁后,都是捣衣声。隔巷鸣相答,邻墙听倍明。月凉同一色,蛩促到三更。多为惊寒早,宁无寄远行。但闻齐送响,谁识各含情。择里萦环堵,哦诗对短檠。流传骑省句,清景画难成。

赋得若虞机张_{得张字}

帝甲勤修政,阿衡敷奏详。欲申师氏诏,特借弋人方。断竹能飞逐,闿弦贵审量。力从弓干取,巧在弩牙张。所冀无虚发,非矜善挽强。静须持觳满,动戒转关忙。自古传明训,于今仰圣皇。随心皆曲当,道更迈殷商。

其二_{得虞字}

招以皮冠者,山虞与泽虞。于官虽末秩,其术有良模。林薮时求鹿,陂塘每弋凫。千钧虽矿弩,寸辖是神枢。镞利锋相直,弦开掞尚须。多时心自审,一发众皆呼。万里筹兵略,十全成战图。圣谟常制胜,此理信相符。

其三_{得机字}

一艺通乎道,凝神静审微。虞人称善射,君子悟知几。凡有三狐获,时看一箭飞。弛张由玉弩,操纵在铜机。求炙心如躁,鸣髇中必稀。智当先度势,勇不在扬威。莫诧风生耳,轻夸雪打围。澄心观得失,所贵辨几希?

赋得山杂夏云多 得云字

长夏新晴后,山山半是云。峰形争峭茜,岚气尚氤氲。过雨含朝爽,蒸霞映夕曛。青围屏曲曲,白擘絮纷纷。共与烟光合,难将石色分。不缘风动影,错认藓生纹。复旦逢嘉运,时旸应圣君。一犁膏润足,千耦乐耕耘。

其 二 得多字

朱夏晴初放,青山雨乍过。遥看高岭上,犹自断云多。片片裁霞绮,层层间 去声 黛螺。飞来峰略似,望去目频摩。惟辨浓如画,俄惊动类波。唐人有《云行类动波赋》。平铺连莽苍,上声。中破露嵯峨。好景消蒸溽,轻阴养麦禾。非烟谁献颂,纠缦愿赓歌。

附录 树馨诗

好雨沾全足,晴云态自闲。峰多初入夏,风便半归山。缥缈松杉外,玲珑紫翠间。浓岚浮雾縠,叠嶂逗烟鬟。有景皆遮映,无心任往还。宿岩封乳窦,抱石恋苔斑。白道高难蹑,丹霞远莫攀。人家如画里,不信住尘寰。

赋得流云吐华月 得流字

良夜清光满,开轩豁远眸。颇嫌明月侧,时有片云流。所幸飘难定,多逢过不留。虽云轻掩映,原未久夷犹。乍似开罗幕,俄看露玉钩。半轮才挂树,一镜已当楼。径可持杯问,何须秉烛游。纳凉幽兴足,高咏忆苏州。

赋得松风水月 得间字

何地无风月?游观亦等闲。风来宜木末,月好是波间。竽籁闻松径,楼台近水湾。境才清耳目,景乃助江山。虬干披襟倚,蟾光送棹还。七弦思古调,《琴操》有《风入松》。一印悟禅关。《五灯会元》:"如何是一印? 印水曰:秋蟾影落千江里。"尧栋鲜飙爽,娥池皓魄弯。宸襟多妙契,高咏有谁攀。

赋得临风舒锦_{得藏字}

潘岳多篇什,钟蝶细品量。譬诸宫锦丽,对彼好风张。意匠标三准,天工斗七襄。笔花新制样,心织巧成章。更得鲜飙漾,弥教异采彰。千丝交晃耀,五色欲飞扬。惟惜矜鞶帨,空令贮缥缃。宁知奎藻富,万理总苞藏。

赋得时旸若_{得难字}

芳陇频沾润,浓阴亦酿寒。每逢甘泽溥,多恐快晴难。独有休征叶,能令野老欢。刚添春水足,即得晚霞看。暖日宜烘麦,光风已泛兰。谁教云气敛,恰使雨声阑。皇极敷彝训,天心示鉴观。时旸由作乂,惟圣审其端。

赋得刻鹄类鹜_{得曹字}

勉效深醇士,无矜意气豪。譬如从郢匠,学彼试并刀。摹仿青田状,雕镂白雪毛。巧应欲翔鷔,差亦只分毫。貌似终相近,功多未枉劳。材殊仙客驭,赞尚庶人操。尺牍传交趾,芳踪表伯高。千秋垂法戒,岂但训儿曹。

其 二

学刻双黄鹄,勤操百炼刀。何人能仿佛,此鸟最清高。想像仙姿逸,经营意匠劳。无云差杪忽,或未肖纤毫。本自鸳鸿侣,终殊乌鹊毛。杜诗:"空瞻乌鹊毛。"家鸡非所爱,孤鹜乃其曹。飞即输千里,栖容近九皋。鹤凫长短异,云水各翔翱。

赋得清露滴荷珠_{得宜字}

露以珠相比,惟荷比最宜。试看擎盖处,恰似走盘时。聚液因成水,随圆自中规。沾濡原不湿,旋转竟堪疑。蜑客惊花隐,莲娃讶佩遗。剧怜明月映,只惜软风欹。试茗频吹鼎,煎香再赋诗。云浆能益寿,长祝万年期。

赋得水波_{得平字}

太液春流暖,澄明一镜平。从来清见底,本自静无声。偶尔微飔拂,天然细绉生。罗纹吹荡漾,縠缬散纵横。起伏分还合,潆洄住复行。翠牵新荇动,红泛落花轻。浴鸭鸣相趁,眠鸥卧不惊。思波资长育,茂豫畅皇情。

赋得闰月定四时_{得和字}

寒暑循环至,阴阳递荡摩。盈虚缘气朔,赢缩验羲娥。秒忽差之久,畸零渐以多。求其时令正,如此羡余何。惟置三年闰,斯调四序和。短长皆互补,节候自无讹。化日迟迟永,芳辰缓缓过。春风添一月,是处听莺歌。

赋得公而不明_{得谁字}

人对芙蓉镜,持衡在主司。云何矜正直?转不问妍媸。陆贽空期汝,颜标莫辨谁。遂教杏园宴,滥折桂林枝。缘恃清无染,都忘照已疲。骊黄夸阔略,甲乙致参差。所幸平生志,犹蒙圣主知。一言功过定,睿鉴洞无遗。

其 二

皇心金镜澈,四照辨毫厘。得失同时见,瑕瑜一览知。萧兰均采撷,瓜李致嫌疑。纰缪何如是,愆尤更逭谁。乃蒙天府鉴,犹谅意无私。明罚申公论,矜愚示圣慈。权衡归至当,操纵颂咸宜。应识裁成化,持平总若斯。

赋得四时为柄_{得乾字}

温肃功相济,阴阳候密迁。天枢提以斗,气纽系乎乾。惟有经纶手,平分斡运权。一元归掌握,四序递轮旋。试验行生者,如随臂指然。所操才尺寸,其化遍垓埏。刑赏稽周典，玑衡协舜年。圣心涵大造，体健本同天。

赋得首夏犹清和 得潜字

九十芳春后，芳春似又添。花虽红簌簌，草自绿纤纤。谁挽韶光住，都无暑气兼。晓风仍薄冷，午日未全炎。细雨宜凭槛，新晴好卷帘。何须挥短箑，才拟换轻缣。澹沱烟姿媚，潆洄水意恬。欣欣观物化，涵育到飞潜。

赋得既雨晴亦佳 得晴字

少皥秋方届，炎官令尚行。剧嫌残暑在，时望片云生。火伞俄消焰，雷车乍合鸣。一经初过雨，反似最宜晴。山态青岚活，烟光绿野平。坐来晨气润，看到晚霞明。霁色图难绘，清吟句好成。题诗追杜老，拭目待群英。余时阅乡试录科卷。

其 二

正值炎蒸候，欣闻淅沥声。一番经好雨，满眼看新晴。昨见霞初起，原防暑倍生。甘霖今慰望，霁景又怡情。草木华滋发，山川气色更。晨风皆带润，午日亦含清。快作登高赋，停吟苦热行。虹桥千万里，应是接昆城。

赋得如水如镜 得分字

贞观求言日，良臣献纳勤。借方心朗澈，用辨物纷纭。澄碧消余滓，磨金映透纹。净涵天一色，明胜月三分。内景含虚白，圆光洗垢氛。真形皆绘画，幻态任烟云。自古传斯论，于今信所云。知人尧帝哲，睿藻有鸿文。谨案：御制有《君子小人论》，尝宣示廷臣。

赋得石穴应云 得霖字

二气氤氲合，蒸濡透碧岑。片云看触石，三日兆为霖。窅窕琼崖坼，玲珑玉窦深。几丝穿曲罅,半岭带轻阴。缥缈峰头见,迢遥洞口寻。从龙应有感,出岫讵无心。会送知时雨,来随解愠琴。芳滋遍禾黍,茂豫慰宸襟。

赋得云兴四岳_{得霖字}

峻极惟神岳,岩穹涧谷深。絪缊通地气,发育应天心。石骨微含润,岚光早变阴。千峰蒸郁郁,四野黯沉沉。遍雨闻诸古,兴云咏至今。正缘人望泽,总藉汝为霖。好以交相感,常教惠下临。三公均品秩,莫遣似杨愔。

赋得匠成翘秀_{得多字}

平楚阳翘苴,芳园夕秀多。邓林高蔚茂,郢匠远搜罗。嘉植储桢干,良工妙斧柯。栋梁期有用,绳墨引无讹。碎玉霏霏锯,真花片片磨。一从经斫削,迥异在岩阿。矩秉周三物,材程汉四科。成功资大厦,五凤构巍峨。

赋得云消出绛河_{得河字}

七夕看牛女,轻阴幂似罗。频登朱阁望,无奈碧云多。忽觉微凉入,徐吹爽籁过。天高收宿霭,夜久露明河。渐透玲珑影,遥横清浅波。片时银色净,极目练光拖。得月珠帘卷,穿针彩线搓。新声谁第一,侧耳听清歌。此为诸生乡试拟作。

赋得东风入律_{得风字}

荒徼来星使,神符应月筒。浮槎瞻北斗,执篴验东风。卦气三阳叶,春声六琯同。苍龙原中角,太蔟总为宫。宛转谐鸣凤,吹嘘启蛰虫。百旬犹未息,万里自相通。乾象天枢正,坤舆地络穷。兜离偕僸㑨,今悉付伶工。

赋得春帆细雨来_{得帆字}

云气浓如墨,江波绿似衫。蒙蒙吹细雨,杳杳送征帆。斜浥丝千缕,低窥镜一函。两行迷远树,九面转重岩。短笠欹偏稳,孤篷障未严。汀花看滴沥,樯燕听呢喃。伫望行人至,无劳远思缄。仙舟谁共上,缥缈自超凡。

赋得百川灌河 得方字

浩浩洪河注,东来万里长。百川归禽纳,九派会泱茫。秋涨浮高岸,寒涛泻大荒。争流波卷白,交涌浪翻黄。风雨声奔辏,鱼龙气奋张。共趋天左界,齐汇水中央。自足驰遐瞩,何须愧大方。朝宗通紫澥,畛域可相忘。

其 二

五老飞星处,沧波万古长。河清原卜瑞,川至更增祥。灵液添香雨,高源溢盎浆。合流归德水,分派耀荣光。泽马来空阔,神鱼舞混茫。群龙趋大壑,一柱屹中央。禹迹传敷土,尧天颂省方。瑶图应效祉,绿字炳文昌。

纪晓岚文集

〔清〕纪昀 撰
〔清〕纪树馨 编

编校说明

本书以嘉庆十一年纪树馨整理编辑的《纪文达公遗集》第一函为底本,改称《纪晓岚文集》,并以河北教育出版社1991年7月版《纪晓岚文集》为参校本。

卷第一

赋

圣驾东巡恭谒祖陵赋谨序
乾隆十九年

臣闻祭不欲数，所以深致其尊严；祭不欲疏，所以时通其亲爱。祖功宗德，必申报以精禋；春禘秋尝，皆合符于天道。圣人制礼，其义详矣。至于柏城山殿，閟千岁之金镫；仪马灵衣，护万年之玉匣。衔珠仙鸟，精爽长存；绕鼎天龙，英风如昨。姬宗受箓，初传祭毕之文；汉氏修仪，屡奏上陵之曲。凡以神轩殿荐，抚弓剑而不忘；原庙瞻依，拜衣冠而申慕。缘情制礼，在古人未有常期；因事告虔，惟圣主协其天则。钦惟皇帝陛下，纯心荐祜，至孝通神。肃肃雍雍，已延禧于清庙；元元本本，更作颂于高山。燕及皇天，扬骏声以昭德；格于艺祖，告巡狩以明虔。昔于癸亥之年，亲移六御；曾以仲秋之吉，恭谒三陵。播前烈而有光，饮太和以示庆。礼行乐达，共浴厖鸿；爱著悫存，弥怀对越。但以神宫静谧，非时不敢轻临；云阙森严，无事不容数告。洎今阏逢御气，岁阳回十干之初；阉茂司辰，星纪际一周之候。本天举事，将奏鼓以思成；率祖攸行，用禽河而衷对。克昌厥后，缅怀菡馆遗基；时迈其邦，复履寿邱旧邑。精符有感，织女星明；州络所经，真人气应。昊天其子，三灵叶大顺之符；先祖是皇，百福答孔明之祀。且夫帝王之孝，在遍合其欢心；昭格之原，在克扬其大烈。昔者帝出乎震，天符彰玄鸟之祥；人始于寅，王气兆苍龙之野。百灵受职，降斗宿于黄神；三尺亲提，耀炎精于赤帝。金支结盖，开天而位正中央；玉弩垂芒，辟地而威行东北。挹娄勿吉，全收三蘖遗墟；靺鞨句骊，尽隶二南旧域。玄狐授箓，当年屡奋干戈；白鹿呈图，今日莫非臣仆。自热河取道吉林，缵旧服也。燕犀冀马，天下称雄；火帝云师，先皇教战。歌豳风之于貉，公子为裘;畋渭水之非熊,文王卜猎。舞昭七德,未忘开国威灵;诗咏四黄,不废乘时讲肄。豻方祭兽,弓矢斯张;鸠始为鹰,罻罗可设。非惟以充干豆,备享祀于神明;实亦克诘戎兵,用觐扬夫光烈。合围十九,绳祖武也。

若乃黄祇孕气,肇王迹于神皋;青帝含精,辟奥区于吉土。天地长男之位,郁律居尊;山河两戒之交,蜿蜒聚势。华胥神母,实感虹生;申甫名臣,亦缘崧降。流泉相度,迹追筑室之初;乔岳怀柔,体颂时巡之日。望祀长白,溯王业所由兴也。

至于书衔木凤,号涣明堂;竿揭金鸡,星空贯索。引年尚齿,示孝弟而涵柔;赐爵蠲租,宜民人而嘉乐。根荄畅遂,蕃厘宣德产之精;风雨和甘,渗漉达桐生之气。歌传沛邑,儿童俱奏三侯;酒置南阳,父老齐呼万岁。非所谓"孝子不匮,永锡尔类"者耶。

况乎庙中境外,仁孝同源;神主民依,天人合契。流通一气,将含识以知归;格被万方,自敷天之丕应。虞廷绘保,王母贡其玉环;周道尊亲,越裳献其白雉。帝车东指,两都之辇道方通;天马西倈,万里之流沙已被。正似鸣球来格,感兽舞以征祥;亦如大糦是承,载龙旂而恐后。又所谓孝治天下,不遗小国之臣者矣。

夫周书作训,禹迹方行;商颂登歌,汤孙奏假。思文后稷,推祖德于陈常;明昭有周,播王权于式序。莫不形容美盛,震耀古今。臣幸际圣朝,备员翰苑。西昆载笔,本缘文字蒙恩;东壁观书,惟以咏歌为职。其敢不竭其肤末,扬我休明。谨拜手稽首而献赋曰:

伊世德之作求,卜灵长之受祜。袭气母以剬元,奠柔祇而拓宇。推开基之有自,周咏生民;缅降福之无疆,商歌烈祖。二京并建,鸿都永峙于东西;九庙常尊,世室不迁夫文武。道光玉券,既垂统于来兹;神閟珠邱,宜荐馨于终古。衍苍牙之庆,帝系绵延;彰紫气之符,圣人作睹。摄提合雒,大扬五叶天声;夔鼓龙旗,克缵百年灵绪。溯基丰邑,曾殷礼之肈称;报本桥陵,乃鸿仪之再举。

尔其炎帝司天,赤骝载驾;羲和练日,朱鸟方中。验六宿之钩陈,瑶枢指北;占四维之天目,玉辂巡东。瑞节先行,早戒期于旧国;安舆虔奉,暂消夏于离宫。盖昭德示和,未举明禋之盛;而问安视膳,已彰圣孝之崇。

则有司隶戒途,土方树舍。万骑趋趋,七驺整暇。玉皇绛节,双龙夹毂以回翔;金母云軿,三鸟扶轮以上下。望行殿之崔嵬,见旂裘之奔迓。厥篚底贡,争看西旅之来;我马既同,适饬东都之驾。若以荒远之潜孚,而昭本原之至化也。

于是津通析木,地涉幽都。躔分箕尾,星带龟鱼。井钺参旗,摩坎宫以东转;軫收房驷,临丑位以斜趋。经过毳幕毡城,重拜双双之豹尾;渐至白山黑水,新瞻九九之龙车。大狝治兵,时维八月,陈师鞠旅,王用三驱。貔虎熊罴,赫矣声灵之震叠;风云蛇鸟,依然开创之规模。

夫其两广舒张,六花奇正,立万马而不嘶,列八门而听令。象祖宗之俟天休命也。阵分鸟翼,围合鱼丽,方总干以山立,俄鸣镝以风驰。象祖宗之应运兴师也。弧直星狼,芒摧天狗,批苍兕之千斤,捩奇鸧之九首。象祖宗之涤荡九有也。三品既登,五豵斯取,爰解网以示恩,咸止歌以有序。象祖宗之永清大定,修文偃武也。别有犀手成群,鲸波无际。礼陈大猎,橐杨柳以登鲜;颂奏多鱼,取鲦鳏以供祭。忽来忽往,鼋鼍若驾其桥梁;一纵一横,鹅鹳宛成其阵势。聚跋浪之雄材,角凌波之精锐。俨然见泛鸭绿,蹙觉华而两平东裔也。

尔乃临产砮之长江,环采珠之巨泽。睇龙战之大荒,缅鹰扬之旧迹。依稀水浒,亶父营居;仿佛夕阳,公刘卜宅。穆怀祖烈,纡清跸于吉林;遥答神休,荐嘉筵于长白。

是盖创业所由,发祥斯在。蟠地脉以尊严,耸神峰而磈磊。惟圣帝之将兴,閟灵区以相待。隤山有颂,等于望秩燔柴;祀事初行,亦似先河后海。

乃发肃慎,乃向辽阳。周原膴膴,殷土芒芒。抵东北以回銮,翠旌容裔;指西南以移跸,玉轪铿锵。鸿雁声多,下千林之黄叶;鲤鱼风起,落九月之丹霜。翠柏青松,忽遥瞻夫灵殿;华旗芝盖,乃远涉夫崇冈。守以熊罴,浮五云于空阔;望如龙虎,接一气于青苍。是鼎湖之所在,而乌号之所藏也。天子于是召宗伯，命太常，陈广牡，列大房。以妥以侑，或肆或将。奉郁金以祼地，爇萧火以求阳。荐两敦而亲盥，格四圣于同堂。推始祖所自生，则义通于禘；当季秋而有事，则礼近于尝。洞洞属属，穆穆皇皇。盖溯帝喾之渊源，重来告洁；因追宗周之谟烈，以次升香。

继谒福陵，载瞻天柱。肇承帝宝，战榆罔而兴师；怒奋天弧，翦崇侯而整旅。白旄黄钺，当年屡震天威；玉戚朱干，今日犹陈武舞。罩然太祖之指挥率土也。

昭陵肃穆，隆业嵯峨。虎贲三千，传盟津之作誓；降蕃十四，忆贞观之挥戈。澧水攸同，泽在都人士女；昆台既去，功存大地山河。穆然太宗之勋业不磨也。

斯时也，祖义本仁，化神气盛。万国合欢，一人有庆。礼成福备，已符百顺之名；孝享吉蠲，允协九如之咏。盖列祖经纶草昧，贻此珠囊；而皇帝提挈天纲，握其金镜。思前列于丕承，感遗模于执竞。忾闻僾见，意蠲洁以常通；崇德报功，情缠绵而莫竟。秋霜春露，永怀十载之诚；玉瓒黄流，乃致一朝之敬。由其馨香之昭事，仁孝纯深；所以典礼之重光，后先辉映。

是知奋武揆文，不遗藩裔；观民设教，远历山川。出紫塞之严关，荒绥五百；纡青羌之巨野，道路三千。木叶峰头，共瞻玉斧；松花江上，亦拜华旃。固由宣天子之声明，朔南俱暨；实则推祖宗之仁爱，中外无偏。至于彤庭启，丹诏传，天膏沛，恺泽绵。肆夏一歌，王风胥洽；由庚既奏，和气毕宣。祝保定者，答鹿鸣之什；式燕乐者，咏鱼藻之篇。型仁让者，眉寿介公堂之酒；蒙乐利者，曾孙守原隰之田。培本支于百世，颂天子于万年。又孰非推恩之所必及，广爱之有由然。

夫冈陵三寿，祀先致祝于作朋；河岳百神，洽礼归原于允保。孝孙有庆，集主祭之嘉祥；上帝居歆，荷配天之灵造。咏徂赉于皇王，知受鳌于祖考。不烦不怠，万福来同；是继是承，一人有道。虽蔡邕一议，未足测其精微；光武三巡，不能较其多少。又何论元都洛北，金茎碧瓦之尊崇；法驾河东，甲帐珠帘之祈祷。乃作颂曰：

寝庙迎神，圆坛配食。四气荐和，九成象德。如见如闻，既匡既敕。矧伊遗弓，闷兹灵域。精爽斯凭，瞻依何极。于皇圣祖，孝思维则。三贡銮舆，巡于旧国。受福穰穰，时万时亿。皇帝奉先，有严有翼。松柏亲瞻，车徒再饬。载执鸾刀，载升黍稷。有穆其容，有怆其色。神保是飨，馨香不忒。湛恩旁推，祥和充塞。侯甸要荒，东西南北。四海来祭，各以其职。渺彼氐羌，亦归衔勒。慕我王道，无反无侧。唐蒇歌谣，浑邪屏息。抱蜀不言，未战已克。化驰若神，孰窥孰测。孝治既昭，万里自得。臣作颂声，匪文匪饰。乐石精镠，亿年不泐。

皇太后八旬万寿天西效祝赋 谨序
乾隆三十六年

臣闻孝德之至，光乎四海，尚已。然古昔九域肇开，广轮犹隘。圣人特扩其宏量，极诸瀛壖，非真能囊括荒憬，毕隶黄图，一一合其欢心也。炎灵握玺，拊挛鞬而断其右；三十六国，始胪于兰台之书。而德不逮古，或梗或驯。迄不能俾祁连南北，划涤畛畦，化为州郡，与函夏黔黎同和声而歌曼寿。然则元元本本，孝奏天仪；协气顺成，和甘溥氝。五福敷锡，渗漉无垠。俾黄支乌弋之区，咸沐浴醇酴，推原慈荫，响然而颂延洪，非轶迈三五之盛德莫丕应若斯矣。

钦惟我皇上斠元陈枢，膺图三纪。德馨神感，迓福穆清；璧合珠联，祥符炳示。是以弗禄骈衍，景贶日增。重光单阏之岁，绵算周甲，适逢皇太后八秩之庆，康强逢吉，占协大同，诜诜振振，一堂五世，宫闱恺豫，太和充愉，旷古未觏之盛也。我皇上笃荷天庥，弥祈申锡。华盖葩瑶，躬导紫闼。东登日观，礼神岳以报嘉；北巡松漠，构绀宇以赞佛。贶者艾，弛髦钳，蠲租赋，登孝秀。膏露醴泉，应期涌沛。霆声豫奋，壖处发荣。乃有柔然旧疆，须卜别种，初因牧马之衅，睽慕容以万里；兹奏白狼之曲，译唐蒇以三章。月筒八更，乃踵边围。天人和会，应我昌期。所谓孝治天下，不遗小国之臣者,兹其验欤!

冬十一月,坤成届节,秩宗陈仪,具如典章,而庆典乔皇,众忱和乐。大瀛内外,凫藻旅来。绣甍雕楣,九逵云构。鱼龙曼衍,韶頀铿锵。五色八音,翕合震耀。逮庄严多宝,皈礼能仁。演梵筴祈嘉祜者,皆视曩倍盛。皇上虔奉长乐,益极崇闳。采于阗之琛,镌延喜之字。鸾书龙画,胥炳奎文。复阐述徽音,敷陈鸿号。诠文诂义,侔翼赞经。作为颂声,章凡十六。又图赞松柏,取象周诗;集字为林,用纪宝祚。数赢二万,远迈九龙。至于宁百福,介万寿,龙衮舞彩,奉上玉觥。侑举之词,篇准乎孝经,律谐乎法乐。分刊节奏,胥出睿裁;而麟趾螽斯,联句共韵。春华摛藻,绚采御屏。尊养之礼,亦与日升川至,弥崇弥增。大孝备矣,德音昭矣。宜乎丙丁之曜,紫霄垂其象;仁寿之镜,黄祇贡其符。挹太极之泉,福无方之外。万物喤喤,熙我春祺,融洽乎龙沙葱雪,皆泽洽而颂作也。臣凤荷殊恩,近侍黼宸。乃自贻百悔,西出玉门。今叨荷赐环,再入东观。得追随韨佩,观大礼之光,敏愉之忱,实倍恒情万万。窃欲殚竭肤末,颂扬盛美,而天文爓采,俪景仪璘;诸廷臣复扬拜矢音,斐然竞作。震震耀耀,昭示无极。可无庸臣之复述。

惟念神武耆定,西域砥属,开屯戍,设官吏,南北两道,地图隶职方,版籍登司徒,其编户秔秬粟米与中土等。《诗》《书》弦诵,骎骎有邹鲁风。即投荒御魅者流,亦皆力稼穑,绥妇子,荡涤瑕垢,熙熙春台。其方镇之兵,屯戍之卒,偃戈灌燧,春服耕,秋肄武,居者乐妻孥,行者丰储峙,无所谓室家离别、东山零雨之感。其富商大贾,牵车往来,钱刀充牣,货溢五都,行万里而不持兵赍粮。其降蕃属国,供徭赋,贡赘币,水慢陆栗,不叛不侵,穹庐毡墙之族,役之如臂指;白山赤坂之外,视之犹郊遂。盖自藉场艾旆以来,外憺威棱,内洽亭育,十余载于兹矣。平时蹈德咏仁,二万余里,风谣响答。际兹敷天庆洽之辰,祈永命咏蕃釐者,益合沓杂遝,弥参狼之墟,而溢烛龙之野。顾径历绵邈,间以山川,为辖轩采风所未及,而承明著作之司，亦无由睹而记之。臣既身履其域，目瞩其状，耳习其谣，得知颂祝之音，达于荒渺，为十纪以来所未有，不可使圣朝懿美，有遗典册。谨覃精研思，撰《天西效祝赋》一篇，宣退陬之豫，以介万年无疆之庥。其词曰：

於铄哉！孝慈之福，上邕高清，下浃定宁，而普汜乎贪纮也。粤自太素胚浑，庞鸿挛萌，元气昆仑，孝与俱生。邹鲁之儒，榷三五之令名；云亭之号，纪八九之蚩声。丹文绿牒，图纬代兴。推溯本始，张皇登闳。语神异则赤龙玄鸟，薏珠玉英。胪符命则枢星电耀，摇光月明。事或饰而尠实，词恒夸而弗经。徒迂怪之是侈，匪显扬以为荣。抑或白阜图脉，竖亥纪程。夷坚博述乎山海，骀衍矫语乎裨瀛。流沙蟠木，太史所称。以为合欢乎万国，叶契乎三灵。然献令所秩，恍惚疑似；王会所甄，俶傥谲诡。宾其人匪我赤子，纳其贽匪我疆理。偶逖听而风声，达狄鞮于译使。不过图画珍怪，炫耀青史。盖自赫胥栗陆以来，未闻指抭荡涤，会同一轨，拓周索于太蒙，咸稽首而介繁祉者也。

我圣皇丕承五叶，骏烈大昌。契帝缔，炳道光，流淳熙，播馨香。格于太一，嘉贶以彰。俾仗大顺，而拓我西疆。星弧耀焖，下射天狼。五月犁庭，组絷降王。再乱再平，太白熠芒。刑天瑟缩而辍舞，贰负左桎而立僵。越玉门、阳关而大启畈章。循地形之曼衍，侠雪岭而翼张。其南则伊吾之壤，扞采之遗，<small>今哈密地。</small>跨车师之前庭，考六国之故基。交河柳谷，瓜我边陲。<small>今辟展地。</small>扫檴枪，辟坤维，襟乌垒，带轮台。原隰奥衍，是曰焉耆。<small>今哈尔沙尔地。</small>袤延姑墨，包络龟兹。<small>今库车地。</small>度俱毗罗之城，<small>今赛里木地。</small>达阿悉言之西。<small>今拜城地。</small>收温宿之沃野，<small>今阿克苏地。</small>剗疏勒之崄巇。奄有难兜，而控驭无雷，<small>今喀什噶尔地。</small>莎车之国，枕皮山之屦屦。连亘乎西夜子合而剪诸蒲犁。<small>今叶尔羌地。</small>于阗之墟，记玉水之涟漪，延缘乎渠勒、戎庐、扞弥、小宛，错犬牙之参差。<small>今和阗地。</small>相尉头之旧址，规形胜以建陴。庸握奇而制要，诏都护以统之。<small>今乌什地。</small>筠冲种落，散布于斯。<small>山南回部仍其旧民。</small>其北则东蒲类国隶兹力支，折罗漫麓，甘露川湄。<small>今巴里坤地。</small>初画界于金满，<small>今奇台地。</small>今开道于且弥。逾越单桓,逮乌贪訾离。维唐北庭,开府所治,吉木萨东旧城,唐北庭都护府所治。今建两郡,攘攘熙熙。今乌鲁木齐地。旁倚乎葛逻禄部,接沙陀之逶迤。今塔尔巴哈台地。径历乎摄舍提暾,今呼图壁地。抵乌孙之所栖。劙碎叶之大牙,汩千泉之流澌。查不知其所届,接混茫于天倪,今伊犁地。易庐帐而栋宇,变射猎而耘穮。降人附处,寄我藩篱。降附额鲁特附居伊犁诸处。屹元戎之玉帐,拥巨镇之虎貔。其外则康居、乌秅、捐毒、休循。今哈萨克搂达山,布鲁特诸部。验海占风,拱翊北辰。志旅獒以底贡,歌天马以来宾。拓葱岭以西被,咸蛾伏而受驯。岁来岁往,为我雁臣。

皇上乃睿思经纶,长驾远驭。挈天枢以握机,规地员而运矩。山阳则厘户版,定租赋。默德那族,按堵如故,译长君冬,分司厥务。虎士践更,韬戈坐戍。惟孤石与赤河,役一旅于农扈。山南军储取诸回部,惟乌什设屯兵五百。山阴则芟夷蕴崇,廓清妖雾。四镇毗倚,磐石孔固。画壤绮交,分屯棋布。相流泉以辟畛,纷渠塍之回互。烟火万里,皆我黎庶。嘘黍谷以春阳,融冰天之寒冱。是皆阐衍孝德,恢宏慈祜。长养以景风,涵濡以甘露。根荄邑遂,桐生茂豫。鱼唼流于深源,鸟择荫于高树。请缗度关,款塞应募。前唱后和,靃臻影附。蔼乎若山川出云,奄忽而翕聚。沛乎若溪谷赴壑,悬流而淙注。驾高轂之峨轷,日隐辚而西鹜。匝岁星之一周,屡金穰而大裕。吹豳籥者赓多稼之章,通象胥者译安乐之句。伊民气之康娱,久讴吟之载路。兹嵩宁之受釐,揆八秩之初度。仪燕喜之景光,益东瞻而遐慕。

尔其隰佃山农,溱溱莘莘。类别以五,塞外之民有民户、兵户、商户、安插户、遣户五种。衡宇区分。荳豆被野,穬麦亘云。青稞郁蔚,香稻秘芬。雪液温融,殊派异源,蓄泄灌溉,年谷阜殷。班鸒颐养乎父老,黄小长育其子孙。羔羍以娱其宾舅,酒醴以洽其婚姻。东距敦煌,西达移支之原。陶黄钟之嘉月,望太紫之高垣。耆耇谐声以击壤,道路应节而拊辕。曰津送而绥徕,化沙漠而岐豳。受介福于王母,均含和而饫淳。祈泰元之保定,永锡羡而用申。

乃有龙兴旧部,鹰扬奋出,暨白霫之猛鸷,与青羌之驰突。东自日域,西驻月蜡。屹八阵之森严,肃风云于戎律。复有三秦骠骑,五郡劲卒。执殳河源,荷戈天末。或胥宇而宜家,或瓜期而更迭。携家永驻者谓之眷兵,五年换防者谓之差兵。或列障于秋防,或载芟于春墱。士衔惠于采薇,妇靡感于烝栗。属斥堠之宴清,饴稻粱之赢溢。酣蒲桃者七萃,饱苜蓿者万匹。卷牙旗而昼静,息金柝而宵逸。述附宝之懿徽,启黄轩之骏烈。延瞩三素,跽祝圣节。铙吹合奏,笳箫竞发。飐祥飙于庆霄,融天山之积雪。

若夫于娄之谷,贺鲁之墟,今迪化、宁边二城地。京观鲸鲵,经野建郛。既蕃既庶,泽以《诗》《书》。术序党庠,祁祁生徒。乾隆三十四年建置学额。集青衿而鼓箧,鬐缥帙而列衢。扇洙泗之儒风,迈斡难而西徂。文露浓郁而凝醴,奎躔朗润而耀珠。惟寿考之作人,均帝泽之沾濡;信大任之徽音,兆姬篆之鸿模。诵古义者称含饴之德,披瑞牒者陈流虹之符。演体征于姒畴,胪福应于孔图。潬泮水于蒲海,允三古之所无。又有长商善贾,辐辏骈坒,纆贿溢廛,缗镪罗肆。墉鬻兼赢,辇毂毕至。隐隐阛阓,纷葩翕萃。蕃敕勒之牸羝,集炎徼之孔翠。繁采炫乎缯纨,杂佩耀乎珠贝。南通印度之途,北达坚昆之地。敞王路于夷庚,咸不胫而自致。斑陆离其骇瞩,信闳富而奢丽。睇百产之蕃茂,识元化之醇粹。醵饮酣燕,骈歌程戏。蹈舞皇风,讴歈慈懿,咏阜财于南薰,介景福于既醉。伊凉杂作,侏僸兼备。稽首而称眉寿者盖数万以二。

下至寄棘所屏,豪猾顽谖。虞刑流五,尧德宥三。侪胥靡以输作,隶都尉之所监。殖嘉穀而锄莠,用驯虣而艾贪。庆再生于鸿造,沃恺泽之柔涵。感祝网于至仁,渐心格而意惭。鸮集鲁而音好,荼殖周而味甘。繄横戈而负弩,或释赭而解钳。登名籍于耕馌,复户版于黎黔。遣犯年满者,满洲、蒙古送伊犁披甲汉军入绿旗充伍,汉人改入民籍。咸奢瑕而砺玷,浴盎浆之潭潭。荷缔苍之旭升,溯元萌于初函。瞻上瑞之告符,炳珠纬于弧南。扶挈耆稚,招携丁男。玛努霫芎,薰蓺醃醰。音杂五土,鞠腽呢喃。愿宝命之焉奕,齐升恒而永瞻。其降蕃则突厥旧庭,瓦剌遗种。初风鹤之胎愕,避旗锋而震竦。闻我绥辑,款附相踵。象百谷于溟渤,浩东注而靡壅。列周庐以星布,环高牙之云耸。牛马谷量,茹酪饮湩。借大厦以骈嵝,宁风雨之是恐。以迫天方部族,列城星拱。戍校是镇,翎侯所董。侔三壤于中邦,岁赋铚而纳总。采宝璞以漉波,艺甘瓜而被陇。均受我羁衔,驯其鸷勇。同卉木之发陈,欣向荣而萋菶。云集安宅,慈恩实重。遥祝遐龄,膜拜相拥,都卢之技毕呈,优钵之花交捧。演瞿昙之法者,多罗贝叶梵呗以潮涌。传墨克之教者,摩诃兜勒调丝而撧孔。愿介寿于南山,亘玄会而长巩。外臣则奉朔之邦,纳琛之域。谒大鸿胪,隶典属国。遣侍子以来庭,集爻闾而受职。通贡道于丹梯,列互市于紫塞。勃律之香充溢乎筐篚,大宛之骥弭驯乎珂勒。氍毹氆氇,氁毲所织。珍丽斑斓,不知纪极。裴矩之所未图,甘英之所未识,古称绝徼,今为阛阓。硇硇即即,师象山则。覃沃膏泽,咏歌圣德。溥嘉惠于殊风,聿皇心之永锡。赞普奚斤,礼容修饬。留犁挠酒,旋舞扬抑。词不尽详,舌人宣臆。祝福履之绥将,赢时万而时亿。斯时也,大球小球,罔不来旅。居国行国,罔不式序。天无别风,地无淮雨。和飓蓬蓬以入律,青云瀞瀞而干吕。占黄气于震旦,识贞符于华渚。春晖融怡,茂育六宇。喙息者咸歌,蚑行者毕舞;纷鳞集而仰流,盖不遑于宁处。遂有窣匿名王,呼衍别族。初声援乎颉利,俄构衅于大禄。遥增击而高迯,避战蜗之蛮触。乌三匝而靡栖,依罗刹以蜷伏。维威弧之西指,尽大圆之所覆。衅温禺于鼓下,缚兜题于马足。惧涂山之后期,镌昭华而贡玉。白鹿初宾,未挈厥属。德音弥章,帖然思服。越訫熙日,阳鸟就燠。蓄愫者十有五年,乃迁乔而出谷。尔乃捆载扶携,彳亍断续。蓬沙际天,榛莽极目。阴岭荦确,阳冰硌碌。格拒锋镝,跋涉川陆。元冬结轫,朱夏驻毂。险阻艰虞,未悔心而却曲。盖琐尾之余,尚七万户有奇,来叩我荒服。皇上嘉呼韩之宾享,闵吾离之迫逐。曰天人和会,协尔吉卜,克有尔师,惟文母福。沛汪濊,广涵育。度水泉,相林麓。纤旃裘,葺毳屋。储粮糒,孳畜牧。油云霢霂,甘津滋漉。其发自琼林大盈者,朱提地宝,溢二十万而赢,俾乐郊之我谷。复召单于,驿昆莫,陪猎长扬,侍宴五柞。陈角觚之戏,奏大予之乐。饫当户以肴烝,酺屠耆以醴酌。锡冠带,赐名爵,荣逾始望,以喜以愕。归告部人,湛恩磅礴。睢睢盱盱,西音竞作。祝凤纪之增绵,播姒徽之懿铄。呼万岁三,响答中岳。浃百族以胪欢,极四和而无堮。信大孝之备矣,育含识而咸若。于是建牙持节之臣,宜禾效谷之属,咸抃跃以称曰:昴界天街,古所未通;参狼大野,寥廓莫穷。惟圣武之扬,故保大定功,括地络而和同;惟圣孝之备,故殊音异服,餐颢气之鸿絧。介纯嘏以衍庆,问谣俗而采风。书契以来,未闻崦嵫之野,骈衍而颂璇宫也。夫奉以殊域之翌戴,乃为至崇;养以别国之珍贡,乃为至丰。祝以荒裔之歌谣,乃为大合万灵,以祈福于高穹。夐乎哉!黄神苍牙,莫我比踪。又何论稽櫺橇于禹迹,画圻甸于尧封。徒以九野之内,尊修己而戴陈锋哉。臣乃拜手稽首而作颂曰:

帝锡嘉祥,惟德克受。俾炽而昌,百禄益阜。谟烈重光,丕基孔厚。笃生圣皇,启以圣母。于维圣皇,轶古莫偶。于维圣母,平格益寿。大化翔洽,弥于细柳。古曰西陬,仙释之薮。鹫峰鹿苑,荒唐什九。瑶池阆风,渺茫何有?方趾圆颅,实皆黔首。格之斯孚,如指随肘。前古德凉,画疆而守。狉狉榛榛,鸿荒未剖。皇耆其武,灵夔震吼。柔祇效珍,如辟于丑。疏凿涂轨,区画畎亩。既字孩幼,亦颐耆叟。蕃殖鲲鲕,温煦毂教。戴尧如天,喁喁额手。推本思齐,曰皇太后。舞者旋袂,讴者拊缶。声闻感届,牲牲奔走。来值嘉辰,厥衷天牖。贡其龙媒,亦献春酒。众吁紫霄,以祈黄耇。帝曰觊哉,天地长久。遐躅轶前,荣光炳后。臣作颂声,写模众口。亿万斯年,昭回星斗。

七旬万寿赋

乾隆四十五年

灏灏大圆,瑶枢中旋。穆化精以恒运,炜法象以常悬。斟元立极,惟圣宪天。体健行而不息,用无逸以永年。久道有成,茀禄亦绵,此三皇纪岁所以万八千也。我皇上四十五年,诞膺宝祚。积洪算于七旬,弥精明而强固。虽宵旰之勤劬,难罄窥于平素。兹朱夏之长赢,宣奎章于启路。导七萃而修狝,尚飞黄之亲御。即万目之所共瞻者,福备康宁已迥轶乎恒度。盖上帝之眷顾我清也。粹涵太极,祥兆天端,徇齐敦敏,笃锡黄轩,俾茂豫乎四和,而景命洪延。

我皇上承启佑,统垓埏。履盛阳之昌炽,运酝化以陶甄。膺图践祚,则象合乎出震;建元纪号,则义取乎纯乾。神符灵契,盖不偶然。是以德与天合,政以躬先。皇纲振,众志虔,肃百度,饬六官。勤求乎上理,警戒乎晏安。恒久不已,果确无难。日新富有,业懋于前。缉熙单心之学,非歌颂所能宣;明作有为之治,亦非记载所能殚。窥以管者,乌识圆穹之运七政;酌以蠡者,乌知大瀛之纳百川。然而阴阳溥育,莫测所极;日月贞明,或窥于隙。化良跻于无名,道不遗于含识。故鸟跄兽舞,能应节于虞韶;壤叟衢童,亦叶歌于尧德。况赤县之近光,与彤庭之备职。溯曩昔之见闻,宁弗得一二于万亿。

维我皇上之龙飞也,臣年十二,始来玉京。不识不知,游泳太平。时侧聆于耆旧,颂新化之励精。万物喜喜,仁三五之咸登也。癸亥以后,臣游于黉。闻临视乎棘院,兼燕赉于槐厅,胶庠髦士,相与歌文治之昌明焉。丁卯以后,预歌鹿鸣。闻冉骁之戡定,戢邛笮而抗棱。公车计吏,相与颂武义之绥宁焉。甲戌以后,珥笔西清。值九伐之鸿烈,扬万里之天声。收伊犁则风沙自溃,絷蒲海之鲵鲸;摧回部则蚩尤迅剪,扫葱岭之欃枪。凡三战而三克,亦再煽而再平。月蠙秣马,蒙汜洗兵。水慑陆栗,风动逖听。匪直大宛,勃律鳞集而屏营。即乌孙别种隔数万程,丙子之岁,臣见其贡白环而遐征;辛卯之岁,又见其款紫塞而归诚。颂威弧之震叠,咸得效夫歌赓。迨乎巴蛇肆暴,因垒扬旌;右柽贰负,组系九婴。靖坤维而砥属,澄井络而光晶。桃关通道,汶山勒铭。于铄鸿绩,驾炎昊而莫我齐衡。亦孰非天枢独握,惟断克成,议不挠于筑室,绩乃奏于犁庭欤!

至于臣在讲幄,恭书圣政;臣在纶阁,敬司诏命。仰骏烈之维昭,际昌期之极盛。尧龄久周乎绮甲,舜治益彰乎金镜。记起居则一动一言,识皇心之执竞;宣批答则一俞一咈,均天裁之自定。信独奋夫乾刚,亲操持乎魁柄。别有东壁图书,西昆典籍,七略骈罗,九流条析,酉阳宛委之所秘藏,刘向荀勖之所未觌。三阁列贮十余万册,写官不辍其笔札,正字勤雠乎朱墨。燃藜不遑,扫叶犹积。我皇上敕几有万;厘工惟百。恒问夜于未央,或披牒于既昃。鸿纲细目,一一密运其区画;长驾远驭,事事谨持其衔策。尚忆臣赐环以前,从军西域,玉门阳关,百有余驿。稽奏章之往还,期不逾乎晷刻。究形势之曲折,宛九重所目击。知圣虑之周详,统洪纤而综核。乙夜观书,盖以余力。然而考证形声,研究训释,校理或误于金根,鉴照无遗于玉尺。若夫昭衮钺,辨玉石,分刊权衡,精微抉摘。凡甲乙之次第,均睿思所别择。石渠儒臣,不过执缃录之末役。视虎观之称制,实掩轶乎前迹。斯尤七八载来,臣以樗材,滥竽馆职,得仰窥而深悉者矣。然则圣图悠远,阅久如初。定乎志者先立,得乎天者独殊。神明刚健,足绵万载而有余;经纬周密,乃阅一息而靡渝。动而愈有,与元气俱;纯亦不已,与造化符。偕仪璘而恒照,理自然其不诬。徒见夫山陬海澨,方趾圆颅。祝颂溢乎函夏,歌舞交于康衢。虽冲怀谦挹,却抑弗居。而抱跻堂称觥之愿者,沛乎如众流之赴紫澥,灿乎如列星之拱丹枢。乃至梵天佛国,妙阐意珠。辟灵鹫以西峙,骖香象以东趋。祝无量之曼寿,亦涉震旦之长途。祥源衍溢,欢心和会,为亘古之所无。宁知绵算之锡羡,原诸帝绥之勤图。福曰"自求",义征乎周雅;极曰"皇建",理闻乎洛书。帝妫臣唐,享国久远,其省成慎宪,可证验于典谟。况我皇上德崇弥劭,永保宏模。自今以往,亿万斯年,圣敬日跻,无间于须臾;亦亿万斯年,佑命申锡,敛福而用敷。一人眉寿,三灵乐胥。春祺溥邕,协气怡愉。永永至于无极,岁岁效其嵩呼。应图纬者,何止帝期之验五老? 被管弦者,又何止天保之陈九如也哉。

八旬万寿锦屏赋

乾隆五十五年

璇霄斡运,珠纬回旋。鸿絧噏吸,元气绵绵。惟天行健,惟圣宪天。惟诚无息,惟无逸永年。道合符乎帝绥,自齐寿乎大圜。天根月窟,迭起贞元。六甲五子,万万周环。惟八旬之初届,荷申锡之便蕃。诸福备臻,洪算弥延。四瀛陈祝,六幕胪欢。琛赆合遝,歌颂骈阗。伊簪毫于丹地,日三接乎龙颜。咸摅忱而摛藻,已皋拜而飏言。惟三槐与九棘,叨卿月之崇班。际升恒之久照,均涵育于陶甄。譬春鹍之应律，亦群啅而迎暄。虽骈坒繁禧，推筴不能以殚数；馨香至治，罄牍莫得而备传。然天不可穷，而可测以七政之晷度；地不可尽，而可纪以两戒之山川。尺木所量，亦黄祇之片壤；寸管所见，亦丹曦之一躔。懿纲酝化，经纬万端。外弥纶乎四海，内总隶于六官。各分职而率属，奉纶綍之所宣。殚知识以窥测，亦或得一二于万千。于是臣巴延三、臣玛兴阿、臣保成拜手言曰：

澄叙吏治，天官所掌。考绩维严，程材期广。我皇上提挈天纲，道无偏党。舜尺刊度，轩铜规朗。登崇俊乂，慎周典之论材；辨别神奸，垂禹鼎之铸象。一黜一陟，弗滥弗枉。均赏罚之自招，类形声之影响。卿尹暨于庶僚，岳牧逮乎令长。趋紫垣而轮对，登彤墀而瞻仰。亲询事而考言，恒求衣于昧爽。五十五载，居今溯曩。信强固而精明，轶三五而无两。卜万寿之延洪，可取征于既往。

臣诺穆亲、臣蒋赐棨、臣庆成暨臣苏凌阿、臣刘秉恬拜手言曰：

总持会计，职在司农。合千万亿之赋，制三十年之通。体国经野，酌俭筹丰。我皇上撙节爱养，地宝恒充；权衡国用，图度田功。再停转粟，四蠲正供。天膏滋液，恩波瀛溶。若夫金穰木饥，占星所主；箕风毕雨，视月所从。或阴阳之偶沴，适气数之相逢。并资帝力，代补天工。经营其赈贷，宽减其租庸。虽累万累亿，无辞縻费；虽一方一隅，亦系宸衷。盖屡加而靡已，实缕数而难终。是以泽沾壤叟，惠浃衢童。饮伊耆之蜡，籥豳国之风。歌吟响答，祝献华封。知至仁之必寿，衍风纪于无穷。

臣常青、臣纪昀、臣德明、臣铁保拜手言曰：

帝妫三礼，秩宗是职。茂典恭逢，仪章肃饬。继文祖以重光，咸遵循乎旧迹。惟今主客，古典属国。贡集八寅，路通九译。兹寿寓之宏扩，弥梯航之络绎。灵鲛效赆于东瀛，神鹿呈图于西域。骠国之乐，合奏于琅璈；越裳之使，旋登于瑶席。梁元之所未绘，颜籀之所莫识。更有丹徼名王，抒忱吐臆。远从桂管之南，迤趋松州之北。奉琼琈而稽首，称尧龄之万亿，自摄提以至今，曾未觏诸史籍。至于鸣豫导和，象功昭德。溯伶伦以截筒，稽后夔之拊石。三百五篇,定风雅之宫商;一十二管,通阴阳之龠辟。于以见制作之典则。礼乐陶冶,诗书膏泽。鲁泮博采其芹藻,周雅增求其朴棫。文明有象,而奎躔吐耀;寿考作人,而云汉绚色。于以见教思之培植。鸿造涵育,群生滋息。一门集其曾元,千叟聚于京邑。五老之榜,耆耇觐夫天光;百龄之瑞,耕凿歌夫帝力。于以见太和之洋溢。若夫禋祀精诚,百神感格;登黍稷以升香,奏韶頀而荐璧。臣德瑛、臣李台亲瞻昭事之无斁。云上于天,象符羲易;鹿鸣飨以笙簧,天保祝以松柏。臣武隆阿、臣蒋曰纶亲见燕饮赓歌之愉怿。盖浃中外之欢心,均本敛福之敷锡。

臣刘峨、臣吉庆、臣赵锳拜手言曰:

夏官司马,实统六师。恭逢轩帝,亲握戎机。坐韎韐而制胜,烛万里之崄巇。九天九地,一正一奇。神明变化,妙用莫窥。迨策勋而注籍,始仿佛其端倪。西征碎叶,迅缚昆弥。贰负右桎,再举参旗。花门燧焰,复饮月支。遂拓宇二万,包络蒙池;吐蕃九姓,妖鸟群飞。削平二竖,震我灵夔。鸡笼鹿耳,涨海无涯。神谟独断,亦剪鲸鲵。劘乐石以勒绩,凡四树乎盘螭。山左陇右,蕴崇芟夷。虽克期荡涤,螗蜩视之,已驾轶乎方叔之江汉、裴度之淮西,盖睿筹若是之无遗也。然而精练貔虎,慎简熊罴。申明纪律,警戒恬嬉。乘金天而大狝,尚亲临松漠以驱驰。至天育驱骑,騋牝蕃滋。五花六印,趹蹳权奇。臣世魁、臣秦清稽核赢缩,罔敢赢疲。亦惟一人之宵旰,能振举其纲维。

臣胡季堂、臣穆精阿、臣姜晟、臣玉德、臣王昶拜手言曰:

一温一肃,天道之经;一发一敛,物理之恒。惠则雨露,威则雷霆。阴阳互济,四序乃成。故重华垂裳,而庭坚明刑。我皇上勤求民隐,曲察狱情。秉玉衡以揆理,澄冰镜而鉴形。期酌裁以求当,无姑息以近名。然而鸡竿肆赦,屡宣纶而布泽;狴犴释系,恒减重而归轻。检丹书以除籍,体苍昊之好生。恒仰承乎天语,悟仁义之兼行。

臣舒常、臣巴彦学、臣哈福纳、臣陆锡熊暨臣庆龄掌乌台以司宪,参鸠律以持平。亦同声以扬赞曰:

惟允而惟明。

臣金简、臣德成、臣邹奕孝、臣阿必达、臣张若淳拜手言曰：

溯典苍姬，冬官居六。五材并饬，百工咸属。括举宏纲，略厥细目。大者河渠，次则土木。荡潏黄流，千里一曲。御风涛之剽悍，次防堤之修筑。或惊湍之涌溢，迅瘗茭而湛玉。灵胥怒潮，夔蜼所束。滉瀁银海，天临亲瞩。营石埭以屹立，镇鱼龙而驯伏。楚江澎湃，日浴月沐。鲸波冲击，蚁穴渗漉。借神谟之指授，还南荆于平陆。莫不度支浩繁，转运相续。青蚨朱提，连樯系毂。恒溢量而多赢，睿虑尚虞其不足。至于轩皇合符，舜帝巡岳。屡省方而观民，恒诚奢而尚朴。辇路惟资夫洒扫，行殿无崇乎华缛。舟梁取济乎车徒，薪刍不侵乎樵牧。咸供顿之有程，虑或扰乎蔀屋。信仁心之为质，宜备迓乎天福。

别有天潢司籍，蓬山讲艺。周隶宗伯，今分为二。同作颂声，继乎其次。臣孟邵拜手言曰：

本支百世，公族公姓。序其昭穆，掌其教令。溯源从祖，笃亲惟圣。丰其廪禄，溢于熙宁之所请；辨其章服，荣于嘉靖之所定。咏行苇之勿践，知周京之积庆。既醉备乎五福，绵嘉祥于无竟。

臣伯麟亦拜手言曰：

古之官僚，今为翰苑。即春官之外史，惟图籍之是典。仰见我皇上天藻日新，道源奥衍。阐苞符于玉宇，耀仪璘于金版。越十载而一编，允范金而垂远。天禄石渠，搜罗秘简。积六千帙，溢八万卷。皆圣鉴所亲裁，付儒臣而编纂。日综理乎庶绩，悉禀承于睿算。尚乙夜之懋勤，亲琅函与金管。倚刚健之神明，实古今之所鲜。

至于外纳章奏，内征诏旨。纶阁银台，职相表里。则有臣梦吉、臣汪承沛暨臣玉保、臣多永武、臣札郎阿、臣郑际唐、臣翁方纲、臣李潢拜手言曰：

虞命纳言，始惟龙作。唐置侍郎，是为凤阁。掌绨囊之出入，备披牍而批诺。分下六曹，纷纶浩博。咸立判其从违，更无劳于揆度。镜屡照而不疲，矩从心而冥酌。信志气之如神，恒临机而湛若。

复有禁籞深薮,近依秘殿。周隶天官,明归内宦。今制酌中,四曹别建。据所微窥,陈词以赞。则臣伊龄阿、臣舒文拜手言曰:

官礼雎麟,同条共贯。化起二南,风被九县。燕闲亦谨乎起居,暇豫不忘乎宵旰。年弥高而弥劭,信精勤之无倦。虽赘御之末微,亦得侧闻而仰见。

若夫典守郊圻,统司都邑。虽绾郡符,实挂朝籍。亦矢其音,敷陈帝泽。则臣吴省钦拜手言曰:

三辅之首,近光之地。虽于六职,无所附丽。与诸曹司,事则相系。宣布恩纶,奉行德意。臣典赤县,最先承制。万井提封,六乡六遂。妇孺歌舞之情,间阎和乐之气。击辕之律迭奏,鼓腹之图可绘。朝臣所不及见闻者,臣皆得而睹记。昔柏梁联句,京兆尹侍,臣效咏歌,窃附斯例。敢代甸服之民,稽首而呼万岁。

斯时也,前唱后和,递陈互举。名言不足以形容,稠叠不能以觙缕。愧挂一而漏万,方拾遗以续补。臣嵇璜整肃冠裳,正容而语曰:

述治法者可胪其目,窥心源者宜溯其纲。天何以圆,地何以方？岳渎何以融结,日星何以晶光？春夏何以雨露,秋冬何以冰霜？有太极之动静,乃生两仪之阴阳也。故百福之集,德操其感应;万几之宰,心司其弛张。元元本本,厥理可详。我皇上帱载合契,川岳效祥。五代昌炽,八衮寿康。而轩铭尧诫,咨警无忘。镌宝玺之璘瑞,摘奎藻之炜煌。传帝学于箕子,溯天锡于姒王。媲瑶图而并重,同金鉴之在旁。盖范演九畴,而敬用居其次二;数尊五位,而皇极立乎中央。惟天符之类应,准人事而相当。知息息之默感,用孜孜而不遑。繁百度之咸熙,系一念之有常。是曰圣敬,是曰乾刚。是曰于穆不已,是曰悠久无疆。惟恭则寿,实验彰彰。是遐龄所以贞固,而景祚所以延长。是为天人之叶契,而非华藻之颂扬。是为敛敷之有本,而非术数之测量。于是回环跽诵,绸绎天章。悟基命于宥密,惟庄敬之日强。信多福之自求,非臣邻所赞襄。拜手稽首,凫趋雁行。惟阐演耄念之圣志,以敬上万年之觞。

平定准噶尔赋谨序

乾隆二十年

臣闻弦弧剡矢,肇自皇初。帝王保大定功,莫不式辟四方,奋扬威武。伏考夏征有扈,大战于甘;商伐鬼方,三年乃克。《六月》《江汉》《常武》诸诗,发扬功烈,铿鍧炳耀矣。然南不过淮徐,北不过太原。求其震叠威灵,有征无战。奏肤公于指顾,扬天声于万里。粤稽书契,未之前闻。

钦惟皇帝陛下,斡元陈枢,抚临函夏。桐生茂豫,壤处霆声。日月所照,莫不砥属。准噶尔以元人牧圉,窜伏西荒。蚕食诸蕃,浸成四部。恃其险远,睢盱不宾。列圣以来,屡干挞伐。玉门绝徼,三窟犹藏。近乃窳匿奥鞬,更相攘夺。衅离日贰,迭构衅端。因使达瓦齐赤魃白狼,乘机窃据,毛鸷搏噬,部曲离心。休屠浑邪之名王,呼衍须卜之贵种,莫不吁求天讨,率众款关。此皆至治馨香,三灵助顺。故天人合应,代我驱除。众验响臻,大勋显兆。皇帝规万年之计,答眷佑之心,命将出车,戡凶禁暴。牙璋方起,捷书旋来。锋蝟斧螗,莫敢龃龉。不烦涿鹿之战,尽归白阜之图。后舞前歌,渠魁已絷。告成太庙,灵绪益光。唐哉皇哉,厥功至巨。夫兼弱攻昧,殷土式廓;觐光扬烈,周道为盛。至于两阶来格,三旬靡逆,虽放勋重华德盛化神,未臻斯验也。彼燕然之铭,蒲梢天马之歌,益蔑如矣。臣载笔翰林,职是歌咏,谨拜手稽首,献赋一篇,抒欢忭之忱,扬圣天子之鸿业。其辞曰:

旃蒙大渊献之岁,仲春之月,皇帝饬轩辕之五兵,申《周官》之九伐。召司马以振铎,命元戎以秉钺。鞭列缺与雷硠,捎欃枪于月窟。将蹴天柱之嶒崚,历崦嵫而弭节。盖大一统之规模,荡平西域之余孽也。

原夫准噶尔者,昔在有元,攻驹监牧。执其羁靮,驯为臣仆。和林北徙以分庭,瓦剌西行以别族。脱欢拥众于胪朐,额参出没于鸡鹿。东突卢龙,西抵苦峪。控弦十万,飞而择肉。明十三朝,未能衅温禺而禽日逐。我皇清提挈天纲,奠为荒服。迨九首之奇鸧,斗岑㟼与大禄。驱妖鸟以西飞,析昆弥而两属。渺隔越于龙沙,久蚑行而蜷伏。俄哀顽以鞠凶,乃凭凌乎氐羌而肆毒。尔其据康居,掠焉耆,蹴于阗,躏龟兹,凌小宛,卷扜弥,包西夜,络无雷;跨婼羌与且末,越轮台与渠犁。莎车、鄯善、疏勒、姑师,阳关二道,乌垒所治。十荐食其八九,殆西薄于条支。盘伊黎为窟穴,藏封狼与貐罴。挛鞮右臂,实在于斯。其境东巴尔坤,西哈萨克,抵鄂罗斯之南,萦乌斯藏之北,内瞰则伊吾、柳城、高昌旧国,却背则月氏、罽宾、大宛、安息。出五郡之故疆,渺河源于绝塞。盖距帝京者,万有一千三百余里,尚绵延而未极。其险则阴碛摩天,流沙界域。两戒蜿蜒,嶰崒崱屴。南络乎博克大,山接嘉峪之关,路崄垒以攲侧;北盘乎阿尔泰,岭据大地之脊。攀星斗以仰逼,杭霭分支,出乎其肋。日月吞吐,云雾蔽匿。猿猱为之却步,飞鸟为之敛翼。别有塔尔奇岭,崄逾邛棘。洪河中坼,界其阃阈。苟持戟以当关,虽万夫其莫陟。是以豺虎纵横,恣为凶慝。白环之贡不修,南仲之师屡棘。宜禾之尉罢屯,契苾之碑久泐。微圣代之天威,固莫能控制以衔勒。昔噶尔丹之逆命也,仁皇帝操井钺,扬参旗,驱谷蠡,馘屠耆,凌姑衍,震燕支。总桓桓之七萃,凡三驾乎西陲。鞭应龙于大野,取蚩尤而戮之。姑旁存其一线,示解网之鸿慈。尔乃涸鳞更跃,妖鸟难驯。衔干奋舞,驰突风尘。窥我瓜沙之属国,纳我青海之畔臣。赤囊旁午,白羽纷纭。宪皇帝审五稔之未盈,用偃革以宁人。戊巳校尉,屯田将军,九象之力,縶金锁而守以庚辰。盖待天时之至,而后挞伐是申也。皇帝是以揆人事,测天意,审地形,定军势。因搏噬之相残,知猰㺄之将蹶。缅巾机之铭辞,曰日中其必熭。玉弩西垂,雷霆硁磕。降王执梃,前茅揭旆。张两翼以合围,若狝禽于月窆。羌角之而掎之,俾顾腹而失背。西则交河之戍,天山之口。蒲海荡潏,火山焖吼。巨灵擘山以前导,河宗鼓枻以左右。太白荷戈以旁驱,蓐收抗旌而奔走。奋雄剑而一动,蹴雪山犹培塿。北则东受降城拂云之祠,跨寘颜,摩浚稽,渡匈河,越眩雷。召烛龙使炳夜,呼元武以扬麾。倏笴云以飙卷,纷冀马与燕犀。直历乎阴山之北,而出乎白龙之堆。尔其移玉帐,传金柝;腾白鹄,鞭雷驳;淬芙蓉,砺龙雀。

占太乙与河魁,役豾虎与雕鹗。巨炮飞屑以辟历,鼓角殷地以回薄。山精瑟缩以遁藏。狼星睒瞲其欲落。意困兽之犹斗,或穷鸟之必攫。矧鲸鲵之千里,不跋浪而一跃。而乃五城翎侯,二部昆莫。降旛矗矗,千群面缚。奉诏书而稽颡,信王师之除虐。毳幕毡墙,左珰璎珞,登豆觳羊,马酮乳酪。膜拜献犒,衽摩屦错。即有凋虎黄熊,飞猱健玃。传尺檄而定之,皆弭首而就羁络。故师之行也,迅乎若长风之卷霜箨,沛乎若洪流之赴巨壑。崇关彻其閾阘,复岭失其岩崿。叱鼋鼍以为梁,渡伊犁犹一勺。追游鱼于沸鼎,辨栖乌于空幕。左军未济,右师已克。饮马蒙池,洗兵盐泽。犁庭扫闾,旷然大漠。刘苜蓿以为刍,引蒲桃而满酌。槛已絷之飞狐,追突围之巨貘。张天毕与星弧,击灵鼓而大索。威棱之所冲激,猛气之所凌轹。鹤唳风声,中宵骇愕。引虚弓而下之,若惊鸿之闻缴。盖不待花诺海西之奔溃,与图尔满部之就获。丑旅八千,已知其一呼而尽却;飞走路穷,可以缚兜题于橐櫜。于是插羽书,驰列校,日六百里,飞黄腾踔。叠迹蹑影,捷音遝到。五月壬辰,告收西徼。借场艾莸,驱除虎豹。伏莽百年,归我丕冒。绍圣祖之业,绳武以维肖;成世宗之志,继述以克孝。列圣以来,馨烈弥耀。圆坛方泽,精禋申报。社稷是歆,执律而造。昭荐先师,列悬振翿。鼎湖珠邸,涓辰遣告。粤六月朔,献于太庙,华盖上垂,句陈引导。驾十二龙,黄屋左纛。云旓摩荡,日珠熠耀。播七德以象功,扬朱干而舞蹈。荐大房之秘芬,赫萧火之炀燎。读版陈辞,光灵煜照。是盖王师大献之礼,司乐之所掌,乐师之所教者也。越七日己酉,诹日惟良,皇帝诣寿康宫,恭奉宝册,炜炜煌煌。神龙盘纽,精镠栗黄,云篆璘瑜,亢籀轶仓。副以金简,青瑶为章,鸿文葳蕤,符采炳烺。崇徽号以十二,颂慈训而显扬。庆荒斋之敉宁,祝圣母之乐康。善必归亲,孝治是光。遂辟闱阖,临正位。御太和殿,万灵祗卫。龙旂肃穆以交拱,翠甲卷舒于云际。彩鞭奋响乎天半,铜鹤嘘香乎扣砌。委佩玎,华缨容裔。九拜奏贺,东西雁缀。尔乃涣汗大号,行庆施惠。百神歆沃,万物沾溉。金鸡揭竿以翘立,木凤衔书而下坠。丹诏一降,甘雨立沛。合万国之欢心,感阴阳之和会。盖中外一家,功成治定,与天下同庆之意也。望后二日,献俘礼行。于庙于社，昭告荐馨。翼日庚申，皇帝御五凤楼，楯戟夹陛，肃肃鱼铃。司马司寇，左右衹承。赭衣頩颒，组练交紫。拥以斧钺，声以金钲。获毚兔于既脱，槛雄虺而就烹。囚贰负而右桎，戮防风而抗棱。释爱剑以为隶，准无弋之初名。

既而西蕃外裔，遂听风声。水慑陆栗，效顺贡诚。捕楼兰以对簿，縶颉利以擒生。揿赤豹之长距，铩苍隼之修翎。束以犀革，系以长缨。厥孥七十，尽族以行。望虹旆以传送，拜霓旄而屏营。驰槛车以诣阙，待藁街之明刑。六月庚戌，西域悉平。大书露布，揭以朱旌。十二昼夜，报达紫庭。歌舞交于朝市，愉乐洽于万灵。四极四和，大定永清。乃命大章竖亥之流，隶首容成之属，循黄祇之支络，步道里之盈缩；验分野于昴躔，考中星于昧谷。测珠斗之高下，证铜浑之迟速。七十二候，颁示蕃族。三十六国，咸遵正朔。浩乎大哉，此王道之极盛，而三五之遐躅也。

是以百辟卿士，陈书献议。辑采芑之雅，述征苗之誓。作典宝于三朡，校兵占于黄帝。炙汗青以纪载，授兰台而编次。别采饮至于学之文，准在泮献囚之义。乐石铭功，灵鳌赑屃。乾坤之容，莫能藻绘。岣嵝龙画，圣谟垂制。配十鼓于辟雍，掩填金之宝气。教化之源，观光所萃。瞻拜赤文，摩挲绿字。于铄鸿猷，永昭垂于万世。

是役也，动乎九天之上，决胜万里之外。建斗极以握奇，规地员而执契。葱岭之陬，视如阃内。开陵之属，役如仆隶。熊虎之臣，运如指臂，不须乎授钺登坛，祃牙军祭。出偏师以临之，蹴铁山而立碎。方叔召虎莫能测其机，风后刀牧莫能效其智。按六经而校德，合雒摄提未屈指以一二。然而皇帝方穆乎深思，持盈保泰。谨驭贵之大权，示宴安之炯戒。震动恪恭，式序在位。复与天下沿溯乎道德之源，磨礲乎邹鲁之治。备九献与八佾，观车服与礼器。《天保》《采薇》，文经武纬。且将法周室之四巡，准《虞书》之五岁。乔岳怀柔，翕河裒对。奖力田，劝孝弟。采风谣，礼耆艾。功弥大而弥勤，卜亿龄之永赖。声灵赫濯，湛恩汪泧。纠缦乎三光之昭明，汤穆乎五气之畅遂。块圠乎元萌黄芽，苞二仪而涵盖。神州赤县，圆颅方趾之民，其孰不以手加额、稽首至地。乃作颂曰：

河源星宿，九折朝宗，山祖昆仑，环络趋东。参狼白马，讵外骈幪。

皇耆其武，四海大同。太阳燨燨，是倾葵藿。春雷震震，蛰虫胥作。碎叶西临，畈章式廓。波涛不惊，星纬咸若。于赫鸿业，光我五叶。

我武维扬，我仁孔洽。既畏既怀，匪饵匪胁。豚鱼胥孚，鼓桴喻捷。孚彼远人，咸饮我醇。鹰化为鸠，感我阳春。灏灏元气，太和纲缊。臣作颂声，播示无垠。

卷第二

赋

海上生明月赋 以"海上明月共潮生"为韵

伊少昊之行秋,吐望舒以绚彩。坎离互济,承日影而生明;金水相涵,耀澄晖而加倍。示冲警阙,本来之昭质无亏;水镜雪凝,终古之清光不改。沈沈玉宇,长委照于寥天;滟滟银华,先腾精于巨海。

方其溟渤晚潮,瀛壖秋涨。岛屿萦回,风涛激壮。迟皓魄而未升,伫凉波而骋望。鲛宫夜闭,苍然积水之溟蒙;蜃气宵沉,邈尔高天之清旷。养魄广寒之府,玉斧方修;扬辉拒格之松,晶球乍漾。微开尘匣,才窥一线之明;欻鼓风轮,欲出三山之上。

尔乃助日为光,运丸枢而西转;与潮俱长,激水辐而上行。贝阙初开,神光离合。龙堂潜照,阴火晶莹。泛兮若浮,圆转之盘珠不定;跃然欲动,飘摇之白羽初擎。乘气以游,乍娟娟以延伫;驭风而上,俄冉冉以遐征。良以天在水中,附而行者随左旋于蚁磨;亦似明出地上,涌而升者观一丈于鸡鸣。月者阙也,今乃自阙而至满;海者晦也,早已离晦而向明。

是盖其出有候而不渝,其道有常而不越。晦弦进退,转环于三百六旬;气朔盈虚,积算于一十二月。每至日轮相望,始成光采之团圞;而当海峤初生,倍觉精芒之艳发。水天澄碧,浴颒洞而回翔;风露高寒,凌混茫而超忽。浮三千之弱水,正临方丈瀛洲;映十二之层城,尽似琼楼玉阙。

且夫海为阴类,月为阴之所宗;月本水精,海为水之所统。沧溟浩渺,润下而流;红蕊扶疏,倚云而种。在天在地,若迥判其升沉;成象成形,实不殊其体用。近日小而远日大,月之盈阙,海若随以盛衰;下弦减而上弦增,海之往来,月实司其操纵。元冥孕气,应知本性之原同;素质流光,自觉清辉之相共。

是以沦精巨浸,煜采秋宵。宛贮之以冰壶,净无渣滓;似洗之以银汉,静绝烦嚣。潀乎其清，引微飔而拂拂；窅然无际，悟玄想于超超。非空阔之无垠，不足以彰其皎洁；非至明之有耀，不足以彻于沉寥。曰两美其必合，遂万象之咸昭。岂但光景流连，召谢庄而赋月；将以阴阳消长，进庐肇而谈潮。

天子握长明之心镜，游不夜之化城。乘高秋以遐眺，挹爽气而宣情。寸心澄澈之余，觉物来而毕照；万镜虚明之际，亦感至而不婴。炯灵台之宁静，渺纤壒之不生。知圣人之性体，与海月而同清。固将证化源于太初太始，契帝载于无臭无声。岂徒以三珥凝庥，侈天符于象纬；重轮表异，标瑞牒于升平？

书云物赋 以"登台占验用纪嘉祥"为韵 并序

《周礼·保章氏》："以五云之物辨吉凶。"《春秋》传曰："凡分至启闭，必书云物，为备故也。"而历代相承，用为冬至之典。岂以丘明所纪，在日南至之下欤？抑以气动于下而象成于上，事验于后而几见于先。发生之始，尤考验之最切者也。谨摅此意而为赋曰：

握乾枢以正位，奉天道以钦承。构灵台以远眺，命太史以时登。躔次无忒，既测星辰于常度；希微有象，亦占气色于先征。凡以祯祥之至，必有朕兆之兴也。

尔乃阴阳递运，节序相推。观象于天，各顺四时之中候；履端于始，尤详半子之初开。盖暖律潜吹，欲蒸黍谷；微阳渐达，已动葭灰。地气上升，因成云以纠缦；圆灵下感，宛有物以昭回。舒卷无心，虽异常占之辰次；吉凶可验，非同偶化之楼台。九野分躔，因观文以察变；五行异性，用数往以知来。

则有子韦测候，裨灶司占。黄钟既动，赤管斯拈。指氤氲以驰望，极寥廓以高瞻，或成文而不乱，或错采而相兼。别方州于远近，察形色于毫纤。盖如《周礼》之命官，五云有辨；亦似《春秋》之载笔，一字必严。

是皆窥彼先几，存为后验。示祥示祲，宛明兆于蓍龟；宜避宜趋，悉预书于铅椠。天人之感，通诸山泽之精神；效法之心，察及烟霞之光艳。非但赓歌于八伯，将传复旦之章；实同取证于九畴，用慰庶征之念。

彼夫封中起白,竞奏祥符;鼎上凝黄,佥陈歌颂。皆后代之所矜,非圣人之所重。孰若箕星应候,精占验于阳云;子月起元,求端倪于天统。载诸史氏,非同谶纬之言;观彼天文,更广玑衡之用。

是知圣主谨微,明王慎始。气机先见,知有验于将来;消息相通,早预窥于初起。彰其五色,各因物而命名;治我百官,将以云而为纪。丹铅谨录,等诸三箧之书;黼扆敬陈,譬彼十辉之视。诚以观察之深心,而致郅隆之上理者也。

圣天子图握绿字,箓授苍牙。运神功之布濩,致至治之休嘉。卜太平之庆霄,歌帝世之光华。咸五登三,方兹无愧;出十苞九,莫之或加。

用能弥纶天地,含吐嘉祥。辟北阙以端居,麻凝紫气;至南郊而有事,瑞炳黄光。史不绝书,识精符之感召;天不爱道,卜帝祚之绵长。伊从龙之有愿,思捧日以俱翔;敬抽毫以献赋,颂圣德之无疆。

春水绿波赋 以"风行水上涣为文章"为韵

春回南浦,冻解东风。流渐拍岸,远水连空。千叠微波,映韶光而骀宕;一痕新绿,浮暖溜以沖瀜。涨细浪于桃花,红英乍落;冪生烟于芳草,碧色相同。

当其流云乍破,宿雾微横;雁奴惊晓,鸠妇呼晴。白舫青帘,柔橹数声船过;红衫乌笠,画桥几处人行。菡萏半垂,漾日华而欲动;玻璃一片,隔树影而偏明。

至于雨湿蘅皋,雾垂芳沚;漠漠轻飘,蒙蒙未已。排来雁齿,烟迷九曲长桥;染出鸭头,岸长三篙新水。分数行之云树,淡墨初匀;映几处之楼台,揉蓝相似。

别有习习柔飔,层层软浪。镜面新磨,靴文细漾。一池吹皱,依稀碧縠玲珑;六幅拖来,仿佛青罗飘宕。洛神欲拾,迷翠羽于洲中;湘女出游,蹙鱼鳞于水上。

若乃暝色衔山,夕阳低岸。归鸟相呼,残霞欲涣。一湾柳色,遥垂官渡低迷;千里枫林,不尽清流森漫。关山何处,凄然游子之一方;烟水无涯,渺矣劳人之三叹。尤其赠勺药而情深,怅杨花而目断者也。

嗟乎！春流瑟瑟,春草离离。河梁录别,灞岸相思。怀远人于长道,照孤影于清漪。伊徘徊而不见,羌独立而何为？乃为歌曰：

幽渚多芳芷,长天杳碧云。一雁可怜横极浦,双鱼莫惜寄回文。

又歌曰：

掠波双燕子,浴浪两鸳鸯。春思今如许,春情那可忘？一水谁云难得渡,七襄何事不成章？渺江流之无极,与远梦而俱长。

上林春雨赋以题为韵

节递中和,月临大壮。阳气蒸濡,春阴酝酿。洒芳润以霏微,逐柔飔而荡漾。流光乍湿,遥看新绿芊绵；生意初酣,恰趁嫣红开放。波添太液,渐沾溉于人间；云近蓬莱,先飘飏于天上。一百五日,从来风雨常多；三十六宫,正是莺花弥望。

尔其神皋地迥,禁籞春深。金堤夹镜,玉树成林。浮瀛洲于珠海,构阆苑于瑶岑。月榭风台,时寄豫游之意；珍禽文木,皆关长育之心。转骀荡之春光,既宜远眺；对空蒙之雨景,尤豁烦襟。则有布谷声中,乍更凉燠；养花天里,倏作晴阴。淡沲四垂,吐流云以羃䍥；苍茫一色,飘密缕以浸淫。润下有情,本自五行属水；无声细入,不妨三日为霖。陇麦方抽,正相资以长养；宫花才吐,乃弥惬于登临。

尔乃柔丝摇漾,细点轻匀。蒙蒙似縠,漠漠如尘。俄低迷于兰殿,旋沾洒于枫宸。翠羽初齐,池草潜滋其碧液；胭脂尽湿,林花微滴其红津。御柳犹眠,和晓烟以跧地；宫莺乍寂,选密叶以藏身。试启云轩,山色尽围螺黛；如凭水槛,沤纹多作鱼鳞。睿赏淹留,亦可亭名喜雨；天颜怡悦,便应苑号宜春。盖天地氤氲,适逢交泰；阴阳和会,是谓发陈。圣德周流,能均调夫元气；神浆沾溉,自感召夫鸿钧。此青阳所以应节,而天膏所以依句也。

天子于是登板桐,启县圃,命佀人,召农扈。顺时令于天和,课田功于下土。村村碌碡,他时九月秋场;处处茅蒲,此日一犁春雨。红飘远陌,望杏催耕;绿涨新塍,插秧击鼓。芳辰可乐,虽游三月之华林;甘液既零,弥念万家之萮户。良以春者蠢也,令主于发生;雨者羽也,义取诸散布。奉天道以钦承,普仁心以贯注。将使太和翔洽,不遗草木昆虫;至治馨香,遍饮醴泉甘露。岂止唐巡东洛,徒赓春雨之诗;汉侈西京,但奏《上林》之赋。

鸿渐于陆赋 以"鸿翔天路羽仪上国"为韵　并序

按:旧说谓《渐》卦,上九与三,皆处卦上,故并称陆;而上九尤为进处高洁,不累于位,无物可以屈其心而乱其志。峨峨清远,仪可贵也。胡氏不从,改"陆"为"逵",殆取以次而高合渐之义欤。窃谓:同一"陆"也,九三渐于是则凶,上九渐于是则吉。于示人循序之意,尤为深切。且"逵"训云路,经典亦无明征,旧说似未可尽废也。谨述其意而赋之。曰:

披羲文之奥蕴,究卦画之始终。识乘时之得位,惟循序以有功。艮本安敦,故虽行而知止;巽惟和顺,乃善动而不穷。二体相重,渐长者义取诸木;六爻递衍,屡迁者象寓于鸿。

原夫刚柔互应,上下有常;尊卑既定,进退宜详。干在水涯,初尚未忘乎惕厉;磐居石上,二已稍即于平康。于木者或得安栖,四爻巽顺;于陵者渐登爽垲,五位阳刚。惟乘高而在陆,为励志以轻翔。九三非得地之时,夫妇之间,尚自乖其配偶;上九有至清之望,羽仪之吉,乃允协乎行藏。

方其流音宛转,矫翼腾骞。行行分列,一一联翩。睇长途之秋色,接远势于寥天。方凌虚以轩翥,俄择地以回旋。彼水石之堪依,无心栖泊;即林丘之在望,何意留连。陟彼高冈,径欲排云而上;纳于大麓,居然出谷而迁。

尔其敛翼遥投,呼群共住。旷野浮青,圆沙聚素。四围平坦,一从宿雾眠云;百尺高寒,直可吸风饮露。惟清远而无营,故逍遥而独步。尚无取于蜩鸠,亦何论于鸡鹜?从此鸿飞遵陆,已永谢夫卑栖;非同鹈味在梁,徒僭争夫先路。

是知有远志者,不屑夫稻粱;欲高飞者,在丰其毛羽。集于中泽,耻随阳鸟之居；升自高陵，能免下民之侮。飘飘自远，原无意于跻攀；落落不群，亦不由于矜诩。此君子所以立身，而圣人所以有取也。

夫有莘之野，清渭之湄，衡茅萧散，耕钓栖迟。杳凤鸾之遐举，非燕雀所能知。相其功名，可取方于龙见；挹其神识，正有似于鸿仪。

所以吐弃尘氛，翱翔空旷；渺忽寡俦，尊崇不让。象有合于居高，爻不嫌于在上。宁同无因求进，翰音致戒于难登；与夫壮往不回，阳德或虞其过亢。

天子方章彼俊民，桢我王国。多士腾骧，群材羽翼。圣人作睹，占利见之有时；地道上行，卜泰交之无极。固将凤翔千仞，作符瑞于昌期；鹤唳九皋，效赞襄于主德。

荷露烹茶赋 以"胜情韵事合补茶经"为韵

伊荷盖之亭亭，承露华之晶莹；含新碧而澄鲜，漾微波而不定。凉生殿阁，空明足涤夫烦嚣；清带烟霞，含咀弥增夫佳兴。银塘流润，灵津之渗漉方浓；石鼎烹香，别调之氤氲殊胜。

观其希微有迹，沾洒无声。暧暧上浮，夜气涵空以虚白；泠泠下坠，云浆化水以轻清。譬以醴泉，尚未离乎泥滓；方诸甘雨，似更得其精英。饮其皎洁之风，已堪延爽；杂以芳馨之味，倍足怡情。

尔乃莲渚横烟，桂轮低晕。花花映水，一湾碧玉沦涟；叶叶含滋，十里绿云远近。掬才盈手，俨金掌以高擎；圆自如规，讶晶球之转运。虽非去天尺五，仰承云表之神膏；居然在水中央，远绝世间之尘坌。松花兰气，试旋煮以清泠；雷荚冰芽，觉莫名其风韵。

则有活火初煎，瑞云新试。素涛乍泻，宛然白乳之凝花；绿脚轻垂，犹似青钱之滴翠。贵甘贵滑，性本相宜；以色以香，美无不备。餐同沆瀣，殆欲化于虚无；沃胜醍醐，更不参以膏腻。琼浆滴沥，何须玉屑相和；芳润依稀，亦似木兰所坠。浮华沉沫，忽思对雪之清吟；回味生凉，无取添酥之故事。

于是缕泛银丝，膏镕金蜡。沸声乍起，滑流圆折之珠；水气潜濡，润滴方诸之蛤。虽受人间之烟火，高洁自如；本为花上之菁华，芳鲜微杂。味含澹泊，醇酽与辛烈皆非；气得冲和，苦冽与甘寒相合。飘飘意远，都忘溽暑之蒸濡；习习风生，但觉清虚之吐纳。

夫井华朝汲，既有前闻；雪液冬煎，亦传往古。兹茗碗之闲供，独莲塘之是取。张而似盖，以仰受而得多；圆者如盂，惟中虚而能聚。天厨品味，又新之记犹遗；中禁传方，鸿渐之经宜补。

况乃委素流甘，露本仙人之酒；中通外直，莲为君子之花。毓卉木之香灵，是生瑞草；瀹心源之意智，夙贵真茶。和内调神，气相资而得益；漱芳沥液，味交济而弥嘉。非如琼爵铜盘，惟讲求于方术；亦异蝉膏凤髓，但矜尚以奢华。

彼夫宝瓮之坛，荒唐无据；丹丘之国，附会不经。孰若翠釜承来，液化云英之水；金芽煎试，膏凝天乳之星。感召嘉祥，五色先征其献瑞；和平血气，万年即可以延龄。伊火齐而水洁，得虑淡而神宁。固将澄其静虚之体，而游于汤穆之庭。岂若论茶源者，意取诸悦口；辨水味者，智止于挈瓶也哉！

彩胜赋 并序

花胜之来旧矣，诸书所说，厥状靡详：《荆楚岁时记》谓如瑞图金胜之形，以意度之，其式当如同心结，今所称彩符者是。特今用于重午，古用于春日；且立春饰以花鸟，人日饰以人形为异耳。宋人亦曰：银幡，又有彩幡，新翦绿杨丝语，盖或装以银，或缀以柳，其实一物也。谨约略形似而赋之，曰：

溯遗闻于前代，降宠锡于新正。集华簪而肃列，出彩胜而分擎。熨碧裁红，风袅银幡以乍动；蹙金结绣，春随玉剪以潜生。颁赉有时，盖遵循乎典故；规模尽巧，亦润色升平。

原夫剪花旧事，曾记东宫；戴胜仙装，夙闻西母。岁时有记，初行荆楚之间；歌咏相矜，大盛隋唐以后。合以纂组，象有取于同心；俪彼簪缨，义亦贵其耀首。作衣冠之章采，为物虽微；备朝会之仪文，其来已久。

尔其为制也，或以银涂，或以金扣。或仙蛾五色，抽来园客之丝；或云锦七襄，织自天孙之手。或方圆成象，金刀宛转以为裁；或经纬互缠，彩缕纷纶以相纠。或黏以凤髓，红翻朵朵之花；或贴以鲛绡，绿染枝枝之柳。

尔其为状也，玉圭半掩，露其斜锐之端；金锁双关，贯以葳蕤之纽。依稀叠矩，斗两角以居中；仿佛连环，抱重轮而为耦。层层牙错，穿来百道纵横；面面觚棱，凸起四旁左右。其翘而立者，如迎春之彩彩树，植于玳瑁之筵；其委而垂者，如献岁之青幡，衔在蟾蜍之口。此其形模之似，可为历历以相推；而其文饰之殊，犹未一一而悉剖也。

尔乃苍龙御节，青鸟司晨。玉楼向午，珠斗回寅。及元旦以裁缯，颁来中禁；趁东风而插帽，赐遍群臣。当百花放暖之时，剪繁花以俨肖；值众鸟向阳之日，写语鸟以如真。宛栖神燕于钗头，双飞上下；似落宫梅于额畔，五瓣鲜新：此花鸟之胜用于立春者也。

若夫律吹太簇，阳已生三；砌长仙葍，叶才抽七。诸阳在首，故以戴于首者，顺阳气之发生；七日为人，故以象夫人者，祝人身之安吉。践形惟肖，贵为万物之灵；具体而微，巧备五官之质。

其饰以彩也，斑斓互映，居然衣锦之光辉；其缀于胜也，胶漆相依，亦似断金之俦匹：此人胜之制用于人日者也。他如图画丹青，或施门户；裁缝绮绣，亦贴屏帏。荐柏叶与椒花，舅姑是献；佐蜡鹅与粉燕，亲故相贻。处处春风，盛世繁华之习；年年令节，前民风俗之遗。即其点缀年光，见治平之有象；凡以导迎和气，期福履之是绥。

圣天子至治馨香，太和酝酿。堂廉恺乐，环陈献寿之樽；典礼修明，肃列迎春之仗。陶姚敦朴，跻而日隆；唐宋虚文，屏而弗尚。所以镂金剪彩，不斗其奢华；学鸟图花，莫详其形状。花幡宝胜，仅存想像于前闻；金鹍瑶筐，讵敢追随于高唱。

青云干吕赋 以"青云干吕弥月不散"为韵

伊休明之上理，表符契于圆灵。播元音以宣畅，妙神感于杳冥。大乐初鸣，既验轻风之送绿；和声间作，复征瑞霭之浮青。呼吸相通，直彻碧虚之上；轮囷不散，俄成翠盖之形：此青云干吕之象，以彰至治之馨也。

原夫吕之为用也，循环八位，损益三分。于律为妻，象似有夫而有妇；于阳为佐，义取一臣而一君。大司乐名之曰同，譬耦画之得双，刚柔相济；伶州鸠称之曰间，应雌鸣之有六，往复相闻。长短参差，递节五声之高下；阴阳和会，斯调二气之氤氲。故通制作之精微，求阴于吕；而召乾坤之欣合，表瑞以云。

盖夫云也者，希微有象，变化莫殚。山泽之感取诸《咸》，蒸而出者既油油以渐合；天地之交取诸《泰》，聚而升者遂霭霭以上干。乘气以霏，本有同和之象；寻声而赴，孰窥交会之端。当其截竹之频吹，通诸幽渺；正似从龙之类应，倏已弥漫。

至于触石微生，乘风轻举。五方异色，别以赤白玄黄；列国殊形，判以燕韩秦楚。何圣德之所征，独青云之干吕。帝出乎《震》，本为长育之乡；人始于寅，是曰发陈之所。肖木色于东方，配苍天于春序。虽似朱襄鼓瑟，感来阴气之和平；实同太皞司辰，应以阳云之容与。

是以昭华乍奏，巘管徐吹。扬音上薄，应响下垂。象烟绡之飘举，结华盖之葳蕤。听一声之初动，俄六合之已弥。宛如嘘气而成，逐轻吹而冉冉；又似闻歌而遏，随清响以迟迟。

遂乃郁郁纷纷，蓬蓬勃勃。碧天万里，入寥廓以霏微；黛色一痕，接混茫以超忽。比蔚蓝而差澹，低映金门；拟轻缥而犹浓，薄笼瑶阙。翩如翠凤，仪于韶乐之初成；爢若苍龙，跃自雷声之始发。繁音竞作，觉摇曳之多姿；逸响将终，尚飘飏之未歇。虽复无心之舒卷，澹宕随风；偏如有意之低徊，流连累月。

是知天人一贯，元化流通；声气同原，真精吸噏。应于上者，能含吐其嘉祥；动乎下者，实宜调而拂郁。六变九变，但诏典乐以和声；二至二分，何待保章之辨物。即此命官纪瑞，真可媲美于云师；定知率舞倾心，不啻受驯于服不。

天子体备中和，歌传纠缦。凫钟鼍鼓，握瑶琯以长调；玉叶金枝，抱珠宫而不散。均和乐律，直将方驾于黄轩；远贡神香，岂止比隆于炎汉。颂德化之昌明,愧高深之莫赞。仰三殿以抽毫,效载赓于复旦。

仲春上丁习舞赋 以"上丁习舞宣导阳和"为韵

播五色以成文,行八风以谐畅。伊不乱而不奸,若相摩而相荡。律通于数,当荸甲之初分;舞动其容,应句萌之向上。导迎生气,取诸二月之夹钟;感召天和,顺彼四阳之大壮。

尔其太皥御节,羲仲占星。芽抽草木,暖入林垌。春者蠢也,各抱向荣之意;卯者冒也,已成奋地之形。出滞宣幽,正开冰于初吉;分行设缀,爰陈舞于诸伶。进退雍容,既象周旋之风雨;发扬蹈厉,亦随方震之雷霆。月有三旬,而正始履端莫先于上;天有十日,而先庚后甲惟取于丁。

则有王者亲临,群工毕集。循序以登,肃容而立。董其成于乐正,羽籥既持;备其礼于先师,豆笾载执。八音有节,俄旋雅度之翩翩;四隙潜通,早有祥飔之习习。

尔乃声以鲸钟,警以鼍鼓。初三步以见方,俨八行之可数。纷陆离其采绘,倏飘摇其白羽。皇取象于凤仪,施寓形于兽舞。乍举袖以竦身,或总干而示武。教于国子,俾著往以饬归;诏我舞师,亦周规而折矩。

若乃咸池以下,大武以前。百王典则,六代宫悬。一成以及于再成,鸣铙示节;六变以终于九变,合乐相宣。象治功以有作,顺时序以靡愆。亦有资于长育,宁徒悦其便娟。此司乐所传,分隶《周官》之籍;而仲春所肄,特书《月令》之篇者也。

且夫制作之原,天人之奥。理有相因,事非独造。夏维丁亥,设缀兆以蹁跹;虞以壬寅,入学宫而舞蹈。前王创始,皆乘春令之发生;后代承流,用作阳和之迎导。岂如优伶杂遝,空骇愕于题旃;与夫巫觋婆娑,但流连于执翿。

我皇上裁成天地,驱驭阴阳。鸣太平之盛,奋至德之光。文治昭明,奏箾韶而容裔;武功震叠,用干戚以宣扬。伊铿锵而鼓舞,久周浃而旁皇。所以上蟠下际,气淑年和;两阶既格,七德载歌。固将乐御德车,合八荒而运量;天覆地载,统万象而包罗。又何扶来之足贵,而大卷之足多也哉!

东风解冻赋 以"生气初盛九阳奋发"为韵

惟苍龙之御节,启木德以发生。顺天倪以左起,嘘地气以上行。四十五朝,积筴上推夫长至;七十二候,授时首起于新正。北斗回杓,知春晖之欲到;东风解冻,验芳序之初更。

方其十月初交,六阴所汇。《剥》之上九,虽硕果之仅存;《坤》之初爻,已履霜之可畏。寒侵玉沼,渐欲澄凝;冻合珠泉,乍停涌沸。动归于静,是为结冰之辰;柔化为刚,因有腹坚之谓。验泉心于半子,朕兆犹微;过花信于三番,消融尚未。沈阴既久,蒸濡惟待夫阳光;闭塞经时,疏散必资夫木气。

尔乃春生冬末,暖入寒余;玉衡所指,太皞攸居。生意烟煴,正及发萌之始;柔飔演漾,适占入律之初。风者氾也,本无微而不达;东者动也,更久郁而将舒。气本乎天,橐籥潜通其呼吸;阳生于下,水泉先受其吹嘘。见碕岸之含津,冰痕融液;遂银塘之流润,地脉开疏。

观其皎皎光凝,皑皑尘净。万顷如银,一夜似镜。渐消渐薄,质疑云母之轻明;或整或斜,纹讶玻璃之碎迸。俄相连而忽断,荡漾中分;已从密而至疏,玲珑微映。寒澌沍冻,久成固结之形;暖溜㳽瀰,仍返流行之性。盖下升上降,已经二气之相通;故小往大来,不敌三阳之正盛。如雷出地,早暗动其机缄;譬火镕金,能除消其刚劲。

且夫水之为物,外阴而内阳;坎之为卦,一奇而两偶。再索得女,虽从坤之二爻;一画居中,实本乾之初九。当其青阳发动,震为雷而巽为风;早已黄壤潜钟,孳于子而纽于丑。数穷必返,值五日之初交;蓄极当通,因重阴之立剖。

若夫明庶之风,本由震地;太簇之气,实出艮方。以东风之解冻,为始应乎句芒。岂律筒之所召,非卦位之所当。析木为津,虽介玄冥之野;摄提授序,即临青帝之乡。预言东者,圣人之所以正始;略言北者,天道之所以扶阳。

我皇上化日舒长,鸿钧转运。司天官以南正,敬授人时;迎木帝于东郊,式遵古训。波融太液，遍分膏泽于臣邻；春入瀛州，大布阳和于远近。仁风蔼蔼，咸为寿域之登；品物欣欣，俱似句萌之奋。所以德比风行，令如雷发。占百旬之祥瑞，东越沧溟；度万里之春光，西通月窟。固将暖波涛于蒲海，盐泽澄清；消霜雪于高昌，天山突兀。岂止于南风解愠，歌盛化之周流；洛水先温，颂恩波之不竭也哉！

按：《月令》，孟冬之月，一候地始冻，二候水始冰。孟春之月，一候东风解冻，三候犹鱼陟负冰。则冻属地脉，不得以冰解为说。然唐人试帖，已以冰开为言。相沿已久，不可复正。今亦姑仍旧说赋之。

白玉琯赋以"帝德遐敷西母来献"为韵

伊至德之覃敷，播风声于四裔。握大宝于云轩，收奇珍于月窟。雕劚天巧，遐搜县圃之精；歙吸元音，隐合伶伦之制。谐九成之琴瑟，溥旸皇风；历万里之梯航，妙彰神契。瑞图表验，贞符既著于昌期；铭记留题，法物犹传于奕世。斯盖白玉之琯，神人之献于舜帝者也。

原夫石髓潜凝，山灵胎息。结体层阿，栖精绝域。含章有耀，论沽宁止于千金；蕴宝希声，阅世不知其几亿？藏辉以待，久抱璞于不言；应运而兴，将效灵于有德。当穷荒之向化，神物攸归；遂富媪之呈珍，夜光斯得。虹文的烁，莫名昭质之晶莹；凤管参差，爰受良工之雕刻。

尔乃路通荒渺，境越幽遐。波浮弱水，碛度流沙。其地则二万里余，居邻柳谷；其人则三千年外，手种桃花。感德馨之孚格，慕圣治之休嘉。通款诚于仙使，献重宝于昭华。爰随白鹿以呈图，俱来上国；因并玉环以修贡，共入天家。

尔其为制也，中抱虚心，用达吹嘘之出入；外含直体，更无丰锐之差殊。方以鸣球，石质略同其温粹；比诸下管，竹音正类其形模。长之数二十有三，忖以为寸；孔之数二十有六，贯者如珠。几受磨砻，始就周圆之肉好；试调律吕，恍闻众窍之喁于。昔在瑶池，曾和仙人之啸；今谐韶乐，式昭文德之敷。

尔其为色也，截肪莫比，搏雪难齐。川岳钟英，本自无瑕之璧；雕镂尽巧，非同有玷之圭。似折琼枝，忽入骚人之掌握；如吹鹅管，宜邀仙客之提携。岂以石韵难调，故昭大乐之和者取材于石；抑以西方属斂，故象成功之治者配色于西。

若其变化靡穷，神奇非偶。应响成形，凭虚造有。山林仿佛，宛窥三级于樊桐；车马依稀，似度五云于王母。形声相召，真疑至乐之通神；隐见随心，直讶化工之在手。尤以灵异之有征，而表祥符之天授也。

我皇上仁沾陬澨，化被埏垓。天临出日，地尽无雷。禽输瓮卵，马贡龙媒。受共球而咸集，奉贽币以胥来。行见六合遥瞻，万邦为宪。东风入律，握玉琯以长调；西极来王，诣金门而上献。考六律于微芒，辨五音于分寸。通太极于函三，播中声于吹万。固将命后夔以司乐，化洽珠囊；迈大舜之垂衣，道光玉券。

德车结旌赋 以"德美在中缠结其旌"为韵

伊法驾之尊严，备礼容而作则。垂六御以陈仪，建五旗以别色。葳蕤外布，发扬以播其声灵；懿采中含，敛饬斯昭其明德。居高在上，虽示象于文章；有美能涵，实同符于渊默。大车不画，非矜物采之纷葩；黄屋无心，宁耀升平之藻饰。

原夫德车之为用也，典重朝廷，礼隆禋祀。质贵浑坚，制增华美。或斫朴于梓材，或刻文于象齿。镂金的烁，精镠隐扣其奇光；雕玉玲珑，良璞层分其密理。鸾车钩车之异号，前后相沿；大路乘路之殊名，规模略似。八鸾和奏，式昭一代之声明；九轨平临，用肃万民之瞻视。

所以舆教既严，椎轮渐改。百工所聚，轸舆各肖其方圆；五色相宣，羽卫亦增其华采。龟蛇熊虎，随方位之所居；赤白青黄，应日躔之所在。句陈列仗，晓景凝旍。太乙扶轮，灵风曳彩。云斾摩荡，遥瞻气象之万千，雷毂砰訇，弥觉森严之百倍。

然而舆以载德,旗以昭衷。制原示别,象讵从同。衣冠礼乐之文,其道有殊于搜狩;锡鸾和铃之节,其事有异于兵戎。昭以威者,常发皇于在外;养其德者,必藏密以居中。故析羽于端,将欲襮襫以备饰;而结旌于上,转如敛抑以示冲。

尔乃亭亭直附,宛宛高悬。揭竿上引,络角斜缠。三十辐之雕轮,回环下转;十二斿之广斾,缪辔旁牵。礼备其容,宁云偃帜;文嫌其著,不比张旟。带本有余,偏使屈盘而不展;旒原似缀,更令钩贯以相连。宛转交紫,旋而为纽;萧梢微动,缩者如髦。远睹其形,惟见干旄之孑孑;近觇其象,直同束帛之戋戋。盖意在修文,故戢其威者,略比《下绥》之旨;而义存畜德,故含其章者,取诸《尚䌹》之篇。

是知德不显者,神圣之渊衷;贵不舒者,帝王之盛节。黜华崇实,轮辕恒戒其弗庸;谨小明微,旗物亦章其有别。示其端于染羽,德本如毛;寓其意于缠旒,心原如结。斫雕为朴,岂其更饰以繁文;蓄宝希声,固自无须于彰彻。

我皇上抚兹大宝,巩此鸿基。彤车白马之风,道隆于贻厥;鼖鼓龙旗之绪,业茂于绳其。有质有文,炳乎上车之古训;不雕不琢,穆乎越席之前规。至化若驰,宁取张皇之迹;大文弥朴,奚烦藻绘之施。

然而渊涵者性量,洋溢者声名;垂拱者有象,奏假者无争。被天下以德辉之盛,游一世于王路之平。久已万邦,黎献仰其化;何俟三辰,日月昭其明。又岂止端默之容,徒观于乘辂;笃恭之意,但寓于结旌也哉!

羞以含桃赋 以"时果早成寝庙先荐"为韵

维献新之旧典,寓致孝之深思。既升香于嘉谷,复荐果于良时。伊含桃之初熟,佐秬黍而登之。其物虽微,非以难求而贵重;其成最早,实以先得而珍奇。采彼园林,适在长嬴之节;进诸寝庙,因当仲夏之期。

懿夫错落千枝,匀圆万颗。质耀丹砂,精藏朱火。缘形取似,被以桃实之称;因物为名,是曰莺含之果。甘香居最,故为禽鸟之所衔;飨祀以时,谅亦神灵之所妥。可羞可荐,良有贵于芳鲜;爰取爰求,固无嫌于纤琐。

尔乃夏令方炎,薰风乍燠。结子初成,摘芳及早。朱英点点,望如春圃之花;丹实纷纷,剥似秋场之枣。贡来蓉阙,争看掌上真珠;擎出筠籯,错讶盘中玛瑙。岂但厨名樱笋,供燕乐于升平;将同膳用膏膻,荐馨香于祖考。

是以荐其时食,绥我思成。以尝新之令序,感孝享之真诚。出上兰之嘉种,佐清庙之粢盛。伊相随而并进,若得介而始行。莹之以浆,无借甘肥之润;雪之以黍,宁分贵贱之名。

尔其肃穆神轩,森严灵寝。四时之序,正当小变之余;百果之中,贵此先登之品。风枝低处,初摘青林;露叶承时,微含红癋。捧来御苑,园官深致其恭严;升彼几筵,祝史弥增其谨凛。因时而举,先王之礼斯存;未祭不尝,孝子之心可审。

且夫尊崇之制,礼戒繁文;禋祀之精,理归典要。落其实者,适当蕃秀之初;达其诚者,匪取色香之妙。所以卢橘虽熟,礼官不采于上林;丹荔虽甘,驿使不通于南徼。略似采蘋之可荐,无愧神明;宁同设芰之违经,难登宗庙。

我皇上纯心受祜,大孝承先。有本有原,礼重明堂之配;不疏不数,制符《月令》之篇。备隆仪以追远,因时物以告虔。伊报本而返始,将则地而因天。

是以五福祥征,万年庆衍。本治斯隆,和气旁扇。维抱蜀而不言,遂垂衣而丕变。即一物之不忘,知孝思之普遍。

彼唐宫故事,徒传吏部新诗;汉庙虚文,但据叔孙陋见。又乌知圣主之明禋、熙朝之殷荐也哉!

孟冬颁朔赋 以题为韵

伊冬序之初临,见玉衡之指孟。握仪象以窥天,召羲和而齐政。权尊一统,典章无改于《周官》;律别三微,节候特从乎夏正。贞元迭续,适当十月之交;终始相循,用布四时之令。此敬授之深衷,而钦承之大柄也。

原夫数开甲子,气始黄钟。羲娥递曜,支干相重。岁十二辰,而辰次之所加月为之纪;月三十日,而日躔之所会朔统其宗。按数以稽,有类毂旋而辐运;循端以竟,是为纲举而目从。上下成弦,辨往来与消息;盈虚生闰,分春夏与秋冬。抚彼五辰,所以程功于六职;平其四仲,所以正候于三农。

然而天道者,帝王之所奉;人时者,政化之所关。妙契苞符,非圣人不能作;统归正朔,非天子不得颁。是以测量躔度,经纬方圜。雕题凿齿之乡,莫敢于同异;洛下信都之属,莫议其增删。凤纪新成,将布诸山陬海澨;龙楼高启,先分于鹭序鸳班。

尔乃日官推筴,岁运循环。气从姤卦以至坤,凝而极盛;数起子宫而迄亥,往而必还。周之季冬,夏之孟冬,总属六阴之月;《剥》之上九,《复》之初九,适居两位之间。时届小春,欲动微阳于地络;日惟初吉,预颁新令于人寰。

则有肃肃天闱,愔愔广乐;瑶阙深开,金茎旁擢。卿云乍起,九光遥护于觚棱;晓日初明,五色斜临于殿角。擎来玉案,先赐千官;捧出琅函,分行四岳。七十二候,不遗于草木昆虫;二十八躔,遍验夫东西南朔。以昭政典,而百工之绩,归于闰定而岁成;以课田功,而七月之章,咏彼葵烹而枣剥。盖由观文以察理,勒为时会之书;不止候气而占星,但治数家之学。

是皆圣天子位正中黄,道原太素。斗极纲维,鸿钧陶铸。修五纪者,取《洪范》之四畴;书元年者,体《春秋》之首句。庶征是念,克省乎惟岁惟月惟日惟星;一气同流,用契乎执准执绳执规执矩。是以提挈枢机,经纶几务。察以玑衡,垂为法度。前民用者,容成隶首所未详;奉正朔者,竖亥大章所未步。稽古制以分颁,顺天行而举措。伊有典而有章,咸遵道而遵路。固将迈颛顼之推详,轶黄轩之制作;又何论四民有令,编成崔实之书;七政无遗,载在张衡之赋。

佝偻丈人承蜩赋 以"用志不分乃凝于神"为韵

伊守一之纯心,穷至精而致用。历终始而不渝,浑形神而与共。勿三勿二,几经深阅其疾徐;不后不先,一任自为其操纵。微言寄托,丈人之妙技堪思;名理遥深,园吏之遗书可诵。

则有佝偻轶闻，承蜩琐事。散材何用？曲拳者天啬其形；小道可观，贞固者我坚其志。觌其偻状，岂三命之益恭；掇彼微虫，乃一长之可试。橐驼自号，将偕种树之人；熊相为师，妙识累丸之意。其始也，矜心未化，十或中其四三；其既也，躁气渐平，百不遗其一二。得心应手，巧不可阶；蹑影寻声，倏不及避。盖观者叹其绝工，而丈人犹以为未至也。

尔乃结想缠绵，沉思纡郁。半途者易废，自昔为然；见异者思迁，伊余独不。瞽善听而聋善视，静息诸缘；处若忘而行若遗，空无余物。形同槁木，不自觉其去来；臂若枯枝，亦几忘其伸屈。遗珠可索，将同象罔之求；左翼微捎，乃类蜻蛉之拂。

尔其华林垂荫，高木捎云。睇餐英于晓露，听流响于斜曛。蕲一投而立获，无两念之旁分。麋鹿兴于左而目亦不瞬，雷霆激于上而耳亦不闻。海客忘机，狎鸟者无猜于物；至人无己，入兽者不乱其群。直与独茧芒针，同情性之专一；岂共螳螂黄雀，争得失之纷纭。

遂乃和以天倪，动乎真宰。触之不惊，迟而有待。沉机观变，耸肩第觉其成山；定息凝神，拄杖将嘲其似乃。唐无名氏嘲偻背诗："插笏便似及，拄杖更似乃。"鞠躬潜伺，叶底深藏；振臂一挥，掌中宛在。清吟方动，俄停鼓翼之声；薄鬓犹明，轻握垂緌之彩。气归虚静，未尝妄动以败成；几在微茫，亦不后时以致悔。总缘精神先定，将行有类于机张；所以淡泊相遭，未起无虞其意改。徒观技能进道，收效者一时；岂知习乃通神，研精者几载？

故曰：纵而即逝者事机之迅，审而不失者志气之凝；限于天者不受形骸之累，傅其翼者竟无飞遁之能。若俯拾于目前，故譬之曰掇；若自投于掌握，故命之曰承。良由结习难忘，揣摩之渐熟；非比无心偶得，侥幸以相乘。

是知厌饫优柔，功不可假；神明变化，候不容诬。志一神凝，殆于探之冥冥而索之渺渺；矜平躁释，亦如寐也蘧蘧而觉也于于。人纵疲癃，亦可争长于捷巧；艺虽微末，亦非收效于须臾。粗即寓精，试验彼捕蝉之术；小能喻大，可进诸鼓箧之徒。

彼夫解牛者技善,钓鲤者手均。养鸡者若木,贯虱者如轮。才有偏长,各成名于一技;心无两用,皆有类于斯人。知业臻乎微妙,在功历其艰辛。故巧者之不过曰:习伏乎众神。

风过箫赋 以"风之过箫自然成韵"为韵

和天倪以御物,妙至感以潜通。伊灵源之洞廓,象人籁之虚中。非有非无,穆穆者神栖于静;相摩相荡,泠泠者响起于空。冲漠难寻,谁识无声之乐?往来不滞,自谐入律之风。此本天之治而不宰之功也。

原夫律分子母,音别雄雌。七声渐备,九变相随。有截筒而用者,因比竹而为之。取龙材之孤直,象凤翼之参差。旁叶八风,妙合阴阳之撰;中无一物,惟通橐籥之吹。嗷嗡人声,固调和乎大乐;喁于地籁,亦鼓动于柔飔。相感之微,应信声原于气;自然之妙,定知竹胜于丝。

当其冉冉潜来,飘飘轻簸。兰台高峙,适当雅咏披襟;巘管旁陈,忽有清音绕坐。徐来澹宕,乍似倚歌;疾处飕飗,居然入破。倏高倏下,俄宛转以铿锵;一往一还,复抑扬而顿挫。譬诸室中候管,律应而灰飞;方之殿角筝弦,风生而响播。感以一气,若因从虎而来;应以同声,大似吹壎而和。无心自动,实相遇于希夷;有叩斯鸣,更何分于小大?总缘至虚至静,自处于无为;所以不后不先,适逢于一过。

尔乃韵谐伶管,节应虞韶。通气机于空廓,动呼吸于沕寥。才看千里之风,乌竿乍转;已借一吹之力,凤律先调。听之逾希,但觉余音袅袅;流而不息,如闻大木刁刁。至理可寻,试问子綦之隐几?繁音奚贵,莫矜嬴女之吹箫。

是知操政本者,在葆其虚灵;探化源者,不劳于作致。寸灵宛委,譬万籁之未鸣;群动纷乘,譬八方之有自。虚而能受,譬众窍之玲珑;感而遂通,譬微飔之鼓吹。用超象外,遥飞无翼之声;理在环中,试证在悬之器。

夫王心翼翼,帝德乾乾。非徒高以清净,即胥受其陶甄。岂偶然之感触,遂可尽其经权。应以声者,声在无声之始;动以气者,气通有气之先。与物推移,不用者所以为用;与时消息,自然者孰识其然?故取方于苇籥之吹,器通乎道;借证于土囊之口,乐本乎天。

况乎太音浑穆,元气流行。本不由于造作,亦何事于经营?谱以新歌,不免促为侧调;胶以定律,亦将独用宫声。与其百变难穷,致繁文之日起;何若百旬不息,顺节奏之天成。

我皇上道叶泰交,象占豫奋。调阴阳于玉琯,不介斯孚;握根本于黄钟,有条不紊。五声听政,悬鼗铎于宫廷;四国采诗,遍轺轩于远近。但默运其经纶,自会归于彝训。固将符昌期于五日,风伯效灵;播至乐于九成,箫韶流韵。小臣奏赋,惭握管以窥天;圣主垂衣,正挥弦而解愠。

敢谏鼓赋 以"置鼓于庭以来谏者"为韵

稽古帝之钦明,垂衣裳而正位。已平地而成天,弥求言以赞治。达上陈之隐愿,通之以声;揭俯听之深衷,示之以器。聆音察理,俾宣纳牖之诚;舍己从人,即用悬鼗之义。此敢谏之鼓,帝尧之所置者也。

徒观其配革为音,悬桴待举。冒皮于郭,略同轩帝之夔;刓木为圆,已变炎皇之土。灵禽应节,如藏双鹭以翱翔;至乐和声,若待一夔而击拊。将谓大唐协律,音调尧代之歌;亦同有瞽陈诗,颂奏周京之鼓。

岂知夫渊怀惕厉,圣德勤劬。惧釜鬵之或隔,蕲堂陛之交孚。将闻声而立应,思不见之是图。鼖鼓在庭,用示常悬以待扣;鹤鸣纳诲,俾能旅进以陈谟。警我百工,正似徇以木铎;谐其六律,非徒节以錞于。典乐纳言,若可摄官以翊赞;师箴矇诵,如因执艺以匡扶。

所以明君在御,谠论盈庭。虽有都俞,固不嫌于吁咈;亦知愚陋,冀仰赞乎神灵。试叩桐枹,已觉声如金石;漫持布鼓,何虞威触雷霆。响乍渊渊,遥传高殿;言如谔谔,殷动皇扆。扬音无俟于三挝,陈书已达;作气才闻于一鼓,侧席斯听。有感必通,本不同于规谏;无微不达,莫漫比于钟筳。此昌言所以日进,而明德所以惟馨也。

夫光宅无疆，时雍致理。彤车白马，并五帝而齐驱；茅茨土阶，垂百王而作轨。望云就日，近光者相顺以自然；凿井耕田，食德者并忘其所以。本无阙失，亦奚待于箴规；即有开陈，亦何增于盛美？胡虚己以相求，弥周询而不已。端居云牖，时深省过之心；旁列雷鼗，用待弼违之士。

是知安益求安，战栗不忘于一日；圣不自圣，匡襄务集夫群材。虚以受人，将使闻风继至；欢以动众，自能接踵偕来。百度无愆，虽备之而不用；四聪已达，更导之以使开。是皆博采谟猷，见小心之翼翼；不止优容戆直，示大度之恢恢。

故能耳目常周，堂廉不间。启旁求之路，善即为师；无专设之官，人皆可谏。转圜弗及，共知求助之心；炀灶无虞，宁有绌聪之患。禹皋稷契，皆能謇谔以输忠；苗鯀共讙，莫得诪张而为幻。咨询不倦，永怀百载勤劳；儆戒不忘，终致九州清宴。总缘冲怀善下，不弃夫刍荛；因之景运长开，式歌夫纠缦。

我皇上体备中和，德通上下：询诸四岳，典仿乎虞；听以五声，制符乎夏。御苍龙而出治，问道宫廷；设白兽以求言，镂形樽斝。用使直方之操，环趋柏府乌台；谠正之词，时进细旃广厦。资忠良之药石，国有人焉；陋曲士之脂韦，伊何为者？疑丞辅弼，翊昌运于休明；南朔东西，奏承平于朝野。固将道光四表，媲美于尧年；宁惟诗咏九皋，矢音于周雅。

石韫玉赋 以题为韵

缅符采之外章，皆英毕之内积。伊蓄宝之希声，象荆璆之在石。白虹未吐，云根先结其真精；苍水初含，山骨实藏其灵液。负千金之高价，深匿光芒；韬五色之殊文，密凝润泽。自他有耀，是征碕岸之不枯；虽秘犹彰，不待白茅之既藉。

原夫翠阜潜滋，丹厓通脉。孕瑰宝于柔祇，郁化精于良璧。羌不琢而不雕，匪一朝与一夕。茹天地之膏腴，实山川所爱惜。然而至精之气，有所附焉而始凝；希世之珍，非其时焉则不辟。巉岩顽石，先包络其胚胎；温粹天球，乃含真于坚白。譬珠光之的砾,探彼重渊;如金屑之晶莹,披诸砂碛。截肪蒸栗,虽含七德之华;隐岫栖岩,终有一膜之隔。貌同燕石,既自匿其菁英;光掩荆山,亦孰施其采择?

岂知足于内者,其势不得以终潜;发于中者,其美不能以自隐。连城之璧,不长闷于岩阿;径尺之珍,不自埋于尘坌。方流记水,其文一纵而一横;暖日生烟,其象若远而若近。凡达之于亹亹,共睹其微;实息之于深深,自呈所韫。

是以县圃之阳,崟山之曲。宝气上浮,荣光旁烛。烟峦蒸发,光凝峰畔之青;草树沾濡,润滴枝梢之绿。萧萧空谷,虽过问之无人;落落深山,已相逢而骇瞩。含章未耀,不言之桃李相同;抱璞何心,特达之圭璋已属。是其大文之著,皆由内美之足也。所以知道者葆光,比德者佩玉。操瑜怀瑾,非有意于示奇;砥行砺名,本无心于动俗。志士握中之璧,别寄深心;醇儒席上之珍,缅怀高躅。文章之盛,不过学问之沉酣;粹盎之符,不过性情之醇笃。观于光能照夜,自发见其精神;可知学戒求沽,毋相矜以繁缛。

我皇上虹璧当阳,瑶图受祚。握延禧之宝,繁祉咸臻;集典瑞之司,众材毕赴。复至教之式垂,俾纯修之是慕。含晖妙理,微拈朱子之诗;韫玉名言,旁采陆机之赋。当授简之自天,知圣怀之有寓。循名责实,仰蒙彝训之宏敷;浴德澡身,勉励姱修以自树。

卷第三

雅 颂

平定两金川雅 谨序
乾隆四十一年代作

臣闻弧矢之象,《易》取诸《睽》,言睽则威之也。启征有扈,作《甘誓》,乃称:"天用剿绝""龚行天罚"。然则圣人并用五材以昭七德,其未自绝于天者,恒仁爱不轻剪刈;迨其干命乱常,悖越显道,而后仗顺以讨之。故旗锋所指,如雷霆下击,虽险阻崎岖,终弗能拒。两金川者,于三代无可考。汉始通冉駹,置汶山郡;然故址在今茂州,相距五百余里,则仍边外地也。于星为井鬼,分野鹑首之次。介于西南之间,故狡黠有蛮风,而剽悍钞盗有羌俗。

国家幅员广袤。顺治壬辰,随九姓内属,六抚三慰,受职纳赟,百年来隶为臣仆,非复前代之羁縻矣。乾隆戊辰,促浸郎卡始与攒拉构衅,执其渠泽旺,王旅徂征,释兵悔祸。皇上悯其顽蠢,予以自新。越十年,戊寅,鹰眼不化,又潜侵吉地丹多诸部。然同类相搏,私为攘攮,譬之鼠牙雀角,妇孺诟争;操梃里巷之间,有司者治之,不足以烦九伐也。封狼生豵,世盈厥恶,逆子索诺木恃险陆梁。戊子夏,据革布什咱,戕其土官,鸱张日甚。泽旺及子僧格桑亦忘再造之恩,朋比煽合,围攻鄂克什,豕突不已;且筑垒列砦,角觡抵触,显然欲负嵎抗天讨。边帅问罪,果厉锋格拒。于是绰斯甲布、巴旺、丹坝从噶克、梭磨、卓克采诸部,咸骚然无宁宇,且妄播谣曲,有吐蕃维州之志。夫强噬弱,巨憝也;下逆上,大罚也。乱气熏灼,苍䆒震怒。皇上钦承天道,修饬政刑,遂不能复为二竖贳。爰整六师,剪除苞栉。一军由巴郎拉,一军由约咱,分途并剿。虎旅铺敦,攒拉一部已蠛鼠壤,俘獍父,而索诺木犹敢渊薮逋逃,逞其蜂虿。穷凶极悖,弥不可容于覆帱。

于是重命阿桂为定西将军,丰昇额、明亮等为之副。禀密画于宸衷,扬天声于荒徼。分道直入,霆冲飙卷,进克资哩,复鄂克什官寨。转战而前,遂复美诺及别思满、兜乌、八卦碉、僧格宗、底木达、布朗郭宗、大板昭、曾头沟诸地。五日之内,攒拉再平。惟索诺木犹窟穴嶄岩,万计死守;阿桂等仰遵庙算,务靖妖氛。桴鼓扬旂,目无险阻。划绒布,拔罗博瓦、焚熟,围歌洛,扼喇穆喇穆,遂由空萨尔收密拉噶拉木。上凭风磴,下瞰蚁旋,皆垤破壤颓,苍黄莫措。乃荡木斯,取甲索,自基木斯丹当噶五十里内,贼徒自燔;遂定勒乌围,扼吭附背,鼓行而前。仄隘危峦,指挥并下。乃进围噶拉依,大师合会。欱野歕山,若雷鼓轰而天球振也。穴鼠技穷,釜鱼路断,征侧、征贰之属,侨如、荣如之辈,咸魄悸骨栗,自归罗尉。惟索诺木及其逆党,自知罪婴不赦,犹闭垒偷生。至七萃奋登,乃累累贯索。大憨既获,蛮徼砥宁。列戍开屯,屹为雄镇。数万年木石魍魉之区,忽皦然而睹白日。於铄哉!声灵震耀,蔑以加矣。往岁癸亥,我皇上井钺参旗,戡定西域,系颉利之颈,械疏属之尸,悬母寡之首,斥堠屯种,过碎叶,薄葱岭,黄图所拓二万余里。其间再乱再平,蒇事不过五载,功为古今所未有。今金川之境,虽不过五百里;金川之众,虽不过二三万人。其地虽近接蜀徼,无星源月窟之远;然山重水沓,无寸土之坦。仄径巉岩,一线穿漏,上入云,下缒谷,往往飞猱侧足,飞鸟不越;一夫扼隘,则中黄伕飞,不能用其排突。又碉房之制,即扬雄《蜀都赋》所谓石厩,《后汉书·西南夷传》所谓"邛笼"。自昔夷落,恃以为固,凭高密缀,尤猝不易攻。譬黠鼠微烛,窜匿于密罅曲窦,抉剔求之,物小而力乃百倍。故汉通西南,能斩竹王之首,而兵未尝涉其阈;姜维、马忠讨羌故垒,乃在今内地。宋尝一征旺烈,弗利而止。历代以来,无能采入其阻者。皇上于五载之中,借场艾旃,絷缚蛟鳄,与平原大野,驰驱决胜者等,功亦古今所未有。盖旷世伟绩,越二十年而再睹也。

且古者出师,皆受命于一帅,故曰:阃以外,将军制之。惟我皇上命将出师,皆睿谟独运,策形势于万里之远,操赏罚于九天之上,指示驾驭,赴机若神。臣章句陋儒，虽不足测高深万一。而叨荷恩遇，出入禁闼。仰见军兴以来，皇上宵衣批牍，旰食披图；或羽书夜至，亦中宵宣授机宜，圣虑勤劳，越五年如一日。知经纬万端，悉由乾断。建牙秉钺之臣，特禀成命效驱策耳。此尤千古帝王所未有也。然恭读《御制太学纪功碑》文，委曲详明，方谆谆于兵，非得已绝不以武功耀万世。则圣人之情，与天合契；风霆雨露，因物而施。纤毫无心于其间，益非区区管蠡所能窥见矣。昔唐吴少诚据蔡州，拒命三世。其地为中原平土，非有山川险隘之势，竭天下之力，五十载仅乃克之。其时韩愈、柳宗元等，犹作为雅诗以扬播后代；今圣天子驱驭虎貔，剪除狼虺。通亘古不通之险，其事越平淮万万。臣忝珥笔，其可不作为文章以歌咏休明。顾学殖荒落，词不副意，不敢自为撰著。谨仿晋傅咸集句为诗之例，裒缉唐人旧文，排比伦次，为雅诗十二章，以赓扬盛烈，昭示来兹。其词曰：

其　一

圣惟广运孙逖，仁寿昭融李延寿。三光顺轨韩愈，道叶升中李峤。怀德畏威白居易，有截海外元结。瀚海阴山李商隐，咸若采卫柳宗元。

其　二

蠢兹蕃丑令狐楚，自悖化宇李绛。潜怀狂房权德舆，征风召雨骆宾王。皇帝曰咨李宗闵，念彼远人蒋防。边臣申约李吉甫，特许自新常衮。

其　三

丑类伊何杨炯？执迷不复常衮。猬起蜂飞骆宾王，蚁聚蛇伏孙逖。罪满恶稔白居易，扰兹边鄙王仲舒。凭依坚垒杨于陵，谓险远可恃独孤及。

其　四

皇赫斯怒常衮，天威远震权德舆。董我三军李德裕，以昭顺正李翱。箕宿祃牙杜审言，扬钲宣武吴融，豺狼之性元载，抵触是务杜牧。

其　五

申简帅臣白行简，命师授律权德舆。待擒妖鸟张仲素，倾其巢窟独孤及。虎臣稽首苏颋，虔奉圣谟张九龄。天助神兵刘禹锡，莫敢枝梧令狐楚。

其 六

阴凝雪飞段文昌，山高树逼王勃。登必争先独孤及，因机深入骆宾王。狼星敛角杜牧，云卷雾消樊衡。飞梯冲倾常衮，枳棘之巢张仲素。

其 七

绝壑凭霄骆宾王，瞰临壁垒常衮。鸱啸狸号李延寿，冰裂瓦解孙樵。既逾绝险罗隐，旋即合围于邵。馘丑挫凶吕温，无坚不摧沈颜。

其 八

威贯风雷杨于陵，奔狐窜穴宋之问。星罗四张于公异，以遏其唐突独孤及。潜火煽蘖柳宗元，虽困犹斗常衮。众叛亲离白居易，群凶授首张仲素。

其 九

天威震耀常衮，决胜万里李邕。遂奏肤功张说，用调化纪崔湜。地分舆井陈子昂，星汉昭回李德裕。神功伟绩李吉甫，赫赫巍巍韩愈。

其 十

诸蕃相属李延寿，恪奉天常张说。视兹凶悖于公异，往斧其吭韩愈。瞻瞩圣朝李翱，光照临兮卢肇。仁洽好生权德舆，昭德音兮颜真卿。

其十一

怀柔百神杨炯，永介福祚张说。茂祉昭彰王勃，湛恩布濩李峤。九重独运段文昌，功成不有李德裕。让善于天柳冕，自天之祐元载。

其十二

皇天眷命张说，灵贶昭宣王表。光宅六合杨炯，于万斯年韩愈。孝理承庥崔融，化成悠久罗隐。九有同欢陆贽，南山献寿李商隐。

平定两金川颂谨序

乾隆四十一年代作

臣闻蚁罅必苴，则无搴茭湛玉之劳；曲突先戒，则无扬燎焦原之患。

睹萌者虑著,规势者遏变:故劳一而逸万也。摄提合雒以来,智莫逾黄轩,而涿野绝其辔;仁莫逾伊耆,而丹浦扬其锋。岂不欲彻堠毁障、销镝灌烽哉！徒以蓄虺蕴螫,养枿延丛;故意周乎万祀,蹶起而诘戎也。

往者岁在乙亥,天剪葱雪,以畀我清。皇帝拓州,络引天衡。招摇缮怒,蓐收练精。衅温禺以恹貀,絷兜题而抗棱。水陆懻栗,骈琛贡庭。下湔惨黩,上答光灵。帝术大平一统,非震耀乎佳兵。盖自平定伊犁回部以来,戢干偃伯,黄祇砥宁;天弧直狼,璇霄熻晶。有睒瞚而贼伏,孰睢盱而突婴。乃有两金川者,猰貐髤髹,窟巢峣嶒。接鱼蚕而牙错,介蛮氏而鲸鼪。奊斤赞普,种类窅冥。攒挊由旧,促浸孽生。渐干弱而枝强,乃大小之区名。郁太古之沴庪,闷复奥而蕴蒸。神将歼乎狼族,俾控搏而胚形。旄牛舞而人立,囵挺出以孤撑。岁在戊辰,郎卡始贰;宓厉厥牙,泽旺乃絷。木魅吹火,妖星吐彗。冉愕骕骇,邛霾筰瞕。列缺怒而施鞭,雪山簸而轩轾。惧搏颡而吁贷,帝闵焉而回霁。鸱鸮戢其逆毛,莙蕨不殚其类。

尔乃蠕匿灌楚,蠡戢岸峇。藏机善闭,韬锋待搏。夔藩盱虎,引缗饵鳄。阳释雏而师婚,伏械深乎溪壑。貑𤞞熊吼,索诺木作。挟僧格桑,啸侣同攫。革布什咱喋血而窃符,鄂克什寨合围而攒锷。割髑矢之仰激,乃捎鬼星而眱井络。

夫婧昵布露,羁国二十,握算谲也。莎车蚕食,都护鱼眮,战无术也。好水蹶阻,骙弩猬缩,积弱者失也。三精艳爥,百品贡状;神奸怪变,禹金铸象。二竖者妖讖荧听,血牙东望,其逆节谅矣。毛鸷肉攫,爪距者听其噪于丛;喜摩怒踶,蹄角者听其噪于圹。彼一时也,迫风远跟窦,择人而饷。闻灵鼓而不惊,矗角骼以相向:是尚可解罘而放哉！

是以凝神系表,揆机域外;规图定势,前冲后缀。蹑日标以抨鹗,缒砯窨而囚魅。或扼吭而骨鲠,亦搭镈而电迈。嵌窦络绝,崽嵓瓪碎。历百险而终夷,劙蚕丛而历块。斫疏属之尸,刳牵鞮之臂。足尽蚚僵,连蜷贯械。丹旌迅乎风檐,目一瞬而弗逮。嚣合尘涌,潮音澎湃。愉气升为庆霄,郁葩瑶乎华盖。

皇帝于是元元本本，溯端造周；准迹毕邑，升香珠丘。岳灵发業，峨冕导辀。勋至大而弗矜，陋璆检之雕镂。征古义，俎太牢，学有受成，泮有献囚。道演孔图，合契攘修。祝举史书，匪侈大獻。谓苗征而扈剿，实明神所虔刘。既而筎箫厉响，旃斾竞骛。抗坠春容，万耳倾注。金声为律，化冶天铸。蟠绮结绣，嵌玑镂璐。崇台璀璨，眩不暇顾。红云爛而下垂，天光爛乎馗路。方稽召拜，尧容汤步。杕杜出车，重规叠矩。长缨飘曳，王师大献。闉阇訣荡，搴霞俯见。通庄轂击，众音龛赞。夔魃匿幽，妖幻万变。微六丁之搜擊，緊独九氏之弗宴。

然皇帝方以三艘俘，八蛮服，维任维姒，笃祜周室。太极沕穆，一体九域。乱戡则神谧，气乐则志壹。加号宁豫，肖实象德。盖保大定功，故滋延天福也。

若夫铭辟雍，磨雪岭，鳌趺贔屭，龙画麟炳。勒乎圜桥者，映十鼓而光炯；立乎蛮徼者，镇三方而峙鼎。导窾析络，引纲控领。道取固圉，战非示猛。圣人之情，犹太清之丽阳景矣。夫金川之地，险莫殚论。衢视左担，砥视剑门。故汉置汶山，斥墣邻焉；唐戍滴博，吐蕃堙焉。皇帝镜机芒纤，罗络崖垠；剔嵌抶窾，五稔集勋。周检琅嬛，三古无文。此珥笔之臣千歌万颂，终扪玑测乾，布肘量坤也。臣侍密勿，玉音所宣，亿或一闻。谨拜手而颂曰：

胚浑融结，黄舆络分。山牡溪牝，化生烟煴。三灵区位，九龙肇君。方趾圆颅，悉主悉臣。悬渡傥通，我土我民。孰绾我绥，险乃弗宾。赤虺吹毒，白狼鼓龈。石纽茫茫，禹墟实存。厥途非遐，恃者嶙峋。黛嶂冠日，仰摩乌踆。圻裂无底，黑霾云根。一线万盘，絓肘冒跟。密罅隐蛮，曲隧匿豻。伺隙则啮，遇逐乃奔。其初发难，挺戈震邻。争粟甝甝，投骨狺狺。强跃屠仆，胜嗥负呻。爪距方嚣，聆叱则驯。戢坩伏牢，蜷缩莫伸。有絷而豢，孰灌而熏。其再发难，二竖相因。豺牙宓厉，搏雏窥豚。羌善寇钞，伊古已云。妇诟孺悴，操挺里阃。

如以么膺,挽粟征军。是因鼷鼠,觳弩千钧。春萌蒿艾,夏孕虻蚊。物自美丑,雨露则均。其终婴讨,在窥边门。刑天衔戚,蚩尤播尘。松溪茶关,耽而思吞。

帝乃凭怒,雷硠震震。摧峦裂谷,执貐缚麢。圆灵播气,一肃一温。帝典王猷,一义一仁。后非穷黩,前非逡巡。文武张弛,变化迭循。日中而㬜,赴机若神。不需以昃,不豫以晨。省括乃斯,志定必申。劳者五载,逸者亿春。江出其腹,蜀都枕岷。建福会昌,河图秘文。帝靖其圉,安长子孙。种芋织橦,蜀土聿欣。繄岂惟蜀,八纮无垠。威棱四慴,川岳效珍。庙栖余粮,垒无战云。鳌极不波,惟帝之勋。珠钤密筹,维帝之勤。七政环运,枢于北辰。经纬万端,炳焉贞珉。微臣蠡测,颂声以陈。渊乎渊哉,大瀛无津。

五巡江浙恩纶颂 谨序
乾隆四十五年

钦惟我皇上得天恒照,敛福锡民,慎宪省成,弥怀无逸。岁在庚子,复时巡江浙,阅视河工海塘,因以询察土风,行庆施惠。仁心茂育,圣渥庞洪,非歌咏所能缕述。其宣示中外者,懿纲淳化,更多振古所未闻。盖南邦士女,至是五觐龙光矣。省方设教,历久益勤,顺时布泽,有加靡已,岂非度越三五之上轨哉!

臣备员薇省,每伏读诏令,辄私心抃庆,窃作颂声。自春徂夏,成三十六篇,敬题曰《恩纶颂》,用昭盛美而抒下忱。每篇皆恭绎谕旨,约举提纲。并详记日月,编次先后。见词必有征,政皆纪实,非前代儒臣浮文粉饰者比。虽挂一漏万,类以管窥天,然凫藻微诚,不能自已,谨缮录成册,拜手稽首以献。

乾隆四十三年十月初六日谕,巡幸江浙,阅视河工海塘

尧曦丽霄,四瀛咸炳。黄屋凝神,鉴周遐憬。帝聪胥达,衢谣犹省。太乙南临,川纡途永。春祺喤喤,膏露苔颖。泽忆四巡,慕觊五幸。微植熙阳,葵忱胥秉。绿章吁闻,丹纶俞请。导水缵禹,司銮诏丙。德邮捷传,迅流鹄影。江

滟海陬，骈趾引领。

乾隆四十四年十月初一日谕，截留漕船，以平行营米价

金粟重轻，剂平乃利。谷少爨繁，珍则翔贵。栖亩本赢，睿筹防匮。辑玉舜巡，鸣枻轩卫。钩陈骈拱，爻间和会。万乘合沓，储峙豫计。星庐炊云，雪匙佐糒。万斛一餐，余粒委积。减漕资农，居奇杜侩。博济翔仁，均权本义。调剂有无，曲周纤细。心镜意珠，靡遗一事。

乾隆四十五年正月十二日谕，免直隶、山东经过州县钱粮十分之三

奎娄野分，尾箕躔列。畛错青徐，域枕渤碣。州络钩带，北燕南越。中亘赵齐，九馗通辙。云罕初启，麦陇亲阅。途经阡陌，供减铚秸。崆峒戴斗，岱宗礼日。游豫所经，沛恩非一。时迈兹庚，重邀温绋。盎浆液融，衢尊甘溢。润逮禾麻，欢洽蓬荜。田歌谐韶，击辕中律。

正月十三日谕，免直隶常平借项及屯粮

甸服禹规，遗人周法。粟米职供，委积典纳。屯糈军实，庚储令甲。准数取偿，古经是协。乃眷日畿，巽申御札。春耕方始，秋场轸乏。租吏戢音，度支销牒。地宝偶俭，天膏自浃。辇道迤逦，妇孺匼匝。膜拜鞠腒，络绎杂沓。穹昊骈襻，罔知所答。惟祈寿康，重熙永洽。

正月十四日谕，赏直隶、山东办差兵丁两月钱粮

氐南悬象，叶应星文。期门属鞬，扈卫实勤。州郡部曲，尺籍隶军。沧瀛甸服，齐鲁近藩。波澄东海，钥固北门。铙镯虽肆，征戍无闻。灌燧列堠，橐甲司阍。有事为荣，警跸清尘。裹粮数日，增廪六旬。赏厚功薄，仰愧皇仁。铙曲横吹，筛鼓阗阗。靺鞈腾欢，繄独农人。

同日谕，赏直隶、山东老民老妇

衣冠伟然，庞眉耆老。布帔荆筓，皤皤里媪。鳞次分曹，焚香辇道。是虽微贱，均蒙鸿造。时和人寿，实为国宝。维皇建极，欲庶锡保。太和蒸蒸，淳气灏灏。秋鲜凋柯，春无腓草。黄发含饴，耕凿不扰。密迩尧天，傲睨商皓。捧挈谷帛，提携黄小。熙皞麻征，瑞图式表。

正月十五日谕,直隶、山东办差官员有参罚者开复,无参罚者加级

百度允釐,六计维肃。驭贵驭富,惟爵惟禄。金镜朗澄,乾纲独握。权衡曲当,赏罚咸服。宥过有经,盈期乃复。晋秩明褒,程功斯录。狩典肇举,制修觐牧。昼日三接,咸食天福。新阶注籍,旧瑕削牍。春泽实覃,丹忱宜勖。各砥廉隅,盟心率属。

正月十六日谕,截漕运丁加赏月粮十分之二

越稻吴秔,云帆北转。铜符隶官,瓜期更践。储胥夙筹,舳舻罢遣。巨桨停鼓,飞纲息挽。裹糇计程,减支征典。行十居五,数犹羡衍。帝畛于役,川途淼远。夜潮水宿,晨霜星饭。粟益二龥,膏溢匙碗。饱娱妻孥,沥沾鸡犬。巨舶连樯,高帆风满。利涉先归,延伫雕辇。

同日谕,长芦盐课带征十分之一

味取作咸,牢盆古给。利因自然,开源资国。用裨九赋,惟商举职。府海有章,驭马不极。藏富留余,已蕃已殖。斗车南迈,锡福万亿。郊圻近光,泽敷先北。惠心有孚,象占下益。用一缓九,优柔以息。均税五菁,譬田三易。析木汉津,长芦浙淅。大舳峨峉,行歌帝力。

正月十八日谕,赏直隶办差官员银二万两

方岳觐后,明堂述职。汤沐有所,国犹赐邑。况御六龙,时巡下国。礼闻纳钥,知非张帟。行殿葺营,采椽因昔。丹雘朴斫,义仍古式。勤懋虞狩,俭遵姒德。载阅崇构,俯轸群力。紫泥敷宣,朱提用锡。葵藿鉴忱,斧藻酬直。发轫伊始,宣纶先饬。纤芥弗扰,昭昭仰识。

正月十九日谕,行宫不必华饰,勿以丝毫累民

合宫旧图,轩皇贻典。省方有制,宁娱池馆。涉江春省,渡滦秋狝。禹墙戒雕,尧茨勿剪。贵质敦素,皇风凤阐。朴异燕赵,靡始青兖。壮丽营宫,萧规终浅。明诏彰彰,仰窥何晚?云牖延膊,露台惜产。璇题徒构,鸾书示谴。大训炜煌,昭鉴久远。警兹凡百,还淳共勉。

正月二十日谕，赏山东办差官员银三万两

海岱及淮，云构稍崇。徒摅愚忱，未窥圣衷。明明睿照，日月高穹。谁敢箕敛，窃扰三农？经营润色，力合群工。尔俸尔禄，亦等畿封。厥见则隘，厥事则同。申诫杜渐，均赉昭公。仁至义尽，衡平鉴空。顺应咸宜，皇极执中。黜华崇实，贵俭戒丰。群黎共喻，六宇从风。

同日谕，免山东缓征钱粮仓谷

维古兖州，斥卤滨海。瘠植桑麻，美乏稻蟹。神禹敷土，作十三载。阅岁四千，地形未改。岁或水旱，征烦牧宰。倚阁恩多，度支籍在。帝越鲁疆，土风亲采。诏与蠲除，宥俾作解。和飔蓬蓬，甘膏洒洒。望杏瞻蒲，钱镈庤乃。吏无追呼，人歌乐恺。祝寿南山，亿龄崔嵬。

正月二十八日谕，赏山东至乍浦等处驻防满洲老人老妇

从龙旧族，国之根本。分控奥区，貔虎列屯。既建节镇，遂长子孙。长白三江，灵秉灵源。水深土厚，气淑化醇。余派流衍，庞固仍敦。鲐背鹤发，黄耇多存。北起广川，南届海门。左右异路，肃迓轩辕。礼耆有典，溥锡昭恩。仁寿之化，上际下蟠。骈罗星拱，丹极常尊。

二月初五日谕，免江南积欠，缓征钱粮漕米

薮泽奥衍，江海茹涵。水珍陆产，再稻八蚕。九州上腴，实为江南。司农岁入，七居其三。繁殖既甚，奢丽弥耽。勤惰靡齐，正供或淹。旧赋新租，符檄相参。观民伊始，渥沛和甘。金粟百万，蠲贷溥覃。户歌红女，陇抃丁男。浩浩长江，春波如蓝。愿圣人寿，如川流添。

同日谕，免江南浙江所过州县钱粮十分之三

驾龙十二，自冀徂徐。筑沙成砥，汲井灌途。眷怀父老，迎送金舆。凤舸扬舲，川路萦纡。鼓楫洪流，引缆清渠。凡厥庶民，乐事共趋。水陆虽异，瞻就无殊。北既薄赋，南亦减租。王道平平，厥数均符。棹讴竞发，响杂鸥凫。蟹舍渔汀，老稚携扶。万家歌舞，两岸画图。

二月初六日谕，赏江南浙江老民老妇

玉辇再莅，阅十五年。昔之中寿，今则华颠。鸠杖竞扶，侠路骈肩。穆穆清光，稽首瞻天。招邀邻里，挈抱曾元。某岁某月，某水某山。缕述宸游，指点从前。雨露滋荣，椿栎均延。翠盖容裔，今得再观。金缯荷赐，颁祝胪欢。行庆施惠，恺泽逾先。尚期六幸，圣算绵绵。

二月初八日谕，免江南灶户带征递缓银两

调鼎珍味，古称大夏。挹卤沧溟，管以齐霸。今则淮产，南与北亚。大贾转舶，司蓰衡价。扬徐襟带，楚越凌跨。贩鬻流通，利半天下。实则海乡，熬波代稼。爇灶鲛馆，戢形蜗舍。风潮或侵，租赋恒贳。泽恐隅向，福从天迓。四载积逋，恩纶曲赦。蜃窟獭津，万音祝华。一物不遗，大哉酣化。

二月初九日谕，免江淮未缴川饷及缓征提引余利

广陵名都，繁华从古。阛阓鱼盐，楼台歌舞。户拥高资，地称沃土。匪曰多财，即称善贾。推厥蕃滋，实惟泽溥。沐德既深，劝功以补。施万报一，固亦其所。煦育天心，乃弥仁抚。蠲缓巨万，往牒未睹。譬彼芃苗，更膏阴雨。红桥莺花，竹西箫鼓。太平之象，式征丰膴。

二月初十日谕，江浙办差官员有参罚者开复，无参罚者加级

沃野赋繁，征输易玩。剧邑讼滋，狱情善变。越俗吴风，官符每万。盘错屡经，瑕瑜互见。课绩有章，考工秉宪。明诏垂慈，微劳示劝。荡涤恩骈，褒荣纶焕。东并青齐，北侔赤县。福荷三锡，例归一贯。典本观民，惠乃逮宦。拜手稽首，庶官庆忭。矢励清勤，荷天之眷。

同日谕，赏江浙办差兵丁两月钱粮

南柔北劲，各具土风。吴剑越弩，宁逮燕弓。虎符征调，劳勚则同。至其执役，均廑皇衷。捧檄星迈，鼓柁云从。晨翼青旗，宵拱紫宫。军律有常，谁敢言功？念兹奔走，廪乃从丰。准以顾役，值浮于佣。感逾挟纩，熙熙融融。四海不波，万里销烽。偕其什伍，惟效呼嵩。

二月十三日谕,广江浙学额

博士弟子,黉宫额定。夏诵春弦,比间相应。文章渊薮,东南为盛。珠玑溢海,蕙兰被径。滋育良蕃,采撷莫罄。夏槐黄霏,春桃红靓。蕊珠增榜,弹冠交庆。烝我髦士,秋萤自映。玉尺有程,金沙或剩。问俗沛膏,育才发政。芹藻广植,薪樗叶咏。于铄令典,旁求惟圣。

二月十四日谕,恩诏后江浙军流以下减等

三宥尧仁,五刑虞象。鮭鱺司直,庭坚无枉。况乃元正,湛恩滉瀁。赭衣弛钳,丹书解网。淮海迤南,幅员虽广。狴犴新牍,郡才三两。庆典式渥,复兹涤荡。城旦辍舂,戍车税鞅。向善怀新,砥瑕戒曩。俾鹰为鸠,条风嘘养。俾茅为荂,醴源滋长。至德如天,八纮同仰。

二月十五日谕,免江宁、苏州、杭州三府附郭诸县钱粮

銮辂贲临,古谓之幸。布德行庆,迈其伦等。蔡邕所述,厥义炳炳。金阊石城,开府行省。虎林建牙,越疆统领。是曰会城,郡邑莫并。华盖莅止,春迟日永。所过者化,近光附景。既驻羽卫,即俾甸井。甘澍遍滋,沃厥四境。懿筐挎桑,良耜趁杏。妇唱童歌,庆溢疃町。

二月二十八日谕,拨两淮盐课六十万协济河南

黄流九曲,挟河东赴。泛滥尧年,事由气数。维宋陈郑,仰烦圣虑。积诚默验,聿彰神祜。朝祈夕应,炳然符据。典茂翕河,念弥廑豫。租赋毕贷,兼资补助。尚以善后,恐劳黎庶。盐官榷课,诏为挹注。哀多益寡,协权中度。凋瘵咸苏,盖藏益裕。众志成防,亦孔之固。

二月三十日谕,免浙江缓征钱粮及借谷

越之通赋,减于吴地。数有盈缩,恩无同异。山川出云,烟煴一气。天降时雨,暨则俱暨。漕司督转,云舻挽递。咨尔吴兴,负几亿计。神仓富有,兹犹一芥。其在农家,则关生事。午鼓插秧,秋塍剪穗。妇担姑舂,勤劬实备。幸荷贷除,均蒙乐利。苕霅洋洋,饮和靡既。

三月初三日谕，海塘修建石工

鹭涛翔涌，鼓荡飙轮。月躔应度，日母归神。西注浮天，左界无垠。不遏其冲，将垫越人。亲度者四，灵胥既驯。补苴罅漏，轸顾弥殷。睿谟指画，远计万春。甃石大壮，终胜积薪。硌碌荦确，不逮鱼鳞。坚障嶍嵂，洪波渊沦。鱼龙不作，磨铜镕银。伟哉禹绩，炳炳麟麟。

三月初六日谕，赏福建办差兵丁两月钱粮

中权统握，部伍翼分。枫岭建营，两隶浙闽。被川组练，调从越军。荷戈江国，亦有海人。舳橹跋浪，出没若神。射潮犀手，矫捷超伦。帝嘉乃艺，兼轸乃勤。水衡发帑，颁犒惟均。炎陬逖听，居杂波臣。遥瞻斗极，未迓至尊。归携明赐，示乃乡邻。榕村薜屋，同颂皇仁。

同日谕，赏福建百岁举人郭钟岳为进士及赏赉陈应腾等御书缎匹荷包

岭海耆儒，岁已累百。春草袍青，秋霜鬓白。艺圃文林，茹涵圣泽。卉木蕃庑，兹为松柏。跋涉迎銮，山程水驿。映雪年深，瞻云路获。一第邀荣，平生愿塞。宣赐其余，跽擎宝刻。璀璨佩囊，䌽繶缥帛。于维昌辰，佑申龄锡。瑞应有征，非逢其适。五老飞星，允符图籍。

三月初八日谕，赏还浙江官员所捐养廉

帝省方岳，自北徂南。栋宇葺建，予值者三。湖山金碧，芳圃精蓝。迹因古昔，华匪雕劖。鸠资藻饰，为价实廉。犹虑司牧，借口以贪。欲取姑予，扰我闾阎。诏稽厥数，准计毫纤。各还其椟，如未开缄。经费所赢，余沃犹沾。圣惠则渥，圣训则严。励乃冰蘗，无负彤幨。

三月初十日谕，召试浙江诸生录用赏赉有差

赤堇上金，会稽美箭。宝卯耀晶，浮筠挺蒨。越产富珍，扶舆彩绚。灵粹天笃，滋培圣眷。川效岳修，待时乃献。泰初汇征，乾五利见。翠凤曩临，四抡厥彦。十有五载，前规式践。延恩列瓯，天临辟殿。械朴莩甲，久而桢干。拔尤者四，横经知劝。寿考作人，式赓于万。

同日谕,赏净慈寺接驾年老绅士、耆民

南服士女,竞觐光华。清跸所届,人海无涯。惟兹耆瑞,鹤发鬖髿。饮和驻颜,不借丹砂。香山洛社,矍铄相夸。国老庶老,礼所优加。自为班列,肃迓云车。天机锦段,宠渥有加。金地深严,宝坊谽谺。老人星见,晃耀青霞。无量寿佛,为散天花。祝延洪算,比恒河沙。

三月十四日谕,浙江勿尚奢华

西湖山水,词客夸夸。建炎淳熙,侈丽增加。四五百年,越俗因奢。遂令桃柳,多于桑麻。竞艳其盛,孰摘其瑕。帝省民风,非玩莺花。何尔守吏,尚导繁华。濡染弗戒,波靡奚涯。其遵彝训,无即于邪。谢尔绮纨,却尔筝琶。男耕于陌,女织于家。斫雕返朴,圣世所嘉。

三月二十三日谕,定河神封号

河行秦晋,束乎峡中。出而平原,荡漾四冲。禀承睿算,始障而东。迨其合淮,湍悍争雄。溢而夺流,倒注相攻。机宜天断,始瀹而通。圣不自圣,归诸神功。旧铭清口,新秩仪封。礼昭报祀,祭法式崇。诗颂怀柔,祀典攸隆。为民祈祐,诚本渊衷。三灵允协,万福是同。

三月二十八日谕,召试江南江西诸生录用赏赉有差

大江以南,人文所聚。两浙三吴,方轨齐鹜。南金得双,化冶并铸。鸿笔颜谢,旧门陆顾。吴趋会吟,淮山奏赋。豫章名材,响然亦赴。汇合地灵,共瞻天度。鹦鹉独秀,骅骝联步。薇省同升,桂籍添注。吉士蔼蔼,腾骧皇路。旷典希逢,幸哉五遇。

四月初七日谕,保护柴塘

旧防勿彻,闻诸韩婴。成功勿毁,古义孔明。甓石为重,束刍为轻。舍旧图新,是亦人情。讵知长堉,足御奔鲸。外资保障,屹屹重城。况乃金堤,创始经营。预彻其藩,抵隙谁撄?无若颓垣,铲为夷庚。无若堕樵,掇拾畸零。虑远几先,诰诫未形。亿万斯年,波涛不惊。

蛮陬贡象颂
乾隆五十五年

韩子有言,象不可见。知在三古,八蛮未献。圣化酞敷,炎荒内面。如舜格苗,异佗通汉。款塞丹垠,奉琛紫殿。香象碨礧,闻韶随抃。南雉西犪,匪云充玩。嘉乃葵忱,帝心垂眷。功茂登三,道光绥万。王会丹青,千秋炳焕。

卷第四

折　子

与陆锡熊同被恩命升授翰林院侍读,呈请奏谢折子
乾隆三十八年

窃昀等职忝绸书,学疏稽古。幸遇右文之世,瑞汇奎躔;同升典校之司,光依壁府。九重颁赍,叨承宠渥之加;七略编摩,愧乏涓埃之效。乃仰蒙我皇上俯垂天奖,特沛纶言。忽传凤诏之褒荣,惊荷龙光之拔擢。晋木天之华秩,阶转三资;换丹地之清衔,班登五品。西昆盛事,即日喧传;东观群儒,闻风鼓舞。圣主文明之治,自古所无;小臣知遇之隆,于斯为极。恩荣逾分,感激难名。伏念昀起诸谪籍,重植槐厅;锡熊拔自曹郎,许登藜阁。八砖翔步,已叨再造之仁;三馆抽毫,滥预殊常之选。何期金坡旧路,更荷隆施;玉署新除,弥沾恺泽。一时佳话,为缙绅之所争夸;千载奇逢,实梦寐之所不及。顶祝而祇深抃舞,省循而愈切兢惭。昀等惟有悉意丹铅,殚精编纂。文章报国,冀少酬高厚之恩;夙夜在公,益勉竭驽骀之力。

进呈书籍,蒙赐内府初印《佩文韵府》,呈请奏谢折子
乾隆三十九年

钦惟我皇上化阐天苞,道光地纪。宝纬聚文章之府,星蔚连珠;神霄辟著作之庭,山标群玉。九流秘简,汇学海以同归;二酉珍图,启书岩而毕露。江东旧典,全征梅赜之藏;河北遗经,遂效颜芝之献。方愧太仓之一粟,未称搜求;何期敝帚之千金,频邀锡赉。龙香宝墨,已荷宠于奎章;凤字琅函,更叨荣于壁府。光生缃帙,一时感荷殊恩;彩耀青箱,三馆共传盛事。窃惟楼名韵海,远肇唐年;编号书林,旧闻蜀国。四声隶事,自前代而已然;万卷搜奇,至圣朝而大备。人间流播,久传艺苑之珍;天上颁宣,弥长儒林之价。兼以兰台宝弆,秘在

仙都；枣本初摹，贵同祖帖。墨融古漆，真文思供御之余；纸叠轻罗，是天禄藏书之副。紫霄丹地，集僚友以传观；钿轴牙签，付子孙而世守。名题云笈，一编为百代之荣；字染天香，四海只九家之本。龙光弥渥，凫藻何穷？况昀等幸际休明，叨司编纂。一经授受，偶先世之贻留；七略搜罗，本儒官之职掌。上应求书之诏，于分原当；滥居受赏之班，非情所料。恩真逾格，感倍难名。惟有努力丹黄，殚心竹素。赐书勤读，深思玉字之文；古义精研，少免金根之误。庶几久餐黄卷，或通脉望之神仙；共照青藜，速藏琅嬛之校录。

命与陆费墀仍留文渊阁直阁事恭谢折子

乾隆□十□年

窃臣等猥以庸才，恭逢昌运。幸登册府，得执役于丹黄；叠荷纶音，遽邀荣于青紫。属肜庭之稽古，典茂麟台；遂彩笔之题名，班分豹直。花砖联步，兼官并锡以华资；薇省挥毫，带职仍标夫清秩。方愧冰衔之忝窃，莫报鸿慈；何期温綍之频加，更逾常制。位居九棘，已叨卿月之辉；路接三山，还映文星之彩。中执法参知东观，增秋宪之光荣；小宗伯并典西昆，作春官之佳话。欢忻相庆，衔感难名。臣等惟有益竭庸愚，倍勤夙夜。气节与文章并重，勉自湔修；《诗》《书》共《礼》《乐》兼司，同思敬慎。心存精白，无稍杂以二三；恩荷高深，冀仰酬于万一。

恩擢兵部侍郎仍兼文渊阁直阁事恭谢折子

乾隆四十七年

伏念臣猥以疏庸，仰蒙知遇。擢升册府，幸陪少监之班；简任兵曹，叨佐中枢之政。恩荣逾格，被雨露之偏多；报称无由，愧涓埃之莫效。自维短绠，方切悚惶；乃荷温纶，弥增光宠。俾兼官于龙学，仍入直于麟台。特于四库之中，留司玉字；遂在六卿之内，独带冰衔。实文士之至荣，为词臣所罕觏。欢愉何极，衔感难名。臣惟有勉竭驽骀，益殚葵藿。修明军纪，倍勤考校于五兵；检阅书林,速葳编摩于七录。

命充经筵讲官恭谢折子
乾隆五十二年

伏念臣学本疏芜,性尤鲁钝。幸逢知遇,得勉效于绸书;滥荷恩荣,实多惭于稽古。再依香案,已叨簪鳌禁之毫;独带冰衔,更兼掌麟台之笈。时时颁赐,同擎翠管银罂;岁岁联吟,并到紫霄丹地。自惟驽质,殊逾分以难安;何意鸿慈,弥有加而无已。玉堂宣敕,许随崇政之班;金殿分行,得预迩英之讲。从容禁闼,瞻穆穆之天光;阐绎微言,聆洋洋之圣训。委垂锦袖,荣何异于登仙;侧侍琼筵,情倍欣于近日。况乎才承温绰,擢任容台;兹焉复沛恩膏,备员经幄。三阳之月,洪施广育之仁;六日之中,喜拜重申之命。龙光载锡,凫跃何穷?臣惟有勉竭樗材,益深葵向。遵敷言于皇极,冀稍窥六籍之微;仰不息于天行,长敬祝万年之寿。

礼部奏进御笔《太常仙蝶》诗拓本折子
乾隆五十四年

钦惟我皇上酝化函三,元功育万。均沾庶品,俾各遂其生成;下逮昆虫,亦得蒙夫长养。遂有蠕飞之蝶,栖息神坛;俨如羽化之仙,翔游寿寓。身轻不老,以食气而长存;岁久通灵,因乘时而利见。经寒坏户,方如被冻之蝇;向日倾心,忽作熙阳之燕。雕梁仰蹑,宛随姚监之花阑;锦箧高擎,似展滕王之画卷。天开紫极,喜入宸垣;春满丹毫,竟邀奎藻。化工曲肖,超百篇月露之词;道果真成,胜三食神仙之字。百年幸遇,足征至治之嘉祥;一物蒙慈,亦见太和之酝酿。珍藏礼阁,钦宝墨之亲题;宣布书林,敢贞珉之敬勒。仙衣彩翠,奇踪不数夫罗浮;天篆璘瑀,圣迹遥媲夫岣嵝。拓来万本,看风行蝶翅之碑;映彼千春,知云护龙纹之刻。

宣示《御制补咏安南战图六律并序》覆奏折子

乾隆五十四年

本月二十二日,蒙发下《补咏安南战图六律并序》,令臣等同看,并著和韵。臣等跪诵之下,窃惟圣人御宇,以兵戡乱者多矣,其威棱震叠,咸可以方行海表,无征不克。然其操纵进退之机,则莫不仰承穹昊,钦若弗违。故涿鹿之师,黄帝可戮蚩尤而必戮;洞庭之师,虞舜可歼三苗而不歼。事有不同,其为保大定功一也。

安南一事,黎维祁仰借王师,得以复国。天朝字小之义,已曲尽无遗。乃黎维祁柔懦昏庸,不能自立,实为自绝于天,无可复拯之理。是以皇上先几洞照,谕臣孙士毅振旅速旋至广南。阮惠虽因臣孙士毅稽滞班师,致部曲无知,仓皇犯顺;然大兵甫返,降表踵来,哀恳再三,惴惴然惧不获命。盖我皇上昭宣七德,圣武远扬。伊犁回部,隔越龙沙,为自古战伐所未至者。三征三克,悉隶版籍,阮惠固稔闻之;攒拉促浸负恃险阻,为自古征讨所不加者,一俘一馘,并就藁街,阮惠又稔闻之。而此次长驱采入,转战无前,锋猬斧螳,莫能支拄。阮惠尤风声鹤唳,梦寐皆惊。自揣山川之固,必不及僧格桑与索诺木;疆宇之广,必不及达瓦齐与霍集占:傥天讨再申,势必糜碎。前车可鉴,宁不悚惶。又窃闻缅甸归诚,已恩闻汤网。私计投身归命,或可冀万一之生。其修贡叩关,实为畏威而乞命,可共睹也。然知畏威者即顺天,顺天者即理所当存。皇上体乾坤生物之心,推栽培倾覆之意。因其悔罪,允其自新,并补题《战图六章》,申明所以先征后宥之故。扈从诸臣咸已恭和,复蒙恩宣示臣嵇璜、臣彭元瑞、臣纪昀、臣孙士毅、臣李绶,荣幸莫可名言。臣等梼昧之见,虽不能窥测高深,然往复循环,共相绸绎。仰见皇上天声震耀,武备修明,运筹九天之上,而制胜万里之外;又仰见皇上心矩絜量,合符帝繇;天命天讨,一本于道之大原,均炳炳麟麟,昭如日月。若夫事机遭合,罔不协宜。此则皇上克符乎天心,故天心亦保佑乎皇上。《易》曰:"先天而天弗违,后天而奉天时。"助顺之理,灼然可见。

《书》曰:"钦崇天道,永保天命。"申锡之福,尤可以操券而预期。臣等曷胜钦服,欢忭之至。

礼部恭请举行万寿圣节庆典事折子
乾隆五十五年

钦惟我皇上帱载同符,升恒久照。馨香上感,深孚眷顾之心;保佑重申,弥扩延洪之祚。兼全五福,征五代之一堂;克念八征,跻八旬之万寿。六阳行健,长斡运乎天枢;万汇熙春,咸会归乎皇极。鹓班鹭序,共殚祝嘏之忱;壤叟衢童,亦进绵龄之颂。

况轩夔之奋武,七德昭宣;兼舜羽之敷文,四方和会。南风入律,新添骠国之音;北阙称觥,并有越裳之长。岂但康强逢吉,实自古所未闻;即兹荒憬归心,亦于今为独盛。人天感悦,既溥洽其欢心;礼乐修明,宜宏昭夫庆典。

臣等详稽旧制,敬举隆仪。仿效祝于尧年,拟升歌于周雅。同抒忱悃,增圣主之鸿禧;待付编摩,传熙朝之盛事。度纪三百六十,愿同天运之常行;年逾一万八千,冀比人皇而更益。

宣示《御制石刻蒋衡书十三经于辟雍序》覆奏折子
乾隆五十六年

本月十六日,蒙发下《御制石刻蒋衡书十三经于辟雍序》,令臣嵇璜、臣纪昀阅看。臣等跪读之下,仰见文治昌明,天章纠缦。炳焉极盛,亘古无俦。窃惟道宗乎圣,圣著为经。惟六籍之昭垂,均百王之法守。历朝相袭,莫不尊崇。刊石传经,屡闻前史。然必有圣人之德者,始能契圣人之言;必有圣人之德而又在天子之位者,始能表章圣人之训。汉魏以下诸君,虽有制作,未能精善。岂非天留兹事,待圣朝而彰其盛欤?

钦惟我皇上道阐陶姚,学兼周孔。丰功伟烈,复超轶三五而有余。是以文德诞敷,勤修古制;而权衡尽善,穷极精微,则迥非古人之所能。今恭绎宸章,益知传世立教,惟五经为大法;稽古右文,惟尊经为大典。惟垂拱成功,斯文章倍焕为圣人久道之大验;又益见行健符天,精明强固。当年开九秩之日,犹殚心经术,以操化民成俗之源。无逸永年,足征亿万,实踊跃欢抃之至。臣等拿陋儒生,憒无知识。乃叨蒙宣示,得以绸绎圣谟,管窥万一,尤荣幸之至。

恩赐《御制石刻蒋衡书十三经于辟雍序》墨本恭谢折子

乾隆五十六年

钦惟我皇上道契元苞,学涵义海。仪璘久照,仰建极之敷言;奎壁交辉,验观文之成化。功齐帱载,式彰轨度于皇年;理有权衡,惟溯渊源于圣籍。鸿都麟阁,永怀稽古之忱;螺画龙书,爰示谈经之准。合如符节,遥通道脉以传心;挈若纲维,特焕天章而弁首。

窃惟孔庭删后,漆简家传;秦火焚余,珠囊代理。自汉氏西京以下,二千年递有专门;迨宋朝南渡以还,十三部勒为定本。譬诸坤舆纪地,四为海而九为州;同于斗极垂天,六在南而七在北。史绳祖旁征典故,增《信都》一帙而莫能;晁公武安肆抨弹,删《孟子》七篇而不得。盖以折衷既定,故损益之皆非;宜其师法相承,足流传之不朽。惟是宋无完刻,缘疑邵武之书;明始全镌,亦仅汀州之板。虽北雍之重校,当时已患粗疏;即常熟之详刊,近日亦多漫漶。岂非枣梨柔脆,最易凋残,不如琬琰功坚贞,足行久远。然而熹平创造,七经阙略而未完;正始因修,三体繁芜而太杂。郑覃旧石,《唐书》夙议其乖违;孟昶新碑,晁《志》亦摘其讹异。绍兴御札,仅存《礼记》五篇;嘉祐官书,竟废《春秋》一部。岂若我皇上包罗册府,宣古义以观民;综括儒林,集大成而立制。取其广布,昔曾鸠攻木之工;期以长存,今更举斫山之役。翠珉深镂,阐明邹鲁之精微;绿字分题,补苴汉唐之罅漏。高立乎九流之上,海岳高深;夹峙乎两庑之间,图球焜耀。鼓钟镐邑,与辟雍共仰崇闳;车马岐阳,视猎碣更为典重。全删古注,是为经以解经;仰瞩宸章,金曰圣能知圣。天地人贯通于一,义炳日星;才学识兼备其三,词成规矩。在多士得聆至教,应悟微言;知前朝皆少亲题,真为阙典。盖太昊龙图以后，未睹斯文；惟尼山麟笔以来，初逢此盛矣。

至于诸儒授受，五经之支派多歧；历代编摩，三写之异同互出。郑康成稽求礼典，叠举旧书；陆德明裒集释文，胪陈别本。蔡邕所定，二三策考证犹存；张鷟所镌，四十卷参差太甚。篇章无定，《系辞传》或误标题；涂乙留痕，《武成》篇竟存添注。网纲相混，殊疑似之难明；校校同施，殆偏旁之莫别。所以天题戒事，先虑舜讹；御注分行，申言校勘。金闺珥笔，务检核之求精；玉署披函，期参稽之得当。元元本本，博搜前代之书林；是是非非，一秉至人之心镜。驳文钦定，如对谈虎观之经；禁掖天临，谁私改兰台之字？盖延恩投匦，虽一手所专成；而天禄然藜，实众长之各效。传诸墨苑，争摹铁画银钩；悬在儒门，永奉金科玉律。

若夫年开九秩，乙夜犹勤；学足三余，西山仍检。舜歌庸作，已富有乎篇章；尧栋凝神，多深研乎训典。经文六十二万字，皆归心冶陶镕；御论一百卅五篇，长觉词源浚发。指扨马郑，导文河学海而沿波；检校程朱，别珠颣玉瑕而得宝。精探奥赜，睿思契删述之初；悟脱畦封，神解出传笺之外。羲农万载，古今文貌异心同；周孔一堂，先后圣气求声应。彼六篇《典论》，魏文徒侈雕华；或一卷《中庸》，梁武偶成讲疏。贞观读《尚书》之作，才得二诗；太平定《禹贡》之文，仅移一字。录登史牒，亦云则古称先；持较经筵，谁敢絜多量少？此又冲怀谦挹，睿藻之所未言；而奥旨闳深，儒林之所共睹者也。

况乎非常之举，待其人而后行；久道之成，需以时而弥盛。我皇上贞元会合，实应昌期；日月光华，长游仁寓。岁之纪一章为始，建元已届三章；乾之策九数相乘，积算重开初数。轩辕正名乎百物，书契斯兴；伊耆协和乎万邦，文章弥焕。作人奏雅，当周王寿考之年；教胄陈诗，是虞帝平成之后。梯航路辟，既通殊域而同文；经籍道光，宜树鸿裁而敷教。天心有属，预储染翰之材；民志先征，久献勒碑之本。镌成苍玉，堂溪典无待摹书；拓出乌金，欧阳修不烦集古。圣涯道岸，从兹识有津梁；地契天符，于此验如影响。跽瞻宝墨，同知制作之源流；仰睹神工，深颂规模之远大。允矣，是彝是训，虽汤盘禹鼎莫之或加；皇哉，可法可传，即殷序周庠未之曾有。

臣等技惭篆刻，多如无字之碑；学谢校雠，空染不言之墨。叨登丹地，得观盛典之辉光；喜捧黄封，共拜圣恩之颁赐。麝煤茧纸，钦承典诰之词；玉轴琅函，永作子孙之宝。遭逢非易，真为万世之一时；补报无从，惟祝九畴之五福。

宣示《御制圭瑁说》覆奏折子
乾隆五十七年

本月□□日，蒙宣示《御制圭瑁说》一篇，交臣嵇璜、臣纪昀阅看。臣等跪读之下，仰见考古辨伪，圣鉴高深。伏思釜山合符，闻于轩代；岱宗辑瑞，著自《虞书》。至于制度，则古籍无传。故二孔氏《舜典》传疏之说，明陈第以为不应以周制解虞制也。至《考工记·玉人》之文，有其名而与《周礼·典瑞》不合。诸儒互相揣测，臆为图说，实非经典之本旨；而一二千年递相沿袭，莫悟其失。今绸绎圣论，参稽旧文，推详事理，是非真伪，昭昭然旷若发蒙，实千古经师所未及。至节取郑氏之注，阐明覆冒天下之义，而以在德不在玉，立居中建极之大法，尤为独契经心，昭垂谟训。臣等实钦佩悦服之至。

太上皇帝纪元周甲，授受礼成，恭进诗册折子
嘉庆元年

钦惟我太上皇帝功茂十全，福征四得。玑衡岁月，数当甲子之重周；河洛苞符，运际贞元之会合。志由先定，亲传皇极之心；化以久成，弥见天行之健。从此长绵轩纪，益宏帱载以无疆；即今仰述尧勋，已觉名言而莫罄。虽在四瀛之外，尚远贡其讴吟；岂居九棘之班，转不申其祝颂。臣等谨撰诗文三十五册，共装成十函，恭呈圣览。管窥蠡酌，知无当于高深；里唱衢谣，亦自宣其悦豫。如葵向日，喜近瞻久照之光；似鸟鸣春，实同感太和之气。

调补兵部尚书谢恩折子

嘉庆元年

窃臣猥以庸愚,久叨恩眷。两司宪府,再掌仪曹。绠短汲深,涓埃未效。抚心自问,时切惭惶。何期浩荡鸿慈,有加无已?方衡春试,复领夏官。感愧交并,名言莫罄。伏思考稽军实,综核为难;澄叙戎行,公平匪易。昔叨佐理,已自觉其才疏;今忝专司,更私惊其任重。臣惟有殚竭丹赤,勉效驽骀,勤慎小心,以期稍酬高厚于万一。

宣示《圣制书虞书舜典集传》覆奏折子

嘉庆元年

十一月十八日蒙发下《圣制书虞书舜典集传》一篇,订正蔡、沈解"而难任人"句之谬,令臣阅看。臣伏考《集传》之说,训"任"为"壬",盖据《皋陶谟》孔壬之文。然"任""壬"二字,经典本不相通,惟《汉书·律志》借"任"为"妊",用解"壬"字,亦非包藏凶恶之意。蔡、沈注孔"壬"句已自觉其不安,故并存"共工,一名'孔壬'"之说,乃注此句;复因"任"字偏旁,牵合"壬"字,实为未协。盖蔡、沈为朱子门人,时澜之师吕祖谦又朱子契友;故时澜附和朱子,而蔡、沈又附和二家,其致误之由,诚如圣谕。今蒙深绎经文,阐明本旨,证以益曰"任贤勿贰"、禹曰"惟帝其难之,知人则哲,能官人"。以经解经,如重规叠矩,千百年来经师之所未悟者,一经宣示,旷若发蒙。非惟典籍得其真诠,并于治法揭其要领。臣跪读之下,益信惟圣人能作经,亦惟圣人始能知经。实不胜忭悦钦服之至。

奉命诠解《洛神赋》语覆奏折子

嘉庆二年

本月初十日军机大臣传旨,询臣以《洛神赋》"凌波微步,罗袜生尘"之语,作何诠解？

考《文选》李善注曰："凌波而袜生尘，言神人异也。"伏思神人之异，不过履水不濡。以解"凌波微步"则可，以解"生尘"，则水面安得生尘？诚如圣谕。仰见睿鉴高明，发古之所未及。臣幼而诵读，习焉弗察。一经指示，旷若发蒙。实不胜钦服之至。

孙树馨由荫生选授刑部江西司员外郎谢恩折子

嘉庆四年

伏念臣忝司典礼，莫效涓埃。幸遇恩纶，得分荣于门荫；兼蒙圣泽，俾效职于曹郎。逾格施仁，真生成之曲至；无功延赏，惟感愧之交并。至臣孙树馨，樗栎散材，驽骀下驷。甫隶黉宫之籍，年未三旬；遽因任子之班，阶登五品。一经徒抱，愧无家学之渊源；百事未谙，空忝世官之阀阅。臣惟有严加策励，时用提撕，誓矢肫诚，无忘报称。读书读律，勤求法制之三千；教孝教忠，期答高深之万一。

裕陵奉安礼成，特加礼、工二部堂司官各二级谢恩折子

嘉庆四年

伏念臣等樗栎菲材，驽骀钝质。久荷先皇之豢养，衔结难酬；复蒙圣主之栽培，涓埃未效。恭逢大典，徒怀哀慕之缠绵；愧乏微长，惟觉精神之惶悚。所幸我皇上礼源洞悉，斟酌咸宜；孝思周详，情文兼至。时时指示，俾庸愚知所遵循；事事宽容，得侥幸免于谴责。方措躬之无地，夙夜冰兢；乃锡命之自天，恩荣露洽。春官水部，一时同被夫龙光；画省星郎，两秩亦增于鹭序。真捐糜之莫报，实梦寐所不期。臣等谨缮折，率同司员等泥首恭谢天恩，伏祈睿鉴。

大学士六部尚书奉旨议奏安南国长阮福映请赐名南越折子

嘉庆七年

臣等公同详议，窃惟国家统御中外，一视同仁。内地督抚，各以所隶地方

为名。外藩属国,各以所守疆域为名。所以垂本朝之典章,抑且考前代之沿革:事惟务实,治在正名。考安南古曰南交,周曰交趾。至赵佗窃据,始自称为南越王。旋为汉灭,郡县其地。今南海、苍梧、郁林、合浦,皆为广东西两省州县。至五代时,土人曲承美据交州,仅授为静海军节度使。宋太祖开宝三年,封丁部领为安南郡王。真宗天禧元年,封李公蕴为安平王。至孝宗淳熙元年,封李天祚为安南国王。安南立国自此始。元、明至本朝,封号皆因之。核其疆域,实止南越之一隅。未便以一隅之地,遽以"南越"自称。且广东广西,皆南越之旧地;自汉以来,久为中国。若该国复"南越"之古名,名实既不相符,体制尤为未协。所有该国长请赐名"南越"之处,应无庸议。至安南国号,自宋迄今,数姓相承,并无更改。该国长但当恪守藩封,勉修新政,抚辑黎庶,共乐圣世之骈繁,自能永受鸿恩,不在于别易国名以新耳目。应仍以安南为称,庶于事理允协。臣等谨合词具奏。是否有当,伏祈皇上睿鉴施行。

六月十五日八十生辰,特命署上驷院卿常贵颁赐珍品,谢恩折子

嘉庆八年

伏念臣河北庸流,燕南下士。昔荷先皇之知遇,得际风云;今蒙圣上之栽培,倍沾雨露。待以识途之老马,曲赐矜怜;惭如戢翼之寒蝉,竟无建白。自惟拙钝,真为樗栎之材;况渐衰颓,已届桑榆之景。六卿重任,恒自觉力不从心;三接鸿慈,乃幸遇人惟求旧。念圣世本多人瑞,得叨并育于洪钧;缅古贤原有耆英,宁敢高希其芳躅。往岁龙钟未甚,已再登千叟之几筵;今兹马齿徒增,实虚度八旬之岁月。何意天光之下济,锡赉便蕃;更蒙星使之遥临,恩荣焉奕。登大宝八年之内,温纶于今岁连宣;计文阶一品之中,旷典惟微臣首荷。敢冀寿如召奭,得长勒于鼎彝;实矜宠过桓荣,欲大陈其车服。此际幸游寿宇,皆因化日之春生;来兹傥得余龄,总属仁天之福荫。铭心镂骨,当传诸子子孙孙;结草衔环,预矢以生生世世。万年有道,长期歌咏夫升恒;一息尚存,终励寅清于

夙夜。

命署兵部尚书并教习庶吉士谢恩折子
嘉庆八年

窃臣庸才钝质，滥列卿班；承乏春官，涓埃未效。方自愧年盈八秩，精力衰颓；仰蒙圣主优容，恩已逾格。乃温纶载锡复畀，兼摄中枢；伏思司马一官，总持戎律。事关武备，责任非轻；闻命自天，实深惭感。且欣且惧，莫可名言。至于词馆储才，首资训迪，必宿儒硕学，始称斯官。臣学殖荒芜，文章苓陋。昔官翰林之日，分曹教习，已愧无功。今以衰年，得叨简任，使总司其事，尤梦想之所不期。臣惟有勉竭驽骀，殚心夙夜，以报高厚鸿慈于万一。

礼部议奏山东巡抚疏请增设左丘明世袭五经博士折子
嘉庆八年

臣等公同酌议，伏思功存经籍，固当邀后世之荣；典重表章，亦宜有古来之证。《左丘明春秋传》立在学官，历代鸿儒，据以窥笔削之义。实为上承圣训，下惠儒林。予以世袭五经博士，原分所应得，理所当然。惟是详核旧籍，司马迁称："左丘失明，厥有国语。"则左丘为复姓无疑；其何以单称左氏，史无明文。朱彝尊《经义考》谓："孔门弟子因避师讳而然。"究为臆说。至其分为左丘二姓，惟见应劭《风俗通义》，而未著其何以分？《元和姓纂》"左"字注内称：临淄有左丘明后，引晋左思等为证，是在山东者姓左不姓丘。《广韵》丘字注内称：左丘明之后有吴兴、河南二望。是其族唐以前已久徙他郡，不在山东。即以山东之丘而论，《姓纂》称太公少子封于营丘，以丘为氏；《左传》称邾大夫有丘弱，其受氏皆在左丘明前，皆不能断其无后，安见此肥城丘氏必出左丘？今请立博士之丘明善，但据其现住肥城，遂执为数千年之祖籍。但持一新刊之家谱，遂执为六十世之确证；且考其谱内可疑之处不一，所录前代诗文，皆不见于古书，其文不合格，诗不谐律，亦如出一手。公议所系，名器所关。未便因一面之词,遂为创立博士。应请旨交该省巡抚学政详细覆查,如果确有实据,再行题请。倘难断其必是必非,则疑以传疑,仍照乾隆十六年所定,给以奉祀生可也。是否有当,伏祈皇上训示遵行。

请敕下大学士九卿科道详议旌表例案折子

嘉庆八年

窃惟旌表节烈,乃维持风化之大权,必一一允惬人心,方足以示鼓励。伏查定例,凡妇女强奸不从因而被杀者,皆准旌表。其猝遭强暴,力不能支,捆缚捺抑,竟被奸污者,虽始终不屈,仍复见戕,则例不旌表。臣愚昧之见,窃谓此等妇女,舍生取义,其志本同;徒以或孱弱而遭犷悍,或孤身而遇多人,强肆奸淫,竟行污辱,此其势之不敌,非其节之不固,卒能抗节不屈,捍刃捐生,其心与抗节被杀者实无以异。譬如忠臣烈士,誓不从贼,而四体絷缚,众手把持,强使跪拜,可谓之屈膝贼庭哉?臣掌礼曹,职司旌表,每遇此等案件,不敢不照例核办。而揆情度理,于心终觉不安;质之众论,亦多云未允。合无仰恳皇上天恩,饬交大学士九卿科道公同评议,如悯其同一强奸见杀,而此独所遭之不幸,与未被奸污者略示区别,量予旌表,使人人知圣朝奖善。略迹原心,于风教似有裨益。如其中果有不可旌表之精理,为庸耳俗目所不能测者,亦明白指驳,宣示中外,以祛天下后世之疑。是否有当,伏祈训示。

礼部议奏山东巡抚申辩前疏并另请增设汉儒郑元世袭五经博士折子

嘉庆九年

臣等伏思左丘明、郑元功在六籍,从祀孔庭,其应给世袭五经博士,原分所应得,无庸多赘繁词。左丘明之姓氏,古来众说纷纭,迄无定论,其应添给世职与否,亦不系乎此。惟是典重表章,事关名器,欲褒崇其宗祖,当慎核其子孙。如年远难征,恍惚疑似,恐神不歆于非类,爵或至于滥加。今丘氏之谱,疑窦甚多；郑氏又称牒谱久失，只一现在之宗图，更无确据。臣等实不敢遽行率准。且《十三经》授受皆有本师，如传《易》之商瞿，传《诗》之毛苌者，不一其人。傥其同乡同姓，纷纷援例而来，各执家谱求立博士，臣部尤难办理。是以公同商酌，仍拟议驳。但恐臣等一偏之见，未必果当。除郑氏原无谱牒外，谨恭录铁保原疏二件并丘氏原志，粘贴黄签；将纰缪之处，开具清单，进呈御览。应否各给世职之处，伏候钦定遵行。

《左传精舍志》原序

案：此文既称志序，则当别有《左传精舍志》一书，乃谱中所称志者，即是此序。序中所言又全是家谱，与"左传精舍"毫不相涉。末题"建武六年十七世孙丘堂熏沐敬书"，汉代亦无此款式，其为依托无疑。

序中称："齐太公之后奔楚，为左史倚相；倚相之后奔鲁，为左丘明。"

案：左丘明为倚相之后，古书俱载。至倚相为太公之后，则从未见于古书。此因太公少子封于营丘，以丘为氏，在左丘明之前。故牵合附会，殊不足凭。

遗像三图

案：三图既称旧谱所传，则衣冠器具，必作古制。乃孔子、左丘明皆著束发道冠，又有高几、坐墩及纸本书籍、笔、墨、砚、水中丞之类，全同后世之式，显系依托。

左子墓在肥城西南五十里

案：《山东通志》载左丘明墓在峄县，而以肥城之墓分注于下。是此二墓皆在疑似之间，未必肥城果真，峄县果伪。

丘起避王莽之征，改姓丘氏

案：《前汉书·鲍宣传》中，凡王莽征召不出者具列姓名，其中并无丘起；且既改姓避莽，则当匿其本姓，何以又筑"左传精舍"，使欲盖弥彰。

乾隆十五年丘文水出资七千余金，独修学宫

案：丘姓能出七千余金修学宫，是其家不贫；何以又无力修其祖祠，乞李英捐助百金？殊不近事理。

李芬序中引《诗》曰："倬彼云汉"以下四行

案：以文王比左丘明，以周王比丘姓，诞妄悖谬。

宋给事中丁谓《左丘明赞》

案：丁谓乃宋相，非给事中。又考《宋史·丁谓本传》，亦不载其曾为给事中。

金王去非诗"请看廿一简多少，独有先儒冠汗青"

案：金代尚未有廿一史。

左氏墓诸诗文

案：左氏墓诗有"闻说英魂葬此中"句，金王去非诗有"传留千载英雄渺"句，明赵贯台诗有"谁知烈骨此中埋"句，张宗旭诗有"一吊英风自可钦"句，张仲适诗有"下马园陵拜所钦"句，皆字义乖舛。史廷桂诗有"树封盲史绣笔鲜"句，尹廷诗有"羽翼圣经乱贼安"句，梁士奇诗有"褒贬还能祛鬼魔"句，皆文理不通。孟成已序谓"丘明称左丘明，犹柳下惠称柳展禽"，亦殊夐陋。确为一手之所作。又其诗平仄不论一三五。考一三五不论，二四六分明，乃康熙中游艺诗法入门之谬论，古无是例。又近人依托之明证。

孙树馨推升刑部陕西司郎中谢恩折子

嘉庆九年

伏念臣年逾八秩，职忝六卿，精力渐颓，涓埃未效。自惟衰朽，方内省而多惭，何意鸿慈，尚频加而未已。前者臣子汝传已以写官之隶，浡登州牧于滇南；今兹臣孙树馨又以任子之班，旋擢星郎于比部。九重锡福，骈连在两月之中；三世叨荣，忭庆集一堂之内。捐糜莫报，感愧难名。臣惟有共矢忠诚，互相劝诫。虽曰才同樗栎，清慎勤亦务尽乃心；明知蹇似驽骀，少壮老惟各殚其力，以仰酬高厚深仁于万一。

命以礼部尚书协办大学士加太子少保衔并管国子监事谢恩折子

嘉庆十年

伏念臣燕南下士,河北庸材,仰蒙高宗纯皇帝破格栽培,弃瑕录用。重登翰苑,共编东壁之图书;洊陟卿班,久典南宫之礼乐。饫沾雨露,未效涓埃。迨圣主之当阳,已微臣之渐老。乃蒙我皇上人惟求旧,曲赐优容;法每从宽,特加矜宥。念愆尤之丛积,时切惭惶;方悚仄以难安,敢希迁擢?何期钝质,遽登政事之堂;竟荷洪慈,得预参知之列。而且宫衔宠锡,尤晋秩之殊荣;国学兼司,亦育才之重任。非常遭遇,实梦寐之所不期;逾分恩施,岂捐糜之所能报?抚心自问,衔感难名。臣惟有殚竭丹衷,赞襄黄阁。比诸向阳之葵藿,务尽真诚;不以薄暮之桑榆,稍存懈志。寅清夙夜,益修典礼之三千;策励精神,冀答高深于万一。

卷第五

折　子

恭谢六巡江浙,蠲免直隶、山东经过地方额赋,并豁顺天十二府州属旧借仓谷折子
乾隆四十九年

钦惟我皇上健协天行,仁均春泽。六飞时迈,勤民屡省乎尧封;四岳亲临,启跸必经乎禹甸。推恩自近,向阳之小草偏荣;锡福居先,煦物之和风早被。兹当苍龙之应节,珠斗东回;恭逢翠凤之扬旍,金舆南指。吴山越水,凡六度之巡方;赵际燕陲,总三分之减赋。九程驿路,未闻供顿之劳;五色天书,乃布蠲除之惠。行歌驱犊,宽租之诏相传;额手扶鸠,望幸之心已慰。何期温纶,宣自途中;更荷鸿钧,施诸格外。往以瞻蒲望杏,当二月之催耕;恒于锄雨犁云,廑三农之播谷。十行御札,每降种之自天;双颖嘉禾,冀力田之有岁。此虽如期以纳,已莫报夫生成;况乎积数弥多,实倍增其愧悚。乃蒙眷顾,施仁于补助之余;尽免征输,拜赐于豫游之始。五百里近光郊遂,共沐恩波;十万余藏富闾阎,益培元气。钜鹿东连乎瀛海,讴吟满赤县之封;卢龙南抵乎长河,抃舞接青齐之境。臣等居叨戴斗,生幸逢辰。来自田间,依于日下。德音初布,已同耕获之余三;恺泽连敷,更贶仓储之累万。十二属衺延河北,熙春者均似桐生;四千里翘望江南,就日者真如葵向。敬附章于驿骑,先达丹忱;待泥首于皇衢,恭迎黄屋。秩增轩纪,惟期曼寿之延年;福衍箕畴,长祝昌辰之保极。

恭谢六巡江浙,喜得元孙。直隶、山东老民老妇一体赏赉,复因二省缺雨,军流以下递予减等折子
乾隆四十九年

钦惟我皇上化洽尧衢,寿绵轩纪。得天久照,七旬并曜于仪璘;与物皆春,

六度时巡乎吴越。鲸波鲛室,经指画而皆宁;蟹舍渔庄,饮和甘而已遍。诗歌嘉乐,信保佑之自天;卜协康强,遂子孙之逢吉。庆流五叶,多男真验于华封;泽沛三霄,礼艾旁稽乎周典。星文朗耀,宁惟瑞应南弧;州络毗连,并使恩沾北海。丝纶一布,欢声增击壤之吟;谷帛分擎,喜气溢回銮之路。至于勤求民瘼,俯念畜畲;感召天和,仰求膏泽。燕齐接壤,凡经翠凤之循行;兖冀分疆,总荷金鸡之赦宥。圜扉昼静,至三细而咸矜;贯索宵占,从五流而递减。途中申命,推恩者益以加恩;格外施仁,敛福者因而锡福。联骈温纶,齐歌瓜瓞之征祥;斡运洪钧,伫见黍苗之被润。欢心均洽,协气旁流。臣等幸列鹓班,恭闻凤诏。久喜郊圻之近日,恺泽先沾;何期銮辂之观风,鸿慈亦被。南薰溥邕,得邀一视同仁;北斗长依,惟祝万年有庆。百男蕃衍,验周京养老之符;四海升平,征虞代好生之福。

恭谢恩缓保定河间府属十四州县积欠折子

乾隆五十四年

钦惟我皇上酝化涵濡,鸿慈茂育。裨瀛环络,久仁浃于黄图;畿甸提封,尤恩加于赤县。自天敷泽,先沾太极之泉;向日熙阳,均作恒春之草。耕田凿井,尧衢竞奏其风谣;赐复除租,禹甸时蠲其铚秸。当昨岁夏耘之始,甘澍微迟;于平时秋省之前,宸心已廑。黄云未刈,眷怀租吏之追呼;丹綍先传,特诏农曹之倚阁。固已秋场赛社,得共庆夫丰穰;相期春税输官,务早偿夫夙负。况乎酉为太岁,正乞浆得酒之年;兼以午届天中,又打麦登场之候。余粮栖亩,欣元气之全苏;多稼如云,宜积逋之毕纳。乃蒙雨露,申恩命而加恩;再沛丝纶,因缓征而又缓。本属赋中之正额,久愧稽延;偏邀格外之殊施,深为轸念。德音下逮,一时共拜夫生成;喜气交融,两郡均沾夫乐利。近依三辅,保阳列右辅之区;旁带九河,瀛海接长河之界。五百里郊圻之内,驱犊行歌;十四邑闾井之中,荷锄抃舞。南薰长养,当五弦解愠之余;西陆收成,伫十月涤场之后。欢生袯襫,庆洽衡茅。臣等隶籍神皋,近光帝里。先畴久服,大都来自田间;圣渥频沾,洊得登诸朝籍。丹墀陪列,叨备鹭行;黄阁宣纶,先闻凤诏。登民衽席,幸桑梓之逢春;藏富闾阎,喜毕箕之从好。击辕中律,遥听青塍绿野之歌;鞠脰陈词,代写白叟黄童之悃。

恭谢八旬万寿升秩岱宗展仪阙里。
直隶广学额免积欠加赈一月折子

乾隆五十五年

钦惟我皇上道协生成,泽酞教养。播《诗》《书》于学校,化先首善之区;省耕敛于春秋,恩始近光之地。身依日月,久瞻尧帝之文章;路接郊坼,恒颂姒王之游豫。欣值八旬开秩,六星瑞应于南弧;恭逢万乘鸣銮,二月时巡于东岳。渊源道脉,尼山将荐于馨香;培植儒风,冀野先沾夫雨露。诏宣丹綍,旁搜沧海之珠;春映青袍,添采泮池之藻。黉宫路辟,祥征寿考之作人;弟子员增,吉叶汇征之交泰。党庠术序,横经者并祝三多,夏诵春弦,鼓箧者齐呼万岁。固已敦崇四术,同沾教化于薪槱;何期眷顾三农,更念艰难于稼穑。尧咨深切,雨旸悉系乎皇情;禹甸经行,铨秸皆关于睿虑。维岁星之气化,时有饥穰;致井税之输将,每从倚阁。宽征已屡,自四十八载以来;积欠遂多,计一百万余以外。恩宜仰报,方共切夫惭惶;分属应供,敢久稽乎逋负。乃丝纶之下逮,轸恤民依;竟金粟之全蠲,均叨宸扆。盈宁永庆,真同帱载之元功;乐利无疆,非比欢虞之小补。

况乎六飞清跸,巡省闾阎;四郡通津,往来川陆。九河故道,南袤蓿县之南;诸淀澄流,北界雄州之北。五百里近郊之内,偶奏艰鲜;十一邑积水之余,夙蒙赈贷。修防完固,久经波静鱼龙;抚字周详,早已泽无鸿雁。皇慈俯念,偏深二酾之虞;圣渥重加,更赐三旬之餔。仁天化育,真感沁于心脾;寿宇恬熙,但情深于葵藿。风谣相答,欢忭难名。臣等来自茅檐,居依枫陛。一经旧法,曾隶籍于儒官;万井提封,久题名于户版。幸得青云之路,身列鹓鸾;环瞻赤县之封,人皆桑梓。自天布泽,闻巽命之重申;与物皆春,荷德音之三锡。龙光优渥,欣偕乡党以承恩;凫跃连翩,愿共士民而献寿。薇垣北拱,敬同拜表于星邮;芝盖东临,遥祝添筹于海屋。

恭谢巡幸天津,分别蠲免经过地方并所属州县积欠折子

乾隆五十九年

钦惟我皇上仁溥尧天,泽先禹甸。省耕省敛,时关望岁之心;一豫一游,恒布宽征之命。五十九年之内,加惠者笔不胜书,百卌三邑之中,食福者颂难缕述。固已衢尊遍沃,久寿寓之同登;今兹日御时巡,复恩纶之叠沛。粤当春月,俯念三农;遂涉川途,亲临二淀。候瞻蒲叶,用观冀北之田功;波涨桃花,兼阅燕南之水利。青旗拂柳,将诘旦以鸣銮;黄阁宣麻,早先期而奉诏。翠华西指,初程起析木之津;凤舾东临,连界入长芦之野。凡属经行之地,正供者十已蠲三;更于倚阁之余,宿负者七仍免四。迨至直沽口畔,驻云跸者五朝;复念沧海涯边,近天光者七邑。曾屡沾乎渥泽,望幸原深;并全贷其积逋,承恩尤渥。是皆叠邀宽减,又宽减之特施;定知久庆盈宁,觉盈宁之倍益。饧箫社鼓,处处歌吟;蟹舍渔庄,人人抃舞。直觉迎舟之鱼鸟,亦似欣愉;顿令刺水之菰蒲,皆增畅茂。欢腾乡遂,庆溢郊圻。臣等来自田间,叨登仕籍。比楼台之近水,易荷生成;闻桑梓之逢春,弥增悦怿。虽风谣响答,已皆上达于宸聪;而衔结情殷,终拟仰申其私祝。迎銮道左,待叩额于华芝彩仗之前;翘首畿南,共驰怀于桂楫兰舟之侧。

恭谢恩缓直隶一百七州县新旧额赋仓谷折子

乾隆五十九年

钦惟我皇上道协生成,心存怀保。课晴问雨,恒思稼穑之艰难;减赋宽征,力挽阴阳之气数。屡年所贷,殷畿之受惠实多;开岁以来,禹甸之蒙恩更渥。省耕淀泊,三分之井税皆蠲;驻跸瀛埂,七邑之田租全免。固已渔庄蟹舍,普周浃其欢心;至于汀鹭沙鸥,亦相关以乐意。乃麦秋之稍歉,稷奏才闻;值梅雨之

方零,尧咨弥切。念去岁原逢丰稔,储蓄虽存;虑今年早使输将,拮据未免。时维孟夏,正当春赋之期;限以初冬,缓待秋成之后。粜谷者无须五月,物力均纾;回銮者甫过一旬,德音叠降。经五十九年之培养,泽弥积而弥深;合一百七县之封疆,恩愈恢而愈广。栽培无已,感颂良深。臣等叨侍螭坳,先闻凤诏。恭承涵育,泳化者喜遍郊圻;侧听风谣,颂圣者声连乡遂。升恒比寿,惟齐呼万岁之三;草木知恩,愧莫报百分之一。

恭谢恩恤直隶八十三州县贫民分别赈借口粮折子

乾隆五十九年

钦惟我皇上念切尧咨,恩深禹甸。课晴问雨,每先事以绸缪;发政施仁,必及时而补救。昨已宽征逋负,恤一百有七之灾区;今复加惠闾阎,绥八十有三之下邑。茕独被周文之泽,胥得加餐;借还仿朱子之规,并蒙蠲息。才交夏至,犹当五月之中;正艺秋田,早结三旬之食。先知稼穑,信睿思恒在民间;乍捧丝纶,真旷典忽逢意外。况今年宿麦,收获者虽止四分;然昨岁嘉禾,盖藏者犹支一载。仁风久洽,本非无告之民;甘雨新零,又卜有秋之庆。即不予以赈贷,原自恬熙;乃曲计其生成,更为筹画。有加靡已,共知此日之天心;宁滥勿遗,益信从前之圣谕。风谣互答,抃舞相随。臣等屡见黄麻,叠颁赤县。南薰舜曲,一时解愠而披风;北陆羲轮,万姓倾心而向日。涓埃莫报,惟代抒燕陲、赵际之舆情;草木知春,共遥拜柳水、松州之辇路。

恭谢恩命截漕拨帑筹备直隶赈务折子

乾隆五十九年

钦惟我皇上爱育多方,仁施无已。谋恒及早,时筹画于几先;事未必然,亦周防于意外。迩以甘膏之少歉,上廑宸心;遂以宿麦之未登,叠宣恩纶。精诚有感,喜好雨之频零;滋漉均沾,已良苗之正长。况今年之节候,夏至原迟;即曩岁之农占,中元尚远。连塍毯绿,后种者不碍先收;被陇云黄,春补者可无秋助。而乃爱无弗爱，时深不获之虞；安益求安，弥切如伤之视。观露叶新锄之后，虽慰皇情；当霜镰未获之前，终关圣虑。宁使备而无用，等诸栖亩之粮；毋令缓不及时，同彼监河之粟。联名申谢，邮章之批答方还；驻跸传宣，行殿之德音又降。稻翻白雪，连樯分转运之舟；银灿朱提，接轸出大盈之库。恐黎民之迁徙，先期而示以黄麻；防墨吏之侵渔，临事而惕以白简。纤微必到，识曲相体恤之心；诰诫维严，信务使实沾之意。觉五十九年之久，圣慈与岁而俱增；溯四千余载以来，旧史从前所未见。即父母家庭之爱，无此周详；惟乾坤帱载之功，方兹高厚。邦畿千里，愿长分太极之泉；眉寿万年，期永注长生之籙。

恭谢恩谕直隶总督实心赈恤正定等府属被水州县折子

乾隆五十九年

钦惟我皇上睿虑周详，天心仁爱。近连禹甸，偶逢一谷之未登；上廑尧咨，时切九重之长算。不待成灾之日，早为防灾；未当施赈之期，先筹备赈。殷勤拯恤，誊黄之天语争传；委曲经营，保赤之皇情共识。固已人心和乐，有所恃而恬熙；物候蕃昌，应其时而畅茂。迩以群流合涨，接河北之余波；因而诸郡承流，浸畿南之下隰。川原起伏，在地形本有高卑；囷廩储藏，即物力亦分贫富。越阡度陌，并非处处悭收；比户连闾，不必人人待食。相其穑事，犹居半丰半歉之间；揆彼民情，实无已溺已饥之象。故检田履亩，拟八月以为期；计口授粮，待三秋而定数。守臣奏牍，原循用乎成规；圣主勤民，乃又逾乎常格。先期早给，俾预安泽畔之鸿；按实详稽，毋偶漏辙中之鲋。丹毫数语，见乾坤父母之心；赤县群黎，均风雨骈臻之德。九官恭读，咸三呼以祝绵龄；万口喧传，已一日而周近甸。在朝绅不耕而食，尚拜手以欢腾；知农家含哺而嬉，定闻声而欣舞。齐心同愿，约早申葵藿之诚；稽首陈词，不及待丝纶之布。高深莫报，惟共期寿山福海之延长；衔结难酬，姑代抒壤叟衢童之歌颂。

恭谢恩免河间、天津各属积欠官修大名元城民堤,赏给所借籽种折子

乾隆五十九年

钦惟我皇上寿寓延洪,恩膏稠叠。事未形而早计,绥宁每预于几先;惠已溥而弥增,蠲赐恒逾于格外。迩以沧瀛之下隰,宿雨未消;兼之魏博之通川,余波忽溢。疏防迅速,时时上廑夫宸襟;抚字周详,处处皆劳夫睿算。固已渔庄蟹舍,寂无鸿雁之鸣;月堰虹桥,不畏鱼龙之舞。而乃天心仁爱,博施宁滥而无遗;圣泽宏深,子惠有加而靡已。轸念九河之故地,实汇群流;毗连两淀之通津,易停积水。前者歉收春麦,正供业已先蠲;今兹甫检秋禾,旧负又复全免。民力宽纾之后,更遣宽纾;人心和乐之余,倍增和乐。至于民修堤埝,原出闾阎;官贷资粮,例还仓庾。何意搴茭而举锸,悉支公帑之金;以及布种而栽秧,均荷温纶之赐。德音下沛,一时宣布乎阳平;喜气交融,千里遥连乎渤海。十八属宿逋尽豁,见施仁之无吝于多;一二邑僻壤亦周,识加惠之不遗于细。先知稼穑,无逸者道自延龄;敷锡庶民,保极者德还敛福。长听郊圻乡遂,人人歌《击壤》之诗;并见僸佅兜离,岁岁进称觥之乐。

恭谢恩加银米赈恤直隶并免三十三州县积欠折子

乾隆五十九年

钦惟我皇上久道符天,深仁育物。省春秋之耕敛,恒轸民依;调金木之饥穰,时关睿虑。属以中州水涨,注三镇之遗疆;因而诸淀波增,趋九河之故道。尧咨遽切,屡询访乎艰鲜;稷奏方闻,早经营夫赈贷。黄麻丹笔,诫守吏者再三;白粲朱提,拯穷黎者巨万。固已家家按堵,辙少枯鱼;处处含饴,泽无鸣雁。而乃通津鹢首,更添栖亩之粮;驿路骡纲,重运铸山之币。畿南阛阓,殆聚米以成山;河北闾阎,几布金而为地。飞传温綍,群惊为格外所增;遝集欢声,佥曰非意中所料。况乎官租倚阁,原出特恩,民欠输将,自其定分。在农曹议以半

赐,已仰体夫天心;乃圣皇予以全蠲,倍宽纾夫物力。毗连诸邑,为州县者卅三;检校频年,所豁除者八亿。数虽多而不靳,宁滥毋遗;逋已久而忽销,是真疑梦。追呼不扰,竟遇歉而仍丰;耕凿无虞,转因灾而得福。合六遂六乡之众,愧莫酬容保之无疆;仰五代五福之堂,惟益祝康强之逢吉。

恭谢恩加展赈直隶二十四州县折子
乾隆六十年

　　钦惟我皇上泽浃黄图,恩先赤县。得天久照,六十年雨露原深;与物皆春,五百里郊圻尤近。赐租加赈,抚绥无不周详;减赋宽征,稠叠殆难缕述。计金粟度支之数,数比恒沙;论闾阎沾沃之深,深逾沧海。至昨年之积潦,经大吏之上闻。弥轸艰鲜,倍关宵旰。省耕省敛,时时垂念其有无;施贷施蠲,处处预谋其补救。命守臣以履亩,用防一二之或遗;诏农部以持筹,动辄万千而不惜。积逋尽免,倍充裕其盖藏;元气全苏,业恬熙于耕凿。乃以多方宣泄,虽无大上之河鱼;犹虞几处飞鸣,偶有未栖之泽雁。深念昔疏积水,惟燕赵为较深;何缘今请增粮,比鲁齐而转减。丹毫批答,九官咸仰识皇心;黄阁传宣,三辅遂又沾圣渥。先检歉收之最甚,赐粟六旬;次稽罹患之差轻,加餐一月。西大陆而东瀛海,一千里胥沐天膏;北潞水而南广川,廿四邑共蒙帝泽。乍闻温纶,真梦寐之所不期;溥洽欢心,非歌颂之所能写。当绮甲循环之岁,惟祝延年永久,如干支之继续不穷;值上辛祈谷之余,所期受福骈蕃,比禾麦之丰穰无数。

恭谢恩缓直隶上年被水州县春季新赋折子
乾隆六十年

　　钦惟我皇上念切尧咨,恩周禹甸。绥辑者无庸再虑,虑乃弥深;生成者靡以复加,加仍未已。前岁波涛偶溢,忽骤落夫河鱼;即时纶綍飞传,务辑宁夫泽雁。给赈早储其三餔,旋又频增;缓征初展以五年,俄从全免。农曹销籍,诸方之贷粟皆蠲;租吏停呼,积岁之宿逋尽豁。咸愧承恩之溢量,敢更希恩?何期食福之多端，仍蒙锡福。属以山陵展谒，值寒食之方临；因而阡陌循行，兼春耕之亲省。土膏浡润，已占丰稔于西成；农事勤劳，弥轸艰难于东作。预恐其卖丝粜谷，输纳争先；或妨于炊黍蒸藜，拮据不免。例征井税，虽当于梅雨以前；念切民依，特展于麦秋以后。春台同上，喜当红雨之初霁；夏景方长，直待黄云之尽割。花村柳陌，饧箫合奏其欢声；蟹舍渔庄，社鼓导迎夫和气。无论龆童壤叟，皆迎翠辇而倾心；即兹鹭序鸳行，亦捧黄麻而额手。乾坤帱载，愧莫酬高厚之恩；海岳绵长，惟群祝延洪之寿。五百里郊圻近接，常常就日以胪欢；六十年甲子重周，永永循环于不尽。

恭谢恩免直隶五十二州县积欠旗租折子
乾隆六十年

钦惟我皇上寿寓延洪，福田亭育。粤自丙辰御极，时时布泽于寰中；至今甲子循环，岁岁施仁于格外。议蠲议赈，拯恤者动辄万千；免赋免粮，溥赐者更逾三四。无微不至，减除逮盐灶之征；有惠必周，宽贷及芦洲之课。恩深春雨，实至于加莫能加；数比恒沙，已觉其算难悉算。至于分田制禄，用以酬勋阀之劳；计亩收租，原不在公田之列。初以佃人顽猾，私征者改使官征；既而邑令侵渔，吏欠者诡云民欠。五百里膏腴相望，都成画饼之虚名；六十万簿籍空存，全作镜花之幻影。胲八旗之生计，水求升斗而偏迟；托百姓之流移，蔓引葛藤而未断。徒以私家之逋负，难使全捐；何期睿虑之周详，亦劳俯念。权衡至当，代偿责守土之臣；轸念弥深，悬债罢催租之吏。赏延于世，仍资养育于先畴；民返其乡，永免追呼于后日。大宝镜四洲毕照，即间阎一事而皆知；太极泉万品均沾，为典籍从来所未见。读丹纶而额手，真莫名壤叟之欢愉；跽紫殿以陈词，敬代达龆童之歌颂。

恭谢恩抚直隶灾区分别蠲缓各项应征租赋仓谷折子
嘉庆七年

钦惟我皇上泽浃黄图，仁覃赤县。田功是念，心知稼穑之艰难；民事恒勤，岁省春秋之耕敛。毕箕风雨，久惬慰乎人情；金木饥穰，务挽回乎气数。前者长波骤溢，艰鲜偶奏于虞廷；因而荒政兼修，补救更详于《周礼》。检田有吏，已蒙宽三壤之征；藏富于民，尚虑有一隅之歉。恩施无已，厪怀偏重之灾区；筹画多方，弥养已苏之元气。为常供，为贷项，减仓储之纳者凡六万余；或半赐，或全蠲，除井税之输者计十四邑。固已乾元资始，同沾雨露之滋；何期巽命重申，更荷丝纶之沛？昨以西连涿野，夙存未化之鱼苗；渐闻南抵弓高，忽睹丛飞之螽羽。田祖偶遗于秉火，稍致滋生；农夫适遇其伤禾，或妨收获。在禾黍将登之后，本属轻灾；乃痌瘝在宥之怀，又施渥泽。特减五分之成赋，俾免追呼；均沾六邑之穷黎，同歌乐利。衢童舞蹈，遍空桐戴斗之区；壤叟讴吟，连析木通津之野。龙章叠贲，积庆怃以难名；凫藻联趋，觉颂扬之莫罄。惟期群安耕凿，乐恬熙于三辅之升平；更祝齐耀升恒，集福禄于万年之眉寿。

恭谢恩减秋狝木兰经过地方额赋折子

嘉庆七年

钦惟我皇上仁育无疆，恩推自近。轩弧教战，丕承肄武之鸿谟；禹甸观风，犹切勤民之至意。值天膏之叠润，好雨知时；当地宝之将登，初秋省敛。津通析木，出留斡之雄关；林接长松，拓朵颜之旧壤。青畦翠陇，层层映四面云山；白叟黄童，处处聚万家烟火。前代边防之瓯脱，郡县区分；先朝王会之爻间，赆琛久待。望銮舆者四载，夙切讴思；驻清跸者七程，共欣瞻仰。虽曰清尘洒道，实无碍于农功；何期赐复蠲租，乃早蒙乎帝泽。缅维旧制，原十分只免其三；特减正供，竟一岁仅输其半。长城南北，同占风雨之从星；辇路东西，尤似楼台之近水。欢心浃洽，闻齐呼万岁者三；和气蒸濡，定来备八征之五。恩真逾于常格，感自倍于恒情。臣等幸托殷畿，近依尧日。留京者恭聆纶綍，抃舞良深；扈从者亲听风谣，见闻更切。遍传梓里，喜雨露之偏沾；徒抱葵心，愧涓埃之莫报。惟祝添筹海屋，仪璘耀而圣寿绵长；更期洗甲天河，彗孛熸而皇心庆慰。

卷第六

表　露布　诏　疏

拟赐宴瀛台联句并锡赍谢表
乾隆十二年顺天乡试

乾隆十一年某月某日具官臣某等恭遇上以运际重熙，时逢大有。特召宗室廷臣，分日赐宴瀛台，赋诗联句，赏花钓鱼，锡赍各有差，以昭宣豫庆丰之至意，臣等谨奉表称谢者。

伏以皇慈雾洽，雅叶夫酒醴笙簧；圣渥天浮，道契夫赓歌飏拜。秋深桂苑，蓼萧沾浓露之华；日丽绘峰，葵藿依太阳之照。集公姓公族以式燕，玉牒生光；合大臣小臣以分荣，冰衔动色。灵槎八月，真同海客之游；广乐九成，似返钧天之梦。屏藩有庆，簪组腾欢。臣等诚惶诚恐，稽首顿首上言：

窃惟世道升平，著太和于有象；朝廷清暇，敷恺乐以无疆。鼓吹休明，必有咏歌之作；润色鸿业，爰申燕乐之文。故象协风梧，志《卷阿》之雅会；兴传鱼藻，留镐邑之遗风。《鹿鸣》以下共六诗，君歌臣答；《白华》而后为一什，谊美恩明。天王燕则诸侯毛，司仪夙传其职掌；正歌备而太师告，《礼经》亦著于典章。在先王皆具有明征，及后世乃别名曲宴。柏梁台上，藩封以逮于郎官；葡萄宫中，宰执兼随以学士。五王共宴，花萼楼头；三等分评，曲江亭畔。咸亨之会，二王同太子俱从；丽正之筵，两相暨礼官咸在。情契荆枝之句，兴庆移銮；诗吟花柳之天，乐游置酒。莫不燕衎于暇豫，用以祝颂夫太平。然而大陵享神，归藏既诞；洞庭张乐，庄叟尤夸。汾水新词，不入西山之录；瑶池旧事，浪传汲冢之书。虽有其文，盖无足道。未有沐浴深仁，醉以酒而饱以德；昭宣盛典，礼同节而乐同和如今日者也。兹盖伏遇皇帝陛下，虹璧当阳，龙图启运。泽洽四表，薰风入舜帝之琴；德讫八荒，瑞露浮高辛之瓮。云生于牖，松生于栋，无为宰万化之原；乐以为御，德以为车，有道识一人之庆。固已民康物阜，不殊华胥之游;远乂迩安,宛似春台之乐。九年耕而三年食,世登含哺鼓腹之天;十日雨而五日风,人识位育中和之化。史官载笔于玉署,频登大有之书;天颜有喜于瑶阶,爰下推恩之典。用相交于上下,务兼备夫情文。乃移法驾之清尘,焚香洒酒;聿举趯陂之高会,鼓瑟吹笙。乘泰运者百三年,再行旷礼;过中秋者十二日,先及懿亲。或庆衍于螽斯,或派分于麟趾。文昭武穆,尽周家子姓之班;东平河间,皆汉室宗盟之望。昔年故事,曾裁桐叶以分圭;此际遭逢,更叶棣华以侍宴。未央二十万之赐,方此未多;唐皇十六宅之荣,觉其尚陋。迨乎翼日,遂及群臣。落望后之仙蕡,尚余两叶;问重阳之瑞菊,仅隔十朝。则有辅弼依垣,列三台以拱极;卿士惟月,分九道以从星。鹓鸾集藜阁之英,鳌峰日晓;獬廌映柏台之绣,乌署霜寒。官司盐梅,俱陪嘉会;班联槐棘,咸预清行。职尽清华,郑鲜之未容启事;人兼风宪,李栖筠亦得从游。仪肃冠裳,列分左右。时乃仙车九九,降来五色云中;玉佩双双,随过百花桥上。参差贝殿,疑浮弱水之三千;隐现珠楼,似见昆仑之十二。沧州晓气,化为宫阙之形;阊阖秋风,吹入金银之树。舟浮太液,惊黄鹄以翻飞;帐启昆明,凌石鲸而问渡。指天河之牛女,路接银潢;搴秋水之芙蓉,域开香国。寻芳曲径,惹花气于露中;垂钓清波,起潜鳞于荷下。檀林瑶草,似闻金谷之郁芬;桂饵翠纶,喜看银盘之拨剌。大官赐膳,云图霾刻之尊;光禄传餐,渍桂酿花之酒。青龙布席,白虎执壶。四溟作杯,五岳为豆。琳琅法曲,舜韶奏而凤凰仪;浑穆元音,轩乐张而鸟兽骇。红牙碧管,飞逸韵以干云;羽衣霓裳,惊仙游之入月。莫不神飞而色动,共酌太和;咸觉心旷而情怡,同餐元气。遂乃集枚、马,呼应、刘,歌咏清平,揄扬盛美。天章首焕,落一串之骊珠;御笔高标,扛百斛之龙鼎。葛天浩唱,不推羲绳以前;丛云奥词,漫道娲簧而后。因之句成七字,仿汉事以联吟;人赋五言,分唐诗而探韵。宫鸣商应,俱协和声;璧合璋分,细裁丽制。歌叶八伯,共依纠缦之华;颂出九如,齐上冈陵之祝。当兹飏言以拜手,弥增嘉慰于宸衷。鸳绮七襄,抽仙丝于香草;鸾笺十色,分妙制于桃花。织天女之金梭,名高蜀郡;砑吴都之银粉,价压胶东。玉井波寒,濯瓜桃于悬圃;铁船渡远,分莲藕于华山。带去归鞍，香拂青丝之笼；传来中使，光摇赤玉之盘。皆得携出人间，争识来从天上。西苑赐游之嘉话，曾何足云？北门侍宴之恩荣，无能过此。笑贞观丰年之庆，筵启丙辰；陋开元麦秋之登，樽移端午。千秋旷礼，万古奇逢。洵哉游豫之风，允矣泰交之象。臣等才同樗栎，器谢栋梁。藻有愧于掞天，赋未堪以掷地。滥列金章之宠，叨分玉局之班。簪白笔而莫效涓埃，侍黄门而多惭献替。六鳌双凤，知点窜之难工；九几五筵，属遭逢之有幸。得与鹿苹之会，弥增凫藻之思。伏愿化洽邲隆，治超皇古。无逸而乃可以逸，常轸夫康功田功；已安而益求其安，每惕夫一日二日。抚池台之胜概，则思灵囿之子来；对鱼鸟之亲人，则思妣王之咸若。观九族之燕笑，则思自亲睦以至平章；顾千官之肃雍，则思正朝廷以及邦国。赏花而念贡花之非礼，勿信其小忠；垂饵而知食饵之不情，务察其大伪。供来芳馔，莫忘瘦岭之耕人；捧出霜绡，当廑寒江之浣女。乐谐韶濩，致戒夫琴瑟之专；诗被管弦，务亲夫风雅之正。则宫为君，商为臣，角为民，徵为事，羽为物，音有五而协气常调；肃时雨，乂时旸，哲时燠，谋时寒，圣时风，畴次八而休征咸应。银绳玉检，不数夫七十二君；玉烛金瓯，永固于百千万世矣。臣等无任瞻天仰圣激切屏营之至，谨奉表称谢以闻。

拟修葺两郊坛宇及先农坛告成谢表

乾隆十九年会试

乾隆十八年某月某日具官臣某等恭遇皇上崇效卑法，务本重农，特发帑金，简命大臣修葺两郊坛宇，大工告成。复命修整先农坛殿，广植嘉木，以昭只肃明禋之至意。臣等谨奉表称谢者。

伏以皇朝光祀典，经营尽效法之诚；圣主重田功，崇饰祈耕耘之利。示勤示敬，构鸿基于丹雘垣墉；美奂美轮，酬嘉种于稻粱黍稷。黄琮苍璧，万灵翕合其神光；黛耜绀辕，千亩遥连其佳气。祭则受福，知明察之无违；政在养民，卜顺成之有应。神人胥洽，中外腾欢。臣等诚惶诚恐，稽首顿首上言：

窃惟膺图受箓，必叶契于幽明；崇德报功，惟告虔于禋祀。千五百神之祭，最尊者莫过乾坤；一十二礼之中，尤重者在于郊社。黄帝以前莫考，汉人仅述其明堂；有虞以后略详，《舜典》特书其柴望。载稽《乐律》，始分冬至、夏至之文；粤考《礼经》，乃著泰折、泰坛之号。自斯以降，虽分合之屡殊；依古以来，要尊崇之不异。文皇中祀，神祠及坛墠兼修；宣帝初年，北社与南郊并广。溯遗闻于元始，典重茅营；考前志于永明，制更瓦屋。太和异数，特传亲筑之文；建武新规，爰有改修之诏。七十二级之制，命殿帅于绍兴；八尺一寸之图，遣太常于广顺。凡以钦崇天道，敬迓嘉祥。至于食乃民天，贵先知夫稼穑；福由神锡，宜大报以馨香。陈籍而祈，载在韦昭之注；吹豳以乐，详于郑氏之笺。炎汉旧仪，祀惟乙日；开元新礼，埒在壬方。歆用柔毛，曾纪天兴之岁；荐以大武，夙传太始之年。梁普通兆域新移，特营北岸；唐贞观耤田亲祭，定议东郊。皆王政所以重农，而祭法不忘报本。慨自秦营西畤，陈宝为祥；汉拜甘泉，白麟俟瑞。太一而配以五帝，天有六名；神州而兼及昆仑，地分二位。误解上辛之祈谷，几废冬郊；致疑六月之披裘，每停夏祀。刘苏诘难，交争诗序之文；霍夏纷纭，附会同牢之礼。或有宋家教主，罢祀先农；唐代礼官，并归王社。元和以前五十载，耤田则礼已无征；洪武以下十二朝，登极乃君为亲祭。未有五材俱庀，肖仪象于方圆；百谷用成，备典章于祈报；落成有庆，万年培永命之基；经始方新，四海兆丰年之福如今日者也。兹盖伏遇皇帝陛下道高参两，治感神明。上下同流，元气叶鸿苞之运；雨旸时若，休征验庶草之蕃。祀事孔明，夷典礼而夔典乐；人时敬授，羲秩东而和秩西。固已甘露醴泉，具昭丕应；嘉禾瑞麦，俱献祥符。犹念保佑有由，元命凤凝于有德；旦明匪懈，至诚宜将以隆仪。不有鸿规，奚昭大礼？惟兹升烟达气，典莫重于圜丘；至于瘗玉求阴，祭更严夫方泽。爰即详明之制，更为修举之谋。宗伯具仪，太常襄议。司天卜吉，水部鸠工。分奠方隅，顺阴阳于子午；宏开门户，法阖辟于乾坤。陛起三成，倚盖肖形于环转；塘开一鉴，覆夐取象于觚棱。缭垣回绕以如规，图成太极；周道折旋以应矩，水记方流。天仿蔚蓝，望清虚于一大；界真金色，符土德于中央。云捧楼台，隐约露碧城之影；月明栋牖，霏微占黄气之祥。风云瞻拱卫之尊，集众灵而将事；圭璧备荐歆之礼，待二至以亲临。从此八陛四通，倍增壮丽；因之九成三献，弥觉森严。盖惟王者得行克备夫骍角黝牲之礼，益信仁人能飨式格夫皇天后土之灵。加之敬天者因以勤民，于是重农者大为报本。凡兹群祀，皆为祈福于苍生；维此先农，尤欲降祥于稼事。虽不比陶匏藁秸，合乐于六变八变之余；亦必因青辂朱纮，升香于三推五推之日。饬水衡以趋事，大发钱刀；趣将作以鸠材，鼎新土木。梁雕玳瑁，邓林远集其梗柟；瓦叠鸳鸯，陶氏聿新其埏埴。梓人面势，斤运成风；圬者呈能，垩明如玉。锸云汗雨，庶人皆乐事而劝功；鸟革翚飞，崇构可克期而竣役。更移嘉树，俾长新荣。依瑶砌而分枝，檐牙凝碧；映春旗而一色，驰道浮青。风籁微吹，响杂祈年之琴瑟；烟条匝布，阴沾终亩之犁锄。即看柯戛青铜，百尺动龙蛇之影；定知叶分翠崿，千年闷禽兽之形。当其林茂鸟归，争依神树；至于堂成燕贺，永奠灵区。盖不日而告成，将有秋之必应。从此帝圉南北，两郊之瑞霭遥通；亦且遂路东西，万代之崇基对峙。立心立命，万国咸宁；卜世卜年，三灵俱叶。格于上帝，受釐可视于无疆；谷我农夫，建极因为之锡福。感通有应，沾溉靡涯。臣等材谢骏奔，业荒学殖。志成郊祀，乏班固之雄文；赋就耤田，无潘安之丽藻。乾称父而坤称母，相宗子以何能？义以耨而礼以耕，比真儒而多愧！恭逢明备，莫效涓埃。伏愿撰协清宁，惠深怀保。成命聿歌夫《周颂》，对越弥虔；农功俾绘夫《豳风》，勤劳常轸。官以《礼乐》，克修夫同节同和；省以《春秋》，时补其不足不给。知感孚之有本，益勤明德之馨香；念呼吸之可通，倍凛庶征于备叙。则百神受职，将阳愆阴伏之俱消；万宝告成，自甘雨和风之顺应。金瓯永固，握宝箓而延年；玉烛长调，启瑶阶而坐治矣。臣等无任瞻天仰圣激切屏营之至，谨奉表称谢以闻。

钦定《四库全书》告成恭进表

乾隆四十七年

臣等奉敕编纂《四库全书》告成，谨奉表上进者。伏以天玑甄度，书林占五纬之祥；帝镜悬光，艺苑定千秋之论。立纲维于鳌极，函列云珠；媲删述于龙蹲，契昭虹玉。理符心矩，絜三古以垂谟；道叶神枢，汇九流而证圣。治资鉴古，德洽敷文。臣等诚欢诚忭，稽首顿首上言：

窃惟神霄九野，太清耀东壁之星；悬圃三成，上帝扩西昆之府。文章有象，翠妫遂吐其天苞；绘画成形，白阜肇图其地络。书传苍颉，初征雨粟之祥；箓授黄神，始贮灵兰之典。洞庭秘简，稽大禹所深藏；柱下丛编，付老聃以世守。秦操金策，圣籍虽焚；汉理珠囊，遗经故在。儒生密宝，维孔鲋之承家；谒者旁求，见陈农之奉使。蝌文以后，篇章自是滋多；麟阁所储，条目于焉渐备。杖吹藜火，夜雠别录之编；衣染炉香，坐校中经之簿。王仲宝区其流别，定新志之九条；阮孝绪撮其丛残，括旧传之五部。勘书妙画，世摹展氏之图；卷幔飞仙，史载隋宫之迹。唐武德讫乎天宝，钿轴弥增；宋景祐继以淳熙，牙签再录。南征俘玉，元迁三馆之椷；北极营都，明运十艘之椠。莫不前征邃古，丹壶溯合雒之踪；悉发空林，青简扰频斯之篆。西州片札，辨点漆于将磨；南雍残文，检穿丝于已断。竹编未朽，名认师春；瓠本犹携，稿存班固。爬罗纤碎，或得诸玉枕石函；掇拾畸零，均给以螺丸麻纸。精雠广购，一篇增十匹之酬；华赆重绍，三品别两厢之等。凡以穷搜放失，猎文林辨囿之精；互镜瑕瑜，立圣域贤关之训。结德舆而辐辏，轨顺经涂；傃学海以沿波，源通道筏。然而掇余易匮，四千卷既丐残膏；鹜广弥芜，百两篇更珍赝鼎。丹青失实，或贻诮于王充；朱紫相淆，孰齐踪于郑默。甚乃别风淮雨，惜奇字而偏留；或如许绿纾红，踵驳文而莫悟。兰台庋贮，多如贿改漆经；枣板摹传，遂至误尊阁本。故秘书总目，郑夹漈复议校雠；而《文苑英华》，彭叔夏重加辨证。从未有重熙累洽，雯华悬紫极之庭；稽古崇儒，册府辟丹宸之馆。弥纶宙合，识大识小之无遗；荣镜登闳，传信传疑之有准；金模特建，宝思周融如今日者也。

钦惟皇帝陛下瑞席萝图，神凝松栋。播威棱于十曲，响震灵夔；洽文德于四溟，兆开神鹭。帝妫歌咏，已题九万琼牋；臣向编摩，更缉三千宝牍。博收竹素，仍沿天禄之名；珍比琳琅，永付长恩之守。乃犹寻端竟委，溯支络于词源；纬地经天，探精微于义海。昭阳韶岁，特绸翰府之藏；永乐遗编，俯检文楼之帙。例取诸吴兴《韵海》，割裂虽多；体宏于孟蜀《书林》，搜罗终富。榛楛宜剪，命刊削其谰言；沥液堪珍，敕比排其坠简。焦桐漆断，重胶百衲之琴；古罍铜斑，合铸九金之鼎。复以羽陵蠹剩，或有存留；宛委藏余，不无佚漏。十行丹诏，遍征汲古之家；七录缃囊，广启献书之路。逸经断策，出自大航；杂卦残篇，发从老屋。锦帆捩舵，孟家东洛之船；玉轪飞铃，吴氏西齐之轴。鳞排玉字，多王榮之所未闻；笋束金绳，率张华之所莫识。光明茧纸，朱题芸帙之名；蟠屈鸾章，紫认槐厅之印。红梨隔院，曹司对设于东西；青镂濡香，品第详分其甲乙。天潢演派，光连太史之河；卿月澄晖，彩接文昌之宿。总司序录，叨杨亿之华资；分预校雠，列任宏之清秩。银袍应召，骧云路以弹冠；粉署征才，记仙郎而题柱。怀铅握椠，学官愿效其一长；切线割圜，博士亦研其九术。遂乃别开书局，特分署于龙墀；增置钞胥，竟抽豪于虎仆。图与史并陈左右，粉本钩摹；隶与蝌兼备古今，丝痕𦉫扁。曹连什五，各隶属于写官；工辨窳良，均稽研于计簿。提纲挈领，董成者职总监修；补阙拾遗，覆勘者官兼详定。庀器预储于将作，棐几筠帘；传餐遍给于大官，珉糜珠馅。温炉围炭，纹凝鹁鸽之青；朗瓮涵冰，色映玻璃之白。花砖入直，地同兜率天宫；莲炬分行，人到琅嬛福地。琼箱牒送，全搜縢囊帷盖之余；芝殿签排，共刊木扇金华之谬。程材效技，各一一而使吹；累牍连篇，遂多多而益办。香霏辟恶，拥书何止百城；沈渍瀹糜，削稿宁惟两屋。譬入众香之国，目眩瞀于花光；宛游群玉之峰，神愕眙于宝气。岂但鸿都多士，骇闻见所未曾；实令虎观诸儒，辨妍媸而莫决。所赖恭承睿鉴，提玉尺以量才；仰禀天裁，握银华而照物。初披卷轴，共掇零玑；即荷丝纶，务奢完璧。吴澄《易翼》，辨颠倒乎阴阳；杨简《诗音》，斥混淆乎周汉。稗官剿说，删马角之荒唐；译史传闻，摘象胥之讹异。醮章祈福，发凡于刘跂之词；语录参禅，示例于齐㐨之记。固已南车指路，陟道岸而衢亨；北斗旋杓，揆文星而度正。洎乎群书大集，品杂金沙；圣训弥彰，鉴澄珠砾。诂经忌凿，黜错简于龟文；论史从公，溯编年于麟笔。立言乖体，四明之录必删；赝古诬真，五柳之名宜辨。七签三藏，汰除释、老之编；五蠹九奸，排斥申、韩之术。毒深孔雀，无容校写其青词；巧谢璇玑，未许增添其锦字。小山艳曲，削香奁脂盝之篇；金谷新词，刊酒肆歌楼之句。凡皆词臣之奏进，误点丹黄；一经圣主之品题，立分白黑。至于铜签报夜，紫殿勤披，玉案开缄，丹毫亲咏。五家易说，歧途附辟其《传灯》；四氏书笺，余绪兼详乎《括地》。前车后鉴，陈风雅于经筵；斜上旁行，寓春秋于世本。卢陵处士，特申僭上之防；安定门人，大著尊王之义。王元杰名同谳狱，为云谷之重儓；洪咨夔迹类探囊，窃玉川之余沈。四箴误注，宁知颜巷之心；二佛同称，转隘尼山之量。六经作绘，全收诸杨甲图中；七纬成编，知出自庄周书后。五音分配，篆文互备其形声；二史交参，奇字各通其假借。古香醲馤，细辨班书；碎腋穿连，重刊薛史。清流肇衅，示鉴戒于东林；正统明尊，存纲常于西蜀。派沿涑水，袁朱之新例兼存；俗记扶余，班范之讹传并订。党碑再勒，嗟揖盗而开门；权焰弥张，嗤教星而替月。西湖游迹，殊怜野老之藏名；北使宾筵，深陋词臣之校射。宋钞仅剩，搜旧志于临安；金刻稀闻，宝遗文于贞观。或攻或守，徒从十鉴之兵谋；相胜相生，未信五行之德运。建炎政草，愧彼中兴；至正刑章，斥其左袒。李尊洛学，辨道命于天原；郦注桑书，剖源流于地理。史腴详摘，有逾汉隽之精；经笥悬探，更胜曹仓之富。至于孔庭旧语，首定儒宗；蔡帐秘文，严排异说。范祖禹之帝学，具有渊源；曾公亮之武经，姑存崖略。横戈危堞，节取陈规；握策灵台，参征苏颂。算穷杪忽，九章研鲍瀚之藏；术杂纵横，十卷稽赵蕤之撰。楚中隐士，互权韩柳之评；婺郡名贤，不废吕唐之学。胪登签记，衍《洪范》而原非；妄议井田，托《周官》而更误。《钱唐遗事》，深讥首鼠于宋元；《曲洧旧闻》，微憾操戈于洛蜀。绌聪有取，旁通方朔之言；指佞无难，慎听韩非之说。陈思《书苑》，列笔阵而成图；马总《意林》，搴词条而擢秀。黄伯思之博洽，石墨精研；孙逢吉之淹通，云龙遥溯。多知旧事，病歌舞之销金；一洗清波，笑词章之谀墓。《太平御览》，徒粉饰乎嘉名；《困学纪闻》，偶抨弹其迂论。《晚唐小史》，入厨宁取乎卮言；《南宋枝谈》，按鞫深嫌其曲笔。十七卷骚人旧制，更证以草木之名；二百年吏部清吟，特赏其烟霞之气。兼推韩、杜，续来凤觜之胶；并采郊、祁，拟以棠华之句。文恭著作，先欧、尹而孤行;忠肃风裁,抗苏、程而角立。勤王留守,呼北渡者凡三;殉节侍郎,壮南朝者惟一。学如和叔,原不限以宗朱;诗到仪卿,乃转嫌其入墨。读书秘阁,明詹初论古之非;从宦金渊,赏仇远耽吟之癖。杨维桢取其辨统,而颂莽则当诛;刘宗周闵其完忠,而吠尧为可恕。凡兹独断,咸禀睿裁;懿此同情,实乎公义。苞千龄而建极,道出于天;综百氏以归型,言衷诸圣。权衡笔削,事通乎春赏秋刑;絜度方圆,法本乎乾规坤矩。是以仪璘悬耀,揆景凫趋;镛栈先鸣,聆音麇集。鲸钟方警,启蓬馆以晨登;鹤籥严关,焚兰膏以夜继。披文计数,宁止于万七千篇;按月程功,务得夫四十五日。裁缝无迹,先成缀白之裘;传写相争,齐炙汗青之竹。架罗黄卷,积盈有似于添筹;几拥乌皮,刊谬时防其扫叶。毕昇活板,渐看字是排成;曾巩官书,已见序称校上。加以乾行至健,七旬之念典弥勤;离照无遗,一字之褒讥恒审。梁驷练士,庚邮递初写之函;云辂巡方,乙夜展重修之卷。至三至再,戒玉楮之迟雕;数万数千,摘金根之屡误。坤原为釜,兼搜刊板之讹;芊或作羊,细检钞书之谬。毫厘不漏,戢旁添待补之戈;涂黩必严,罗上辨续加之网。削除不尽,时饬以妄下雌黄;轮郭空存,常指其竟同曳白。明周纤芥,共钦睿照无遗;报乏微涓,弥觉愧心生奋。若夫考勤校惰,督课虽详;荷宠邀荣,恩慈实渥。风云得路,先登或列于九官;雨露均滋,中考亦赐以一级。柏梁联句,听凤律之新声;芸署题名,踵麟台之故事。墨匀蝶翅,祖帖双钩;帙簇龙纹,天书五色。猩毛擢颖,腻鱼子之华笺;龙尾雕纹,融麝煤之芳气。银罂翠管,细萦百和之香;锦段香罗,交映五明之扇。绣囊委佩,铤贮朱提;珍毳丰茸,帕裁白氎。雕盘列饤,果分西域之甘;华俎尝新,瓜胜东陵之种。自天宣赐,多非梦寐所期;无地酬恩,惟以文章为报。周赜始末,拟勒长编;别采英华,先为缩本。曩长庚之纪岁,庆叶嵩呼;属太乙之占祥,象符奎聚。八年敬缮,挹古今四库之精;两部分储,合大小二山之数。惟全书之浩博,实括群言;合众手以经营,倏逾数载。香薰兰栧,方粗就而未终;阁耸云楣,已先成以有待。文河疏瀹,初如江别为三;笔海朝宗,继乃渎增以四。望洋无际,虑创始之为难;登岸有期,幸观成之可冀。较删繁之别帙,又阅两年;勒总汇之鸿裁,已盈一部。插签分帙,次按乎甲乙丙丁;列架胪函,色别其赤青白黑。经崇世教,贵实征而贱虚谈;史系人心,削诬词而存公论。选诸子百家之粹,博收而不悖圣贤;惩十人九集之非,严汰而宁拘门户。上沿虞夏,咸挹海以求珠;下采元明,各披沙而见宝。六千箧璋分圭合,延阁储珍;二百卷部次州居,崇文列目。释名训义,因李肇之解题;考异参同,近欧阳之集古。事稽其实,循文防误于树萱;词取其详,求益非同于买菜。人无全美,比量其尺短寸长;语或微疵,辨白其玉瑕珠颣。一经采录,真同鲤上龙门;附载姓名,亦使蝇随骥尾。元元本本,总归圣主之持衡;是是非非,尽扫迂儒之胶柱。至其盈箱积案,或汗漫而难寻;复以提要钩玄,期简明而易览。譬诸典谟纪事,别行小序之一篇;类乎金石成书,先列诸碑之十卷。分纲列目,见义例之有条;按籍披图,信源流之大备。水四瀛而山五岳,侔此壮观;前千古而后万年,无斯巨帙。盖非常之制作,天如留待于今;而希有之遭逢,人乃躬当其盛。叨司校录,实忝光荣。臣等功谢囊萤,识同窥豹。钻研文字,未能脉望之逢仙;延缓岁时,仅类鞠通之食墨。仰蒙训示,得闻六艺之源;曲荷宽容,许假十年之限。百夫决拾,望学的而知归;一篑成山,营书岩而幸就。欣陈宝笈,对轩镜之澄光;恭进瑶阶,同羲图之永宝。从此依模范状,若叠矩而重规;因之循轨知途,益轻车而熟路。先难后易,一隅可得而反三;谋始图终,百里勉行乎半九。精心刊误,八行细检朱丝;协力鸠工,万指齐磨乌玉。连绵告蒇,伫看四奏天闻;迅速先期,不待六更岁籥。人文成化,帝机运经纬之功;皇极敷言,王路示会归之准。觚棱云构,巍峨乎银榜璇题;方策星罗,珍贵乎金膏水碧。曰渊曰源,曰津曰溯,长流万古之江河;纪世纪运,纪会纪元,恒耀九霄之日月。并五经以垂训,道通乎丹书绿字之先;合六幕以同文,治超于元律苍牙之上。臣等无任瞻天仰圣踊跃欢忭之至,谨奉表恭进以闻。

此集中第一篇大文字。盖《四库全书》开馆,吾师即奉命总纂,自始至终,无一息之闲。不惟过目不忘,而精神亦足以相副。经手十年,故撰此表;振笔疾书,一气呵成。而其中条分缕析,纤悉具备。同馆争先快睹,莫不叹服。总其事者，复令陆耳山副宪、吴稷堂学士合撰一表，属吾师代为润色改就，终不惬意。仍索此表，书两人衔名以进。乃高宗纯皇帝明镜高悬，谓此表必系纪某所撰，遂特加赏一分，咸惊睿照之如神也。今刻入集中，谨识于后。门人刘权之。

平定两金川露布

乾隆四十一年

臣闻威扬星钺，非螳斧所能支；怒奋雷硠，虽蚕丛而亦辟。应天者胜，定申四冢之诛；恃险者亡，难负三苗之固。故王师仗顺，历百战而无前；遒寇偷生，终一朝而就絷。灵夔震吼，西人之胆全寒；雄虺摧藏，南粤之缨遂系。恭承睿略，已缚渠魁。

窃惟两金川者，俗带蛮荒，人原羌族。金牛辟道，为五丁未凿之余；玉斧分疆，在一水相连之外。九氏杂处，率遗种于冉駹；八国参居，尽隶名于默啜。路通的博，问唐戍而皆迷；郡接汶山，出汉封而更远。盖四万八千岁后，至建兴始控以城；而五百六十人中，在嘉靖尚名以寺。羁縻勿绝，古来徒系虚名；叛服不常，此辈遂成天性。洎我朝龙骧讨罪，初定峨岷；狼种倾忱，全收邛笮。桃关置堠，已归版籍之中；橦布输赟，久定臣民之分。百年培养，渐如奚别东西；两部区分，遂似宛名大小。沐天朝之雨露，各长子孙；割蛮土之山川，自成聚落。而乃中山狡兽，最解忘恩；西部遗羌，从来善盗。包藏桀黠，纵横黄石之墟；突肆贪残，蹂躏青衣之外。吠同蜀犬，忽争骨以磨牙；毒类巴蛇，竟擘山而掉尾。往者戊辰之挞伐，玉弩腾芒；实因郎卡之凭陵，铜头兴暴。乃以惊弦落羽，枭不东飞；负矢哀鸣，鹃知北向。天心仁爱，许还松堡之师；圣度宏宽，容免竹王之戮。凡以绥柔荒裔，俾板楯之知归；何期孤负深恩，仍夜郎之自大。爪牙暂戢，密蓄机心；羽翼未成，转修旧好。吐蕃嫁女，羁勃律之归唐；汧罕释雠，结先零而窥汉。阴谋未遂，十稔先盈；遗孽犹存，九婴弥乱。凶残有种，索诺木虺复为蛇；贪冒无知，僧格桑狐因假虎。莎车构怨，称戈鄯善之城；般嘱兴戎，喋血罗支之帐。四邻俶扰,月明而军柝宵惊;二竖披猖,风吼而战云昼起。蚌生同室,虽为蜗角之争;境接中原,渐虑犬牙之错。屡吹毒焰,似闻旺烈遗风;敢播谣词,拟逼姜维故垒。盖两阶干羽,终莫格其顽心;八阵风云,自宜申其显讨。乃以边臣计左,未能宣布天威;阃帅谋疏,无以钦承庙算。始则印归邛谷,阳受约而弥骄;继乃城属兜题,已失巢而复得。僧格桑投林觅兔,将三窟之重营;索诺木振羽奇鸧,更九头之弥黠。借降人以用谍,初同妇嫁维州;留部长而不归,正似王囚阿恶。迹其质渠以割地,具有深谋;足知挟众以窥边,终为后患。敢图悖逆,佥云罪已通天;苟不剪除,深恐势将滋蔓。皇上是以威操汤钺,迅调铜符;武震轩夔,重开玉帐。

乾隆癸巳六月,诏以臣阿桂为定西将军,以臣丰昇额、臣明亮为之副。握虎钤以命将,星动河魁;引鹤列以陈师,风驰山子。旗分柳绿,滇黔秦楚之兵;襦映花红,彭濮微髳之卒。宣明赏罚,令严而壁垒一新;简汰疲癃,气奋而笳箫倍响。复以禁中羽骑,初时未果从征;因而城上蜑弧,所向莫为前导。牙璋飞召,爰搜建锐之雄;枹鼓交鸣,并简索伦之众。携来飞矢,天边齐射狼星;倚作长城,阃外宁惊鹤唳。四奇四正,共成风后之图;九拒九攻,誓衅温禺之血。龙吟画角,雪山之乱石皆鸣;马振连钱,玉垒之危峰欲动。盖将永清乎边徼,务在擒王;所以大合乎军锋,不辞用众。星枢高挈,周万里以提衡;地络歧分,用三驱而取道。睿谋指示,共瞻轩帝南车;众志骁腾,齐出益州北部。一军别驻,俾成虺尾之形;两路兼攻,各据捣虚之势。山川聚米,已全境之周罗;戈甲捎云,乃中权之罙入。

是岁十月,臣阿桂等由资哩诸处进兵,收复鄂克什官寨。芙蓉淬刃,新军皆初试之锋;薜荔悬崖,旧路是曾经之地。狡人宵溃,竟自弃其邛笼;楚幕晨空,俄全清乎瓯脱。川原如故,已迁之邢鄌仍归;井灶不移,待救之江黄先慰。

十一月,进攻路顶宗、明郭宗,收复美诺。千重郁嵂,青壁无梯;一线延缘,黄云迷径。当年伏莽,僧格桑借以潜藏;此日负嵎,索诺木恃为障蔽。崇墉再伐,尚因垒而不降;齐烬重收,竟背城而思战。欃枪焰吐,嚚矜之气方张;睥睨尘昏,格斗之声遂合。风生劲弩,平驱犀手三千;雪压危峦,直接云梯七百。弓刀争响,崚嶒之石骨皆摧;楼橹平颓,昳晱之旄头倏坠。扬枹挝鼓,一时三逐残兵;按籍披图,两日再收故地。闟其门户,已搏长狄之喉;撤彼藩篱,早断匈奴之臂。

甲午正月,进攻谷噶丫口。初临寇境,一丸早已泥封;横阻前茅,千嶂都如笏插。蜂房密缀,异败亡鸠合之余;虺毒横吹,正侥幸鸱张之后。铜丸走坂,凭高者借势嚚争;石角钩衣,蹑险者排空驰突。弩张剑拔,两军之锐气皆新;雷转山惊,三鼓之余音不竭。喧呼沸地,似翻骨母之潮;烟焰迷天,忽结蚩尤之雾。战酣不解,应龙之翼弥张;力竭难支,妖鸟之巢乃覆。于时臣明亮亦由赤丹尔思攻破马尼。牙旗并建,辅车之势相维;羽檄遥通,犄角之形早据。独当要路,既无旁顾之虞;径捣中坚,益奋直前之气。

三月,臣阿桂抵罗博瓦。外郭是恃,秦人倚函谷之关;旧垒原坚,晋帅阻逼阳之国。四峰矗立,高深皆自难穷;八垒回环,左右多能相救。羊肠诘曲,非一旅所能攻;蛙径纡环,乃五军之并进。分朋列队,数符太乙之旗;飞矢扬兵,气压常山之阵。参差递起,惊飘瞥之无恒;踠跛横行,骇枝梧之不定。山精血染,倏半化于青磷;木魅巢倾,遽罢吹其碧火。会以风吹山带,乍浮迎阵之云;水挽天河,预洒洗兵之雨。苔衣夜滑,未利行师;岚气晨蒸,且留养锐。计其时日,正同虞帝之七旬;简我车徒,乃及宣王之六月。是月,克色溯普,进克喇穆喇穆及日则丫口。

七月,又克该布达什诺木城及格鲁瓦角诸寨。两军夹击,都如绝地而飞;一队潜行,忽似自天而下。四山阴合,雾浓而伏豹争腾;万木声号,雨急而怒龙奋攫。蛮毡密挂,虽侧足以难登;鬼弹惊飞,终仰攻而不避。丹崖平裂,真弯没石之弓;翠巘中摧,如有破山之剑。转斗万峰之下,几历千盘;出师一月之中,因成三捷。兼以横摧钩楯,道如刊木而通;因之遍爇团焦,势似焚山而猎。雷能破柱,一声而断栋纷披;火自生风,四顾而残煤垒舞。地中鼓角,真草木之皆惊;云外旌旗,早山川之相望。重岩复岫,巨灵之跖齐开;羁魄残魂,贰负之尸遂械。然而大军未合，犹纡道以求通；黠寇多歧，当出奇以制胜。披榛得路，一时几费踌躇；括地成图，万里乃蒙鉴照。与天合契，信必克而无疑；惟圣前知，果图功而有获。

十月，由日尔八当噶之下荣噶尔博之上取道，攻得默格尔，进据密拉噶拉木，并克凯立叶诸寨。武阳别出，广汉先惊；斜谷方开，陈仓径度。股肱虽在，拊其背而难施；首尾空存，断其中而莫救。飙轮卷地，声酣而山鬼皆逃；火伞烧云，势烈而沙虫俱化。三周不注，连逐齐师；一出井陉，并空赵壁。深林搜伏，旁批蚁穴之柯；高岭屯兵，径卓虎牙之帐。

乙未正月，克康萨尔。四月，克木思工噶克丫口。山河表里，势既居高；溪谷峻岈，径尤绝陡。过斯以往，俯攻即似建瓴；据此而争，死守亦同夺刃。困犹力斗，更凭九折之崖；险已难升，兼阻千秋之雪。敌先有备，伺得隙而后投；兵贵乘虚，待不虞而始动。梯冲忽合，易水晨惊；鹅鸭齐鸣，蔡州夜袭。一则迟以两月，用三日而毕收；一则稽以九旬，越一宵而立溃。要津得据，武牢竟扼其吭；大势全归，上党已居其脊。艰难争险，频年几度持筹；奋迅摧坚，兹夕始为如志。然而逊克宗者，悬车束马，我原避险而来；穀弩枕戈，彼尚增埤而守。小能害大，旧闻蜂虿之言；后或乘前，古有螳蝉之譬。

五月，既得噶尔丹寺、噶朗噶、舍图柱卡。乃遣臣丰昇额等衔枚卷甲，曲历蛇盘；附葛攀藤，直探虎穴。神方助顺，雾迷五里之阴；人尽潜踪，花隐百重之影。一呼忽起，震屋瓦以群飞；诸道交攻，数阇枚而已逼。尔弓尔弩，排闼难施；我斧我斨，凿垣竞入。豺狼当道，于今忽得全平；魑魅不逢，从此无忧窃发。

七月，进攻昆色尔及拉枯寺、喇嘛科尔三寨、菌则大海诸处。霜浓路滑，未怯山行；月黑风高，最宜夜战。直摩沟垒，争看突将先登；已逼门庭，肯听蛮奴死拒。万山皆响，立颓钜鹿之沙；一炬横飞，遽烈昆冈之火。布金成地，唱梵呗而无灵；筑石为居，歼蛮墟而悉扫。六丁雷电，横驱者甫届三朝；两路麾幢，会合者遂临一水。适臣明亮既破宜喜之后，亦廓清日旁一路五十余里，进攻额尔替、石真噶诸寨，尽得上下沙尔尼之地。雕旗遥望，欣声势之相通；金柝时闻，觉威楞之益壮。成功有日,约共絷夫凶渠;乘胜遄驱,遂先围其旧砦。

八月,大兵攻勒乌围。五重危磴,铁骨含青;一带洪河,银涛翻白。高墉揭蘖,共成兽角之形;坚垒周环,曾是鸱蹲之地。噶喇依遥资屏障,俨筑重关;转经楼近与毗连,竟成夹寨。溃兵归保,逆徒犹自蜂屯;大斾临攻,丑旅依然螳拒。于是钩连长栈,先防援应之途;絙曳飞杠,预断遁逃之路。平堙坎窞,窃同韩信囊沙;横激雷霆,未许刘郭掘地。长围既合,俄飞走之俱穷;孤堞将倾,乃腾凌而并入。金戈晃耀,三千之控鹤齐呼;玉宇高寒,十五之明蟾恰满。四围炮火,中天掣列缺之鞭;一片刀光,半夜射望舒之魄。坚城既破,直看鼍令浮尸;穷寇仍追,会遣楼兰对簿。

十一月,进克西里、科布曲、索隆古、兜窝,又克朗阿古、则朗噶克丫口,旋据噶占。十二月,由玛尔古当噶取舍齐、雍中两寺,遂直捣噶喇依。屡征屡下,全成破竹之形;弥入弥深,真类剥床之象。迫于顷刻,信幕燕之知危;缓以须臾,尚釜鱼之乞活。盘瓠之六男六女,多随母以归诚;哀牢之十子十妻,半挈家而纳款。惟兹逆竖,守陴之哭已闻;自保孤城,衔璧之迎未肯。既而臣明亮等扫清河西诸处,渡河而来。后路之兵,亦乘势招抚咱普、庚额特、曾达诸寨,随而续至。大军既会,一时灿若星繁;列校争前,四面围如月晕。云罗万里,周陁而飞鸟难逃;铁网千丝,截水而游鳞不渡。外援已绝,鸢无可寄之书;内顾无谋,鼫是已穷之技。不降不战,理难听其苟延;且抚且攻,势将出于生缚。乃乘彼乱,渴无拜井之泉;爰鼓我师,怒跃射毡之矢。火珠激迸,烟涨成云;金弹砰訇,焰飞掣电。战尘顶洞,声喧而地轴皆摇;杀气苍黄,力猛而天梯直上。逆酋索诺木求生无计,余息空存;欲死不能,惊魂先馁。谕之莫省,不为郑伯牵羊;悔亦难追,乃向班超抱马。遂率其兄弟莎罗奔、甲尔瓦、沃杂尔、斯丹巴及两土妇,与大头人丹巴沃杂尔、阿木鲁绰窝斯甲、尼玛噶喇克巴偕两喇嘛,挈所属二千余人,捧印麾前,泥首乞命。凤沙自溃,窟穴全空;盘橐成禽,妻孥并絷。狂童右袒,不留枭獍之踪;孽党反衿,未漏鲸鲵之网。铲壕处处,业已焚巢;贯索累累,非同献馘。妖星堕地,云开石纽之山;魔雨回晴,花暖桃川之树。北上之槛车一发，九姓知威；西师之铙吹将还，六军奏凯。

粤自戊辰以后，凡两征而边衅始清；聿从辛卯以来，经五载而戎机乃藏。盖事殊擒辟，路别中原；势异征淮，据非平地。削成峭壁，山山皆九渡之河；缒出悬崖，步步是七盘之岭。随心取径，更无蜀栈相连；到处藏兵，总觉崤师可御。故其地仅千余里，而往来莫得其途；其众仅三万人，而出没莫知其数。仰赖我皇上珠钤独握，密运兵谋；金镜高悬，熟筹地理。申明军律，饬司马之明条；整肃戎行，选羽林之劲旅。发金钱而弗惜，民不知劳；挽刍粟以常充，士皆宿饱。恩威并用，人人怀效命之心；指授无遗，事事禀先几之算。所以稍稽岁月，终得有成；备历崎岖，卒能奏绩。鱼蚕未辟之地，列戍开屯；葛姜莫到之乡，陈师鞠旅。罪人斯得，藁街待正明刑；荒徼咸宁，板屋永沾渥泽。黎风雅雨，和甘过大渡河边；羌竹蛮花，葱蔚接无忧城外。巴渝旧舞，齐随破阵之歌；蜀国新弦，总奏平边之乐。往者天山左右，宣威而宛马东来；今兹益部西南，讨叛而参狼内向。后先一辙，总圣皇独运之谟；上下千年，皆旧史未闻之事。从此铙歌十曲，召岐伯以重增；定知译曲三章，接唐蒇而踵献。域中庆洽，阃外欢腾。臣等仰借声灵，幸禽丑逆。星邮迅发，克期书到甘泉；云栈飞驰，侧想邑名闻喜。戢兵蕝野，弥昭轩皇教战之功；偃伯灵台，聿瞻姬室修文之盛。臣等曷胜踊跃欢忭之至，谨奉露布以闻。

拟修定科律诏
乾隆十九年朝考

朕闻弼教者因以明刑，而议狱者不忘缓死。奉天出治，每一肃而一温；与时偕行，当世轻而世重。古帝王刑期无刑，而王道荡平，风俗醇美。揆厥所以，岂曰无因？自文武泽遥，申韩术起。嬴秦以降，书列法家；炎汉以来，传多酷吏。干和召沴，仁者伤之。隋文平定江南，混一天下，锐于求治，峻于用刑，盗一瓜者抵大辟，窃一钱者罹重僇；而上下相遁，民气益偷。炀帝以还，尤为操切，急同束湿，刻甚吹毛。为民父母，其谓之何？皇天眷命，启佑朕躬，抚驭神州,于今七载。琼室瑶台之后,怜皮骨之空存;赤眉铜马之余,嗟疮痍之未复。尝思培其元气,苏此孑遗;涤滥除烦,法归简约。使民不易犯,吏不为奸。前令刘文静等编纂,复令裴寂、萧瑀等参修,已厘有成章,便可著为定宪。驱除嬴氏,事同高祖之入关;惩创刘璋,势异孔明之治蜀。布告有位,知朕意焉。

拟请重亲民之官疏

乾隆十九年朝考

臣宗道言:臣闻圣人在上,其智可以周天下之务,其心可以通天下之情,而其势不能遍天下之人,家至户晓以为治:相去者远,不相及也。古帝王知其然,故内有百揆四岳,外有州牧侯伯,用以寅亮天工,宣布德意。虽封建郡县,其制屡殊,而臂指相维,事同一致。故生民之命,尝系于亲民之官。而居是官者,其人乃不可以不择。

臣伏见五季纷争,民生凋敝,休养生息,莫之或遑。我祖宗诞受天命,混一九州,厚泽深仁,今已三世。陛下即位以后,宵衣旰食,百废具兴,升中告成,于昭万祀,虽唐虞三代无以加兹也。而独于亲民之官,若未加意,岂以其卑而忽之耶!夫寸辖制轮,尺枢转关,权之所在,不限大小。封疆大吏,所任不为不重,然衔天子之命,赫然建节钺以临之;百姓视之,仅下天子一等耳。其势愈重,其体愈尊,而于民间休戚之故,愈阔绝而难通。故古之循吏,下僚多而大臣少,势使然也。知州通判,其位卑,易控诉也;其势近,易察核也;其所治狭,易周览也;其见民数,易相习也;其资望轻,虽履间阎、问琐屑,而不以为亵也。上达下情,下宣上德,是亦天下之辖与枢矣。陛下轻之,毋乃未深计耶。

且夫吏治易弛而难张,官方易淆而难澄。一不经心,其弊百出。方今清公守法,约己爱人者,守令之中,岂曰无人?然南山之竹,不揉自直;器车之材,不规自圆,此千百之一二耳。其横者毛鸷搏噬,其贪者溪壑不盈,其谲者巧诈售欺,其懦者昏愦败事。而贵族权门依势作威者又错出于其中,一二良吏,恐不能补千百人之患也。况此一二人者,无所激劝,亦将随而波靡哉!良由视之太轻,核之不力,而蠹政害民,势遂至此也。

陛下兢兢业业,日有万几,诚不能于铨除之时一一亲见。然臣窃观《周礼》之法,论辨官材,掌之大司马;八柄诏王,掌之大冢宰;源流得失,责在大臣。请慎简宰执,责以以人事君之道,委以进贤退不肖之任;于遣任之时,以言语观其才能,以容仪观其德器;虽未必周知心术,而拔十得五,亦足风厉天下。磨砺渐久,庶乎澄清。至于县令以下,虽不当以细事烦大臣,亦宜以台谏等官裁其去取。慎之于始与治其败露之时,所得所失,相去万里。陛下傥留意焉,天下幸甚。

卷第七

论 记

诚五常之本百行之源也论

乾隆十二年顺天乡试

天下有各见之端,而所以管摄之者则无二;天下有至变之势,而所以纲维之者则有常。盖其动而著也,皆一理之所分;故其散而殊也,皆一理之所贯。圣人之至德要道,其蕴于心而见于身者,虽不可以一事尽,而要必操其至一以图之。诚以至一之中固不一者,所莫能外也。故周子特明其说曰:"诚,五常之本、百行之源也。"盖尝论之:

《通书》之所谓诚,即《图说》之所谓太极也。太极一实理,故动而生阳,静而生阴。阳变阴合,而生水火木金土;五气顺布,四时以行,而为造化之枢纽、品汇之根柢。诚一实理,故"大哉乾元,万物资始",而见诚之源。乾道变化,各正性命,而诚于以立。继之者善也,成之者性也,而遂为五常之本、百行之源。在天而天道无不该,在人而人道不能外。皆实理之自然而已,又何疑于五常、百行之本源于是乎?

则尝就本之说而思之,一木之根,一草之荄,而草木之精英悉具焉,即草木之形质亦无不含焉。生而为柯,生而为叶,生而为华,生而为实,莫非其一本之中,元气真精具于至足,而畅茂条达皆其不自已者也。又尝就源之说而思之,河出昆仑不过一勺,江出岷山不过滥觞;而其既也,宛转乎九折,曼衍乎千里,支分派别,绮交脉注,桑钦之所不能记,而道元之所不能注也。亦其天一化生之气,有以酝酿蓄泄于其间,而流于既溢耳。

则夫诚之理一存,而五常、百行皆莫外者,不可以想见也耶? 盖五常皆性之见端而诚者,性之所以为性;百行皆心之运行而诚者,心之所以为心。天理浑然,至圣之道也。祛妄存真,希圣之功也。其所为斤斤相示也,意良深矣。

此有得于中庸之旨乎：诚也者，中也；五常、百行，所谓和者也。抑有得于夫子之意乎？诚也者，一也；五常、百行，所谓贯者也。圣诚而已矣，非有得于圣道之深者，乌能为是言哉！朱子以为直接孔孟之传，不虚也。

本天本地论
乾隆十九年朝考

太初，气始也；太始，形始也；太素，质始也：皆未有物也。挚于子，纽于丑，而上下之位定；演于寅，冒于卯，而生育之族繁；荫于阴，扬于阳，而动静之性异。根于受气之先，因判于成形之后，秩然鳌然，不可诬矣。试因本天本地之旨而申之：

今夫太极无二理，两仪无二原。生于两仪之中者，亦无二本。故乾，父也；坤，母也；天地缊缊，男女化生之象也。则本天本地之说，似于理为验。《月令》一篇，纪天气者也，而草木禽鱼，皆与相应；《周官》辨五土之宜、九州之国，顺地气者也，而司徒所掌，兼曰其动其植；职方所掌，兼曰其谷其畜。以动物本天，植物本地，于事为无征也？孔子何以言之，张子何以释之哉！盖尝取《易·象》而绎之：乾曰资始，坤曰资生者，用之所以相济；乾变为姤，坤变为复者，道之所以互根。辟户为乾，阖户为坤者，其动静之自殊；乾道成男，坤道成女者，其阴阳之适肖。理始于一，而其气不能不有二；气分于二，而其类不得不各从无心。成化不必物物而雕也，而莫知其然，皆能顺其自然。其命其性，其性其情，探源而论，端绪亦约略可知矣。故天轻以清者也，得其清者为知觉，得其轻者为运动，合其轻与清者而厥实排空。羽者、毛者、鳞者、介者，皆天属也。地重以浊者也，得其浊者故无知觉，得其重者故无运动，合其重与浊者，而根柢以下行。夭者、乔者，皆地属也。此何异一祖之孙，而别子为祖，继别为宗，各因其得姓受氏以为族。一人之身，而筋骨、血气、毛发之类，于五藏各有所属哉。本天本地亦是类矣。

由此言之，阴阳之气无不至，而冬至先应于飞灰，夏至先应于悬土，类也；

日月之光无不照，而方诸不可以得火，阳燧不可以得水，非类也，此各从之义也。升降飞扬，感于气而无不可动；句萌甲坼，丽于土则无不顺其性者，其机畅即利见之象也。《洪范》以五为皇极，而以会极归极著其效，其亦此理矣。非以圣人之德居五爻之正位者，其孰足以当之。

迈古论

嘉庆元年□□□□授□□受礼成恭纪

臣闻圣人相师，圣人亦不尽相师。其相师者，孟子所谓若合符节是也；其不相师者，因革损益而已。至于道大而用神，则变化无不宜，运量莫能测。故以德召福，其受莩禄、邀申锡者，为千古圣人所未有；以人承天，其权衡至善、启佑无疆者，亦为千古圣人所莫及。盖圣者诣极之名，亦无尽之量；其圣至于不可知其化裁之妙，自一一因心立制。而相师与不相师，均非所论矣。

洪惟太上皇帝体协乾元，健行无息。御极以后，综理万几，无一时不殚其勤劬，无一事不烛其委曲，无一人不鉴其情伪。是以德泽遍陬澨，功烈震荒憬，已为往牒所罕觏。寿开九秩以后，康宁逾昔，宵旰弥劳。群臣听夕仰窥，私相钦羡，咸谓精明强固，万万年无极；乃以天怀冲挹，圣孝纯挚，于绳武之中，申敬先之志，不欲推策卜年，数逾皇祖，初元亲祀，即以六十年归政。精诚默祝，昊缛上通。迨今先天弗违，克符定志。遂以丙辰正月初吉，诏告天下，授宝玺于嗣皇帝。天下臣庶，咸谓十纪以来，以圣人相禅者惟尧舜禹，然伊耆、妫姒，实非父子一家；圣人相继者，惟周文王、武王，然文王享国五十年，大勋未集，不能及太上皇帝镇抚四瀛，数周甲子。文王舍伯邑考而立武王，于与贤之义固符；其梦锡九龄，亦庆流似续，然未尝端冕殿廷，亲见武王之治岐也。

太上皇帝创举盛仪，实度越三五，前无旧轨。又谓《君陈》称至治，馨香感于神明。太上皇帝敬天勤民，揆文奋武，功德懿铄，合撰清宁。用能久道化成，圆穹笃祜。亲见五代，授受一堂。《洪范》所谓"康强逢吉"者，古有斯言，今见斯事，用知兼备诸福，在古圣人之上。实天人之应，捷于影响，是皆诚然。然臣谓见圣人之迹者,当深思圣人之心;知圣人致福之由者,当仰求圣人所以载福之道。夫螽斯衍庆,凝承大宝,此上帝之佑命也。太上皇帝尊密建之家法,自宫庭旧学之时,不知几经审虑,而后先定于癸巳;癸巳以后,越二十二载,又不知几经历试,信为克肖,而后宣诏于乙卯。圣心不见声色,天下亦莫得而测度,是何如详慎也。

且夫帝王之学经纬万端,研究经训,以讲求治法,考证史籍,以旁参政典。稽古之义则然,然不如实练于国事。高曾矩矱,启佑乎后人;谟烈典型,聪听乎彝训。率祖之义则然,然不如近得于身教。盖随机而指其通变,则万事之利弊无不详;因材而示其予夺,则万物之情状无所遁。是以知嗣皇帝之克荷神器,而特命正位以归政;又信嗣皇帝之能契圣训,而亲为裁制以传心。此太上皇帝善承上苍笃祜之意,而委曲周详以衍万年之庆,以造四海之福者。岂曰耄期而倦,惟云牖松栋,高拱九重,受天下之养哉?缕数自古圣人,有一睿虑深远、神谋广运如我太上皇帝者哉?

夫众人不能致之福,圣人能致之;众人不能为之事,圣人能为之:此圣人之所同也。《诗》《书》所载,三代而上,已千百年仅一遇矣。至圣人不能致之福,独一圣人能致之;圣人不能为之事,独一圣人能为之:此非圣人之所同也。有二曜、五纬、廿八舍,而昆仑、岱、华不足以言高;有宗动天出乎系表,而二曜、五纬、廿八舍又不足言高。有渤澥,而三江九河不足以言深;有大瀛海包乎地外,而渤澥又不足言深。谈尧舜、文武之事于今日,其亦犹是乎。虽管窥蠡酌,不能得高深万万之一。然一管所窥,要亦天之昙度;一蠡所酌,要亦海之津润也。故不揣梼昧,窃举区区推测所及,著大圣人无逸之本志、经久之远图。较量往昔,而以"迈古"名其篇,志皇风之极盛,亦私庆臣之躬逢极盛也。至于太上皇帝功德之茂,与夫典礼之隆、恩泽之溥,在廷诸臣作为歌颂,铿锵震耀,传示奕祀,已不可以殚数,固无待臣之复述焉。

化源论

嘉庆三年□□临雍讲学恭纪

臣闻箕子演畴，称"是彝是训，于帝其训"，而推本于"皇极之敷言"。盖敷以言者，示王道所当遵；必推本于皇建其极，则圣天子之以身教也。

故三五盛时，帝王皆夙夜祗躬，明和礼乐，以崇儒明道示天下。论者谓政理之经纬在学术，学术之讲述在师儒，师儒之趋向则在朝廷之导率。化行有本，徯应乃神。自羲轩以至文武，建学明伦，每亲莅以示郑重，经典所传，亦各极一时之盛矣。

若夫圣圣相承，亲以身教，又亲见得身教者，复以身教倡天下，则书契以来未之闻也。

钦惟皇帝陛下睿智生知，聪明天亶，右文稽古，念典维勤。今岁仲春敬遵太上皇帝敕旨，释菜先师，遂临雍讲学。臣叨掌仪部，跽聆玉音，首揭《大学》纲领，而以"明德"为"新民"之原。伏考圣经称"物有本末"，又称"修身为本"，而《听讼》章以"此谓知本"为结语，盖明示天下之本在身也。皇帝阐发尼山之意，以钦明为协和之所由，以位育为中和之所致。敕几日愆而四瀛景从，岂非以身教立准欤！

至《周易·临卦》之大象，孔颖达疏曰："见在上临下之义。"程子《易传》亦曰："君子亲临之象。"足见教思无穷，容保无疆，惟大君能以广被也。

皇帝复推泽润之理，而广其说于养贤以及万民。夫养贤，莫重于太学；养贤之重，莫著于天子之视学。至天子视学，而横经鼓箧之士，晓然知熙朝育才，将使厌饫乎道德，蕴蓄乎经纶，以宣开济之猷，而锡苍黎之福。起化之源，端在是矣。

然化之起也有源，而源之发也必有自。黄祇之载，博矣厚矣。山河之脉，皆起昆仑，而融结者元气也。圆象之运，广矣大矣。阳变阴合，五气以布，四时以行，而根柢者太极也。洪惟我太上皇帝道苞九舜，明出十尧。前圣心传，千年遥契,是不待胪颂矣。

至于圣学高深,包涵万汇。凡琅嬛酉阳之秘简,兰台石渠之逸文,《四库丛编》著录册府者,皆亲握权衡,明示衮钺。虽一字之阙遗,一言之疑误,披函立见,洞鉴纤毫。珥笔典校之臣,一经指示,皆旷若发蒙,莫能仰测万一也。圣制诗五集,圣制文三集,奎章宏富,衣被垓埏。至今以往,与日俱增者,尚不知当有几万亿。上下千古之作者,无此广大宏深也。

至于帝王之学,与儒者异,非但词章训诂,以无当实用而不贵;即性命理气,亦不欲空语精微。臣自通籍至今,每跽读纶綍,仰见乾符手握,综理万机,提控广轮,弥纶陬澨。神明通变取诸《易》,咨警告训取诸《书》,闲邪崇正取诸《诗》,辨名定分取诸《礼》,是非赏罚取诸《春秋》。凡圣门之大经大法,师其意不师其迹,知其经兼知其权,用能执中以驭,百度咸釐,端拱九重,坐照万里。无一事不协其宜,无一举不得其当。即以太学而论,石鼓石经,修其废堕;创建辟雍,补其阙遗,当复古者无不复也。三老五更之传讹,袒而割牲之附会,圜桥观听至亿万人之夸饰,虽载在经史,亦著论纠驳,不当泥古者未尝泥也。此足见圣人之政即圣人之学,圣人之学即圣人之教。

丁巳、乙巳,两莅成均,皆本诸身者加诸民,使九野八纮咸知所向方而已。迨授受礼成,勤劳训政,即以是为皇帝教。皇帝深契乎至德要道之精,实操乎全体大用之理,举而措之,又即以太上皇帝之教教天下。本本元元,源流递衍。圜桥观听者,仰见皇帝之虔礼圣庭,莫不知百家当斥,孔氏当尊,必向然共趋于正学;仰闻皇帝之阐发圣籍,莫不知道在穷经,功资用世,必向然共趋于实学:大化翔洽,良有征矣。

夫方州庠序,不知其几,而为之范者在太学;太学弦诵之士,亦不知其几,而立之鹄者在圣君。历代帝王修是礼者虽多有,然同一典制,文同而实不同;同一宣讲,词同而理不同:无起化之源故也。即唐虞三代之令主,整躬率物,合如符节,道统之传,遥遥心契,亦未能躬相接也。惟周之文武,父子一堂。然灵台辟雍,武王虽及见;镐京辟雍,文王不及观。何若皇帝以圣继圣,教有由来,是真化有其源，源有所自。虽与历代帝王同一修临雍之典，而德盛礼隆，夐超万古，惟今日为最矣。鳞集仰流之众，徒颂文物之明备、恩赉之便蕃，是管中窥天也。即以为前圣之成规，太上皇帝因而举之；太上皇帝之上仪，皇帝崇而效之，抑亦牖中视日矣。

臣文词弇陋，不足以揄扬盛美。谨就拘墟之见，测度所及者，撰论一篇，名之曰《化源》，明治统也，即以明道统也。若夫太上皇帝体天行健，广运无疆，强固精明，加于曩昔。盖克肖乎穹昊，自克承乎眷顾，用能保佑申命，绵算以长，得以身教皇帝；又能亲见皇帝之身教天下，福以德基，灼然可验，信雅颂所祝，非构虚词。从此景福弥增，宸衷弥劭。万万寿称觥之日，合四海之欢心，以祝延洪，尤所凫藻抃庆，非翰墨所能罄述矣。

端本导源论
嘉庆九年□□临幸翰林院恭纪

嘉庆九年二月三日，皇上修高宗纯皇帝故事，驾幸翰林院，赐宴赋诗。仍用张说《集贤院》诗，御制首末两韵，而亲简；与宴者三十八人，各分一韵，其余亦命以次联句，使各申抃庆之心。典礼乔皇，恩泽优渥。凡横经鼓箧之士，皆以为儒者之至荣，互相劝勉，务为凌跨枚、马之文，以歌咏升平，敷扬文治。微臣谫劣，亦幸以两入翰林，叨领仪部，得预分韵之数。燕衎之余，私心揣测，窃谓此高宗纯皇帝端本之治，导源之化。皇上夙承家法，勤求治理，因旧绪而修举，非徒宏奖词章，广陈华藻也。

尝闻伯益颂尧曰："乃圣乃神，乃武乃文。"圣神心性之精微，非寻常所能窥测；武以戡乱，文以致治，则功化鳌然可述矣。然五材并用，七德咸昭，实经天纬地之一事，则文又武之纲维欤。盖前圣之礼乐刑政，著为典则曰文；后圣述其轨范，勒为彝训亦曰文；则六经是也。未经删定以前，学校之制已，春夏教以《礼》《乐》，秋冬教以《诗》《书》矣；删定以后，儒者世世守之，递相训诂，以为经世之大法。所谓为天地立心，为生民立命，为往圣继绝学，为万世开太平者,虽非章句之士所能坐言而起行,然所诵说,实为三五之鸿规。

周秦之际,百家淆乱。董仲舒始排斥异说,断然以孔氏为宗。盖治术多歧,惟断之以圣经,则申、韩之刻酷不足言刑法,桑、孔之聚敛不足言财用,孙、吴之诡道不足言善兵,管、商之综核不足言察吏。一切杂霸之制,均不致取利一时,贻患后日;且儒术大明,化行俗美,即方腊、徐鸿儒之徒,亦不能终于惑民。文为治本,岂不然欤!

西汉、东汉以后,传在经师,自宋迨明,乃以翰林为文薮。伏考《钦定历代职官表》,翰林即古史官。所职初非一事,亦参杂不出于一途,多以他官兼摄;至唐,置集贤院,而其秩始尊;至宋,以翰林学士掌制诰,而其权始重;至明,则士子登进,必出甲科,甲科之中拔其尤者为翰林。翰林仕宦之捷,有偃息林泉,坐待迁转至九卿,而后入朝供职者。惜所讲者仅词赋,名臣硕学,或间出其中;亦气节经纶皆所自具,非从词赋中来。然四民首儒,乡党之风俗,多视儒士之趋向。儒士又以翰林为首,名场之声气,尤多视翰林之导引。故其官虽不治政事,而起化之源,则恒在是焉。

我国家初建三院,后改今制。高宗纯皇帝钦定《词林典故》,于前代艺文,以张说诗为首。乾隆甲子十月,驾幸翰林院,赐宴赋诗,即以此诗分韵。非徒以时代居前也,亦以自明以来,翰林以雕华相尚,几忘儒者之本业;惟说此诗一则曰"诵《诗》闻国政",一则曰"讲《易》见天心"。夫诗有贞淫奢俭,可以观天下之政教;有兴观群怨,可以正天下之性情。于言志之中,寓无邪之旨。在上者以是事君,即为纯臣;以是莅民,即为循吏。在下者有所观感,则易为善;有所惩创,则惮为恶。推而广之,即陶冶万类无难也。《易》著盈虚消息之机,别吉凶悔吝之兆,玩其比应承乘,以决存亡进退,可以应天下之变,可以决天下之疑,万几殷繁,亦不疲于屡照矣。其余诸经,虽限于声偶,不能缕数。而《书》之道政事,《春秋》之严褒贬,《礼》之正名定分,别嫌明微,亦缘是可以类推,岂非临驭之要道、宰制之大权俱握其本哉?

唐自显庆以后,以词赋贡举,方尊进士,而薄明经,说独引君以经术,其识远在当时。上特取是诗以分韵,圣人之所见大矣。

恭读《圣制幸贡院》诗有曰:"志贤圣志应须立,言孔孟言大是难。"明取士之贵通经也。又曰:"凤池多少簪毫者,都向龙门烧尾来。"明翰林本以经义进,毋忘本也;所以训诫词臣者至矣,所以宣示治本化源者亦深且远矣。

我皇上作述相承,重华协帝。特于幸翰林院前一日诏举经筵,明示宗经之至意。先圣后圣,其揆一矣。臣叨列讲官,伏听《孟子》御论,阐化民之至教,符《鲁论》"务本"之旨;《周易》御论,明节用之中道,酌《周礼》理财之法。国家大政,均源本于圣经,于此可以仰睹,亦可以共睹,岂徒以荣宠儒臣为艺林佳话哉!

昔周公作《周官》,使六卿分职,各率其属,以倡九牧,阜成兆民。而篇终申诫以学古入官,议事以制。孔门四科,游、夏并列文学,而一则嘉其武城之化,一则训以单父之政,圣人之教,于是可思。然则高宗纯皇帝之肇举是典,实以词垣导儒士,以儒士导四民,均使勉遵《诗》《礼》之训,以酿熙皞之风。习染所摩,蓬随麻直;气机所感,鹰同鸠化。皇图恢廓,帝治郅隆。所以六十年酝化懿纲,超乎百代。我皇上追绍前型,觐扬先烈。亲政以来,使封疆之吏,皆饬其箠篓;灾歉之民,皆登于袵席。九婴三苗之类,偶见于唐虞之世者,亦无不荡平。垓埏乂安,灵台偃伯。复举玉堂燕饮之礼,以申明高宗纯皇帝右文资政之意,笙簧酒醴之乐,虽在天临之一地,而稽古之荣,传播乎四极,莫不壒处霆声,赓歌扬拜之盛。虽在燕喜之一时,而心法密契,治法钦承。可以造黔黎之福,迓天地之和,万万世咸保太平。昔周之盛也,君以《鹿鸣》以下五诗嘉惠其臣,臣亦以《天保》"九如"仰答其君,不过通上下之情,见交泰之意耳。焉能如岁纪一周,鸿仪再举,以周、孔之正传,造陶、姚之遐轨哉!

臣幸际昌期,躬逢盛典。和声以鸣者响然并作,凫藻抃舞,莫可名言。虽管窥尺度,不足以尽天地,要所见亦天地之一隅;歌颂不足以尽圣人,要所见亦圣人之一事。不揣庸陋,仰推敷文之忱,以见高宗纯皇帝久登上理,有本有源;我皇上克绍丕基,善继善述;均前古之所未有。阐发万一,昭示来祀,是则臣区区之志云尔。

祝釐茂典记

乾隆五十五年□□八旬万寿恭纪

钦惟我皇上正位星枢,凝神云牖。九阳元气,运橐籥以周流;二曜贞明,转玑衡而不息。万万年绵延凤纪,积算无穷;五五数契合龙图,循环复始。当长庚之直岁,八秩宏开;卜太乙之降祥,四瀛同庆。衢童壤叟,咸泳化而讴吟;冰海炎洲,亦闻风而咏蹈。

丁未八月,多罗礼亲王臣永恩等上占景命,欣叶瑞于南弧;博采舆情,共陈书于北阙。祈增舜寿,预陈河渚之符;幸荷尧俞,俯见封人之愿。许以庚戌八月,举行庆典,从众志也。然而冲怀谦挹,明训谆详。虽席豫而履丰,恒戒奢而示俭。戊申三月,诏以大学士臣阿桂等经理其事。曲从民志,容申芹曝之忱;仰体天心,不改松云之素。观瞻所系,惟昭帝制之庄严;节度斯存,不极人工之巧丽。盖我皇上执中建极,规矩生心;称物平施,权衡合道。义当修举,虽亿万而无辞;事近纷华,即纤微而亦谨。是以黄河紫瀚,厲石寨荄;粉堞丹楼,甃郢造邑。冬官计直,恒盈转运之舟车;农部持筹,弗靳度支之金币。至于春旗遥莅,辑瑞时巡;秋狝亲临,艾兰讲武。属车所至,乡间无力役之征;行殿虽陈,栋牖鲜雕砉之饰。屡闻丹诏,勿踵事以增华;或发朱提,每量工而给直。今逢圣节,方同文囿之经营;预降温纶,俾守尧阶之朴邀。持盈保泰,圣心之所见深矣。

是年八月,预行正科乡试,即以明春会试,而以正科之岁加举恩科。歌《鹿鸣》而开宴,不待三年;登雁塔而题名,探支一岁。碧桃重放,春风长天上之花;丹桂添栽,秋露浥月中之树。银袍及第,咸称寿考之作人;铁网求材,应见文章之报国。此行庆施惠之始也。

至于伏生耆耈,白首研经;曹邺栖迟,青衫随计。来扶鸠杖,皆邀免解之恩;得到龙门,总入奏名之例。人登云路,争看老鹤之冲天;官带冰衔,亦似新莺之出谷。盖年老诸生,以乡试赐第、会试赐职者,三载之中,殆数百焉。是皆我皇上金华岁讲,念典维勤;璧水亲临,栽培有素。奎章宝字,括典谟雅颂之精;璧府芸签,搜甲乙丙丁之秘。箕畴演范,建皇极以敷言;羲画传心,观人文以成化。元元本本,惟圣教之开先;炳炳麟麟,遂儒风之弥盛。加以澄清士习,涤宋儒朋党之风;慎重科名,遏唐士夤缘之窦。敦崇道义,俗尽还淳;砥砺廉隅,人思自立。是以滋兰种蕙,才弥取而弥多;映雪囊萤,年益高而益壮。幸登寿寓,得荷荣光。岂非久道之成,俾协汇征之吉欤!

是月缅甸国贡使至,十二月台湾生番亦至。白狼赤貅,唐姚州旁带之区;青草黄茅,楚庄蹻未开之地。当年负险,避七萃而潜踪;此日输诚,慕两阶而向化。甘称臣仆,不矜骠信之题诗;无待招徕,迥异赵佗之纳贡。至于峒蛮别种,翠嶂周围;海国旁支,赤嵌控带。土风各别,在山都木客之间;王化不通,自栗陆赫胥之世。属以楼船下濑,横冲鹿耳之涛;戈甲搜岩,净扫鸡笼之雪。狼弧讨逆,始知九伐之声灵;蜃窟倾心,愿附八闽之版籍。鸟言卉服,到朝廷初习威仪;瘴雾蛮烟,如天地乍开混沌。是皆皇穹眷命,申保佑之无疆;故令荒憬归心,昭天人之合契。当其仰瞻宫阙,经九译而来庭;皆蒙俯允臣邻,效三呼而致祝,岂偶然欤!

是年冬,礼部侍郎臣德明以太常寺仙蝶恭进,蒙御制诗章。我皇上道源洙泗,久斥神仙;治法唐虞,宁矜符瑞。故天文宠锡,虽特记其来仪;圣谕丁宁,仍预防夫好异。然当昆虫之俯蛰,咸避风霜;惟兹薄翼之蠉飞,近瞻云日。共闻共见,事有明征;时往时来,象非偶幻。良由得天久照,逢洪算之绵延;所以与物皆春,饮太和之洋溢。休征感应,则草木长蕃;协气冲瀜,则禽鱼咸若。亦似陪筵之千叟,各遂生成;因偕表宅之百龄,并登仁寿。较诸连珠合璧,天著神符;九穗双歧,地征灵契。洪纤异类,论其事似若殊途;位育同原,考其理实无二致。帝垂彝训,虽云却而弗居;臣颂升平,未敢阙而不录也。

己酉正月,大学士臣阿桂等奏请纂修《万寿盛典》,摛词东观,金匮绸文;比寿南山,琅函纪盛。自七旬而托始,十年之歌颂弥多;列八目以分门,两载之搜罗未竟。盖九重之纶綍,岁岁增宣;兼万国之梯航,时时遝集。浩繁难罄,本如海之无涯;接续添书,亦似川之方至。羲和测验,不能寸晷而周天;章亥步量,难以数程而尽地,固其所也。

是年五月,安南国阮光平奏表乞降。七月,西番廓尔喀亦遣使内附。邓侯去国,失地书名;鄎子无归,从孥不返。废兴有数,识天意之所存;顺逆能明,即帝心之所鉴。观葵忱之向日,语出中诚;信螳臂之当车,事由误犯。陈情纳赟,愿随轩帝之合符;稽首称藩,不待周文之因垒。当经始祝釐之岁,恰值叩关;计胪欢称庆之期,犹能来贺。若夫蓬婆之外,地漏山经;井络之余,人依梵域。大荒西去,已远隔乎坤维;悬度东行,但遥称以震旦。初以下情未达,触蛮构衅而兵争;继因圣鉴周知,虞芮质成而心服。稽其龙媒入贡,路出三巴;正逢桂蠹封函,人来五岭。闻风詟栗,均为不战而降;接踵驰驱,大似相期而会。若或使之,斯亦异矣。

是岁也,嘉祥并集,已届昌辰;乾惕弥深,犹形睿藻。德能基福,理溯其渊源;圣本希天,心符乎帱载。九畴布列,惟皇极之居中;五事分占,信庶征之有验。文镌宝篆,词比汤盘;记勒瑶编,义深尧诫。上孚帝繶,知息息之潜通;独握乾枢,恒兢兢以密省。则有御制八征耄念之宝记焉。双钩精妙,墨拓乌金;十鼓团圞,石莹苍璧。援今证古,缕陈一器之源流;摘谬存真,亲定三家之同异。集王书而刻帖,妙胜怀仁;补周雅以成诗,远逾束晳。已残焦尾,重胶百衲之琴;久碎精金,再铸九州之鼎。几余旁涉,足知圣智之兼周;物小能勤,益见睿思之曲到。则有御制重定石鼓文焉。夫岐昌演《易》,法天者在于健行;姬旦陈《书》,享国者由于无逸。箴铭咨儆,是真保治之枢机;强固精明,抑亦延年之符券矣。

庚戌正月,颁万寿恩诏于天下。大挠推荚,候届新正;太皡司辰,时当元旦。筒吹太簇,为东风入律之初;柄指摄提,是北斗回天之始。宝秩启长生之箓,天禄方增;盎浆散太极之泉,春祺用锡。岁朝申贺,拜黼座而分行;圣节推恩,布纶者而涣号。台衡承旨,擎来一卷黄麻;宗伯司仪,捧到三层丹陛。凤衔而下,日华耀五色之纹;蛾伏而听,风影漾双垂之穟。鸿胪迭唱,春生廿二条中;仪部分颁,泽浹三千界内。霆声启蛰,八夤之壤处倾听;云液流甘,百族之桐生茂豫。喧呼相告,真如大海潮音;沾溉无穷,未减恒河沙数。然而我皇上渊乎深念,弥轸衡茅;邈尔遥思,先知稼穑。乾元各正,虽溥育夫寰中;巽命重申,再加施于格外。更于颁诏之后,命普免天下钱粮。九州成赋,为数原多;一体蠲征,承恩最溥。滋培有素,已两停转粟之舟;敷锡无疆,又四辍催租之吏。膏雨一时而再降,九谷增蕃;福星每岁而移躔,三年遍到。固宜尧封禹甸,人人后舞而前歌;兼使戎索蛮疆,处处怀仁而慕义矣。

是月十日,命外国贡使随宴于御园。高句骊东藩之首,近接三韩;暹罗斛南海之隅,遥通六诏。集榕城之市舶,献筐者地号中山;款桂管之关门,奉表者人居北户。复有天西之绝域,駼鹿呈图;新从栈北之长途,贡獒通道。先来后至,均当庆节之前;旧属新封,并入华林之宴。五筵列俎,叨天酒之亲斟;三国同文,喜宸章之赓和。颜师古绘图贞观,曾所未闻;明悉猎联句蓬莱,知其不逮。岂非山川万里,咸知威德之昭;所以中外一家,共效拜扬之盛欤。

二月,东巡岱岳,亲祀孔林。百神咸秩,迹寻黄帝之合宫;六艺常昭,礼重素王之阙里。万象入光明之烛,风被青徐;四民游乐利之天,恩沾河济。惟皇敛福,无烦探策于山灵;是处祈年,定信添筹于海屋。况乎临瞻车服,道本崇儒;宏奖《诗》《书》,政先造士。地连郊甸,博收冀野之骅骝;俗尚章缝,添种頖宫之芹藻。灯明黄卷,争奋志于簧中;草映青袍,每成名于额外。传毛苌之雅颂,多吟嘉乐之章;习言偃之弦歌,半奏炽昌之咏,良有由矣。

七月,缅甸国贡使与台湾生番皆复至。狼腨初返,求锡命而重来;龙户才归,因介眉而再到。就瞻志切,宁辞川陆之遥;颂祝情深,敢避风潮之险。红绡罥额,金叶高擎;绿罽垂腰,琼筵曲跪。花纹密簇,辨佛天香象之形;锦段轻舒,出海国灵鲛之手。珍函秘宝,宜增修瑞应图中;异状殊名,具谱入升平乐里。

他如昔来丰镐,曾锡南车;后逮嬴刘,遂停北辙。迨威棱之震叠,远被丹垠;乃逖听之风声,重输白雉。十年一贡,平时原有常期;万寿八旬,今日特申贺悃。飞章先告，正当岱宗辑玉之时；函表初呈，恰符泮水献琛之地。足见绥柔之德，历久而弥深；亦征衔感之忱，有增而无已：则南掌贡使至焉。

挛鞮故地，南北二庭；突厥遗封，东西两部。赤山青海，袤延斜绕乎长城；乌弋黄支，控制全归乎都护。不侵不叛，一百年松漠销烽；无诈无虞，二万里玉关通驿。来经冰碛，知属国之同心；跪上霞觞，愿圣人之多寿：则蒙古回部咸至焉。

雷音说法，远接金容；雪岭安禅，别开银界。西方佛国，夙尊大宝法王；东土圣人，早识曼殊皇帝。昙花净域，尚传五百之应真；贝叶新经，敬上十千之天子。企瞻舜日，皆生欢喜之心；膜拜尧阶，齐贺延洪之祚：则西藏达赖喇嘛、班禅贡使至焉。

大宛旧壤，凤建五城；毋寡余民，今分二族。捎云古干，问神树而犹存；踏铁高蹄，贡花骢而屡至。时因驿长，得闻中土之欢吟；敬遣翎侯，远达外臣之贺悃。黄云入塞，来经瓯脱之区；赤帝联行，亦预交闾之会：则哈萨克贡使至焉。

周封箕子，古有遗风；李代王瑶，今仍旧国。乐浪郡久为外域，实密迩于边疆；觉华岛一震天威，遂长修夫职贡。每逢圣寿，原随虎拜之班；幸值隆仪，更切凫趋之愿。途经风雨，虽淹滞而难行；志仰云天，竟驰驱而迅赴：则朝鲜贡使至焉。

岷源曲折，江水东流；石纽巉岩，维州西控。狼心叵测，近依巴蜀之疆；鸟道难登，旧是冉駹之地。自六师之戡定，全然列戍开屯；遂九姓之敉宁，莫不输赆纳赆。更番入觐，得瞻龙衮之光；随队跻堂，亦附雁臣之次：则两金川土司至焉。

若夫呼韩觐汉，虽有前闻；苏禄朝明，亦征旧史。然皆偶因他故，随贡篚以来庭；都非特矢专诚，奉寿觥而诣阙。兹独山程水驿，远跋涉以观光；月馆云阶，躬趋跄而申庆。缎词金盏，迥逾唐茷之歌；蕃乐冰弦，绝胜龟兹之谱。核诸越史，尧以来之所未闻；征以蛮书，唐以前之所莫纪：则安南国王阮光平亲至焉。

是皆我皇上天弧震耀，八极宣威；心镜澄明，九重握算。河源枹鼓，再清葱岭之尘；月窟牙旗，双献花门之馘。辟蚕丛而破阵，枭獍巢空；跨鲸海而扬舲，鱼龙气净。路穷地络，八纮拓白阜之图；响彻天阍，十曲奏黄神之乐。是以玉河珠海，悉主悉臣；鲽水鹣林，来王来享。九如陈颂，际流虹绕电之期；四海趋风，预鼓瑟吹笙之宴。会归之盛，至是而蔑以加矣。

七月十有九日，圣驾至自避暑山庄。自八月朔为始，日召王公大臣及诸外藩，锡宴作乐于同乐园。朱廊列坐，共侍尧樽；紫殿分曹，同听轩乐。风生绣羃，廿四番迭换云衣；响滴铜壶，卅二刻细浮银箭。对瞳瞳之日影，化国恒长；望穆穆之天光，圣容倍肃。绨囊叠进，仍章奏之勤披；锦帙时开，更图书之频玩。管弦声里，事每亲咨；歌舞筵前，人犹轮对。起居无倦，是为静而有常；庄敬弥强，益信恭则能寿。此尤近依日月，众目之所同瞻；恭咏台莱，群情之所共慰者矣。

是月十二日，圣驾自圆明园入宫。金支启跸，道路光辉；玉轵鸣銮，人天瞻仰。幔亭帐殿，稍供睿赏之游观；彩树缯峰，聊作太平之润色。九华煜爃，黼绣周张；百戏骈阗，鱼龙曼衍。盖恩膏之沾沃，物力原丰；况茂赏之便蕃，工徒胥逮。露台犹惜，虽知圣德之谦冲；鼖鼓弗胜，难禁群情之踊跃。四围周顾，如登忉利天宫；六御徐行，真见无量寿佛。

十三日昧爽，皇上御太和殿受贺。千宫鞹佩，候虬箭而晨趋；万国衣冠，待凫钟而夜警。东皇日出，五色瞳眬；北极天临，九关肃穆。华旗金翠，交动影之龙蛇；宝鼎烟云，袅薰香之龟鹤。五畴敛福，表陈出洛之符；万岁征祥，拜效呼嵩之愿。仰皇躬之康豫，度洽裨瀛；修茂典之炜煌，光昭礼乐。岂但天水兰陵之帝，莫比其隆；抑亦摄提合雒以来，未逢斯盛。

于是上遵祖制，琼筵展八日之期；下慰人情，彩服过两旬之外。自天申命，金云弗禄之加赢；与众同欢，共卜修龄之锡羡。皇运万八千岁，荡荡天长；易图三十六宫，盎盎春满。歌舞溢于九野，音兼乎僸侏兜离；滋荣遍于百昌，泽洽乎飞潜动植。茅檐部屋，咸击壤以歌吟；鹭序鸳班，争操觚而赋咏。

臣起家词馆，本业文章；承乏容台，又司典礼。恭逢圣节，叨襄赞乎鸿仪；宜奏和声，用发扬乎盛烈。惟是乾坤之象，非尺寸所能量；日月之光，非丹青所可绘。每思捴藻，动辄含毫。况乎福德兼隆，篇章易富。上拟班、扬之作，叠积书山；追摹枚、马之音，争流学海。金舂玉撞，已看众体之兼陈；蠡酌管窥，宁待庸音之复述。惟是春风乍暖，则莺啭丛花；夏雨初晴，则蝉鸣高树。在小物适逢佳候，尚解舒吭；岂微臣幸遇昌期，竟能闷响。缅惟古义，守官与守道无殊；揆度常情，所见较所闻为悉。爰稽旧牍，起合词吁请之初；敬述新纶，至大礼庆成之日。规模略具，惟胪职掌之相关；挂漏犹多，实觉揄扬之不尽。虽知骈四俪六，非记言记动之体裁；所欣咸五登三，皆得寿得名之证验。献诸黼扆，惟仰祈悠久之无疆；布在书林，庶共识康强之逢吉。

卷第八

序

《甲辰会试录》序

乾隆四十有九年,会试届期,诏以臣蔡新、臣德保典其事,而以臣纪昀与臣胡高望副之。得士百有十人,录其文尤雅者,刊呈御览,臣例得扬言末简。

伏念臣北地庸材,过蒙知遇,出入翰林者近三十载,凡文字之役,率得簪笔敬从。中间自蹈愆尤,复荷皇上弃瑕录用,典校秘书,叠被恩荣,洊佐司马。方自愧未效涓埃,兹复简任文衡,弥增悚仄。

窃惟经义取士,昉自宋王安石。然俞长城所刻安石诸作,寥寥数行,如语录笔记,程试之制,定不如斯。其出自何书亦无可考证,疑近时好事者所为。惟《宋文鉴》载张才叔《自靖人自献于先王》一篇,发挥明畅,与论体略同,当即经义之初式矣。元延祐中,定科举法,经义与经疑并用。其传于今者,经疑有《四书疑节》,经义有《书义卓跃》,可以略见其大凡。明沿元制,小为变通。吴伯宗《荣进集》中,尚全载其洪武辛亥会试卷:大抵皆阐明义理,未尝以矜才炫博相高。成化后,体裁渐密,机法渐增。然北地变文体,姚江变学派,而皆不敢以其说入经义。盖尺度若是之谨严也。其以佛书入经义,自万历丁丑会试始。以六朝词藻入经义,自几社始。于是新异日出,至明末而变态极矣。我朝龙兴,斫雕为朴。列圣以来,时时以厘正文体为训。我皇上丁宁告诫,尤恺切周详。是以士风醇厚,文教昌明,至今日而极盛焉。

夫设科取士,将使分治天下之事也。欲治天下之事,必折衷于理;欲明天下之理,必折衷于经。其明经与否不可知,则以所言之是非醇驳,验所学之得失,准诸圣贤以定去取,较他途尚为有凭。而学者求工经义,不得不研思于经术,借以考究古训,诵法先儒,不涉于奇衺之说,于民心士习,尤为先正其本原。经义一法至今不变,明体达用之士,亦时时挺出于其间,职是故也。

今之所录，大抵以明理为主。其逞辨才，骛杂学，流于伪体者不取；貌袭先正而空疏无物，割剥理学之字句，而饾饤剽窃，似正体而实伪体者，亦不取：期无戾于通经致用之本意而已。若夫人品心术之邪正，视其人他日之自为；才略之短长，待圣天子他日之甄别器使；非场屋之文所可尽觇其生平，而臣等之识鉴亦万万不能至。是固不敢撫即文知人之说，虚陈于黼座前焉。

《丙辰会试录》序

嘉庆元年丙辰，恩科会试，命礼部尚书臣纪昀充正考官，而副以左都御史臣金士松、兵部右侍郎臣李潢。臣等矢公矢慎，详加遴选，得士一百四十八人。谨录其文尤雅者，进呈御览。臣例得扬言于简端。

伏念臣北方下士，樗栎庸材，叨荷殊知，屡司文柄。至是已再典春闱，高厚鸿慈，迥逾常格。虽才疏学浅，未能窥作者之渊源，然四十年来，受恩深重，实不敢因循迁就，随流俗风气为转移。

窃以为文章各有体裁，亦各有宗旨。区分畛域，不容假借于其间。故词赋之兴，盛于楚汉，大抵以博丽为工。司马相如称"合纂组以成文"，刘勰称"金相玉式，艳溢锱毫"，是文章之一体也。经义昉于北宋，沿于元代，而大备于明：本以发明义理，观士子学术之醇疵。其初犹为论体，后乃代圣贤立言；其格主于纯粹精深，不主相矜以词藻。由明洪武以来，先正典型，一一具在，是又文章之一体也。自学者不知古法，混为一途。譬如郊庙礼服，而缀以金翠之首饰。争趋捷径，遂偭前规，岂制科取士之本意欤？至经义之中，又分二派：为汉儒之学者，沿溯六书，考求训诂，使古义复明于后世，是一家也；为宋儒之学者，辨别精微，折衷同异，使六经微旨，不淆乱于群言，是又一家也。国家功令，五经传注用宋学，而《十三经注疏》亦列学官。良以制艺主于明义理，固当以宋学为宗，而以汉学补苴其所遗，纠绳其太过耳。如竟以订正字画，研寻音义，务旁征远引以炫博，而义理不求其尽合，毋乃于圣朝造士之法稍未深思乎。

夫古学，美名也；崇奖古学，亦美名也。名所集而利随焉，故弋获者有之；

利所集而伪生焉,故割剥谶纬,掇拾苍雅,编为分类之书,以备剿说之用者亦有之。试官奉天子之命,其职在于正文体,幸承简任,不敢不防其渐也。是以臣等所录,惟以平正通达,不悖于理法为主;而一切支离涂饰,貌为古学者,概不录焉。虽文体骤更,不能奥衍宏深,遽追曩哲,然窃闻前人之论明文也,谓北地、太仓如桓文,长沙、嘉定如周鲁,一则虽强而僭,一则虽弱而犹秉礼也。臣等区区之志,亦窃附于斯意云尔。

《壬戌会试录》序

嘉庆壬戌三月,当会试之期,诏以礼部尚书臣纪昀、都察院左都御史臣熊枚充正考官,而副以内阁学士臣玉麟、臣戴均元。取士如额,录其文尤雅者,进呈御览。臣昀例得扬言简端。

伏念臣北地庸才,叨两朝知遇。凡校阅文字之役,十恒得预其八九。至会试为抡才大典,自甲辰、丙辰至今壬戌,亦三膺是任。自惟年将八秩,学殖久荒,衡鉴恒虞其未允,尤不敢不夙夜兢兢。

窃谓国家设科取士,将使共理天下事也。士修于家而献于廷,亦预储其学,以分理天下事也:必深明乎理之是非,而后制事有所措;必折衷于圣贤之训,而后能明理之是非。圣贤之训,莫著于六经,故科场以经义为最重,所以明其理也。自隋唐以来,以诗赋试士者,不过一两朝;以经义试士者,则自宋至元至明至本朝,相沿历久而不易:岂非以明经为致用之本欤?

顾质文递变,踵事增华。趋向渐歧,门户遂别。如食本以御饥,其流至于讲珍错;衣本以御寒,其流至于讲纂组。波靡曼衍,有莫知其所以然者,虽圣人亦不能禁绝也;在司衡者去取之间,知所轻重而已。考经义初体不过如今之论,其式见于《宋文鉴》及刘一止诸家集者,尚可考见。元人经义经疑,见于《书义卓跃》诸编者,亦大抵如斯,总以明理为本,初不以文章相耀也。明初尚仍古制,后乃渐变为八比。渐变渐远,于是隆万尚机局,天崇尚才尚学,失其本者遂多;而毅然自为,各辟门径者亦复不少。源流正变,遂淆杂而难分。平心而论，诸派之中，各有得失，亦各有真伪。崇其真而黜其伪，亦可以酌乎其中。如成弘正嘉之理法，真理法也；流而空疏庸陋，钞写讲章则为伪。隆万之机局，真机局也；流而纤仄吊诡，穿插斗巧则为伪。天崇之才学，真才学也；流而驰骋横议，偭规破矩以为才，则才为伪；流而剽窃钞袭，饾饤凑合以为学，则学亦伪。司衡者不察其本，而但喜其性之所近，则荒伧骇稚，人人得售其欺，于圣天子兴贤育才之本意或未免相左矣。臣等竭二十余昼夜之力，往来商榷，务核其真。虽识见梼昧，不敢自保其无讹，然黜伪崇真之念，则协力矢之，均未尝逾越尺寸也。至于三场对策，原以觇根柢之学，贵其确凿，不贵其曼衍。国家科场条例，以问十得五为中式，寓意良深。如不论所答所问是否相合，而但取征引之繁富；如题中有一《尚书》字，则古文若干篇，今文若干篇，胪列目录，动辄连篇，而题固未问今古文也；题目有一《春秋》字，则《左传》某字，《公羊》作某，《穀梁》作某，比较点画，亦每累牍，而题固未问三传异同也。如是之类，指不胜屈，殊不足以称实学。臣等公同核阅，亦惟以文与题应者入选；其望之斑驳陆离，而每篇洒洒千言，所对全非所问者，均置不录。一如考校经义之法，庶几屏除伪学，务得真才，以仰答简任深恩于万一，是则臣等区区之志云尔。

《己未武会试录》序

嘉庆四年九月，己未科武会试及期，得旨以臣纪昀偕臣陈嗣龙为正副考官，进外场之士，取其弓马之入上格者，合以内场之论策，得士如额，录其文进呈御览。臣例得飏言简端。

窃惟国家立学校之制、科举之法，以教育成就天下之人材，而必兼设为武科者，非徒为故事之相沿也。盖天之所以生才，与才之所以自效于世，皆有能有不能，而不可以相强。是故优柔平中之资，使之自试于文学、政事之科。而凡强力勇敢之质，则使之自奋于折冲御侮之任；而又养之以学校，重之以科举，其待之优而进之慎如此。夫是以天下无遗才，而有才者不致自弃于无用，此国家用人不一途，而武居其一；武之进身不一途，而武科居其一。凡为教育成就之方,宜如此之详且悉也。

我朝以武功定天下。百余年来,元勋宿将,虽多不由于武科,而武科起家之人,时亦有树奇功、建伟绩者。盖将帅之略,虽其运用之妙存乎一心,亦必深究韬钤、洞晓古今,而后有以为运筹决胜之本。武科之法,既校之骑射之技,复试之以孙吴之书,使夫奇才异能之人,皆得由此以进,而与行伍并收其用,此又设科之意所以待夫天下之能者。而所得者,或仅如昔人所讥挽强引重之粗材,与夫记录章句无用之学。此则士之负科名,而非科名之不足以得士也。此臣等所以矢公矢慎,参互比较,不敢偏重外场,启武士目不知书之渐;亦不敢偏重内场,启庸材剽窃弋获之风。惟期所取之士,有勇知方,以备干城腹心之任使。是则臣等区区之私愿云尔。

《逊斋〈易〉述》序

《易》之精奥,理数而已。《象》,其阐明理数者也。自汉及宋,言数者歧而三:一为孟喜,正传也;歧而为京、焦,流为谶纬;又歧而为陈、邵,支离曼衍,不可究诘,于《易》为附庸矣。言理者亦歧而三:乘承比应,费直《易》也;歧而为王弼、为王宗传、为杨简,浸淫乎佛老矣;又歧而为李光、杨万里,比附史事,借发论端,虽不比陈、邵之徒虚縻心力,画算经而图弈谱,然亦《易》之外传耳。中间持其平者,数则汉之康成,理则宋之伊川乎。康成之学不绝如线:唐史徵、李鼎祚,宋王伯厚及近时惠定宇,粗传一二而已;伊川之学传之者多,然醇驳互见,决择为难。余勘定四库书,颇恨其空言聚讼也。

从姪虞惇自戊子乡举后,一任满城学官,即归里,以经义课子弟。偶采诸家之惬理者,标题于《周易》之简端,犹韩吏部之《论语笔解》也。壬子四月,从余至滦平,重勘文津阁秘书,因以呈余。余喜其精思研理,去取平心,无宋南渡以后讲学家门户之习,因为题其卷首。昔从兄懋园舍人尝注《毛诗广义》,以毛亨传为主。《诗传》乃大毛公作。康成《诗谱》甚明,儒生类称毛苌,未之考耳。而参以诸说,能持汉学宋学之平,今著录《四库总目》中。虞惇此编,可谓世其家学矣。

余年近七十，一生鹿鹿典籍间，而徒以杂博窃名誉，曾未能覃研经训，勒一编以传于世，其愧懋园父子何如耶！

《周易义象合纂》序

古今说五经者，惟《易》最夥，亦惟《易》最多歧。非惟象数义理各明一义也，旁及炉火、导引、乐律、星历以及六壬、禽遁、风角之属，皆可引《易》以为解，即皆可引以解《易》。盖《易》道广大，无所不包，故随举一说而皆通也。要其大端而论，则象数歧而三：一田、孟之《易》，一京、焦之《易》，一陈、邵之《易》也。义理亦歧而三：一王弼之《易》，一胡瑗之《易》，一李光、杨万里之《易》也。京、焦之占候，流为怪妄而不经；陈、邵之图书，流为支离而无用；王弼之清言，流为杨简、王宗传辈，至以狂禅乱圣典。其足以发挥精义、垂训后人者，汉儒之主象，宋儒之主理、主事三派焉而已。顾论甘者忌辛，是丹者非素，断断相争，各立门户，垂五六百年于兹。余尝与戴东原、周书昌言：譬一水也，农家以为宜灌溉，舟子以为宜往来，形家以为宜砂穴，兵家以为宜扼拒，游览者以为宜眺赏，品泉者以为宜茶荈，洴澼絖者以为利浣濯。各得所求，各适其用，而水则一也。譬一都会也，可自南门入，可自北门入，可自东门入，可自西门入，各从其所近之途，各以为便，而都会则一也。《易》之理何独不然！东坡《庐山》诗曰："横看成岭侧成峰，远近高低各不同。不识庐山真面目，只缘身在此山中。"通此意以解《易》，则《易》无门户矣。纷纷互诘，非仁智自生妄见乎？

德州李君东圃，于学无所不窥，而尤邃于《易》，积平生之力，成《周易义象合纂》一书。需次京师时，出以示余。余未展卷，指其题签语之曰："书名四字见大凡矣。君此书必持其平也。"君去后，灯下读之，果于汉学、宋学两无所偏好，亦两无所偏恶，息心微气，考古证今，惟求合乎象之自然、理之当然而后已；而进退存亡之节，亦即经纬其中。所谓主象、主理、主事者，是实兼之，谓非说《易》之正宗可乎？余向纂《四库全书》，作经部诗类小序曰："攻汉学者，意不尽在于经义，务胜汉儒而已；伸汉学者，意亦不尽在于经义，愤宋儒之诋汉儒而已。"出尔反尔，势于何极！安得如君者数十辈，与校定四库之籍也。

黎君《易注》序

汉《易》言象数，宋《易》言理，旧有斯言，其殆循声而附和欤！夫天地絪缊，是函元气；气有屈伸往来，于是乎生数；数有奇偶错综，于是乎成象：此象数所由起也。然屈伸往来，奇偶错综，皆理之所寓；而所以屈伸往来，所以奇偶错综者，亦皆理之不得不行。故理其自然，数其必然，象其当然，一以贯之者也。汉《易》言象数，不能离存亡进退，非理而何？宋《易》言理，不能离乘承比应，非象数而何？而顾曰：言理则弃象数，言象数即弃理，岂通论哉！余校定秘书二十余年，所见经解，惟《易》最多，亦惟《易》最滥。大抵汉《易》一派，其善者必由象数以求理；或舍理者，必流为杂学。宋《易》一派，其善者必由理以知象数；或舍象数者，必流为异学。其弊一由争门户，一由骛新奇，一由一知半解、沾沾自喜，而不知《易》道之广大，纷纭缪辀，遂曼衍而日增。殊不知《易》之作也，本推天道以明人事：故六十四卦之大象，皆有君子以字，而三百八十四爻，亦皆吉凶悔吝为言。是为百姓日用作，非为一二上智密传微妙也；是为明是非决疑惑作，非为谶纬机祥预使前知也。故其书至繁至赜，至精至深，而一一皆切于事。既切于事，即一一皆可推以理。理之自然者明，则数之必然、象之当然，刿然解矣。又何必曰此彼法、此我法，此古义、此新义哉！

乾隆甲寅魏子□□以其乡黎君□□所注《周易》相质，余展卷见其自序曰："《易》之大纲曰象、曰数、曰理。象数不衷于理，非《易》之象、《易》之数也。理不合于象数，不能得《易》之理也。由象数以通理，凭理以参象数，而幽远繁赜，俱不越耳目之前矣。"云云。喜其洞见本原，知其必能疏通经义，因退食余暇，反覆䌷绎，其言于先儒旧诂，不苟异亦不苟同。沉思研悦，务使惬己之心，并惬人人之心，以上求四圣之心；盖无一字不经意，而又未尝参以一毫之私意。故所论皆笃实明显，使下学有径可循，而高明之士亦殚思而弗能过。好学深思,心知其意,其是之谓乎!

余前岁得德州李君所注《易》,喜其裁断群言,妙有独契。今复得黎君是书,参互以观,如骖有靳。岂非圣代崇文,表章古训,斯响然应运而生欤! 摩挲老眼,喜见经籍之道昌,故既为李君作序,亦率书数行于黎君之卷端。

《诗序补义》序

余于癸巳受诏校秘书,殚十年之力,始勒为《总目》二百卷,进呈乙览。以圣人之志,借经以存;儒者之学,研经为本:故经部尤纤毫不敢苟。凡《易》之象数、义理,《书》之今文、古文,《春秋》之主传、废传,《礼》之王、郑异同,皆别白而定一尊,以诸杂说为之辅。惟《诗》则托始小序,附以辨说,以著争端所自起,终以范蘅洲之《诗沈》、姜白岩之《诗序补义》、顾古湫之《虞东学诗》,非徒以时代先后次序应尔也。盖《诗》之构争久矣,王肃首起而驳郑,王基遂踵而难王,孙毓复申王说,郑统又明郑义。其书今并不传,其逸文散见诸书者,已纷纭缪辑矣。至宋而庐陵颍滨,小立异同,未显攻也;郑樵始发难端,而朱子和之,是为新学;范处义力崇旧说,而吕祖谦、严粲等遥应之,是为古学。于是尊序、废序,为不可破之门户。两派之中,遂横决而旁溢:一为王质《诗总闻》之派,主于冥思力索,翻空出奇,是新学之变本加厉者也;一为何楷《诗世本古义》之派,主于论世知人,穿凿附会,是古学之逐影失形者也。其间互有短长,不能偏废。故朋党互轧,未有已时。余作《诗类总序》有曰:"攻汉学者,意不尽在于经义,务胜汉儒而已。伸汉学者意亦不尽在于经义,愤宋儒之诋汉儒而已。各挟一不相下之心,而又济以不平之气,激而过当,亦其势然欤!"今以范氏之书,持王、何两派之平,以姜氏、顾氏之书持《小序》《集传》之平,六七百年朋党之习,舍是非而争胜负者,其庶几少息矣乎。

顾氏书已有刊本,范氏、姜氏之书,均无力付梨枣,今白岩之孙,能世其家学,念先人著作,得登石渠天禄之藏,而不能遍播于海内。将南归拮据谋剞劂,乞序于余。余谓是书,《四库总目》已著录,无庸为床上之床。惟著其以近时著作,得为千古经师殿,则说《诗》之正脉在是书,可知矣。独范氏之书,仅副本贮翰林院库,卷帙繁重,无传写者。闻其子孙尚颇读书,傥亦能如姜君之表章先德乎?余老矣,拭目望之。

《考工记图》序

戴君东原始为《考工记》作图也,图后附以已说而无注。乾隆乙亥夏,余初识戴君,奇其书,欲付之梓。迟之半载,戴君乃为余删取先、后郑注,而自定其说,以为补注。又越半载,书成,仍名曰《考工记图》,从其始也。戴君语余曰:"昔丁卯、戊辰间,先师程中允出是书,以示齐学士次风先生,学士一见而叹曰,诚奇书也。今再遇子奇之,是书可不憾矣。"

戴君深明古人小学,故其考证制度、字义,为汉已降儒者所不能及。以是求之圣人遗经,发明独多。《诗》三百、《尚书》二十八篇、《尔雅》等,皆有撰著,自以为恐成书太早。而独于《考工记》,则曰:"是亚于经也者,考证虽难,要得其详则止矣。"余以戴君之说,与昔儒旧训,参互校核,《毂末》之"轵",明其当作"軝",不得与《舆人》之"轵""轛"二名混淆。今字书并"軝"字无之。《车人》"彻广六尺",以鬲长车广当相等,两辕之间六尺,旁加辐内六寸,辐广三寸,綆寸,合左右凡二尺,则大车之彻亦八尺,字讹"八"为"六"。《弓人》"胶三锊",一弓之胶,不得过两,有十铢二十五分铢之十四,正其当为三锾。此皆记文之误,汉儒已莫之是正者。后郑谓轸,舆后横木。戴君乃曰:《辀人》言"轸间",左右名轸之证也。加轸与轐,弓长庇轸,轸方象地,前后左右通名,"轸"之证也。《辀人》"任正""衡任",郑以当轵与衡,而谓轵为舆下三面材,輢式之所树。戴君乃曰:"此为下当兔围、轴围,发其意也。若輢式之所树,宜记于《舆人》,今《辀人》为之,殆非也。"郑以"戈胡"句倨外,博为胡上下。戴君曰:"此不宜与'已倨已'句字义有异。"郑引许叔重《说文解字》及东莱称证锾锊数同。戴君乃曰:"'锾'之假借字作'垸','锊'之假借字,《史记》作'率',《汉书》作'选',伏生《尚书大传》作'饌',数大小相悬,合为一,未然也。"戟刺长短无文,郑氏既未及,贾公彦云:盖与胡同六寸。戴君则曰:"戈一援,戟二援也,中直援名刺,与枝出之援同长七寸有半寸。刺连内为一直刃,通长尺有二寸,犹夫戈之直刃通长尺有二寸也。"《桃氏》为剑,中其茎,设其后。郑训设为大,谓从中已后稍大之。戴君曰:"不当与'设其旋''设其羽'之属异义;后谓剑环,在人所握之下,故名后,与剑首对称矣。"钟之钲间无文。郑以为与鼓间六等,而合舞广四,为钟长十六。戴君乃曰:"钟自铣至钲,自钲至舞,敛杀以二,准诸句股法,铣间八,钲间亦八,是为钟长十六。舞者,其上覆修六广四,盖钟羡之度,不当在钟长之数。"玉案以承枣栗,莫详其制。戴君引槾禁及汉小方案,定其有四周而局足。《庐人》句"兵欲无弹",刺兵欲无蜎,郑皆训之为"掉"。戴君读"弹"如宛蟺之"蟺",转掉也;"蜎",摇掉也。其所以补正郑氏注者,精审类如此。

他若因嘉量论黄钟少宫,因玉人土圭、匠人为规识景,论地与天体相应、寒暑进退、昼夜永短之理,辩天子诸侯之宫、三朝三门、宗庙社稷所在,详明堂个与夹室之制,申井田、沟洫之法,触事广义:俾古人制度之大,暨其礼乐之器,昭然复见于今兹。是书之为治经所取益固巨。然戴君不喜驰骋其辞,但存所是,文略。又于《辀人》"龙旂鸟旟"之属,《梓人》"笋虡",《车人》大车、羊车之等,图不具。其言曰:"思而可得者,微见其端,要留以待成学治古文者之致思可也。"斯诚得论著之体矣。余独虑守章句之儒不知引伸,胶执旧闻,沾沾然动其喙也,是以论其大指以为之序首。

审定史雪汀《风雅遗音》序

甲戌夏,同年姜君白岩持史雪汀《风雅遗音》赠余,曰:"雪汀殁后,其门人毛氏兄弟所刻也。"于时匆匆未及观。己卯夏,始卒读之,叹其用心精且密。

夫声音之道,说经之末务也。然字音不明,则字训俱舛:于圣贤之微言大义,或至乖隔而不通,所关不可谓细。诸史志艺文者,必附小学于经类,岂无谓与?昔陆德明作《经典释文》,千余年来学者奉为蓍蔡。此书于集传以外,无所发明，固不敢与陆氏齿；而因人人习读之书，救正其讹谬，以之针砭俗学，较易于信从。独惜其不知古音，故叶韵之说多舛误；又门目太琐，辨难太激，于著书之体亦微乖。

退食之暇，重为编录。汰繁就简，弃瑕取瑜，较之原书似为完善。其文有所损，无所益，有所润饰而不更其意旨。亦曰：此仍史氏之书，予无与焉耳。于时，休宁戴君东原主予家，去取之间，多资参酌。恨白岩远在象山，未获共一审定也。

《六书分类》序

《周礼》六书皆古文也，许叔重援以说小篆，义相通尔。然叔重所载古籀，才百分之一二；其偏旁点画，乃不尽可以六书推。盖汉时所存亦仅矣。唐以来，嗜古之士，搜剔金石，掇拾残剩，字始渐多，其书亦不概见。所可见者，郭忠恕《汗简》所引八十一种而已。顾忠恕以古文偏旁区为部分，端绪颇不易寻。夏竦取忠恕所辑，仿徐锴《说文韵谱》作《古文四声韵》，以韵分字，以隶领篆，较为易检。故后来撰录，体例相沿。其歧而别出者，宋戴侗《六书故》强分门目，多不精核。元杨桓《六书统》变例横生，纷纭缪辀。明魏校《六书精蕴》，杜撰支离，自我作古，益不可为训。汝宁傅寻庵先生，病诸家撰著之芜杂，乃排纂古篆，用夏氏之例，领以隶书，即以隶书偏旁分部，俾丝牵绳贯，若网在纲。其门目一宗御定《康熙字典》，遵圣代同文之制也。其字博采诸书，各注所出，示有征也；间附考注，别疑似也；晚出别体，存而不删，取其备也。传写异同，因而不改，阙所疑也。盖积平生之力，历久而后成编。先生殁，子孙珍惜，不轻以示人。今岁先生之曾孙韩城大令清渠，谋付剞劂，以公于世。会以报最至京师，介孙编修渊如求序于余。

余谓是书有二善焉。夫古文改小篆，小篆改隶书，虽辗转相因，实各为一体；譬诸父子祖孙，一脉递承，而形貌有似有不似，不能强之使同也。戴氏明说作篆书，正古籀，小篆混淆不分，安在其能正也？是书小篆、古篆各分注，不戾于古矣。张有作《复古编》，援据《说文》订正小篆，不以改隶书也。周伯琦作《六书证讹》，已稍穿凿，亦未以古籀改小篆也。黄氏谏作从古正文，皆以小篆改隶书。魏校变本加厉，更以古籀改小篆，奇形异态，至不可识。是岂可使百官治、万民察耶？是书兼列诸体，惟人所择，可行于今矣。然则先生所纂，虽多述旧文，而体例谨严，具有条理。学者从此沿流以得源，因同而考异，匪惟篆刻之模范，抑亦小学之门径矣。较诸谐俗而陋，不谐俗而务行怪者，相去岂止径庭哉！

先生讳世尧，字宾石。康熙己未，尝以博学鸿词荐，后以选贡官延津教谕迁四川资县知县。乞养归，闭门著述，卓然成一家言。是书其一也，亦足以见一斑矣。

《沈氏四声考》序

韵书迄今盖数变矣，陋者类称沈约；好古之士，则据陆法言《切韵》以争之。夫《切韵》变为《唐韵》，《唐韵》变为《广韵》，《广韵》变为《集韵》，《集韵》别为《礼部韵》，《礼部韵》别为《毛氏》《刘氏韵》，《刘氏韵》别为《黄氏》《阴氏韵》。《阴氏韵》一百六部，是为今韵。指以沈约，其谬固也。而以二百六部，尊陆法言为鼻祖，毋乃亦未究其源乎。法言之书，实窃据沈约而作者也。约书虽唐代已亡，《四声谱》、《唐书·艺文志》不载，知亡于唐。李涪刊误，已不知《切韵》本沈氏，则亡在僖宗以前。今不可见，然儒者著书立说，将使天下之从我，必先自信之笃、自守之坚，而后人信吾说而守吾法。约既执声病绳人，则约之文章必不自乱其例，所用四声，即其谱也。今取其有韵之文，州分部居而考之，平声得四十一部，不合《切韵》者才一二；仄声得七十五部，不合《切韵》者无一焉。陆氏所作，岂非窃据沈谱而稍为笔削者乎？其叙历述吕静、夏侯该、阳休之、周思言、李季节、杜台卿等，独不及约。约书，《隋志》著录，开皇间不应遽亡；同时撰集之颜之推，又生长梁朝，不应不见。知法言讳所自来，不欲著之也。迨约书既亡，无从考证。法言书孤行唐代，遂掩其名。中间屡有改修，又颇为诸家所乱，弥失其真；幸而增删改并，皆有踪迹可寻。约诗文传世亦多，尚可排比求之，得其梗概。因略为考订，编成二卷，名曰《沈氏四声考》，一以明音学之所自，一以俾指《阴氏韵府》为沈韵者，得识其真焉。

《沈氏四声考》后序

或曰："休文之为《四声谱》也，安知不胪列句图，标举音律，如曲谱之宫调工尺然？"

曰："然则当与挚虞《流别》、刘勰《雕龙》并列矣。《隋志》入之小学家，知其非也。"

"《切韵》《唐韵》《广韵》皆五卷，类不下二三万言。休文谱既为韵书，顾减至一卷，何也？"

曰："不闻《颜氏家训》之说乎？休文论文章，当从'三易'，易识字，居其一焉。其书不过收常用之字，而隐僻者不与，且无注，故简也。"

"李延寿谓约所为赋，多乖声韵。见《南史·陆慧晓传》陆厥条下。何也？"

曰："声韵之学，言人人殊者也。延寿之诋沈氏，不犹李涪之诋陆氏耶！此但考沈氏一家之学，至其学之当否，别自有说，非所论也。"

"二百六部之名目次序，果尽出沈氏耶？"

曰："名目吾不得而知也。韵之分部，则有押韵之可考；部之相次，则有同用者之类从。中间虽不无后人之所乱，然从委穷源，则《广韵》本《唐韵》，《唐韵》本《切韵》，《切韵》本《四声》，吾说信而有征也，韵书备矣。"

"区区残编断简，钩索古人之遗文，又不足给后人之用，何为者耶？"

曰："食其末，不可不知其本。因吾书而考见今韵之由来，不至揣骨听声，自生妄见，以决裂古人之成法，则吾书不为无补。如实求有益于世，则《四库》所藏，不切日用者，百分计之九十分而强矣。于吾书何诘焉？"

《增订改元考同》序

考同姓名者，始梁元帝，粗具梗概而已。后唐陆善经补之，元叶森又补之，终未备也。明余宣补为十二卷,周应宾又补一卷;国朝王廷灿又补八卷,乃大备焉。信乎,著书之难也。

考同年号者,始于国朝。钟渊映有《历代建元考》,万光泰有《纪元叙韵》。钟书刻本绝稀,惟文渊阁著录;万书差清整,然传本尤稀;其最行世者,吴肃公《改元考同》而已。然肃公草创成书,颇为漏略;张潮多所补正,亦尚未精密周详。松岩田侯以世荫侍禁近,公余退食,寡所嗜好,惟究心于史学,偶出其绪余,补两家之疏失而纠弹其舛误,使上下数千年正统僭伪之称号,较若列眉。是书一出,可以决读史者之疑惑,资考古者之佐证。简编虽约,而其用甚宏,斯亦有功于文苑者矣。

昔薛仁贵所注《周易》,见《唐书·艺文志》;沐昂所选《沧海遗珠》,去取精核;陈第所作《毛诗古音考》《屈宋古音义》,为韵学正轨,今并著录秘府。其他如郭武定、戚南塘诸人,名列艺林者不一,皆以勋阀右阶而兼著述者也。观侯斯编,虽不过尝鼎一脔,然侯之读书嗜古,追迹古贤,于此可见。所撰录必有不止此者,吾拭目俟之矣。

《删正〈帝京景物略〉》序

游名山者耐曲径,不曲不幽,不幽不奇;不耐,则山之佳处不见。然使枯朽杈丫,翳塞耳目,则山之佳处亦不见,是在所必芟夷矣。

明之末年,士风佻,伪体作,竟陵、公安,以诡俊纤巧之词,递相唱导。刘同人者,楚产也,故宗楚风。于司直奕与同人游,故其习亦变而楚。所作《帝京景物略》八卷,其胚胎,则《世说新语》《水经注》;其门径,则出入竟陵、公安;其序致冷隽,亦时复可观。盖竟陵、公安之文,虽无当于古作者,而小品点缀,则其所宜。寸有所长,不容没也。独恨其每篇之后,必赘题咏数十章。司直自称,得诸本集者十有七,碑刻十有一,钞传十有五,秘笈十有二。初得五千有奇,经周损者删汰之,尚一千有奇,其用力亦勤矣。而所录诸作,古人不免疏舛,如刘中山《蜀先主庙》诗,改为《过先主故宅》诗,并改诗中"蜀故伎"为"燕故伎",以就楼桑村之类。明代尤为猥杂，非邑志而有邑志习，非诗社而有诗社习，自秽其书，阅之使人格格不快。长夏无事，悉割取摧烧之，独留正文一百三十余篇。用纸粘缀，葺为二册。秽杂即除，神志开朗，逐处延赏，颇足留连，是亦芟夷翳塞之道矣。他时傥有余资，以此本刻之，或以廓清为删者功，未可知也。或此本竟渐行，原本竟隐，使人知有诗而不得见，以庸妄为删者诟，亦未可知也。然使人不见其诗，以庸妄为删者诟，则删者之有功于二君也更大矣。

《删正〈帝京景物略〉》后序

初削是书，仅删其诗。迨黏缀重编，《太学石鼓》篇中复削五百三十三字；《首善书院》篇中，删一千二十八字；而《李卓吾墓》篇则全削。

夫伪书始汉，百两篇托名而已。割裂古书始汉，《诗序》散篇首，《易传》入卦中而已；窜易古书亦始汉，《周礼》奇字而已。传刻古人之书，而连篇累牍删窜之，明以前未之闻也；故士莫妄于明，而明季所刊之古书，类不足据。二三同志，每相与咨嗟太息之，兹毋乃尤而效之耶？然古之人去今日远，其沉思奥义，类非后人所解；即其句格、语助，亦往往与今日殊。后人所赏，尚未必古人之自赏，而妄訾其瑕，不亦慎耶！若后人与后人，则相去伯仲间矣，其佳处吾知之，其累处吾亦得知之。此《景物略》耳，石鼓，古迹也，因石鼓而谀颂学制，不类也；首善书院、李卓吾墓，并非古迹矣，而杂记语录，标榜道学，不类也；表东林而又及温陵，益不类也。去其不类者，而佳者益出，是又芟夷翳塞之道矣。

若夫改窜旧本，默不自言，附益己说，恬不自怪，则明季经生之长技。仆虽庸陋，义不出此矣。

《安阳县志》序

白阜所图，邈哉邈矣。志方域者，惟《禹贡》《周礼》为可信。然古文简略，弗详弗尽也。志地理者始《汉书》，今之志书，实史之支流。然一代之地志与一方之地志，其体例又不同也。故修地志者以史为根柢，而不能全用史；与史相出入，而又不能离乎史。其相沿之通弊，则莫大于夸饰，莫滥于攀附：一夸饰，而古迹人物辗转附会；一攀附，而琐屑之事迹、庸沓之诗文相连而登。

余尝叨预修国史，是当代志书之所聚也；又尝叨校《四库》书，是古来志书之所聚也。参互考校，求唐、宋、元之志不甚谬，至明而谬始极；当代通都大邑之志不甚谬，至僻邑而谬益甚；其体例谨严、考证详确者，千百之一二耳。癸亥之春，偶见赵君渭川新修《安阳县志》，试阅其目，井井有条，多合古法。观其书，则大抵以康氏《武功县志》、韩氏《朝邑县志》为椎轮，而稍稍通变：先以图，次以表，挈其纲矣；次以志，次以传，次以记，析其目矣；殿以艺文，乃仿古人之目录，不似近人之附载诗文，其体例不亦善乎！而每条必有考证，不徒杂袭乎旧文，其叙述不亦确乎！最擅场者，在附《安阳金石录》十三卷：考衷集古碑，始梁元帝，未闻有所订正也。欧阳兖公、赵明诚以下，往往据石刻以纠史传之讹。近时钱辛楣、翁覃溪以旧碑参稽同异，各衷然成书。然则是志之精确，其本在是矣，岂区区夸饰附会者所可比乎？此弊一除，而攀附之弊不祛自退矣。虽以赵君此志为地志之通例可也。余性孤直，文章不能作谀词，故凡以地志求序者，均谢不为；今得此志，乃自改其例，我自谓尚能知赵君，赵君傥亦知我矣乎？

《马氏重修家乘》序

古氏族之书，今皆轶矣。其略可考者，惟《世本》散见于诸书；然杂记帝王诸国之世系，非一家之书也。《文选》注引刘歆《七略》，始载子云家牒；刘孝标注《世说新语》，所引晋代诸家谱，尤班班可稽。今之族谱，其昉于汉晋以来乎，谱有欧阳永叔、苏明允，纵横二例。太史公《年表》《月表》，说者谓旁行斜上，仿诸周谱，则横谱尤古法矣。今士大夫家例有谱，然其能一修再修，至于四五修而不已者，则必名门巨族始有之。盖必祖宗积累者深，而后其子孙富贵蕃衍，可编辑而为书，寒门细族弗能也；又必其子孙象贤，克承先德，毋忘敦本睦族之谊，而后相续成其事，始振中蹶者亦弗能也。然则门户之盛衰与福祚之修短,盖可于家乘验之矣。

东光以马氏为甲族。其他明德不具论,自明嘉靖以来,一支之中,登进士者凡九,亦云盛矣;谱至今日凡五修,亦云绵远矣。非世济其美能之乎?昀,马氏婿也。乾隆甲子,读书外舅周箓公家,得读其旧谱,详其世德。乙酉四月,奉讳里居,以会元城公葬,宿公家。公谓昀曰:"余家乘之未辑,今又四十年矣。向恒欲举其事,而长子早夭,继嗣有待。念及余名下阙然无所书,辄愀然伤之,每忽忽不自适而罢。及尔外姑之卒,始择立兆晟,初未验其贤否,意尚两持;既而兆晟真善事余,余悉以家政付之,遂决意定以为嗣,且援例以其职封余宣诸纶音,载诸户曹之籍。余今有子有孙,非复向之无可书矣。家乘之修,欲及余未就木而为之也,尔盍为我序之。"昀敬诺。七月,昀在京师,公遣使赍书来省女,且促前序。因为叙其续修之由,而书之如左。

若夫推一本之爱,油然而生孝弟之心,《苏氏族谱·亭记》言之矣。今则不复剿说也。

《渠阳王氏世系考》序

敦本睦族,士君子之盛德也。顾世远则人众,人众则势涣;渐涣渐久,愈久愈涣,则同气不免如路人;既不免如路人,而犹望其休戚相关,无是事矣。

古者氏族掌于太史,俾年代虽远,而昭穆秩然。譬之于水,千支万派,各分流而注海:一溯其源,则某水出某地,某地某水从某水而分,某地某水从某水而又分,千支万派,一水也。譬之于木,千花万实,虽隶首不能纪其数,而递求其本,则由花实得蒂,由蒂得条,由条得枝,由枝得干,由干得根,千花万实,一木也。再近譬之,一身分四肢,四肢又各五指,同一指而将指、拇指若不相涉也,同一肢而手与足若不相涉,左手足与右手足又若不相涉也,然而疾痛疴痒,无一不与心相通,有脉络以连之焉耳。故必族系明而后知孰与我亲,孰与我疏;亲疏明而后知一族之众,其初皆一人之身,亲爱之意自油然而生矣。

自汉以后,氏族不掌于官,士大夫乃各有谱。其最初者,李善注《王俭集·

序》，引刘歆《七略》称："扬子云，《家牒》以甘露二年生。"是族谱之权舆矣。刘孝标注《世说》，所引某氏谱、某氏谱，不可缕举。《新唐书·艺文志》，至以族谱为史部之一门，《宰相世系表》亦备其世次支派。是六朝至唐，谱学最重也。两宋以后，此学浸微，惟衣冠诗礼之家，或各自为谱。欧阳永叔、苏老泉二谱，其最著也：二谱之例，一纵一横。自明以来，凡为谱者类不能出纵横二例。惟是夸矜门阀，动溯古初：华胄遥遥，多由附会。白香山，唐之通人也，而自叙宗派，云出秦白乙丙，白乙丙则出楚白公胜。颠倒舛讹，至今为笑。其他抑可知矣。岂古人作谱之意，为合族之计者乎？

王氏此谱，惟溯始迁之祖，而不推受姓之原始。自始祖以下，丝连珠贯，一一分明，阅之真如千支万派同一源，千花万实同一本，而手足之统系于一心也。其家风孝友，有自来矣。

余与王氏为姻家，锦堂孝廉以此谱求余为序。余谓：锦堂他事不具论，即如张吏部晴溪娶锦堂之姑，晴溪殁后，家中落，锦堂先德恒岁岁周恤；锦堂自今仍岁岁周恤，无改前辙。于出嫁之同气且如是，其于家庭可知，其于宗党抑可知矣。于此一谱，不可见其用心乎？因不辞而为之序。

《河间孔氏族谱》序

天地之道，绵亘无极。昆仑磅礴，一气之所融结者。山河两戒，周络广轮，虽章亥所不尽步，支干皆一一可寻。即歧脉别行，蜿蜒千百里，而丝牵绳贯，亦皆可由末以溯本。其体大，故其量宏也。

圣人德配天地，其教垂于千万世，其泽亦逮于千万世。自《史记·世家》以后，今所传者，叙述渊源，莫古于王肃《家语》之《本姓解》。《家语》原本，在《史记》之前。今所行《家语》，乃魏王肃所伪撰，以申难郑之意。故《汉书·艺文志》"家语"条下，颜师古注曰："非今所有《家语》也。"历代通儒考辨，俱有明证。故今叙之《史记》后。考求故实，莫古于南宋孔传之《东家杂记》。历朝纂录，不可殚数。至《明史·列传》以衍圣公世次列入儒林，先师功德，延及子孙者远矣。其牒谱系述曲阜世袭之绪,宋金间南渡之宗,炳炳然无论矣。其分支别出,散在四方者,数千年来,不知凡几？中间世远年湮,佚其房眷者又不知凡几？幸而支派可考,是即先师之灵爽式凭,一本之爱,虽千万里视若一堂,千万人视如一身者矣。不及其可考而缀辑之,使叶不归根,不重可惜欤！且先师系出于宋,世家于鲁,而《礼经》所载,乃自称曰"某,殷人",圣人之心不忘其本,殆可见矣。为子孙者,不又当仰而体之欤！

周之族姓掌于太史。秦汉以后,此制不行,士大夫于是有家牒。<small>李善《文选》注引扬子云家牒,知其事始于西汉。</small>六朝至唐,矜重门第,《隋书·经籍志》《唐书·艺文志》,皆以谱牒为史部之一门。沿及宋元,此风复堕。然稽古之儒,怀敦本睦族之思者,颇时时间作。庐陵、眉山二谱,尤为后来所取法。然则咏骏烈、诵清芬,士大夫知礼意者,犹不敢听族系之失考,而况圣人之后,可不时为辑补,以伸水源木本之心哉！

余姻家孔君□□,系出唐太常冲远,以太常陪葬昭陵,子孙遂家西安。越十四代,以戍守迁居凉州。又十三代,以劳绩隶锦衣卫籍,又迁于河间,前明所谓忠顺屯也。国朝顺治初,有以军功授世职者。故有一支隶旗籍,而族属则仍为河间籍。雍正癸丑,尝辑族谱,同里戈勉斋前辈序之。迄今六十余年。□□虑子姓日繁,迁徙不一,将来或残阙失次,乃重加厘订,定为斯编。走书五百里,乞序于余。余族自先姚安公修谱后,余于乾隆丙戌曾一续修;今三十余年。久欲再辑,而老景颓唐,鹿鹿尚未就绪,心恒歉焉。嘉□□是举,是余所有志而未逮,因书此弁首以志余愧;且以告天下士大夫,勿视此为不急之务也。

《棠樾鲍氏宣忠堂支谱》序

唐刘知幾作《史通》,特出一篇曰《断限》,善哉言乎！得史例之要领矣。家谱、家传,《隋书·经籍志》皆编入史部,固史之支流也。辨姓之礼,始于周,其世系掌于太史。故《史记》十表称旁行斜上,体仿周谱。家自为谱,始于汉,故刘歆《七略》引扬子云家牒,知为甘露二年生。其书至六朝而繁,故刘孝标注《世说》，引诸家谱至四五十部。至唐而极盛，故《唐书·艺文志》史部，以谱牒别为一门，《宰相世系表》必详其子孙之支派。然而支离蔓衍，亦遂芜杂而多歧。杨修之姓从木，而误称修家子云；白香山一代通人，而集中叙白氏之姓源，至以楚白公胜、秦白乙丙，颠倒其世次，并奉为远祖，论者嗤焉。岂非繁引博称，无所断限于其间乎！宋人家谱，惟传欧阳氏、苏氏二家：欧阳氏用直谱，古之所谓图也；苏氏用横谱，古之所谓牒也。其大旨主于简明，以救前代泛滥之失；而过于疏略，文献无征焉。是又拘泥断限，矫枉过直者矣。

今观鲍君诚一之支谱，其殆酌繁简之中欤：不上溯受姓之始。唐以前人，虽司隶之气节、参军之文章，无征者不录也。宋以后世系明矣，而支分派别不能一一皆详，第谱其可考之本支，犹唐裴氏东眷、西眷，各以昭穆相统也。其兼列事迹，则取裁于东晋《太原温氏谱》；其冠以诰敕，附以祠宇、坟墓、家礼、祭田之类，则参用《东家杂记》；惟绘画遗容，古未有例。考朱子对镜自写小像，今子孙尚传其石刻；则披卷敬瞻，肃然如对其祖考，使报本追远之思油然而自生：是亦礼以义起者矣。

昔先大夫姚安公，闵族谱之残缺，乾隆乙亥手自刊订，守《史通·断限》之法，体例多与此相出入。丙戌，余又遵旧格续焉，弗敢以私意改也。忽忽二十余年，鹿鹿无闲，未能再续，意恒歉焉。今观鲍君此谱，不觉怅触于余怀。行且老矣，不知能如鲍君之勒为此谱否也？再三阅视，殆不胜叹且羡矣。

《汾阳曹氏族谱》序

古有家谱，有家传：谱以纪世系，传以述先德。唐以前，率各自为书；史家著录，亦以谱入谱牒，传入传记，其体例各不相侔。今所存者，如《欧阳氏谱》《苏氏谱》，一为直图，一为横表，名字以外，别无一篇之附录可覆按也。合谱传而一之，其殆自明以来乎？此如古之地志，纪郡县之沿革，疆域之分合，山川之险易，田赋之多寡，官师、学校、军旅之增损，取备实用而已。广而及古迹，广而及名胜，广而及人物，广而及艺文，已非唐以前图经之旧。然修地志者，沿其体而弗能易,博以备考,义有取也。修家谱者,又安能于述祖德者阙焉而不书耶?

余同年曹慕堂宗丞,创修家谱而未竟;贤子受之御史,申之户部,乃承先志而卒成之。其谱例用苏氏横表,而附载碑志之文,与夫叙述行实者,则详悉无遗:一以使潜德幽光不终湮没,为仁人孝子之用心;一以使后世子孙,诵清芬,咏骏烈,憬然生接武济美之思、贻谋之意,尤永永无穷。又何必拘泥古例,必以分谱传者为是,合谱传者为非乎?且所录皆质实不支,无明人嚣张涂饰之习。其谱亦但存其可考,无牵合附会剿说氏族之书,以贻君子之讥者,是皆可为作谱者法。故受之兄弟乞序于余,亦乐得而序之。

《景城纪氏家谱》序例

有世系支派,而后诸谱之分合如网在纲,故弁于谱之前。谱首者,诸谱之首也。别子为祖,继别为宗,八世以下其歧矣。有此谱而后摄于一也,有源有流,派别乃明,故次之以支谱。《七略》称:"子云《家牒》载,以甘露二年生。"《文选·王俭集序》李善注引《玉海》引之作元年。周氏谱载"翼以六十四卒"。刘孝标《世说》注上之上引。则谱详生卒,古法也。详其生而后长幼辨,详其卒而后忌日之礼可举也。故次以生卒,谱谱具矣。益以族居记,惧涣也;益以茔墓图,惧湮也;益以联名纪世图,惧紊也。十七篇者,丝牵绳贯,盖繁非繁、复非复也。斯谱也,视旧盖有损益,而意未始不相师也。

右序分篇之例。

谱题景城,示别也。有同县而非族者也。北杨村、小河王家庄之纪皆非同族。崔庄著矣,曰"景城",不忘本也。汉将军、晋司徒,族系既别,少瑜吴姓,史亦明书。见《南史》七十二。流合源殊,邈无显证。姚安公修乙亥谱,不述姓源,慎也。系述不博称,犹前志也。四门九支,支谱详之,然其文则散见也。弁以图,提其纲也。二世至七世,讳字佚矣,数则可以墓稽也。存其数,明四门之所以分也。四门之祖,今但知非同产耳,一从再从,不知也;孰兄孰弟,亦不知也。

昭穆靡征，则所述宜自亲者始，故支谱首柱石公房也，次廷楷公房，次廷举公房。廷楷公于属近，廷举公于属差远也。廷弼公等，宗派失传矣，故殿支谱焉。东门一支一谱，嗣续蕃也。余则数支共一谱，子姓寡也。妇谱卒而不谱生，其卒于我，其生不于我也；其卒有忌日之礼，其生非长幼所系也。记族居于茔墓前，先卜居而后营兆也。迁徙，虽近必书，重之也。茔之域、墓之位，各以罗经分、方隅形，家法也。必起度于始葬之一墓，墓位疑则取四线之交，墓域疑则取四线之末也。次联名纪世图于末，嗣续无穷之思也。

右序编纂之例。

谱皆书名，临文不讳也。佚名则字，佚字则次第，今日排行。佚次第则记以方空，《逸周书·穆天子传》，凡阙字皆作方空。辞穷也。序述之文，皆书字；佚字则名，亦辞穷也。十五世以下皆名，卑乎我也。十三世以上曰某公，尊也。十四世则惟字，齐乎我也。别支，十三世者亦惟字，尊杀也。别支之谱，妇有氏而无族，阙者众也；弗阙者亦从，同同也。嘉会两嫡，并书美之。公无子立孙，中阙一世不书，礼有其变，事从其实，无所饰也。三贤公之曾孙，乃名中贤，误也。因其误而书之，礼无追改也。庶子不书所生母，统于嫡也。异母之子不分载，统于父也。殁而无嗣者书，别于存而有待者也。无子而妇守节者，虽未立嗣亦不书，宜有嗣者也。妇改适者，旧谱皆书，庶氏之母，孔门不讳，经义也。晋王氏之谱，盖并离婚不讳也。《世说》注上之上引。今不书，隐夫《凯风》孝子抱无言之恫者也。子未成丁者，旧列其数而无名，今注名，取备也。其不自见于谱，则犹前志也。

右序杂书法之例。

序世系源流于谱前，《唐书·宰相世系表》及欧阳氏、苏氏谱皆然，《欧阳氏谱》见《居士集》三十三，《苏氏谱》见《嘉祐集》十四。盖古谱序法也。《世说》注中之下引《温氏谱序》曰："晋大夫郤至封于温，子孙因氏居太原祁县，为郡著姓。"兼作图，据钱氏例也。《通志·艺文略》：钱氏有《庆系谱》，复有《庆系图》。又《后汉书·卢植传》言："同宗相后披图按牒，以次可知。"亦图牒相辅之明证。谱首上溯始祖，而中间六世，阙所不知，欧阳氏例也。《欧阳氏谱》曰："自琮以下七世，其谱亡。"详字与官爵及妇族，据《世说》注所引诸谱也。其无官者，晋《魏氏谱》称处士，《世说》注下之下引《魏氏谱》曰："颉字长齐，会稽人。祖允，处士。"今不从，恶饰也。汉代碑阴，民与处士别也，《苏氏谱》注不仕，今不注，无庸注也。佚名书字、书次第，皆《欧阳氏谱》例也。高之子字仲仁，亡其名。又楚之二子，亡其名，书长子、第二子。魏晋诸谱，妇皆注名，今不注，据《孔丛子》也。《孔丛子·抗志》第十曰："卫将军文子之内子死。"复者曰："皋媚女复。"子思闻之曰："此女氏之字，非夫氏之名也。妇人于夫氏，以姓氏称，礼也。"又或注次第，《世说》注中之上引《羊氏谱》《谢氏谱》《王氏谱》。今不注，妇以夫为长幼也。惟两张夫人注，辟不成文也。佚父族者，书其里，《司马氏谱》例也。《世说》注下之下引。别支、里族皆不书，则《苏氏谱》例也。《苏氏谱》惟书娶某氏。有子注生几子，《欧阳氏谱》例也。《苏氏谱》世世冠子字，文弗别也。其无子者，注名下，亦《欧阳氏谱》例也。苏氏注于次格，在末格则例穷也。《欧阳氏谱》格尽别起者，重书一世，明所承也。询书第一谱之末，又书第二谱之首，托书第三谱之末，又书第四谱之首。今次谱惟注某之子，省复也；图则重书，省注也。支派失传者入谱，《荀氏家传》例也。《世说》注上之上引《荀氏家传》曰："巨伯，汉桓帝时人也。亦出颍川，未详其始末。"后裔无考者入谱，《欧阳氏谱》例也。《欧阳氏谱》凡后裔无考者，皆于名下注阙字。《苏氏谱》于祖、父之名加讳字，《欧阳氏谱》则从同。谱者一族之公，非一人之私也，故不从苏氏也。序述之文，欧阳氏、苏氏皆名，苏氏乃至名祖、父。《族谱后录》称吾祖杲、吾父序。今不从，嫌斥也。详谱本宗，别支则略，欧阳氏、苏氏例皆然。然二家之谱，一支一谱者也；今之谱，一族一谱者也。一支一谱，各详所出，即彼此可以互明；一族一谱，例无别见，义不得而偏略也。《苏氏谱》生卒注名下，今排比年月为生卒谱，亦统序一族之法也。古法不记迁徙，今记，从欧阳氏也。《欧阳氏谱》曰："自八祖以来，迁徙、婚嫁、官封、名谥与其行事，则注于谱。"古法记女之所适，《世说》注上之上引《谢氏谱》，下之上引《袁氏谱》。今不记，从苏氏也。谱载茔墓，据《杨氏谱》也。《隋书·经籍志》："《杨氏家谱状》并墓记一卷。"其图，则参用《金石例》也。潘昂霄《金石例》一引

《古金石例》云："墓图作方石碑，先画墓图，有作圆象者；内画墓样，各标其穴某人，其石嵌之祭堂壁上。无祭堂，则嵌图墙上。"《欧阳氏谱》载行事，今不载，据《隋书·经籍志》也。《隋书·经籍志》家传入传记，家谱入谱系，各不相属。《旧唐书·经籍志》始合为一类，然究各自为书，盖谱为通名，故家传亦得称谱，而谱则不必定载事也。入谱之岁，古无正文，庾会终于十九，阮脩卒未弱冠，二氏之谱载焉。庾会见《世说》注中之上，阮脩见《世说》注下之下。苏东坡年已二十，老泉乃不列于谱，非所详也。谱称至和二年作。以东坡年谱考之，时已二十。前一年，婚王氏矣。姚安公定以十六岁，从版籍也。晋法始以十六成丁，见《晋书·范宁传》，今仍之。

右序损益古法之例。

古以纪谥系者为牒。《史记·三代世表》司马贞注曰："牒者，纪世系之书也。"故王氏有家谱，复有家牒。《唐书·艺文志》："王方庆《王氏家牒》十五卷、《家谱》二十卷。"又以纪世次者为图。故《欧阳氏谱》所列世系全为表式，而别署曰"图"。然《史记·年表》，桓谭谓旁行邪上，并效周谱，语见《南史·刘杳传》，刘知幾《史通》亦引之。则谱式本同于表。刘勰谓："谱者，普也，注序世统，事资周普。"见《文心雕龙》二十五。则谱为纪世之正名，仍曰"谱"，从朔也。古但曰"某氏谱"，《世说》注所引皆曰："某氏谱，惟下之下"王浑"一条，称家谱，疑其美文。"曰"家谱"，据《隋·经籍志》《唐·艺文志》所载也。《隋志》始有《杨氏家谱》，《唐志》自王方庆以下名家者二十一家。题里居，亦据《隋志》《唐志》也。《隋志》有京兆韦氏等谱，《唐志》有《东莱吕氏家谱》。曰某房，据韦氏、李氏谱也。《唐书·艺文志》："《韦氏诸房略》一卷，《李氏房从谱》一卷。"曰某支，据《杨氏谱》也。《通志·艺文略》："《杨氏枝分谱》一卷。"其文始见《唐扶颂》。汉咸阳令《唐扶颂》有"苗胄枝分"之语，见《隶释》五。其省为支，则据《北齐书·魏收传》文也。《传》载收对杨愔曰："往因中原丧乱，人士谱牒遗逸略尽，是以具书其支派。"曰"某门"，据《韦氏家传》文也；《隋书·经籍志》："《韦氏五门家传》一卷。"不曰眷，《唐书·宰相世系表》，裴氏称东眷、中眷、西眷。僻也。曰次第，据《后汉书·第五伦传》文也。《传》曰："其先齐诸田，诸田徙园陵者多，故以次第为氏。"曰成丁，据《北史·隋本纪》文也。《隋本纪》上曰："开皇三年，始令人以二十一成丁。"已所自出,曰某公,据《白氏家状》文也。见《长庆集》四十六。族之尊者亦曰公,据柳子厚叔父墓版文也。柳子厚叔父《殿中侍御府君墓版》曰:"宗人咸曰:孝如方舆公。"自注曰:"八世祖方舆公,讳僧习,以孝德闻。"其无官者亦曰公,据《吴仲山碑》文也。《汉故民吴仲山碑》,称吴公仲山。洪适曰:"故民者,物故之民也。"见《隶释》九。妇曰某夫人,据《欧阳氏谱》也。睦夫人、钦夫人等皆系夫之名;夫人黄氏等,则系妇之姓。士庶妻亦曰夫人,据《朱子语类》也。《语类》九十,无爵曰府君夫人,汉人碑已有,只是尊神之词。曰元配,据《晋书·礼志》文也。《志》曰:"前妻曰元配,后妇曰继室。"曰继配,据王介甫《葛源墓志》文,《志》曰:"继配卢氏。"介甫又据《仪礼》也;《仪礼·丧服》传曰:"继母之配父,与因母同。"不曰继室,古之继室非妻也。说详《左传·隐公元年》杜氏注及《孔氏正义》。不曰中娶,《世说》注下之下引《温氏谱》文。不曰次配,韩愈:《昭武将军李公志》文。皆僻也。其父称讳,据《曲礼》文也。《曲礼》:"妇讳不出门。"《正义》曰:"妇家之讳。"其佚姓者,曰某氏,据《晋书·礼志》文也。《志》曰:"吴国朱某入晋,晋赐妻某氏。"内忌无文,以内讳例之也。《世说》中之下,王蓝田拜扬州主簿,请讳,教曰:"亡祖先君,名播海内,远近共知,内讳不出于外,余无所讳。"

右序称名之例。

准之经,《易·序卦》《书序》《诗序》皆列后。《序卦》移于李鼎祚,《书序》移于伪《孔传》,《诗序》移于毛苌,皆非古也。今惟《序卦》复其旧。准之史,《史记·自序》《汉书·叙传》皆列后。准之诸子百家,《法言》《越绝书》《论衡》《潜夫论》《文心雕龙》,类不胜数,序皆列后:故序例列后也。章析之,《越绝书》例也。有标目焉,《史记·正义》例也;《说文》《汗简》《类篇》目亦列后,然旁证少矣,故弗为其僻也。陆氏《释文》,录入篇数,今弗从,亦僻也。小目列上,大名列下,古经解史传类然。《礼记》目录"曲礼上第一"疏引吕靖曰:"《礼记》者,一部之大名;《曲礼》者,当篇之小目。"既题《曲礼》于上,故著《礼记》于下,此古本小目列上,大名列下之明证。陆游作《南唐书》,尚由旧也。重椠移之,陋也。语见钱曾《读书敏求记》。谱,古制也,法从古类也,一家之书,从所好可也。

右序编次标目之例。

《史通削繁》序

史之有例,其必与史俱兴矣。沮诵以来,荒远莫考。简策记载之法,惟散见于左氏书,说者以为周公之典也。马、班而降,体益变,文益繁,例亦益增。其间得失是非,遂递相掎摭而不已。刘子元激于时论,发愤著书,于是乎《史通》作焉。夫《春秋》之义,以例而隐,先儒论之详矣。前有千古,后有万年,事变靡穷,纪载异致,乃一一设例以限之,不已隘乎?然圣人之笔削,如化工之肖物,执方隅之见以窥之,自愈穿凿而愈晦蚀;文士之纪录,则如匠氏之制器,无规矩准绳以絜之,淫巧偭错,势将百出而不止。故说经不可有例,而撰史不可无例。刘氏之书,诚载笔之圭臬也。顾其自信太勇,而其立言又好尽:故其抉摘精当之处,足使龙门失步、兰台变色,而偏驳太甚、支蔓弗剪者亦往往有之,使后人病其芜杂,罕能卒业;并其微言精义亦不甚传,则不善用长之过也。注其书者凡数家,互有短长。浦氏本最为后出,虽轻改旧文,是其所短,而诠释较为明备。偶以暇日,即其本细加评阅,以授儿辈。所取者记以朱笔,其纰缪者以绿笔点之,其冗漫者又别以紫笔点之。除二色笔所点外,排比其文,尚皆相属,因钞为一帙,命曰《史通削繁》。核其菁华,亦大略备于是矣。昔郭象注《庄子》书,盖多删节:凡严君平《道德指归论》所引而今本不载者,皆象所芟弃者也。例出先民,匪我作古,博雅君子谅不駴之。

《济众新编》序

余校录《四库全书》,子部凡分十四家:儒家第一,兵家第二,法家第三,所谓礼乐兵刑国之大柄也。农家、医家,旧史多退之于末简,余独以农家居四,而其五为医家:农者民命之所关,医虽一技,亦民命之所关,故升诸他艺术上也。计自神农、黄帝以来,著录于文渊阁者九十六部,一千八百十有三卷;附存其目者,九十四部,六百八十一卷,亦可云浩博矣。顾皆中国之所传,而外域著作,则不少概见。其可考者,《永乐大典》载明初回回医书近百卷,其论证、论脉之文,皆出重译:通其术者,不习其字;习其字者,不通其术,大抵诘曲晦涩,不甚可句读。至所用之药,皆回回之名,一味有至十余字者,不知于中国为何物?又对音不确,不能得其三合四合之法;即今之回部,亦不能尽解为何语?故弃置其书,不更编次。自是以外,欧罗巴多习外科,亦颇有效,然但得其药,而其方则靳不示人,故书亦无传焉。惟朝鲜,本箕子之旧疆,所刊《东医宝鉴》,久行于中国。以卷帙较繁,检寻未易。近复撮其精要之论、简易之方,为《济众新编》八卷。使病源如指诸掌,而药味可随地以取给。较回回书易知易行,较欧罗巴之秘惜其术,不欲别国得闻者,用心之公私尤迥乎有别。岂非礼教之贻从来者远,故仁术仁心独有先王之遗风欤?

偶见其书,喜其有济众之实心,而又有济众之实用;且喜其郑重民命,冀无夭札,能仰体圣天子涵育群生、痌瘝一体之至意,不但恭顺抒诚为诸外邦所不及也。因为书数行于简端。

卷第九

序

张为《主客图》序

张为《主客图》一卷,世无刊本,殆佚久矣。其文时散见《唐诗纪事》中。长夏养疴,即原序所列八十四人,一一钩稽排纂之,可以考者,犹七十有二。张氏之书,几还旧观矣。

顾其分合去取之间,往往与人意不相惬,岂如《诗品》,源出某某之类约略臆测耶?抑为去诸人甚近,其说或有所受耶?唐人论诗最不苟:高仲武书,郑都官排之甚力;此书孤行,唐末人无异词,又何也?夫儒者识见,系乎学问之浅深。吾党十年以前所诋诃,十年后再取阅之,帖然悔者不少矣。又安知惬吾意者必是,不惬吾意者必非耶?因钞而存之,识诸卷首。

《唐人试律说》序

诗至试律而体卑,虽极工,论者弗尚也。然同源别派,其法实与诗通。度曲倚歌,固非古乐,要不能废五音也。迩来选本至夥,大抵笺注故实,供初学者之剽窃。初学乐于剽窃,亦遂纷然争购之。于钞袭诚便矣,如诗法何?

今岁夏,枣强李生清彦、宁津侯生希班、延庆郭生埔及余姊子马葆善,从余读书阅微草堂。偶取其案上《唐试律》,粗为别白,举其大凡。诸子不鄙余言,集而录之,积为一册。因略为点勘,而告之曰:"余于此事,亦所谓揣骨听声者也。然窃闻师友之绪论曰:为试律者,先辨体,题有题意,诗以发之。不但如应制诸诗,惟求华美,则龑积之病可免矣。次贵审题:批窾导会,务中理解,则涂饰之病可免矣。次命意,次布格,次琢句,而终之以炼气炼神:气不炼,则雕镂工丽,仅为土偶之衣冠;神不炼,则意言并尽,兴象不远,虽不失尺寸,犹凡笔也。大抵始于有法,而终于以无法为法;始于用巧,而终于以不巧为巧。此当寝食古人，培养其根柢，陶镕其意境，而后得其神，明变化、自在流行之妙，不但求之试律间也。若夫入门之规矩，则此一册书，略见大意矣。"

是书也，体例略仿《瀛奎律髓》。为诗不及七八十首，采诸说不过三两家：借以论诗，不求备也。诗无伦次，随说随录，不更编也。其词质而不文，烦而不杀，取示初学，非著书也。持论颇刻核，欲初学知所别择，非与古人为难也。管窥之见，不过如此。如欲考据故实，则有诸家之书在。

《后山集钞》序

《后山集》二十卷，其门人彭城魏衍所编也。近云间赵氏刊行之。顾衍记诗四百六十五篇，编六卷；文一百四十篇，编十四卷。今本乃诗七百六十五篇，编八卷；文一百七十一篇，编九卷。又，衍记《诗话》《谈丛》各自为集，而今本《谈丛》四卷，《诗话》一卷，又《理究》一卷，《长短句》一卷，皆入集中，则此本又非魏氏手录之旧矣。壬午六月，从座师钱茶山先生借阅，令院吏毛循钞之。循本士人，所钞不甚误。而原本讹脱太甚，九卷以后尤不胜乙。因杂取各书所录后山作，钩稽考证，粗正十之六七，乃略可读，因得究其大意。

考江西诗派，以山谷、后山、简斋配享工部，谓之一祖三宗。而左袒西昆者，则掊击抉摘，身无完肤。至今呶呶相诟厉。平心而论，其五言古，劖削坚苦，出入于郊、岛之间；意所孤诣，殆不可攀；其生硬杈枒，则不免江西恶习。七言古，多效昌黎，而间杂以涪翁之格：语健而不免粗，气劲而不免直；喜以拗折为长，而不免少开合变动之妙。篇什特少，亦自知非所长耶！五言律，苍坚瘦劲，实逼少陵。其间意僻语涩者，亦往往自露本质。然胎息古人，得其神髓，而不自掩其性情，此后山所以善学杜也。七言律，嵚崎磊落，矫矫独行。惟语太率，而意太竭者，是其短。五、七言绝，则纯为少陵《遣兴》之体，合格者，十不一二矣。大抵绝不如古，古不如律，律又七言不如五言。弃短取长，要不失为北宋巨手。向来循声附和，誉者务掩其所短，毁者并没其所长，不亦慎耶！

其古文之在当日，殊不擅名，然简严密栗，可参置于昌黎、半山之间。虽师子固、友子瞻，而面目、精神迥不相袭，似较其诗为过之。顾世不甚传，则为诸钜公盛名所掩也。

余雅爱其文，谓不在李翱、孙樵下；又念其诗，珠砾混杂，徒为论者所借口。因严为删削，录成一编。非曰管窥之见，可以进退古人；亦欲论后山者，核其是非长短之实，勿徒以门户诟争，哄然佐斗。是则区区之志焉耳。

《瀛奎律髓刊误》序

文人无行，至方虚谷而极矣。周草窗之所记，盖几几不忍卒读也。而所选《瀛奎律髓》，乃至今犹传。其书非尽无可取，而骋其私意，率臆成编。其选诗之大弊有三：一曰矫语古淡，一曰标题句眼，一曰好尚生新。夫古质无如汉氏，冲淡莫过陶公。然而抒写性情，取裁《风》《雅》，朴而实绮，清而实腴，下逮王、孟、储、韦，典型具在。虚谷乃以生硬为高格，以枯槁为老境，以鄙俚粗率为雅音；名为尊奉工部，而工部之精神面目迥相左也。是可以为古淡乎？"朱华冒绿池"，始见子建；"悠然见南山"，亦曰渊明。响字之说，古人不废。暨乎唐代，锻炼弥工。然其兴象之深微，寄托之高远，则固别有在也。虚谷置其本原，而拈其末节；每篇标举一联，每句标举一字，将率天下之人而致力于是。所谓温柔敦厚之旨，蔑如也；所谓文外曲致、思表纤旨，亦茫如也。后来纤仄之学，非虚谷阶之厉也耶！赞皇论文，谓"譬如日月，终古常见而光景常新"。人生境遇不同，寄托各异；心灵浚发，其变无穷。初不必刻镂琐事以为巧，捃摭僻字以为异也。虚谷以长江、武功一派，标为写景之宗：一虫一鱼，一草一木，规规然摹其性情，写其形状，务求为前人所未道。而按以作诗之意，则不必相涉也。《骚》《雅》之本旨，果若是耶？是皆江西一派先入为主，变本加厉，遂偏驳而不知返也。

至其论诗之弊：一曰党援。坚持一祖三宗之说，一字一句，莫敢异议。虽茶山之粗野，居仁之浅滑，诚斋之颓唐，宗派苟同，无不袒庇。而晚唐昆体，江湖四灵之属，则吹索不遗余力。是门户之见，非是非之公也。一曰攀附。元祐之正人,洛、闽之道学,不论其诗之工拙,一概引之以自重。本为诗品,置而论人,是依附名誉之私,非别裁伪体之道也。一曰矫激。钟鼎山林,各随所遇,亦各行所安。巢由之遁,不必定贤于皋夔;沮溺之耕,不必果高于洙泗。论人且尔,况于论诗!乃词涉富贵,则排斥立加;语类幽栖,则吹嘘备至。不问人之贤否,并不论其语之真伪,是直诡语清高,以自掩其秽行耳,又岂论诗之道耶?

凡此数端,皆足以疑误后生,瞀乱诗学,不可不亟加刊正。然其书行世有年,村塾既奉为典型,莫敢訾议;而知诗法者,又往往不屑论之。缪种益蔓延而不已。惟海虞冯氏,尝有批本,曾于门人姚考工左垣家借钞。顾虚谷左袒江西,二冯又左袒晚唐;冰炭相激,负气诟争,遂并其精确之论,无不深文以诋之。矫枉过直,亦未免转惑后人。因于暇日,细为点勘,别白是非,各于句下笺之,命曰《瀛奎律髓刊误》。虽一知半解,未必遽窥作者之本源;且卷帙浩繁,牴牾亦难自保;而平心以论,无所爱憎于其间。方氏之僻,冯氏之激,或庶乎其免耳。

《俭重堂诗》序

吾宗以文章著者,梁有少瑜,唐有唐夫、元皋,然诗集皆不传。明末,檗子先生崛起江左,以诗鸣,殁而无嗣,遗集仅藏其外孙家。国初,巩昌太守子湘公及兄给谏孟起公、征君仲霁公,皆以文藻鸣一时,人比之"河东三凤"。征君尤工于赋咏,与檗子先生名相埒。流风余泽,沾被后昆。故文安一派,不特衣冠科第甲畿辅,文章渊雅亦率能承其家学,与当代作者相颉颃。

往在京师,受读可亭伯父《瓮茧集》,宏深奥衍,突过古人,循环洛诵,不能释。今岁,偲亭伯父复寄示《俭重堂集》十二卷。首曰《赠滩残稿》,皆少作。一往情深,有王伯舆之思焉。次曰《餐霞阁集》,家居食贫所作。次曰《岱麓山房稿》《岱麓山房续稿》,官山东及解组后作。次曰《赤城集》,羁栖保定时所作也。至是遇益蹇,诗亦益进。次曰《蓬山集》,作于内丘。次曰《希阮斋集》,次曰《华游集》,作于内丘解组后。绝意人事,脱落町畦,意象所生,方圆随造矣。

次曰《古博浪集》，次曰《昆阳集》，次曰《爱吾庐集》，皆就养河南之所作。老境恬愉，颓然天放，无复人间烟火语。然轩昂磊落之气，尚时时来也。

大抵平生性情笃至，寄托遥深，缠绵悱恻，不自解其何故，人亦莫窥所以然。又少时读书有大志，功名气节，皆不欲居古人下；而遭逢坎壈，所往辄穷，自伤幸际唐虞，不能与稷、契、夔、龙共襄上治，抑郁忧愁，无所发泄，一写于诗。故其诗，上薄《风》《骚》，下躏宋、元，无不一一闯其奥。而空肠得酒，芒角横生，嘻笑怒骂，皆成文章，于东坡居士为最近。夫欢愉之辞难工，愁苦之音易好，论诗家成习语矣。然以龌龊之胸，贮穷愁之气，上者不过寒瘦之词，下而至于琐屑寒乞，无所不至，其为好也亦仅；甚至激忿牢骚，恣及君父，裂名教之防者有矣。兴观群怨之旨，彼且乌识哉！是集以不可一世之才，困顿偃蹇，感激豪宕，而不乖乎温柔敦厚之正，可谓"发乎情止乎礼义"者矣。穷而后工，斯其人哉！

昀尝介同年宫君璟超，走书数千里，求檗子先生集于句容。其外孙虑有遗失，不即付。意恒怏怏，惧或湮没，不克传世，为宗党光。今得是集，纪氏诗有传人矣。倘他时有刊檗子先生集者，与此编并行天地间，彬彬郁郁，百年前后相辉映，不亦盛哉！

《冰瓯草》序

诗本性情者也。人生而有志，志发而为言，言出而成歌咏，协乎声律。其大者，和其声以鸣国家之盛，次亦足抒愤写怀。举日星河岳、草秀珍舒、鸟啼花放，有触乎情，即可以宕其性灵。是诗本乎性情者然也，而究非性情之至也。夫在天为道，在人为性，性动为情。情之至，由于性之至；至性至情，不过本天而动。而天下之凡有性情者，相与感发于不自知，咏叹于不容已。于此见性情之所通者大，而其机自有真也。彼至性至情，充塞于两间蟠际不可澌灭者，孰有过于忠孝节义哉！予尝慕古人三管之纪，每遇事有关于忠孝节义者，辄流连不置。

今夏，客从上党来，持《冰瓯草》一册，乞予言以弁简端。是册也，乃咏胡母杜节妇也。节妇及笄，矢《柏舟》操，终养双亲，继续二嗣，行建名立，荣叨旌典。坊成，远近作诗以歌之，洵骚坛盛事也。予观其苦节自贞，矢死靡忒，乃天下至情人；孝道允克，义方无忝，乃天下至性人。约略生平，有声有光，可歌可泣。其嗓艺林而谐金石者，真性情之感人者深。以维持世道人心于不替，岂第扬风扢雅，供几席间吟哦已哉！

因忆岁己卯，奉命典试三晋。入其境，见士敦节操，女尚贞良，未尝不叹陶唐遗风未远，心焉仪之。而胡氏子弟客游瀛海间者，又多恂恂雅饬；益征母教不衰，不容以不斐辞，爰搦笔而为之序。至诗之分葩竞艳，异曲同工，要皆发乎情思，抒乎性灵。读者自得于讽诵间，无俟予之哓哓也夫。

《乌鲁木齐杂诗》序

余谪乌鲁木齐，凡二载，鞅掌簿书，未遑吟咏。庚寅十二月，恩命赐环。辛卯二月，治装东归。时雪消泥泞，必夜深地冻而后行。旅馆孤居，昼长多暇，乃追述风土，兼叙旧游。自巴里坤至哈密，得诗一百六十首。意到辄书，无复诠次，因命曰《乌鲁木齐杂诗》。

夫乌鲁木齐，初，西蕃一小部耳。神武耆定以来，休养生聚，仅十余年，而民物之蕃衍丰膴至于如此，此实一统之极盛。昔柳宗元有言："思报国恩，惟有文章。"余虽罪废之余，尝叨预承明之著作，歌咏休明，乃其旧职。今亲履边塞，纂缀见闻，将欲俾寰海内外，咸知圣天子威德郅隆，开辟绝徼。龙沙葱雪，古来声教不及者，今已为耕凿弦诵之乡，歌舞游冶之地。用以昭示无极，实所至愿。不但灯前酒下，供友朋之谈助已也。

《爱鼎堂遗集》序

三古以来，文章日变。其间有气运焉，有风尚焉。史莫善于班、马，而班、马不能为《尚书》《春秋》；诗莫善于李、杜，而李、杜不能为《三百篇》，此关乎气运者也。至风尚所趋,则人心为之矣。其间异同得失,缕数难穷。大抵趋风尚者三途:其一,厌故喜新;其一,巧投时好;其一,循声附和,随波而浮沉。变风尚者二途:其一,乘将变之势,斗巧争长;其一,则于积坏之余,挽狂澜而反之正。若夫不沿颓敝之习,亦不欲党同伐异,启门户之争,孑然独立,自为一家,以待后人之论定,则又于风尚之外,自为一途焉。

明二百余年,文体亦数变矣。其初,金华一派蔚为大宗。由三杨以逮茶陵,未失古格。然日久相沿,群以庸滥肤廓为台阁之体。于是乎北地、信阳出焉,太仓、历下又出焉,是皆一代之雄才也。及其弊也,以诘屈聱牙为高古,以抄撮饾饤为博奥。余波四溢,沧海横流,归太仆断断争之弗胜也。公安、竟陵乘间突起,么弦侧调,伪体日增,而汛滥不可收拾矣。

汝阳傅庄毅公,当群言淆乱之时,独稽古研精,学有根柢,深知文章正变之源流。徒以国步方难,急需干济,务其大者、远者,不遑与词章之士争笔墨之短长。而案牍之余,不废著作,莫不吐言天拔,蝉蜕尘嚣,非所谓我用我法,不随风尚为转移者欤?盖公天性孤介,遇义所不可为者,虽触忤权贵,不少避言心声也。其人不谐时趋,其文亦不谐时趋,固其所矣。

公著书凡三十余种。明季兵燹,率多散佚,惟《秦蜀幽胜录》《修玉录》,仅著录《四库全书》中;《遗集》□十□卷,亦多残阙。今公六世孙翰林检讨□□先生,掇拾编录,勒为□□卷,命长君韩城令□□校正刊刻,以播世德之清芬。不以余为龠陋,属余为序。余慨夫有明末,造社论沸腾,凡属搢绅,几于人人有集。类以庞杂诡僻之文,转相标榜;末学肤受,俯拾残剩,亦遂可依附取名,莫不谓枚、马复生,贾、董再出,韩、欧而下,弗屑也。迄今一二百年,或覆酱瓿,或化尘埃。而公之《遗集》,乃岿然独存。岂非毅然自为,不随流俗为俯仰,刚正之气足以自传欤?又何必规规然趋风尚,规规然变风尚哉!

冶亭《诗介》序

冶亭宗伯以所编《诗介》示余。人不求备,诗不求多,盖唐人《河岳英灵集》例也。

适客至共读,客慨然曰:"美哉!七子之余响乎?"余曰:"子于七子有歉耶!夫文章格律与世俱变者也。有一变,必有一弊;弊极而变,又生焉。互相激,互相救也。唐以前毋论矣。唐末,诗猥琐。宋,杨、刘变而典丽,其弊也靡;欧、梅再变而平畅,其弊也率;苏、黄三变而恣逸,其弊也肆;范、陆四变而工稳,其弊也袭;四灵五变,理贾岛、姚合之绪余,刻画纤微;至江湖末派流为鄙野,而弊极焉。元人变为幽艳,昌谷、飞卿遂为一代之圭臬,诗如词矣。铁厓矫枉过直,变为奇诡,无复中声。明林子羽辈倡唐音,高青丘辈讲古调,彬彬然始归于正;三杨以后,台阁体兴,沿及正嘉,善学者为李茶陵,不善学者遂千篇一律,尘饭土羹;北地、信阳挺然崛起,倡为复古之说:文必宗秦、汉,诗必宗汉、魏、盛唐,踔厉纵横,铿锵震耀,风气为之一变,未始非一代文章之盛也;久而至于后七子,剿袭摹拟,渐成窠臼:其间横轶而出者,公安变以纤巧,竟陵变以冷峭,云间变以繁缛,如涂涂附,无以相胜也。国初,变而学北宋,渐趋板实。故渔洋以清空缥缈之音,变易天下之耳目,其实亦仍从七子旧派神明运化而出之;赵秋谷掊击百端,渔洋不怒;吴修龄目以清秀,李于鳞则衔之终身,以一言中其隐微也。故七子之诗,虽不免浮声,而终为正轨。吐其糟粕,咀其精英,可由是而盛唐,而汉魏。惟袭其面貌,学步邯郸,乃至如马首之络,篇篇可移;如土偶之衣冠,虽绘画而无生气耳。"

"冶亭此集,大旨以新城之超妙,而益以饴山之劖刻,诚得七子佳处,而毫不染其流弊者。如以七子末派并其初祖而疑之,则学杜者杈丫、学李者轻剽,亦将疑李、杜乎哉?"客怃然而去。

会冶亭索余为序,因书以质于冶亭,然欤?否欤?冶亭谅有以教我也。

《鹳井集》序

三山郭氏昆季,与余游最久,交亦最契。后各以仕宦别去,可新官畿辅,相去仅数百里,公事往来,犹相见;可远则初以学官还闽,既而以军功蒙特擢,又之粤东；可典亦作令于浙江。皆相去数千里，惟音问相通矣。然二十余年，性情无间，则一也。

今年春，可远、可典均以荐举来京师，论文把酒，欢若平生。可远言所著《台湾纪事》尚未脱稿，俟成帙当见寄。可典则出其《鹳井集》见示，皆其转饷海上，由浙之闽，又由闽还浙作也：其在途诸诗，虽经历艰险而惓惓王事，无一毫计较利害之心；其还乡诸诗，抚今怀昔、孝友睦姻之意，隐然流露于言表。孔子论诗，归本于事父、事君，又称温柔敦厚为诗教。可典是集，可谓探比兴之原，得性情之正，不以雕章镂句与文士斗新奇，而新奇者终莫逮。虽篇帙无多，亦足以传矣。

可新兄弟并负经世才：可远当台湾之变，能以书生倡率义民，左右阃帅，采入险阻，缚渠魁于深岩密箐之中，名达九重，邀不次之知遇。可典才不减兄，顾不能一效执殳，佐歼巨寇，一展平生之抱负，论者惜之。然兵莫急于饷，饷莫难于转粟渡海，又值蛟鳄纵横往来窥伺之日，可典相度事势，进退合机，使六十巨艘安然由越而达闽，是亦足当折冲矣。虽谓兄弟济美，可也。

可典求序，因书数行，质可远；并因可远、可典省兄东光之便，质之可新。至手足相聚，家庆一堂，欢忻亲爱之意，写诸篇章，必有更胜于军旅倥偬之际，仓卒而过乡井者。窦氏连珠之集，余更拭目俟之矣。

《郭茗山诗集》序

钟嵘以后，《诗话》冗杂如牛毛。而要其本旨，不出圣人之一语：《书》称"诗言志"是也。盖志者，性情之所之，亦即人品、学问之所见。富贵之场，不能为幽冷之句；躁竞之士，不能为恬淡之词。强而为之，必不工；即工，亦终有毫厘差。阮亭先生论诗绝句有曰："风怀澄澹推韦、柳，佳处多从五字求。解识无声弦指妙，柳州那得并苏州？"岂非柳州犹役役功名，苏州则扫地焚香、泊然高寄乎？饴山老人持"诗中有人"之说，亦是意焉耳。

龙溪郭茗山先生，耽书嗜古，不为俗学。尝举于乡，亦尝为学官，然识度夷旷，萧然有松石间意。不必不仕进，亦不必定仕进，卒投老山林，以吟咏自适。其所吟咏，不必有意不求工，如《击壤集》之率易，《濂洛风雅》之迂腐；亦不必刻意求工，如武功一派体物于纤微，如西昆一派镂心于组织。就其近似者言之，茶山、剑南之间，拔戟自成一队，殆相当矣。

余督闽学三年，闻永福黄丈莘田时称先生。顾适当先生解官时，竟弗及一见。乾隆癸丑，与伊子墨卿话及，墨卿始与先生之子鳌云携先生集来求余是正。余披阅再四，叹所见殆过所闻。鳌云遂录其菁华，编为此集。乙卯夏，鳌云将谋剞劂，并乞余序以弁首。先生往矣，诵其篇章，挹其遥情深致，宛然坐对几席间，虽谓之亲见先生可也。后之读者，因先生之诗以想见先生，谅亦如余今日也。诗者，性情之所之，与人品学问之所见，殆不诬乎！

《香亭文稿》序

孙樵谓"文章如面"，谅哉斯言。夫天下之人，同是耳目口鼻也，而百千万亿之中，曾无一二貌相肖？即偶一二相肖，而审谛细微，亦必有终不肖者，岂物物而雕刻耶！气化而成形，万物一太极，故同禀一气则同形；一物一太极，故各分一气则各貌，皆自然而然耳。岂如模造面具，一一毫厘毕肖哉！心之成文，亦犹气之成形也。才力之殊无论矣，即学问不殊，而所见有浅深，则文亦有浅深。故同一明道，而圣人之言、贤人之言、大儒之言，吾党能辨；同一说法，而佛语、菩萨语、祖师语，彼教亦能辨。自前明正德、嘉靖间，李空同诸人始以摹拟秦、汉为倡，于是人人皆秦、汉，而人人之秦、汉实同一音；茅鹿门诸人以摹拟八家为倡，于是人人皆八家，而人人之八家又同一音。模造面具，其斯之谓欤？久而自厌，渐辟别途。于是钟伯敬诸人，以冷峭幽渺，求神致于一字一句之间；陈卧子诸人，更沿溯六朝变为富丽。左右佩剑，相笑不休。数百年来，变态百出，实则惟此四派迭为盛衰而已。夫为文不根柢古人，是佪规矩也；为文而刻画古人，是手执规矩不能自为方圆也。孟子有言："梓匠轮舆，能与人规矩，不能使人巧。"是虽非为论文设，而千古论文之奥，具是言矣。夫巧者，心所为；心所以能巧,则非心之自能为。学不正则杂,学不博则陋,学不精则肤。杂而兼以陋且肤,是恶能生巧;即恃聪明以为巧,亦巧其所巧,非古人之所谓巧也。惟根本六经,而旁参以史、子、集,使理之疑似,事之经权,了然于心,脱然于手,纵横伸缩,惟意所如,而自然不悖于道。其为巧也,不有不期然而然者乎?

余不能为古文,而少长京师,颇闻前辈之绪论,持以商榷,率皆斯寡合。今老矣,名心久尽,不复措意于是事,益绝口不谈。不期无意之中,得香亭侍郎所见与余合。读其文,于古人不必求肖,亦不必求不肖;于今人不必求不同,亦不必求同。其思表纤旨,文外曲致,言短而味长,言止而意不尽。与言在此而意在彼者,恒使人黯然有思,翠然高望。余尝泛舟严濑,浮岚掩映,清波见底,一樵一渔,一花一草,皆寥萧有世外意。以为胜西湖金碧山水,故有"何须更说江山好,破屋荒林亦自殊"之句,今于香亭之文,殆作如是观矣。

会香亭自编文集成,因书夙所共谈者以为序。

《沽河杂咏》序

杂咏风土,自为一集者,唐以前不概见。今所得见者,自南宋始。然大抵山水名区,追怀古迹,一丘一壑,皆足以供诗材;又旧事遗文,具有记载,不过搜罗典籍,以韵语括之。曾极、董霜杰辈,往往一集至百篇,盖以是也。天津擅煮海之利,故繁华颇近于淮扬。然置卫始于明,置州升府、割河间七邑隶之,亦六七十年事耳。故其地古迹颇稀,明以前可屈指数。河海襟带,港汊交通,虽凫汀鹭渚,颇具水乡之胜;而地无寸山,岩洞涧谷之幽深,栖仙灵而狎猿鹤者,亦未之有也。文士往来于斯,不过寻园亭之乐,作歌舞之欢,以诗酒为佳兴云尔。无括其风土都为一集者,非才不能,地限之也。

蒋子秋吟,偶客长芦,独能采掇轶事,证以图史,为《沽河杂咏》一百首,仍撮拾旧文以注之。其考核精到,足补地志之遗;其俯仰淋漓,芒情四溢,有刘郎《竹枝》之遗韵焉。余不至斯土五十余年矣,读之宛如坐渔庄蟹舍之间,与白头故老指点而话旧也。后山诗云"巧妇莫为无面饼",如秋吟者,真能为无面饼矣。注中所引，有《沽上题襟集》，近人作也。余平生不喜入诗社，不能识诸君子，亦未见是集。然读秋吟所引，风流婉约，亦足当尝鼎一脔。秋吟此集，与之联镳齐骛，同为艺林佳话无疑也。彼南宋数家，不出尔时江湖一派者，殆不足道矣。

《月山诗集》序

诗必穷而后工，殆不然乎？上下二千年间，宏篇巨制，岂皆出山泽之癯耶？然谓穷而后工者，亦自有说。夫通声气者鹜标榜，居富贵者多酬应：其间为文造情，殆亦不少；自不及闲居恬适，能翛然自抒其胸臆，亦势使然矣。惟是文章如面，各肖其人。同一坎坷不遇，其心狭隘而刺促，则其词亦幽郁而愤激："东野穷愁死不休，高天厚地一诗囚。"遗山所论，未尝不中其失也。其心澹泊而宁静，则其词脱洒轶俗，自成山水之清音。元次山《箧中》一集，品在令狐楚《御览诗》上，前人固有定论矣。

乾隆乙卯，余纂《八旗通志》：仿《汉书·艺文志》例，搜求《四库》之遗籍，隋珠和璧，多得诸蠹简之中。桂圃侍郎，因以家藏先公《月山诗集》见示。其吐言天拔，如空山寂历，孤鹤长鸣，以为世外幽人，岩栖谷饮、不食人间烟火者，而固天潢之贵族也。其寄怀夷旷，如春气盎盎，而草长莺飞，水流花放，以为别有自得之乐，不复与宠辱为缘者，而固命途坎壈，盛年坐废者也。此其所见为何如？所养为何如耶？斯真穷而后工，又能不累于穷，不以酸恻激烈为工者。温柔敦厚之教，其是之谓乎？三古以来，放逐之臣，黄馘腩下之士，不知其凡几？其托诗以抒哀怨者，亦不知其凡几？平心而论，要当以不涉怨尤之怀，不伤忠孝之旨，为诗之正轨。昌黎《送孟东野序》称"不得其平则鸣"，乃一时有激之言，非笃论也。后之穷而求工于诗者，以是集为法可矣。

会侍郎将付剞劂，属余为序。因推公之志，而抒其大旨如右。

《四松堂集》序

桂圃侍郎既刻其先德之遗集，复裒辑伯氏敬亭先生诗二卷、文二卷、笔麈一卷,总题曰《四松堂集》,问序于余。

余读之,遥情幽思,脱落畦封,多使人想像于笔墨外。其诗,古体胜今体,古体七言又胜于五言。高者摩韩、苏之垒,次亦与剑南、遗山方轨并行。其文,似从公安、竟陵入,而逸致清言,上追魏、晋,如读临川王《世说新书》;范水模山,妙写难状,如读郦善长《水经注》、柳子厚南迁诸游记。其笔麈,亦宛肖六一之《试笔》,东坡之《志林》,无三袁纤俗、钟、谭佻薄之习。盖神思高迈,气韵自殊,遂青出于蓝,翛然自成一家也。其亦人杰也哉!虽平生足迹不出京圻,未能周游海岳,以名山大川开拓心胸,震耀耳目,以发其雄豪磊落之气;又甫得一官,即投闲色养,中年坎壈,哀乐损人,未能一展经纶之才,以发其崇论闳议;且天不假年,甫五旬余而奄化,未能如放翁、诚斋,吟卷积至万篇,皆天之所限,非人力之所能及。然游览未广,而一丘一壑,一觞一咏,随在怡然而自得。鹏鷃逍遥,远近一理,得郭子元之悬解焉。境遇不齐,而情所应至,率其性真,念所应忘,解以禅悦;梦蝶栩栩,任其梦觉,得漆园叟之妙悟焉。年命虽促,而沉酣典籍,密咏恬吟,能立言以传于后世,有桓谭五百年后之思焉。则皆天限之以运数,而人胜之以学识者也。其学识至,不限于运数,则先生之学识深矣。以是学识发为文章,文章之卓绝可知矣。

然则,侍郎以同气之故,校刻斯集,为因人以存其文。后之读斯集者,翠然高望,慨然远想,固可因文以见其人矣。

《袁清悫公诗集》序

余两女皆适袁曙海臬使子,以臬使交最契也。其得交于臬使,则以臬使兄清悫公故。忆自乾隆戊辰至甲戌,清悫公方宦京师,与秦学士涧泉、卢学士绍弓、张编修松坪、周舍人筼谿、陈舍人筼亭、王舍人穀原、左舍人羹塘、丁舍人药圃、钱詹事辛楣,及余与从兄懋园,均以应礼部试,结为文社;率半月而一会,商榷制义,往往至宵分;中间暇日,又往往彼此过从,或三四人,或五六人,看花命酒,日夕留连。时以诗句相倡和,一时朋友之乐,殆无以加也。数年间,十二人中成进士者七，各从仕宦，相晤遂稍稀。又数年，升沉聚散，所遇不齐，旧雨凋零，宴游闲寂，惟清悫公与余尚时相见。及公入参枢密，出督畿辅，以远嫌之故，书问并疏；至公华屋丘山，而故友十殁七八矣。然追怀曩昔，俨然如昨日事也。嘉庆丙辰，公次子继勤编公诗集，为四卷，邮寄京师，乞余为序。余启读之，宛然月下风前与公拈韵之日，中怀怅触，百感苍茫，能勿老泪纵横哉！

公遭际圣朝，扬历中外，以经济立功名，以操守励风节，载在国史，光耀汗青，岂复借月露风云与词客争长短！然"诗以言志"，古圣所云，心术、学问，皆于是见。公诗和平温厚，无叫嚣激烈之语；平正通达，无纤仄诡俊之意；即流连花月，赋咏禽鱼，亦皆天趣盎然，无枯槁萧索之气。所谓"仁义之人，其言蔼如"者耶！公为渔洋山人之孙婿，渔洋拈"不著一字，尽得风流"之旨，以妙悟医钝根；而饴山老人顾执"诗中有人"之说，以抵瑕而蹈隙。左右佩剑，彼此互讥。论者谓合二家相济，乃适相成，是亦扫门户之见也。公诗不愧为王氏婿；而读公之诗，慨然远想，可见其人，亦足以兼摄赵氏法。其殆蝉蜕是非之外，而毫无畦町于中者乎？是亦足见公心矣。

曩与公论诗，尝持此议，公不以为非；每持以告人，或不尽相许。今序公诗，附著此意于篇末，知音者希之感，又辗转余怀矣。

《云林诗钞》序

扬雄有言："诗人之赋丽以则，辞人之赋丽以淫。"为赋言也，其义则该乎诗矣。风人骚人，邈哉邈矣，非后人所能拟议也。而流别所自，正变递乘。分支于《三百篇》者，为两汉遗音；沿波于屈、宋者，为六朝绮语。上下二千余年，刻骨镂心，千汇万状，大约皆此两派之变相耳。末流所至，一则标新领异，尽态于"江西"；一则抽秘骋妍，弊极于《玉台》《香奁》诸集。左右訚訚，更相笑也。余谓西河卜子传《诗》于尼山者也，《大序》一篇，确有授受；不比诸篇小序，为经师递有加增。其中"发乎情，止乎礼义"二语，实探《风》《雅》之大原。后人各明一义，渐失其宗。一则知"止乎礼义"，而不必其"发乎情"，流而为金仁山

"濂洛风雅"一派,使严沧浪辈激而为"不涉理路,不落言诠"之论;一则知"发乎情",而不必其"止乎礼义",自陆平原"缘情"一语引入歧途,其究乃至于绘画横陈,不诚已甚与!夫陶渊明诗时有庄论,然不至如明人道学诗之迂拙也。李、杜、韩、苏诸集岂无艳体,然不至如晚唐人诗之纤且亵也。酌乎其中,知必有道焉。

光禄云林先生,早年贡成均,领乡荐,而屡踬于礼闱。中年登第通籍,服官郎署,介介自持,以古儒者自策励。晚年遭逢圣主,知遇方深,而先生遽遘东莱之末疾,不竟其用,论者惜焉。平生寡所嗜好,亦不甚喜通交游,惟偶有所感,辄发于诗。今就养京邸,优游多暇,乃自订旧诗为几卷,令子秉绶(余甲辰所取士也),持以求序于余。余反复洛诵,觉先生之学问、性情,如相对语。盖不惟《香奁》《玉台》之辞万万不以入翰墨,即他所吟咏亦皆以温柔敦厚之旨,而出以一唱三叹之雅音。陆机云:"理扶质以立干,文垂条以结繁。"先生其殆兼之乎?是真诗人之诗,而非辞人之诗矣。

余因序先生诗,辄举《大序》"发情""止义"二语以起例,亦以后人或流于一偏,而云林诗得性情之正,为可贵也。

《二樟诗钞》序

诗至少陵而诣极。然唐人自李义山外,罕学杜。元结、殷璠以下,选当代之诗者,亦无一家录及杜,其故莫详也。至于南宋,始以少陵为一祖,而黄山谷、陈后山、陈简斋为三宗,于是"江西体"盛,而吕紫微《宗派图》作焉。故"江西"者,少陵之流别也。所列二十七家,人不尽江西,诗亦不尽似杜,并不尽似黄、陈。盖黄、陈因杜诗而荸甲新意,吕紫微诸家又沿黄、陈而极其变态,各运心思,各为面貌,而精神则同出一源。故不立学杜之名,而别得杜文外之意。异乎嘉隆七子,规规摹杜之形似,宏音亮节,实为尘饭土羹也。刘知幾论史家学古,有貌同而心异,有貌异而心同,可以比例推矣。至嘉定以后,陆放翁《剑南》一集,为宋季大宗。其学实出于曾氏,故赵庚夫题《茶山集》有曰:"新于月出初三夜,淡比汤煎第一泉。咄咄逼人门弟子,剑南已见祖灯传。"放翁作《茶山墓志》,又称其诗宗杜甫、黄庭坚,是陆出于曾,曾出于"江西"之明证。特源远流长,论者不复上溯耳。

铁楼先生生于江西,而诗格出入于剑南。初官于滇,近绾绶分符于畿辅。凡仕宦之所阅历,道途之所游览,以及家庭之离合,朋友之酬酢,意有所触,辄寄诸吟咏。其词俊逸清新,其旨则温柔敦厚。虽不斤斤作黄、陈体,亦不斤斤作杜体,其遥接江西之派,则灼然无疑也。

先生与余未相识,而与余门人陈子质斋交最厚。不以余为谫劣,介质斋求序于余。余初学诗,从《玉溪集》入,后颇涉猎于苏、黄,于江西宗派亦略窥涯涘。尝有场屋为余驳放者,谓余诋諆江西派,意在煽构,闻者或惑焉。及余所编《四库书总目》出,始知所传为蜚语,群疑乃释。今因先生是集,为著其诗格之所自,且明余于江西一派未有异同也。故不辞而为之序。

《田侯松岩诗》序

同一书也,而晋法与唐法分;同一画也,而南宋与北宋分。其源一,而其流别也。流别既分,则一派之中自有一派之诣极,不相摄亦不相胜也。惟诗亦然:两汉之诗,缘事抒情而已;至魏,而宴游之篇作;至晋、宋,而游览之什盛。故刘彦和谓"庄老告退,山水方滋"也。然其时门户未分,但一时自为一风气,一人自出一机轴耳。钟嵘《诗品》阴分三等,各溯根源,是为诗派之滥觞。张为创立《主客图》,乃明分畦畛。司空图分为《二十四品》,乃辨别蹊径,判若鸿沟。虽无美不收,而大旨所归则在清微妙远之一派,自陶、谢以下,逮乎王、孟、韦、柳者是也。至严羽《沧浪诗话》始独标"妙悟"为正宗,所谓"如空中音,如相中色,如镜中花,如水中月,如羚角无迹可寻",即司空图所谓"不著一字,尽得风流"也。沿及有明,惟徐昌穀、高叔嗣传其衣钵。王敬美谓:"数百年后,李、何或有废兴,高、徐必无绝响。"斯言当矣。虞山二冯,顾诋沧浪为呓语,虽防微杜渐,欲戒浮声,未免排之过当。执肴蒸折俎为古礼,而欲废纯羹;取朱弦疏越为雅乐，而尽除清笛。不能谓其说无理，然实则究不可行。况"课虚无以责有，叩寂寞而求音"，陆平原言之；"思君如流水，既是即目清""晨登陇首，羌无故实"，钟记室言之；"山沓水匝，树杂云合。目既往还，心亦吐纳。春日迟迟，秋风飒飒。情往似赠，兴来如答"，刘舍人亦言之。则此论不倡自仪卿也。饴山老人坚执冯说，而渔洋山人独笃信而不移，其亦有由欤？

田侯松岩，以高阀世胄，性耽吟咏。扈从滦阳之日，退食多暇，屡以诗商榷于余。余读之，即景抒情，清思杳杳。昔人称高苏门诗："如空山鼓琴，沉思忽来，木叶尽脱，石气自青。"称渔洋山人诗："笔墨之外，自有性灵，登览之余，别深怀抱，一吟一咏，仿佛遇之。"此在脱屣轩冕、耽思泉石者，已不可多得；而侯承借世荫，日出于紫霄丹地之间，吐纳烟霞，呼吸沆瀣，随其意象，天籁自鸣。此其胸次寥萧，又加山林之士一等矣。

爱玩不置，为题数行于纸末。俟还京之日，当更借侯全集读之，以快所欲睹也。

《清艳堂诗》序

人心之灵秀发为文章，犹地脉之灵秀融结而为山水。燕、赵、秦、陇之山水，浑厚雄深；吴、越之山水，清柔秀削；巴、蜀之山水，峭拔险巇；湖、湘之山水，幽深明静；闽、粤之山水，欹崎缭曲；滇、黔之山水，莽苍郁律。千态万状，无一相同，而其为名胜，则一也。苏、李之诗天成，曹、刘之诗闳博，嵇、阮之诗妙远，陶、谢之诗高逸，沈、范之诗工丽，陈、张之诗高秀，沈、宋之诗宏整，李、杜之诗高深，王、孟之诗淡静，高、岑之诗悲壮，钱、郎之诗婉秀，元、白之诗朴实，温、李之诗绮缛。千变万化，不名一体，而其抒写性情，则一也。

帝妫有言曰："诗言志，歌永言。"扬雄有言曰："言，心声也；文，心画也。"故善为诗者，其思浚发于性灵，其意陶镕于学问。凡物色之感于外，与喜怒哀乐之动于中者，两相薄而发为歌咏，如风水相遭自然成文，如泉石相舂自然成响。刘勰所谓"情往似赠，兴来如答"，盖即此意。岂步步趋趋，摹拟刻画，寄人篱下者所可拟哉！

思元主人喜为诗，触机勃发，天籁自鸣。不求苟同于古人，而自无不同；不求苟异于古人，而自然能异。陈简斋《墨梅》诗曰："意足不求颜色似，前身相马九方皋。"昀每一长吟，辄悠然作天际想。此真心之灵秀发为文章，非寻章摘句者所可拟矣。春秋方富，进犹未已，昀焉能测其所至哉！

《清艳堂赋》序

古称："登高能赋，可以为大夫。"然所谓赋者，仍诗耳。荀卿诸赋，其体始变。屈原、宋玉之楚词，《汉书·艺文志》并题曰"赋"，体乃与后世近矣。故班固《两都赋序》称："赋者，古诗之流也。"建安以前，无咏物之诗；凡咏物者，多用赋。如《西京杂记》载枚乘诸人赋，于都京大篇以外，别为一格。沿及魏、晋，作者益繁，词亦渐趋于排偶。陆机《文赋》称"赋体物而浏亮"，盖就一时之体言之，不足以尽赋之长也。至唐调露中，始以赋试进士，而律体成焉。沿及宋、元，弥趋工巧，而得失亦遂互呈。至堆积故实、排砌奇字之赋，则明人作俑。知文章之体裁者，断不为矣。

思元主人工为诗，以余力更及于赋。近作二十六篇，昀伏几读之，见其撷徐、庾之精华，而参以欧、苏之变化，清思绵邈，灵气纵横。玉堂金马之彦，专业于是者，或不能及；而余力为之，顾游行自在乃如是。盖诗之与赋，如书之与画，体格异，而运掉之关捩则同。故善书者多善画，而工诗者亦多工赋，理之自然，无足异也。然则世之求工是技者，反求其本，足矣。《西京杂记》所载司马相如之论，徒张大其词耳。

《挹绿轩诗集》序

《书》称"诗言志"，《论语》称"思无邪"，子夏《诗序》兼括其旨曰："发乎情，止乎礼义。"诗之本旨尽是矣。其间触目起兴，借物寓怀，如杨柳雨雪之类，为后人所长吟而远想者，情景之相生，天然凑泊，非"六义"之根柢也。然风会所趋，质文递变，如食本疗饥，而陆海穷究其滋味；衣本御寒，而纂组渐斗其工巧。于是乎咏物之作，起于建安；游览之篇，沿于典午。至陶、谢而标其宗，至王、孟、韦、柳而参其妙，至苏、黄而极其变。自唐至今，遂传为诗学之正脉，不复能全宗《三百篇》矣。饴山老人作《谈龙录》，力主"诗中有人"之说，固不为无见。要其冥心妙悟，兴象玲珑，情景交融，有余不尽之致，超然于畦封之外者。沧浪所论，与风人之旨，固未尝相背驰也。

迈仁先生幼嗜吟，出入禁闼数十年，夙夜勤劳，未尝辍业。所著《挹绿轩诗集》，上溯汉、魏，下挹唐、宋，性情真至，文词尔雅。随事抒怀，不屑屑以镂金错采为工，而天葩独秀，一洗庸音。读之，醰醰有余味。虽遭遇圣明，凤蒙眷注，无抑塞不平之气，以发其奇逸纵横；又生长京华，足迹所及者近，未能涉历名山大川，以开拓其胸次。而俯仰千古之思，周览四海之志，笔墨间往往遇之。即偶然闲适之作，亦一丘一壑具有远致，读之使人穆然以思。所谓诗家之正脉，其在斯乎？又何必十首《秦吟》，始为接踵《小雅》哉！

会先生索余作序，因略述诗家正变之由，以告世之务讲《濂洛风雅》者。

《镂冰诗钞》序

畿辅诗人，惟任丘庞雪崖先生名最著。其时，渔洋山人以谈诗奔走天下，士莫不攀附门墙，借齿牙余论；惟益都赵饴山先生龃龉相争，至今"不著一字"之说，与"诗中有人"之说，断断然不相下也。雪崖与德州田山姜先生则不相攻击，亦不相附和。故渔洋说部于山姜有微词，于雪崖仅称其"切防美人笑跛者，春来不过平原门"一二小诗，殆门户之见，贤者亦不免欤！顾山姜作《丛碧山房集序》，仅许为香山、剑南之遗，殊不甚推重；雪崖刊以弁首，亦不以为嫌。贤者之所见，至今又莫能测也。尝窃论之：山姜以雄杰之才，上规八代，而学问奥博又足以副之，故其诗沉博绝丽，纵横一时；其视雪崖，固犹齐、晋之霸视秉礼之弱鲁也。故不肯折服，亦不敢凌铄，姑取其近似者称之云尔。雪崖诗平易近人，而法律谨严，情景融洽，故优柔蕴藉，往往一唱三叹，有余不尽，得风人言外之旨。譬以白、陆,白、陆未始非正声也,受而不辞,殆以是矣。

雪厓以后,北士之续其响者,惟景州李露园、曹丽天,任丘边随园、李廉衣,献县戈芥舟,寥寥数人。惜其遗集皆在存亡间,不甚著也。余初从同年毛其人家,识其外舅易州单公,为人侃侃有直气,而恂恂有儒者风,心颇重之。初不知其工诗也。单公殁后,其同里赵君象庵,执其《镂冰诗钞》属余刊定,将授梓。余受读之,与雪厓诗如出一辙:盖两家均上溯三唐,下薄两宋,务得性情之正。雪厓则天分稍弱,而研炼较深;单公则挥洒自如,而神骨遒上。要其合作,均可以相视而笑也。

庞公往矣,余不及见,无所憾。单公则相识三十年,竟未知其诗;今始知之,已不及与谈。乡党之中有是作者,乃徒于楮墨之间恬吟密咏,慨然想见其为人,是则余之所深歉者。若公则蓄宝希声,文章之价自在,固不以余之早知与否为诗品之轻重也。

《鹤街诗稿》序

在心为志,发言为诗,古之风人特自写其悲愉,旁抒其美刺而已。心灵百变,物色万端,逢所感触,遂生寄托。寄托既远,兴象弥深,于是缘情之什,渐化为文章。如食本以养生,而八珍五鼎,缘以讲滋味;衣本以御寒,而纂组锦绣,缘以讲工巧。相沿而至,莫知其然,而亦遂相沿不可废。故体格日新,宗派日别,作者各以其才力、学问智角贤争,诗之变态遂至于隶首不能算。然自汉、魏以至今日,其源流正变、胜负得失,虽相竞者非一日,而撮其大概,不过拟议、变化之两途。从拟议之说,最著者无过青丘:仿汉、魏似汉、魏,仿六朝似六朝,仿唐似唐,仿宋似宋,而问青丘之体裁如何,则莫能举也。从变化之说最著者,无过铁崖:怪怪奇奇,不能方物,而卒不能解文妖之目,其亦劳而鲜功乎?

余尝谓:"古人为诗,似难尚易;今人为诗,似易实难。"余自早岁受书,即学歌咏;中间奋其意气,与天下胜流相倡和,颇不欲后人。今年将八十,转瑟缩不敢著一语,平生吟稿亦不敢自存。盖阅历渐深,检点得意之作,大抵古人所已道；其驰骋自喜，又往往皆古人所执呵。捻须拥被，徒自苦耳。

　　嘉庆辛酉，童鹤街侍郎以疾，卒于学使任。其嗣君，以余与鹤街相契久，举其平生诗稿四卷，乞序于余。余久不为诗，亦不甚索观人诗久，且不与人论诗，故不知鹤街有是集。今观所作，一一能抒其性情，戛戛独造，不落因陈之窠臼，而意境遥深，隐合温柔敦厚之旨。亦不偭古人之规矩，其鲜华秀拔，神骨天成，不强回笔端作朴素之貌，而自然不入于纤丽。是真能自言其志，毅然自为一家矣。惜余四十余年日与游而不相知，徒于风流顿尽之后，抚其遗文，慨然远想，如见故人也。有诗如此，自足以传，原不必借余为元晏。所以不辞而序之者。余尝谓：太冲求序于元晏，而千百年后，元晏不甚以文章著，转赖序《三都赋》一事传为美谈。余于鹤街，傥亦如斯乎？

《四百三十二峰草堂诗钞》序

　　诗日变而日新。余校定《四库》，所见不下数千家，其体已无所不备。故至"嘉隆七子"变无可变，于是转而言复古。古体必汉、魏，近体必盛唐，非如是，不得入宗派。然摹拟形似可以骇俗目，而不可以炫真识。于是公安、竟陵乘机别出，幺弦侧调，纤诡相矜；风雅遗音，迨明季而扫地焉。论者谓：王、李之派，有拟议而无变化，故尘饭土羹；三袁、钟、谭之派，有变化而无拟议，故偭规破矩。盖必心灵自运，而后能不立一法、不离一法，所谓神而明之，存乎其人也。

　　门人蒋子士铨，尝以赵君渭川《四百三十二峰草堂诗钞》求余序。年来笔墨委积，日不暇给，恒择其督之急者而先，应余诺而未作也。癸亥二月，蒋子遣专使来索，遂拨冗开读，三夕乃竟。见其诗根柢眉山，而精思陶冶，如花酿蜜，如黍作酒，得其神不袭其貌，卓然自为一家，天下之善学苏者，盖莫君若。长吟短咏，自憾其相见之晚也。

　　惟是东坡才笔横据一代，未有异词。而元遗山《论诗绝句》乃曰："苏门果有忠臣在，肯放坡诗百态新。"又曰："奇外无奇更出奇，一波才动万波随。只言诗到苏、黄尽,沧海横流却是谁？"二公均属词宗,而元之持论,若不欲人钻仰于苏者,其故殆不可晓。余嘉庆壬戌典会试,三场,以此条发策,四千人莫余答也。惟揭晓前一夕,得朱子士彦卷,对曰:"南宋末年,江湖一派万口同音,故元好问追寻源本,作是惩羹吹齑之论。又,南北分疆,未免心存畛域,其《中州集》末题诗,一则曰:'若从华实评诗品,未便吴侬得锦袍。'一则曰:'北人不拾江西唾,未要曾郎借齿牙。'词意晓然,未可执为定论也。"喜其洞见症结,急为补入榜中。然则赵君诗之胎息于苏,其亦深知此意欤？

赵君所与倡和者,余多未识。所识者,如李南磵,为余庚辰所取士;周书昌、戴东原、余秋室,皆以余荐修《四库全书》,入翰林;孙渊如为余读卷所取士,其人并学问、文章具有端绪。知赵君之友,益知赵君之诗矣。因拨落酬应,为书数行于简端。若夫词句之弇陋,则本非善步,加以急行,赵君谅之可矣。

《诗教堂诗集》序

诗之名始见《虞书》,"诗言志"之旨亦即见《虞书》。孔子删《诗》,传诸子夏。子夏之《小序》,诚不免汉儒之附益;其《大序》一篇,出自圣门之授受,反覆申明,仍不出"言志"之意,则诗之本义可知矣。故后来沿作,千变万化,而终以人品、心术为根柢:人品高,则诗格高;心术正,则诗体正。陶诗无雕琢之工,亦无巧丽之句,而论者谓:"如绛云在霄,舒卷自如。"李、杜齐名,后人不敢置优劣,而忠爱悱恻,温柔敦厚,醉心于杜者究多。岂非人品、心术之不同欤？

嘉庆丙辰,余典会试,得武陵赵子慎畛。尝自言:"幼而孤露,赖舅氏王君孝承以成立。"因以王君往来训诲之书札,装潢成卷,乞余题跋。余读之,持论严正,虑事深远;而委婉提撕,委曲周至:若惟恐赵子立志、立身之不定,又恐赵子徒知立志、立身,而乖僻不达世务者。粹然儒者之言,与矜心作意、骛名讲学者迥异。因为附识其卷末。

赵子以余能知王君,复以所著《诗教堂集》乞余为序。集凡六卷,曰《研农草》,曰《邮签集》,曰《闽海二集》,曰《庳篷独倡集》,曰《松涛园草》,曰《南陔书屋钞》，曰《夫江草》，而附以诗余。盖暮年精自沙汰之本，故其中可传者多。其间，清空缥缈之词，沉博绝丽之作，亦有触景寄怀、溢为奇崛之气者，而自标全集之名，则统谓之"诗教"。

夫两汉以后，百氏争鸣，多不知诗之有教，亦多不知诗可立教。故晋、宋歧而玄谈，歧而山水，此教外别传者也，大抵与教无裨，亦无所损。齐、梁以下，变而绮丽，遂多绮罗脂粉之篇，滥觞于《玉台新咏》，而弊极于《香奁集》。风流相尚，诗教之决裂久矣。有宋诸儒起而矫之，于是《文章正宗》作于前，《濂洛风雅》起于后，借咏歌以谈道学，固不失无邪之宗旨。然不言人事而言天性，与理固无所碍，而于"兴观群怨""发乎情，止乎礼义"者，则又大相径庭矣。

王君之诗，不为巉岩陡绝之论，亦不为奇怪惶惑之态，而和平温厚，能不失圣人立教之遗意，其斯为人品高，则诗格高；心术正，则诗体正欤？惜余未挹其风采，末由一论诗教也。

积静逸先生《经义》序

谓清歌妙舞不如胜水名山，谓珠玉锦绣不如彝鼎书画，谓肥马轻裘不如莳花养竹，此所谓不解事人矣。然彼一是非，此一是非，士各有志，究亦莫能相强也。尝通此意以谈艺。诗古文，自明正嘉以来，前后七子倡言复古，而伪体于是大兴，然未敢以其说入经义；盖以诗、古文皆自立言，而经义则代圣贤言，圣贤之言，不容以杂说乱也。其以选体入经义者，则崇祯中几社为职志，然选言犹慎，卧子、彝仲诸遗篇可覆按也。末学承流，失其本始，于是以选体为经义，而孔、曾、思、孟，俱变为词赋家矣。操觚之士，但钞得分类之书数册，即可以雄视一世。而先正遗稿，塾中束不复观，坊间亦置不复刻，后学欲求见典型，竟莫由焉。

嘉庆丁巳冬，观菊于积子庆亭家。庆亭出其大父静逸先生经义数十首相示。先生生于康熙中，尚及见当时硕学。其文多徐健庵、仇沧柱、孙起山、方朴山、王云衢、储同人、王虚舟诸公所点定。雍正癸卯举于乡，出高安朱文端公、桐城张文和公之门。后官侍讲学士，与昌平陈紫澜先生善，故三公所点定者尤多。其文按脉切理，具有典型，信为渊源之有自，与无师之学迥然有殊；再四雒诵，觉耳目为之开朗。

昔王、李纵横之日，归震川独抱遗经与之撑拄，当其时弗能胜也。日久论定，公道乃明。虽弇州之傲然自命，后题震川遗像，亦有"千载惟公，继韩、欧阳；余岂异趣，久而自伤"之语，岂非是非之心，人皆有之乎？先生之文，余不敢蹈文社标榜之习，遽谓可追步震川；然位置近代储、王诸公间，实无愧色也。

庆亭将谋剞劂，求序于余。余喜其不失古格，因不辞而序之如右。

《李参奉诗钞》序

我皇上声教覃敷，大瀛内外，罔不砥属；重译而通者，盖不可偻指。其间，同文之国三：曰朝鲜，曰琉球，曰安南。安南，故陶唐之南交。琉球，虽隋代始通，而密迩八闽，明太祖以中国十六族留居其地，蕃衍者三四百年，故诗书皆与中国等。朝鲜，在汉为元菟、乐浪二郡地，再溯而上，则周武王以封箕子，知夏、殷尚隶版图。使为海外之殊域，武王安得割而封？箕子安能抚而有哉？故其国声明文物，较琉球、安南为独盛。

余再掌春官，实司四方之职贡。每御筵燕飨，引导外藩，见诸国使臣赓飏睿藻者，亦朝鲜篇什为多工，岂非近光之地，濡圣化者深且久哉！

今岁春，贡使通文馆教授金君成中，出其国《李参奉集》，乞余序。参奉始末，余弗能详考也。然就其诗而论，则可谓笃志斯事矣。考新罗之诗，初见于唐；《鸡林相解》辨白香山诗，亦见于唐。自是以后，名章隽句，多散见于诸书，而全集传于中国者，则世罕见。余典校《四库》，自明以来，著录者惟徐敬德《花溪集》而已。敬德讲宋儒之学，其诗亦近《濂洛风雅》，宋末仁山金履祥所选。特讲坛之余事。参奉之诗，则真诗人之诗矣：大抵自郊、岛导源，而冥心孤诣，摆落蹊径。其秀拔者，有尘外之致；其萧疏淡远者，有弦外之音。盖自北宋以来，谈诗者各有门户，往往为流派所拘，其才大者又往往激而横溢，改错俪规。

参奉居沧溟以外，闭户孤吟，泊然无党同伐异之见，故翻能直抒性情，为自鸣之天籁也。

披函微咏，慨然想见其为人。询之金君，知久随物化，又为怅然。念圣朝绥抚藩邦，中外一体，文士谈艺，亦应无中外之歧，可勿一为品题以发幽光哉！故因金君之请，漫为之序，并属金君传语东国士大夫：圣天子文德覃敷，千载一遇。苟能仰承教思，刻意著作，非惟殿前摘藻，邀不世之殊荣；即不克观上国之光，而篇什足传，亦终能表见。参奉此集是矣。颜光禄赠王太常诗曰："玉水记方流，璇源载圆折。蓄宝每希声，虽秘犹彰彻。"诸君子尚其勉之。

《耳溪诗集》序

郑樵有言："瞿昙之书能至诸夏，而宣尼之书不能至跋提河，声音之道有障碍耳。"此似是而不尽然也。夫地员九万，国土至多。自其异者言之，岂但声音障碍，即文字亦障碍；自其同者言之，则殊方绝域有不同之文字，而无不同之性情，亦无不同之义理。故凡宣畅性情，辨别义理者，虽宛转重译而意皆可明。见于经者，《春秋传》载：戎子驹支，自云言语不通，而能赋《青蝇》，是中夏之文章，可通于外国；见于史者，《东观汉记》载：白狼王《慕德》诸歌，具注译语，是外国之文章，亦可通于中夏。况乎文字本同者，其所著作又何中外之殊哉！特工拙得失，视其人之自为耳。唐武平一《景龙文馆记》载：中宗正月五日，蓬莱宫联句，有吐蕃舍人明悉猎（今金川以及廓尔喀其故地也），竟无能继者。宋计敏夫《唐诗纪事》载：南诏国王骠信，与其清平官等唱和（今缅甸其故地也），亦无能继者。其同文之国，纳赞献琛，得簪笔彤墀，赓飏天藻者，惟朝鲜、琉球、安南，而篇什华赡，上邀睿赏，惟朝鲜为多；其诗文集传入中原者，亦朝鲜为最夥。余两掌春官，职典属国，所见不能缕数也。

乾隆甲寅冬，判中枢府事洪君汉师，以职贡来京师，器宇深重，知为君子；既而知其先以庚寅奉使，与德定圃尚书、博晰斋洗马、戴莲士修撰递相唱和。与之语，声音障碍如郑樵之所云；索其诗，因出所著《耳溪集》，求余为序。近体有中唐遗响：五言，吐词天拔，秀削绝人，可位置马戴、刘长卿间；七言，亮节微情，与《江东》《丁卯》二集亦相伯仲。七言古体，纵横似东坡，而平易近人足资劝戒，又多如白傅。大抵和平温厚，无才人妍媚之态；又民生国计，念念不忘，亦无名士放诞风流之气。观其《耳溪文集》中，有与人论诗数篇，往往能洞见根柢，深究流别，宜其酝酿深厚，葩采自流，所谓诗人之诗，异乎词人之诗矣。

余天性孤峭，雅不喜文社、诗坛互相标榜。第念文章之患，莫大乎门户。元遗山诗曰："邺下曹、刘气尽豪，江东诸谢韵尤高。若从华实评诗品，未便吴侬得锦袍。"此以疆域争门户也。刘后村诗曰："书如逐客犹遭黜，词取横汾亦恐非。筝笛安能谐雅乐？绮罗原未识深衣。"此以学术争门户也。朋党之见，君子病焉。朝鲜距京畿最近，内属最早，奉职贡最虔，沐浴酞化亦最久。圣朝六合一家，已视犹阃阈。贡使文章又有志于古作者，如区分畛域，置之不道，是所见与门户等，岂"王道荡荡，无偏无党"之意哉！因为书数行，弁于简首，俾四瀛以外，知"诗也者，发乎情，止乎礼义"。此心此理，含识皆同，非声音、文字之殊所能障碍。共相传习，一如朝鲜之儒雅，文德之敷，其益恢益远矣乎！

《耳溪文集》序

饴山老人《谈龙录》引吴修龄之言曰："意喻之米，文则炊而为饭，诗则酿而为酒。饭不变米形，酒则变尽。"其意谓文易而诗难也。余则谓诗文各有体裁，亦各有难易。杜子美之诗才，而散文多诘屈；皇甫湜、李翱之文笔，而诗皆拙钝。才有偏长，殆不可强。古来诗、文皆长者，屈指典籍，代不数人。其余巨制鸿篇，汗牛充栋，大抵文附诗传，诗附文传，备一家之著作而已。

余既为朝鲜洪君序诗集，复得其文集。读之，不以赝古摹秦、汉，如"嘉隆七子"所为；亦不以机调摹八家，如鹿门之末派。方圆自造，惟意所如。其寄托恢奇，上薄元结、孙樵、刘蜕；其清辨滔滔，出入于眉山父子。即一二小品，亦摆落公安、竟陵之窠臼，嵚崎磊落，别调独弹。其心思如水泻地，纵横蔓衍；其气机如云出岫，宕漾自如。皆洋洋缅缅，初无定范，意尽言止，而文成法立焉。

其诸天机之所到乎？然非纵心一往，不醇而遽肆者也。夫善御马者，衔勒在握，则注波蓦涧而不蹶；善操舟者，针舵不失，则冲风破浪而无损；善用兵者，客主之形，奇正之用，罔不先机坐照，则节制百万之师而不乱，先操其本故也。洪君之文，虽畅所欲言，而大旨则主于明道。其言道也，不游谈鲜实，索之于先天无极；不创论骇俗，求之于索隐行怪。而惟探本于六经。盖经者，常也，万世不易之常道也；道者，理也，事之制也。理明，则天下之是非不淆，百为之进退有准，千变万化不离其宗。以应世，则操纵咸宜；以立言，则了了于心者，自了了于口，投之所向，无不如志。

然则，洪君之文，其又胜于诗矣乎？洪君之诗，其亦根柢于文矣乎？杜陵有言："文章千古事，得失寸心知。"洪君见此，其亦相视而笑否耶？

《明皋文集》序

"文以载道"，非濂溪之创论也。"理扶质以立干，文垂条以结繁"，陆平原实先发之，要皆孔子所谓"言有物也"。顾真西山《文章正宗》，黜《逐客书》，斥《横汾词》；刘后村以"深衣雅乐"譬之，谓非绮罗筝笛所能比，而卒不能与昭明之选争后先。唐荆川宗法韩、欧，足以左挹遵岩，右拍熙甫，而论者终有"晚年著作搀入语录"之疑，是岂理之不足乎？毋乃"言之不文，行之不远"，又如孔子之所云乎？夫事必有理：推阐其理，融合贯通，分析别白，使是非得失，鳌然具见其端绪，是谓之文。文而不根于理，虽鲸铿春丽，终为浮词；理而不宣以文，虽词严义正，亦终病其不雅驯。譬诸礼乐，礼主于敬，理也，然袒裼而拜君父，则不足以为敬；乐主于和，理也，然喧呶歌舞，快然肆意，则不足以为和。唐以前文，论事者多，论理者少，固已。宋以后，讲学之家发明圣道，其理不为不精，而置诸词苑，究如《王氏中说》《太公家训》，为李习之所不满。其故不可深长思乎？

朝鲜徐判书明皋奉使来朝。余适掌春官，职典属国，得接其言论，因得读其所作《学道关》及《明皋诗文集》。其《学道关》以正蒙之精思，参以《皇极经世》之观物,即数阐理,即理明数,衰然成一家言。诗则规橅金仁山《濂洛风雅》,自成一格。其文则揖让俯仰,有欧阳子之风度,而大旨根柢理要,不失"洛闽"之正宗。彬彬乎质有其文,是非雕章绘句者所能,亦非南宋以来方言俚语皆可入文者所能也。

东国声诗传播中国者多矣。文笔传播中国者,余惟见徐君敬德一集,然颇有荆川晚年之意。续见《耳溪文集》,叹为希有。不意今复见君,信斯邦世传诗礼,具有古风,非但以篇咏擅长矣。

判书乞余为序。判书论文,有"炼液成核"之说。盖研究微奥,撷其精华,凝聚精华,结为根柢。譬如道家炼精神气以成丹,乃养为圣胎,神通自在。刘舍人云:"取镕经义,自铸伟词。"韩吏部云:"约六经之旨以成文。"经,理窟也;镕也,铸也,约也,成也,即判书所谓"炼液成核"者也。判书深讲道学,而文则异,讲学诸儒之朴僿,厥有由欤?因书以为序,且因判书以质诸耳溪焉。

《曹绮庄先生遗稿》序

夫闻风知悦,华林无不折之芳;蕴宝希声,玉水有必彰之验。丛滋楚畹,恒见佩于骚人;璞孕荆山,终自登于清庙。是则然矣。然而,芷兰并采,或遗未发之馨香;圭璧咸陈,亦有不雕之瑊功。霜摧风败,一生空谷长埋;土蚀苔封,终古连城莫识。斯非幽人所为太息,而志士所为深悲者欤?

绮庄先生,河间景州人也。早年豪宕,踪迹东山;中岁幽忧,栖迟南亩。廿七后,甫能力学,大似于老泉;五十时,始解为诗,仅先于常侍。传鲁人之训故,初遇申培;申苍岭先生。吟楚客之江山,更偕宋玉。宋蒙泉前辈。沉思怫郁,几于态变风云;妙悟希微,遂已句成冰雪。擢肝镂肾,穷意象之欲生;出胁穿心,挟形神以俱往。譬诸禅学,直如香象渡河;拟以书家,可比怒猊抉石。加以遭家坎壈,哀时命之不犹;触绪缠绵,畔牢愁其谁语?美人香草,时为托意之词;秋蟀春鹍,大有缘情之什。忧多欢寡,剧怜贞曜先生;才秀人微,终作襄阳处士。当其长愁养病,惟寓于诗;究以不乐损年,竟濒于死。

嗟乎！洪河西导昆仑，通星宿之源；巨浸东浮渤澥，聚尾闾之势。迢迢九派，间气常钟；落落千秋，风流代挺。毛博士传经而后，六义彰明；张平子作相以来，《四愁》传讽。怀珠握璧，历代相承；摘艳熏香，于今弥盛。吾丘一老，初崛起于燕南；虎雪厓先生。瀛海诸贤，遂连翩于冀北。边征君赵珍之浩唱，《雪柱》《冰车》；李明府峥山之深情，风琴雅管。文园李太史前辈则云霞异色，卓尔不群；芥舟戈太史前辈则山水清音，翛然自远。莫不早登禄籍，得身依簪组之班；即或高卧衡门，亦名动公卿之座。同时雅契，竞看东野云龙；一代清风，争识北山猿鹤。先生乃哦诗穷巷，抱病明时。文章不光于庙廊，姓氏不出于州里。有情捐弃，独看舍北之松；无路遭逢，空感江南之橘。黄泉赍恨，长夜茫茫；白首攻文，壮心郁郁。较数子者，不其悲欤？

昀生同桑梓，仅得神交；谊结金兰，早经心许。龙文虎脊，屡披四杰之篇；蒙泉前辈选《广川四子诗》为金谷村、李蔍原、李秋厓及先生。凤举鸿轩，谬附五君之末。蔍原作《拟五君咏》，为金谷村、申苍岭、李秋厓、先生暨余。托序文于元晏，感激生前；抚遗稿于相如，凄凉殁后。江河万古，谁当吟杜甫之诗？烟草一丘，我欲吊方干之墓。

《绛云别志》序

生生世界，转若飙轮；种种因缘，幻如泡影。莺飞草长，人间多早谢之花；桂老蟾寒，天上无长圆之月。伤心黄土，几玉碎而珠沉；埋骨青山，终金销而石泐。去来一瞬，瞿昙借譬于芭蕉；梦觉两忘，庄叟委心于蝴蝶。良有以也，岂不然乎？然而才士情多，佳人命薄。吟连秋蟀，恒哀厉而弥长；丝引春蚕，辄缠绵而不尽。彼雄蜂与雌蝶会合参差，或孤凤与离鸾幽忧阻隔。疏桐缺月，忆惊起之回头；画角斜阳，感重来之照影。情难自已，悲不待言。至成连理之枝，复拆同心之蒂。鸳鸯待阙，欢娱之日无多；鹦鹉呼名，离别之期遽及。绿珠吹笛，讶哀韵之先闻；紫玉成烟，怅离魂之不返。百年长恨，伊人邈隔幽明；万世无期，此别遂终天地。绣帏却扇，忆当时宛似仙游；锦瑟惊弦，怅一霎真如梦破。萦回一念，难凭萱草以消忧；缴绕千重，谁向丁香而解结？是尤非忘情太上所能断其夤缘，说法空王所可剿其愁绪者矣。

女史绛云者，简亭先生之侍姬也。系从京兆，树纪田荆；家住析津，人称燕玉。四非奏曲，前身本是仙娥；王母侍女有田四非。两字联名，夙世原从词客。辛幼安有妾姓田，因名曰田田。笔床砚匣，时参针黹之间；脂奁香奁，具有诗书之气。楸枰暖玉，巧运心灵；桐衲冰弦，妙传指法。神栖淡泊，不容轻许王昌；志秉幽闲，讵肯一窥宋玉。悬知未嫁，几劳铁网之千丝；待价斯沽，合得珍珠之十斛。夙缘偶遇，忽逢青鸟之媒；嘉礼初成，恰似彩鸾之驾。《柳枝》五首，拟酬知己于樊南；荷叶双垂，遂委终身于耘老。斯时也，驼钩翠帐，时共清言；茧纸乌丝，兼多新咏。太白举杯以邀月，望若神仙；小红低唱以吹箫，俨然图画。斗南朝之裙屐，能教见者生怜；夸北地之胭脂，或亦闻而遥妒。风台月榭，对斯人足以自娱；茗碗薰炉，老是乡亦何所憾？而乃慧难兼福，玉不坚牢；乐反成悲，花才顷刻。梅兄礜弟断肠，本种于前生；兰姊琼姨抱恨，遂绵于终古。香魂一去，惊闻薤露之声；遗挂虚存，怅忆梨云之梦。为欢未足，四旬之燕婉方新；有数难移，廿载之光阴何促？虽无情者，宁不凄然！

所以感念存亡，追维今昔。苏玉局悼伤之什，对此茫茫；张司空儿女之情，何能已已？繁音婉转，大有新诗；软语依稀，兼成别传。埋香葬玉，觉凄动乎肝脾；剩馥残膏，谅感均乎顽艳。白太傅之吟都子，谁其继之？沈下贤之记氾人，近乎是矣。

嗟乎！色是空，空即是色，固可澄观；因生果，果又生因，亦由自造。玉环可辨，知前身再世之非诬；金钿同坚，信天上人间之相见。三生石在，姑此时听我销忧；一瓣香存，会有日证公结愿。

王伟人相国七十序

乾隆五十有九年十月二十七日，为东阁大学士韩城王公生辰。年登七秩，淑配齐眉，士大夫推为盛事。公方总理礼曹，礼曹同官拟制屏以祝。公秉心谦挹，再四固辞。河间纪昀曰：此非公所得辞也。《记》有之曰："天降时雨，山川出云。"言圣君有作，则名世应运而出也。《诗》有之曰："维岳降神，生甫及申。"言良佐硕辅，皆河岳英灵之所钟，非偶然也。《书》有之曰："天寿平格，保乂有殷。"言大臣以德召福，承天之祐，身与国家同其庆也。故五帝三王多享曼寿，其诸臣亦多长年。中最著者，君奭至一百六十岁，周器之铭往往称"寿若召公"，非其明证欤？钦惟我皇上法天行健，无逸永年，康强逢吉，协乎鸿范。自御极以至今日，斟元陈枢，久道化成，四瀛谧宁，八纮职贡，十全骏烈，荣镜宇宙。而五代五福之堂，八征耄念之宝，建极敛福，申锡无疆。凡黼座之旁，仰瞻穆穆之光者，尤咸庆绵算延洪，为摄提合雒以来所未尝有。而公适际昌期，荷龙光，登中台，与古帝臣王佐后先媲烈。皤皤鹤发，出入紫庭，盖乾枢斡运，元气鸿洞，而后五星二十八宿得随以长旋；坤维贞固，真精凝结，而后五岳四渎得托以长流长峙；圣人御宇，酝化浃洽，而后野多黄耇，朝有耆英。然则，公值此时，登此位，得此寿，且祥和之验著于家庭，与夫人同得此寿，实朝廷之化征，国家之人瑞，非公一人一家事也。同官是举，正为朝廷庆、为国家庆耳，非为公一人一家庆，公何辞焉？且明良契合，圣渥宏深，知公悬弧之辰，亲挥翰墨，锡以奎章、珍币、宝器，骈蕃赉予，在圣天子之意，固以为公当庆矣。公欣承优眷，谅亦不能不自庆矣。圣天子庆，公又自庆，同官敬踵而庆之，此于义未为不当。又方今老成向用，耆旧骈肩，朝班之内，以七旬、八旬称觞者，岁所恒有；其相率而祝嘏，公亦未尝不与，公固以庆化征、庆人瑞为当举也。而公之生辰，此区区数幅之笺，非有金玉锦绣之值，足以为公清介累，公使得伸其庆，于礼亦未为不宜。诸同官其敬制以献，知公之虚怀，必不河汉吾言也。

蒋东桥兵部五十序

圣世无遗贤，故虽萧散夷旷之士，亦各能以学问、文章自致于仕途。然其嵚崎之气与超然物外之怀，则不以穷达异也。

乾隆己酉，御试诸省考官，余叨奉命预校阅。得一卷，吐言天拔，意象多在町畦外。惜其诗旁注一字,不入程式。方咨嗟拟议间,同事诸公取视之,佥曰:"此选试官,非选中书舍人也。以文章为主,缮写小误不为害。"竟破格收之。初,糊名,不知为谁?半载后,或言为兵部主事蒋君东桥也。

越岁庚戌,遇皇上八旬庆典,士大夫竞作诗歌祝延万年。巨制鸿篇,铿锵震耀,殆不可殚数。余于姻家张司务处见《连珠》一册,雅而不肤,颖而不纤,奇矫自喜,如鲍参军之《饥鹰》独出也。询之,亦曰蒋君东桥作,益心识其人,然迄今尚不相闻问。盖余少日,尝以诗坛、文社驰逐名场,老而阅历世途,意气消歇,不复与胜流相角;君又落落寡合,退食之余,惟闭户著书,不复知有酬酢事。故两不相值也。

后余子汝似与君之子秋吟偶相遇,因相契厚。余颇恶儿辈事征逐,然于案头见秋吟《考具诗》一册,知能世其家学,因听其往来勿禁。既而,秋吟从汝似乞余文寿君,汝似姑以告,而疑初未相识无可措语。余曰:"吾曹读书论古,遇高风逸韵,恒抚卷想见其为人,岂必曾相识哉!"因语之曰:"致寿之道有二:一曰寿世。金有销,石有泐,而所铸刻之文终不可磨灭是也。二曰寿身。人之一身,精、气、神而已。营营骛外则神恒劳,神劳则气耗而精消,形因以敝。达者乐其在我,外物之得失惟其所遇,则神恒恬;神恬则气聚而精凝,形因以不衰。山林高士往往耆年,是也。"蒋君文章足以传,而淡泊寡欲又足以自养其生,二者其兼之矣乎!惟蒋君以科第起家,而宦途颇坎坷,论者每为深惜。余谓云中之鹤翔翱自适,涧底之松支离不中绳墨,是皆无用于世。而古来相与咏歌之,图画之,若憾不得与为俦侣者;而鹤与松亦以自全其天,不与凡禽杂木同腐朽。人各有能,有不能,少陵、太白,何必定为姚、宋、李、郭哉!余之寿蒋君者止此。

若夫一切祝嘏之词,余本不能作。又闻将乞梁山舟前辈书,山舟固萧散夷旷者,余惧其见之阁笔也,亦弗敢作焉。汝似因秋吟以质蒋君,或亦相视而笑,不病余之不善颂耶?

梁天池封翁八十序

有安命之学,有立命之学,是二者若相反然,安命即立命也。夫侥幸于所不可知，是谓不安命；颓然而不为所当为，是谓不立命。不侥幸所不可知，而务为所当为，久之未有无获者，是谓安命以立命，其理昭昭然也。

乾隆甲申，余视学福建，得梁生斯明、斯仪兄弟于童试中。时封翁年五十余，偕其长君斯震、次君斯志与试诸生间，俱高等。观察朱石君告余曰："是其家自明以来，为诸生者十四世矣。虽未有掇巍科、登显宦者，然其志初不以此为得失也。"余闻而壮之。既而，梁生兄弟相继举于乡，乙未斯仪成进士，有声词馆。

今岁癸卯，封翁寿跻八秩，梁生乃先期属余为文以侑。余因谓之曰："人自数岁受书，孰不期奋身功名耶？一挫于有司，愤矣；再挫，疑矣；数挫以后，悔而谢去者不知凡几，况能传及再世？况能传及十余世？困顿三四百年而不悔，此其人海内不数家也。困顿至十余世，命也；困顿十余世而不悔，安命也。此其志足立命矣。"

今闻封翁诸孙，复翘然庠序中，蒸蒸继起，福泽方未艾。而老人躬膺锡命，齿发康健，身名俱泰，此在数载以前，封翁岂遽期如此耶？莫之期而自如此，且其势将有不止于此者，所以为能安命之效也。江出岷山，不过滥觞；河出昆仑，狐可跃而过。迤迤曲行数千里，众水会之，乃极天下之浩渺，岂非弥积弥盛，遂沛然不可遏抑耶？此足以验立命之学矣。斯仪兄弟敬为传语封翁前曰："期颐寿考，可以自致，其理亦如是也夫。"

完颜母戴佳太夫人五十序

乾隆五十有一年，岁在柔兆敦牂，五月二十有二日，为诰封一品夫人完颜母戴佳太夫人五旬设帨之辰。太夫人为前直隶总督悫勤公之女，前刑部侍郎勉斋公之配，今献县知县晓岩先生之母。以迎养来县署，将称觞献寿致戏彩之欢，以昀忝旧交，举祝词相属。

昀闻古来称阃德者，有女训焉，有妇职焉，有母教焉。惟制府公际遇圣朝，为虞廷岳牧。高门名德，礼矩斯存；家庆所钟，四星叶瑞，其渊源盖有自来。太夫人玉孕方流，柔嘉天秉，郑经班诫，娴在夙龄。言德工容，动符古义。虽铃阁戟门，承借华膴，而素心所尚，隐然慕桓孟之风。是以代国卜婚，右军遣女；温恭淑慎，三党交推，知习于姆教者久矣。司寇公天挺珪璋，蔚为国宝。自含香郎署，擢领龙骧，以及赞理夏官，佐司秋宪，并道光卿月，著绩昌时。而专志服官在公凤夜，则宜家宜室内助为多。盖非惟衣裳五饭中馈靡督，即昧旦鸡鸣亦时动儆戒。洎乎天西虎节出镇河源，列戍开屯，任倅定远，迢遥二万余里，扬旌度陇三年，无内顾之忧者，太夫人之总持摒挡与有力焉。此又著美于从夫之日者也。迨晓岩明府以制锦名才，出典赤县，通逵九达，巫马戴星。而鹤志常清，麟饥不噬，莱芜尘甑，远师范丹，昔之金穴铜山，今为廉泉让水。虽白璧无瑕原诸天性，亦由太夫人身居黻佩，性挹冰霜，俾得以菽水承欢，葆其贞素。是为教子以德，因而以德及人。岂但在桑在梅，鸠仪均一，为母道之所难哉！夫德者，福之基也。太夫人之德如是，其早席父荣，长随夫贵，今又享子之禄，三从之中，诸福咸备，于理固宜。

且太夫人今年甫五旬，精神强固，自此而黄发台背，得寿方未可量。晓岩明府又盛年仕宦，循声日彰，自此而特达之知，帝心简在，所以承先志、光旧绪者，开府建牙，固如操券。因是益推太夫人之教，以造苍生之福，则太夫人之德所沾溉者，更不知其几？太夫人之福，亦盖不可量矣。此又昀所先事而预信者也。

尹太夫人八十序

内阁学士尹君楚珍，改官礼曹，高宗纯皇帝恩许归养，盖太夫人年已七十余矣。嘉庆四年，诏征君至京师，俾条论时政，仍以太夫人年高，加给事中衔，俾归终养。且特赐折匣，许由驿奏事，一时士大夫以为荣。

尹君濒行，特过余邸，云辛酉某月，太夫人八十，乞余文为寿。余文何足重太夫人？顾余与尹君先德松林舍人为甲戌同年，同入词馆，又同以朴拙甚相得；尹君继入词馆，松林又时使以所作诗赋就余商榷。故朝绅之内知其家事者，莫若余。使祝嘏之词属他人操笔，不过推原母教，概以丸熊故事，称太夫人贤而已，不能得其实也。即以尹君谠直，足以显亲扬名为太夫人庆，亦未尽得其实也。然则，太夫人居心行事，卓然与古人争光者，非余缕述，世弗能知。余固弗得辞也。

盖尹君之初遘外艰也，奉太夫人归故里。服阕以后，即拟请终养，太夫人曰："汝父子世受圣恩，是不可不报。以我老耶？我固健。以路远耶？我身自往返，亦三四月可到，非必不能往返也。"尹君俯首不敢答，然终不治行李。太夫人督促再三，则跽出一简曰："服官以来，窃见外吏所为有不惬于私心者，出而不言，此心耿耿，终不安；言则书生一隅之见，未必悉当于世务，或转为太夫人忧，故宁不出也。"太夫人方据几坐，索视其稿，振衣起立曰："儿能上此，即受祸，吾无憾，虽并我受祸亦无憾。儿行矣，自今以往，尔置我度外，我亦置尔度外，均无不可矣。"尹君之毅然抗疏，盖由于此。士大夫间有窃惜尹君不为太夫人计者，是乌知尹君，又乌知太夫人哉！

今太夫人耳目聪明，康强不衰，上受格外之恩荣，下受南陔之孝养，殆以闺壸之身，而有士君子之行，以德邀福，固其理耶。抑尝闻晋人之言曰："廉颇、蔺相如虽死，千载下奕奕有生气；曹蜍、李志虽见在，奄奄如泉下人。"然则人之寿与不寿，不在年岁之修短，叔孙豹所谓三不朽也。太夫人之寿永矣，岂复与寻常寿母较年之大小哉！

余今老矣，叨列六卿，久无建白，平生恒内愧。尹君今为太夫人祝，追忆旧闻，又深愧于太夫人。虽不知太夫人视余何如？或以此序据实成文，差胜于泛泛颂祝，徒以期颐富贵相期者，不弃其言，为欣然进一觞，亦未可知也。

旌表张母黄太孺人节孝序

世之论者辄谓："烈易而节难。"以烈或激于一时之义，而节则贞诸百年之久也。然节亦正不一矣。使天降闵凶，称未亡人，上犹有舅姑之依，下不无儿女之恋，此虽抱天下之至痛，然仰承色笑，俯视呱啼，俱可相与慰藉，则犹未为甚难也。若夫孤苦零丁，兄弟终鲜，而能以孱弱之年，矢靡它之节，为宗祊延已绝之绪，则非有特立不易之操，不足以几此。

张母黄太孺人，南皮前寻甸州牧黄公讳钜之女，儒士张公讳燕嘉之配也。结缡半载，张公遽殒，孺人年甫十六，悲哀号泣，痛不欲生，徒以祖姑年高，忍死谋奉养。因以伯兄子墀瑜为嗣，恩勤教诲，无异己出，竟屹然得成立。迄今孙、曾绕膝，且浸炽浸昌，将光大其门闾。向非孺人以一木之支，中外摒挡，断不能至是。孺人之节，讵不伟欤！

余闻孺人祖姑及姑并以节著。三世冰霜，萃于一门，实为近今所罕觏。其邀圣天子旌表之典，良为不忝。

余又闻，孺人少习《诗》《礼》，而尤娴于女红。自遭罹闵凶，益专志于是。尝谓："人心必有所注，斯妄念不生。"故侍亲抚孤之余，恒绣字不辍。所绣班大家《东征赋》，点画精妙，殆灭尽针线之迹。彭芸楣冢宰偶得借观，目为艺林鸿宝，自为题跋，而命其季女绣之。女即许适曹地山宗伯之子，未婚守节者也。余尝展册敬观，如劲柏贞松，森然对峙。此在孺人为末节，然物以人重，附识之，以为墨苑之佳话焉。

卷第十

跋

御制题孙觉《春秋经解》六韵恭跋
乾隆四十一年

乾隆癸巳,诏求海内遗书,以充《四库》。中外献书及格者,凡十三家,皆择其珍秘之本,御制诗章弁于首,俾世守以示褒异。臣昀幸与其数。蒙赐题孙觉《春秋经解》七言律诗六韵,宝墨辉煌,垂光奕世。既而,命以是书付武英殿剞劂。户部尚书臣王际华宣示:定本第四句下有御注:"周麟之跋云:初,王荆公欲释《春秋》以行于天下,而莘老之传已出,一见而有惎心,自知不能复出其右,遂诋圣经而废之,曰:'此断烂朝报也。'不列于学官,不用于贡举者,积有年矣。其说虽未必尽然,而是书为当时所重亦可见矣。"八十七字。第十一句下有御注:"此书于绍兴间阳羡邵辑任高邮时镂板郡斋,檇李张颜。又因其移书,以周麟之跋语附益卷末,识而弆之。今为翰林纪昀所藏,仅有抄本耳。"五十四字。盖限于卷端尺幅,未及备书,而其详则载御集。跽读之余,弥增忭幸。伏念臣学殖荒芜,谬蒙简擢,得总司编录,遍窥石渠金匮之藏,已为望外;乃复以家传旧笈上尘睿览,邀锡奎章,稽古之荣,尤逾常格,实不胜凫藻之至。谨恭摹宸翰,镌勒贞珉,以昭恩遇,并敬述始末,传示子孙,俾无忘焉。

御制题明朱载堉《琴谱乐律全书》恭跋
乾隆五十二年

臣闻"大乐必易",载于《乐记》,知雅奏无繁声也。《乐记》又曰:"清庙之瑟,朱弦而疏越,一唱而三叹,有遗音者矣。"盖遗者,余也。倚瑟而歌诗,瑟音一鼓,是为一唱;余音不断,歌者迟声以和之,是为三叹。古琴瑟,一字一弹,一弹一声,兹其明证矣。然自三代以来,即有雅乐、郑声之分,久而古乐、俗乐混合为一。非惟哀思柔曼,如《归风送远》诸操,不谐于正轨;即《高山流水》,自号赏音,如王昌龄所谓"声意去复还,九变待一顾"者,亦皆掩抑铿锵,务求悦耳,岂复伶伦后夔浑穆淳古之遗哉!唐去古未甚远,而《国史补》称:"于頔客弹琴,三分之中,一分筝声,二分琵琶声,无本色韵。"知指法盛,琴理晦,其来久也。

惟我圣祖仁皇帝亶聪立极,稽古从先,契天地之元音,溯圣神之旧制,于《御制律吕精义》,特阐明古法,垂示来兹。我皇上圣学高深,纂承前绪,诏定中和《韶乐》,一尊轩律舜弦之旧。从前,钦定《四库全书》既命以《琴谱》之明律吕者入《经部·乐类》,而以俗工之论句撇者入《子部·艺术类》,权衡至当,于琴声之源流正变已昭晰无疑。兹复御题朱载堉《琴谱》,订其指法之讹;又题载堉《乐书》,纠其杂用曲牌之谬。皇皇彝训,旷若发蒙。盖心与天地同其体,故能通天地声气之原;道与帝王合其符,故能溯帝王明备之奥。有非操缦安弦之流所能窥见万一者。

臣备员编纂,得仰承圣人之指示,又跽读宸章,得恭睹圣人之制作,濡毫敬录之下,真不啻身列虞廷,亲见依永和声,《九成》奏而凤凰仪,不胜欣忭荣幸之至也。

经筵御论恭跋
乾隆五十四年

经筵故事向用一《四书》题、一经题。此次首篇讲"闻韶"章,次篇用"子谓《韶》尽美矣"章,以引伸前篇之义。

臣闻:声气之元,上通造化。道侔乎天地,始能同天地之和;心契乎圣人,始能测圣人之蕴。故乐惟圣人为能作,惟圣人为能知,亦惟圣人能推其作乐、知乐之由,而发挥其微奥,非株守章句之儒所能窥见万一也。

我皇上协撰乾坤,超轶三五,化裁心矩,经纬万端,制度明备,囊括百代。钦定《律吕正义后编》《诗经乐谱》,并剖析精微,刊正谬误,为万祀成范。兹于讲幄复即鲁论之文,阐绎经旨,宣谕儒臣。溯蒲坂之元音,辨尼山之奥旨,微言大义,炳耀仪璘,非惟何晏、皇侃以来未明斯理,即紫阳集注,一经睿鉴指示,亦灼然共见其拘泥。盖大舜、孔子心源遥接,故聆音察理,旷代合符。我皇上无逸永年,化成久道,大舜"垂衣"之化也;综括三才,陶钧万象,孔子"一贯"之学也。有大舜之治,故能作大舜之所作;有孔子之学,故能知孔子之所知。心法、治法,后先一揆,具见于二论之中。

臣等跪聆玉音,不啻恭预虞廷之赓飏,而侧闻泗水之讲授也。能勿自庆遭逢之盛也哉!

御制耕耤禾词恭跋

乾隆五十四年

臣闻:敬天勤民,帝王之通义也。然必强固精明之气,足以运行而不息,始能恒久而不渝。耤田旧典,具载《礼经》,以供粢盛,昭其诚也;以教稼穑,务其本也。历代相承,罔敢弗举。顾稽诸史册,以年登上寿之帝王而躬行三推之礼,则未之觏也。我皇上建极敛福,无逸永年,久道化成,康强逢吉。溯自御宇以来,亲耕禾词,宣布中外者,已六十一章。兹己酉仲春,复躬耕耤田,御制禾词三章,被之管弦,韵叶幽雅,于时臣以礼官侍仪台左,仰见圣躬肃穆,天步从容,绀辕黛耜,往来陇畔者四。周规折矩,安舒中节。诸臣获预从耕者,咸自愧孱弱,弗及万一。又咸庆寿考康宁,体符乾健,足卜万年绵算,与天无极,不胜凫藻之悃。前者,巡幸滦阳,御制"七旬乘马"之句,海内流传,莫不欣悦。今圣寿届八秩,复有亲耕禾词,为艺林弦诵,其欢忭又当何如乎?臣恭录宸章,上贡册府,一以抒颂祝之忱,一以见圣天子万几兢业、惟日孜孜、宵旰励精、事必躬亲类如此,为三王以来所未有也。

御制至避暑山庄即事得句恭跋

乾隆五十四年

臣闻:《洪范》之衍皇极也,备陈"五福"之敛敷,庶民之锡保,而推其至治之效,则曰:"会其有极,归其有极。"昔周盛时,王泽洽,颂声作,《嘉乐》《天保》诸诗,所以抒祝嘏之忱者,洋洋郁郁,至今照耀人耳目。而世传周公《越裳》一操,尤称为太平之极盛。盖帝王统驭八纮,必万国之大同,始为诸福之咸备也。今安南阮惠震慑天声,叩关内向,献琛奉贽,万里梯航。廷臣跽读宸章及御题识语,咸颂圣天子威德昭宣,仁义兼尽,允上协乎天心。尤庆其不后不先,适以八旬万寿之前,与属国藩封同列爻间,效呼嵩之祝。岂非穹苍眷顾,特牖其衷,俾应期而至,成千古未有之盛事哉!臣恭录之次,以助顺之有验,益征申锡之无疆矣。

御制节前御园赐宴席中得句恭跋

乾隆五十五年

臣闻:千古未有之圣人,始能举千古未有之盛典。我皇上合德乾坤,超越三五,非惟文治武功为摄提合雒以来所希觏,即一燕饮赓飏之事亦为前史之所无焉。乾隆五十有五年,圣寿八旬,敛福敷锡,溥洽欢心。岁之元正,颁诏中外,塞北天西诸藩臣,咸鳞集仰流;而东之朝鲜、东南之琉球、南之安南、西南之巴勒布,亦皆航海梯山,和会于阙下。

朔六日丁亥,先赐宴紫光阁。越六日癸巳,复赐宴于御园。皇上推同仁之意,垂柔远之恩于诸臣正使,咸手卮以赐。圣慈优渥,迥殊常格;其感激欢忭,亦倍万恒情。午刻,宣示御制诗章,俾使臣能诗者恭和。中惟暹罗、巴勒布二国文字各殊,不谙声律,其朝鲜、安南、琉球三国使臣并拜效颂祝,得诗九章以进。

朝鲜国正使、行判中枢府事李性源诗曰:"尧阶春叶报中旬,湛露恩深法宴频。薄海欢欣同玉帛,寰区庆祝竞神人。陪筵每感黄封遍,赐酝那安御手亲。五纪馨香跻入耋,南山北斗总归仁。"

朝鲜国副使、礼曹判书赵宗铉诗曰:"春回庆岁月中旬,玉帛来庭侍宴频。姬箓万年跻寿域,尧阶三祝效封人。身沾法酝叨恩旷,衣惹香烟仰圣亲。武帐嵩呼同内服,双擎云汉颂皇仁。"

安南国谢恩正使、刑部右侍郎阮宏匡诗曰:"筵开前节值新旬,春暖名园诏问频。恩侈骈幪高覆物,泽覃优渥广同人。怀徕柔远天生圣,饱德观光子慕亲。化外幸陪冠带会,期颐介寿拜皇仁。"

安南国谢恩副使、东阁学士宋名朗诗曰:"虞廷肆觐未盈旬,拜奉天恩灌沃频。不限阳春覃异域,式隆膏泽宠来人。沦肌浃髓知优渥,望日瞻云妥戴亲。分外骈幪何报答?愿将嵩寿祝皇仁。"

安南国谢恩副使、翰林院待制黎梁慎诗曰:"天眷皇王启寿旬,亿年圣泽祝声频。御园日暖常佳气,华宴春浓及远人。星度共旋依北极,威颜咫尺仰慈亲。观光幸缀明堂列,顶踵均沾雨露仁。"

安南国进贡正使、翰林院侍读陈登大诗曰:"虞阶何待舞经旬,玉帛初通雨露频。煦育肯分千里外,绥怀浑似一家人。幸陪周宴清光接,近挹尧樽咫尺亲。新宠归来分海国,共将华祝颂皇仁。"

安南国进贡副使、东阁学士阮止信诗曰:"华旦欣逢万寿旬,春卮虔祝叩筵频。象方玉帛联王会,鹿宴笙簧慰远人。望日有年陶煦暖,朝天何幸妥尊亲。南归愿即呈黄耉,早拜丹墀仰至仁。"

安南国进贡副使、翰林院待制阮偍诗曰:"九十韶光甫二旬,灵园莺燕报春频。星驰轮辔趋行殿,云集衣冠拜圣人。仰见英君德得寿,可知天命敬惟亲。金章玉席洪恩浃,泸伞难酬顶踵仁。"

琉球国副使、正议大夫郑永功诗曰:"御极垂衣正八旬,普天沐德献琛频。四夷骈贡蒙皇化,五代同堂仰圣人。召入华筵龙液酒,飞登紫苑凤卮亲。天颜咫尺沾恩湛,永祝升平万寿仁。"

伏考外国诗篇进于朝廷者,惟白狼王《唐菆歌》三章最古。然实舌人所代译,其原词尚载《东观汉记》中,不能谐音律也。唐贞观中,有南蛮酋长冯智戴咏诗之事,特一人而已,其诗亦不传;次则景龙中,正月五日蓬莱宫春宴联句,有吐蕃人明悉猎一句,此外无闻焉。今乃同文者三国,能诗者九人,恰以圣寿八秩之岁,同日预宴赋诗,此非千古未有之盛典欤？人徒见荒憬旅来,不辞险远,不知由德所浃者深、威所震者远也。人徒见海国山陬亦能赋诗,不知由文教覃敷久已化行于域外,不自今日始也。至于适以举行庆典之年,有此度越亿龄之事,则由于天申保佑,特以是为神符灵爽之征,益非偶然而致矣。

臣备员秩宗,职典属国,又叨预嘉宴,目睹其盛,实不胜凫藻之至。谨恭录圣制,而附纪诸陪臣之和章,以昭示万世,知皇上圣化为千古所未有焉。

御制寿民诗恭跋

乾隆五十五年

臣闻:《周易》称"乾道变化,各正性命",而《中庸》首章乃以"天地位,万物育"为致中和之极功。盖氤氲化醇,皆生机也;蜎飞蠕动,皆生意也。然或有所夭阏于其间,则其生不遂,于是,圣人有参赞之功焉。所谓为天地立心、为生民立命者是也。故横海之鳞必于巨壑,近网罟者则不能;干云之木必于穹岩,戕斧斤者则不能;老寿之民必于太平之世,叔季凋敝者亦不能。理之自然,如操左券矣。我皇上御极五十有五年,太和翔洽,桐生茂豫,亿兆胥登于仁寿。臣在春官,检核旧籍,每年以百岁请旌者不能缕数。今岁正月,恭逢圣寿八旬,州郡以百岁奏者尤众。是非气淑年和之验欤？其尤幸者,或以兄弟比肩,或以夫妇齐眉,或以一堂五代,或以恭遇巡省。鸠杖迎銮,得邀宸翰之荣,用著熙朝之上瑞,而昭优礼耆耇之盛典。见于御制诗集者,炳炳麟麟,荣镜宇宙。臣谨恭录成册,以垂示奕祀。自此以往,圣寿益长,圣泽益渥;黄发台背之叟,荷赐奎藻者,亦益绳绳不已。恭俟御制诗集以次续编,以次颁行于海内。臣更将以次敬书,用彰久道化成之极盛焉。

经筵御论恭跋

乾隆五十五年

臣闻:《周易》一书,以天道明人事,故六十四卦之象传,皆有君子以字。《中庸》一书,则以人事合天道,故托始于天命而归宿于上天之载。是皆圣人效法之学,儒者类能言之也。然儒者之所讲,循文训诂而已。至于保合太和之原,则惟圣人始能合其德,亦惟圣人始能通其微。一经阐发,人人觉惬理厌心,如得诸意中,而实则出千古之意外。斯则浅者见浅,分量有所不能强矣。

今岁经筵,进讲《中庸》:"栽者,培之;倾者,覆之。"《周易》:"天行健,君子以自强不息。"诸臣覃精研思,不能出先儒旧义之外;迨跽聆御论,始悟天与人物本为一体。"栽培""倾覆",胥推于乾元之中,行乎其所不得不行,人惟当顺天之常,克己之私。又悟"自强"有二义:一曰自已,一曰自然。揭圣贤由勉入安之序,而示其致力之根本,在于孔、颜之论仁。

臣伏而绎思之,六经之旨包括宏深,儒者见仁见知,各举一端,往往不能尽其奥。故自其流行者而论,则气数由于天地;自其枢纽者而论,则天地亦在气数之中。汉儒六日七分之学,以六十四卦配三百六十日。邵氏《皇极经世》之学,以六十四卦配元会运世。其间盈虚消息,即为吉凶治乱之所由;而天道人事并随以转移,虽有圣人,亦不能不委顺于其际,此定理也。然未有用以诠"栽培""倾覆"者。讲《周易》者,有变易、不易二义;讲知命者,有安命、立命二义。盖必互相发明,其理始备。而讲《周易》"自强不息"者,则仅有自已之一义,而自然之一义亦历代未经论及。岂非均索之四海之外,而失之目睫之前欤?今经指示,旷若发蒙,岂但为说经者之圭臬乎!圣神功化之极轨,俱已探其本原矣。臣恭录之下,益信惟圣人能知天,惟圣人能合天也。

御制云贵总督富纲奏缅甸国长孟陨遣使祝釐
并乞封号诗以赐奖恭跋

乾隆五十五年

钦惟我皇上威弧高张,德车远届,仪璘所爓,砥属维均。譬青阳之育物,而桐生茂豫;象霆声之发荣,而壒处倾听。夔鼓所震,遐轶竖亥之步;象胥所通,咸顺夷庚之轨。《王会》所图,盖藻绘岁增焉。岂非道至大故化至神欤?曩岁戊申,缅甸国长孟陨革心面内,稽首款关。皇上嘉乃梯航,鉴其葵藿,饫以太极之泉,飨以大予之奏。翘企而至,喜北阙之是瞻;咏蹈而还,感南车之用导。遂乃抃迎圣渥,仰瞩天容。海燕熙阳,河鱼戴斗,重献益疆之版,来奉介寿之觥,敬效贡篚,祈求册命。摅其丹悃,申以绿章,恳挚之怀,披腹如睹。皇上惠兹骠国,锡以龙光。宝篆璘瑞,遐赉乎九译之区;奎文炳耀,荣镜乎六诏之外。四瀛传诵,胥颂圣天子绥柔之略,帱载之仁,为三五以来所未有焉。夫阳气萌而荔挺出,协风至而仓庚鸣,天地之仁不遗乎一物者也。阳燧取焰于丹曦,寸管回春于暖律,一物之诚,上通于天地者也。皇上以甘露时雨涵育乎徼外,孟陨复以鳞集仰流上格乎帝心。古所云"中外一家,天地交泰"者,兹其明征矣。臣备员春官,职典属国,恭录宸章,诚不禁庆幸之交集也。

御制八征耄念之宝记恭跋

乾隆五十五年代作

臣闻:帝王之政,挈道枢者惟心,揆化机者则惟理。理,经纬万端,而本原于帝绎。故必人事协于矩,乃德与天符;必德与天符,乃馨香感、福禄备焉。《洪范》一篇,和同于天人之际,盖以此也。我皇上斟元陈枢,总持六幕,轩铭尧诫,日慎一日,于今五十有五载。兹逢八旬万寿之期,更特镌八征耄念之宝,亲制记文,以昭慎宪省成之渊衷。咸谓圣天子年弥高,德弥劭,精明强固,将与方仪圆象同悠久无疆。

臣跽读而绎思之，我皇上得天久照，缉熙光明。前特命于《经筵歌》抑戒，以著耄而勤学之思；今岁进讲《周易》，跽聆御论，于乾卦大象，阐自已、自然二义。大圣人协撰乾元，健行不息，臣工固莫不仰窥之。姬公陈训称："无逸永年。"武王著铭曰："敬慎必恭，恭则寿。"跽读御制《无逸论》《五福五代堂记》，大圣人绵算延洪，康强逢吉，臣工莫不颂祝之。然念之云者有实用焉，非徒曰心之精神谓之圣也；征之云者有显证焉，非徒以谶纬术数推衍机祥也。盖《洛书》之数：一曰五行，明天道；二曰五事，明人事；八曰庶征，明天之通乎人；九曰五福，明人之格乎天。而居中扼要，则归本五位之皇极。郑康成、孔安国皆曰："皇者，大也；极者，中也；大中者，无过不及之谓也。"权衡在宥，规矩从心，乃以役使群动，万化咸宜焉。舜曰"执中"，汤曰"建中"，胥是志也。

臣仰荷圣渥，通籍已五十五年。扬历中外，浼登禁近，得日瞻穆穆之光。虽识见梼昧，未足知圣化之万一，然步躐之所测，究胜握管之所窥。伏见我皇上提挈天纲，经纶百度，与时张弛，消息变通：如井田、封建、车战断不可行于后世者，皆著论以辟其谬；而礼乐刑政，师古之意，以权今之宜，与二帝、三王心法、治法，皆若合符节。

我皇上念典于学，茹涵百代，抉经之心，执圣之权。《御制诗》五集，陶铸雅颂；《御制文》二集，含吐典谟。自天苞地符，未阐斯秘；而义关劝戒，弗尚华词，明著于圣谕。钦定《四库全书》，函溢六千，卷逾八万，极古今图籍之富。而权衡曲当，衮钺炳如，不容一非圣之语，又极义例之谨严。

我皇上神武天锡，威弧震叠，凝神九天之上，而制胜万里之外。龙沙、葱雪三十六国，指顾荡平；冉駹两国、吐蕃九姓，古来号为天险者，旗锋所指，咸藉场艾㞗；鲛室蜃窟，大瀛隔越，亦长鲸就剪，海不扬波。然逆则讨，服则舍，苟尉佗稽首，唐莋陈诗，则义取止戈。绥柔曲逮，两阶干羽，原与青邱夔鼓，称物以施。

我皇上论辨官材，甄别流品，仿虞典之三考，侔周京之六计，滋兰刈艾，披沙拣金，日月贞明，物无遁影。然菁莪乐育，茅茹汇征，贡举增科，学校扩额，四门大辟，俊民用章，至题特奏之名，标五老之榜，莫不弹冠结绶，颂寿考作人。

我皇上综核邦计，示俭防奢，厘剔侵渔，杜绝冒滥。持筹司会，出纳有经。然民生国计所关，则不言樽节。统计御极以来，蠲租赋者不知几千百万，免铨秸者不知几千百万，增赈恤者不知几千百万，贷盐筴芦课者不知几千百万，筑河渠城垣者不知几千百万。至搜军实、修武备，一岁加饷三百万，更永永无极，又何尝纤毫靳惜欤？

我皇上明察庶物，矜慎祥刑。稂莠剪而嘉禾荣，雷霆鼓而句萌动。辟以止辟，用弼教协中，若情异怙终，则恩宏汤网。自金鸡肆眚以外，爽鸠谳牍，岁有矜疑，凡庭坚执法。尧曰"宥三载秋官之籍"者，盖不能缕数焉。

凡兹圣政，皆秉大中，盖照临如鉴之明，故万事万物之情，具烛其隐；裁制如衡之准，故不偏不倚之节，各适其宜。箕子所谓皇极者，此也。皇上所以念用庶征者，此也。

臣备员枢密，内朝燕见，日聆玉音，仰识睿虑周详。或图度于几先，或防维于事后，无不穷人情事势之微，而权以天理。其缓急轻重之机，诸臣所不能骤喻者，每委曲宣示，旷然开悟，如仰睹三光。而臣所意喻心领欲赞颂而无以形容者，尤其身经之数事：

夫倏忽万变，莫过于兵。皇上征伊犁、讨回部、定金川，以及秦陇诸役，臣并执殳以从。其间山川险阻，随地殊形，进退攻守，因时异势。臣身在戎行，尚持疑弗审，皇上发纵指示先机，决胜千里外，如指诸掌，轩皇之亲临涿野，不是过也。

曼衍无定，莫过于水。臣尝奉命数视洪河，一阅大江。于横河之所冲击，孰险孰夷，孰筑孰浚，淼无涯涘，猝不得端倪。皇上揆度形势，指示机宜，验若符券，克期顺轨。神禹之躬乘四载，亦不是过也。

至情伪万状，无过讼庭。秋官案牍，臣所总掌，虽与司谳诸臣研核情词，参稽律令，罔敢弗详弗慎，然轻重出入，一经皇上酌裁，必批导窾会，辨析毫厘。每承训诲，皆旷若发蒙。非造化在手，心矩不逾，能如是顺应咸宜欤？非用志不分，恒久无息，能如是精义入神欤？

然则，臣所谓八征之念本于皇极者，确无疑矣。臣因经义而推之，是训是行，以近天子之光。曰"天子作民父母，以为天下王"，皇极之文也。今九域之内，方趾圆颅，云合鳞萃，同额手而祝纯嘏，非其验乎？"无偏无党，王道荡荡；无党无偏，王道平平；无反无侧，王道正直。无有作好，遵王之道；无有作恶，遵王之路。会其有极，归其有极"，皇极之文也。今炎海雪山之外，译使奉琛；名王诣阙同献，万年之觥，为开辟以来所未闻，又非其验乎？然则所谓"名皇建其有极，敛时五福，用敷锡厥庶民，维时厥庶民于汝极，锡汝保极"亦必验，可知矣。亿万长龄，可据经文为券，即可据御制为券，彼伏胜、董仲舒、刘向、刘歆之流，附会五行，乌足知圣人用中之精义哉！

圣制十全老人之宝说恭跋

嘉庆元年代作

圣人之福禄，由于圣人之功化；圣人之经纶，由于圣人之道德。而提衡九宇，统驭万端，则皆贯以圣人不息之精神。圣人不自言，或偶言之，亦不尽发其蕴奥。故天下顺则而不识不知，即偶睹万一，亦不能深测其渊源。然天不可知，而七政二十八躔，循环斡运，尝步算者能推之；圣人不可知，而一言一动，左右史之所记，近光者亦或略窥之。

臣恭读《圣制十全老人之宝说》有曰："十全本以纪武功，而十全老人之宝则不啻此也。"绸绎敬思，仰见太上皇帝斟元陈枢，抚函夏者六十载。自御极以来，敬天法祖，勤政爱民，以及文德武功之隆盛，皆超轶三五。即亲传大宝，授受一堂，定志于昭事之初，而谐愿于周甲之后，亦书契以来所未睹。天下臣庶徒见升香荐玉，开九秩后犹皆亲诣，精禋如是之虔恪也。实录宝训，无一日不躬读；一诏一命，时念旧章；一咏一吟，时怀家法，继承如是之敬慎也。宵衣旰食，无不惕厉之时；察微知著，无不详求之事。凡有益下之政，虽亿万不惜；凡有济众之举，虽烦劳不惮。如是之精明强固、恺悌慈祥也。

若夫奎藻乔皇，荣镜宇宙，富涵山海，巢、燧、羲、轩未可伦比。右文稽古，经籍道昌，与东壁西昆，光华照映，尤非石渠、天禄所能并。儒林传诵，徒惊为云日焜耀星汉昭回而已。即握机九重之上，决胜万里之外，穷荒绝域，《山经》《地志》所不载，《职贡》《王会》所未图者，天弧所指，罔不扫穴犁庭，回面向内。亦徒惊灵夔震击，威侔雷霆而已。至于经纬万端，役使群动，"一以贯之"之精神，则渊穆深邃，天下莫得而见；即偶见一二，亦莫得测度高深。

臣弱龄通籍，实在正位之初元，仰蒙教育豢养已六十一年，沐圣泽者久；又叨侍禁籞，日闻揆度万几，指示得失，瞻天光者尤近。虽知识梼昧，不能深领皇极之彝训；而管窥蠡测，终与逖听者殊。窃维天地一至诚，维圣人与天地同；体用亦一至诚，维至诚无息。故太极浑沦，函三育万，一气絪缊，绵绵而不可纪极，所谓"于穆不已"也。圣人博厚高明，而悠久无疆，所谓"纯亦不已"也。

太上皇帝行健体元，久道化成，无地不核以实政，无事不行以实心。六甲五子，岁纪一周，而夙夜励精如一日，未有一息容，未有一懈志。圣寿益高，则古稀有说，《八征耄念之宝》有记。是非惟不倦，且兢业益加。此百度所以胥理，庶绩所以咸熙也。非至诚能之乎？惟诚故明日月，二气之纯精，故得天久照。圣人之心纯粹以精，故至一而不杂，至静而不扰，至清而不障。不杂、不扰、不障，则鉴空衡平，物来顺应，不必事事综核而无不在洞烛之中。

太上皇帝天怀冲穆，道性澄宁。综理庶务，未尝逆亿，亦未尝不前知。未为已甚，而未尝不去已甚。官政之得失，人材之良楛，臣外在边围，内在枢密，六十载以来，偻指默数，莫不知在几先，虑周事后，神运一心，远见万里。非所谓诚精故明乎？惟诚能格，至治馨香，神明斯感，故圣人明天察地，而上帝居歆。其在《诗》曰："宜民宜人，受禄于天。保佑命之，自天申之。"盖应天以实不以文，故欢心溥洽，贞符响应。前代帝王，非无黄琮苍璧之仪，非无转粟铸金之诏，而咸未能下洽舆情，上通昊绎，绵延福禄，昭受无穷，得与太上皇帝齐轨者。盖以实意事天，无高弗达，故天鉴而集其祥；以实意恤民，无细弗周，故民气和乐，颂声以作，众志大同。

我听我视，天益嘉而笃其祜。即今五世同堂，康强逢吉，亲举皇帝之宝，授受于太和殿。觉自古勋华,虽圣人而非父子;沿及唐、宋,更无论焉。岂非至诚感神,故神符灵契,用成旷古未有之盛,用飨旷古未有之福哉!且夫惟圣知圣,此一诚之相印也;惟圣契圣,此一诚之相传也。嗣皇帝毓德自天,承兹泰运,迨宣诏青宫之日,益仰见德量渊涵,浑然造化,非庸耳俗目所能测。而太上皇帝鉴照如神,早定储位于癸巳,历试二十余载,果符先定之志,乃正名分,承统绪焉。岂非惟圣知圣,惟圣契圣哉!然则,太上皇帝以至诚而成大化,致诸福道,与天合符,则景祚与天合符可知也。嗣皇帝以至诚而承圣训,继鸿麻道与太上皇帝合符,则景祚与太上皇帝合符又可知也。我国家亿万万年无疆之庆,实基于此矣。

臣备位纶枢,恭逢大礼庆成,职应恭率在阁诸臣,呈进诗册,窃谓归美报上,事事皆有实征;而修词立诚,言言要归质当。矧圣德神功弥纶垓极,戋戋藻韵,恐不足以摹绘天日,谨拟《十全老人之宝说后跋》一则,陈其隅见。实征之,质言之,较为亲切而著明。谨拜书于简末,诚庆诚忭,诚悦诚服,拜手稽首以献。

御制辛酉工赈纪事序恭跋

嘉庆八年

臣闻:天地之运,一往则一来,一辟则一翕,盈虚消息,迭起环生。气相循而运成,运相积而数定,数之所至,天地亦无如何也。然而皇穹仁爱,恒以补救之权委之圣人,使以人事挽回,弥缝阙陷。《易·象传》曰:"云雷屯,君子以经纶。"言数值其屯,必赖君子之经纶也。故九年之水,数不可易,则生禹敷土;七年之旱,数不可易,则生汤铸金。二圣人者,岂不知盈虚消息有数存哉!乃奋起而与数争,卒登天下于衽席。亦曰"天意如斯,吾敬承之"云尔。臣尝窃论之:"安命者,君子之学也;造命者,帝王之事也。"汉儒说《易》,有六日七分之法,以六十四卦排比于一年三百六十日,而以是日所值之卦断吉凶。邵子推而广之,以六十四卦排比于元会运世,而以是年所值之卦断治乱。年代邈远,人事纷繁,偶而相值,亦或似小小有验。然据此为定,则一身之祸福皆定数,吉不必"惠迪",凶不必"从逆"矣。一代之兴衰皆定数,尧舜不为有功,桀、纣不为有罪矣。天岂以此限人？圣人岂以此立教哉？

嘉庆辛酉之夏,霖雨不息,桑干水涨,毗连都城之南,禾麻浥损,庐舍圮颓,男妇之流离饥困者不知凡几。论者谓:甸服百里之内,人情机巧,风气日浇,以是干帝之怒,宜有是遣。是固未必不然。然天心仁爱,终不尽刘,康济保全,实有属于圣主。皇帝仰体上苍好生之心,力拯下土凋瘵之命,蠲租蠲欠,施食施衣,所以抚恤之者无不至。又特遣大臣分巡郊甸,使纤微疾苦无不上闻。迨水涸天寒,复筹兴工代赈之策,俾各食其力。观一隅之偏灾,而叠沛之丝纶,臣工之章奏至于裒成巨帙,则区画之周详可知矣。

跽读御制序文,蔼然天地父母之心,壖处倾听,亦心脾感沁,况近在辇毂,身受而目击者乎？欢忭莫名,谨缀芜词,以昭示奕祀。咸知帝王之功可补气数,庶不以谶纬百六阳九之说委诸天命矣。

御制平定三省纪略恭跋
嘉庆八年

臣闻:物情百变,各有其因。帝治万几,在察其本。惟圣人智周道济,能从其本而理之。则挈领提纲,天下举而运诸掌。故非常之事,不应有而忽有,其酿之必非一朝,知其所以乱,即知其所以治矣；易集之功,可以成而不成,其挠之必非一端,知其所以败,即知其所以胜矣。

我国家诞膺景命,仁育广轮,海岳清宁,久安耕凿,乃竟有伏戎于莽,窃聚萑苻。论者谓:帮源左道,余孽蔓延,蛊惑人心,渐以摇动,于是一发而燎原。然日严传教之禁,而传教者弥众也。惟皇上光明心镜,四照无方,知民气之悖悍,由于民志之怨讟;民志之怨讟,由于官役之侵蚀。封疆大吏,或簠簋不饬,竟借以增郿坞之藏；或洁己有余,诘奸不足,务持忠厚之论,使贪墨者益无所忌,铤而走险,此其故在官不在民也。赫然天断,取黩货者服上刑,而一二迁就瞻庇者亦以次罢斥。贪狼伏匿，翼虎剪除，官不追呼，民安作息。胁从者穰穰胥归，啸聚渠魁遂孤弱而尽就殄灭。民为邦本，本固邦宁，其是之谓欤？微圣鉴高深，乌能治肇衅之本而其末自理哉！

至我朝神武开基，奄有函夏，歼除枭獍，荡涤鲸鲵。虽悬渡之外，战无不克；而潢池盗弄，乃数载稽诛。咸以为太平日久，人不习兵。而不知一由趋避太巧，推诿者不前；一由畛域太明，越境者即免；一由势分相轧，两不相下，互忌其有功。故兵非不众，粮非不足，徒以不和而不克，此其过在将不在兵也。惟皇上端拱九重，坐照万里，申明军律，严正典刑。诛一人而群心警，大勋乃以告成。寸枢转关，其斯之谓。岂非操其本则末尽举欤？

臣梼昧之见，如蟪蛄之不知春秋。于神谟广运，帝绪潜通，经纬万端，运量六幕，精微宏远之圣裁，不能窥测万一也。而管蠡所及，仰见皇上统驭八闳，清厘庶绩，事事必治其本，抒所能知，昭示后世，亦窃附于"尝水一勺，可知海味"云尔。

卷第十一

书　后

书毛氏《重刊〈说文〉》后二则

自李焘《说文五音韵谱》行于世,而《说文》旧本遂微。流俗不考,或误称为徐铉所校许慎书。琴川毛氏,始得旧本重刊之。世病其不便检阅,亦不甚行,其板近日遂散失,然好古之士固宝贵不置也。此书为字学之祖,前人论其得失甚具;其相承增改之故,徐铉所记亦甚详。惟书中古文、籀文,李焘据林罕之说,指为晋蕤令吕忱所增入,其论颇疏。考慎《自序》云:"今叙篆文,合以古籀。"其语甚明。又云:"九千三百五十三文,重一千一百六十三。"其数亦具在。则罕所称吕忱《字林》多补许氏遗阙者,特广收《说文》未收字耳,非增入《说文》也。《字林》今虽不传,然如《广韵》一东韵"烔"字、"箨"字,四江韵"哝"字之类,注云出《字林》者,皆《说文》所不载,是其明证,焘盖考之未详也。己卯正月二十五日,阅《通考》所载《五音韵谱》前后二序,书。

孙愐《唐韵》,世无传本。独此书备载其反切,唐代韵书之音声部分,粗可稽考。《康熙字典》所载《唐韵》音某者,皆自此书采出,非真见孙愐韵也。则此书之可贵,不但字画、训诂之近古矣。

书明人《重刊〈广韵〉》后三则

《广韵》五卷,明时内府所刊行。顾亭林重刊于淮安者即此本也,大体与张氏所刊宋本《广韵》相类。惟独弁以孙愐《唐韵序》,及"二十文""二十一殷"各注"独用"为不同。考唐人诸集,以"殷"韵字少不能成诗,往往附入"真""谆""臻"。如杜甫《东山草堂》诗,李商隐《五松驿》诗,不一而足。然绝无与"文"通者。《说文》所载《唐韵》反切,"殷"字作"于身切","欣"字作"许巾切",直用"真""谆""臻"中字为切脚,可知"殷"不通"文",犹是唐人部分。

且"殷"字为宋庙讳,故殷芸改称商芸,殷文圭改称汤文圭,其余宋韵存于今者,无不改为"二十一欣",此本犹标"殷"字,必非宋书。故余跋张本《广韵》,颇以《切韵》《唐韵》,宋时皆名《广韵》,疑此本即孙愐书。虽无确证,然孙愐以后,陈彭年以前,修《广韵》者,犹有严宝文等三家,断以"殷"之一字,决为未经重修之本,则似可据也。注文相同,盖即丁度所讥"多用旧文"者。彭年等所修《玉篇》,较旧文亦无大增损,可以互证。其文似经删削,朱竹垞谓明代中涓为之。然考"东"字下,张本注曰:"舜七友,有东不訾。"此本误作:"舜之后,有东不訾。"黄公绍《韵会》所引乃同此本,则此本元时已然,不必出自明代中涓矣。缘二本并行,颇滋疑惑,故略为考证,书之卷末。

同年王舍人琴德,博雅士也。藏有元人所刊小字《广韵》,与此本正同。卷末称:"乙未岁,明德堂刊。"不著年号,而字画、板式确是明以前书。内"匡"字韵下十二字,皆缺一笔,盖因麻沙旧本翻雕而改补宋讳未尽者,益信当日即有此本,非明代中涓所删矣。

余得王舍人元椠《广韵》,知此本确为宋代旧书,然终以不著年号为疑。后阅邵子湘《古今韵略》,目录"十二文"下注:"《广韵》文、殷各独用。"《例言》又曰:"宋椠《广韵》五卷,前有孙愐《唐韵序》,注简而有古意。"然则此为重刻宋本无疑矣。

书张氏《重刊〈广韵〉》后 二则

《广韵》定于宋。既而,宋祁等议其有误,科试终宋之世废不行。其得存于今者,幸也。此本为吴郡张氏所翻雕。书中已缺钦宗讳,盖南宋椠本。陈氏《书录解题》曰:"《广韵》五卷。"《中兴书目》言:"不知作者。"按《国史志》有"重修《广韵》",《景祐集韵》亦称:"真宗令陈彭年、丘雍等因陆法言韵就为刊益。今此书首载景德、祥符敕牒,以《大宋重修广韵》为名,然则即彭年等所修也。"据其所言,与此本正合。注颇冗杂,故丁度《集韵》称彭年、雍等所定"多用旧文,繁略失当"。又讥其:"一字之左,兼载他切,既不该尽,徒酿细文。姓望之出，广陈名系，既乖字训，复类谱牒。潘次耕序乃以注文繁复为可贵，过矣。"别有明时刊本，大体略同。惟"二十文""二十一殷"，各注"独用"，与此本异。考《唐志》《宋志》皆称陆法言《广韵》五卷，则《切韵》改称《广韵》，已在宋前。此本不曰"新修"，而曰"重修"，明先有《广韵》也。明时所刊，疑为未经重修之旧本，故"殷"不改"欣"，直犯庙讳；"文"不通"殷"，唐时部分未移。又晁氏《读书志》曰："《广韵》五卷，隋陆法言撰。其后，唐孙愐加字，前有法言、长孙讷言、孙愐三序。"则当日《唐韵》亦兼《广韵》之称。愐书虽不传，然徐铉校《说文解字》，注中反切，明言用愐旧音。今考其九千三百余字之中，与《广韵》异者才数处，知《唐韵》《广韵》相去无多，"多用旧文"，良非虚语。又疑明时所刊，乃取孙氏之书，而节删其注文，其独冠以《唐韵》之序，未必无所受之也。西河毛氏常以二本互异，议《广韵》之不足凭，因为考列诸书，附识于左。己卯正月二十日书。

明内府所刊《广韵》，注文颇略。竹垞以为中涓欲均其字数，故删削其文。乾隆癸巳，余在书局见官库所藏至元乙未小字刊本，与明内府所刊一字不异，乃知中涓删削之说，出于竹垞之臆撰。次耕谓："历代增修，虽有《切韵》《唐韵》《广韵》之异，而部分无改。唐、宋用以取士，谓之官韵。"说亦未然。考《封演见闻记》，唐代场屋用陆法言《切韵》，其通用、独用，乃许敬宗所定，无遵用孙愐之明文；宋则以《礼部韵略》试士，今其书尚存。《广韵》《集韵》均未用之于科举。又《东轩笔录》称："贾昌朝奏改并窄韵十三部，许举子附近通用。"是宋韵部分亦与唐殊，均为考之未审也。丙午七月二十四日，偶阅旧题，因疏所未及于此。时年六十有三，距旧题已二十八年矣。

书礼部《韵略》后 二则

《礼部韵略》，宋人科试官韵也；亦曰"省韵"，亦曰"监韵"。晁公武《郡斋读书志》曰："《礼部韵略》五卷，皇朝丁度等撰。元祐中，孙谔、苏轼再加详定。"今考下平声，并"严"于"盐""添"，并"凡"于"咸""衔"，全用《集韵》之例,信出度手。又郭守正《校正条例》称:"绍兴中,省韵载三十六桓。"此本已避讳作"欢",盖景定中,重刊补注之所改,非有二本也。收字颇狭,然应用者已略备,注亦简明。盖其时慎重科试,虽增添一字,亦必奉诏详定而后入;且注明续降补遗,不混本书。故其书谨严,不支蔓,较诸韵为善本云。

此书宋代行之最久,莫敢出入。虽"通用""独用"之例,视唐人稍殊,然部分未乱,犹可稽考。毛晃《增韵》始倡为"支、微、鱼、虞当合;麻、马、祃、车、写、借当分"之论。刘渊所定壬子新刊《礼部韵略》,遂尽废二百六韵之部分,并为一百有七,古来"文殷""盐添""咸衔""严凡"之界限遂不可复见。世俗乐其简易,承用至今。村塾荒伧,且有坚信为沈约书者,道听途说,不可复正。幸而此书尚存,得以考渊并省之所自,则其有关于韵学,亦不在《广韵》下也。

书浦氏《〈史通〉通释》后 二则

《史通》,号学者要书。其间精凿之论,足拓万古之心胸;而迂谬褊激之处,亦往往不近人情,不合事理,固宜分别观之。长夏略为删削,以朱、紫、绿三色点之。轻议古人,自知庸妄,然子元敢于诋孔子,则踵而效者,子元亦不能咎矣。

浦氏此注,较黄氏本为详,所评亦较黄为精审。惟轻改正文,及多作名士夸诈语,是其所短耳。

书《八唐人集》后

二冯《才调集》,海内风行。虽自偏锋,要亦精诣,其苦心不可没也。第主张太过,欲举一切而废之,是其病耳。此八家诗,是小冯手迹,与《才调集》看法正合。著语不多,当是几砚间随笔所就者。《许昌集》尾有"钝吟自署",尝以示蒙泉太史,亦定为真迹不疑云。

书韩致尧《翰林集》后 二则

致尧诗格,不能出五代诸人上,有所寄托亦多浅露。然而,当其合处,遂欲上躏玉溪、樊川,而下与江东相倚轧。则以忠义之气,发乎情而见乎词,遂能风骨内生,声光外溢,足以振其纤靡耳。然则,诗之原本不从可识哉!

阳和阴惨,四序潜移;时鸟候虫,声随以变。诗随运会,亦莫知其然而然。论诗者不逆挽其弊,则不足以止其衰;不节取其长,则不足以尽其变。诗至五代,骎骎乎入词曲矣。然必一切绳以"开宝"之格,则由是以上将执汉、魏以绳"开宝",执《诗》《骚》以绳汉、魏,而《三百》以下且无诗矣,岂通论哉?就短取长,而纤靡鄙野之习则去,太去甚焉,庶几乎酌中之制耳。

书韩致尧《香奁集》后 三则

《香奁》一集,词皆淫艳,可谓百劝而并无一讽矣。然而至今不废,比以五柳之《闲情》,则以人重也。著作之士,惟知文之能传人,而不知人之能传文,于此亦可深长思矣。阅《翰林集》竟,因并此集点阅之,并识其末。

身列士林,而词效俳优,如律之以名教,则居然轻薄子矣。然而唐室板荡之时,视长乐老之醇谨,其究竟何如也?九方皋之相马也,取之于牝牡骊黄外,有以也哉!

《香奁》之词,亦云亵矣。然但有悱恻眷恋之语,而无一决绝怨怼之言,是亦可以观心术焉。

书《黄山谷集》后 五则

涪翁五言古体,大抵有四病:曰腐,曰率,曰杂,曰涩。求其完篇,十不得一。要之,力开奥窔,亦实有洞心而骇目者,别择观之,未尝无益也。

七言古诗,大抵离奇孤矫,骨瘦而韵逸,格高而力壮。印以少陵家法,所谓具体而微者。至于苦涩卤莽,则涪翁处处有此病,在善决择耳。但观渔洋之所录,而菁英亦略尽矣。

涪翁五言古律,皆多不成语,殆长吉所谓"强回笔端作短调"耶?五六言绝,大抵皆粗莽不成诗。

涪翁七言绝,佳者往往断绝孤迥,骨韵天拔,如侧径峭崖,风泉泠泠。然粗莽支离,十居七八,又作平调,率无味。人固有能不能耳。

东坡评东野,比之于蟹螯。予谓山谷亦然。然于毛骨包裹中,剥得一脔,自足清味,未必逊屠门大嚼也。要在会心领略耳。

书蔡葛山相国延禧堂寿言后

吾师葛山先生,以通儒硕学遭逢圣代,仕宦五十余年,跻身台辅。投老悬车,盖早宣黼黻之谟,晚适林泉之乐,恩荣终始,实近代罕俦。迨寿届九旬,康强如昔,士大夫佥曰:"公之福,公之德也。"抑天地山川之气,必昆仑浑厚,发育滋荣,而后松柏茂;必清淑灵秀,蟠结孕育,而后卝金璞玉出。此实国家之上瑞,非第公一人一家之庆也。于是相与作为诗歌,表章其盛。公子千之舍人汇为一集,而属昀跋其尾。

昀,老门生也。从公游最久,辱公知亦最深。窃谓闽中学派,蔡氏为远。西山九峰父子,皆结契紫阳;明代虚斋,亦醇儒称最;本朝闻之先生接李文贞之后,蔚为士宗。旧学甘盘,宣诸纶綍,儒者以为至荣。公以犹子承家学,入直禁廷,后先济美。平生温厚和平,圭棱不露。而孤清自守,实介介不逾尺寸;沉默简重,无事不多发一语。而遇所当言,则未尝迁就,以是负天下之重望,九重亦倚毗焉。或惜公抱经世之略,未能扬历封疆,一试盘错,为未尽展道学之蕴。昀谓:士大夫位登卿相,为国股肱,于朝局贤奸之辨,不得不争;于事几利害之交,不得不论。此圣贤之定理也。如上遇圣主,百度肃清,而必哓哓焉务见所长,立己之功而反挠国是,是岂圣贤之所许哉!王安石辈弊正坐此。公穆然不见有为之迹,是道学,而能祛道学之弊。人乌乎识之。我太上皇帝知周万物,如日中天。凡廷臣隐微之忱,无不坐照。简公于庶僚之内,置之禁籞,登之纶扉,至今致政间居,恩礼有加于往昔,非公之立志、立身确有上契天心者,乌能如是哉!

然则观是集也,非惟见公之福泽足为国瑞,并公所以致是福泽者,亦灼然可思矣。

书《李杏浦总宪年谱》后

乾隆辛亥正月,左都御史杏浦李公卒于官,孤子之栻等以公生平笃实,不欲以世俗粉饰之文违其素志,而又不忍先德之弗传,乃刊公手著年谱,以存出处之大概。属余校定。余读竟,喟然曰:"昌黎称'铭人如铭己',知人铭不如己铭之确也。"

公与余同出陈白厓先生门,又同在翰林,不数日辄相见。乙巳以后,余与公并老矣,同在九卿,又不数日辄相见。中间宦辙南北,不数相见,然声息恒相闻;故公行事,余知之为悉;即公未仕以前,学问之始末,家庭之聚散,功名之得失,亦往往于炉香杯茗之前,追述当年,为余话旧,余知之亦悉。今观是谱,与余夙昔所见闻,如重规叠矩,盖无一字粉饰于其间。公之立心,于是可见;公诸子能以公之心为心,于是亦可见矣。

尝观古今记载之文,真与伪参半。然伪者铺张扬厉,震耀一时,究之天下之人有耳目,后世之人有考证,是是非非,终不可掩其真者。虽无意于表暴,而天下之人有耳目,后世之人有考证,或以一二事传,或以一二语传,亦终不可掩也。然则,公作是谱,其不求传而自传乎?余为跋尾,亦窃附中郎之作《有道碑》也。

书《吴观察家传》后

蔗林少宰作《吴观察家传》,述端末甚悉。惟观察在甘肃时事,以未目睹,弗能详。观察弟香亭太常,以余尝从军西陲,过而叩余,余亦弗能详也。

然忆庚寅之冬,余奉檄勘田吉木萨,屯田千总赵俊随余马行,询其里贯,曰宁夏。途次偶询及公,俊亟额手称良吏。询其事状,则不能有所举。怪而诘之,则曰:"宁夏西界贺兰,番与汉共处;又重镇也,兵与民共处;回人之聚而滋者,又与兵民共处。其事恒繁,待有事而理之,是治病于已形也;调剂措置,俾衅不作，是医于未病之先，不见功而功莫大焉。吴公惟无事状，所以为良吏。"语竟，视其色，慨然如有所思者，盖公时已擢肃州道矣。

又忆是冬在乌鲁木齐，先后得公二牒：一为其子游塞外，而其父病乏养者；一为其夫游塞外，而其妇无依者，均移文促之归。余饬吏治牍，吏俯而笑曰："吴公何琐也？"余告之曰："吴公兼辖关内外，其官尊矣。一病翁、一贫妇失所，皆能自达于官，则四境之疴痒无一不得达于官，可知也；一病翁、一贫妇失所，而官肯为之移文四千里外，则耳目之下必无废事，亦可知也。"赵俊之言，其信乎！

后余蒙恩赐环，公方赴巴里坤勘屯田事，相遇于阔石图岭，共宿军台。余举前事语公，公谦谢弗遑，然意以余为知己也。

诘旦告别，递相劝勉而行，谓相见当有日。不料甫七八年，遽读公传，求公政绩，不得其详，惜当时对床竟夕，不及备询在官始末。今日为公书此一二逸事，缀诸传末。呜呼，亦可以想见公矣！

书《鲍氏世孝祠记》后

苏明允作《族谱》称："观是谱者，孝弟之心可以油然而生矣。"自末而溯其本，则百世之祖宗皆此身之所自出。知为此身所自出，则至远者亦至亲，不期孝而自孝矣。自本而究其末，则九族之子孙皆一人之所渐分。知为一人所渐分，则至疏者亦至亲，不期弟而自弟矣。然明其理，不如实见其事为易于观感；观感于天下之人，不如近得于先人之家法尤信而有征。

鲍君肯园尝续修族谱，经纬分明，源委通贯，较《苏氏谱》为详密，余尝为序之。今复汇集历代以来，先世之以孝行传者，别建专祠，使族姓知所效法，无忝所生，因而筹画经费，设立规条，以赡贫乏、敦雍睦，是不特有《苏氏族谱》之志，并兼有范氏义田之法矣。读所自记，殆所谓"仁义之人，其言蔼如"者欤？

余初未识公，然与公之子树堂友稔，闻公慷慨尚义，善行不可枚举。初谓公天性豪迈，散财济物，落落有大丈夫气耳。今观公是举，乃知敬父母所敬无不敬，爱父母所爱无不爱。有子务本之言，具验于是。公之识量远矣，公之学问亦深矣，岂徒挥金结客与侠士争后先哉！因书公自记之后，俾论者有考焉。

题姚姬传《书左墨溪事》后

坚苦卓绝之行，多生于忧患之中。寻常孝友，则本分事耳。然本分之中，有骨肉不以相期望，乡间不以相责备。而缠绵笃挚，务自行心之所安，若有所必不得已者。虽其志不在立名，第以为适尽其本分，然本分之中已加人一等，即谓之坚苦卓绝可矣。

夫失偶不娶，或以老，或以贫，皆常事也。墨溪年未至老，贫亦未至不能聘一妇，徒以食指繁多，不欲以养妻子之力，分养父母兄弟之力，遂以血气未定之年，毅然绝室家之乐。非天性足胜其私情，能若是久而不变乎？

善事继母，世俗以为难，君子不以为难也。墨溪非惟善养继母，且以养继母之故，至于厚币招之亦不肯远离，此非特继母如母，直并如母之见亦无矣。虽君子能不以为难乎？

且夫坚苦卓绝之行，或往往过中失正，不近人情。墨溪有两弟，弟又有子，不娶，不至妨似续，其非务为诡异不顾，其安可知。其事继母也，不以定省服事之文，而惟以不忍就远馆。不就远馆固常事，不足骇俗，其非涂饰耳目苟求声誉，亦可知也。然则，墨溪其古之独行欤？

余感墨溪能为人所不能为，而姬传之文又足阐发其隐微，读之，使孝弟之心油然而生。因题数语于后，以著墨溪非矫激，姬传非标榜焉。

书周泊园先生《游三笑亭诗》后

右湖口周泊园先生《游三笑亭诗》，壬子八月，得观于驾堂编修处。前辈风流，宛然亲挹。或以诗通用"真""庚""侵"三部为疑。余谓：古韵如聚讼，古韵实亦多端，但有所根据则可耳。同调本不相协，而东方朔据《楚词》，《楚词》据《周雅》，论者不以为非也。《离骚》"肇锡余以嘉名"，与"字余曰灵均"，非

"庚""真"通用乎？至"真""侵"通用，则吴棫《韵补》所注也，又何疑焉？

书蒋秋吟《考具诗》后

《榴花诗》始见汉末，是咏物之祖。咏器具诗，如烛笼、镜台之类，颇见于齐、梁。其咏一家之器具，连章骈作，则天随子其权舆矣。元人敷衍动至百篇，颇为该备。近人搜索纤微，至茧虎、鲎鹤亦入赋咏。然未见咏及考具者，岂非索诸六合之外，而失诸眉睫之前欤？

辛亥七月，偶于姻家陈君闻之处见此册，雒诵再三，喜其点化故实，笔有炉锤，而寄托又复深远，使遇皮、陆两翁，拈毫对垒，未知古今人孰胜负也。因题数语于册末，以质当代之称诗者。

书《汉瓦当拓本》后 二则

同年王司寇兰泉官西安时，以未央宫瓦数片见寄，惟此一片裂为二。拓墨刻者李生家于西安，知士人伪造汉瓦状甚悉。余使遍视诸瓦，皆不语，至此裂瓦，始摩挲太息曰："真二千年外物也。"伊子墨卿嗜古成癖，乃从余乞去，束以铜而琢为砚，余既为铭之矣。墨卿拓摹其文，将求博雅君子咏歌之，因为书其始末如左。

老砚工方某言："古人作瓦不为砚计。凡细如澄泥者，伪也。然瓦必坚致，始入土千岁不朽烂，凡松脆粗疏多沙眼者，亦伪也。"所论颇入微，观此瓦益信。方又言："汉印、汉瓦，其字多不合六书。以皆用隶不用篆，又出工匠之手，非士大夫所为耳。"观此瓦"汉"字，文曰：汉并天下。所论亦有见也。

书《黄庭帖》跋尾后 二则

宋拓《黄庭经》一册，有董香光跋二行，连于末页。乾斋相国以下十五跋及二题名，则书于护页者也。本蒋爱亭所藏，爱亭以赠余。余尝以进呈石庵相国。见之，曰："董跋神采生动，是兴到之书。帖则伪本，宜秘府不录也。"缘诸跋字多残蚀，进呈时难于装潢，乃独留香光一跋，而以残页赠墨卿。后瑶华道人定此帖为真本，向余索之。香光跋遂随之去，而此残页孤行矣。赏鉴之家，古来聚讼，元章、长睿，攻诘纷纭。余不知书，无以定此帖之真伪，姑记其本末。俾好事者知原帖、原跋皆尚存，或他日剑合延津，亦未可知耳。

瑶华道人云："此帖墨色黯淡，火气俱无，非近代之物。且《黄庭》刻本见于诸家法帖者，从未见此拓，苟非宋石，此刻自何而来耶？"又云："吾见《黄庭》多矣，未见如此本之朴拙者。石庵或以与他本不类，疑之耶？"此亦一是非，彼亦一是非，此之谓矣。

书刘石庵相国临王右军帖后

诗文，晚境多颓唐；书画，则晚境多高妙。倪迂写竹似芦；石田翁题咏之笔每侵画位，脱略畦封，独以神运天机所触，别趣横生，几几乎不自觉也。石庵今岁八十四，余今岁八十，相交之久无如我二人者。余不能书，而喜闻石庵论书。盖其始点规画矩，余见之；久而拟议变化，摆脱蹊径，余亦见之。今则手与笔忘，心与手忘，虽石庵不自知亦不能自言矣。此所临摹，以临摹为寄焉耳，勿以似、不似求之。

书陆青来中丞家书后

乾隆戊午，余与陈光禄枫厓读书董文恪公家。续而至者，为窦总宪元调、刘侍郎补山、蔡殿撰季实、刘观察西野、李进士应弦及陆中丞青来。课诵之暇，辄杂坐斯与堂东厢，以文艺相质正。诸君各意气飞扬，不可一世；青来独落落穆穆，不甚与人较短长。或花晨月夕，小酌以息劳苦，谈笑锋起，青来危坐微笑而已。然文恪公颇器许青来。后相次登第，从仕宦，多跻显达，惟青来以清操劲节为当代所称。文恪公常曰："人品自一事，功名自一事，此世俗之见也。砺人品而建功名，乃真功名；有功名而不失人品，乃真人品。"若青来者，可谓不负师言矣。

余少好嘲弄，往往戏侮青来。青来不为忤，尝私语季沧洲曰：沧洲名灏，杭州人，学画于文恪公。文恪公晚年工整之笔，多其代作。"晓岚易喜易怒，其浅处在此，其真处亦在此也。"余闻之，有知己之感，故与青来尤相善。

今青来久逝，余亦衰颓，回忆当年，宛如隔世。忽于令子处见青来家书十三通，平生心事，隐隐具在笔楮间。其于家庭之间，一字不苟尚如是，后之览者益可以见其平生矣。人往风微，老成凋谢，徘徊四顾，远想慨然。若斯人者，岂易数数觏哉！

书王孝承手札后

父族之亲，莫近于伯叔；母族之亲，莫近于舅氏。伯叔之亲，从父而推者也；故以名分之尊，申训诲之道，其教易行，近乎父。舅氏之亲，从母而推者也；故童稚周旋，情意本浃，可以委曲顺导，诱掖奖成，其教易入，近乎母。至以舅为师，则兼有父道矣。然教亦多术，不能教不肯教者，是无论；能教肯教矣，而或为经理生计，禁止游冶，是一道也；进而使讲习艺文，掇取科第，以奋身于仕宦，又一道也；再进而使餍饫古学，或以词赋名一世，或以经术传后来，又一道也。至使立身行己，不愧古人，经世通方，具有实用，此其教不以常论，其人亦不以常论矣。

余丙辰典试，得武陵赵子笛楼。初见余，恂恂然有儒者风。与之言，笃实近里，无少年巧宦之习。比入词馆，仍循谨如寒素。间与论世务，事事知大体，而非老生迂阔之言。疑其学必有所受也。赵子曰："慎畛少孤，资母氏以养，而资舅氏以教。平时一言一动，无不范以规矩。或不能面语，则长笺短札，丁宁往复，凡持身涉世，无不勉之以古谊。今散佚之余，尚存手书数十通，装潢成卷，晨夕展阅，冀不忘夙昔之渊源。今承询及，敢乞赐以题识，以表章潜德可乎？"余受读之，皆粹然儒者之言：其缠绵笃挚，使见者耸然以思，油然以感。父道、母道，殆兼备焉。虽人往风微，声华寥落，并其行谊、著述亦不甚传。然此数十纸者，后世亦可想见其人矣。

因敬书其后,归之赵子。赵子其无忘舅氏之教,勉为其可传,使舅氏借赵子之传,以并传于后。是则赵子之自为,又不必以余言为重轻矣。

书孝女余氏行实后

忠孝节义之事,士大夫多由于学问,儿女子多由于性情。由学问者,或出于有所为,或迫于不得已,皆难谓必无。由性情者,则自不知其所以然,而有不如是则心不安者。故贤者之过,不免有之,谓有他意,则非也。雷子勿斋以其弟妇余孺人行实相示,余慨然曰:从来责人子之侍疾,无责以割臂者;女子侍继母疾,尤断无责以割臂者。孺人此举非迫于不得已也。士大夫好沽名,世固有之,然自残肢体以沽名,则断乎不肯。且或陈毁伤之戒,以为非孝,反以败名;好名者,尤断乎不敢为,况女子乎?孺人此举,亦非出于有所为也。然则此举也,不计己志之成否,不计人言之是非,特心所不忍,毅然自为耳。其性情笃挚,不既卓绝矣乎?故必谓孺人此举,可为天下女子法,则不可以概天下。即孺人一身而论,则推此志也,虽与日月争光可也。

书奏节妇江氏事略后

嫡庶有别,古礼也。然孔子删《诗》,于"二南"录《小星》《江有汜》;作《春秋》,书纪叔姬。奖善,则无以异也。世多以陶母称阃德。考刘孝标《世说》注引陶氏语,则陶母实亦侧室。而自古颂美无异词,且有误引以称嫡者。然则,礼之所别,名分焉而已。至撑拄纲常,砥砺名教,庶与嫡,岂有别哉!且非仅无别已也,女之立节难于男,庶之立节尤难于嫡。能读书则明理,不读书则不明理;自视尊则自爱,自视微则不自爱,势固然耳。吕新吾《葬礼翼》曰:"为节义而死者,虽少虽贱必祔。"通儒之论,足破迂拘。节妇之事,为宜大书而特书者,可以思矣。顾自惟"离鸾别鹤,青灯白发"之肤词,不足以为节妇重。故敬书节妇之尤宜表章,以告夫好持苛礼者。

书徐节妇传后

　　士大夫致身通显,足以有为,而碑志述家庭常事,可以不必耳。穷居陋巷之儒,已不能责之以奇行,圣门如冉伯牛,何尝有事实可称哉！至于妇女,非遭强暴、遘乱离,尤不能以奇行见。守节抚孤,即分内无阙事,分外无余事矣。此其事虽若平近,然使操苛论者试设身处地,果易乎？难乎？覃溪前辈此文,真千古持平之定论。故余不更置词,惟附跋于其末。

卷第十二

策问　书

乾隆己卯山西乡试策问三道

问：士不通经，则不适于用。经术之贵，尚矣。今略举治经之法，叩其得失，用观趋向之同异，庶得以核真材焉。

《易·序卦传》本自为一篇，唐李鼎祚《周易集解》乃分冠于各卦之首。《诗·关雎》篇，《毛传》本分五章，郑康成乃合而为三。《仪礼》有古文、今文二本，贾公彦称："郑氏作注，或从今文不从古，或从古文不从今。"然则治经者，篇章字句不妨移易随意欤？抑谨守者是欤？

《公羊传》纪齐桓归鲁汶阳之田，其事不见于经文，而范宁以为可信。《穀梁传》戎菽之设，其事明载于《管子》，而刘敞以为可疑。然则，治经者但当断以大义，不尚旁引曲证欤？抑考据究不可废欤？

《春秋》书"春王正月，日南至"，则《春秋》用周正已无疑义。而《左传》所纪晋事，时月多差，说者因谓"晋国用夏正"。《尔雅》九州既与《禹贡》不同，又与《周礼》互异，注者因谓《释地》为殷制。然则，治经者果当宛转比附以求通欤？抑当守阙疑之训欤？

《周礼》如萙蔟氏之类，颇近于方术。《礼记》如"大同小康"之说，颇近于黄老。遵之，则恐为后儒窜入之言；攻之，则不免轻议六经之诮。治经者当何从欤？

《明堂位》称"夏后四琏殷六瑚"，而包氏《论语》注乃以为"夏瑚商琏"。《春秋》哀公八年，宋已灭曹，而赵岐《孟子》注，乃以曹交为曹君之弟，朱子皆偶尔误从。攻之，则启叛注之渐；遵之，不免信传不信经。治经者又当何从欤？

郑樵谓《禹贡》《洪范》相表里，以五行相生之次第，配自冀至雍之方位。《孝经》天经地义之旨，温成董君与河间献王相问答，亦以五行生克为说，其言皆似近理。然则治经者,百氏之说不妨兼采欤?抑谶纬解经究为非理欤?

我国家稽古右文,昌明圣教,钦定诸经,宣布庠序,所以造就多士,俾成明体达用之学者至深且切。多士仰蒙圣化,必能则古称先,以副作人之盛意。其各抒所见,觇夙蕴焉。

问:史家之难,无过表志。诸史或有志无表,有表无志;或表志皆无。《南齐书》至明言天文事秘,户口不知,是以不作。其果有合于阙疑之意欤?抑究为疏陋欤?

《隋志》本名《五代志》,以无所附丽,奉诏编入《隋书》,兼载前代,无足怪也。沈约《宋书》诸志亦多载前代之事,岂沿流讨源,法应如是欤?抑于史家断限之例究未合欤?

司马迁为《天官书》,史家因有天文、天象诸志。然日月星辰终古不易,非每代各有一天也。故刘知幾《史通》谓:《天文志》可不必作。其论果是欤?抑作者别有故欤?

《汉书·地理志》每载山川,《辽史·地理志》喜谈沿革,《唐书·地理志》《金史·地理志》并详土贡物产,《五代史·职方考》则地名以外,一切略之。或取详核而有征,或取简严而有体,果孰为是欤?

《汉书》创《艺文志》,《隋书》因有《经籍志》,《新旧唐书》《宋史》亦皆有《艺文志》,他史则阙焉。其作者,欲备一代之文献;其不作者,则以为文章篇目无关善恶之褒贬也。又孰为是欤?

《宋书》志及符瑞,《魏书》志及释老,《汉书》表及古人,《唐书》表及宰相之世系,不太滥欤?抑详所当详欤?

诸史《艺文志》皆兼载藏书,钦定《明史》则惟载明一代之著作。诸史不过作《表》,钦定《明史》则于表外增图,此皆损所当损、益所当益者也。所以损益之精义,能仰窥而阐发之欤?

二十三史,汗牛充栋,学者或皓首未之穷,亦势然也。然刘知幾谓"史家三长"在才、在学、在识,而识为尤难。诸生学古入官,他日必有备圣朝著作之选者，其详悉以对，将以是验史识焉。

问：《葛天》乐曲，传自皇初；《断竹》歌辞，载诸别史。诗之作也，其与文字俱兴乎？

风会日启，文采日新，自《三百篇》以下，体格之变迁，宗派之异同，与夫作者之得失，著书者累月穷年，连篇盈牍，或未能别白其是非，载籍浩繁，诚不能以一一数也。至于国家著为程式，多士习为恒业者，则源流本末，可得而约略言矣。我皇上慎重科名，振兴风雅，乡试二场，削去表判，加试五言唐律一首，则五言唐律，诸生所当究心者也。用举数端，以观所学。《唐书·文艺传》称："沈佺期、宋之问，回忌声病，约句准篇。"故世言律诗始沈、宋。然杨慎《五言律祖》一书，所载六朝诸作，皆通篇谐律，则大辂之椎轮，又别有在欤？能略数一二欤？

以古人成语命题，说者谓沈约"江蓠生幽渚"一篇，本陆机《塘上行》句，以是为始。然欤？否欤？

唐人诸集，近体虽至百韵，亦总曰"律诗"。高棅《唐诗品汇》乃创立"排律"之名。说者谓本元微之"铺陈终始，排比声韵"之语，其立名果是欤？抑强造欤？

唐人帖经不中式者，许以诗赎，故《吕温集》有赎帖诗，不谓诗为帖也。毛奇龄刻《唐人试帖》，其说果有据欤？抑臆造欤？

唐重诗赋，实自高宗调露中，而《文苑英华》所录者，省试、奉试、吏部试、监试、州试、府试诸诗，乃皆开宝以后。王维诸人之作，其削而不载欤？抑作始未工皆不传欤？

唐人试律多六韵，然《迎春东郊》诗则八韵，《明堂火珠》诗则四韵，《终南积雪》诗乃至二韵。说者谓八韵、四韵乃临时官限，祖咏二韵之诗，乃意尽而出，未终卷也。然欤？否欤？

其韵率用题中平声字，然《莺出谷》诗乃用"真"韵。其所用之韵，必于诗中押出。然求自试诗，乃不出求字，果可不拘欤？抑别有说欤？

其以古语命题者，如"风雨鸡鸣"之类，固恪遵注疏矣。《生刍一束》诗，参用邹长倩书，犹别一解也。《玉水记方流》诗，不全用颜延年意，犹未离宗也。《山川出云》诗，乃与《礼记》经旨不相关。《玉卮无当》诗，乃与韩非本意大相反。果可随意立说欤？抑究为疏谬欤？科场试诗之命，行之三年矣，必有潜心声律，和声以鸣国家之盛者，其悉对无隐。

乾隆甲辰会试策问三道

问：五经同异，虽更仆难穷。然诸儒聚讼不决者，不过数事。今约举一二，以见大凡。

谈《易》者，率本图书。考孔安国《论语注》称"河图即八卦"，而今本作五十五点。孔颖达《尚书疏》载，刘向、刘歆并称《洛书》有文，而今本亦作四十五点。宋人果何所受之欤？

古文《尚书》称孔安国传而所释《禹贡》地名，或在安国后；又古文有《汤诰》，而安国《论语注》所引乃据《墨子》。其故何欤？

《诗序》为经师所递授，郑樵乃力攻之，周紫芝又复攻郑，至今说《诗》分两派，所得孰为多欤？

《公羊》《穀梁》以日月说《春秋》，其谬固矣。左氏据《鲁史》成书，后儒明其事迹，乃可推褒贬之由，而啖、赵以后，动称舍传以求经，经果可舍传求欤？

《礼记》杂出诸儒，固未能尽粹；孙炎、魏徵诸人重为编定；吴澄以后，窜改弥多，果可行欤？抑当以张说之议为是欤？

我国家文教昌明，圣祖仁皇帝御纂及我皇上钦定诸经，厘正传注，至精至当。诸生诵习久矣，其详著于篇。

问：史家要领，体例为先。迁、固称良史，《史记》《汉书》皆立"表"；刘知幾史学最精，而所作《史通》乃欲废"表"，其说安在？

欧阳修撰《唐书》，"表""志"特繁；及撰《五代史》，"谱考"最略。其义何居？

《史记》包罗历代,其《天官书》,刘知幾以为当作;《汉书》综括一朝,其《天文志》,知幾以为不当作。持论果不谬欤?

《地理》《地形》诸志,《汉书》详山川,《魏书》载古迹,《唐书》及土贡,《辽史》具沿革,《宋史》则惟列地名;《经籍》《艺文》诸志,《隋书》记旧目之存佚,诸史则否。《汉书》据官目,而《七略》以外有所增;《旧唐书》亦据官目,而开元以后不复补,秉笔者何所从欤?

诸史皆《本纪》载诏令,《列传》载诗赋,《新唐书》悉删不录,孰是孰非?

诸史皆有"论赞",《元史》独阙,孰得孰失?

《周书》于当日口语每为润色,《元史》于前代案牍多所因仍,孰拙孰工?

凡此诸条,旧无定论。诸生将备圣朝著作之选,其各抒所见以断,用观史识。

问:小学之目有三:曰训诂,曰六书,曰音韵。皆究通古义之关键也。我圣祖仁皇帝御纂《康熙字典》《音韵阐微》,我皇上钦定《叶韵汇辑》《音韵述微》,并辨别毫厘,权衡今古。诸生仰钻万一,即可别前代之瑕瑜,略举数端,以观考证。

《尔雅》为训诂之祖,《小尔雅》《方言》逮乎《广雅》,具有典型,然疏密精粗则有别矣。刘熙解字,务取谐音,果有所传乎?陆佃、罗愿,支流旁出,亦有裨经义否也?

《说文》部分次序,徐锴《系传》所说确否?《玉篇》《类篇》稍有更易,戴侗、杨桓、周伯琦、魏校尽变古法,果有所见欤?僧行均于《说文》九千字外多所推广,郭忠恕所收古籀亦增于《说文》数百倍,果可据欤?

《隋志》称婆罗门书以十四字贯一切音,自东汉已入中国,是等韵在四声前;今等韵乃缘四声起,二者孰为韵本?

今韵祖《广韵》,后变而《集韵》《韵略》《五音集韵》《韵会》《正韵》,其沿革何如?

古韵,吴棫始有书,陈第又别为一法,其得失何如?

各条举以对。

嘉庆丙辰会试策问五道

问："三易"掌于太卜，则《易》本卜筮之书，即象数以明人事。王弼以后，乃诠以心性；刘牧以后，多推演"河洛"。及其诂经，则仍训释爻象，未尝取义于"河洛"。其故何欤？

《洪范》明天人之应，为治法大原；刘向、刘歆之传，刘知幾驳为不经。《禹贡》地理，毛晃以来，为专门之学；程大昌《图论》，宋孝宗斥为无用。其故又何欤？

司马迁称古诗三千，孔子删至三百十一篇，然《株林》一篇距孔子仅数十年，何以称古诗欤？王柏删削《国风》，许谦疑之，吴师道乃是柏而非谦。以谁为是欤？

说《春秋》者，废"三传"始唐啖助，"三传"果可废欤？谓《春秋》有贬无褒，始宋孙复，《春秋》果有贬无褒欤？

张虙奏进《月令解》，请每月按令施行，古制果可行欤？魏徵《类礼》，为张说所驳，吴澄《礼记纂言》与徵书一例，虞集乃以为精密。古经果可改欤？

诸生幸际昌时，经籍道光，必有深究古义者，其详悉以对。

问：史例亦繁矣。《新五代史》仿《春秋》书法，意主谨严，而又不免于疏漏；《宋史》四百五十卷，意求赅备，而又不免于冗滥。将何所从欤？

谓史当润色以从文，则《周书》以华而不实、雅而不检见讥于后人；谓史当朴实以从质，则《元史·河渠志》称耿参政、《祭祀志》称田司徒，复有直录案牍之诮。又将何所从欤？

表、志创自马、班，《后汉书》无志，北宋孙奭补以司马彪书亦未作表，熊方为补三表，诚以周官太史掌国六典，详载故事，固史职也。而刘知幾《史通》乃欲废表、志，孰为是欤？

《新唐书》于有著述无《列传》者，存其人于《艺文志》本条之下；《元史》于有《列传》者,附存其书于本传,无《列传》者即不载其书,孰为善欤?

诸史《本纪》载诏令,《列传》载词赋,《新唐书》则全删;诸史或有论,或有赞,或兼有论赞,《元史》则皆不作。又孰为善欤?

诸生行将珥笔彤墀,备承明著作之选,其剖决是非,用觇学识。

问:孔子后,儒分为八,然学术无殊。至宋而洛、蜀二党各立门户,于是有程、苏之学。"洛党"又自分两歧:杨时一派传于闽,周行己一派传于浙,于是有"新安""永嘉"之学。程守礼法,苏以为伪;苏尚文章,程以为杂。"新安"谈心性、辨儒墨,"永嘉"以为迂腐;"永嘉"讲经济、务博洽,"新安"以为粗浮。果皆中其失欤?

周密《齐东野语》,极掊击程氏之徒,程敏政《苏氏梼杌》抑又甚焉,固党同伐异之见。然二家毋亦均有贤者之过欤?

周公手定《周礼》,圣人非不讲事功;孔子问礼、问官,圣人非不讲考证。不通天下之事势而坐谈性命,不究前代之成败而臆断是非,恐于道亦未有合。"永嘉之学"或可与"新安"相辅欤?抑实有不可并立者欤?

圣朝刑政修明,儒者久无朋党之习尚,论学术之得失,可平心而决从违,其详抒所见。

问:经义始宋熙宁。传于今者,惟《刘左史集》载十七篇,《宋文鉴》载一篇,《制义模范》载十六篇而已。坊刻有王安石、苏辙等经义,果有所传欤?抑伪托欤?

兼用《四书》,始元延祐,其式备于倪士毅《作义要诀》,有冒题、原题、讲题、结题四法,能疏其大意欤?明吴伯宗《荣进集》载其法式,辛亥会试卷,体犹与宋、元不殊,其变为今体始何时欤?成化后,体尚谨严;正德后,局加宏敞;隆庆后,机巧日生;天启后,才华竞出。其得失能指数欤?

归有光古文宗韩、欧,王世贞古文宗秦、汉,交相讥也。有光经义竟学韩、欧,世贞经义则不敢学秦、汉,其时老师宿儒典型犹在故也。后,艾南英宗有光之说,陈子龙接世贞之脉,乃均以其文体入经义,而"豫章""云间"两派,遂互相胜负于文坛。其中亦各有真伪，能一一辨别欤？

多士幸逢景运，文治昌明，三冬绩学之余，经义尤为所专肄，其摅所心得著于篇。

问：功令以诗试士，则试帖宜讲也。然必工诸体诗，而后可以工试帖，又必深知古人之得失，而后可以工诸体诗。齐、梁绮靡，去李、杜远甚。而杜甫以阴铿比李白，又自称颇学阴、何，其故何也？

苏、黄为元祐大宗，元好问《论诗绝句》指为"沧海横流"，其故又何也？

王、孟清音，惟求妙悟，于美刺无关，而论者谓之上乘；元、白讽谕，源出变雅，有益劝惩，而论者谓之落言诠、涉理路。然欤？否欤？

《击壤》流为《濂洛风雅》，是不入诗格者也，然据理而谈亦无以难之；《昌谷集》流为《铁崖乐府》，是破坏诗律者也，然嗜奇者众，亦不废之。何以救其弊欤？

北地、信阳以摹拟汉、唐流为肤滥，然因此禁学汉、唐，是尽偭古人之规矩也；公安、竟陵以孳甲新意，流为纤佻，然因此恶生新意，是锢天下之性灵也。又何以酌其中欤？

和声以鸣，国家之盛，于多士有厚望焉。其详悉以对。

嘉庆壬戌会试策问五道

问：王弼注《易》，称即郑氏之本，然《文言》附乾、坤二卦末。《中兴书目》载郑氏《易》，惟存《文言》一卷，是《文言》自为卷矣。其故何欤？吴澄摘《系辞传》中有《文言》错简，然欤？否欤？

《尚书》脱简，刘向本有明文，后倡为《武成》《洪范》错简者，谁欤？今本《尚书》乃卫包改隶，薛季宣之古文《尚书》何自来欤？

郑樵、王质、朱子同一不信《诗序》，然说各不同。能分别之欤？《吕氏读诗记》所引朱氏之说，即是朱子，乃与集传不合。且集传序无一字攻序是又何欤？

《左传》有后儒窜入者二处:其一为牵就汉姓,其一究何取欤?《春秋》析传附经,《左氏》为杜预,《榖梁》为范宁,《公羊》又谁所析欤?

《隋志》称《礼记》四十六篇,《月令》《明堂位》《乐记》乃马融增入,然《后汉书》载戴圣弟子桥仁作《礼记章句》四十九篇,实在融前。《隋志》何所据欤?

元延祐中复科举,《易》《诗》《书》,皆参用宋儒,惟《礼记》专用古注疏,是何意欤?

圣代经学昌明,其各抒所见以对。

问:史家褒贬宜祖《春秋》,欧阳修《新五代史》书法谨严,而后人病其漏略,卒不废薛居正书。繁与简宜何从欤?

宋濂《元史》多沿案牍之文,世以为讥;宋祁《新唐书》多用雕琢之词,世又以为讥。其得失究安在欤?

《史记》《汉书》,《列传》多载词赋,后人以为近于总集;《新唐书》凡诏令皆不录,后人又以为失载王言。当以何为准欤?

刘知幾欲废表、志,是诚偏见,然如《宋书》之志《符瑞》,《魏书》之志释、老,《汉书》之表古今人,《唐书》之表宰相世系,亦未免徒酿繁文。如斯之类,能详数诸史之表、志,指其某例当删欤?

《明史·天文志》有图,盖测量非图则不解,故创是例也。亦有似此当增者欤?《后汉书》论后有赞,《元史》则论赞俱无,以谁为是欤?

诸生即翔步玉堂,备著作之选,其详悉以对。

问:《大戴礼》称孔子教哀公学《尔雅》,则其书古矣。乃多引周末诸子之文,何欤?邢昺之《疏》,以发明郭璞注也,乃往往注疏雷同,又何欤?

李焘以五音编《说文》,徐锴已先有是作,二书之异同优劣安在欤?皇侃《论语义疏》,所引《说文》多与今本不同,其故又安在欤?

《广韵》踵《唐韵》而作,颜元孙《干禄字书》,所列《唐韵》部分次序与《广韵》颇异,何欤?

陆法言《切韵》部分极严,唐代官韵定其某部通某部,宋代官韵又改定某部通某部,各有其人,能举其姓名欤?

言古韵者,一为吴棫,一为陈第,孰为是欤?言等韵者,一云始唐释神珙,一云始汉明帝时,孰为确欤?

小学之书,用以厘正训诂,考订音义,实穷经学古之关键。多士久沐圣化,必有悉其源流者,其详著于篇。

问:《周礼》一书尊为经矣,实则当日之政典也。沿而作者,史志谓之故事,今百不存一。其仅存者,《唐六典》《开元礼》,杜佑《通典》《政和五礼新仪》《大金集礼》《元典章》《明集礼》《明会典》而已。能举其梗概欤?

后人所补撰者,有《汉制考》《西汉会要》《东汉会要》《唐会要》《五代会要》,能举其为何代何人欤?

《中兴礼书》《经世大典》《至正条格》,书虽尚存,世不多见,有博涉此僻本者欤?

我圣朝酝化懿纲,超轶三代,一切典制,因时损益,皆足为万世典型。以旧修《会典》一百卷,《事例》一百八十卷,止于乾隆二十三年,特命廷臣开馆纂修。多士鹊起登科,木天珥笔,即有天禄编摩之责,其准古酌今,约举前代之体例,备采择焉。

问:屈宋以前,无以文章名世者。枚、马以后,词赋始多;《典论》以后,论文始盛;至唐、宋而门户分,异同竞矣。齐、梁、陈、隋,韩愈以为众作等蝉噪;杜甫则云"颇学阴何苦用心"。李白触忤权倖,杜甫忧国忠君,而朱子谓李、杜只是酒人。韩愈《平淮西碑》,李商隐推之甚力,而姚铉撰《唐文粹》,乃黜韩而仍录段文昌作。元稹多绮罗脂粉之词,固矣;白居易诗如十首《秦吟》,近正声者原自不乏,杜牧乃一例诋之。苏、黄为宋代巨擘,而魏泰《东轩笔录》,诋黄为"当其拾玑羽,往往失鹏鲸"。元好问《论诗绝句》亦曰:"只知诗到苏黄尽,沧海横流却是谁?"

凡此作者、论者皆非浅学,其抵牾必有故焉。多士潜心文艺久矣,其持平以对。

与余存吾太史书

昀再拜启存吾太史阁下：承示《戴东原事略》，具见表章古学之深心。所举著书大旨，亦具得作者本意。惟中有一条略须商榷。东原与昀交二十余年，主昀家前后几十年，凡所撰录，不以昀为弇陋，颇相质证，无不犁然有当于心者。独《声韵考》一编，东原计昀必异论，竟不谋而付刻。刻成，昀乃见之，遂为平生之遗憾。盖东原研究古义，务求精核，于诸家无所偏主。其坚持成见者，则在不使外国之学胜中国，不使后人之学胜古人。故于等韵之学，以孙炎反切为鼻祖，而排斥神珙、反纽，为元和以后之说。夫神珙为元和中人，固无疑义。然《隋书·经籍志》明载，梵书以十四字贯一切音，汉明帝时与佛经同入中国，实在孙炎以前百余年；且《志》为唐人所撰，远有端绪，非宋以后臆揣者比。安得以等韵之学归诸神珙，反谓为孙炎之末派旁支哉？东原博极群书，此条不应不见。昀尝举此条诘东原，东原亦不应不记；而刻是书时仍讳而不言，务伸己说，遂类西河毛氏之所为，是亦通人之一蔽也。若姑置此书不言，而括其与江慎修论古音者为一条，则东原平生著作遂粹然无瑕，似亦爱人以德之一端。昀于东原交不薄，尝自恨当时不能与力争，失朋友规过之义。故今日特布腹心于左右，祈刊改此条，勿彰其短，此尽平生相与之情。刍荛之言，是否可采，惟高明详裁之。

与朝鲜洪耳溪书

纪昀顿首奉书耳溪先生执事：前因东琛入献，得接容辉，见道气深醇，峙立炎间，如霜林独鹤，已惊为丰采迥殊。迨承谦挹，不鄙昀之不文以大集见示，文章尔雅，训词深厚，公余雒诵，宛然与君子面谈。叹有德有言，理诚不谬。昀才钝学疏，本未窥作者之门径，徒以闻诸师友者，谓文章一道传自古人，自应守古人之规矩，可以神而明之，不可以偭而改之。是以暖暖姝姝，守一先生之言，不欲以侧调么弦新声别奏。今统观雅制，实惬素心，是真异地之同调矣。不揣弇陋，竟为徐无党之续，先生亦许以赏音，是我二人彼此以知己相许也。夫人不相知，日接膝而邈若山河；苟其相知，则千万载如旦夕，千万里如庭除。清风朗月，傥一相思，但展卷微哦，即可作故人对语矣。前两接手书，俱已装潢成轴，付小孙树馨收贮。兹拜读华藻，亦并付珍弆。此孙尚能读书，俾知两老人如是之神交，亦将来佳话也。兹因郑同知归轺之便，附上水蛙砚一方，上有拙铭；白玛瑙搔背一件；郎窑康熙中御窑，今百年矣。水中丞一件；葛云瞻茶注一件，宜兴之名工。各系以小诗。先生置之几右，时一摩挲，亦足关远想也。临楮驰溯不备。

再与朝鲜洪耳溪书

昀拜启耳溪先生阁下：晋人有言："非惟能言人不得，并索解人亦不得。"文章契合，自古难矣。今于海外得先生之文，昀读之虽不甚解，而似有所解。俯读先生来书，亦似以昀为粗能解者。是昀能略知先生，先生又能深知昀也。迢迢溟渤，封域各殊，岂非天假之缘欤？别期在迩，后会无期，此日不向先生一言，又何日能倾倒情愫耶？尝谓文章一道，旁门至多，旁门自以为正脉者尤多。其在当时，旁门自恐其不胜，必多方以争之；守正脉者，大都孤直淡泊之士，声气必不如其广，作用必不如其巧。故旁门恒胜，正脉恒微。自宋以来，两派遂如阴阳、昼夜之并行，不能绝一。先生生于海隅，独挺然追古作者，岂非豪杰之士不汩于流俗，不惑于异学者哉！然韦布寒儒，闭门学古，各尊所闻而已。有主持文柄之责者，则当为振兴斯道计。先生身为国相，又为儒宗，愿谨持此义以导东国之学者。登高之呼，必皆响应。久而互相传习，使文章正脉别存一支于沧海之外，岂非盛事欤？若夫风云月露之词，脂粉绮罗之句，知先生必不尚。至于摹拟诘屈以为古奥，如历下之颓波；捋扯典籍以炫博洽，如云间之末派，皆自称古学，实皆伪体。所谓金玉其外而败絮其中者也。尤愿先生勿崇奖之，则先生有功于海东大矣。敢抒所知，希为采择，临楮缕缕，不尽欲言。

与朝鲜洪薰谷书

纪昀顿首致书薰谷世讲侍史：前在都门，数聆麈论，风流文采，照映一时，对之使人心折。尝谓为大臣之子难于寒素，为名父之子难于恒流；世禄之家易于登进，然少习富贵之晏安，长逐冠盖之交游，虽谙练掌故，习知政事，诚如赞皇之所云，究不免疏阔诗书，驰驱声利。而吾兄能恪承庭训，沉浸翰墨，历践清华。专对之才闻于上国，使人有乌衣王谢之目，其难能者一。士族子作诗痴符，不知其几。而韩昶之改金根，白老之无文性，嗤点至今，岂非以昌黎、樊南为之父耶？今尊大人以一代词宗领袖东国，与中华作者相颉颃，此所谓极盛难为继也。而吾兄善读父书，传其家学，如超宗之有凤毛，叔党之称小坡，其难者二。故昀与尊大人谈，恒爽然意消；与吾兄谈，亦爽然意消。奉别以后，群纪兼怀，盖非无故而然矣。昨接手书，兼承朋锡，海天寥阔，远想邈然。隽品高门，谅不久即登清要。惟冀使车西上，更一睹清光，作竟日谈耳。敬因羽便，附候兴居。临楮缕缕不备。

与陈梅垞编修书

试帖为诗之支流，然非深于诗者，试帖必不工。犹之不能行、草，则楷字无生韵；不能写意，则钩勒皆俗格。李邺侯披一品衣，抱九仙骨，其意境不在形骸间也。

昨馆丈以新拟试帖若干首见示，循环雒诵，觉清思妙悟，取题意于芒忽之间，而传题神于町畦之外。如《柳梯》之："曲尘阴未满，螺黛翠才齐。"《松阴五月凉》之："寒应生小阁，阴自上蘡阶。碧影圆如伞，疏枝印作钗。"《漠漠水田飞白鹭》之："一行齐远树，几点乱晴晖。极浦烟初霁，连阡绿正肥。冲波霜映月，照水雪添衣。"《山静似太古》之："鸡犬层云外，牛羊落照中。"《日长如小年》之："乾坤留晷影，壶峤结仙缘。机杼劳添线，阶墀惮数砖。"《山雨欲来风满楼》之："帘幕一时卷，轩窗到处通。飘飘飞落叶，渐渐傍高桐。日色遮青嶂，云花幂碧空。轻寒生水榭，纤垢净花丛。"《涉江采芙蓉》之："细浪随轻桨，微风漾短航。歌声莲叶里，笑语水中央。"《江湖秋水多》之："孤屿明无际，晴烟淡若何。天光连浩渺，云影漾婆娑。荻浦喧渔唱，莲丛起棹歌。沄沄齐拍岸，脉脉自盈科。远树千行失，飞鸿一字过。"《明月照高楼》之："光排虚箔入，凉到小窗留。十二阑干曙，三分枕簟秋。"《落日照渔家》之："平沙才落日，秋水正盈门。矶畔归舟泊，波间急棹喧。鱼鳞纤柳贯，鸦背彩霞翻。"《秋水共长天一色》之："潮平迷远树，帆举趁长空。倒影青峦失，涵虚碧落通。镜开飞宿鹭，霞卷戏新鸿。暮霭生天末，秋光入画中。"《流水声中读古诗》之："响答琤玐濑，吟兼断续声。会心风雅奏，洗耳笛筝鸣。"《词源倒流三峡水》之："浩渺文澜壮，三巴溯上游。直从巫峡落，倒泻蜀江流。风雨毫端集，鱼龙腕底收。翠屏擎掌列，银练荡胸浮。"《晓策六鳌》之："赤日金波涌，青云碧落垂。鹏途方振策，骊穴拟探奇。"《梦笔生花》之："珊架舒琼蕊，书城簇绮霞。"《诗正而葩》之："寓言关至道，绮思夺天工。溯起商周迹，参将郑卫风。萼跗须辨别，根蒂并昭融。"《十日一雨》之："逢庚常不爽，周甲总相宜。候以干支纪，年还卅六期。"《行不由径》之："顺途良易事，趋近亦常情。"《荷净纳凉时》之："花到无言处，人当独坐时。地幽尘不染，秋近暑先辞。"《促织鸣》之："暗凉生枕簟，余响到帘栊。几许离人恨，无端懒妇惊。蕉窗时破梦，兰阁最关情。"皆能意入题中，神游句外，惟妙惟肖，不即不离，真此体中最高之境。

昀多年从事于此，近老矣，不复能抽黄对白，然佳处则犹能领略。对之，获一珍珠船也。把玩数日，略举其尤胜者，摘为句，图如右稿，已久就。缘日短事冗，不能书札奉覆。昨蒙来问，不得已，使树馨代写，希为转呈，并代达快睹、幸睹之意。顺候近佳不备。

复法时帆祭酒书

拙藏《顺治十八年缙绅》，得大笔题识，竟得列于有资考证之数，岂非伯乐一顾，骏足千金耶？《谢谢诗纂》卷首，看过十之六七，尚未敢加签。大段无可拟议,惟慎王嘉字韵一首,拟删去。《唐韵·麻部》本有"佳"字,公乘亿《秋菊》有佳色诗可以证也。《宋韵》以系上平部首而芟除之,后人刻唐试帖者,遂并公乘亿此诗,改"佳"为"嘉",颇不成语。兹诗押"山色嘉"究非好句,如径改为"佳"又与官韵不符。嫌于弗遵功令,似应删之为两全耳。连日冗忙,俟偷暇加签完备,即交上呈阅。顺候近祉不宣。

卷第十三

铭

御赐浮筠砚铭

帝曰:"汝昀,嘉汝校文,锡汝紫云,粤峤之珍。"昀抃以欣,荣媲铭勋,敢不勖以勤。赐砚多以龙尾石,惟编辑《永乐大典》诸书成,特赐总纂官端溪旧坑石。其制为竹节之形,臣敬名曰"浮筠"。

升恒砚铭

日月升恒,象符天保。作颂称觥,用兹摛藻。

卷阿砚铭

桐生朝阳,凤鸣高冈。《卷阿》效咏,周以世昌。勖哉君子,仰企召、康。四门宏辟,邦家之光。

黼黻砚铭

黼作斧形,贵其断也;黻作两己,无我见也。此缔绣之本旨,非徒取文章之绚烂也。

黼黻升平,借有文章。老夫耄矣,幸际虞唐。犹思拜手而赓飏。

洛书砚铭

琢川珍,象地符。爚文海,叶瑞图。

泮池砚铭

半璧弯环,斯为泮水。勿忘尔初年,横经于此。

环以清渠,是为璧水。抚斯砚也,穆然于风教之所始,岂仅曰文章而已。

圭砚铭

圭肖其形,玉比其德。借汝研濡,资于翰墨。
三复白圭,防言之玷。文亦匿瑕,慎哉自检。
圭本出棱,无嫌于露。腹剑深藏,君子所恶。

金水附日砚铭

金水两星,恒附日行。天既成象,地亦成形。一融一结,妙合而凝。此石殆偶,聚其精英。

井阑砚铭

惟井及泉,挹焉弗竭。惟勤以浚之,弥甘以冽。
坡老之文,珠泉万斛。我浚我井,灌畦亦足。

水田砚铭

流水周圆,中抱石田。笔耕不辍,其终有丰年。
宛肖水田,沟塍纡曲。忽忆燕南,稻青柳绿。
沟洫之制,尚见于水田。不干不溢,则有年;均调其燥湿,惟墨亦然。

云龙砚铭

龙无定形,云无定态。形态万变,云龙不改。文无定法,是即法在。无骋尔才,横流沧海。
韩孟云龙,文章真契。此非植党,彼非附势。渺渺予怀,慨焉一喟。

未央宫瓦砚铭

未央宫瓦,琢辟雍砚。墨海文漪,循环不断。

未央宫，留片瓦，琢镜砚，供临写。谨藏诸，存已寡。

铜雀瓦，世所珍。后乎此，四百春。

片瓦耳，何其寿？二千年，蚀不朽。曰：惟埏埴之不苟。

甘泉宫瓦砚铭

铜雀台瓦，闻其名而已；未央宫瓦，则所见多矣；甘泉宫瓦，所见者惟此。以充砚材，亦伯仲间耳。

澄泥仿瓦砚铭

瓦能宜墨，即中砚材。何必汉未央宫、魏铜雀台？

圆池砚铭

池中规，砚中矩。智欲圆，而行欲方。我闻古语。

辋池砚铭

凿曲池，如片辋。圆则行，此其象。

宋太史砚铭

厚重少文，无薄我绛侯。如惊蛱蝶，彼乃魏收。

郑夹漈砚铭

惟其书之传，乃传其砚。郁攸乎予心，匪物之玩。

孙树馨谨案：江西农人凿井，得古砚，腹有"夹漈草堂"字。裘文达公以稻三斛易之。后，先大父续修《通志》，公因付焉。砚之左侧有邵公齐然题识，曰："晓岚受诏续《通志》，漫士先生以'夹漈'旧砚赠之。"闇谷居士为之铭曰："墨绣斑斑，阅人几觚。棱刓缺字，不毁'夹漈'。有灵式凭，此六百年后待吾子。"时乾隆丁亥正月。

刘文正公砚铭

黄贞父砚,归刘文正。晚付门人,石渠校定。启椟濡毫,宛聆提命。如郑公筴,千秋生敬。

阿文成公瓦砚铭

上相西征,用草露布。归以赠予,用编《四库》。虽片瓦哉,予奇其遭遇。

仿西汉五凤砖砚铭

覃溪作砚于岭南,皆山得之赠晓岚。晓岚铭曰"腻而铦",时壬戌岁三月三。

蕉叶白,世所称。古中驷,今上乘。譬韩、欧已远,有王、李之代兴。

风字砚铭

风字样,传自古。瘦削之,乃似斧。喜其轻,易携取。上直庐,则用汝。

其碎也,适然;其成形也,宛然。因其已然,乃似本然。问所以然,莫知其然。此之谓:自然而然。旧荷叶砚堕地碎,中一片自成风字形。因琢为风字砚。

琴砚铭

濡笔微吟,如对素琴。弦外有音,净洗予心。邈然月白而江深。

空山鼓琴,沉思忽往。含毫邈然,作如是想。

无曰七徽,难调宫羽。此偶象形,昭文不鼓。书兴倘酣,笔风墨雨。亦似胎仙,闻琴自舞。此砚刻镂稍工,而琴徽误作七点,因戏为之铭。

无弦琴,不在音。仿琢砚,置墨林。浸太清,练予心。琴砚亦古式,然弦徽曲肖,则俗不可耐。命工磨治,略存形似,庶乎俗中之雅耳。

天然瓶砚铭

上敛下哆,微似乎瓶。取以为砚,姑以当守口之铭。

挈瓶砚铭

"守口如瓶",郑公八十之所铭。我今七十有八龄,其循先正之典型,勿高论以惊听。

"守口如瓶",尝闻之矣。然论军国之大计,则当如瓶之泻水。

竹节砚铭

介如石,直如竹。史氏笔,挠不曲。
笋不两歧,竿无曲枝。孤直如斯,亦莫抑之。
其断简欤?乃坚多节。略似此君,风规自别。

桃砚铭

曼倩三窃王母桃,堕而化石沉波涛。水舂沙蚀坚不销,圭角偶露惊舟鲛。漉以琢砚登书巢,尚有灵液濡霜毫。

荔支砚铭

花首称梅,果先数荔。惟其韵高,故其品贵。此故微矣,非色香味可悟,谈诗不著一字。

天然荷叶砚铭

作荷叶形,而不甚肖;画竹似芦,倪迂之妙。

荷叶砚铭

荷盘承露,滴滴皆圆。可譬文心,妙造自然。

蕉叶砚铭

非蕉叶之白,乃蕉其状。或凭之言曰:"公以皮相。"

蕉叶学书,贫无纸也。今纸非不足,而倦于临写。刻蕉于砚,盖以愧夫不学书者。

白菜砚铭

菜根之味,膏粱弗识。对此砚也,其念蓬门之所食。

破叶砚铭

虫之蛀叶,非方非圆。古之至文,自然而然。

壶卢砚铭

因石之形,琢为此状。虽画壶卢,实非依样。

既有壶卢,无妨依样。任吾意而画之,又不知其何状?

墨注砚铭

观弈道人,作斯墨注。虚则翕受,凹则汇聚。君子谦谦,憬然可悟。

工于蓄聚,不吝于挹注。富而如斯,于富乎何恶?

月堤砚铭

泼墨淋漓,余波四漾。一线屹然,金堤捍浪。缅想昌黎,百川手障。

留耕砚铭

作砚者谁?善留余地。忠厚之心,庆延于世。

岭云砚铭

触石生云,绵绵数缕。肤寸而合,用汝作霖雨。
幻态如云,自然入妙。此砚之别调。

小斧砚铭

斧形虽具,而无刃可磨,亦无可执之柯。其无用审矣,且濡墨而吟哦。

古币砚铭

翰墨之器,形如古币,吾心知其意。

连环砚铭

连环可解,我不敢;知不可解者,以不解解之。

墨薮砚铭

凹凸坡陀,聚墨良多。大书掔槖,濡笔文河。乌云涌兮,墨水波;元虹奋掷兮,翼我佩阿。

龙尾石砚铭

刚不拒墨,相著则黑。金屑斑斑,歆之古石。
坚而不顽,古砚类然。久矣夫,此意不传。
勿曰罗文,遽为端紫。我视魏徵,妩媚如此。余为鲍树堂跋《世孝祠记》,树堂以此砚润笔。喜其柔腻,无新坑刚燥之气,因为之铭。

松花石砚铭

似出自然,而实雕镂,吾以知人工之巧。幻态万千,赏鉴者慎旃。

天然砚铭

非方非圆,因其自然。固差胜于雕镌。

淄水石砚铭

淄水石,含密理。小冯君,赠纪子。
凸者任磨,凹者聚墨。君子念哉,秉尔谦德。
刻鸟镂花,弥工弥俗。我思古人,斫雕为朴。

龟变石砚铭

曳尾泥中,久与物化。石蟹之流,是何足诧?

松化石砚铭

松化为石,博物者所识。松何以化?格物者所不能测。适中砚材,取供翰墨。其变幻,固无庸于究极。

月池砚铭

视之似润,试之则刚。其貌为恬静,而内隐锋芒。

水波砚铭

风水沦涟,波折天然。此文章之化境,吾闻之于老泉。

螭纹砚铭

雕镂盘螭,俗工之式。然周以为鼎文,秦以为印纽,奚不可以为砚饰?存而勿劙,尚未嫌溷杂乎翰墨。

断璧砚铭

金钏虽折,终非顽铁;此砚古矣,无嫌玷缺。

红丝砚铭

此在旧坑,亦平平耳。新石累累,乃不复有此。长沙、北地之文章,可从此悟矣。

青花砚铭

持较旧坑,远居其后;持较新坑,汝则稍旧。边幅虽狭,贵其敦厚。偃息墨林,静以养寿。更越百年,汝亦稀觏。

瓜砚铭

无用者半,益之以枝蔓。君子摘文,鉴于兹砚。

夔龙砚铭

盘曲蟉蟉,文如方铐。粤匠所雕,犹差近于古者。是为雅中之俗,俗中之雅。

西洞石砚铭

端溪砚坑,沦于水檋。以桔槔剧石髓,费二万缗,不少矣。漉波所得固无几,佳者不过如斯耳。

坦腹砚铭

坦腹儃然,如如不动。问汝此中,其真空洞。

朦村石砚铭

绛州澄泥天下推,遂有赝者欺书痴。老夫一见咥然嗤,朦村石也吾知之,然于笔墨犹相宜。

聚星砚铭

如星夜聚,昳昳其光。或疏或密,或低或昂,是为自然之文章。

月到天心砚铭

月到天心,清无纤翳。惟邵尧夫,知其意味。

卢绍弓虎符砚铭

抱经子,夙宝此。岁昭阳,归于纪。

仿宋砚铭

石则新,式则古。与其雕镂,吾宁取汝。嘉庆三载,岁在戊午。晓岚作铭,时年七十有五。

下岩石砚铭

石出盘涡,阅岁孔多。刚不露骨,柔足任磨。此为内介而外和。

两曜砚铭

日午月望,有道者不居。满而不满,取尔尚留其有余。

天然石子砚铭

石窦嵌空,非雕非凿。笔墨之间,天然邱壑。

赤石砚铭

羚羊峡石,温如紫玉。琢砚者谁?锦文密簇。迂士得之,斫雕为朴。入我墨林,庶其免俗。

天青石砚铭

羚峡割云,到今几世?古泽外融,幽光内闳。如对高人,穆然静气。真赏伊谁?心知此意。

斗池砚铭

何所取哉?凿池为斗。取于祈黄耇,砚不贮酒;取于岁其有,砚不入农夫之手。盖斯池也,聚墨之薮。狭其腹,哆其口,特取其不能藏垢。

苍璆砚铭

黝黝其色作作芒,取墨则利颖亦伤。嗟包孝肃岂不刚?我思韩、范富欧阳。

绿琼砚铭

端石之支,同宗异族。命曰"绿琼",用媲紫玉。

紫玉砚铭

端州旧石,稀若晨星。树馨得此,我为之铭。撦一语于葩经,曰:"尚有典型。"

绿石朱砚铭

露液研朱,云根凝绿。碧嶂丹霞,天然画幅。

瀚海玛瑙朱砚铭

石产龙堆,西征偶遇。不琢不磨,砚形略具。试墨未宜,研朱其庶。

笔 铭

毫毛茂茂中书君,我之役尔良已勤。郛尔管城策尔勋,尔其努力张我军,使我落纸如烟云。

墨 铭

汝以客卿,封于即墨。笔耕之田,即汝侯国。一勺挹甘,片云凝黑。好助文澜,洸洋莫测。

笔斗铭

司笔之神,果佩阿欤?姑妄听之,为卜此居。予书苦拙,汝其相予。

毛颖之族,兹焉假馆。我有指挥,莫听驱遣。此操纵之无术,非尔曹之骄蹇。

一木所斫,如无缝塔。譬彼文章浑成者,胜于凑合。

方笔斗铭

方外出棱,虚中善纳。全体浑成,周遭匍匝。毛颖是居,如无缝塔。

四壁屹如,一室空虚。谁氏之庐?曰:毛颖所居。毋乃逼仄欤?我尚书门不容车,况我其抄胥!

三脚笔斗铭

三脚木床,可以调曲,汝固无妨于鼎足。然触之则颠,终嫌其自立之不坚。

竹根笔斗铭

翠檀栾,寒不陨。抱节生,兹其本。

笔床铭

珊瑚笔格,化为钱树。我以木雕,应无是虑。
翡翠之床,变而斫木。物忌太华,吾从其朴。
果有佩阿,司我笔札。倪倦欲眠,就此石榻。
陈蕃下榻,为徐孺子。我重笔公,亦待以此礼。
珊瑚架笔,惟孝穆之词华。今憩汝以板榻,汝应愧汝不生花。
毛颖子孙,其徒实众。气类不殊,町畦安用？枕藉同床,何分伯仲？如解生花,不妨各梦。

墨床铭

十二龙宾,未必随我。倪曰有之,且于此坐。
墨以动耗,砚以静寿。时息尔劳,尔亦可久。
子不磨墨,墨且磨子。我鉴斯言,今先磨尔。尔且待于此。

古铜墨床铭

是为药镜,今无用矣。爱其古泽,登诸棐几。子墨客卿闲而憩,是亦无忝采芝之高士。

笔墨床铭

汝与青镂,眠上下床。各适其适,勿分刌之较量。
笔床皆阔,墨床皆窄,如卧上床下床眠客。驱役相同,爱憎何择？予以均平,庶其各适。

笔捵铭

剂浓淡,均燥湿。无太过,无不及。调和之权,汝所执。

水滴铭

莫笑东坡翁,自嘲饮墨水。文笔老弥枯,正缘胸少此。

近朱者赤,近墨者黑。慎尔所染,勿玷尔德。

井华水,贮文房。虽余沥,翰墨香。

笔船铭

管之圆,持以方。毫之柔,揩以刚。然其走也,循墙。

印规铭

正彼欹斜,以方为用。周勃少文,取其厚重。

割方之半,是为勾股。生角生圆,皆于是取。是为九算之根,百工之祖。

界尺铭

以静镇浮,罔弗妥帖。谁曰魏收,如惊蛱蝶。甲

封十八姨,尔无颠簸。撼之不移,此间有我。乙

无反无侧,如绳斯直。其不转移,则揩拄之力。

乌丝界尺铭

其直中绳,其方出棱,其壁立层层。如使之回曲,对曰:不能。

玉砑子铭

较斑道人,逊其文采。然久磨砻,坚刚不改。

磨之光莹,不露圭棱,而能平不平。

书削铭

庖不治庖,吾岂代劳？此譬笺之刀。

锥　铭

汝颖之士,亦莫逾尔。幸所钻者,故纸。
鞣挟三术,为钻之祖。锋利如斯,吾真愧汝。

糊刷筒铭

糊与纸相著,惟尔能均其厚薄。盖刚不过强,柔不过弱。

解锥铭

不可解者不解,解之可解而不解,乃借力于斯。其释尔躁,无棼尔丝。

裁刀铭

当断则断,以齐不齐。利器在手,孰得而参差？

小斧铭

斧柯斧柯,宛转摩挲。刃则新磨,奈尔纤纤何？

小槌铭

河朔之士,钝如此矣。若夫神槌,俟诸君子。

小锯铭

纤齿棱棱,犀利自矜。然盘根错节,非汝所胜。当知有能,有不能。

铁锉铭

以金攻金,而能相胜。百炼之精,锋芒乃劲。

木锉铭

芒刺簇簇,细才如粟。慎之哉！是微锋也,能入木。

平凿铭

斧非尔力,不能洞穿。尔非斧力,亦不能攻坚。相资为用,毋畸重于一偏。

圆凿铭

毁方为圆,宛转周旋。盖于势不得不然。

试金石铭

尔能试金,惜不能试心。

砺石铭

百工之事,必先利其器。他山之石,用汝作砺。

刷 铭

治人之道,忌察渊鱼。治己之道,则污垢必除。言各有当,君子念诸。

硬刷铭

豕鬣之刚,纤纤其芒。微尘入隙,亦莫遁藏。是固当录其寸长。

软刷铭

柔以克刚,积渐而除。吾日计之而不足,岁计之而有余。

硬软刷铭

刚劲之中,参以柔意。因物而施,从宜之义。

掸帚铭

帚有秃时,尘无尽期。然一日在手,则一日当拂之。

小等铭

所系虽轻,亦务使平。盖千万之差,生于毫忽之畸零。

小称铭

老聃折衡,使民不争。然不能使物无重轻,终不如持此以平。

算盘铭

马之几足吾不知,况乃握算争毫厘?家储此器椟藏之,旁人拊掌先生痴。掠剩使者有所司,壮哉雀鼠好自为。

尺　铭

金粟裁缝,皆此尺矣。然长短参差,亦彼不同此。此则取之于都市也。是为官尺,悬诸令甲。至于裁衣,卿用卿法。

熨斗铭

金寒丝翘,火烈丝焦。熨贴之平细,意者斯调。

蟠桃合铭

三千年花,三千年实。驻景长生,与乾坤匹。

方胜合铭

上下同心,政理以成。内外同心,家室以宁。吾见夫挟贰志者,始自利而终自倾。戒之,戒之,毋误用其聪明。

卷第十四

碑记　墓表　行状　逸事

日华书院碑记

教民之道,因其势,则行之易;拂其势,则行之难。故凋瘵之区,其民方傸焉,不给朝夕,其道宜议养:使枵腹而谈仁义,是迫以坐槁也,势不可行。鸷悍之俗,其民方嚣凌格斗而未已,其道宜明刑:使无所惩艾而迂谈《诗》《礼》,是硝石之病而药以参苓也,势亦不可行。

献县,于河间为大邑。土地沃衍,而人多敦本重农,故其民无甚富亦无甚贫,皆力足以自给。又风气质朴,小民多谨愿畏法,富贵之家尤不敢逾尺寸:或遇雀鼠之讼,惴惴焉如临战阵。是较凋瘵之区、鸷悍之俗,其施教皆易。然自前明以来,虽科第衣冠蝉联不绝,终不能与海内胜流角立而分坛坫,其故何欤?盖谋生之念多,则其力不专;自守之念多,则其愿易足。或弃去不惜,或少有所就,不复多求,半途之废,固事理之必然也。

乾隆四十三年,莆田黄公来宰吾邑,乃慨然有志于学校。谓《书》称"既富方谷",而《记》称"忠信之人,可以学《礼》"。献邑物阜而俗淳,足以兴教。而囿于所习弗竟业,是犹子弟有可教之资,而父兄弗董以成也,其责在司牧。从前莅斯土者,借乡校为邮舍,久而竟邮舍视之,是有名而无实。且膏火无所出,师席久虚,生徒散绝,亦无怪无以善其后。乃割俸于城东北隅买隙地,建讲堂、学舍四十余间,又置腴田四顷余,拔邑人子弟之聪颖者,延天津邵君玉清为之师,邑人踊跃以趋。庚子乡试,预选者七人,为向来之所未有。为其事,必有其功,殆信然欤?

邵君为余壬午所取士,既主斯席,乞余文以记其事。余,邑人也。尝病族党之中人人可以读书,而不卒业者十之五六;又尝愧在里闬之中,稍为先达,而不能奖劝后进,使继日华弦诵之遗风。黄公乃能振兴文教,释余心之所歉,是不可不勒诸贞珉以垂久远,用不辞而为之记。若夫穷经汲古,努力殚心,不囿于小成,不杂以歧务,以勉副循良善俗之意是在邑之髦俊,余尤拭目望之。

长白苏公新阡墓位记

刑部尚书苏公,性至友爱。伯兄某公先卒,卜新阡于某所。公以平生宦迹各四方,不能效共被之义,恒期身后同兆域。会公夫人卒,先就葬焉,限于地形,圹在某公墓左而稍下。

议者曰:"兄弟同茔,情之至也;弟之妇不敢并兄公,礼之宜也。然弟左而兄右,其序不少紊矣乎?"解之者曰:"《礼》者,理也。理有一定有无定:一定者万古不变,无定者则权乎人情事势,而各得其安,所谓《礼》以义起也。兄弟同茔,此悌弟不能自已之情。兄墓既先葬而居右,无移以让弟理,墓之右又不可以葬,同茔之志势将不申,不得已而居左,势使之也。且已退而不相并,足以明让矣,是于《礼》未为失。"公恒疑焉。

一旦待漏于直庐,举以咨余。余曰:"公何疑哉?此本暗合于《礼》。议者未深考,解者又强为之词,反违失古义也。《周礼》曰:'墓大夫掌凡邦之地域,为之图,令国民族葬;而掌其禁令,正其位,掌其度数。'郑康成注:'位,谓昭穆也。'又曰:'冢人掌公墓之地,以昭穆为左右。'郑康成注:'昭居左,穆居右。'似左右有别矣。然赵㧑作《族葬图》,其南北之次:第一位为祖;第二位左为子,右为孙;第三位左为曾孙,右为玄孙。其东西之次:穆则以左为首,右为末;昭则以右为首,左为末。《朱子语类》载陈淳问,神道尊右,欲以二妣列先茔之左。然程子《葬穴图》又以昭居左,而穆居右,《庙制》亦左昭右穆,何也?朱子曰:'昭、穆但分世次,不分尊卑。如父为穆,则子为昭,岂可以尊卑论乎?'然则墓以前后为尊卑,不以左右为尊卑,明矣。且即以左右为尊卑,左亦不必尊,右亦不必卑也。《朱子语类》又曰:'某当时葬亡室,只存东畔一位,吴卿云:地道以右为尊,则男当居右。'祭以西为上,则葬时亦当如此。吕新吾《四礼翼》亦曰:'地道尊右,右高而左下也,故百川自西北而东南。葬,右男而左女,古也,从地也。后人重左,从人也,非幽明之义矣。'观是二说,则兄弟之左右可以例推。以弟左、兄右为疑者,直以俗礼议古礼,以人道议神道耳,公何疑哉?"公曰:"然则墓位尚左皆非乎?"余曰:"礼从宜,使从俗,《戴记》固尝言之。人情所便安,圣人弗强之尽从古也。义有两存,此之谓矣。"公喟然曰:"《礼》家聚讼,信哉斯言。敢请笔之为论,刊石新阡,以祛来者之惑,而间执悠悠之口。"

因为叙述梗概,辨订如右。

内务府郎中黄钟姚公墓表

冗散而谈恬退,贫宦而谈清高,安居无事之时慷慨而谈气谊,此夫人之所能也。当进取之途而恬退,处脂膏之地而清高,临得失利害之交而忠厚存心,气谊自任,斯非君子不能矣。以余所闻,内务府郎中姚公殆庶几乎?

公少习文翰,抱经济才,初筮仕为笔帖式。雍正丙午,世宗宪皇帝澄清吏治,选笔帖式为知县,公膺首荐。既而,念从兄亦预荐,当无一家并得理,遂以让兄。己酉迁主事,辛亥迁员外郎,乾隆丙辰迁郎中,辛酉迁堂郎中,乙丑命往吉林同将军理参务,丙寅督理江宁织造兼榷龙江关税。九重特达之知,骎骎向用矣。而因亲老遽乞归,浮沉郎署几及十年。丙子,再命榷九江关税,会遘微疾,遂不赴,竟以银库郎中终。是皆功名之士所策足先登,求之不能必得,得之不能遽舍者,公独澹泊宁静,进退从容,无所营竞系恋于其间,公之品居何等也!

堂郎中为上下之枢纽,职任繁重,似国初六部之启心郎。而六部之事,内府皆具,尤非启心郎之专司一曹者比,故最号要职。即织造、钞关、营造司、造办处、银库参务,亦皆度支之薮,出纳浩繁,世之所谓美官也。稍得沾溉,当不忧贫。且公自壮年即遭匮乏,上而供二人之菽水,下而摒挡米盐、经营婚嫁,左支右绌,拮据万端,更非无借于是者。一旦坐铜山金穴之侧,似难以忘情。公乃身履华腴,志仍俭素,月俸以外,一无所求。《老子》曰:"不见可欲,使心不乱。"公见可欲,而心不乱,所守又居何等耶!

又闻雍正辛亥,公官营造司员外郎。小吏偶不戒于火,获罪且不测;公引为己过,吏乃得末减。虽几至罢官,不少悔。夫官政有阙,委过胥徒者,不知凡几。祸福所关,或不惜锻炼周内以成之,此恒情也。公于本非己过之事,宁失一官以全数人之命,非仁人君子能如是用心乎？

世宗宪皇帝综理几务,甄别人材,明照如日月;矜慎名器,尤不欲假借毫厘。雍正己酉十二月,御书"福"字,赐内外廷臣。虽卿士或不得预,公独以新进末秩,邀格外之荣,岂非帝心简在,知公之异于众欤？虽公天性孤直,落落然不合于俗;又恒自引退,未竟其用。然升沉有命,天所为也;品行,则人之自为也。苟立身不愧古人,不以富贵有加,不以淹滞有损也。公即不跻卿相,亦何憾哉！

公讳吉保,黄钟其字。先世襄平人。祖讳某,顺治初从龙入关,因隶籍汉军。考讳某,尝监督御仓。公生于某年,卒于某年,年六十有三。以某年葬于某原。

嘉庆戊午,余扈从滦阳,公之子良适官避暑山庄副总管。僾直之余,为余缕述其先德,请为墓表,以发幽光。余虽不及见公,然忆尹文端公亟称公,与良所言合。文端公,一朝名德,语必不诬。因撮其大凡,表之如右。虽多所挂漏,亦足见公之生平矣。

直隶遵化州知州鼎北李公墓表

嘉庆五年,遵化州知州李公鼎北,以积劳卒于官。逾年将葬,其孤指南乞墓表于余。余谓:表以表德,将求不朽其人也。其人无可述,而涂饰以欺后世,是不足道;其人有可述,而缕举琐屑,恐一善之或遗,亦非金石文之体也。盖士大夫什百人中,可传者不过数人;此数人者,可传者不过数大事。其余末节不足为世轻重,即不足为人轻重。故子孙欲不朽其祖父,当举其真足不朽者以为状;而操觚为文亦当举其真足不朽者,然后其文传,其人亦传。

公之孝友积于家,文章学问沾溉后人。在他人为善行,在公则为余事,不足——为公记。所应记者，凡三四大端，已足以传公。

　　公之宰任县也，县有泽，袤四百顷，即《禹贡》之大陆也。旧汨于水成巨浸，故奏免其田赋。康熙中，渐涸为田，遂渐私垦，久而涸出者多，私垦者亦益多。官设厉禁，百姓因以酿讼端，而贪污之吏又借以为利薮，不肯竟其事；即有一二循良之令，而悃愊无华，才歉于德，又复不能竟其事。纷纭缪辀，殆几及百年。自山东刘公为总督，始厘定阡陌，核定租课，则壤成赋，四百顷悉为沃野，官民交赖。余为刘公撰墓志，尝记斯事为平生一大政，然不知谁为佐理？仅称简贤能之吏董治其事而已。今读行状，乃知即公所经理。遥制其事者可传，身任其事者不尤可传乎？公之足不朽者，此其一。

　　公之调任武清也，河流涨溢，浸五百余村。公昼夜焦劳，五阅月衣不解带，民赖以免于流离。夫为官而侵赈，千百中之一二耳，稍具人心者不为也。然安坐养尊，事事委之胥役，胥役因得肆其奸，故有名无实者多。公检灾必亲往，发粟必亲监，故胥役无所用其技，而民以大宁。从来至亲骨肉之中，疾病医药至于半载，孝友者亦有懈志；公抚恤饥民，始终不厌，此仁人之用心矣。足不朽者，此其一。

　　武清背海而面河，盐枭强悍，多为患于闾里。故号为繁剧，例以练达之能吏，调治斯土。然能吏老于世事，每务以安静自全，恐其激而生扰，弗敢治也。至于蚕食邻封，犹秦人视越人之肥瘠矣。公戢之严，桀黠皆敛手。有巨盗李甲作奸于宁河，而窜伏于武清，伍伯畏慑不敢捕。公廉得其实，亲率数十役，昏夜入其窠窟，竟弭耳就縶，四境以安。入不测之地，婴亡命之徒，非有定识定力弗能，有是识力而非真有为国为民之心者亦弗能也。公之足不朽者，不又其一乎！

　　公之擢任遵化也，遵化领玉田、丰润二邑，素称难治。又桥山弓剑，适卜斯疆，公恭遇上陵者三。太乙勾陈之所，驻千乘万骑，供亿浩繁。公仰体圣天子仁爱之意，丝毫不取于闾阎，而百务具举。余尝叨扈从，入公之境，亲见路旁父老扶鸠感颂，以为从来所未有。守土之官当差务旁午之时，不借口以牟利，是亦足称循吏矣；公非独无所侵渔，并无所科派，公之足以不朽者，此一事尤难之难矣。

公讳腾蛟，字□□，鼎北其号也，又号曰辛峰，山西芮城人。祖讳某，县学生。本生父讳某，附贡生，旌表孝子。父讳某，早卒，公以祖命承其祀。公生于雍正辛亥六月十六日，乾隆戊子举人，辛丑进士。初任直隶任县知县，调繁改武清，升杨村管河通判，旋迁遵化直隶州知州。以嘉庆庚申二月二日卒，年七十。元配刘氏诰封宜人。子二：长指南，乾隆戊申举人，候选知县；次炳南，附贡生，候选县丞。孙三：芝田、书田、兰田。

指南等将以某月某日葬公于其乡之某阡，余为此表，则嘉庆辛酉十月朔也。

曩者，乾隆己卯，余典试山西。得公卷，赏其落落有奇气。中式已数日，以他故不与选，余心恒怏怏。榜后，公得余所批遗卷，反于余有知己感。辛丑成进士，时登余门执弟子礼，余益滋愧。然但谓失一佳士耳，不谓公毅然自立乃如此。虽以不得公为恨，亦颇以能知公自慰矣。惟自揣年近八旬，不及见公功名卓荦，与龚、黄辈争光？何意公竟先逝，余乃表公之墓也。老泪纵横，乌能已已哉！

中议大夫赐三品服肯园鲍公暨配汪淑人墓表

碑志之文，古男女皆有之。然为妇作则不题夫，为夫作则不题妇，金石例也。宋以来，间有题某公合葬碑志者，然亦不著妇姓氏。其夫妇并题，则明以来之滥觞也。歙鲍御史勋茂将合葬考妣，先期以状来乞余表墓。余乃竟用明人例：夫妇并题。非曰委曲以徇俗也，文无定格，衷于理而已矣。理亦无定法，归于是而已矣。《礼》以义起，非古之明训欤？盖述夫之美，兼及妇德，如《史》之附传；其德相均，足以相配，则合传之例，马迁亦有焉。

按状，鲍公讳志道，字诚一，号肯园；配汪淑人，并歙人。公以古谊称善士，淑人或赞襄之，或推公意而自为之，其事皆昭昭在耳目。如：公侍父病，凡五阅月衣不解带；淑人之侍姑病，亦以三日新妇周旋茵榻左右无方，故乡党并称其孝。公之弟启运，八岁失母，公天性笃挚，曲尽教养之道；淑人亦如抚所生，故乡党并称其友。公故寒士，然慷慨好施，急人之急如己事；淑人初处困约之时，亦往往脱簪珥、质衣裙，济亲串之窘乏，故乡党并称其义。公以先世慈孝堂故址在龙山之麓，其地弗善，特迁于山冈，为铭志之。宣忠堂者，远祖尚书公旧宅也；又葺其颓废，为尚书公祠，增置祀田，以贻久远。并资助宣忠派之不能婚者。鲍氏故多孝子，建世孝祠以祀，使子孙八岁以上即入观礼。更捐金取息，给族众之助祭者以当分胙；淑人亦笃念本支，尝修西沙溪三婆塘祖墓，躬自督工，不避风雪。每自扬州归里，必先祀宣忠堂，遍招族人赠金有差。又构屋八楹，为族人贮农器；置田百亩，取租给族之众妇，自以平日节俭，乃积有是资，名其田曰"节俭"，事事皆先得公意。至族妇四人终身苦节，无力请旌；淑人廉访其事迹，而公上之于朝，尤同心合力而成矣。

公好义举。歙故有紫阳、山间二书院，岁久颓圮，膏火亦无所资。公捐金万有一千，并修复之，至今弦诵日盛。歙有水，曰北河，环郡城之西迤桥北岸而入。渐江漫淤既久，渐徙而西与丰乐水合流；涨沙日深，迤桥之流遂绝。形家以为西流百里之水，阖郡人文所系也。公独力捐资筑水射，当其西南，障之使东，以刷久结之沙，故道顿复。扬州自康山以西，至钞关北，抵小东门，路多积水。虽以砖砌，沮洳如故也。公易砖以石，行者皆称便。淑人深居闺闼，不能周知外间事，而足迹所及，重筑大母埧、七星墩埧、田水溪桥诸道路，至今里人能道之。虽役有大小，费有多寡，其用心与公何异乎？夫坐拥高资，意气自喜，慷慨而谈任侠，视金穴自封者，加一等矣。然席丰履厚，物力有余，可以视之不甚惜；如以寒素之门，铢积寸絫致富贵，物力之艰难，其知之矣。而公与淑人能重义而轻利，不其难乎？且人心不同有如其面，或士大夫好济物而内有吝词，或闺阁喜施予而外多掣肘，此人情之常，即事势之常也。公与淑人不谋而自合，相观而益善，不尤难之难乎？

其人其事，均不可以寻常测，而谓可以金石之例拘乎？故妇统于夫，正例也。妇与夫各足自传,变而并书,亦变而不失其正也。《春秋》之法,内女非嫡不书。而纪叔姬以媵书,贤也。淑人与公并题,亦此志云尔。千秋万世,视余所表,可以知其非委曲徇俗矣。

工部右侍郎霁园蒋公行状

嘉庆八年二月二十九日,工部侍郎蒋公霁园卒。其长子太仆寺卿予蒲,以公与余交最久且相知最深,以公行状相属。且云太夫人殁时,仅有传一卷,今将合葬于睢州城东新阡,亦乞胪一二实行,垂诸永久。余谊无可辞,乃据所闻见,胪列行实而为状。

曰:公姓蒋氏,讳曰纶,字金门,霁园其别号也。先世居江西新建,元末迁河南睢州。耕读相传,世有隐德。至半坡先生为公高祖,讳奇猷,顺治己丑,会试副榜,考授推官,举乡饮大宾。以捐谷赈饥,奉旨旌门,崇祀乡贤,《大清一统志》有传。曾祖讳文臣,增贡生。祖讳禧运,廪贡生,考授学正。父讳辰祥,乾隆壬戌进士,翰林院庶吉士,皆赠如公官。

公天性孝友,幼丁庶常公艰,哀毁尽礼。兄曰诚,早没。弟曰京,公课之,为名诸生,国子监肄业,候选训导,壬辰卒于京邸。公抚侄如子,教其成立,后官山东泰安县知县。卒无子,公为立后。公弱冠补州学生,累试冠军,食饩,为孙虚船先生、蔡葛山先生所赏鉴。居乡多义举。家故贫,同邑某聘妻未婚,值岁歉,欲鬻为人妾。女闻,痛不欲生。公与其质,留侍太夫人。后某又欲鬻于富商,而以其半来赎。公念某母老无孙,以女归之,不取其值。某亦悔悟。今其子孙繁衍,邑人称公德不衰。

丙子,举于乡,座师为罗徽五先生、郑炳也先生,欲拟元,以三场微疵未果。庚辰,成进士,出朱石君先生房,座师为蒋质甫先生、秦味经先生、介野园先生、张有堂先生。改庶吉士,习国书。虽读书中秘,而不改儒素之风,亦不染声气之习。垢衣敝履,神志翛然。词馆前辈,皆以为可亲而不可狎也。辛巳,散馆授职,充国史馆纂修官。所撰列传,有为总裁刘文正公签商者,可从则从,不可从必反覆考辨，疏通证明，无一字之迁就。文正公反以此重之。

余于公为同学，与公居密迩，常相过从。见公遇师友庆吊，皆从厚佽助，初不以匮乏形俭涩。尝记其乞假归里，迎太夫人入都，苦无资，未即行，待秋俸以资仆马。适介野园先生卒，同人约醵金为助，公括囊箧仅足五十金，尽出以赗。或谓宜稍为路途计，公曰："留此亦不足具资斧，不如使吾心无亏缺也。"

丙戌，保送御史，初未及公。刘文正公曰："是尝断断与我争者，真御史才也。"独举公第一。戊子，授山西道监察御史，稽查旧、太等仓，力除积弊，为左都御史范公所重。巡视西城，闻某吏素横奸，未发。会兵马司吏目案呈，有民人控妇悍求出一事。公察妇无悍容而词色悲痛，其夫又诡病不面质，乃密询其幼子，得某吏平日利诱，计得妇为妾状。一鞫即服，乃置诸法。

乾隆三十三年，奏请定用内阁中书例，略云："中书考试，原无定期，各省士子无从按期齐集。临时出示招试，不过旧寓京城及籍贯附近者诣部报名，猝难周遍。且查内阁中书一官，外升同知，内升内阁侍读及各部主事，其官阶原在主事之下、知县之上。而考试者以一论一诗得之，未免视为捷径，妄生倖心，即夤缘奔竞亦不能保其必无。臣愚以为每科新进士，向以庶吉士、主事、知县三项分用，合无仰恳圣恩，即于每科新进士引见时，三项分用外，添用内阁中书一项。遇有缺出，照次铨补。在各士子会试、殿试之后，诗文字体，历经校阅，既无烦另行考试；且因材器，使一归圣明简录，则名器益昭公慎。而徼倖躁进之心无自而生矣。"奉朱批："所奏是，该部速议，具奏。"经礼部议准，遂著为令。三十五年，奏请禁督抚指名拣发人员，略云："在部投供候选各官，于督抚本非现任属员，何由知其在部候挑，而径破例保请？既乖体制，复涉嫌疑，且恐该员得邀专奏，或且依托声势，滋生弊端。请嗣后拣发人员，概不准督抚指名奏请。"奉上谕："御史蒋曰纶所奏颇为近理。督抚等差委需人，既经奏请拣发，则发往之人尽可供其随才委用，何必于候补人员指名请拣？况伊等是否在京，督抚等何由预知？形迹之间，易招物议，日久且恐渐滋流弊。嗣后，各省督抚请拣人员，不得于折内指名附请。将来河工请拣人员，折内附请之处，亦著永行饬禁。"旋授户科给事中,转礼科掌印给事中。

辛卯,充顺天乡试同考官,所得如李君世望、沈君步垣、沈君琨、方君维祺、翁君树棠、陈君鸿举、沈君杲之、丁君志诚,皆一时知名士。壬辰,充会试同考官,所得如裴君谦、方君大川、范君来宗、李君镕、金君光悌、朱君芫星、李君翮、方君炜,亦称极盛。丙申,丁太夫人忧,回籍。己亥,服阕,补工科给事中,转兵科掌印给事中。庚子春,升顺天府丞,提督学政,管理金台书院。延师必慎,不借修脯助友朋;训迪必严,亦不以月课应故事。所成就者如吴君邦庆、王君麟书、桂君芳、施君杓、蒋君攸铦、白君镕、林君天培、穆君隆阿、李君煾、李君光先、李君光里,皆蔚为人望。时文侍郎远皋年未弱冠,公阅其文,即识为伟器。曾许之云:"非惟才俊,亦卜厚福。不信九方相马之识,请观丰城射斗之光。"今果如公言。陈君预未第时将应试,适其父挂吏议,或欲阻其入场;公深赏其文,弗为浮议惑,遂得入泮第一。后凡课艺,皆公所指授,卒成进士。其弟云亦出公门,成进士廷试第二人。盖公究心经义于源流得失,能识其真。尝选订诸家制艺,自乾隆丙申至嘉庆己未,阅二十四年乃成书。所得者本深,故经其指授皆能掉鞅文场也。闻公召见时,皇上尝以"知文造士"见许,固有由矣。

丁未,晋光禄卿,历太常、大理寺卿。嘉庆己未春,升副都御史。是年冬,奉命视学山左,甫试青州一郡,旋升礼部右侍郎,调工部左侍郎,奉旨回京。辛酉,充会试总裁,得士马有章等二百七十人。冬,奉命考取宗学景山各官学教习。壬戌,调工部右侍郎,管理钱法堂事务。

计公服官四十余年,矢慎矢公,常如一日。秉气素厚,年登耄耋,视听不衰。近岁步履少艰,犹趋直无虚日。皇上屡温语慰问,公闻命感激,愈加奋勉。二月二十日,恭值御门,公偶感风寒,犹力疾先期赴西苑,具折陈奏,归仍饮食如常。太仆躬侍左右,至二十九日,神气稍减,旋进参饵,端坐而逝,年七十有五。

公元配汤夫人,睢州汤文正公玄孙女,年十九归公。家贫,尽出奁具,货以度日,自甘粗粝。日以一钱易油纺织,佐公读。妯娌中有艳饰奢华者,相形之下，夫人处之泰然。及公贵显，夫人俭约如平时。侍太夫人疾，躬奉汤药，衣不解带者三阅月。抚庶子女如己出，御下无疾言遽色。慈善好施与，遇人困厄，辄为之垂涕，常以儿女衣与丐者。吴香亭先生曾详其事于本传。性爱澹泊，晚年长斋奉佛，先公八年卒。

子三：长子蒲，乾隆辛丑进士，由庶吉士历官太仆寺卿；次子藩，以公荫授广西北流县知县；次子藻。孙三：长，恩铭；次，恩镛；次，恩钟。女四。女孙三。

曹宗丞逸事

曹慕堂宗丞，余甲戌同年也，交最契。慕堂卒时，余适以校理秘籍在滦阳，阙为面诀，意恒蠢然。既而，读石君所作墓志、辛楣所作神道碑，慨想生平，宛如对晤，不胜山阳邻笛之悲。惟是慕堂立身之本末，二君言之虽详，其文均笃实无愧词，足信天下而传后世。然有一二逸事，为碑志所未及者。

乾隆辛巳，余与慕堂同司翰林院事。会有八九英俊与同馆争名相轧，同中蜚语，势且挂白简。时余亦薄有声誉，方自危疑，不能为申雪，惟坐清秘堂中，与同事相叹咤。慕堂奋起拍案曰："诸公以此事为真耶，则数人皆轻薄子耳，何必为悼惜！如灼知其枉耶，则司院事者所司何事？而噤口如寒蝉！"乃邀众同诣长院。慕堂婉请曰："据公所闻，此数人褫不蔽辜矣。然公此语从何来？傥弹章一上，事下刑曹，无证佐不能成狱。愿先示名姓，并列于章中。"院长沉吟久之，事竟中止。后八九人皆先后致通显，无知缘慕堂得免者，慕堂亦终身未自言也。

同年陈侍御裕斋，年过四十未有子，又有所阻格不能置妾。慕堂倡率鸠资，买一女，送其家，后举一子。裕斋夫妇相继殁，有婿谋踞其余资，百计媒蘖；孤儿孀妇，且旦夕不自存。闻者扼腕，然莫能为力也。慕堂又鸠率同年，仗义执词逐婿，子乃得安，今已读书成立矣。当时论者或以慕堂为多事，慕堂恬不介怀。嗟乎！朋友以异姓列五伦，所贵乎济缓急，恤患难，不以生死易心也。平时酒食征逐，声气攀援，怡怡然亲若兄弟；及身遇小利害，乃引嫌避怨，坐视其后人之阽危,亦安贵此朋友耶？慕堂此举,余时有所牵制,未能赴约,然心恒愧焉。论者乃以己不能为,转非慕堂之能为,抑亦慎矣。

慕堂天性恬淡,超然于声利之外,似不甚预人事者。又和平静穆,言讷讷如不出。而此二事,乃见义必为如此,贤者固不测哉！余十六七岁入名场,三十通籍,仕宦四十余年:阅事非一,阅人亦非一,求如慕堂之古谊,指不数数屈也。

人往风微,慨然远想,因书以示受之侍御兄弟,俾存诸家乘焉。

记李守敬事

明末,河间被兵,曾伯祖镇番公年尚幼,为兵士系以去。至章丘,乘夜逸出,比晓,怅怅无所适。忽一人谛视良久曰:"若非四官耶？勿畏,我故若家雇工李守敬也。"询及家事,相持泣,泣已,扶之行。沿途乞食,食不足,则守敬自忍饥。行三四日,镇番公疲不能步,则拾得破独轮车,辇之崎岖寇盗间,濒危者数。月余,抵河间,河间已墟。闻太恭人避兵在景城,则又辇之景城。然后叩首,呜咽去。酬以金,不受也。呜呼！义矣。或曰:守敬本崔庄人,性简傲。佣工辄为人所逐,故流落他县。然当患难中,不负其心如此,可多得欤！

卷第十五

传

怿堂先生小传

怿堂先生姓贾氏，讳延泰，字开之。先世自莱阳迁故城，衣冠蕃衍，遂为望族。先生赋质最颖异，承借家学，刻志诵读，然恬淡沉静出于天性，视雕华之士以声誉相驰骤，意泊如也。

雍正壬子，举于乡，无矜色；既连上公车不第，亦无抑郁之色。年渐长，思以捧檄娱老亲，乃援例为中书舍人。舍人虽闲曹，然密迩政府，又职司翰墨，与词林气类最相近，文酒宴谈易于款洽。先生独落落穆穆，公事以外无所预。退食以后，惟与山人、衲子斗茗敲枰，门外几无车马迹。旧交有通显者招往见，唯唯不拒，亦竟不赴约。宦数载，以亲老乞假归，色养之暇，莳花种竹，啸咏一室。恒手自煮茗以为乐，若不知居城市中者。迨养亲事毕，或劝以补官。先生谢曰："吾性疏慵，即为官亦无益于世事。况行年六十，日就衰颓！显亲报国付诸子孙，吾不能白发出山矣。"自是以后，惟杜门训子侄，时时以书史自娱。兴会所至，间亦赋诗、摹帖。诗，风格多近西昆，而能独得温厚之意；书，初仿欧阳信本，继仿松雪，能以劲婉驿骑两家。然均不多作，寄意而已。惟喜钞书，每得善本，且诵且录，恒漏下数刻不能止。自少至老如一日，属纩之际，犹喃喃作诵书声也。平生胸怀萧散，衣食不甚择美恶，亦不问家人生产事，似不知马几足者。顾于《九章算术》，推究至精，于旧法多所增损，往往出古人意想外。乃知研桑心计非所不能，特性不好耳。甲辰正月，遘微疾，遂奄然逝，年七十有四。

平时尝诫诸子曰："今之送死者，吾惑焉。彼勋业、文章固足以垂不朽，其他往往奔走大人先生之门，丐一言以为光宠。试覆而射之，则书撰人姓名与所以称道其亲者，可忖而得也。夫亲无其实而貌以名，与貌他人何以异？余老矣，异日必无以谀墓之文诬我。"故诸子于先生之葬，不敢乞人为墓志，即先生之志趣可想矣。

论曰：《明儒学案》，先生曾祖所刊也。先生口不讲学，而制行不愧古君子，是真讲学者也。平生不屑屑于名利，殆所谓能见其大欤？呜呼，恒情乌足以测之！

怡轩老人传

怡轩老人，从兄懋园之别号也。兄以乾隆丁卯，举于乡；丁丑，成进士。官中书舍人者八年，以省亲乞归，体羸善病，遂不复仕宦。田居多暇，惟以诗书课子孙，或与平生老友以诗酒相娱乐。目所居曰"怡轩"，因自号焉。

昔先大夫之未仕也，以兄天资笃厚，爱之甚至，亦督之甚严。迨昀渐长，先大夫已官户曹簿书有程，不复能自训课，遂遣昀受业于东山董先生。故先大夫之学，昀不能尽得，而兄乃独得其传。兄与昀同为诸生，同举乡试，互以读书相淬砺。顾昀于文章，喜词赋；于学问，喜汉、唐训诂，而泛滥于史传百家之言。先大夫恒病其杂。兄则文章必韩、欧，学问必宋五子；非惟诵其言，且一一体验躬行之。故先大夫尝称兄深醇有根柢，非昀所及。后兄与昀同官京师。昀早涉名场，日与海内胜流角逐于诗坛、文社间；兄则恬退寂寞，杜门与三数同志晨夕讲肄而已。忆丁亥春，昀服阕赴补，兄方家居。临行送以一诗，有句云："敢道山林胜钟鼎，无如鱼鸟乐江湖。"其志趣可以想见。后，昀以不自检束，时蹈愆尤，虽幸荷圣主委曲保全得有今日，然中间颠蹶忧患，盖亦屡矣。兄之识度亦何可及哉！

兄今殁十六年矣！乡党称长者及士大夫称儒者，均必为兄首屈一指。兄之子汝伦作兄行述，载事迹始末甚详；同年翁覃溪詹事撰兄墓志，梗概亦粗具。然兄之生平，有覃溪所不及知，而汝伦所不能言者，昀因撮举所遗，为兄小传，聊窃附于追书逸事之例。夜深烛炮，回想慨然，不禁老泪之纵横也。

承德郎中书科中书岘亭杨公家传

公讳世安，字乐田，岘亭其自号也。先世本义乌巨族。雍正中，公之祖随父北上，求进取，坎壈未遂，留滞津门，因著籍于静海。

公幼而颖异，书过目辄能暗解。老师宿儒皆谓掇高第如拾芥，祖父未竟之志当酬之于公。乃年甫十一而孤，薄田数亩不足给饘粥，生计日困。长兄饥驱外出，以贸易博什一；幼弟尚在襁褓，母子茕茕，家徒四壁，酸风苦雨，凄动心脾。公母姚太安人至窘迫，不欲生。公时稍长，学业将有成，老屋昏灯，忍饥夜读，书声与纺织声相答。见母氏荼苦，辄椎心饮泣，忧心辗转，恒彻晓不眠。久而慨然曰："生子以养亲，养亲之道，不过治生与求仕耳。今寒饿如是，尚仆仆谋不可必得之禄养，是渴凿井、斗铸椎矣。奇赢之术，庶其尚有近功乎？"遂弃儒就贾。

亲党共为公才惜，然揣度事势，万万无他策，乃各贷资以助之。讵运数迍邅，所贩鬻物毁于火，退而躬耕又遘水灾，贫如故。公志不少沮，益发愤行贾，三年不返。姚太安人虑其漂泊，屡书促归。乃于郡城佣书，腕力敏捷，又刻自勤苦，昼夜可得数万字。节衣缩食，蓄有微资，买田数十亩。旋婚于静海边氏，摒挡米盐，具有条理，家以小康。自是经营筹画，资产日增。承欢膝下，养生葬祭，皆能曲申其孝思。佥曰"公有志竟成"，然二三十年艰难辛苦，有不可缕数者矣。

姚太安人殁后，迁居郡城。郡故盐策之总汇，公随其土俗，往来转运，生计益丰。凡兄弟姊妹以及族党姻戚，皆赖公以举火。其无屋者，为构屋；无田者，为置田。一一为计久远，不但解衣推食，周一时之急也。然自奉则甚俭，食不求美，曰："吾未以美食食我亲也。"衣不求华，曰："吾未以华衣衣我亲也。"然后知公之刻意治生皆为亲计。其河润于家庭，旁施于亲属，亦推亲之爱焉尔。

年过五十，即杜门却扫，惟玩味经史以自娱。尝训诸子曰："汝曾祖、汝祖，皆终身诵读，困顿名场。汝祖母望我继其志，我以贫不能养，不得已而废学，心恒歉焉。今汝辈承借余业，可无待谋衣食，其勉终我志，以终汝祖母之志乎？"语已泣下，诸子皆感泣。故长子毓楣，早游于庠，今官中书科中书；次子毓锦，以拔贡生中式，己酉科举人；诸子毓朴、毓荣、毓钧、毓铎，亦皆能自立，方兴未艾焉。

公援例为州同,遇圣驾巡幸天津,蒙恩预宴者五,并蒙赐御书及诸珍物。庚戌八月,恭逢庆典,又蒙赐宴同乐园。即于是年,覃恩敕封承德郎,元配边夫人敕封安人,以子毓楙贵也。毓楙后加三级,公于例当封奉政大夫,边夫人当封宜人,今仍从敕命之所书,从其实也。

论曰:贫贱非病,病其无志。公早年偃蹇,而以养亲之故,毅然起,与命数争,百折不回,竟酬所愿,非豪杰之士乎?凡财由艰苦而得者,视之必甚重。公拮据成家,而博施无所吝,非古君子之用心乎?是虽庸行,而皆人情所难也。是足以传矣。

解月川先生小传

先生讳秉智,字月川。先世自山西永济从天津,今六代矣。先生幼而颖悟,读书一目数行,角艺辄冠其侪偶,年二十一入县学。父观复公以经营家计,不得已弃举子业,期望于先生者甚至。先生仰体亲心,亦奋自淬砺。乾隆丁卯举于乡。壬申会试未售,拣授涞水县教谕。性故端介,不能随俗为俯仰,一切仕路酬应之礼亦落落不欲为,惟殚竭心力务举其职而已。幸儒官闲署不与吏事,僚吏亦以度外置之。故得与诸生晨夕讲肄,文风、士风均蒸蒸日向上。至奉讳归里后,涞水人犹间关请往主书院,则先生之有造于斯土,可知也。

丁丑,成进士,分发甘肃,以知县用,得凉州府属之永昌。永昌故冲衢,驿使往来,转运络绎。先生仍坚守素志,正供所应有者,纤豪不敢阙;正供所不应有者,勤恤民力,亦不敢纤豪溢额外,竟坐是罢官。既而,大吏知舆论多惜公,奏留会城使自效,随监送新疆开垦户口,远至伊犁。来往备极劳瘁,先生恬如也。凡奔走五载,得恩旨复原官。乙酉八月,又授庆阳府属之安化。故瘠土也,甫莅任,即早霜伤稼。前署事者报未明,先生力请于上官,得阖境普赈。丁亥,复霜灾,视前倍重,蒙恩于正赈之外,加赈两月。时需粮多而仓储少,欲从部价以一石一两折给。又粮贵而价不足,大吏遂奏请半用赈粮,半用折价,原无积谷之州县，则准以时价采买，每石较部价赢八钱，所以宣布德意者甚至。安化故无积谷，例得采买万余石。有导先生领采买之价，而以部价给民者，先生毅然不肯。且以奏定之价出示，俾通知，遂颇结怨于僚友，先生亦恬如也。然坐是，公事多龃龉，乃于己丑四月移疾径归。归而门庭萧寂，惟日与兄弟训课子孙，暇则以棋酒相娱乐。名其堂曰"友于"，又绘《三荆同株图》，文士多题咏焉。如是者三十年，林下优游，不萌一出山之想。盖自守确自知审，其所见者远矣。

嘉庆三年八月卒，年七十有九。遗命速葬，故碑志未作。孤子道倬，以余与先生为同年，乞先为小传。余乃叙而论之曰：

先生之仕宦亦坎坷矣，而年未五旬，飘然解组，享林泉之乐三十年。兄弟怡怡，终身无间，而子及犹子皆登第，其所得孰为多也？抑又闻之，先生乞归之时，甘肃风气已駸駸乎华侈矣，久而遂有监粮之狱，白首同归。然则先生之坎坷，其亦天佑善人，使青山独往欤？正不必以所如不合为先生惜矣。

鲍肯园先生小传

肯园先生以嘉庆辛酉十月卒。先生子树堂侍御以行状寄余，求余为小传。先生嘉言善行不能缕数，非小传所能括也；爵里、世系、生卒年月则碑志在焉，小传亦例不载。乃略摭其逸事。

曰：凡人由贫约而富盛，艰难辛苦备尝之矣；铢积寸累以至巨万，其亦不易矣。故吝财者恒情，自食其力以偿前此之拮据，于世无损，人不得而咎之也。先生由困而亨，顾恒思于物有济：修宗祠，纂家牒，置田赡族人之不能婚者，举苦节之不能请旌者，则有关于伦纪；而世孝祠之建，世孝事实之刻，则有关于风俗人心。至捐金三千复紫阳书院，捐金八千复山间书院，则功在名教；复歙县北河之故道，修扬州康山之通衢，皆费逾千万，则又德及生民。此先生之不可及者一。

凡勤干习事之人，必老于世故之人。故往往义所当为，巧于趋避，以自保其所有。此虽服官莅政者或不免也。先生当修复二书院时,力争郑师山玉、徐观察士修、吴光禄炜及其家仲安先生之从祀,皆侃侃不牵就。总司两淮盐策日,勇于任事,不避小嫌。乾隆末年,福建盐阑入江西,其势蜂拥不可止,淮商颇困,而事体重大莫能撄也。先生身任其事,支拄两载,其患始平。盐艘或有沉溺,例当补运,或受累至破家。先生倡议,使一舟溺,则众舟助,至今为永利。先生之不可及者,此又其一。

若夫家庭孝友,士大夫之常理。少而废书,老而勤学,著作颉颃于作者,于先生亦为余事,固不必一一琐述矣。

论曰:不自私其所有,而毅然敢任天下事,使仕宦者如此,则贤仕宦也。斯人往矣,能勿邈然远想哉!

王锦堂先生家传

先生讳振荣,字汉桓,又字切庵,别号锦堂。先世隶小兴州卫,今溧阳县也。明成祖以大宁子、乌梁海诸卫皆内徙,遂隶籍宝坻。七世祖讳翱,以成化甲午举于乡,官嘉兴府通判。十一世祖讳好善,万历辛丑进士,官凤阳府知府。十二世祖讳兆辰,天启辛酉举人。子姓蕃衍,遂蔚为畿东巨族。高祖讳乃余,顺治甲午举人。曾祖讳寀,岁贡生,候选知县。祖讳枚士,官常州府同知。考讳赞,官荆州府同知。

先生五岁而孤,不及奉祖父之训诫。又衣冠世胄,籍厚履丰,可以惟意所欲为;乃幼而好学,不稍涉纷华靡丽之习。从同邑芮励斋讲"洛闽之学",与韩、欧之文,其毅然自立,早迥然独在恒情外矣。天性孝友,家庭间和气蔼如,虽僮婢亦不轻责罚。然礼法自持,无事则正襟危坐,无纵肆之容。与元配刘夫人终身相敬如宾。与人交不露圭棱,亦不稍戏狎;或遇言所不当言者,笑而不答,人自愧而沮也。惟教子孙则甚严,小不中礼即予杖;晨夕讲授,谆谆以忠孝相劝勉,剀切深至,罔弗感动。有子五人,乾隆甲寅、乙卯,相继举于乡者二,非庭训之力欤?

平生自奉如寒素，至于义所当为，则多金不惜。族党有贫乏者，岁时周恤；鳏寡孤独者，倍之。值岁瘟疫，施药活多人。蒋吏部爱亭创广育堂，亦月月寄资以襄其事。节孝祠圮，先生倡众修复之，故乡里莫不称长者。若归伯父之田二千亩，及赡张氏孀姑岁以二百金为律，至今仍不失期，尤人情之所难矣。

笃志力学，期以功名继祖父。数奇不遇，至丁酉始举于乡。庚子、辛丑会试，皆荐而不售。甲辰以后，厄于多病，遂不能再诣公车。嘉庆丁巳正月，竟赍志以殁，论者惜之。

先生子殊渥，余从子汝仲婿也。悲先德之不彰，乞传于余。余谓人贵自立耳。仕宦通显而使作碑志者无事可书，不如乡党之善士实行数端足传于后。遇与不遇，何足为先生损益欤？因约举大略如右，俾后生有所矜式焉。

戈太仆传

公讳源，字仙舟，自号曰橘浦，然仙舟之号特著于士大夫间。少负奇慧，以随父任于浙江官署，不克就试。年十六旋里，一试即补县学生，是年即举于乡，越岁甲戌成进士。计自童子试至释褐，不满一载。眉宇秀发，而老成深稳，望而知其有吏才。故高宗纯皇帝始命为县令，既而命学习于部曹，盖将使练习政事，老其才而大用也。在户部，屡居异等，旋改御史，转给事中，皆侃侃多所建白。戊申，擢太仆寺少卿，督学山西者四载，以末疾致仕。故里无尺土寸椽，流寓京师，竟以贫病卒，年仅六十三耳。

公生长世家，少年高第，而落落无纨绔习，亦无名士风流习。与朋友言，恒有经世之志，不肯徒事温饱。初，公兄芥舟先生、方舟先生相继殁，承借旧业，尚薄有田宅，然无如食指之太夥。公慨然曰：“吾忝为官，月俸尚足赡妻子，九兄老而不第，诸侄亦俱未成立，是殆将不自存也。”乃以王桥田宅与兄，以河间府旧邸与方舟之子，以京师校尉营旧宅尽与芥舟之子，自不取豪厘。坐是遂大贫，殊不悔也。凡至亲之贫者，多收养于家，廪禄弗能给，则齑盐糜粥，丰俭与共，故其家内外上下同一食。尝戏谓余曰："十刹海之法，万物平等。一僧一室,佛亦仅占一室;一僧一盂饭,佛亦仅供一盂饭。佛尚可尔,吾何不可与厮役同也。"嗟乎!此其胸次居何等也?使得行其志,视天下之人如是矣。

居官多异政,殆不能一一数。其督理街道,不动声色,能使豪强侵占无所容,涂径圮垫无不治,而胥吏不能舞弊取一钱。余虎坊桥宅前,偶秽杂不治,坐车上呼余仆隶,立使扫除,不以余故而牵就。其官学使,卷必亲阅。甚纰缪者,必涂乙而张之壁,逐句评驳,如塾师为弟子批课艺。晋人多不娴声病,公一一甲乙其试牍,如批时艺。其佳者则刊布以为式,其中或字句之疵颣,则点窜完善,而细论所以点窜之故。积劳成疾,多由于此。然公每莅一官,必勤举其职,事事不苟,可以想见矣。使得竟其用,树立必有可观者。乃天不假年,竟使赍志于地下,是则深可惜耳。

公不喜声气攀援,恒与物寡合。宦资既深,与时髦益不相款洽。病废以后,杜门却扫,几不知长安道上有是人。故公之行事,渐不为后进所知。戈、纪故世婚,余与公又同年相契,余不志之,恐后来益无所考,乃撮其大端作为此传,庶乡党有所矜式焉。

枣强知县任公传

公讳增,字蔚岭,又字损之,别号寓圃。本萧县巨族,因居河南永城,遂以永城籍应试。乾隆甲戌,成进士,乃改归江南。早年即以文章鸣,咸以为东观、西清之选,然仅历宰五县,竟坎壈以终。

初官直隶南和,继署宛平,既而补枣强,后又官山东禹城、惠民,皆有惠政,而世顾多称任枣强,从其治绩之最著者也。南齐谢朓终于尚书吏部郎,而至今称谢宣城,其亦此例矣。

公之宰枣强也,自乾隆庚寅至甲午,不盈五载,然父老至今有去思。盖汉广川郡,今分为二州一县。景州、德州皆沃土,而枣强尤得其上腴,故殷阜甲于邻邑。然富者不能如巴寡妇清以财自卫,而好以客气相凌借,故讼牒最夥;中间一二黠才读邓思贤之书者,又阴阳捭阖,媒糵其间,希分余润,衅益构不已。

公严明而敏捷,于两造情伪不可欺以术,又杜苞苴,谢请托,毅然不可干以私。谈笑坐治,而嚣风不竞,民气皆淳,富者皆得以保其富。

枣强墟市,胥役率多方箕敛,谓之杂税。虽负贩者不免也,虽寒机纺织,得布不盈匹、得线不盈斤亦不免也。其聚也众,其取也则杂。取于众人之手,所出不过数十钱,故民恒忍而不校,官亦不甚闻。公廉,知其状,厉禁里长、保正,而贫民以不扰。又建普济堂,施衣煮粥,收养孤贫,而鳏寡孤独之无告者,亦靡不得所。是非视国如家、视民如子乎?

其尤为人所难能者,王伦之乱,距枣强一日程耳。太平日久,人不习兵,鹤唳风声,一宵数警,人汹汹无固志,多谋弃家以逃。适公以宛平旧案,部议镌秩去,代公者已捧檄至,咸谓公可携家趣会城。公慨然曰:"丁亥之岁,吾尝以规避褫职,已自分老牖下。己丑迎銮,蒙赐复原官,得有今日。圣恩再造,吾耿耿不忘也。寇焰方炽,此城惟一典史、一把总,拥兵徒数十,势不能拒敌。新任者与民未相习,亦不能团聚乡勇,合力守御也。我一去,则民必散;民一散,则贼必乘虚来据城;城陷,而此县不可为矣。吾宁与城存亡耳。"乃部署捍御之方,与新任者分陴以守。阅月余,事定乃行。公有造于枣强大矣。置其他所历官而独称枣强,岂无故哉!

嘉庆庚申七月,公之子衔蕙以政声懋著擢知枣强,适得公旧治地。癸亥正月,又以卓异调天津。其治枣强,犹公之治枣强。枣强人皆曰:"公有子也。"余谓传傅氏谱者,盖非一家,而天独使公子践公之位,岂非故示巧合,使为善者憬然悟哉!

余尝志公之墓,公之子以石埋幽圹,不能遍传于世也。会修《枣强县志》,复乞为公传。因举公卓然可传者,以应其请。余事则状、志具存,今不复赘焉。

兰圃舒公家传

公讳其绅,字佩斯,兰圃其号也,任丘人。年十三而孤,即刻自树立。从伯父读书荆门州署,泛览百氏之言,发为文章,沉博绝丽。弱冠补县学生,老师宿儒竞相叹异，以为必以科第世其家。公亦奋自淬砺，慨然有承明著作之志。而太夫人急欲以捧檄慰晚景，不欲遽违母志，乃筮仕。

乾隆庚辰，得四川垫江令；引见，调山东滋阳。盖翘然出众之概，圣主已一睹而识之矣。到官，判决如老吏，然循循抚字，仍不失儒者风。甲申，丁内艰。丙戌，补陕西鄠县。庚寅，调咸阳。辛卯，以恭办皇太后庆典入都，特授榆林府知府。迁擢最速且越阶，为近年以来所希有。咸谓圣主知人善任，断非无故而破格。公之才略必有深契天心者，故能邀异数如是也。

甲午，值调陕西兵征金川，委公监送，果以纪律严明得上考。丁酉，调同州，即以是岁调西安。西安首郡，最繁剧，公坐理裕如。巡抚毕公尝叹曰："古所谓悃愊无华，日计之而不足，岁计之而有余者，殆舒君其人耶？"遂举卓异，得召对。辛丑，甘肃叛党初平，上念公才，特调兰州经理善后诸事宜，具中窾要。

壬寅，擢浙江盐法道。浙人闻公数理剧郡，意必踔厉强干，使人凛然畏。比至，乃恂恂一书生，莫之测也。莅事后，杜绝馈遗，即蔬果亦不受，又似棱角峭厉者，益莫之测。然公意则谓："蒇政在督课，课出于商，商资于民；民足而后商足，商足而后课足，所谓治病者求其本也。"故委曲调剂，不见作为之迹，而国计民生胥阴有所裨。再署臬司事，不博精明之名，亦不博宽大之名。平心推鞫，细入豪芒，秋谳狱牍，刑部讫无所改易。盖久之久之，浙人乃知公之用心，而公之精力亦尽于在浙五载中矣。

丁未九月，以积劳卒于官。卒之日，上官如失左右手。钱塘梁山舟侍读介介少许可，与公曾无半面交。公殁之后，乃为公志墓，称以"所至无赫赫名，而尝有去后思"，岂非公论具在人心哉！然后知圣主特达之知，非偶然也。

余与舒氏为姻家，因撮叙始末，为公家传。而系以赞曰：

公才足以为能吏，然而卒以良吏著，盖公本读书人也。夫穷经以致用耳，仕而有济于物，斯不愧儒者矣。何必以科第致身，始为能读书哉！

莫太夫人家传

莫太夫人，静海知县定安莫君之母也。系出琼山邱文庄公，文献旧家，幼即娴于礼法。归赠君寿山公时,舅姑并在堂,问视恭谨,勤修妇职,数十年如一日。舅亦叟公故好客,文酒之会,动辄满堂。太夫人经营供具无所阙,亦叟公意恒适也。后,寿山公早卒,太夫人以身代子职,委曲承欢,两老人几忘有丧子事。越数岁,亦叟公又卒,太夫人积痛缠绵,泪涔涔不可止,目遂渐瞖,然事姑许太孺人饮食药饵,一一躬亲,不以病而假手婢媪也。

亦叟公兄弟三人,太夫人调和娣姒,终始无间言。咸曰:太夫人天性温粹,故柔婉和顺如斯。然太夫人明于礼义,直以为孝父母、友昆弟,理如斯耳。至礼所不可不严肃者,则固未尝尺寸假也。太夫人初归莫氏时,两弟年方稚,调衣食、问寒燠,情谊如同胞。或稍不循幼仪,则必正色相规戒,故两弟终身敬嫂如母,事必请命而后行。

寿山公遗孤子二,太夫人惧其无父易失教,一言一动,绳以规矩。出入必问其地,师友必择其人。闻有通儒耆德至,必使往晋谒求教益,归必叩其所闻,得药石良言则色喜。否则,家居虽负郭,一步不许入城市也。惧米盐细故妨诵读功,家政一切自综理,不使预闻。尝修建宗祠,于分当莫君督理,太夫人亦代任之,鸠工庀材,克期蒇事,莫君受其成而已。又惧不娴文艺,无以稽二子所造浅深,每见宗戚长者,必敬询二子之所学。宗戚感其诚恳,亦不忍欺。或有云无进益者,则怒而夏楚,甚或数日不饮食,故二子皆感激奋励。莫君以庚辰举于乡,其子绍惪以丙辰成进士,皆太夫人督责力也。呜呼!可谓知大体矣。以不出闺阁之氂,而宗族有大疑必取决焉,岂非识见宏远,有士君子所不及者哉!

绍惪为余典会试所取士,恐阃德久而不传,以太夫人事迹乞作传。因为删其繁冗,而掇其足以不朽者叙述如右。

论曰:寿山公没时,太夫人年仅二十五,养亲教子,守节三十二年,于例当旌矣。琼州守令乃以为职官之妻格不上达,不知礼曹之律:职官妻曾受封者乃不准旌,未受封者旌如故。考之不明,遂乃歧误,惜矣!然太夫人之德足以自传,亦不系乎旌不旌也。

卷第十六

墓志铭　祭文

兵部尚书金文简公合葬墓志铭

嘉庆庚申正月九日，兵部尚书金公卒于官。遗疏上闻，皇帝敕谕礼官曰："兵部尚书金士松在内廷行走有年，襄理部务，勤慎供职。今闻溘逝，殊为轸惜。所有应得恤典，著该部察例具奏。"时昀方掌礼曹，具奏祭葬如例，而以易名之典请，蒙赐谥曰"文简"，一时推为儒者之荣。而惜公年仅七十有一，不待跻台辅。昀谓：公性故恬静，起家寒素，仕宦四十年，出入禁闼，以恩荣终始，公固可以无憾矣。

皇帝未登大宝以前，于诸臣之贤否真伪无不夙知；亲政以来，老臣殂谢者非一，有饰终弗议者矣，有得蒙赐恤而谥典弗具者矣。圣人之心，鉴空衡平，各因所自为而各予以所应得。苟非数十年来见其从容之启沃与夙夜之勤劳，先有深契宸衷者，又岂能遽荷宠光哉！

据昀所知，公以乾隆丙子举于乡，庚辰成进士，入词馆，散馆高等，授编修，即为国史馆总纂，犹以掌院观文恭公之赏识也。迨戊子御试翰林，擢侍读，己丑充会试同考官，已简在帝心矣。俄召入内廷缮写金经，遂受特达之知。辛卯，署日讲起居注官，充福建正考官，即提督广东学政。甲午，迁左庶子，报满还京，途次迁侍讲学士。乙未正月复命，即入直南书房，实授日讲起居注官，转侍读学士，充武会试副总裁。丙申，叠迁少詹事、詹事，充文渊阁直阁事。戊戌，充四库全书馆总阅官，又充武会试正总裁。己亥，丁本生母艰归。庚子，迎銮红花埠，即奉命还京，仍直南书房，旋提督顺天学政。公以旧曾寄籍辞，诏勿回避，盖信公深也。是秋，当更代学政，仍留任。辛丑，迁内阁学士。壬寅，迁礼部侍郎。癸卯，再留顺天学政。乙巳，公年甫五十有七，特命入千叟宴；又官阶二品，而赏赉同一品。是年，调兵部侍郎。公忽得末疾，乞解任，不许，仍温诏存问。丙午,病痊,调吏部侍郎。己酉,学政报满,充经筵讲官。辛亥,充武英殿总裁。壬子,充浙江正考官。乙卯,充江西正考官,未出闱,迁都察院左都御史。嘉庆丙辰,充会试副总裁,迁礼部尚书,又充玉牒馆副总裁。丁巳,调兵部尚书。计公通籍至是凡三十九年,殊恩异数多逾常格,以高宗纯皇帝之甄别人材、慎惜名器,而独厚于公如是也。迨皇帝亲政以后,念公年已七旬,免内庭之日直,而上方珍品颁赉如故,并赐紫禁城骑马。庚申正月,扈从谒裕陵,公于路婴疾,特遣医官诊视,盖两年之内,恩礼勿替,仍如高宗纯皇帝时也。恭读御赐碑文有曰:"学有渊源,才为梁栋。文章兼乎政事,献纳继以论思。"谕祭文有曰:"冲和赋性,醇谨祗躬。通经术以起家,富文章而报国。"一字之褒,荣于华衮,是即千秋之定论矣。

公字亭立,号听涛,世居吴江。曾祖讳坤元,考职州同,曾祖母张氏、周氏。祖讳国英,拣选县丞,祖母吴氏。父讳澜,母宁氏;本生父讳润,县学生,母吴氏。三代并以公官左都御史时恭遇覃恩,诰赠一品。元配同县赵氏,封一品夫人,先公二年卒,年六十九。公撰家传称"少同甘苦"。公薄游四方,恒以妇功代子职。姑宁太夫人患风痹,侍疾四载无懈志;事本生姑吴太夫人,亦得其欢心。相夫课子,具遵礼法;摒挡家政,内外肃然。而待人温厚纯笃,始终如一,盖亦贤矣。

子三:长,芝原,乾隆己亥举人,官内阁中书舍人,协办侍读,充文渊阁检阅;次,逢原,候补州同;次,福原,幼殇。孙八:长,宗培,一品荫生;次,宗埙、宗垚、宗埔、宗堉、宗基、宗垲、宗埏。

辛酉十月十七日,芝原将奉公及赵夫人柩合葬服字圩新阡,乞昀为铭。昀与公交四十余年,义无可诿,乃括叙大略而系以铭曰:

枚马蜚声,凤哕太清。不汲汲以多营,不矫矫以立名。身阅两朝,均重老成。嘉乃靖共,殁也哀荣。青山万古,识郁郁之佳城。

兵部尚书刘恪简公合葬墓志铭

乾隆乙卯八月,兵部尚书刘公卒。嘉庆丙辰七月,公子沄将奉公柩暨两夫人合葬,持《年谱》《家传》走京师,乞余铭。余与公初仅相识,嗣公官兵部,余官礼部,每三五日辄相晤于直庐。公性质直,与余近;不善交游,不解奢丽,亦与余近。恒相就对语,或并马出紫禁城,故交公虽日浅,而知公心迹特深。公卒年七十三岁,仕宦凡三十八年,惟庚子官湖北按察使;辛丑官安徽布政使,旋调山西;癸卯官广西巡抚,甫两月即官直隶,计其来往诸省仅仅三年。庚戌改官兵部,讫乙卯予告,亦仅仅五年。其余,则戊寅初授知县,官曲阳;癸未调宛平;丙戌官顺天府南路同知;丁亥调东路;辛卯官永平府知府;壬辰官通永道;戊戌官天津道,旋仍调通永道;辛亥官清河道,旋署按察使并总督,为十一任,皆在直隶。余世居河间,故知公政绩亦特详。今志公墓,固无可辞。

公讳峨,字先资,号宜轩。系出山西洪洞,明中叶始徙于单县,至公十世矣。世有隐德,根深实邃,庆流后嗣乃生公,卓然为名臣。公温厚和平,不露圭角;又天性伉直,疏疏落落,似若吏才不足者。然起家郡县,周知小民之疾苦与下吏之艰难。官宛平时,卢沟桥尚氏旅店多阴戕过客,没其财,公委曲发其奸;西山煤矿多藏匿亡命,公侦缉,散其党。官南路同知时,擒白塔巨盗。官湖北按察使时,歼川襄劫杀之寇;石首孀妇为兄公谋产诬告,久系自戕,邑令讳饰其事,公据牍摘发,一亲鞫即伏辜。官兵部尚书时,崇义有以掘冢窃葬,官不受理叩阍者,公奉命往勘,鞫知冢在深山,县官畏路险未亲验,故吏得舞文,乃躬历崎岖,核实劾奏,江西父老皆额手称"希有"。未尝不明察果断也。

永平滨海之田,旗民牙错,疆界不分,互相私垦,致讦讼无已时。公定以旗产据旧册,民产据旧粮。不及原额者,补以闲田;溢于原额者,则召民认垦。尘案数百,不一载皆廓清。滦河迁徙不常,两岸之田东圮西涨,牒诉纷然。公定以康熙中旧河之桩志,不得以新河隔岸为词,讼端立息。山西私盐壅官引,商力与民食、官课并绌,乃择富室以充商,吏缘为奸,破家者众。公为布政使时,请于巡抚,拟归盐课于地丁。虽格不行,然乾隆壬子继事者卒如公议。北河漕运,岁雇剥船,民以多累不肯应,则改为金派,弊益滋。公奏定章程五条:一轮转以均劳逸,一定限以免守候,一雇值严禁扣克,一装卸皆用官斛,一截留以速回空；又议造官船一千五百，以苏物力，至今为永利。任县大陆泽，黄河故道也，数千载积淤成上腴。盗耕者众，讦讼者亦日起。公为简贤能之吏，经理丈量，得良田八百九十余顷。奏请召垦升科，遂为沃野。又虑圮涨不恒，或为民累，并奏定官为岁勘，随时增减其粮额。未尝不经济宏远也。

至严气正性，禀于天成。官直隶时，两以忤直忤上官；官湖北按察使时，尝特劾一巧宦之属吏，殊落落难合。然受圣天子特达之知，倚任无所疑，恩荣锡赉至不可殚数。或偶以公事获谴，亦皆曲谅其无他。迨老病乞归，特加太子少保致仕。扬历中外，三四十载，以功名始终，岂非以忠诚蒙鉴察，以正直邀器重哉！没而赐谥，命曰"恪简"："恪"，肖其敬慎；"简"，肖其不苛不滥，知大体也。公之生平，圣言定之矣。千载以后，岂能易一词哉！

公元配王夫人早逝，内行无征。继配樊夫人少公一岁，先公六月卒。娴于礼法，事姑至孝，处娣姒至和，抚孤甥如己出。虽久富贵，而勤俭如寒素。胶西张维祺尝为作《家传》，叙述颇详。《传》又称，公凡七子：幼子濬，公七十岁时，侧室许氏所生；其六子则皆夫人出。长润与第四子涪，恒随侍公，次源理家政，次沄官淮安府知府，次淇治经生业，次漾举人，六子各任其才。虽公之教，亦夫人佐成之。盖纪其实云。铭曰：

德政镌碑，繁词日盛。是是非非，盖棺乃定。我铭公阡，可质诸畿辅之百姓。

都察院左都御史杏浦李公合葬墓志铭

乾隆辛亥正月，左都御史李公卒于位。越岁正月，元配马夫人继卒。癸丑五月，孤子之栻等乞窆公东皋相地于黄庄。甲寅六月，奉公及夫人柩合窆，而乞刘公石庵书志铭。刘公谓必余撰文乃亲书，因以文属余。余文何足当石庵书？石庵又何取乎书余文？正以余尝校勘公年谱，当不失实云尔。

公讳绶，字佩廷，号杏浦，又别号竹溪，然学者惟称杏浦先生也。先世自山东迁宛平。曾祖讳进会，祖讳龙，均未仕。父讳孔嘉，官云南永昌府知府。皆以公贵，覃恩赠一品。

　　公生而俊迈，有干略。年十七，永昌公以罢官滞滇中，即能奉母牛太夫人归里，营大父葬事，丰俭皆中礼。治家严肃，而门庭雍睦，兄弟互相切劘：兄璧斋、弟梅村，相继取科第；其余幼弟、诸侄婚宦，皆借以成就。而收恤徐氏孀妹，卒教其子朗元登科入仕，尤士大夫之所称。平生贞不绝俗，不欲峣峣露圭角，而义所当为，未尝不为：如官奉天府丞时，奏毁前明违碍碑碣。官湖南巡抚时，奏赈茶陵水灾，奏增衡、郴诸路驿马，奏稽察西洋教，皆蒙俞允。官御史时，奏吏部胥魁受赇，奏浙江巡抚匿灾，并邀褒嘉，尤不愧风宪矣。性喜读书，暮年尚手录《文选》。作诗不下数千首，皆付子孙藏弆，不欲与才士争名，然文章具有法度。一典乡试，两督学政，两任奉天府丞，所甄拔皆得人。其奏定盛京宗学章程，增设副管司察核；并奏修沈阳书院，聚诸生讲肄，教士亦具有规程。即公所学可知矣。

　　公生于康熙癸巳。雍正乙卯，中式副榜。乾隆丙辰，中式举人。壬戌，中式明通榜，授万全县教谕。辛未，成进士，改翰林院庶吉士。壬申，授职编修。乙亥，授湖广道监察御史。庚辰，充河南乡试副考官。壬午，提督湖南学政。乙酉，授奉天府府丞。辛卯，以保举教职镌秩。壬辰，授通政司参议。癸巳，再授奉天府府丞。己亥，授通政司副使。庚子，授大理寺卿。壬寅，授内阁学士。癸卯三月，兼文渊阁直阁事。七月，提督江西学政。甲辰五月，授江西巡抚，旋调湖南，八月调湖北。乙巳正月，授兵部侍郎，五月调工部，十一月兼署兵部。丙午，兼署吏部。丁未，授左都御史。己酉，入直尚书房，赐紫禁城骑马，凡掌风宪四年。卒年七十有九，富贵、寿考，公可谓兼之矣。

　　配马夫人，茌平县知县讳嚞之女。少公三岁，年十七归公。纺绩佐读，早同辛苦。家庭孝友，得夫人之助为多。至公抚徐氏孤甥，夫人约以婚姻，而自督之诵读。训责之严，与诸子无异；稍或懈弛，辄泣涕沾襟，屡陈其母之苦，务使感动而后已。夫收恤亲党，已称古谊；不弃贫贱，字以爱女，又加人一等；至策励谯诃，不避嫌怨，卒使有成，此真士君子之所难矣。用心如是，宜与公同以恩荣终始也。

公子二人：长，之栻，官郴州知州；次，文杞，官工部司务，即由永城县丞特旨改京秩侍养者也。女七人，适徐朗元、宗室书昌、韩燕、韩燮、汪应铃、赵德绍、孙源涛。孙七人：烜，己酉拔贡生，官深泽县教谕；炘，监生；耀，附学生；炳、焕、煟、熊并幼。曾孙二人：宁城、承基。似续蕃衍，亦足见公及夫人之遗泽焉。铭曰：

公所自叙，事皆有稽。我括为志，譬叠矩而重规。君子书之，庶几曰：是无愧词。

都察院左副都御史岸淮刘公墓志铭

余曩志李紫绶墓，副都御史刘公见之，以为适如其人，因以方坳堂墓志见属。余撰成质公，亦以为适如其人。嘉庆壬戌，公以经理赈务，积劳成疾，卒于官。其子廷楠体公之志，以墓志属余。余于公为翰林前后辈，同在书局者十载，同官宪府者再，知公最深。又感公之能知余，谊无可谢，因约举其生平而为志。

曰：公世籍山东清平。清平风俗质朴，入国朝以来，一百四十余年无登科者；公独发愤力学，负笈求师，遂以乾隆庚辰举于乡，己丑成进士，其早年之自命已不凡矣。入翰林后，不喜为雕绘之文，亦不喜为奥僻之学，循循规矩，务持先正之法程，以导引后进，非所谓毅然自立不转移于风气者欤？

辛丑，由编修改江西道御史。甲辰，转掌广西道。丁未，迁工科给事中。戊申，转掌吏科。平时温厚和平，不矜言气节，务露圭棱；亦不以局外空谈，泛陈利病，然遇职守所当言，则侃侃然不肯牵就。如巡视天津漕务时，会有奏挑直隶、山东河道者，已得旨矣。公以严冬兴役为病民，拟请俟次年冻解，再相度情形量为疏浚。同事者难之，公曰："脱以误运罹谴，吾独当其咎，不以累君。"奏入，果俞允。次年冻解，粮艘遄行无所滞，始信公识力坚定，非沾沾喜事者所及也。又旗丁余米，例听其沿途售卖，以资转运之费；惟通州为卸米地，恐有影射透漏，则售卖有禁。戊寅，高宗纯皇帝体恤贫丁，并准其在通售卖，遂岁岁沿以为例，原未尝禁其沿途售卖也。而吏胥假借为奸，反以沿途售卖为违禁，借词需索，而私鬻实如故，特多出陋规，致米价日昂。公奏请申明旧例，弊乃少革。青县河工运料之筏，触山东濮州粮艘，舟破米沉；青县官吏回护其词，报总督，总督据以上闻。高宗纯皇帝虑粮艘米本不足，故诬指官筏之触溺，特遣大臣勘视。公具奏，缕列情形，援引证佐，明为实筏触舟，非舟触筏，旗丁得免罪。旧制：河岸不得凿井，防蚁穴之溃也。其距河远者，则无禁。漕署胥役欲渔猎民财，群构巧词，挟以利害，请稽核私井。公烛其奸，榜示距河远近之丈尺。蠹役之技乃穷，民以不扰。公之一生，惟此役得经理政事，而半年之内所经理者，俱不苟。傥竟公之用，所树立不更可观欤？

癸丑，迁光禄寺少卿。嘉庆戊午，迁大理寺少卿。己未，迁太常寺卿，皆闲曹也。庚申，迁都察院左副都御史，始有事之可治。时方有诏求言，公于是具陈山东征漕浮收之弊，九重嘉纳，墨吏始耸然知敛戢。国之本在民，民之本在农，蠹蚀以朘农者，莫大于官吏之横敛。公此一奏，可谓得安民治国之要矣。辛酉六月，桑干水涨，颇损坏田庐。公奉命监赈，不避劳瘁，不畏牧令丞倅之怨讟，不邀蠹役奸胥之感颂，多所全活。壬戌三月，特旨加赈，又命公往监。公时已微疾，犹努力经理，至委顿犹不肯乞假，病革时乃舆归，越一夕即卒，贫民闻之皆垂涕。呜呼！公可谓志在民而不奉己矣。

抑余又闻之，公举于乡，出图裕斋前辈之门。裕斋殁后无子，家徒四壁，太夫人尚在堂。公为措置日用之费，月有常数；旬日一往，存问亦有定期，终太夫人之身。君子以为有古谊。余谓：举主之名始于汉，座主之名始于唐。于生平知己，皆尊以在三之列，恒念念不忘报。故其受朝廷拔擢委任之恩，亦念念不忘报。其事虽不同，其不负心则一也。观公不忘师恩，可知公之必不忘君恩。倚注方深，而公已景迫桑榆，黄泉赍志。故所树立仅如此，余述其遗事亦仅如此。然质诸天下后世，不能谓余之所志，不适如其人也。殁而有知，谅亦公所心许矣乎？

公讳湄,字正林,岸淮其别号也。生于雍正壬子闰五月十八日,卒于嘉庆壬戌四月十九日,年七十有一。元配任淑人,继配邢淑人,俱先公卒;再继张孺人。子一,廷楠,附贡生。女三,适某某某。孙一,毓焖,由三品荫生中式,嘉庆戊午科举人。孙女四,适某某某某。曾孙三,世鸿、世麟、世凤。铭曰:

不露其才,而深识者推之;不竟其志,而深识者亦知之。呜呼!斯人也,竟止于斯。

前刑部左侍郎松园李公墓志铭

公与余,同以乾隆甲戌登进士。是科最号得人:其间老师宿儒,以著述成家者不一;高才博学,以词章名世者不一;经济宏通,才猷隽异,以政事著能者不一;品酒斗茶,留连倡和,以风流相尚者亦不一。故交游款洽,来往无夙期,宴会无虚日。余少年意气,亦相随驰骋,顾盼自豪;公独落落穆穆,清静自守,于同年无所同异,亦无所亲疏,若萧然于仕途外也。数十年来,升沉不一,登九卿者仅六人,而公实居其一。论者谓"穷达有命,不在声华之相耀也",是固有然。然公以恬退朴讷之性,而卒受殊知,得跻通显者,亦自有由。

公由翰林改刑部时,有翁强污其妇,妇爪伤翁面得免,畏其再逼,遂自尽。众谓伤翁不孝,不宜旌;公谓妇此时惟恐不免耳,是无妨于孝,仍宜旌。钱文敏公从公言,公缘是知名。由郎中出守庐州时,奸民叶虎倡"顺刀会",为暴于乡里,公捕治渠魁,而严缉其党,卒消乱于未萌。由江西盐法道擢浙江按察使时,诸商感公革陋规、疏盐引,濒行赆以八千金,公力拒不受。由湖南布政使获谴再起,为福建汀漳龙道时,力惩海滨剽悍之俗,终公之任无械斗;修造战船,严禁以旧料抵新料,积弊一清。官江苏布政使仅四月,清厘赈务,所全活甚众。官湖北巡抚时,会岁歉,旧官不能察属吏,赈恤未周;奸黠者或强借富民粮,豪猾者又执而生瘗之。公奏请悉行究治,抚字多方,杌陧者以安。又廉知十年前,盗纠众入民舍肆劫掠,而吏匿不报,立置群盗于法,参治历任各官罪,而吏由是儆,盗由是戢。优诏褒嘉,遂有兼署总督之命。知公之勤于其职,简在帝心者久矣。迨年近七旬，自觉精力稍减，即不敢久居要任，致察核不周。天子亦俯鉴其诚，改司秋宪。盖力所不能为者即不敢为，知凡所敢为即为之而有余矣。岂泛泛委时任运者哉！

虽以荆江泛滥失于预防落职，而工竣以后仍特赐按察使衔，俾颐养于林下。嘉庆丙辰来京，入千叟嘉宴，恩礼有加，亦皆非偶然。先师阿文勤公尝曰："仕宦措足于实地，可无颠蹶；即意外失足，亦必不至破颅损骨。"至哉言乎？公其知此意矣。

公讳封，字紫绶，松园其别号也。先世江西丰城人，明洪武初，迁山东寿光县之斟灌庄，故世称斟灌李氏。曾祖讳迥，康熙甲辰进士，官刑部右侍郎。祖讳朴，官南漳县知县。父讳烈，官苏州府同知。公生于雍正元年十一月，卒于嘉庆元年九月。元配郭夫人，继配朱夫人，俱先公卒。子三：长钤，官工部司务；次钰，乾隆丁酉科拔贡生，由四库全书馆分发，署江西建昌府同知；次铃，县学生。女五：适王纬璧、刘鼎燮、王庭兰、刘世焌、王允彬。孙六。曾孙一。

公长子早卒，长孙景沆将奉公与两夫人及侧室陈孺人柩，合葬于九巷庄先茔，遣使走京师，乞余为铭。余与公同举，迄今四十三年矣。故交零落，有若晨星；间居京师者仅查给事篆槎、戈太仆仙舟，系朝籍者惟余一人，在林下者亦止王侍郎兰泉、王光禄西庄、钱詹事竹汀、沈运使既堂、殷伏羌会詹及公，尚时通音问。回忆少年文酒之会，杳若前生；公今奄化，又少一人矣。俯仰今昔，百感纷来，爰慨然而为之铭曰：

人以官富，公以官贫。贫则贫矣，而秋水无尘。吁嗟乎！吾党又少此一人。

翰林院侍讲寅桥刘公墓志铭

公讳亨地，字载人，寅桥其自号也。公以乾隆丙子举于乡，典试者张吏部元礼，余姻家也；丁丑，成进士，又与余从兄懋园同榜，故余识公为最早。然是时，余初授馆职，意气方盛，与天下胜流相驰逐，座客恒满，文酒之会无虚夕。

公顾恬淡自持,不亲余,余亦未能知公也。既闻公父梅垞先生得自谪籍归故里,实公孝思笃挚,上感九重,余始心重公,愿纳交,而公乞假归省矣。丁亥,余服阕赴京,公已官司业,曹署各异,不数数相见。辛卯夏,余自塞外蒙赐环,再授馆职,公亦服阕来京师,会有诏搜罗遗书以充《四库》,余与公同司编纂之役,乃晨夕聚一堂。时馆阁英俊,毕预是选,咸踔厉风发,挺然有以自见;公独落落穆穆,手丹墨二毫,终日无一语。然叩所学,援古证今,具有经纬;勘所辑录,亦条理秩然,是非不苟,如坐古人于旁而面为商榷也。余始慨然,十余年来犹浅之乎知公矣。

既而,公以编纂受主知,以司业额缺仅一员,需次无期,特改补中允,俄迁侍讲,充文渊阁校理。丁酉,受命充广东副考官,且骎骎向用。而先一年夏,公长子利钰夭。利钰性纯笃,又有俊才,人谓湘潭刘氏四翰林,至利钰当五。故公悼之甚,泪痕时沾渍衣袖间,竟坐是眠食日损,精神日耗。广东典试归日,遂卒于江西,年仅四十有四。

讣至京师,同馆咸相嗟惜,惜其类西河之事也。然三代以上,人恒患乎过情;三代以下,人恒患其不及情。公惟天性深挚,故能孝于亲,笃于骨肉;惟孝于亲,笃于骨肉,故父子之间缠绵悱恻,一往而不能自裁。公之恬声利、敦内行,此亦一征矣。顾责备于贤者,非笃论也。且夫死生,命也;修短,数也。公适卒于哭子之余,遂不得不以为职是故耳。颜子早夭,不缘悲惨;而漠视天属,泛泛如萍水相值者,亦何尝尽耄耋哉!

公仲子利锟以余粗能知公者,奉状乞铭,义无可却,乃雪涕而铭曰:

外朴而真,中粹而温。其存也,不疏不亲;其没也,乃慨想其人。已矣乎,吾谁与论?

翰林院侍讲荫台王公墓志铭

荫台王公既卒,孤子贻萘等奉榇旋里。濒行,属御史萧君玉亭乞余为铭。余与荫台同事近十载,谊无可辞。追撰成付玉亭转寄,而玉亭俄亦奉讳归。仓卒治装，遂失其本。乙巳夏，贻棻将葬荫台，乃触暑走京师，索余旧稿，亦久不存。余感其志，乃约略追忆而补之曰：

公讳仲愚，字拙安，荫台其号也。系出太原，后隶籍山东济宁州。曾祖讳某，祖讳某，考讳某，并以儒术世其家，有声学校间。公生而颖异，伯兄知其不凡，乃身任家政，俾专意于诵读。补州学生，旋食饩。乾隆戊子，举于乡。己丑，成进士，改翰林院庶吉士。辛卯，散馆，授检讨。壬辰，充方略馆纂修官，协办院事。癸巳，充四库全书馆提调官。甲午，奏充办院事正员，保举御史，奉旨记名。丙申，充昭忠祠列传提调官。值诏建文渊阁，稽古设官，选充校理。丁酉，奉旨以道府记名。是岁，充顺天乡试同考官。戊戌，迁右春坊右赞善。庚子，充广东乡试正考官，在途转补左春坊左赞善。复命后，迁右春坊右中允，充日讲起居注官。辛丑，迁翰林院侍讲。越岁，以积劳成疾，卒于官。

凡在翰林者十四年，办院事者十一年，提调馆政者十年，皆能举其职。故甲午、丁酉、庚子三遇京察，皆列名一等。虽天性英锐，遇事不欲居人后，当其时不能无恩怨，而日久论定，亦共谅其无他。其卒也，人咸惜之。

忆与玉亭同坐清秘堂，玉亭谓余曰："翰林为储才之地，名公巨卿多从是出，所期待者甚重。徒以不预政事，遂以词赋争胜负；或静默养望，不复留心于经世，均非国家设官之本意也。"今恭逢文治光昌，诏开书局，官吏繁夥，案牍浩博，提调官程功稽弊，其剧不减于郡邑。当是职者，莅任不数日即短长立见。十载以来，游刃有余者惟荫台及丹叔、纯斋，封疆节钺之器，其可以觇一斑乎？于文襄公亦谓三君之才相伯仲，皆以文学而兼政事者也。今丹叔受特达之知，已跻卿班；纯斋出典河库，移任淮徐，综理修防，亦矫矫称能吏。将来腾骧皇路，所至均未可量。公独赍志黄垆，不竟其用，岂非命数所限欤？然自古以来，负非常之略而湮没蒿莱，夫亦不知凡几。公虽未尝一日膺外任，而大臣已以外任荐，圣主已储为外任之用；即馆阁同人，屈指经济，亦至今推公。是公为有用之才，已昭昭在人耳目，公亦可以无憾矣。

公生于乾隆元年十月，卒于乾隆四十七年正月，年四十有七。配宁氏。子五:贻棻,议叙州同;贻忠,监生;贻孙,附贡生;贻京、贻粤,俱幼。女三:一适张某,一适袁某,一适李某。孙男二:梦进、梦文。孙女三。某年某月某日葬于某所。铭曰:

公之志,志乎勋业;公之才,亦挺然人杰。使延十霜,将絜云而腾越。生也有涯,长淮遽绝。影徂心在,贞珉炯炯字不灭。

户部陕西司员外郎季荀马公墓志铭

士负瑰异之才,大抵期以文章、经济见于世。得酬其志者,天也;或限于所遇,学而不克竟其业,仕而不克竟其用,亦天也。至随所遇而各尽其道,则存乎人之自为矣。余志季荀马公之墓,核其生平,而微识其志焉。

公讳润,齐河人。自先世以来有厚德,故子姓蕃炽,甲于一邑。公本生父曰重华,公以世父鲁生公无子,出为之后。幼颖异,喜读书,若有夙慧。稍长,从淄川张榆村游,益肆力经史,泛滥于古作者之文,各得其要领,下笔辄落落有奇气。出应童子试,即为学使桧门金公所知,拔县学第一。金谓掇青紫如拾芥,比入秋闱竟不利。时太夫人切望显扬,急欲觏毛义之檄。公慨然曰:"文章工拙有定,而场屋之遇合则无定。归熙甫十上公车,陈大夫六旬登第,恐非老母所欲待也。"乃辍举业而筮仕,得户部陕西司员外郎。是司最号繁剧,公剖决厘剔,老吏皆敛手。大学士舒文襄公时领部事,于僚属少许可,顾独赏识公。初保送上谕处行走,旋委监平粜,并能举其职,乃委办现审处事。公准情酌理,务得其平,凡所鞫断,两造皆称无枉纵。方骎骎期大用,而太夫人年已七十有二,本生父重华公年亦八十有四矣。会得家书,知太夫人有微恙,即援例乞归省。上官虽惜公去,而情词恳恻,闻者感动,竟亦不忍夺,乃具奏准归。归后,烝烝色养,无间晨夕。逮太夫人及本生父母皆享高寿而终,公亦壮怀日减,自揣再入曹司,非复昔日少壮比,遂以未竟之志付之子孙,而林泉终老矣。论者谓:公抱隽才而不第,怀干略而不显,皆以娱亲养亲之故,颇为公惜。然孝者,百行之本也。公不得于登高科陟膴仕,而独得之于此,所得抑亦多矣。

余又闻，公有妹适李氏，公忧其贫，赠以宅一区，田五顷。钱编修敦堂尝负公数百金，敦堂没，即折券，且为经纪其妻子。又有友人老乏嗣，公捐资为置妾，竟得一子。乾隆壬辰，山左饥，公捐粮千石付社仓，多所存活。邑有大清桥，七省孔道也，岁久剥圮，公独力新之，行旅得不病涉。其他厚德多类此。然此在他人为卓行，在公又为绪余矣。

公生于雍正戊申七月，卒于乾隆己酉闰五月，年六十有二。配李恭人，历城雍正己酉科举人讳仪女。子五：长，夔龙，官大理寺右寺丞；次，震龙，候选州同；次，田龙，县学生；次，文载、文光。女二。孙三。孙女一。

右丞兄弟将葬公于峨眉山北之新阡，以余于公为姻家，冒寒走京师，乞余为志。余义无可辞，乃综括梗概而系以铭曰：

其仕也，博亲之欢；其不仕也，将戒养于陔兰。或进或退，各得所安。虽未尽其才乎，知公无憾于九原。

刑部河南司员外郎前江苏按察使司按察使检斋王公墓志铭

公讳士棻，字兰圃，别号检斋。系出洪洞，明代迁华州。始祖讳迭，官霍州学正。二世祖讳荣诰，□□□□举人，官大同府通判。高祖讳振祚，万历丁未进士，官山西布政使，以阻建魏忠贤祠罢。曾祖讳帷筹，顺治戊子第一名举人，官祁县知县。祖讳廷璁，官潼关卫教授。父讳中处，绩学不第，老于诸生。盖文章气节世其家者已五世，积善余庆，公乃挺生。

公以乾隆庚午副榜，中癸酉顺天乡试。甲戌，与余同成进士，入翰林。庚辰散馆，改刑部主事，人皆为公惜。然公以壬午典试广西，戊子典试山西，己丑督学贵州，庚子督学云南，未尝不以文章受知遇。仰窥圣意，盖以公端重精明，翘然出众，欲使练习政务，备大用，故数年洊擢至郎中，计资当外转，特加四品衔留于刑部。乙巳四月，刑部侍郎杜公凝台获谴，已得旨以公代其任，会波累及公，因与杜公同谪，玉音称可惜者再。既而天心眷顾，未一载，即赐环，仍为刑部员外郎。戊申,擢郎中,甫一月,超迁江苏按察使。莅官三载,宠锡有加。虽坐失于纠参,牵连落职,仍授刑部员外郎。盖惜公之才,终不欲以一眚废,其倚毗正未有艾也。

公感激天恩,殚心图报,精力日耗,案牍弥劳,竟驯至于不起。嗟乎!有才或不逢时,逢时或不受知,受知或不见用,见用或不用其所长,此千古所同慨也。公逢时矣,受知矣,见用矣,用所长矣,而不竟其用;且屡经圣天子委曲保全,必欲倚为股肱,而卒不得竟其用。计甲戌一榜,以文章受知者莫如余,以政事受知者莫如公,皆叠蹈愆尤,蒙格外之恩,弃瑕复用。余涓埃未报,今年已七十有四,尚滥列正卿;公乃天不假年,迄白首为郎以没,岂不悲哉!顾人之传与不传,不系官阶之高下,在平生造就何如耳。

公司刑名三四十年,所平反不可以缕数。官刑部时,鞫狱定谳,虽小事必虚公周密。庚子,纂修律例,斟酌损益,或累日精思。诸城刘文正公于人介介少许可,独称公为"少年老吏"。官按察使时,凡鸣冤者必亲讯,以免属吏之回护;凡案有疑窦,亦必亲讯,以免驳审之往还。江苏故多积案,公莅任半载,一一廓清。盖才余于事,又多所阅历,弥练弥精也。忆与诸同年小集钱辛楣寓,偶观《唐律疏义》,因论刑名。公语范蘅洲曰:"刑官之弊,莫大乎成见。听讼有成见,揣度情理,逆料其必然,虽精察之吏,十中八九,亦必有强人从我不得,尽其委曲者,是客气也。断罪有成见,则务博严明之名,凡不得已而犯与有所为而犯者,均不能曲原其情,是私心也。即务存宽厚之意,使凶残漏网,泉壤含冤,而自待阴德之报,亦私心也。惟平心静气,真情自出;真情出,而是非明;是非明,而刑罚中矣。"四十余年,言犹在耳,其斯为儒者之治狱,异乎法吏之治狱欤?我太上皇帝提衡几务,百度肃清,无一事不烛其真妄,无一人不辨其良楛,狱关民命,注念尤深。法司奏章,有一字之出入,随时指摘,坐照如神。其能仰契圣心者,盖亦无几。公以疏远小臣,独邀鉴赏,惓惓然始终不替,此岂幸得哉!公即是足传,得竟其用与否,固不足为公加损矣。

公生于康熙壬寅十月十二日,卒于嘉庆丙辰六月十二日,年七十有五。配杨恭人,侧室韩太宜人。子二:长志沂,候选员外郎;次志淇,华州学生。女六:适程长荣、李崇瑄、卫庆余、邢源溥、蒋恒均、卫庆□。志沂兄弟将葬公,走使二千里至京师,乞余为志。余老友也,义无可谢,因删节行状,益以平日所见闻,撮其大端,叙录如右。其他常事则不书,金石例也。铭曰:

呜呼检斋,不能谓之不遇也。帝王之力,何不能转移命数也。呜呼检斋,从此冥冥于泉路也。

江苏布政使司布政使坳堂方公墓志铭

刘文正公有言曰:"士大夫必有毅然任事之心,而后可集事;必无所牵就附合,而后能毅然任事;又必一尘不染,一念不私,而后能无所牵就附合。至于仕宦升沉,则有数焉,君子弗论也。"余承师训,恒抱愧心。乾隆庚辰,分校会试,得诸子桐屿。其性刚劲无所阿,虽登鼎甲,入翰林,卒外调一郡,坎壈以没,巧宦者恒指为前车。然桐屿乾隆壬午典试山东,得方子坳堂,刚劲过于其师,固未尝不以功名终。

盖坳堂自辛卯成进士,分刑部学习,得贵州司主事。癸卯,迁浙江司员外郎。丙午,迁云南司郎中。己酉,出为江西饶州府知府。庚戌,迁江苏苏松道,有尼之者,遂以病乞归。壬子,病痊,仍往江苏候补。甲寅,署理松太道,旋补江宁盐巡道。嘉庆戊午,迁贵州按察使。己未,迁江苏布政使。庚申闰四月,以积劳成疾,奏请解职,遂以是月卒。

其在刑曹也,值新更秋谳之例。凡金刃杀人之案,概定为情实。坳堂分别其轻重,固争,不得,后果蒙高宗纯皇帝指示改正。缘是为同事所服,亦缘是为同事所忌,淹滞殆十年。又尝两上书与司寇争。司寇虽微愠,而心重其人,故卒排群议而特荐之。

其在饶州也,值阮光平入觐。沿途守令多醵金饰供帐,坳堂曰:"圣天子以威德服四夷,非夸以靡丽也。"戒所属皆勿与,颇忤上官。既而,密侦其居官,实一介不取,乃转以此知坳堂,诸事倚重焉。

其初擢苏松道也，饶州新守已任事，坳堂具船将行矣。适营弁缉盐，波及良善，众汹汹不平。营弁遽以民变告，且请征兵。坳堂曰："新守与民未相习，民弗信也。"乃自出晓谕，捕首倡者二十五，分别置法，而申请上官褫营弁，不动声色，大难立平。

其署松太道也，闽广洋盗窜入吴淞，总督、巡抚、提督会师于宝山。坳堂独建议曰："衢山与大小羊山，江浙之分界也。港汊丛杂，盗船随处可寄碇，一得风潮之便，倏忽出没，猝不及防。当其乘风而来，迎击之，则彼顺而我逆；及其趁潮而退，追击之，则我后而彼先，是使盗常凭胜势也。请于要隘多设伏，俟其至则纵，使过而蹑其后；遇其退则扼，不使前，以待后队之追剿。盗虽黠，无能为也。"众从其议，盗果大摧。时督师皆大吏，坳堂一监司耳，即坐受指挥，未为缄默，而筹画方略，慷慨陈词，以一身任胜败之责。此其用心，岂苟且自全者所知乎？

其为江宁盐巡道也，缺至清苦，而烦剧特甚。坳堂缉讼师，剔衙蠹，戢强暴，弭盗贼，事事注以全力，而尤以砥砺风俗为先。遇事则我用我法，若不知有宦途酬应事。同官习闻其丰采，亦不以为讶也。

其为贵州按察使仅八阅月，为江苏布政使仅三阅月，沉几默察，尚未肯轻有作为，然其以病乞归也。

朱批奏折有"此人可惜"之旨。然则坳堂之生平，天鉴之矣。使其沉疴早瘳，开府建牙，固掌握中事。即天不假年，未竟其用，而以孤寒下士，中朝无葭莩之亲；又负其磊落之气，动与物忤，而扬历中外，亦不为不通显。然则刚柔者，性也，人所自为者也；穷通者，命也，天所预定，而人无预焉者也。观于坳堂，可知桐屿之颠踬，乃命之所为。即使曲意脂韦，不过自丧其所守，安见策高足、趋捷径，必一一纡青拖紫欤？吾于是益信刘文正公之言，不必以桐屿之事遂犹豫不果矣。

坳堂讳昂，字叔驹，一字切庵，坳堂则其别号也。先世歙人，至赠通奉大夫持千公，始占籍山东历城，即坳堂之考也。娶杨太夫人，又娶朱太夫人，是为坳堂之生母。坳堂生于乾隆庚申五月十四日，卒于嘉庆庚申闰四月二十八日，年六十有一。元配杨夫人，继配赵夫人，并早卒；又继配吴夫人。子四：世平、世兴、世德、世绂。女三：一适金乡张镇峰，一适吴江周霞，一未受聘。孙一，某。

世平等将以某年某月卜葬，乞铭于余。余素重坳堂之气节，乃不辞而为之铭曰：

佳城一闭，泉路寂寥。吾不知千百年后，或郁松柏，或翳蓬蒿。然铜棺可朽，铁骨则不销。

山西按察使司按察使曙海袁公墓志铭

公讳守诚，字孝本，曙海其自号也。世居长山。曾祖讳云蒸，诰赠光禄大夫，户部尚书。祖讳景文，官户部主事。考讳承宠，官太常寺少卿。皆诰赠资政大夫，内阁侍读学士加五级。太常公初娶于张，继娶于岳，有子七人，公即岳太夫人生也。天姿颖异，年十三入县学，乾隆庚午举乡试。年甫十五，掉鞅文场，咸谓馆阁可立至，而再试报罢。太常公又已移疾归林下，素钟爱公，瞬息不欲离左右。公仰体亲意，遂不出应礼部试。太常公没，始筮仕，为刑部郎中。庚寅，推升江西瑞州府知府。刘文正公时总部务，惜公去，特奏以升衔留任。癸巳，擢内阁侍读学士。己亥，擢通政司副使。是年四月，擢山西按察使。辛丑三月，旧疾忽作，卒于官。年四十有六。有子六：长继光，早卒；次炳，次照，次为余婿煦，次烺，次烜。孙男一，培。

公殁之后，炳等奉岳太夫人及母孔夫人归里，将以十一月葬公，来乞余铭。余识公最早，然不数数相往还。迨自西域从军归，公不弃余之拙直，乃日以亲密，遂缔姻好，晨夕过从无所间。公之往山西也，启行之日，余适侍班圆明园，比下直，疾驱归，祖席已散，竟未得握手一别，意恒怅怅，犹谓相见有日。不料遽得公讣音，忽忽如失者数日。今孤子以铭为请，追溯公之生平，中怀惨沮，又数日不能下笔。

嗟乎！儒者伏处衡茅，有报国之志而弗克效，有报亲之志而弗克遂，槁项黄鹹，郁郁以没，此其衔悲赍恨，人人知之；若仕宦不为不达，知遇不为不深，禄养之愿亦不为不遂，而限于命数未竟其志以没，其茹痛九泉有甚于不遇之士者，则非亲昵不能知也。

公初仕刑曹，年甫三十，而治案牍如老吏。修定律例，权轻重，无累黍差；荐督营建，亦非所素习；而钩稽百弊，胥魁咋舌，帑不糜而工加固。此其抱负何如也？我皇上聪明天纵，烛照万品，一切小智薄才，谅不足以当圣意。而公初授通政副使，一觐天颜，遽蒙识拔，旋畀以提刑重任，是岂徼幸可得乎？忆公初受命时，余驰往贺。公感激涕零，誓期有所建立，报恩眷。余亦谓公材识练达，足以副倚毗，向用方未艾，乃不意未及有所设施遽至于此。又，公蒙召见之后，私计且外补，而岳太夫人年已高，尝预拟疏稿陈情，会以山西地近不果上。板舆迎养，骑从载道，客岁七十称觞，旧游多驰书币致祝。公答余书，方以稍申色养为幸。不意太夫人康强无恙，而公先至于此。凡此皆公家国之间没而不瞑者。

微余铭公，人徒见公以富贵终始耳，乌识公抱报国报亲之志，又幸逢可以报国报亲之时，而竟皆不得申其报，死生之际，长恨千古哉！乃洒涕而铭曰：

孰俾挺生，又孰俾早逝？修短有程，命为之制。所不能朽者，忠孝之志。

河南开归管河兵备道德圃王公合葬墓志铭

君讳启绪，德圃其字也，一字绍衣。先世云南人，前明中叶有登宁公者官于福山，因家焉。诗礼相传，蔚为望族。曾祖讳阵，赠通议大夫、太常寺卿。祖讳浒，太常寺卿。考讳检，兵部侍郎、广东巡抚。妣李太夫人。

君少开敏，读书数行下。乾隆十二年，举顺天乡试。十六年，成进士，选庶吉士；散馆，授职编修。君自为诸生时，讲求有用之学，工诗古文辞。洎入翰林，益充演所学，于音韵有神解，旁通绘事。弟诒堂与君同举于乡，旋以中书官京师，相继入词馆，以文章学问相砥砺。馆中有撰进文字，惟君所拟神采鲜朗。每出一篇，余及同馆诸君未尝不交称善也。

二十一年，典试贵州，人服其精鉴。次年，改掌云南道监察御史，屡陈时政，请严铨选、澄流品，议论明剀，凿然切时用，并报可。巡视中城，署兵科给事中，复巡视天津漕务，所至称厥职。当是时，侍郎公方开府湖北，而故事封疆大吏子弟官台中者皆引避，君遂改补户部浙江司郎中。侍郎公移抚广东，乞假省觐，旋居父忧。服阕，补原官。三十七年，出知河南府。先是，侍郎公以翰林改守河间，君随侍得闻政谱，故官京师，好谈济世之务；省觐广东，留侍者岁余，益知民间利病。至是，典大郡，处之裕如。调开封府知府，听断如流。

四十三年，特旨擢开归管河兵备道。黄河自仪封漫口，连年冲决。上勤宵旰，命重臣莅视相度。君以才见擢，明练勤恳，莅事者倚君为重。所治黑冈口为会城保障，尝告险。君自仪封驰至，而湍流冲刷，堤之不穿者仅丈余矣。君躬履危地，率先兵弁，相机防护一昼夜，堤得无恙，城中居民赖以安。君测量全河形势，议增建顺黄坝，复于潘家厂开引河，使漫口合龙。大学士阿公即以君司其事，亲操畚锸，为诸属倡先。工竣，议叙。四十五年，方筑堤于芝麻庄。闻配张恭人疾革，归视一恸，即日趋河堧。家人以子羲长羸疾告，君不顾，惟遣人宽譬母夫人。母夫人亦寄谕曰："汝亟视工，毋以我为念。"七月，芝麻庄竣工，而河复自张家油房夺溜而出，君誓以身殉，复事版筑。岁杪，河复流，增筑防风，还缮旧堤，而君病已不支矣，子羲长亦殇。次年请解任调理，七月望，卒于官舍，时尚未离河南也。

君天性孝友，交友以笃诚；文彩辉映，于政治尤为谙悉。居常言天下事，当不辞艰苦以要于成。其胸中所蕴蓄者将次第展施，而尽瘁于治河以殁，岂不悲哉！然君自堤工始筑，任事忘家，奔走不息，尽心于疏导防潴，以奠民居，庶合于《礼经》所谓"以死勤事"者矣。

公生于雍正十年正月三日，卒年五十有三。配张恭人，岁贡生健女，有妇德，事姑以孝闻。君勤瘁不恤家，而家事咸理，恭人之力也。封宜人，晋封恭人。生于雍正七年十一月二十日，卒于乾隆四十五年六月初八日，年五十有二。子羲长既殇，君弟诒堂中允以次子龄长为君后，复以长子庆长之子玉曾为羲长后。将以四十八年十月二十二日,合葬于祖茔之次,诒堂命庆长,持行状乞余为铭。余与君兄弟同以乾隆丁卯举乡试,又先后入翰林,交最契。诗坛酒社,无数日不相往还。十余年来,旧交零落,其存者亦散在四方,仅若晨星。追念生平,不胜离索之感。今君又奄化,老友益稀。每与诒堂相语,辄恻恻忆君,如悲骨肉。诒堂以志墓相属,余焉得辞?乃挥涕而为铭曰:

君少于我,而我志君。存殁之感,悲何可云?然犹是友朋之谊,怊怅于离群。若夫抱经世之略而不克大树其勋,则实为国家惜斯人。

云南迤南兵备道匏伯龚公墓志铭

无经世之才,仕宦而遇合,命也;其不遇合,则分也。有开济之略,仕宦而遇合,分也;其不遇合,则命也。各知其分,各知其命,穷达一顺其自然,均贤者之用心也。至才足遇合,功名亦适得其遇合,而萧然高引,不欲自竟其用,则其意倜倜乎远矣。余忝挂朝籍,今已四十有九年,所见盖不数数、回忆故交龚公匏伯,傥即其人乎?

公讳敬身,字屺怀,匏伯其自号也。世居浙江仁和。曾祖讳煜,寄踪幕府,治狱多所生全。祖讳茂城,以孝友忠厚重于乡党。考讳斌,县学生,敦行力学,为后进师表。三世隐德,发耀于公。公天性恬淡,而意气落落,胸膈间曾无俗事。早岁读书为文,皆刻意追古人,不甚摹仿举子业。后以老亲期望,乃以余力治八比,每一落笔,即出寻常蹊径外。遂以乾隆己卯举于乡,己丑成进士。由中书舍人,迁宗人府主事、吏部稽勋司员外郎、礼部精膳司郎中,虽皆闲曹,其中未尝无捷径。公夷然不屑,日惟俯首理案牍,不妄干人,人亦不敢妄干公。退食,则恒手一编,究订古义。不废交游,亦不轻交游。齑盐风味,宛似寒家,晏如也。久乃循资外转,得云南楚雄府知府。楚雄、姚安,均唐设蒙俭之故地,万山环抱,土瘠民贫。守是土者,率戚戚如迁谪。先大夫尝守姚安,独喜其人情淳朴,虽妇人女子,亦谨守信义,谓其可与为三代。公得楚雄,人谓公必不惬意,余举先大夫语告之,公乃亦大喜。比抵任,杜绝馈遗;凡陋规之病民者,皆汰除之;差徭之累民者,皆筹画调剂之。月俸虽薄,而营书院、置漏泽园,补多年之阙政,一无所吝。约束所属尤严厉,自奉俭约如老书生。公自忘其为长官,民亦忘其为长官,东坡所云"使民如儿吏如奴"者,殆近之矣。戊申四月,大理因盐务起衅,民变,戕吏卒,讹言蜂起。巡抚谭公檄公往案。公廉得其实,惟诛首恶昭法纪,凡附和者皆得免,民大感悦。谭公亦重其不动声色,立弭大难,非徒硁硁自守者,荐擢迤南兵备道。未及上,而丁忧归,遂不再出。然则,此数政官,皆以娱亲之故,博捧檄一笑,犹勉攻制义之初志耳。公之所志,岂在此朱轓熊轼间欤?

公生于雍正乙卯七月初二日,卒于嘉庆庚申九月初一日,年六十有六。元配陈恭人,先公八年卒。子一,丽正,嘉庆丙辰进士,官礼部祠祭司主事。女一,适盐大使潘立诚。孙一,自遑。

丽正为余典试所取士,又余礼部所属也。以余尚及与公游,求余志墓。余弗能谢,乃撮举梗概而系以铭曰:

黄鹄高翔,无何有之乡。远想慨然,百感茫茫。吁嗟乎!吾文短而意长。

直隶广平府同知前湖北武汉黄德道蕴斋卢公墓志铭

公讳谦,字挹之。先世涞水人,明初迁德州。七世祖讳宗哲,嘉靖乙未进士。官至光禄寺卿,以忤严嵩罢归。自是衣冠相承,蔚为望族。祖讳道悦,康熙庚戌进士,官偃师县知县。考讳见曾,康熙辛丑进士,官至两淮运使,世所称雅雨先生者也。雅雨先生负诗坛重望,所与游皆海内胜流。公承借家学,又多见老师宿儒,聆其议论,故学问文章具有根柢。早年即掉鞅词场,与一时作者相驰骤。然八入棘闱,三荐不售。年四十尚困一衿,知科名之有命数也。乃于乾隆乙亥,援例官刑部陕西司郎中。丙子,以省觐归。戊寅,再补湖广司郎中。甲申,升湖北分守武汉黄德道。戊子,坐累谪军台。辛卯,特旨赐环。壬辰,署直隶祁州知州。癸巳,授广平府同知。癸卯,引疾归。归而颐养三年以卒,年七十有三。

公天性孝友。雅雨先生有庶弟,少公一岁,公事之尽礼,问视馈遗,终公之身无虚日。异母弟三人,公视之无间:其一早卒,以己子为之后;其二久客四方,家皆待公以举火;公赡给庶母,抚育其妻子,虽窘不自给之时,宁自节衣食,不使匮乏,阅数十年如一日。晚岁,更割产分赡之。故论内行者,皆推公。

公之官刑部也,持法平允,稍有不安于心者,一毫不曲徇。尤务清积案、戒淹系、省波累,食其福者甚众。迨官湖北,闻所治汉阳、黄州方水灾,即兼程以往,先理赈务,而后上官,民得以免转徙。又以楚俗好讼,由官不为速理,乃令诸县各簿录案牍而亲核之,讼为之减。江船多盗,公缉获巨匪二十余案,盗亦渐弭。丁亥,所治四府,被灾者三。公亲检户籍,先以应赈者凡若干、人人应得钱谷若干刊示,张通衢,而后散给,吏遂不能丝毫侵。沿江堤堰,皆居民自修,故恒遘水患。公建议:民不能修者请帑官修,捍御始坚。数事皆凿然可为法。后官广平,虽闲曹,不能自表见,而浚筑诸河,工料必核实。于山东巡抚建议以民夫挽漕事,奉檄会勘,侃侃不阿,竟罢其役,尤卓然见风力。故论宦绩者,亦推公。

然余生平所心折于公者,则不尽于是。夫富贵者,骄奢之媒也;困穷者,怨尤之府也。庸庸者流,心为境役,无论矣。一二豪杰之士,意气纵横,笼罩一世:当其席丰履厚,多不免声色货利之是营;即或矫矫自好,而趋附者竞起蛊惑之,为所移者不少矣。迨夫盛极而衰,遭逢蹇踬,下者,抑郁佗傺,如不欲生;上者,托佛、老以自释,或旷达以自放。求能坦然顺受者,百不一二也。况乎以少壮之年处富贵,尤易于流荡;以迟暮之年处困穷,尤易于颓唐者乎?方雅雨先生之三为运使也,公年方少,意所欲致可以无所不得,顾乃刻意学问,结交老成,以克自树立。筮仕以后,留心经世,亦不以纷华靡丽与流俗征逐。此其所见何如也?年近六旬,遭逢家难,颠连于穷荒万里之外,虽蒙恩宥,再效一官,而冷署清贫,殆不自赡。公乃循分修职,不自退沮,时时以忠君报国训诫子孙,此其所见又何如也?徒据耳目所及,举某事以推公,所以知公者不亦浅乎?

公生八子:长荫仁,监生。荫泽,廪膳生,并早卒。荫文,癸卯举人,即余婿也。荫环,廪膳生。荫慈,附监生,出为公仲弟后。荫惠,庚子进士。荫溥,辛丑进士,翰林院编修。荫长,拔贡生。女五:适王弼、程汝瑛、王应申、张江城、张锴。孙一,松龄。孙女六。

荫文等将以乾隆五十三年十月二十七日葬公于卢家圈之新阡,属余为铭。余义无可辞,铭曰:

金百炼而精,人百炼而成。见道者明,守道者贞。吾悼斯人之逝也,匪徒以姻盟。

江南淮南仪所监掣通判集堂查公墓志铭

公姓查氏,讳为义,字履方,集堂其号也。先世自抚州迁宛平。父慕园公,讳曰乾,以叔子湖南巡抚礼官、四川按察使时,诰赠通议大夫。嫡母马氏,生母王氏,皆赠淑人。生三子,公其仲也。少俶傥,八岁即能作大字,长益博综经史,期为有用之学,不屑屑以文艺求进取。

会国家有事西陲,公投笔转饷塞上,论功授安徽太平府通判。通判虽散官,公独留心民事利弊,无不言,同僚莫不严惮。邻郡偏灾,饥民过境者众。公具粟分赡,各以舟护出境,所活无算,而郡人亦赖以无扰。时两淮盐法敝,相国制军尹公、盐院高公,欲更张整饬。乃奏设监掣,择廉能吏司其事,遂合词举公,擢淮南仪所通判。在任八年,核虚伪,绝苞苴,介介然不避利害,积弊以清。方以治行尤异荐,而适以父丧归。归二年,又持马太淑人丧。时王太淑人年亦老,公念前既不克归事父,今伯兄莲坡赠公老且病,益不可兄弟二人俱辞母服官。乃议俭堂中丞出从仕,而自侍养于家。承欢膝下凡二十余年,遂不再出。问视之暇,惟训课子侄,或游心于书画;所作兰竹得赵子固、文衡山意,人皆珍之。遇良辰美景,奉板舆为山泽之游,意恬如也。及王太淑人丧,公年已六十有三,白首呼抢如孺子。自是,眠食渐减,葬母五月而公逝。论者谓,公以经济长才既尝为政,浸浸通显矣,卒以养母故未竟其用,多为公惜。想公之志,盖不以三公之贵,易一日菽水之欢也。母事终,而公亦终,公志酬矣。其余,岂公所计哉！

公生于康熙三十九年七月初二日午时，卒于乾隆二十八年九月初十日戌时，寿六十有四。配江都杜氏，继配天津王氏，皆封恭人。于乾隆六十年三月十九日卯时，合葬于三河县留水渠，即慕园公茔之南阡里许，公志也。子三：长溶，太学生；次田，候选布政司理问，皆王恭人出。次杰，候选吏目，侧室扈孺人出。女四：长适分水廪贡生张汾，次适钱塘候选州同知郭与高，次适宛平分发广西州同知徐焊，次适柏乡国学生魏翺。孙十：长曾印，乾隆甲辰进士，候选知县；次相维、一维、敬、棨、庚、棻、壬维、京维、勉。孙女八。曾孙一，补勤。曾孙女二。

余与公胞侄善长给事为同年，而公之孙曾印又余所取士，故于其乞铭，乃约述始末。而为铭曰：

经世之才，可腾骧乎云路；而戢迹田园，自申孺慕。魂魄依栖，松楸相聚。万古青山，识君子之墓。

直隶枣强县知县寓圃任公墓志铭

公讳增，字蔚岭，一字损之，寓圃其号也。世居江南萧县，萧县与河南永城壤相接，族支散居两邑。公初以永城籍应试，筮仕以后，乃复归祖籍。高祖讳国镔，顺治辛卯举人，官翰林院待诏。曾祖讳观涛，以监生考授州同。祖讳立本，邑庠生，历貤赠奉政大夫，广东雷州府同知。祖妣朱氏，以贞节旌表。父讳鸿烈，岁贡生，初封文林郎，直隶高阳县知县，晋赠奉政大夫，广东雷州府同知。妣陈氏，生公兄弟五人，公其仲也。天姿英迈，如千里骏足，驰骤纵横，不可羁勒。读书不屑屑求章句，而一目数行，辄能暗解；为文章洋洋洒洒，下笔千言，屈折曼衍，无不如意。而赋性尤肫笃，事父母，先意承志；诸昆弟聚处一堂，怡怡如也。年二十一入县学，旋食饩，名藉藉梁宋间。又多干略，且读书且治生计，学日进，家政亦日举。识者知为经济才，他日必以理繁治剧为国家良有司也。

乾隆庚午，举于乡。甲戌，成进士，授直隶南和县知县。锐于任事，不避劳苦，事无大小咸举，尤加意于教化：捐资建书院，士风蔚起。俄遭父忧归，县民咸怅惜之。丁亥起，复赴吏部。会西城兵马司指挥阙，于候补知县中克期简选。公适以兄负官帑将抵罪，仓皇出都谋借贷；兄虽得免议，而公已失简选期，坐规避褫职，公怡然无恨色。嗣恭迎圣驾，恩旨复原官，仍发直隶补用，上吏即檄署宛平县事。宛平为京县，秩六品，公甫至而委用之，稔公才也。庚寅，奏补枣强县知县。枣强土沃，而俗好讼，公为治严明，情伪无所匿，狱牍遂稀。又除额外诸杂税，而捐俸修葺栖流所，收养孤贫；冬月，复施衣施粥，全活甚众。甲午八月，以宛平任内修建营堡报册逾限，部议镌级，当离任。代者迁延未至，而是时有逆匪王伦扰临清，两邑相距仅百里。羽书倥偬，公仍自竭力城守，弥月事定，而后赴京。蒙恩，仍以知县用。时太夫人春秋已高，方谋奉亲归里。而后需次会山东兴城工，巡抚杨公具名奏公往补禹城县知县。地当孔道，公供应裕如而民不扰；凡吏胥陋规，悉汰除之。旋调任惠民，一如治枣强时，而强干益力。戊戌九月遭母忧，以旧案未结，淹滞山左。至己亥六月罢官归，而囊橐萧然，至鬻其祖遗田葬亲，闻者益服公居官之廉。

癸卯，公子衔葵官山西，迎公就养。甲辰十月十九日卒于官署，年六十有二。配朱氏，先公卒。子三：长即衔葵，辛卯举人，山西平陆县知县。次衔萱，候选州同，早卒。次衔蕙，己亥举人，四库全书馆誊录，议叙知县。女二：一适同县纵照旭，一字桐城金某。孙一，嵩龄。孙女二：一字英山金劢，一字铜山徐壮龄。衔葵等将以乙巳十二月十八日葬公于永堌祖茔，遣使走京师，乞余为铭。余甲戌同年中，意气豪爽、胸怀坦白者，惟公及朱编修筠、杜员外宪为最。每酒酣耳热，议论飙发，四座耸动，觉光明磊落，鄙吝之意都尽。朱编修先逝，惟公与杜员外存。公今又谢世，回念旧游，晨星落落，伤矣。乃不辞而为之铭曰：

抗议不阿，上官色动，而卒以见容，重公之才与守也；发唱惊听，朋友气摄，而卒以无忤，相信者久也。青山峨峨，石有时以泐；性情之真，则终不朽也。

广东顺德县知县鹤庵冯公合葬墓志铭

公讳履谦,字令闻。先世由山东寿光迁代州,以衣冠科第世其家,推为甲族。六世祖讳亨期,国初遭姜瓖之乱,有全城功,祀于乡贤。高祖讳右京,以顺治己亥进士,官湖广荆西道,亦祀于乡贤。曾祖讳云奏,官广西荔波县知县,以治行称。祖讳庆曾,官陕西兰州府同知,祀于名宦。父讳钟宿,官中书科中书,又祀于乡贤。名德相承,蝉联五世,蔚然为士大夫望,更不徒以门阀为高矣。

公承借旧业,以乾隆丙子举于乡,丁丑成进士,发山东以知县试用。初署事济阳,会大吏建大新桥,檄采杨木八千株。公虑为民累,且时方散赈平粜,物力亦未纾,牒陈其不便者数事。词意恳恻,当事者竟不能夺。故在任仅数月,而至今有去后思。时兵部侍郎颜公希声守济南,后与余同官闽中,偶述其事犹太息,称强项令也。旋实授安丘。安丘素号难治,豪健者挟持影射,地粮多为所干没,积欠日增。公捕治渠魁五人,其弊立革。巡抚崔公稔公才,欲调治寿光。公以前代祖籍辞,崔公曰:"严正如子,即治本籍亦无私,何祖籍之避?"寿光故善讼,公履任后,开诚布悃,随事化导,俾晓然知是非之不终淆,诡诈之无不败。久而渐化,讦告之事遂稀。尝语同官曰:"天下无化外之民,在守土者御之以理耳。"盖公之莅事,随地制宜,不以姑息纵奸顽,亦不以严酷伤和气。故后以安丘旧案牵连致罢,山东人至今惜之。

乾隆辛卯,恭祝万寿,蒙恩复原官。丙申,授广东海丰县知县。海丰多顶凶之案,公虚心研鞫,务究其隐微,即细事亦不草草。有妇人过麻疯院,麻疯者执而迭污之。官吏惧为所传染,皆曰:"不得主名。"公乃全集麻疯者,使妇人辨认,其狱立成。故民皆不敢为欺隐。己亥,署南澳同知。庚子,兼署归善,俄调顺德。顺德多劫盗,公先严保甲,清其窟穴;又仿古法,使一家有警,鸣钲以闻,闻钲者以次相传,互相救应,盗为顿戢。适有兄弟四人仇杀一家五命者,捕获其三,逸其一。公百计追觅,得于邻境丛箐中,邻境攘为己功,赖圣明洞察,事乃白焉。

丁未，绿事镌秩。会有家庭之戚，哀伤成疾，遂不复出。至乙卯十月病卒，年六十有八。怀驾驭之才，未竟其用，论者悼焉。然即其所树立者，已足见一斑矣。

公元配刘孺人，婉顺性成。事祖姑何太恭人、姑田太恭人，皆以孝称。以癸酉七月卒，年二十有八。生子二：长步崐，乾隆己亥副榜贡生；孙曰淇瞻，嘉庆戊午举人。次肇崧，增贡生；孙曰治平，国子监生；清聘，乾隆乙卯举人；淑度、澧兰，并幼。继配梁孺人，贤淑和顺，克绍前徽，以乙酉十一月卒，年三十有五。生子二：曰起嵫，曰绍仑，皆国子监生。起嵫子曰沂点、墨林，绍仑子曰云林，并幼。

公之长孙淇瞻，将以某年某月奉公柩与两孺人合葬，乞余为铭。余与公伯兄鹤窗同以甲戌登进士，余先兄懋园又与公同以丁丑登进士，知公素稔，谊不得辞。乃撮述行状，佐以平日所见闻，叙次如右。铭曰：

公之治理，可拟龚黄。又值圣代，登崇俊良。而坎坷以终，殆才与命妨。抑不于其身，蓄而为子孙之世昌。

振斯张公墓志铭

张氏、纪氏为世姻，所居相去不百里，亲串往来，两家之行事，彼此无不知也。余自雍正甲寅随先姚安公官京师，至乾隆甲戌，又自从仕宦，迄今六十余年，未尝终岁居乡里，姻戚乃多不相闻。惟张君鉴荟，娶余从子汝伋女，于支派最近；鉴荟官兵部时，又与余同事，朝夕相见，知其家事亦最详。往往闻侄孙女述其姑舅，与鉴荟称其父母者，未尝不慨然远想，叹其有古人之风。迨鉴荟出守宝庆，值三苗弗靖，兵戈旁午，彼此音问遂稀。既而，连失怙恃，留滞荆南，日墨缞仆仆于营阵，益无自通音书。戊午八月，余扈从滦阳，忽于邮筒得一函，乃鉴荟以其先德墓志相属也。读其状，朴实真至。惟述家庭孝友之心，亲朋周恤之事，与乡党忠厚之风，初不饰为高节异行以炫耀耳目。嗟乎！鉴荟父母之教，具见于此乎？鉴荟父母之生平，其亦具见于此乎？盖天下惟庸行为难耳。

状称：封君幼颖悟，初就外傅，即记诵过人；学为制义，辄秀发，惊其长老。十一二岁时，家所藏书披阅殆遍；稍长，旁涉书画，亦萧洒绝尘。计其才，掇青紫如拾芥。然祖母高太安人年已暮，又以一身嗣两房：父奂远公，母许太宜人；叔父鸿珮公，叔母毕太宜人，亦皆春秋渐高。虑侍养或有不至，遂辍业而亲定省，怡怡色养，五老人均惬欢心。数十年中，家庭无几微之芥蒂。至李太恭人，两姑之间尤难为妇，亦始终无一间言。非天性纯挚有出于常情万万者乎？

状又称：封君笃爱三党，周恤不遗余力。如戴氏姊家中落，则分宅割产，资其婿之膏火，使得以成名。堂伯叔如瞻岳、中岳公及族间伯叔兄弟侄孙辈，皆田宅与共，货财与共，无纤毫之畛域。外家子孙贫不自存者，或给以资；欲读书而无力者，招与诸子同课诵。太恭人亦时赞成之，无吝色，非《周礼》所谓"睦姻任恤"者乎？

夫笃于所生而推及所生之所爱，天下之定理也。能笃于所生而推及所生之所爱，以圣贤论之，适足其本分而已；以常情言之，则知之易行之难。偶行一二事尚易，事事如是而终身不渝，尤难之难。如封君及太恭人者，虽曰庸行，抑亦足以传矣。

封君讳铎，字振斯。始祖讳立生，由潔县迁南皮。二世祖讳孝友。三世祖讳璿明，成化庚子举人，官两淮督转盐运司副使。四世祖讳绣，贡生，玉山县主簿。五世祖讳继宗，县学生，诰赠户部郎中。六世祖讳谧明，嘉靖丁未进士，官陕西按察司副使，崇祀乡贤。七世祖讳以兴，八世祖讳朝栋，并廪膳生。九世祖讳永清，太学生，崇祀忠义。高祖讳晟，县学生。曾祖讳廷仪，贡生。祖讳莆，国子监生，考授州同，崇祀孝义。父讳璠，兼奉祀之叔父讳璲，并赠奉直大夫。封君生于雍正四年十一月十七日，卒于乾隆六十年九月二十日。太恭人生于雍正三年十月初二日，卒于乾隆五十九年十一月十四日，享年皆七十。子四：长甲震，乾隆庚寅副榜贡生；次奎震，优贡生；次丙震，庚子进士，官湖南宝庆府知府；次璧震。女四：适高钟英、隋琮、李旴、刘有郇。孙十一。孙女七。铭曰：

不仕养亲,孝子之志。恤及三党,仁人之意。毋以为如马少游,徒优闲以没世。

德宏王公合葬墓志铭

乾隆壬子,畿南四郡麦不登。皇上轸念灾黎,既发帑金八十万,仓谷七十万,命有司溥赈;复虑就食京师者或窘生计,诏五城分设饭厂十,又于城外增设饭厂五,各以御史董其事。诸御史仰体圣心,罔不实力经理。而王君秀岩分司广宁门外之大井,路当冲衢,流民络绎,尤擘画尽心。余时为左都御史,职司稽察。初以为秀岩籍隶南宫,情笃桑梓耳。既而,知秀岩太夫人在堂,秀岩每阅数日,辄于薄暮事竣后,疾驰归省,且谋甘旨。太夫人见辄怒诃曰:"民转徙如是,圣天子忧民又如是,汝苟夙夜勤劳,使均沾实惠,我虽日不再食亦甘心,仆仆来往何为?"秀岩自是不敢返。余在台中每与同官谈及,皆咨嗟太息,以为有古贤母风。

后又闻太夫人之贤尚不仅此。盖太夫人归赠公时年十九。赠公性颖异,数岁即能解声,偶出口成句,皆合诗格。父母以远大期之,赠公亦刻自攻苦,寒暑无间。乃才高运蹇,不能博一衿,益发愤下帷,渐致瘵疾,竟赍志以没。太夫人年仅二十五。赠公家计本薄,太夫人恐以治生妨诵读,躬率家人,拮据操作。既而,岁终会计,所入终不敌所出,乃散遣婢媪,以一身婴荼苦,并田租之事亦躬自检察,使奸佃无侵渔,始粗自给。及赠公殁,遗孤长者七岁,幼者甫周年,太夫人上事老亲,下抚诸子,心力殚瘁,殆昼夜无宁晷。然笃于骨肉,无妇女锱铢计较之私。赠公有姊适李氏,贫而早寡,太夫人迎与姑同居,服食皆使与姑等,以慰姑心。卒能完节,受旌表。又有妹亦适李氏,早殁,惟遗一女,孤苦无依。太夫人抚如己出,长为择婿,厚其奁具而嫁之。论者以为人情所难。信哉其难也!

太夫人幼即知书,经史皆能通大义。念赠公绩学不遇,冀诸子成其志,督课颇严。童稚时,即口授句读,不假外傅。遇故实可资劝惩者,必反覆申明,俾知法戒；或不率教，即涕泣而道之；所业有进，则啖以果饵，且缕述于姑前，冀得欣慰。故诸子皆刻自树立，各有所成，而太夫人之心力则已殚矣。

戊戌，秀岩以拔贡生廷试高等，授刑部七品官。太夫人以姑年老，留家侍奉。庚子，姑病卒。秀岩遣迎太夫人。太夫人以书责曰："岂有姑服未除，遽离丧次，就子之养者耶？"人尤服其知礼焉。

甲寅春，太夫人以疾卒。秀岩将奉柩合葬于先茔，以余同乡且同官，乞铭于余。余谓赠公之才学足以掇科第，而偃蹇名场终无所就；太夫人之节孝当膺旌表，而已受封典，格于成例不得请。孝子之心，皆未免有所歉也。然著籍博士弟子而没世无称者，天下不知几万亿？赠公虽不遇，而公论终存，至今为人所悼惜，足以自传。至旌典之设，表节孝也；太夫人之节孝既已彰彰耳目，亦足以自传。然则，潜德幽光，久郁已发，秀岩复何憾哉？其亦勉自树立，使论者追溯渊源，益显赠公、太夫人之德而已矣。

赠公讳戒业，冀州南宫人。生于某年某月，卒于某年某月，年二十。以次子贵，赠奉政大夫，刑部安徽司员外郎。太夫人亦南宫人，生于某年某月，卒于某年某月，年七十三，亦以子受封。子三：长尧晋，廪膳生；次即秀岩，名尧恒，己亥举人，官陕西道监察御史；次尧典，廪膳生。孙四：广文、锡命、会文、勋文。铭曰：

郁郁佳城，我为勒铭。铭无愧词，我得于乡评。

允修赵公墓志铭

公讳充德，允修其字也。先世自小兴州迁易州之北奇村，遂著籍。高祖定民公官滑县训导。曾祖余庆公、祖雪友公、父闇公、公，皆岁贡生。余庆公慷慨，喜任恤，尝破产以纾族人之难，乡里称厚德，佥曰："赵氏且浸盛。"

公天性醇谨，而读书敏悟，好为深湛之思。年十九入州庠，与两弟日以学问文章相砥砺。两弟先后饩于庠，公亦文誉日起，视掇科第如拾芥。乃以亲丧哀毁两目，遂渐翳，诵读颇艰。又自与伯父析箸后，独擂门户，不复能专意下帷。然督课弟侄,亲为讲授,家塾咿唔之声恒夜相答也。后,年过五旬始举子,即今中书科中书鉽,虽钟爱至极,而训迪则必以义方。故鉽虽少孤,而秉公之遗训,十余年来,能刻自成立。其官京师也,自奉职以外,不征逐交游,不趋营进取,亦不以奢丽相夸耀,循循矩度,与乡里寒素同。古云“以言教者讼,以身教者从”,观公之子,不可见公之生平乎?

余又闻,公笃于家庭。季弟以末疾废,不能自治生产,公代为经理,与己事同。赵氏祖墓旧无祭田,公独力营置,不以诿宗族。比其将殁,犹分赀于亲党之贫乏者,而后属纩。是数事者,于士大夫为庸行,而实为恒情之所难。世固有厕身党塾,而于孝友睦姻之风茫乎无闻,视公之所为,何可以倍蓰计?赵氏之浸盛非其验欤!

公凡三娶,元配王宜人,继配李宜人,皆无子,早世。又继配王宜人,涞水儒家女也。父兄皆先逝,母氏与嫂并茹荼守志,故宜人习闻闺训,幼即端庄。及归公,事舅姑,睦娣姒,始终无一间言,而治家尤严肃有法度。就养京邸,犹躬自纺绩不辍。遗孤之不忘庭训得以自立者,宜人之力为多焉。公生于康熙丙戌七月,卒于乾隆癸巳正月,年六十有八。宜人生于雍正癸卯五月,卒于乾隆丙午三月,年六十有四。子一,即鉽。孙三:汝为、汝弼、汝楫。

鉽将以乾隆五十一年十二月二十七日启公之圹,以母王宜人合葬。以余谊居桑梓,知公及宜人之行事为详,乞文以勒幽圹。余不获辞,因摭陈梗概而系以铭曰:

以勤俭律身,以忠厚待人。其礼之循,其德之醇;其德之醇,其福之因。遗泽绵绵,将逮厥子孙。善必有征,视此铭文。

副榜贡生敬涵雷公墓志铭

乾隆甲午,太湖雷生之荥举于乡。典试者,长沙刘洗马权之也。洗马庚辰会试出余房,故率所取士来谒。雷生居其间,独衣冠质朴,如乡塾儒生,心窃器之。雷生数以诗文来请益,与之语,性情真挚;察其行事,皆笃实,无名场奔走态;谈论或至夜分,终无一语及杂事,心益器之。家奴或窃笑其迂阔,余弗为意,雷生亦弗为意,故雷生数往来于余家。一日,跽奉其父敬涵先生行状,乞余为志。夫子弟之所行,父兄之所教也,耳濡目染,不必揣摩而自符。雷生之为人如是,计先生亦必刻意笃行如古君子。及检状,果与所预测者合。

盖先生少而喜读宋儒书,又喜读先秦、两汉之文,故立身端谨,虽友朋燕处无慢色。或闻媟语,即改容相对,友朋咸敬惮之。其为文,吐弃凡艳,游思冥漠,往往椎幽凿险,奇幻不测,而大旨一轨于正。

甫弱冠,为交河王坦斋先生所赏,拔入县庠。坦斋故李文贞公之高弟,学有端绪者也。辛酉乡试,同考官兰溪赵君得其卷,叹未曾有。然竟以额溢置副榜,惋惜甚,恒惓惓于先生。会赵君迁泰州牧,先生往谒。有为人诬讼者,知赵君重先生,挟金求先生居间。先生峻拒,然心知其诬,竟委曲为白之。赵君卒不知有馈金事,被诬者亦卒不知白自先生。论者谓,不受赂请,此稍自爱者所能;不受贿而仍不避嫌,其用心加人一等矣。平生不轻涉公庭,然遇当言者必于众中力言。官是土者恒以是重先生。盖有所不为,而后可以有所为,其故不在临时也。

事亲至孝。父殁,谋葬地,足为之茧;病垂危,犹恐贻老母忧,相见必强作差减状,泪不自制,则诡称目疾。于兄弟及诸侄最友爱。戊辰,疫气大作,举家病者呻吟床褥间,殁者两柩在殡,亲族不敢相过问;先生昼夜营救,无所避忌,亦卒无所传染。明佥事介公先生,先生之曾叔祖也。与周仲驭同遘马、阮之祸,世称忠义。祠墓岁久渐芜,先生独力任修治,不以诿族党。于族党秀者,劝读书;朴者,劝治生;贫不能婚嫁者,周恤其乏,不以昭穆既远视为路人。其笃志为善率类此。使其得一官,治一邑,于物必有所济,于国家必有所报称。而年仅四十遽卒,所得轶事仅此,命也。

雷生尝述其论文之语,谓:"文心欲苦,文兴欲豪,文律欲严,文机欲活。"可谓得鸣笔之要领,非不可以致一第,而卒坎壈不遇,亦命也。

然其人则卓然可传矣。余虽不及识先生,然因雷生之状知先生,又因雷生为人以信先生，质诸曾识先生者，庶几无愧词乎？

先生讳大锴，号函区，敬涵其字也。先世豫章人，明初有讳溥者以武功镇守太湖，子讳麃，官太湖训导，因隶籍。高祖士吉，明庠生，载邑志《孝友传》。妣吴氏，明崇祯壬午，献贼陷城，不屈死。曾祖荷祚，妣詹氏。祖廷谟，附监生，妣章氏，崇祀节孝祠。父丰声，庠生，习程、朱学，语在邑志《儒林传》及《兰溪赵君传》中。母阮氏。配余氏。子三：长即之荥；次之求，邑庠生；次之治，早世。女四：长适邑庠生曹锡三，次适马庆钟，次适选贡李声溢，次适监生路贻理。孙男六：长秉植，邑庠生；次秉槃，业儒，俱之荥出。秉业、秉祝、秉概、秉忠，俱业儒，俱之求出。孙女四：一适邑庠生周淳，一适路义，俱之荥出；一适余德宽，一适周春茂，俱之求出。曾孙四：一元、仁虎俱业儒，秉植出；志灿业儒，志煌幼，秉业出。今葬于城东某山。铭曰：

贵贱寿夭，天所命也。立身行己，则在人自立其志也。嗟哉！先生固不藉乎一第也。

交河县岁贡生友菊苏公合葬墓志铭

汉马少游有言："士生一世，取衣食裁足，乡里称善人，足矣。"其从兄伏波将军涉历艰难，恒思是语，似其事易为也。然"善人"亦岂易为哉？士大夫或遭逢变故，激成奇节；或邂逅际会，建立功业，多成名于一事一时。若庸言庸德，共见共闻，而终始一生，不为乡里所訾议，则非旦夕之故矣。余尝志南皮张公振斯及先兄晴湖之墓，皆取其醇谨终身，言行无玷，足当少游"善人"之目。今复得一人焉，曰苏公友菊。

公讳兰成。始祖讳盛，当明中叶，自山东阳信迁交河，四传至廪膳生讳九经，均潜光未耀。五世祖讳养民，以选贡官山西兴县知县，赠中大夫。高祖讳美大，廪膳生；曾祖讳镰，顺治戊子拔贡生，考授通判，均赠通议大夫。祖讳琠，康熙甲戌进士，官贵州思南府知府。父讳晖，康熙癸巳举人，候补太常寺博士。晚岁得公，珍惜甚至。而公自幼无骄纵意，性至孝友，门以内无间言。其尤为人情所难者：博士公有再从侄孙曰载临，爱之如子，抚养于家，越十载乃生公；七岁入家塾，即与载临同砚席，雍睦无间。后载临婴弱疾，公推博士公之爱，捐金千余市参桂，无少吝惜。比其殁，丧葬皆有加礼。周恤其寡妻尤为笃挚，所需者不使有锱铢缺。今公殁，而载临之妻尚存，每一言及，未尝不涕泪交颐也。平生俭朴，衣食取温饱而止。然笃于任恤之谊，周济贫乏，不可缕举。其尤著者，乾隆己卯秋，河水暴涨，田庐且不可保。公悬金鸠众，合力筑堤堰，昼夜督视，不遑寝食，人赖以无恙。甲午大旱，公出粟赈贷，多所全活。即此数事，公之为人可概见。使出而仕宦，于物必有所济，而素志恬静，竟以明经终于家。

元配陈夫人，献县候选通判讳肖孙之女。陈氏自简肃公以来，世传礼法，以忠厚为乡党典型。闺门之内，尚勤俭，敦雍穆，亦为亲串所矜式。夫人耳目濡染，幼娴内则。于归后，修举妇职，家正厘然，无敢蹈世俗浮薄习者。晨昏定省，尤能得堂上欢。生一子一女，遽早逝。公继娶河间王夫人，能守夫人之家法，中外称贤，即夫人可知矣。公生于雍正己酉五月，卒于乾隆丁酉正月，年四十有九。夫人生于雍正丙午正月，卒于乾隆庚午七月，年二十有五。子二：长肇舆，乾隆丁酉拔贡生，候选直隶州州判；次肇軫，廪膳生，出为公弟荃成后。女一，适献县纪汝偭。孙三：长元翰，附学生；次元翚，嘉庆辛酉举人；次元翼，廪膳生。孙女一，适献县陈焭。曾孙五：长启绥，次启纬，次启缙，次启绂，次启组。曾孙女四。

肇舆早卒，其子元翰奉继祖母之命，葬公于某原，陈夫人祔焉。不以余为荦陋，携行状走京师，乞铭于余。余多年宦游，未及识公，然所居相距仅一舍，知公行事颇悉。陈夫人于先祖母为姑侄，于先姚安公为表兄妹，至亲之谊，亦不敢以固却。乃综述梗概，而系以铭曰：

一乡善士，公其庶几。我志幽宫，亦窃附林宗之碑。

伯兄晴湖公墓志铭

公讳晫，晴湖其字。系出江南上元，迁景城已十七世。公居第十四世，为先姚安公之长子，昀之伯兄。绩学不售，以岁贡生终。今志墓称公，用汉故民吴公碑例也。

公性淳实淡静。视仕宦之富贵、文章之名誉，如流云逝水，泊然无所动于心；视人事之机械变诈，亦如电光石火，一瞥即过，漠然无所介于怀。故恒默默自守，不甚与世相酬应。尝言："每衣冠见客，如临一大敌。不知君辈营营，何以堪此？"其学似近于黄、老，然笃伦常、谨言行，毫不越圣贤之规矩，又异乎六朝放达狂纵不羁。

先姚安公凡三娶。元配安太夫人，以康熙丙戌生公。继配张太夫人，无出。又继配张太夫人妹，以雍正甲辰生昀，故公长昀十八岁。幼时提挈保护，逾于所生。昀七八岁以前，初不知与公异母；稍长虽知为异母，然家庭之间，晨夕相对，绝不觉有异母意也。则公于骨肉之间，他可类推矣。性至俭朴，一敝裘衣至十余年。饮食起居宛如寒素，然能一介不妄取。姚安公以雍正乙卯官户部，即以田产委公，时家犹未落，物力颇有赢。迄乾隆甲戌，姚安公自云南终养归，凡二十年，无一钱入私箧。婚嫁其子女，特粗具簪珥衣裳耳。庚申，为昀娶妇，乃费至数百金。曰："此非有意为厚薄，爱有差等故也。"此虽细故，然岂常情之所能哉？自少至老无二色。昀颇蓄妾媵，公弗禁。曰："妾媵犹在礼法中，并此强禁，必激而荡于礼法外矣。"平生为文，宗胡思泉，理法谨严，屡踬名场，终不悔。昀好为议论驰骋之文，公弗善，亦弗禁。曰："尔将以功名娱老亲，是亦可也。"然则，公拘守尺度，虽若不甚究世务，固未尝迂阔固执不近人情。其抱负正未可测也。

娶河间县候选州同贾公贞符女，性情与公同，行事亦与公同，称德配焉。公以乾隆丁酉卒，年七十有二。嫂先公四年卒，年七十。子六：汝备、汝佽，皆监生；汝价，县学生；汝来、汝侃，皆监生；汝健，岁贡生。女二：长适大城马氏，早卒，婿之名亦佚；次适任丘高质珽，官安徽凤台县知县。孙十六：树崙，乾隆己亥举人；树声、树勋，并县学生；树森，监生；树发，县学生；树磐，监生；树棨，县学生；树言，业儒；树荣，乾隆壬子举人；树琴，县学生；树硕、树懋、树确、树岩、树随、树伍，皆业儒。孙女十二。曾孙十四。曾孙女十三。今其长孙树发等，将以嘉庆丙辰十一月合葬于景城祖茔，昀乃挥泪而为铭曰：

考其心迹，类马少游。故浩浩落落，与物沉浮。我勒贞珉，光发其幽，然非其意之所求。

一侄理含暨配张氏墓志铭

尧峰先生有与友人书曰："志铭草就，即附上，倪即刻石，篆盖及志文首行宜但云某衔某府君，慎勿加'暨元配某孺人'字。此近世无识者所为。凡唐、宋、元诸大家皆无之，前明成弘以上亦然。盖女子从夫，故祭曰'祔食'，葬曰'祔葬'。凡祔食者，惟立男尸无女尸，亦此义也。"余考唐刘伸志张君平墓，首行题"清河郡张府君夫人安定郡胡氏合祔墓志铭"，则此例不始于明季。然单文孤证不足为凭，究以汪氏为定论，余作志文皆从其例。今志亡侄理含墓，乃竟夫妇并列者。

理含，名汝备，先姚安公之冢孙，先兄晴湖之冢子。少从安实斋先生游，好为奇崛之文，故不中有司程式。将以国子监生应乡试，竟赍志以没。平生循谨无过失，然无卓绝之行可勒金石也。

其妇张氏，则武强旧族之女，年十九而寡；持服三载，不去衰麻；孀居三十七载，虽酷暑未一解衣睡。对舅姑则婉容，退即端坐如枯木，婢媪有从之数十年者，未见其嬉笑也。理含兄弟六人，居同宅而别院，妇独与舅姑同院居，终日侍奉无倦色。姑患病濒危，夜焚香泣涕祷佛，遂终身茹素。理含未有子，初殁时，视含殓毕，即泣拜舅姑前，又回拜诸弟，求为立后，必得请而后起。故仲弟之子树发，就襁褓中指与之。妇爱逾所生，而教有义方，督课不少假借。今在庠为名诸生。乾隆壬寅，有司以上闻，得建坊旌表。越四年乃卒。弥留时属树发曰："旧茔地狭，诸妯娌先卒者已各卜兆域。汝父棺尚厝，汝必移与我棺同葬姑舅旁，冀魂而有知，定省如昔也。"

嘉庆己未，树发将遵遗命，合葬于祖墓之侧，乞余为铭。世之论者谓："节孝为女子本分。"是则诚然。然忠臣孝子遭遇非常，或感天地而动鬼神，要亦分所当为耳。彼青灯忍泪，白首完贞，凄风苦雨，阅数十年如一日，非心如铁石者不能。千百人中能尽本分者有几？乌可以庸行易之耶！论者又谓："贫贱之家节孝难，富贵之家节孝易。"然以境遇论，贫贱者身无所倚，仰事俯畜无所资，其艰苦诚为至极。以人情论，则艰苦者无逸志，而富贵者席丰履厚，以萧索孤寂之身，日见繁华奢丽之事，姑姊娣姒寒暖迥殊，则炫而易摇；仆隶婢妪炎凉各异，则激而生悔；且珠玉锦绣之身，其势必不能耐勤苦，则奉养难；无父之孤坐拥旧业，易入游冶之场，则教子尤难。今理含之妇能始终一心，以媳而代子，以母而代父，所为不加人数等乎？其葬也，于理当志。既志其妇，自不能不系其夫；徒书其夫，又不关作志之本意，自不能不夫妇并列。言岂一端，要各有当，其斯之谓与？

理含生于雍正己酉五月四日，卒于乾隆戊辰闰七月十一日，年二十有一。妇生于雍正辛亥六月二十六日，卒于乾隆丙午三月二十一日，年五十有六。嗣子一，即树发。孙五：煐忱、煐恬、煐憕、煐宪、煐恪。铭曰：

同穴之愿，今则已偿。镌石幽宫，于夫有光。我无愧词，汝亦无愧于表章。

刘文定公配许夫人墓志铭

先师刘文定公以清介闻天下，元配许太夫人亦以勤俭端严，士大夫推女宗。论者谓：文定之清介由太夫人之内助，故室无交谪，得以行其志；太夫人之勤俭端严由文定之家法，故齐心同愿，亦得以行其志。是固有然。然古来名臣列女，立身皆各有本末，各从其性之所近与心之所安。文定虽不得太夫人，其皭然不染，决不改其操；太夫人虽不遇文定，其刻苦自励，亦决不易其素。其适为伉俪，特天作之合，使相得益彰耳。实则太夫人之行事，足以自传。故文定之葬既自有志，太夫人之合葬，青垣兄弟又别以志属昀。昀按古金石例，凡合葬之志皆不题妇氏，统于夫也。近代乃夫妇并题，然率如附传之体，无可述者多也。其能自以志传者，必有坚苦卓绝之行不可以磨灭。今太夫人之行可谓坚苦卓绝矣,此而不文翰墨,奚述哉?

太夫人与文定生同里,幼端重而明敏,为父所钟爱,不轻许人。见文定而器之,因缔姻好。文定时方为诸生,室庐狭隘,不能亲迎,乃赘于许氏,太夫人不以贫为戚;间日一定省舅姑,不以来往为劳。乾隆丙辰,文定举制科第一,入翰林,亲党交贺,亦不沾沾喜也。迨奉亲就养至京邸,理庖厨,侍起居,皆身任其事如未贵时。姑方失明,动履需人,恒手自扶掖,未尝一委于婢媪。所生子女十,自乳者六,仰事俯育,已日无宁晷;然捭挡家务,纤芥必周。文定虽遭逢圣主,洊至卿相,而食指日繁,廪禄恒不给。太夫人经营擘画,事事亲治:或一饭数起,或日昃不得食。文定每四鼓入直,虽甚寒暑,必先起,具茗粥,整衣冠;又必持灯,视门户厨灶而后寝,数十年如一日。尝语诸妇曰:"妇人无外事,然需识大体。诗礼之家,往往解吟咏、工翰墨,而井臼操作、米盐琐屑,皆视为末务,则主中馈者谓何耶?"七旬以后,康健转加,咸以为老而复壮。太夫人曰:"老宁有复壮理?或迩来以家政委子妇,得安逸耳。"然则七旬以前无一日安逸,可知矣。

天性澹泊,自章服以外,无珠翠锦绣之饰。或诣亲串家,不相识者不知为一品命妇。纷华之习尤所厌薄:吉礼或遇演剧者,辄托故谢去,似落落不可近。然贫亲友居停于家者,时其饮食,疗其疾病,委曲体恤无不至。有年老畏寒者,冬月必炽炭于炉,手自分给,日以为常,慈祥之意蔼然也。待仆婢至宽,惟造言构衅者必斥责之,后亦不复追论。然教诸子则甚严,恒勉以刻自树立,继父志,报国恩。或偶过失,虽年长亦不少假借。丙午,□□由中书舍人出为广西同知,太夫人曰:"广西虽远,吾不以阻隔为忧。惟民社至重,汝父尝言,深为汝念耳。"甲辰,□□以南巡召试授中书舍人,太夫人曰:"吾家虽无田园,而祠墓皆汝父所创修,恐日久就荒。其且家居,俟经理有绪乃就铨。"己酉,青垣官礼部侍郎。当昀从避暑山庄时,太夫人有恙,青垣不能无顾恋,太夫人曰:"在官奉职,理所当往。吾疾行愈,无虑也。"其明于大义,有士大夫所不及者矣。故昀尝谓:太夫人之治家,事事不苟,使为丈夫,治一邑必一邑治,治一国必一国治。

太夫人之居心：先义而后利，先公而后私，使为丈夫，可以为孝子，为忠臣。惜哉，其在闺阁也！然惟在闺阁，斯益足自传矣。

太夫人生于康熙乙未九月八日，卒于乾隆己酉九月十二日，年七十有五。卒后五年，门下士河间纪昀，敬为墓志而系以铭曰：

梁木之摧，今三十二年；牛眠卜地，今星五周天。金昆玉友并登云路，而宦橐皆萧然。岂非秉母之训，故不失父之传？郁郁佳城，暖暖长阡。一黼一佩，神栖其间。殆类乎冰壶秋月，相照映于九泉。

祭四叔母文

维乾隆五十有五年，岁次庚戌三月十八日戊戌，经筵讲官、礼部尚书兼文渊阁直阁事第四侄昀，敬遣第三子汝似妇井氏，以刚鬣柔毛、清酌庶馐之奠，致祭于四叔母尊灵。曰：

先太夫人娣姒三人，先太夫人谢世，三叔母高太宜人暨叔母皆康强。昀既失怙，视两叔母如母，两叔母之视昀亦犹子。三叔母先逝，惟叔母存，昀视叔母益亲，叔母之视昀亦益亲。数十年来，昀一官鞅系，不能时时侍左右。欲迎叔母至京师，一展积慕，叔母又患风痹不得来；惟岁得恩赐，辄驰奉叔母，博老人一开颜而已。然叔母积病之余，犹手制履袜佩囊之属以寄昀，昀捧之感且愧。拟后三年叔母七旬，当乞言于长安士大夫，具一卮称庆。而春间奴子来京，称叔母病加剧，昀心方怦怦，俄从孙树畟、树珊上公车，言叔母病且不起。急谋遣人往问，会奉稽察场屋之命，匆匆未及遣，讣音已至。自今以往，先太夫人之娣姒无一人存。昀不能见先太夫人，姑以见两叔母如见先太夫人者，从今并亦不得矣。昀独何心能不悲哉！尤可悲者，叔母子四人，羲轮弟先卒，又李晓、苍复相继卒，近东白弟又卒。叔母自病至殁，惟两寡妇、一寡女，率诸孙侍疾，竟无一子视含殓。犹子四人，昀胞兄晴湖先卒，从兄懋园、坦居亦相继卒，存者惟昀一人。既隔越五百里外，不能亲往理丧务，又不能匍伏穗帷恭奠一觞，昀之抱痛更何如哉？子妇井氏，本叔母之外孙女，适归宁还里，得与其母同送灵輤。

谨遣代荐芳醪,略抒沉痛。然昀悲慕之忱,终郁结而不能宣也。

祭理藩院尚书显庭留公文

　　维圣人作,万里梯航;维典属国,经纪遐荒。维老成人,绥徕有方;维职任久,擘画弥详。维帝乘乾,景祚其昌;降雨出云,厥理有常。维公挺生,以赞懿纲。维前丙辰,公始擢扬;迄今丙辰,公乃云亡。甲子循环,数适相当;其生其逝,岁月彰彰。信由岳降,为国栋梁。

　　公之武略,见于西域。虎视鹰扬,幕南幕北。依什库尔,奋摧劲敌;沙碛云黄,冰天月黑。枭啸鸱吟,豺跳狼掷;风尘颎洞,烽烟络驿。公捣其坚,四战四克;气吐虹霓,心轻锋镝;扬刃摩天,鸣骲没石。象王蹴踏,百兽辟易;金翅擘海,妖鸟屏息。露布奏功,太常纪绩;赏延世爵,受无愧色。

　　公之经略,见于西藏。井络疆袤,坤维势壮。坼地洪流,捎云巨嶂;蚕丛鱼凫,未穷其旷。殊风贸俗,诡态异状。佛国东移,释宗演唱;是曰梵天,是曰法相;部族皈依,如瞻金像。圣代龙兴,占风内向;护法戢民,赐以保障。疆以戎索,镇以玉帐;公荷倚毗,屹然大将。其土沃饶,争亦易酿;其人犷悍,性亦狙狅。节制得公,如材得匠:外因佛法,消其诈妄;内宣圣教,导以礼让。因俗而治,宽猛胥当;以大金钩,驯伏狂象。帝曰班超,远逾任尚。用理诸藩,允乎人望。

　　圣代皈章,古所未有;章亥莫步,微论白阜。蟾窟吐月,龙庭戴斗;虎节往来,雁臣奔走。琛赆有期,竞先恐后;如百川水,汇于海口。公领是职,阅时已久:诸部单于,旧皆侪偶。相见道故,欣然握手;彼若弟恭,公若兄友。其世交者,十恒八九。岁时见公,膜拜稽首:执子侄礼,公立而受。随公指挥,如指随肘。盖公和气,酣于醇酒;且公清操,贫甘菽韭。蔼然有思,介然有守;宜其心折,敬兹黄耇。谓公厚德,宜登上寿;胡未茹芝,遽惊生柳?

　　维公出世,本再来人;示寿者相,现宰官身。故于净土,具有前因:衣披一品,缘谢六尘。树精进幢,转大法轮。心月无翳,性海无垠。非非想天,妙契其神;无无想地,自返其真。偶来偶去,宁胃荆榛;不生不灭,宁有悲欣?惟我故友,夙忝交亲;忽闻殂谢,难免酸辛。怅望灵斿,洒泪沾巾。穗帷肃肃,肴酒敬陈;冀从世法,歆此芳樽。